禹越镇志

YUYUE ZHENZHI

陈景超 主编
禹越镇志编纂委员会 编

方志出版社

图书在版编目（CIP）数据

禹越镇志 / 陈景超主编；禹越镇志编纂委员会编
-- 北京 ：方志出版社，2017.6
ISBN 978-7-5144-2454-6

Ⅰ. ①禹… Ⅱ. ①陈… ②禹… Ⅲ. ①乡镇-地方志
-德清县 Ⅳ. ①K295.35

中国版本图书馆 CIP 数据核字（2017）第 171380 号

禹越镇志

主　　编：	陈景超
编　　者：	禹越镇志编纂委员会
责任编辑：	刘方圆
出 版 人：	冀祥德
出 版 者：	方志出版社
	地址　北京市朝阳区潘家园东里 9 号（国家方志馆 4 层）
	邮编　100021
	网址　http：//www.fzph.org
发　　行：	方志出版社发行中心
	电话（010）67110500
经　　销：	各地新华书店
印　　刷：	浙江德清县新市彩虹印刷有限公司
开　　本：	787 × 1092　　1/16
印　　张：	53
字　　数：	837 千字
版　　次：	2017 年 6 月第 1 版　　2017 年 6 月第 1 次印刷
印　　数：	0001 ~ 1000 册

ISBN　978-7-5144-2454-6　　　　定价：360.00 元

禹越鎮誌

張寅題

禹越镇地方志编纂委员会

（2013 年 11 月 10 日）

主　　任：傅文虎

常务副主任：姜庆华　沈群涛

副主任：闻卫强　沈　华

委　员：姚根华　钟阿芬　张建伟　孙延新　赵春燕

镇志办公室

主　任：姚根华

成　员：孙延新　徐艳云

镇志编辑室

主　编：陈景超

副主编：钟宁奎

分　编：

沈炳根（人口、军事、文化、教育、卫生、宗教、体育、习俗、政法、民生、乡贤共 11 卷）

钟宁奎（农业、水利、工业、商贸、经管、城建、自然、中国共产党、乡镇政府共 9 卷）

陈景超（概述、建置、国民党、民政、社团、丛录共 6 卷）

胡元金（资料搜集、单位联络、校对）

禹越镇人民政府

禹越镇党委政府领导班子

前排左起：王忠德、沈群涛、姜庆华、傅文虎、沈国荣、陈肖武

后排左起：沈华、余松、费贵洪、王永、何卫国、闻卫强、徐荣华、宋建华

禹越镇党委政府领导班子

前排左起：白永法、沈国荣、姜庆华、胡国忠、沈群涛

后排左起：施国华、费贵洪、余松、闻卫强、宋建根、蔡勤锋、徐荣华、宋建华、沈华

2015年4月，联合国科教组调研黑鱼

2016年11月，中央水利部视察水利设施

2016年8月，浙江省委副书记
王辉忠视察G20

浙江省长李强来禹越镇三林村调研

湖州市长陈伟俊调研汇隆

中嘉湖杭高速公路禹越境段

禹越-武康公路

振兴路

临杭入口

禹越镇杭州产业园路口

禹越镇道路夜景

高速出入口

徐兴路口

油车桥西街

钱塘村道

邮政服务

中国移动高桥营业点

工商银行禹越自助网点

湖商银行禹越支行

农商银行禹越支行

农业银行禹越自助网点

禹越镇党群服务中心

35千伏变电站

供电所

广播电视站

污水处理厂

养老园

徐家庄车站

城乡一体化供水

盐官下河

圩区水闸

中塔水闸

徐家庄中心幼儿园

徐家庄中心小学

高桥中心幼儿园

高桥中心小学

栖湖村幼儿园

禹越中学

徐家庄市场交易大厅

禹越综合市场

徐家庄卫生院

高桥卫生院

社区卫生服务站

杨家坝村委

三林村村委

栖湖村委

钱塘村委

高桥村村委

东港村委

西港村委

木桥头村委

夏东村委

天皇殿村委

杨家坝新村

栖湖新村

杨家坝公园

振兴公园

钱塘公园

栖湖公园

夏东村公园

东吴农庄

蓝天秀水

越盛花园

德清东部大湿地——百亩漾

野菱滩农庄

大禹生态农业园

香缇湾

四通高桥

白马高桥

西丰桥

永明桥

运河大桥

永兴桥

横塘高桥

油车桥

工业区一角

三星玻璃

胜辉服饰

浩盛纺织与外商洽谈

汇隆化纤车间

双林工业园

昊天箱包

拉丝绵

剥丝绵

服饰车间

缫丝车间

葡萄基地

苗木场

黑鱼养殖

桑园

鸭群

生态养殖

镇志编辑部人员
左起：沈炳根、陈景超、钟银奎、胡元金

蚕丝文化节

蚕花庙会

社戏

日寇在白马高桥建造的碉堡

1938年日寇在油车桥一带“扫荡”

晒谷、挑谷

施肥

油车桥畔售茧场景

采菱

耕田

施农药

摆渡

采桑叶

在大东港举行纪念毛主席畅游长江十周年活动

捻河泥

平田

打稻

围剿水葫芦

烘茧

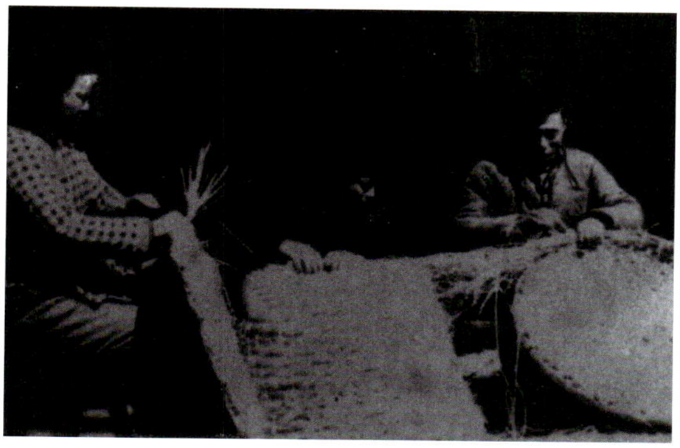
编囤

摘茧

秧田下种

养蚕

白马标志

原高桥茧站、粮站码头

原粮站仓库

原天皇殿茧站

原茅林村大会堂

九里港自然村

周家庄——民国民居

北塔——清代民居

湖墩村老街

大东港——白马轮船码头

已经消失的白马自然村

原东溪村

永寿寺局部

禹王庙（寺）

佛喜寺

湖墩庙

教堂

永寿寺

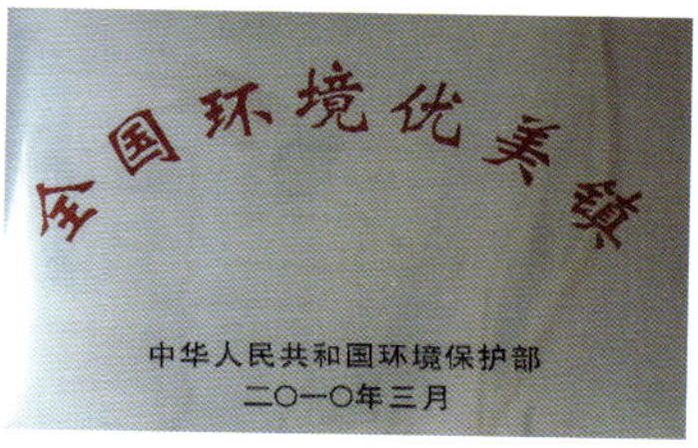
全国环境优美镇
中华人民共和国环境保护部
二〇一〇年三月

二〇一〇年度中国和美家园建设
先进集体
二〇一一年三月

第二次全国农业普查
先进集体
国务院第二次全国农业普查领导小组办公室
中华人民共和国国家统计局
二〇〇七年十二月

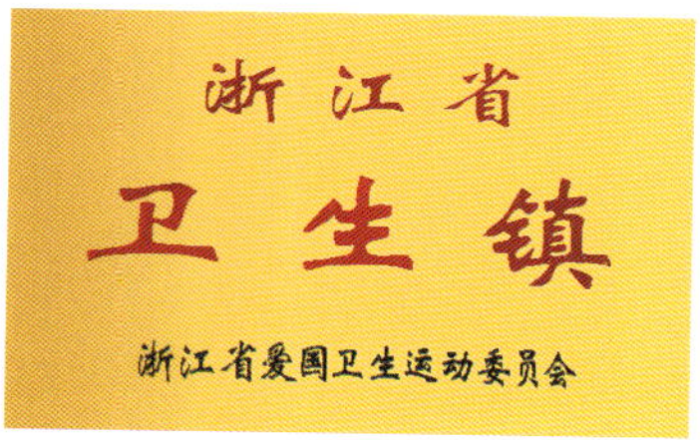
浙江省
卫生镇
浙江省爱国卫生运动委员会

全省计划生育工作
红旗单位
浙江省人民政府

示范服务站
浙江省计划生育委员会
一九九七年七月

浙江省法律援助工作
（2005-2009年度）
先进集体
浙江省司法厅
二〇〇九年十月

荣誉证书
德清县禹越镇：
在全省精神文明创建活动中成绩突出，被评为"浙江省文明乡镇"，特发此证，予以表彰。

浙江省森林城镇
浙江省关注森林组织委员会
浙江省绿化与湿地保护委员会
二〇一五年十二月

文明乡镇
中共湖州市委
湖州市人民政府
二〇〇四年二月

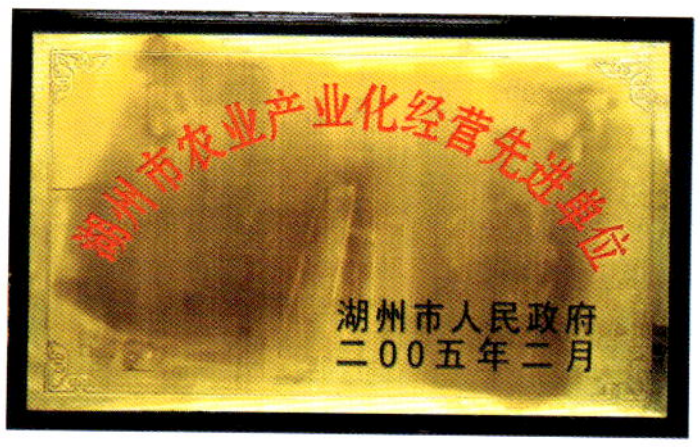
湖州市农业产业化经营先进单位
湖州市人民政府
二〇〇五年二月

2015年度
农村生活污水治理先进集体
中共湖州市委
湖州市人民政府
二〇一六年二月

湖州市卫生强镇
湖州市人民政府
二〇一三年十一月

"1010"典型示范工程
十佳特色产业强镇
中共湖州市委
湖州市人民政府

民国时期德清县地图

禹越镇政区图

审图号：浙S(2011)31号　本图由《德清县商务投资旅游交通图》复制

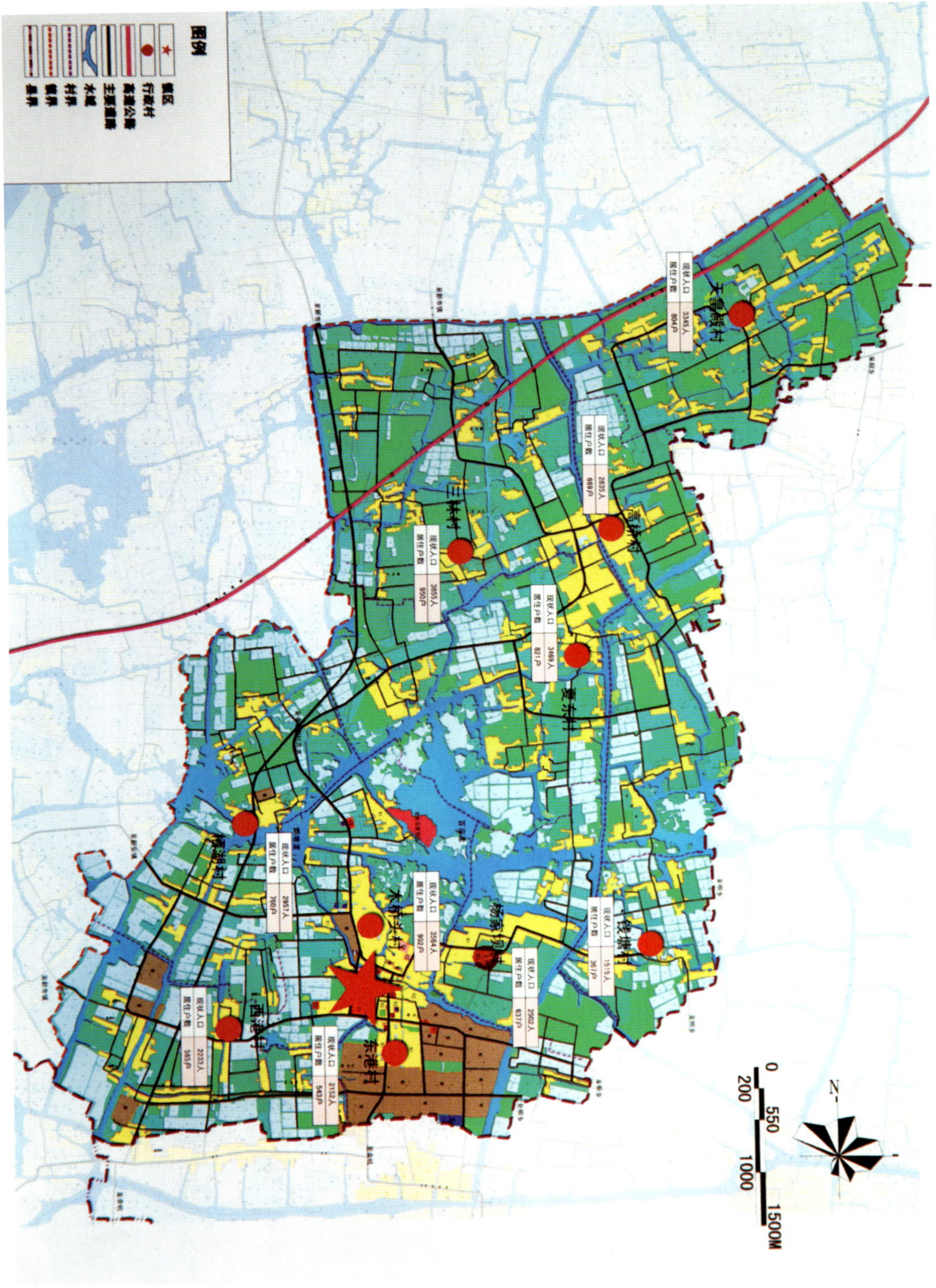
图例
镇区
行政村
高速公路
主要道路
水域
村界
镇界
县界
天皇殿村
现状人口 3345人
居住户数 804户
高林村
现状人口 2835人
居住户数 669户
三林村
现状人口 3855人
居住户数 950户
夏东村
现状人口 3469人
居住户数 821户
现状人口 2957人
居住户数 760户
木桥头村
现状人口 3564人
居住户数 902户
杨家坝村
现状人口 2502人
居住户数 637户
现状人口 1515人
居住户数 367户
西港村
现状人口 2233人
居住户数 565户
东港村
现状人口 2153人
居住户数 543户
N
0 200 550 1000 1500M

禹越镇行政村分布图

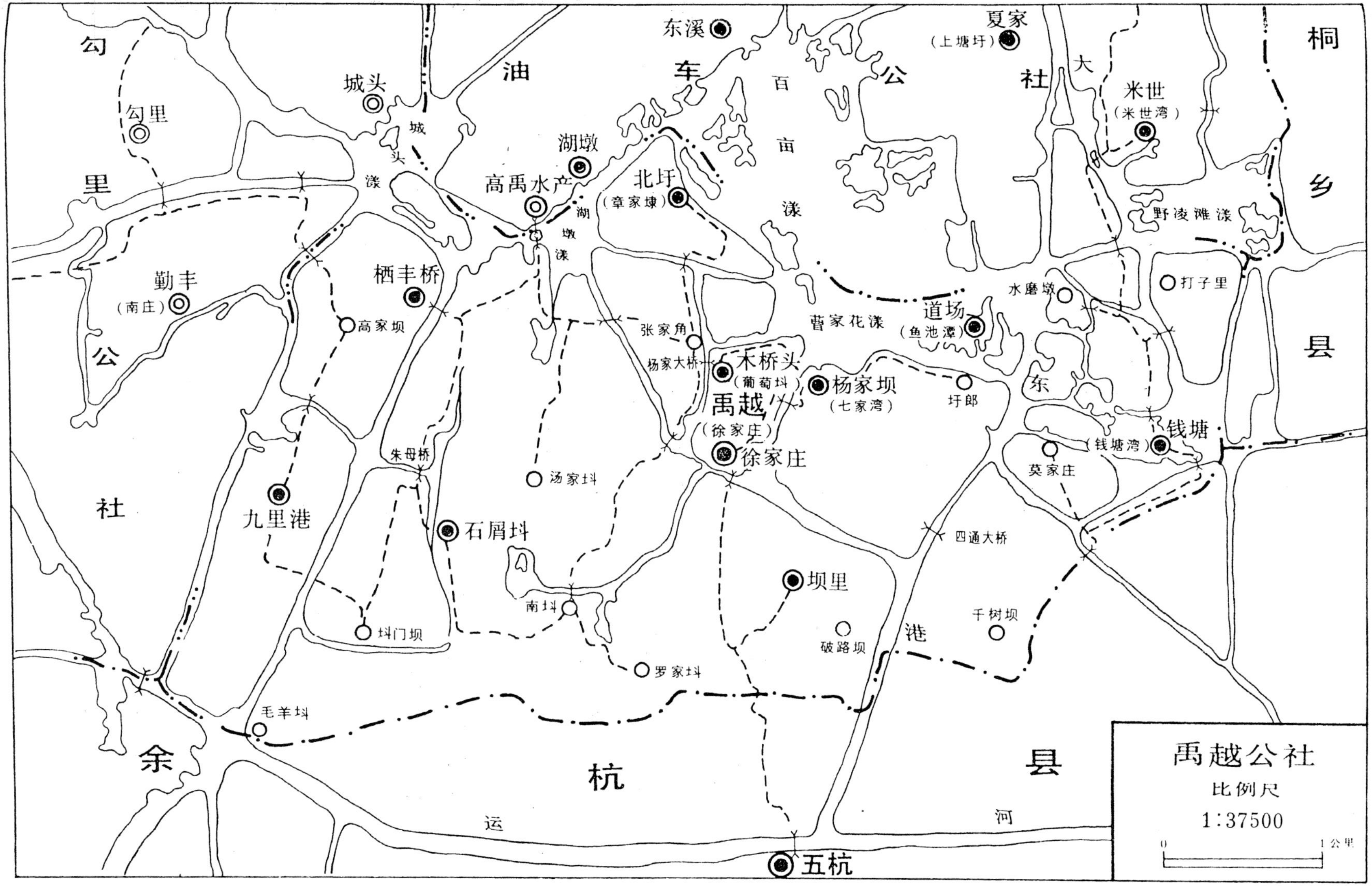

本图录自1984年版《德清县地名志》

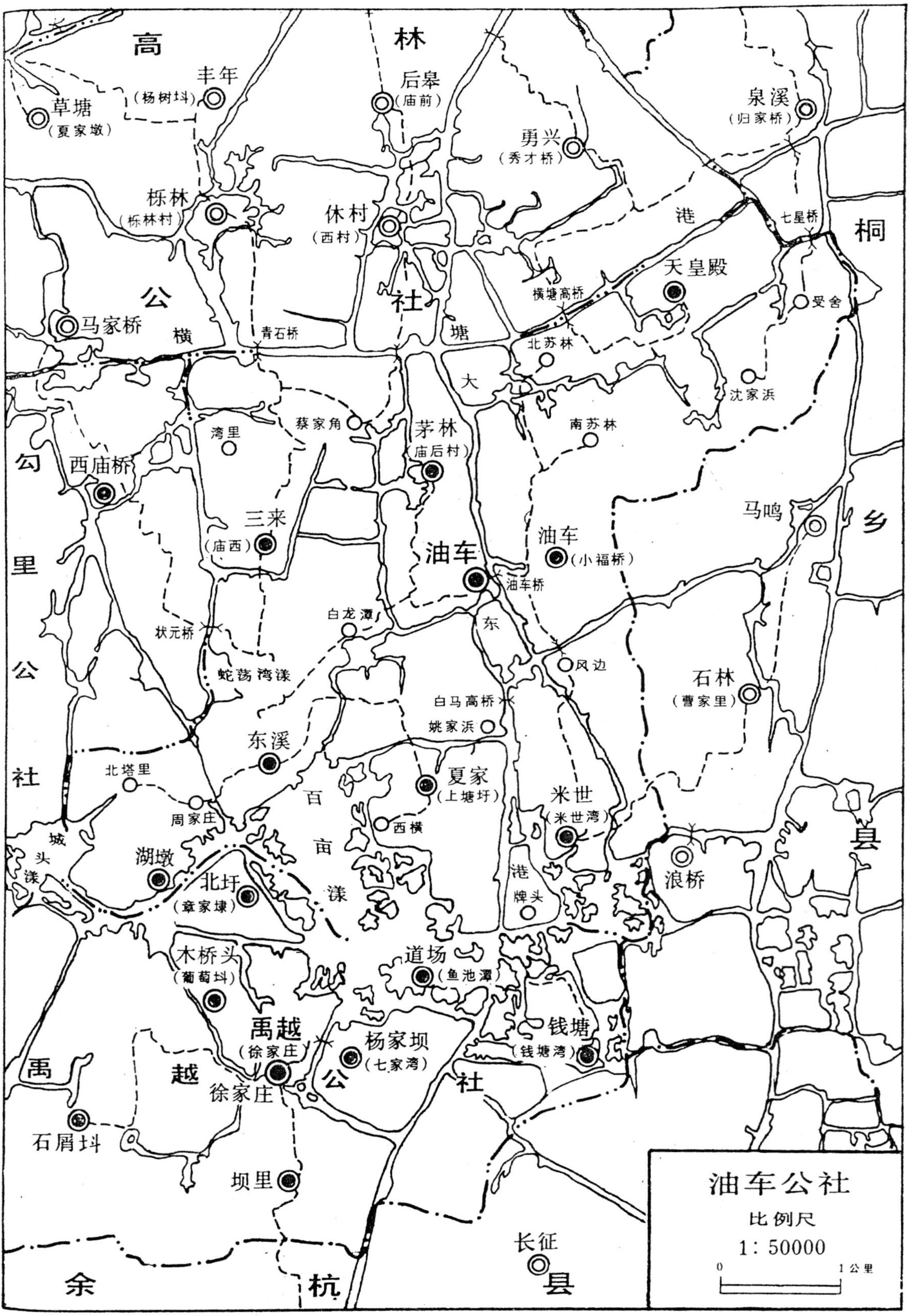

本图录自1984年版《德清县地名志》

序

历史上第一部全面反映禹越镇历史沿革、行政建置、人物传记、经济物产、风俗民情、宗教信仰等内容的禹越镇地方志——《禹越镇志》，在禹越镇党委、镇政府关心指导下，历时三年，经编写人员辛勤编纂、精心琢磨，终于纂修成书，出版问世。禹越人从此有了自己的志书，这是值得所有禹越人欢欣鼓舞的一件大事。

禹越镇位于德清东南部，东临桐乡市，南接杭州市余杭区，西与新安镇相连，北与新市镇接壤。京杭大运河穿越全境，闻名周边的“百亩漾”地处全镇腹地，是典型的鱼米之乡。关于禹越镇历史沿革，民国时期南为徐庄乡，北为白马乡，后以境内禹王庙、越王庙各取首字得名。2004 年 4 月，徐家庄镇与高桥镇合并，定名为禹越镇。

禹越地沃人勤，四季蔬果不断，其中甘蔗为著名土特产。清人诗中所说的“家家屋后青纱帐，户户门前紫竹林”，便是指青皮和紫皮两种软甘蔗的大量种植。2003 年的文物普查中，新发现了新石器时代遗址，考证了该镇的文化历史源远流长。相传当地是吴越两国交战争夺之地，也是古代大禹治水疏通水道之处，禹皇庙是最好的见证。在禹越镇 39 平方公里的区域内，生态环境得天独厚，除了北部的永寿寺、中部的湖墩庙、南部的禹王庙等重点人文景观外，原生态的百亩漾犹如一颗璀灿明珠镶嵌在人称杭嘉湖平原的“金三角”上。

在漫长的历史长河中，勤劳智慧的禹越人民，为了追求幸福美好的生活为了探索水乡农业乡镇发展的客观规律，历代禹越人荜路蓝缕、前赴后继、不竭追寻。他们在创造了大量物质财富的同时，也造就了独特的民间文化，不断丰富和发展着属于禹越的历史。

盛世修志，志载盛世。《禹越镇志》虽然是禹越镇第一部志书，但本志内容丰富，体例编排科学，类目设置合理，资料翔实可靠。行文规范流畅，体现了较高的编纂水准。全志实事求是地记述禹越自然、社会、政治、经济、军事、文化、人文、风土等方面的历史与现状，系统地反映禹越面貌，是全镇的百科全书。纵观全志，资料广征博引，反复修订，据事实录。寓成功过失，分是非曲直，彰盛事、志伟绩，展示经验教训，反映客观规律，真实反映时代特点、地方特点和行业特点，是一部进行镇情教育的好教材。尤为可贵的是，志书以较大篇幅反映了禹越镇经济社会发展情况，充分肯定了人民群众在创造历史中的作用，体现了以生产力和生产关系的变革与发展为主线的编纂思想，这对于后世以史为鉴、臧否抉择，继续探寻水乡农业乡镇的发展规律，较好地发挥志书这一地方性重要文献的资政、教化、存史作用具有重要意义。

志书 80 余万字，离不开镇志办的指导，更凝聚着编纂者的心血。他们中有志书专家、退休教师、机关干部，也不乏因热爱禹越、关注家乡而积极提供线索的乡间老叟、布衣平民。无论是查阅资料、史海勾沉，还是进村窜户、调查走访，为志书的形成作出了突出贡献。作为《禹越镇志》开“先河”者，他们的精神，与志书同在，与禹越共存。愿这个序言对于读者进一步了解禹越有所裨益。愿与禹越三万余人民以史为鉴，同心同德、与时俱进、开拓创新，用勤劳和智慧创造更加美好的未来。

中共禹越镇党委书记 姜庆华

禹越镇镇长 胡国忠

凡 例

一、本志以马克思列宁主义、毛泽东思想、邓小平理论、“三个代表”重要思想和科学发展观为指导，深入贯彻落实习近平总书记系列重要讲话精神和治国理政新理念、新思路、新战略，坚持辨证唯物主义和历史唯物主义的立场、观点和方法，全面、客观、系统地记述境内历史和现状。

二、本志记述范围包括原徐家庄、高桥两乡镇。

三、由于历史资料匮乏，上限大多始于民国，下限截至2013年，少量资料略有延伸。

四、设二十五卷，实事求是记载境内自然、政治、经济、文化等内容。

五、历史纪年用朝代称号，夹注公元纪年。

六、各种称谓根据历史时段，不作硬性统一（如布票3尺，不改为1米）。

七、内容以文为主，以表相辅。图片集中于卷首。

八、数据以镇年报为主，缺项采用统计局数字。

九、计量单位，行文为公制，表格悉依历年年报，面积为“亩”，单产为“斤”，总产为“担”，不予换算。旨在遵重史实，减少差错。2005年后统计报表以“吨”作单位，均在表格右上角标明。

十、历次政治运动，遵循“宜分不宜合，宜粗不宜细”原则，不设专章。

十一、乡贤生不立传，名录以生年为序。

十二、民国资料匮乏，删削从宽；当代资料丰富，辑录从严。

十三、照片均由镇志办公室拍摄，历史照片取自禹越镇档案室。

目　录

序 ……………………………………………………………………………1

凡例 …………………………………………………………………………1

概述 …………………………………………………………………………1

第一卷　建置

第一章　概况 ………………………………………………………………3

第一节　疆域四至 …………………………………………………………3

第二节　建置沿革 …………………………………………………………4

第三节　地形地貌 …………………………………………………………7

第二章　区划 ………………………………………………………………9

第一节　行政村 ……………………………………………………………9

第二节　居民委员会………………………………………………………11

第三节　地名………………………………………………………………13

第四节　路名………………………………………………………………15

第三章　村情………………………………………………………………17

第一节　简介………………………………………………………………17

第二节　自然村……………………………………………………………21

第二卷　自然

第一章　地理………………………………………………………………29

第一节　土壤………………………………………………………………29

第二节　水域………………………………………………………………31

第二章　气候………………………………………………………………36

第一节　气候……37
第二节　灾害……38
第三章　物产……49
第一节　植物……49
第二节　动物……51

第三卷　人口
第一章　户口……55
第一节　规模……55
第二节　分布、密度……58
第二章　构成……60
第一节　民族……60
第二节　性别、年龄……60
第三节　文化……63
第四节　职业……63
附录　百岁老人、高龄老人……64
第三章　姓氏构成……65
第四章　婚姻……82
第一节　婚姻……82
第二节　家庭……83
第五章　管理……84
第一节　机构、事务……84
第二节　计划生育……85
第三节　三峡移民……89
附录　著姓简介……90

第四卷　农业
第一章　土地……95

第一节 所有制……95
第二节 农业合作化……99
第三节 人民公社……101
第四节 家庭联产承包制……103
第二章 粮食……104
第一节 耕作制……109
第二节 水稻……110
第三节 杂粮……122
第三章 蚕桑……127
第一节 沿革……127
第二节 栽桑……127
第三节 养蚕……130
第四节 采茧……135
第四章 畜禽……137
第一节 家畜……137
第二节 家禽……139
第三节 防疫……140
第五章 水产……141
第一节 资源……141
第二节 捕捞……142
第三节 养殖……143
第四节 渔民……146
第六章 经济作物……148
第一节 油料……148
第二节 蔬菜……150
第三节 水果……152
第四节 花木……154
第五节 其他……155
第六节 农副产品……157

第五卷　水利
第一章　农具农机……161
第一节　耕作……161
第二节　排灌……163
第三节　栽培……166
第四节　植保……167
第五节　积肥……167
第六节　收获……168
第七节　运输……169
第八节　加工……170
第九节　计量和储存……171
第十节　养蚕……171
第二章　水利……175
第一节　圩区……175
第二节　防洪排涝……177
第三节　水利工程……179
第四节　土地整治……198

第六卷　工业
第一章　发展……203
第二章　体制……222
第一节　乡镇集体……222
第二节　村办集体……223
第三节　二轻企业……223
第四节　个私、联营……223
第五节　外资、合资……225
第六节　规模企业……226
第三章　门类……229

第一节　缫丝业……229
第二节　纺织业……230
第三节　服装业……237
第四节　丝绵加工业……240
第五节　建材业……242
第六节　其他……244
第七节　骨干企业简介……255
附：工业园区……259

第七卷　商贸

第一章　概况……263
第一节　沿革……263
第二节　体制……264
第二章　商贸服务业……265
第一节　民国时期……265
第二节　解放后……268
第三章　信息　物流业……288
第一节　邮政……288
第二节　电信……291
第三节　物流……293
第四章　银行　保险业……294
第一节　农村信用合作社……294
第二节　其他金融机构……296
第三节　货币……298
第四节　保险机构……300

第八卷　城建

第一章　城镇……305

第一节　镇区……305
第二节　高桥集镇……309
第三节　公共建设……311
第二章　农村……320
第一节　村庄……320
第二节　民宅……321
第三节　整治……323
第四节　新村……323
第三章　水电……324
第一节　供水……324
第二节　供电……325
第四章　交通　运输……327
第一节　陆路……327
第二节　水路……330
第三节　桥梁　渡口……332
第五章　环境……338
第一节　绿化……339
第二节　保洁……341
第三节　治污……343

第九卷　经管
第一章　财政……355
第一节　体制……355
第二节　财会队伍……356
第三节　财政预决算……357
第二章　工商……367
第一节　概况……367
第二节　市场……368

第三节　登记管理……370
第三章　土地……371
第一节　概况……371
第二节　地籍……372
第三节　经营……375
第四章　税务……379
第一节　概况……379
第二节　税种　税目……380
第三节　征收……382
第五章　旅游业……388
第一节　资源……388
第二节　开发……389

第十卷　中国共产党基层组织
第一章　机构组织……393
第二章　党代会……399
第三章　机构负责人……405
第四章　党务……410
第一节　概述……410
第二节　重大政治运动纪略……412
第三节　改革开放施政纪略……415
第五章　纪律检查……416

第十一卷　乡镇政府
第一章　机构……421
第二章　人民代表大会……423
第三章　领导更迭……431
第四章　人大领导更迭……436

第五章　政务……437

第十二卷　禹越国民党组织
第一章　组织机构……443
第一节　党部……443
第二节　负责人……447
附：中国三民主义青年团……454
第二章　国民乡镇政府……456
第一节　机构……456
第二节　领导更迭……457
第三节　乡议事会……464

第十三卷　军事
第一章　兵役……469
第一节　征兵制……469
第二节　志愿兵役制……472
第三节　义务兵役制……473
第四节　预备役……473
第二章　武装……475
第一节　驻军……475
第二节　地方武装……476
第三节　人民武装……476
第三章　战事……483
附：国民政府对日本宣战布告·告全国军民书……486
第四章　备战……488
附：日军在禹越的暴行……489

第十四卷　政法
第一章　公安……493

第一节　治安机构……493
第二节　社会治安……495
第三节　综合治理……502
第四节　户政管理……505
第五节　交通管理……507
附:《油车乡“乡规民约”暂行条例》……508
附：油车乡政府《乡规民约暂行条例处罚细则》……509
附：反动会道门组织……511
第二章　司法……520
第一节　司法机构……520
第二节　民事调解……521
第三节　法制教育……522
第四节　法律服务……523
第三章　消防……524
第一节　消防组织……524
第二节　安全生产……525
附：部分年份自然灾害和重大安全事故……527

第十五卷　民政
第一章　优抚工作……531
第二章　就业安置……532
第三章　社会救济……535
第四章　婚姻登记……537
第五章　殡葬改革……538

第十六卷　社会组织
第一章　社会团体……541
第一节　中国共产主义青年团……541

第二节　妇女联合会……543
第三节　工会……544
第四节　科学技术协会……545
第二章　其他社会团体……547
第三章　民国时期其他社会组织……549

第十七卷　文化
第一章　文化机构……553
第一节　文化站……553
第二节　广播电视站……555
第三节　书店……556
第四节　影剧院……557
第五节　电影队……557
第六节　图书馆……560
第七节　其他……560
第二章　文艺演出……562
第一节　概况……562
第二节　表演……564
第三章　通讯刊物……569
第四章　文物古迹……570

第十八卷　教育
第一章　传统教育……575
第一节　私塾……575
第二节　保校……576
第二章　学前教育……577
第一节　概况……577
第二节　幼儿园……578

第三章　小学教育……581
第一节　概况……581
第二节　学校……587
第三节　教学……595
第四章　中学教育……598
第一节　概况……598
第二节　中学……601
第三节　特色教育……603
第五章　成人教育……604
第一节　概况……604
第二节　学校……606
第三节　党校……609
附：十佳外来学子奖……609

第十九卷　卫生
第一章　医疗机构……613
第一节　民国期间……613
第二节　解放后……614
第三节　院所简介……618
第二章　疾病防治……621
第一节　疫情……621
第二节　预防……624
第三章　医疗制度……631
第一节　合作医疗……631
第二节　新合作医疗……632
第四章　妇幼保健……634
第一节　接生……634
第二节　孕妇……634
第三节　劳动……635

第四节 幼儿……636
第五章 公共卫生……636
第一节 饮用水……636
第二节 环境……641
第三节 学校……645
第四节 爱国卫生……646
第六章 医事活动……648

第二十卷 体育

第一章 学校……653
第一节 小学……653
第二节 中学……654
第二章 群众……655
第三章 赛事……658
第一节 镇级运动会……658
第二节 镇以上赛事……662
第四章 设施……664
第一节 学校……664
第二节 企业单位、行政村……666
附录：人才输送……670

第二十一卷 民生

第一章 经济收入……673
第一节 农民……673
第二节 官员……676
第三节 教师……678
第四节 职工……679
第二章 生活消费……680

第一节　饮食……681
第二节　衣着……683
第三节　居住……684
第四节　行路……686
第三章　资产积累……691
第一节　流动资产……691
第二节　固定资产……691
附：徐家庄镇政府办公室关于车船使用的规定……689

第二十二卷　习俗
第一章　民间风俗……695
第一节　生活……695
第二节　婚姻……698
第三节　丧葬……701
第四节　称谓……703
第五节　岁时……705
第六节　轧蚕花……708
第七节　劣俗……710
第二章　方言……712
第一节　单字……712
第二节　词汇……715
第三节　短语……717

第二十三卷　宗教
第一章　佛教……723
第一节　开放寺庙……723
第二节　村落寺庙……725
第三节　民间庙宇……726

第四节　宗教活动……727
第二章　道教……728
第一节　活动概况……728
第二节　尊神俗神……729
第三章　基督教……731
第一节　聚会点……731
第二节　教堂……732
第三节　活动……732
第四节　临终关怀……732
第五节　社会公益……733
附录：2011 年禹越镇关于加强宗教管理的工作措施……734

第二十四卷　乡贤
第一章　党政军人士……737
第一节　本籍供职外地……737
第二节　本籍任职本地……749
第三节　外籍任职本地……750
第二章　高级职称人士……753
第三章　港台海外人士……763
第四章　劳动模范……764

第二十五卷　丛录
第一章　诗文……771
第二章　人事……780
第三章　文献……793
第四章　档案……796
第五章　杂记……806
后　记……809

概 述

禹越镇地处德清县东部边陲，与杭州市余杭区运河镇、桐乡市洲泉镇交界，平原泽国，田肥地沃。然人文向不秀蔚，民间旧有“草泽”之讥。

镇境面积 39.2 平方公里，2013 年在册总户数 7826 户，总人口 29968 人，人口密度每平方公里 757 人。97%以上人口为汉族，少数民族有蒙古、布依、土家、苗、彝、壮、侗、瑶等 7 个民族 750 人，占总人口 2.3%。

镇境漾潭众多，为德清县内导流大堤东面最低洼平原。全镇水域总面积 3.64 平方公里，向有水乡泽国之称，为德清县内最大的湖群湿地。

镇境在夏代属防风国，秦、汉为乌程县余不乡辖地。三国吴·黄武元年（222）武康建县后，隶属武康县东乡。唐·天授二年（691）德清设县，改属金鹅乡所辖。元代废乡里，设都图，又为德清县十三都、十四都之境。民国元年（1912）改隶新市镇，此后时分时并，更名频繁，直至德清县境解放，始设禹越，双马二乡。后又多次并分，于 2004 年组建禹越镇迄今。

禹越向有鱼米之乡、丝绸之府称号，种田、养蚕、养鱼成为农民千古以来传统产业。在历史上，由于水旱频仍，势单力薄，农田亩产仅在 75 公斤左右。镇境解放之后，组织互助组、合作社，凝心聚力，产量逐年递增。至 1964 年，水稻单产已达到 296 公斤。2013 年，单季稻亩产达到 568 公斤。

蚕茧生产也逐年增多。民国期间，春蚕张产以 12 公斤为最高，俗称“蚕花廿四分”。1961 年组织共育后，通过科学饲养，蚕病大减，1980 年张产增到 41.9 公斤。

镇境民众利用天然湖泊养鱼由来已久。最多年分（1974）放养鱼苗 13 万尾，捕捞 47260 公斤，成为致富重要途径。

镇境工业，民国期间仅有榨油坊。“人民公社”初期，开设砖瓦、农具、食品等厂，但为时不久。1968 年后，建材、五金铸件、针织、服装等厂相继开办，此后形式多样，长盛不衰。至 2013 年，镇境工业企业增至 1043 家，从业 10977 人。工业产值占全镇工农业总产值 90%以上。

商店向来稀少，以供应村民日常所需之零星杂用品为主。镇境解放后，县供销总社在禹越、油车设基层供销部，供应生产资料、生活资料及畜产品收购，直至 1996 年。此后商店私家经营，形成小而多格局，可称百货齐全。

镇境水网平原，向有“无船路不通”之说，故村村有桥，户户备舟。1977 年至今，政府提出“若要富，先做路”口号，公路建设，桥梁改造双管齐下。至 2015 年，共建新桥 75 座，与传统古桥 33 座共作津梁。公路纵横交织，通达每家每户。上高速，15 分钟进杭城已成事实。

千古民患，以水为主。镇境从 1961 年开始兴建电力排灌站，后又长期致力于土地平整，圩区并合，筑成“农田大包围”。如今旱涝保丰收，百姓梦里笑声甜。

禹越虽处县境边陲，但文化、教育历来重视，故读书蔚然成风，文娱长盛不衰，人才辈出，善举广行。民众热爱体育，江南蛇拳，源出于此。而民众英武，不畏强暴。八年抗日，慷慨高歌，也史册之荣。

镇境解放之后，在中共德清县委领导下，战天斗地，改造河山。如今崇楼拔地而起，车船来往如梭。人勤地沃，物产富饶，成为“长三角”的“金南翼”。行政区划调整后，禹越镇党委政府重振雄风，弘扬传统文化，振兴经济实业，为实现工业强镇、生态立镇，科技兴镇，巩固文化名镇、教育重镇，体育大镇，卫生美镇的富民目标，重铸辉煌。使禹越这颗水乡明珠更加绚丽多姿。

第一卷 建置

抗战期間
义务劳动实施图
图例
黑色 計劃工程
红色 完成工程
修理水利
地方生產
修桥
公園
浚河
体育場
1已完成工程288375工获益30658人
2計劃工程384000工获益38400人
3已完成工程内水利工程計受益田亩35000亩

第一章 概 况

第一节 疆域四至

禹越镇位于县境东南边陲，东北与桐乡市洲泉镇原晚村乡接壤，东南隔野菱滩与桐乡市原义马乡交界；南东与余杭区运河镇（原博陆镇）毗邻，南西与余杭区运河镇原五杭乡紧连。西界本县新安镇，北邻本县新市镇（高林乡境）。疆域总面积 39.2 平方公里。

禹越镇各村面积表

表 1-1-1

行政村	面积（平方公里）	行政村	面积（平方公里）
油车	1.5	杨家坝	4.5
天皇殿	3.4	木桥	3.6
茅林	2.7	东港	2.3
三来	3.2	西港	3.3
东溪	1.5	栖丰	3.8
夏家	3.3	钱塘	2.25
米世	2.65	—	—
湖墩	1.2	合计	39.2

镇政府驻地徐家庄自然镇，位于北纬 30° 51′，东经 120° 26′。距省府杭州 32 公里，市府湖州 75 公里，县城武康 32 公里，上海 170 公里，杭州萧山国际机场 45 公里。京杭大运河穿镇而过，有杭嘉湖平原金三角之称。

镇境属平原水网区，地形结构为水域 3.64 平方公里，占 9.3%，陆地 35.56 平方公里，占 90.7%。其中耕地 17.66 平方公里，占 45.1%。

第二节　建置沿革

唐朝天授二年（691），原武康县东境17个乡（永和、龟回、武源、长乐、千秋、遵教、凤山、安仁、金鹅、庆平、来苏、孺山、永宁、太平、松山、荫宗、馀不）析出，单独置县，县名德清。本境南部属金鹅乡（包括已划入桐乡的大麻、湘漾、海卸），北部属来苏乡。

唐朝天宝元年（742），17个乡合并为永和、千秋、遵教、金鹅、龙山、太平、荫宗7个大乡。本境属金鹅乡。

北宋大中祥符年间（1008—1016），县撤销龙山、太平两乡，并建永宁乡，全县行政建置乡6个。本镇隶属金鹅乡不变。

其时，金鹅乡辖20个里，其中直辖里5个。乡下设立庆平、来苏、孺山3个管，每管各下辖5个里。本境来苏管下辖五裤、席羊、遗犊、安居、两歧5个里，孺山管（包括大麻）辖至德、高安、永昌、新兴、阳亭5个里。

元朝统一中国后，撤销乡里制，改称都图制。都图数字编号，取消实名制。其时，德清全县划分为18个都，211个图。本镇 属十三、十四两都所辖。

元朝德清县都图辖里表

表1-1-2

都号	辖图（个）	原行政（里）实名
12	9	休村、上宅、上顶、石莲墓、因塔、后高、顾墟、栎林、倪家兜
13	12	弼凌、纪顺（旧名苦竹）、南庄、茅林、伫侣、苏林、后柳、上舍、受舍、栗安、中塔、三郎墓
14	6	海卸、大麻、徐庄、松溪、周庄、北塔
15	10	灌泽、城头、南庄、吴家头、溪头、荷叶浦、王家庄、桑育、蔺村、勾垒（又名慈孝）
18	4	五库、白土、金鹅、下舍

明朝嘉靖元年（1522），因为都图序号混乱，所以在都序上标加旧乡名。如十三都，上标金鹅乡。十八都五库、白土、金鹅、下舍，上标金鹅乡。十八都乌山、忻村、蠡山，上标永和乡。从而看出元朝之前全县六大乡分都脉络。

元朝以都代乡，以图代里，由于全部使用数字序号，形成乡情上达、政令下颁中诸多不便。明朝改为实名制后，知两宋期间金鹅乡共辖 41 个里。由于地名多变，本境惟茅林、苏林、徐庄等行政里可考。

清朝建国之初，里改为村。全县仍改设十八个都，每都上面冠以旧乡名。雍正七年（1729）废除都村制，改为区庄制。区庄仍用序号代替。本境属于金鹅乡十三、十四两区所辖（见表），直至民国。

十三区所辖村庄

表 1-1-3

庄号	十三区上	十三区下
1	乌鸭桥	三来
2	卞家埭	中塔
3	虎啸桥	白龙潭、李家坝
4	西葑漾	界泾里
5	西庙桥	茅林
6	—	后淩
7	—	上舍
8	—	纡舍
9	—	苏林
10	—	白马高桥
11	—	上塘圩、吴家庄
12	—	牌头
13	—	打枝里

十四区所辖村庄

表 1-1-4

庄号	十四区上	十四区下
1	向阳里	戚家湾
2	小麻村	徐家庄、章家河头
3	大麻村	邓家坝

续表 1-1-4

庄号	十四区上	十四区下
4	程堂庵	河墩、北圩下
5	海卸	东坝二头、北圩上
6	—	石屑兜
7	—	西葑桥

十五区所辖村庄

表 1-1-5

庄号	十五区上	十五区西
1	灌东	东戴、金环桥、屠家埭、鱼行头、独圩、王家埭
2	刘王桥	桑育村
3	北公埭	东才圩、汲水港
4	南庄	南漾桥
5	水塔漾	徐家桥、柏树下
6	勾里	东栅口、荷叶浦、田湾里
7	—	蔺村、佘家湾、陆家角、孟家湾、姚家湾、钱家兜
8	—	乌家地、横里、沈家角、张家墩、坝头、陈家埭

民国元年（1912）废除都庄制，改名乡庄制。全县分为一城一镇十一乡。本境属于新市镇，直至民国 20 年改小乡止。

民国 17 年（1918）改行村里制，未实施。次年 4 月，筹备区、乡、村三级行政制。全县划为五区。新市镇南部至大麻镇为第五区，区公所设大麻镇。本镇属第五区。

民国 20 年（1931），五区并为四区。本镇境属第四区，部分乡村属第三区。同年，大乡瓜分，全县设 95 个小乡。其中第三区（新市区）辖 23 个乡，第四区（大麻区）辖 22 个乡。本境白马，茅林、苏林属第三区。西林、中正属第四区。今油车高桥境内，当年为茅林乡、苏林乡、白马乡三乡所辖。今徐家庄境内，当年为西林乡、中正乡二乡所辖。徐家庄以东地域，为湘漾乡、中山乡、海卸乡三乡所辖。民国 21 年（1932），中正乡改名石泉乡，24 年改名徐家庄乡。26年冬西林乡裁撤。

民国25年（1936），全县95个乡合并成35个乡。其中馀不区8个乡，新市区10个乡，洛舍区6个乡，大麻区11个乡。镇境小部分属大麻区，大部分属新市区。

民国35年（1946），大麻撤镇，下舍设区。全县设馀不，新市、洛舍、下舍四区。下舍区下辖下舍，蔺村、大海、双溪、勾里、河墩、徐庄、白马、西林、海卸、大麻、湘漾等12个乡镇。

次年（1947）3月全县并乡，设4个镇（馀不、新市、洛舍、大麻）11个乡（曲园、方山、龙溪、永凝、双马、禹越、白云、下舍、双溪、乐安、栎林）。本境徐庄乡和勾里乡、河墩乡因各有禹王庙和越王庙，合并后更名禹越乡。白马乡、西林乡以及新市区所辖的双林乡，合并后更名双马乡。

1949年10月镇境解放后，禹越乡分建为禹越、勾里、西葑3个乡，双马乡分建为油车、三来2个乡。

1956年撤区并乡，油车乡第一村，三来乡第六村、第七村划归禹越乡。油车、三来两乡并合为高桥乡。

1958年10月，禹越并入高桥，组建高桥人民公社。下设禹越、西葑、油车、三来4个管理区。次年5月，管理区撤销。

1961年5月，禹越从高桥公社析出，单独组建人民公社。城头大队析出，划给勾里公社。

1981年，高桥公社因重名，改称油车公社。

1984年，公社解体，禹越，油车同时改为乡建制。

1991年1月，禹越撤乡建镇，改称徐家庄镇。

1994年1月，油车撤乡建镇，改名高桥镇。

2004年4月，徐家庄，高桥两镇合并，组建禹越镇。

第三节　地形地貌

镇境属于河网平原涝渍提灌区，地势平坦而低洼，海拔高程 2.5 米以下。土质肥沃，然地下水水位偏高，庄稼易涝易渍。

陆地特点，土层深厚，成土母质为湖海相，湖沼相、老海相沉积物。主要土壤为小粉土，青粉泥土两个土属。另有青紫泥和黄斑土两个土属，数量不多。

水域特点：河漾相连，水网如织。千亩以上大漾有百亩漾，位于禹越境内，东与夏家、西横接壤，南至道场、杨家坝，西连湖墩漾、北靠东溪。漾面狭长，南北长3公里，东西宽2公里。漾岸弯曲，多土墩。周长30.76公里，面积1249亩。

镇境千亩以下小漾10个，依面积大小排列为：塘前漾（570亩），龙舌子漾（517 亩）、东湖墩漾、蛇荡湾漾、白龙潭漾、野菱滩漾、赵家漾、绿乌龟漾、老坟漾、油车漾（详见卷二《水域》）。

镇境主干河道5条，骨干河道14条（见下表）

镇境骨干河道表

表1-1-6　　单位：米

河道名称	起讫点	长度	河底高程最低	河床底宽最窄	沿程乡镇
三来港	茅林—三来	870	1	6.7	油车
千部漾港	赵家埭—北塔里	3430	–0.8	10.5	油车
桂石港	杨家桥—北塔西	1805	0	10.2	油车
油车港	五塘港—张重湾	3330	–0.4	15.6	油车
白马港	白马里—东南王	5515	0	11.9	油车、禹越
钱塘湾港	莫家庄—打枝里	700	–0.3	18.3	禹越
女湾港	塘弯角—东南王	1860	–0.6	8.5	禹越
斜公郎港	湖墩—葫芦兜	2295	–0.5	1.7	禹越
双桥港	双桥头—青石桥	1020	–0.1	7.7	油车
景明桥港	北坝—休村	2200	–0.6	6.2	油车、高林
楼华桥港	石连桥—后王	1950	0.2	7.1	油车、高林
王家浜港	苏林—受舍	3170	–0.2	12	油车
圣塘港	上塘圩—白马港	1522	–0.4	10	油车
中木桥港	东九里港—石屑兜	1530	–0.5	6.9	禹越

境内可耕地变化频繁，1982年普查时，油车公社耕地总面积13011亩，其中水田11786亩。旱地5751亩，其中桑园5071亩，自留地680亩。禹越公社

耕地总面积 9727 亩，其中水田 8836 亩。旱地 3410 亩，其中桑园 2831 亩，自留地 579 亩。水田以种植水稻为主，旱地以种植桑树为主。在耕地总面积中，其馀为空白地，用于播麦、播豆及多种经营。

2010 年，全镇可耕地 20622 亩，水域 5455 亩。

第二章　区　划

第一节　行政村

行政村名称，清朝雍正时称为庄。从乾隆重编户册，全县分为二十四区一百八十一庄后，直至民国初，因循不变。其时，镇境分为 25 个庄。

清朝镇境各庄辖村明细表

表 1-2-1

庄号	驻地（油车）	庄号	驻地（徐家庄）
1	三来	上 1	向阳里
2	中塔	上 2	小麻
3	白龙潭、李家坝	上 3	大麻
4	界径里	上 4	程堂庵
5	茅林	上 5	海卸
6	后淡	下 1	七家湾
7	上舍	下 2	徐家庄、章家河头
8	纡舍	下 3	邓家坝
9	苏林	下 4	河墩桥、北圩下
10	白马高桥	下 5	北圩上

续表 1-2-1

庄号	驻地（油车）	庄号	驻地（徐家庄）
11	上塘圩、吴家庄	下 6	石屑兜
12	牌头	下 7	西葑桥
13	打枝里	—	—

民国 20 年（1931）推行保甲制，行政村称保，保以下设甲，保甲以序号排列，直至大陆解放。但具体实施有先有后。

乡保时并时分，变化频繁。因期间适值抗日战争时期。故变动之多，异于常年。

（一）高桥地区　推行保甲制始于民国 25 年。

1936 年 6 月至 1944 年 7 月，双林乡设 10 个保，河墩乡设 9 个保，白马乡设 8 个保。

1944 年 8 月至 1946 年 12 月，双林乡、河墩乡、西葑乡三乡并分重组，其中双林乡与西葑乡两个保合并改名横塘乡，河墩乡的一部分并入徐家庄乡。境内横塘乡设 8 个保，白马乡设 10 个保。

1947 年 1 月至 1947 年 5 月，横塘乡与白马乡合并，改名双马乡。双马乡设 18 个保。

1947 年 6 月至解放前夕，双马乡设 13 个保。

（二）徐家庄地区　推行保甲制始于民国 22 年。

1934 年 1 月至 1940 年 12 月，徐庄乡设 12 个保。

1941 年 1 月至 1944 年 7 月，徐庄乡设 11 个保。

1944 年 8 月至解放前夕，徐庄乡设 10 个保。

解放后，1951 年镇境设油车、三来、禹越 3 个乡。乡下设行政村。村名或用实名制，或用数字编号，不甚统一。

下舍区禹越乡设 7 个村 17 个组。

下舍区三来乡设 7 个村 16 个组。

下舍区油车乡设 5 个村 13 个组。

1963 年，人民公社分大化小，禹越公社设钱塘、道场、杨家坝、徐家庄、坝里、木桥头、石屑兜、九里港、西丰桥、北圩等10个生产大队，下辖143个生产小队，2292户。油车公社设湖墩、东溪、三来、夏家、茅林、油车、天王殿、米世等8个生产大队，下辖148个生产小队。

1983年，人民公社解体前夕，禹越公社设钱塘、道场、杨家坝、徐家庄、坝里、木桥头、石屑兜、九里港、栖丰桥、北圩、高禹水产等11个生产大队，77个生产小队，85个自然村。油车公社设湖墩、东溪、三来、夏家、茅林、油车、天皇殿、米世等8个生产大队，120个生产小队，46个自然村。

2004年，高桥、徐家庄合并，组建禹越镇，全镇设14个行政村（湖墩、东溪、三来、夏家、茅林、油车、天皇殿、米世、东港、西港、木桥头、栖丰、钱塘、杨家坝），1个居民委员会。

2010年11月，行政村调整，栖丰、河墩合并，组建栖湖村；夏家、东溪合并，组建夏东村；油车、米世合并，组建高桥村，三来、茅林合并，组建三林村。原天皇殿，钱塘、杨家坝、东港、西港、木桥头六村不变。至此，全镇辖10个行政村1个居民委员会委（兴隆居委会）。

第二节　居民委员会

解放后，非农业人口俗称为居民，居民户籍管理单位称为居民委员会，与行政村并级。解放初，除新市镇、洛舍镇、城关镇等民居稠集区设居民委员会外，一般乡镇由于居民户较少而不设居委会。居民户口申报，注销、迁徙直接由派出所管理。

文化大革命前，油车、禹越两公社居民户数不详。1980年，油车公社2862户13919人，其中农业户2809户13704人，非农业户53户215人。禹越公社2800户13104人，其中农业户2719户12759人，非农业户81户345人。

1991年5月，徐家庄镇始设居民委员会，设主任1人，副主任2人，除环绕政治中心进行宣传外，主要负责户籍工作，计划生育及民事调解工作。1994年1月，副主任改为1人。1998年8起，设书记、主任各1人，直至当今。

2004年7月，徐家庄镇与高桥镇合并为禹越镇，居委会改名兴隆居民委员会。2006年，居委会工作成绩斐然，获德清县第一次经济普查先进集体和卫生工作先进集体。

2008年5月，兴隆居委会党支部及居民委员会换届，产生支部书记1人，主任1人，委员2人。2010年，被中共德清县委“建设平安德清”领导小组评为平安居委会。被镇人民政府评为街道单位先进集体及卫生工作先进集体。

2011年，居委会及党支部换届选举，产生支部书记1人，主任1人，委员2人，再次获得县“建设平安德清”领导小组评获的平安居委会称号。次年，居委会成立新居民服务站，为辖区新居民提供更好的教育，服务管理、维权，从而达到一站式多元化服务体系。

禹越镇居民委员会简表

表1-2-2

时间	名称	地址	负责人	居民		镇域面积（平方公里）
				户	人	
1991.5—1994.5	徐家庄	学士路	主任：金玉娟 副主任：蔡如生 陈虎山	—	—	1
1991.5—1994.5	徐家庄	学士路	主任：金玉娟 副主任：蔡如生、 陈虎山	—	—	1
1994.6—1998.7	徐家庄	学士路	主任：蔡如生 副主任：陈虎山	—	—	1.2
1998.8—2005.5	徐家庄	学士路	书记：陈水根 主任：徐杏荣	—	—	1.5
2005.5—2008.5	兴隆	徐兴路	书记：杜兴林 主任：徐杏荣	430	703	1.7
2008.5—2011.3	兴隆	徐兴路	书记：杜兴林 主任：杨三兴 委员：陈士英、 张晓峰	403	651	1.7
2011.3—2013.10	兴隆	徐兴路	书记：杜兴林 主任：杨三兴 委员：陈士英、 陈孝杰	449	733	1.7
2013.10	兴隆	徐兴路	书记：杜兴林、 主任：杨三兴	380	648	1.7

油车自然镇呈方形，宽长各300米，驻有企事业单位8个，为油车公社故治，镇政治、经济、文化中心。1988年设居民委员会1个，设主任1人。1991年主任更换。2003年起设书记、主任各1人。次年4月终止，原居民户作为居民点，转托夏家村管理。实行两块牌子，一副班子管理模式。是年、全镇居民361户531人，居委会原驻地中塔路政府大院内，转托后，移入夏家村委。

高桥镇居民委员会简表

表1-2-3

时间	地址	负责人	居民		镇域面积（平方公里）
			户	人	
1988	政府大院	主任：张光华	—	—	0.9
1991—2003.5	政府大院	主任：杭荷姬（女）	—	—	0.9
2003.5—2004.4	政府大院	书记：韩炳华 主任：沈寿章	—	—	0.9
2004年年底	夏家村村委会	村会计（兼）	361	531	—

第三节　地　名

特色

镇境河网密布，故村坊以兜、浜、湾、墩、坝、角、桥、埭命名较多。

以兜命名　罗如兜、红旗兜、汤家兜、凌家兜、元家兜、曹家兜、陈家兜、罗家兜、余家兜、杨家兜、周家兜、葡萄兜、会塘兜、石屑兜、南兜、毛羊兜、塔儿兜、活六兜、田畈兜、东南兜、言人兜、上南兜、草圩兜。

以浜命名　蔡家浜、沈家浜、姚家浜、郭家浜、罗家浜、胡家浜、王家浜、钱家浜、屠家浜、矮五浜、南浜。

以湾命名　史家湾、夏家湾、王家湾、朱家湾、七家湾、姚家湾、周家漾、董家湾、朱世湾、张鱼湾、塔浪湾、漾南湾、坟头湾、打鸟湾、坝里湾、钱塘湾。

以墩命名　湖墩、水磨墩、河北墩、河南墩、罗家墩、高家墩、朱家墩、郁家墩、沈家墩。

以坝命名　李家坝、朱家坝、丁家坝、邓家坝、范家坝、徐家坝、高家坝、田度坝、兜门坝、千树坝、破路坝。

以角命名　蔡家角、邵家角、张家角、章家角、凌家角、和会角、树下角、荡湾、河西角、南海角。

以桥命名　草桥、栖丰桥、金安桥、小福桥、梳妆桥、徐石桥、北木桥、夏家桥、韩家桥、施家桥。

以埭命名　赵家埭、章家埭、沈家埭、范家埭、朱家埭、胡家埭、刘家埭、钟家埭、许家埭、蔡家埭、北海埭、肉店埭、豆腐店埭、树下埭、渔船埭、墙门埭。

此外，以潭、港等水系命名及东南西北、郎（上）下边头、前后横里等方位命名的地名亦为数不少。如以里命名者为：坝里、湾里、栅里、三房里、北塔里、小港里、烟行里、西坝里、打子里、中团里、吴家里、朱家里、王家里、丁家里、卞家里、范家里。以郎命名者为：横郎、圩郎、荡郎、坝郎、会郎、鱼池郎、墩头郎、帮圩郎等等。

重名

自然村组及生产小队重复名称也多于他处。如河东自然村，木桥头大队，杨家坝大队，西港大队，东港大队，都有河东小组。庙西自然村，东港村、三林村都有庙西。湾里小组，夏东村，高桥村、三林村都有。河南自然村，杨家坝村、夏东村同有。河北自然村，西港村，杨家坝村也重复相见。

简称

自然村对外口述或抄上报告，形诸文字时，往往贪潦省略，形成简称。如钱塘村的莫东，莫西、全称应为莫家庄东，莫家庄西。杨家坝村的圩东、圩中、圩西，应为圩郎东、圩郎中、圩郎西。西港村石南、石北，应为石屑兜南、石屑兜北。东溪村的南一、南二，应为南栅口第一组，南栅口第二组。桥南、桥北，应为坝桥南村，坝桥北村。

新名

1966 年 11 月 14 日，各大队在破旧立新中争相改名。钱塘改为东升，道场改为建新，杨家坝改为胜利，徐家庄改为东方红，木桥头改为红旗，栖丰桥改为东风，北圩改为红卫（县档 59–6–2）。拨乱反正后，一一恢复原名。唯有东港村米世村 5 个生产小组，迄今未改：东风（原名邓家坝）、五星（原名史家湾）、红旗（原名姚家里）、庆丰东（原名东牌头）、庆丰西（原名西牌头）。

2008 年以来，个别自然村因工业园区开发，向中心村聚居，搬迁外地，购房县城武康等原因，造成整个自然村集体外迁，原村庄消亡。主要集中在徐家庄镇区附近，以东港村为主。截至 2014 年 3 月，原自然村不再有民户居住的村庄共 3 处：活六兜、南丰漾、横塘郎。

第四节　路　名

街路命名，徐家庄始于 1991 年，高桥始于 1994 年。其时两地先后撤乡改镇，按照县地名办公室要求，镇政府驻地集镇街道必须命名并编制门牌号码，集镇路名遂应运而生。然街路混乱，不甚规范。

徐家庄集镇迄至 2000 年共街路 10 条，纵横各半。其中东西走向为：

1. 禹越街：西起镇西路禹越公交汽车站，穿越老街，转弯拐角，长 392 米，宽 7 米。西从转弯拐角起，东至永明桥北堍接史家湾村民小组。长 26 米，宽 6 米。全街单号 1 至 47 号，共 24 户。双号 2 至 70 号，共 27 户。

2. 育才路：西起镇西路中学操场口，东接徐兴路，长 236 米，宽 6 米。全街双号 2–12 号，共 6 户。

3. 商益街（西段）：西起镇西路邮政局口，东至市场街，长 184 米，宽 8 米。（中段）西起市场街，东至徐兴路，长 52 米，宽 7.2 米。（东段）西起徐兴路，东至坝桥，复过桥东行北折向西，此于永兴桥。其中徐兴路至 坝桥长 80 米，宽 7.2 米，坝桥过东至粮管所，永兴桥一段，长 104 米，宽 3 米。总长 420 米。全街单号 1 至 41 号，23 户。双号 6 至 66 号，20 户。

4. 群益街：西起市场街东止徐兴路，长52米，宽8米。全街单号1至21号、11户。双号2至22号，9户。

5. 振兴路（中段）：西起镇西路十字路口，东至桥，长110米，宽9米。桥至徐兴路口红绿灯，长126米，宽9米。（东段）西起徐兴路口红绿灯，东至金池宾馆、东港村委，长224米，宽9.6米。全街单号9至77号，33户。双号2至88号，32户。

南北走向为：

1. 镇西路：北起禹越街口、公交汽车站，南至振兴路交汇处，长540米，宽9.6公尺。全街单号1至13号，8户。双号2至50号，13户。

2. 徐兴路：北起禹越街，南至振兴路红绿灯，长316米，宽9.6米。全街单号1至65号，32户。双号2至66号，24户。

3. 市场街：北起商益街，南至振兴路，长148米，宽7.2米。全街单号1至35号，18户。双号2至58号，25户。

4. 朝阳路：北起学士路，南至禹越街，长40米，宽6米。全街单号3至7号，3户。双号2至8号，4户。

5. 学士路：北起中心小学大门，南接朝阳路，长110米，宽2.8米。两边住户为葡萄兜村民小组。

高桥集镇

南北走向为：

（1）环城东路：北起油车街，南至稻田。长4000米，宽10米。

（2）鑫丰路：北起油车街，南至手套厂。东面单号1至37号，西面双号2至38号。全长350米，宽10米。

（3）永安路：北起油车街南至劳动街。东面单号1至41号，西面双号2至56号。

（4）运河东路：北起油车街南至同丰丝织厂与唐人博格交汇处，长380米，宽4米。

（5）运河西路：北起油车街，南至中塔河。全长400米，宽5米。

（6）中塔北路：北起高博搪瓷厂，南至中塔河。东面单号1至71号，西面双号2至86号。全长1600米，宽10米。

（7）中塔南路：北起中塔河，南至开发区。东面单号 1 至 53 号，西面双号 2 至 60 号。全长 1400 米，宽 10 米。

附：农贸市场内南侧商铺 1 至 41 号，北侧商铺 2 至 50 号。

东西走向为：

（1）油车街：东起环城东路，西至中塔路，南面单号 1 至 183 号，北面双号 2 至 240 号。长 400 米，宽 12 米。

（2）劳动街：东起鑫丰路，西至运河东路。南面单号 1 至 81 号，北面双号 2 至 70 号。长 250 米，宽 8 米。

（3）新兴街：东起环城东路，西至幼儿园。南面单号 1 至 113 号，北面双号 2 至 52 号，长 250 米，宽 10 米。

第三章　村　情

第一节　简　介

2010 年冬行政村调整时不变动的，共 6 个村。

东港村

地处禹越镇东南部（2001 年由坝里、徐家庄两村合并而成），东邻桐乡市，南接杭州市余杭区，地处三市县交界处。村委会驻地坝里，距镇政府 0.5 公里。有耕地 260 亩，下设 14 个村民小组。全村个私企业 14 家，2007 年工农业总产值 9180 万元，其中工业总产值 8000 万元。村民人均收入 9177.5 元，2013 年村集体总收入 101.95 万元，粮食总产 66.1 吨。曾获省级全面小康建设示范村、市级文明村，市级文化示范村等荣誉。

西港村

地处禹越镇西南部（2001 年由九里港、石屑兜两村合并而成），东邻东港村，南接余杭区，西靠新安镇城头村，北交栖丰村。村委会驻地距镇政府 1 公里。有水田 2035 亩，桑地 402 亩，外荡 160 亩。下设 16 个村民小组。全村个私企业 9 家，2007 年工农业总产值 9748 万元，其中工业总产值 8037 万元。村民人均收入 9568 元。2013 年村集体总收入 127.57 万元，粮食总产 447.7 吨。全村特种水产养殖面积 1415 亩，品种有黑鱼、甲鱼、青虾。

杨家坝村

地处禹越镇东部（2001 年由杨家坝、道场两村合并而成），东邻钱塘村，南接东港村，西靠木桥头村，北交夏家村。村委会驻地距镇政府 1.5 公里。有水田 1526 亩，桑地 350 亩，鱼塘 170 亩。下设 12 个村民小组。全村个企 10 家，2007 年工农业总产值 20472 万元，其中工业总产值 18780 万元，村民人均收入 9968 元。2013 年，村集体总收入 104.08 万元，粮食 337.6 吨。曾获市、县先锋工程五好党支部，市级文明村荣誉。

钱塘村

地处禹越镇东南部，东邻桐乡市，南接杭州余杭区，西靠杨家坝村，北交米世村。村委会驻地距镇政府 3 公里，有水田 1580 亩，鱼塘 160 亩。下设 8 个村民小组。全村个私企业 5 家，2007 年工农业总产值 11000 万元，其中工业总产值 4000 万元。村民人均收入 1 万元。2013 年村集体总收入 65.95 万元，粮食 242.2 吨。曾获先锋工程五好村党支部、县级平安村荣誉。

木桥头村

地处禹越镇北侧（2001 年由木桥头村、北圩村合并而成），东邻杨家坝村，南接禹越集镇，西靠栖丰村，北交湖墩村。村委会驻地距镇政府 1 公里，有水田 2709 亩，桑地 581 亩，鱼塘 275 亩。设 21 个村民小组，全村个私企业 70 家，2007 年工农业总产值 23205 万元，其中工业产值 21607 万元。村民人均收入 9421 元。2013 年村集体总收入 125.85 万元，粮食 402 吨。曾获县级先进基层党组织，县级信用村，先锋工程五好村党组织荣誉。

天皇殿村

地处禹越镇东北部，东邻桐乡、南接油车村，西靠茅林村，北交新市镇。村委会驻地距镇政府 6 公里。有水田 2500 亩，桑地 1500 亩，下设 25 个村民小组。全村个私企业 15 家，2007 年工农业总产值 16000 万元，其中工业总产值 8900 万元。村民人均收入 8771 元。2013 年村集体总收入 67.22 万元，粮食 2030 吨。曾荣获市级文明村、县级信用村、县级文体示范村荣誉。

2010 年冬行政村调整时予以并合的，共八个村。

夏东村

由夏家、东溪两村合并而成。

夏家村（2005 年创建省示范村时，将高桥集镇及其居委会转托给夏家村管理）地处禹越镇中北部，东邻米世村，南接杨家坝村，西靠东溪村，北交茅林村，村委会驻地距镇政府 3 公里。有水田 2589 亩，桑地 802 亩，鱼塘 420 亩。下设 24 个村民小组和 1 个集镇居住点。全村个私企业 18 家，2007 年工农业总产值 14500 万元，其中工业总产值 12823 万元。村民人均收入 9617 元。曾获省级全面小康建设示范村，省级绿化示范村，省级卫生村，市级文明村，县级先锋工程五好村党组织，县级科普示范村，县级新农村建设示范村等荣誉。

东溪村地处禹越镇东北部，东邻夏家村，南接百亩漾，西靠湖墩村，北交三来村，村委会驻地距镇政府 3 公里。有水田 1080 亩，桑地 337 亩，鱼塘 300 亩。下设 9 个村民小组。全村个私企业 32 家，2007 年工农业总产值 9703 万元，其中工业总产值 8913 万元。村民人均收入 8777 元。

2013 年，村集体总收入 79.67 万元，粮食总产量 1247.6 吨。

栖湖村

由栖丰、湖墩两村合并而成。

栖丰村地处禹越镇西部（2001 年由栖丰村和水产村合并而成），东邻木桥头村，南接西港村，西靠新安镇城头村，北交湖墩村。村委会距镇政府 1.2 公里。有水田 1311 亩，桑地 324 亩，鱼塘 2580 亩。下设 10 个村民小组。全村个私企业 6 家，2007 年工农业总产值 10260 万元，其中工业总产值 6651 万元。村民人均收入 9496 元。曾获县级平安创建示范村，县级文明村荣誉。

湖墩村地处禹越镇西北部，东邻东溪村，南接栖丰村，西靠新安镇，北交新安镇，村委会驻地距镇政府 1.5 公里。有水田 1476 亩，桑地 492 亩，鱼塘 285 亩，下设 10 个村民小组。全村个私企业 27 家，2007 年工农业总产值 14277 万元，其中工业总产值 13510 万元。村民人均收入 9105 元，曾获市、县优秀基层党组织，五星级党支部等称号。

2013 年，村集体总收入 142.35 万元，粮食总产 733.7 吨。

三林村

由三来、茅林两村合并而成。

三来村地处禹越镇西北部，东邻茅林村，南接东溪村，西靠新安镇西庙桥，北交新市镇。村委会驻地距镇政府 8 公里。有水田 3050 亩，桑地 731 亩，鱼塘 350 亩。下设 22 个村民小组。全村个私企业 4 家，2007 年工农业总产值 12550 万元，其中工业总产值 11150 万元，村民人均收入 9804 元。曾获市级卫生村，市级平安示范村、市级生态村、市级民主法治村，县级先锋工作五好村党组织，县级平安村等荣誉。

茅林村地处禹越镇北部，东邻油车村，南接夏家村，西靠三来村，北交新市镇，村委会驻地距镇政府 8 公里。有水田 1965 亩，桑地 560 亩，鱼塘 38 亩，下设 17 个村民小组。全村个私企业 4 家，2007 年工农业总产值 9118 万元，其中工业总产值 8013 万元。村民人均收入 8915 元。

2013 年，村集体总收入 107.71 万元，粮食总产 1123.8 吨。

高桥村

由油车、米世两村合并而成。

油车村地处禹越镇东北部，东邻桐乡市大麻镇，南接米世村，西靠夏家村，北交天皇殿村。村委会驻地距镇政府6公里。设10个村民小组。有水田953亩，桑地355亩。全村有个私企业6家，2007年工农业总产值14790万元，其中工业总产值14013万元，村民人均收入9415元。曾获县级先进基层党组织，县先锋工程五好村党组织、县民主法治村、平安村、发展现代家庭先进乡等荣誉。

米世村地处禹越镇东北部，东邻桐乡市大麻镇，南接钱塘村，西靠夏家村，北交油车村。村委会驻地距镇政府6公里，有水田1837亩，桑地571亩，鱼塘160亩。设13个村民小组。全村个私企业152家，2007年工农业总产值15339万元，其中工业产值14378万元，税利849万元。村民人均收入8962元。曾获县综合治理先进单位，县发展现代家庭工业先进村荣誉。

2013年，村集体总收入180.46万元，粮食总产673.8吨。

第二节　自然村

抗日战争胜利之后，国民政府重整河山，编造地籍。据民国35年（1946）各乡（镇）保年度报表，乡保所辖，自然村如下：

● 湖墩乡：乡址湖墩村。

第一保：北圩郎。

第二保：北塔、周家庄。

第三保：东坝鱼头，李家坝。

第四保：九里港河东，塔郎湾，河会角，石屑兜，汤家兜，吴家里。

第五保：袁家兜，漾南湾，范家坝，北中界，下家湾。

第六保：漾北，吕家里，高家墩、河墩村、茅家墩。

第七保：兜门坝，毛漾兜。

第八保：九里港河西，周家兜、赵家埭、陆家埭、陈家埭。

第九保：栖丰桥、溪头、王家湾、高家坝。

● 双林乡：乡址红旗兜。

第一保：丁家坝、北窑、林门头、受舍。

第二保：十八亩头、沈家浜、东滨、王家浜、车水浜、钱家浜、三房里、屠家浜。

第三保：西宅、上滩郎、荷花池、徐家里、独荫里。

第四保：河西角、钟家埭、鱼船埭、南海角。

第五保：周家湾、刘家埭、矮五浜、郭家浜、徐家里、陈家里、大坟头、荡湾里。

第六保：蔡家浜、南浜、小福桥、南丰边、北丰边。

第七保：中塔、坝鱼郎、中家舍、南村、罗家墩。

第八保：红旗兜、庙后村、三石里、北兜里、蔡家角，草圩兜。

第九保：白龙潭、朱家坝、圣堂村、史家兜、言人兜、冷会郎。

第十保：上南兜、庙西、田坂兜、会郎、西王塘。

● 白马乡：乡址先设北塘，民国31年后迁牌头。

第一保：莫家庄、钱塘湾、郁家墩、朱家墩。

第二保：罗家里、钱塘湾、打枝里、考家湾、姚家湾、费家墩。

第三保：水磨墩、北塘、牌头。

第四保：坝头东、米世湾、罗如兜。

第五保：东白马、鱼家浜、张鱼湾、坝南、范家坝。

第六保：下家、西横、上塘圩。

第七保：东南王、施家桥、杨树下、董家湾、鱼家庄。

第八保：西白马、韩家桥。

● 白马乡，民国33年8月，白马乡调整区划，湖墩乡一、二、三、六4个保、徐庄乡1个保并入，各保辖地为：

第一保：莫家庄、朱家墩、钱塘湾、郁家墩、罗家墩、打枝里、考家湾、姚家湾。

第二保：水磨墩、牌头、北塘。

第三保：罗如兜、米四湾、坝头。

第四保：张鱼湾、罗家村、鱼家浜、范家里、白马。

第五保：西白马、韩家桥。

第六保：道场，鱼家庄、施家桥、董家湾、杨树下、东横。

第七保：夏家、上塘圩、西南王。

第八保：东坝鱼头、李家坝、周家庄。

第九保：北塔、高家墩、湖墩漾北、茅家墩、吕家里。

第十保：北圩郎，南横港。

● 横塘乡：乡址油车桥。

第一保：林门头、北窑、受舍、丁家坝、荷花池。

第二保：矮五浜、郭家浜、屠家浜、三房里、沈家浜、王家浜、东浜、胡家浜、钱家浜、陈家浜。

第三保：河西角、钟家埭、许家埭、南海角、西宅、上滩郎、刘家埭、独荫里、徐家里。

第四保：蔡家浜、会郎、小福桥、南丰边、北丰边、荡湾里、立安、周家湾。

第五保：草圩兜、北兜、三石里、蔡家角、红旗兜，庙后村、中家舍、南村、罗家墩、中塔东、中塔西。

第六保：埭郎、史家兜、湾里埭、朱家坝、言人兜、圣堂村、上南兜、庙西、会郎、田畈兜、西王塘。

第七保：湾里、桥里、卞家里、草桥、濠里、宋家埭、朱家弄、曹家埭。

第八保：经路圩、丁郎桥、荡头、嵇家角、木车里、封头坝。

● 徐庄乡：乡址徐家庄。

第一保：道场、鱼池潭、河北墩、河南墩、西牌头、圩郎东。

第二保：圩郎西，七家湾。

第三保：基督河头、荡湾角、杨家桥、杨家坝河北。

第四保：西南王、大船头、千树坝、破路坝、杨家坝河南。

第五保：坝郎、中团里、塔儿兜、中家坝北。

第六保：邱家坝、罗家兜、活六兜、东南兜。

第七保：荡郎河南、西南兜、西坝里、钻桥头。

第八保：树下角、石泉东街。

第九保：石泉西街、石泉中街、石泉南街、葡萄兜、账目墩、蔡家角。

第十保：坟头湾，张家河头、张家角、王郎。

第十一保：曹家兜、北木桥、杨家汇、王家里、张家河头西。

第十二保：徐家墙门，胡家车、陈家里。

1982年，德清县地名委员会编写地名志，公社、大队均用实名制。

● 油车公社，社址油车自然镇。

油车大队：小福桥、蔡家浜、立安、会郎、风边。

天皇殿大队：北窑、受舍、沈家浜、三房里、南苏林、北苏林、屠家浜。

茅林大队：庙后、蔡家角、红旗兜、中塔村、罗家墩。

三来大队：庙西、圣堂村、白龙潭、草桥、湾里、冷会圩、卞家里。

东溪大队：东溪、李家坝。

夏家大队：上塘圩、夏家桥、东横、鱼家庄、西横、杨树下、姚家浜、韩家桥。

米世大队：米世湾、罗池兜、白马里、坝头、牌头、范家里、张鱼湾。

湖墩大队：湖墩、北塔里、周家庄、高家墩、漾北。

● 禹越公社，社址徐家庄自然镇。

徐家庄大队：鱼池郎、丁家里、树下角、史家湾。

栖丰桥大队：栖丰桥、汤家兜、和会角、金安桥、夏家湾、塔浪湾、袁家兜、漾南湾、邵家角、王家湾、赵家埭、高家坝。

北圩大队：章家埭、小港里、范家埭、沈家埭、北海埭、沈家墩、栅里、南横港。

道场大队：鱼池潭、河北墩、河南墩、西牌头。

木桥头大队：葡萄兜、坟头湾，朱家湾、张家角、黄郎、陈家里、西黄堂、打鸟湾、徐家墙门、墩头郎、肉店埭、豆腐店埭、北木桥、王家里、烟行里、曹家兜、小桥头、坝头湾、西坝里、徐家坝、田大坝、范家坝。

杨家坝大队：七家湾，圩郎、荡湾角、邦圩郎、坝里、朱家里、大船头、西南王、东南王。

钱塘大队：钱塘湾、水磨墩、姚家湾、打枝里、朱家墩、莫家庄。

九里港大队：吴家里、会塘兜、朱家埭、胡家埭、陈家兜、周家兜。

石屑兜大队：南兜、荡郎、毛羊兜、兜门坝、石屑兜、树下埭、罗家兜。

坝里大队：千树坝、破路坝、塔儿兜、邓家坝、中团里、活六兜、庙西。

2008年，德清县委组织部编写村情档案、乡镇、村组采用实名制。

东港村：千字坝、河东、河西、中台里、坝郎、塔儿兜、东风、南祥门、活六兜、庙西、五星、树下角、丁家里、红旗。

西港村：罗家兜、东南兜、荡郎、树下埭、毛羊兜、外口、兜里、河北、石南、石北、河东、会塘兜、朱家埭、胡家埭、陈家兜、周家兜。

杨家坝村：河东、河北、河南、圩东、圩中、圩西、七家湾、荡湾角、帮圩郎、坝里、大船头、西南王。

钱塘村：莫西、莫东、水磨墩、打枝里、姚家湾、朱家墩、郁家墩、钱塘湾。

木桥头村：葡萄兜、坟头湾、朱家湾、张家角、王郎、陈家里、打鸟湾、徐家墙门、肉店埭、北木桥、王家里、曹家兜、西坝里、范家坝、章家埭、范家埭、沈家埭、北海埭、南王港、河东、栅里。

天皇殿村：屠家浜、蔡家里、矮五浜、郭家浜、周家湾、刘家埭、河西角、钟家埭、渔船埭、许家埭、南海角、西宅、漾郎、徐石桥、三房里、钱家浜、王家浜、胡家浜、林门头、受舍西、受舍东、北窑、丁家坝、荷花池、浜里。

夏东村：东王、杨树下、鱼家庄南、鱼家庄北、董家湾、施家桥南、施家桥北、南王、西王南、西王北、河南、上塘、屠家潭、漾口、夏家中、夏家东、韩家桥西、韩家桥东，苏妆桥、姚家浜、杨家兜、章家角北、章家角南、陈家潭。兜底头、墙门埭、大道地、湾里、南一、南二、桥南、桥北、李家坝。

栖湖村：汤家兜、和会角、塔郎湾、元家兜、漾南湾、王家湾、栖丰桥、赵家埭、高家坝、水产。吕家里、漾北、茅家里、木桥头、高家墩、桥南、凌家角、吴家里、东桥头、周家庄。

三林村：朱家坝、言人兜、冷会圩、埭郎、姚家里、河南、史家兜、胜塘村东、胜塘村西、上南兜、庙西、会郎、田畈兜东、田畈兜西、桥里、湾里、草桥南、草桥北、卞家里东、卞家里西。濠里、草圩兜。北兜里、三石里、蔡家角、红旗兜北、红旗兜南、七家头、钟家舍东、钟家舍西、蔡家埭、庙后村、南村南、南村北、罗家墩、坝二郎、中塔南、中塔北、中塔东。

高桥村：北丰边、小福桥西、小福桥东、南浜、会郎、蔡家浜、立安南、立安北、陈家里、荡弯里、庆丰西、庆丰东、石桥头、湾里西、湾里东、张鱼湾、鱼家浜、罗池兜、余家兜、木桥头、南丰边、范家里、凌家兜。

第二卷　自　然

第一章　地　理

第一节　土　壤

镇境土壤母质基本属河流湖泊堆积物，进而形成水田和旱地两种土类，土层深厚，土壤肥沃，宜种性广。水田土种以青紫土、黄斑土、小粉土为主，旱地土种以夜潮土、老虎土、黄斑土为主。据县档资料，1959 年 4 月新市公社的土质鉴定，水田分为 12 个土种，分别为：青紫土、青紫洞孔土、青紫油灰土、黄斑土、黄斑青紫土、焦底黄斑土、疏土、老虎土、小粉底青紫土、小粉土、夜潮土、半夜潮土；旱地 3 个土种：老虎土、夜潮土、黄斑土。2010 年 5 月，德清县农业局农作站在禹越境内 34 处水稻田土壤进行了取样化验，成为全镇水稻土壤第一手资料。

禹越镇水稻土壤调查表

表 2-1-1

取样地点（圩区）	土壤类型	土壤分析				
		有机质（克/千克）	全氮（克/千克）	有效磷（毫克/千克）	速效钾（毫克/千克）	酸碱度 pH
钱塘姚家里	青紫头小粉土	17.8	0.67	22.9	109	6.1
杨家坝元宝鱼池	粉心青紫土	31.4	1.47	17.8	144	6.1
西港建材丁南	粉心青紫土	28.8	1.59	20.5	245	6.7
西港十亩头北圈	粉心青紫土	32.2	1.84	8.6	134	6.9
西港斗里	粉心青紫土	14.7	0.95	11.3	93	5.7
木桥头北圩南湾里	粉心青紫土	47	2.28	5	104	6.6
木桥头丰前圩	黄心青紫土	37.5	2.11	13.4	146	5.8

续表 2-1-1

取样地点（圩区）	土壤类型	土壤分析				
		有机质（克/千克）	全氮（克/千克）	有效磷（毫克/千克）	速效钾（毫克/千克）	酸碱度pH
木桥头胜利	青隔黄斑土	31.9	1.74	5.6	131	5.4
木桥头庆丰	粉心青粉土	29.9	1.63	9.9	97	5.5
夏家东庄门前	黄斑土	18.8	1.17	24.1	76	6.6
夏家渔家庄下爿	黄斑土	34.9	1.76	10.4	89	6.3
夏家韩家桥东	青紫土	22.3	1.16	11.5	84	6.7
东溪金断圩	小粉土	28.3	1.71	3	89	6.6
东溪屋家屋南圈	小粉土	36.7	1.67	5.8	94	6.9
油车后头田	黄斑土	18.8	1.06	14.1	74	7
油车东石里圩	粉心青粉土	18.8	1.17	15.3	68	6.5
天皇殿受舍桥头	粉心青紫土	29.4	1.23	12.3	184	6.8
天皇殿无家浜草麦田	粉心青紫土	29.4	1.6	11.2	89	6.8
天皇殿三房里胡西坂	青粉土	25.1	1.39	7.1	74	6.8
天皇殿周家湾西	青粉头小粉土	24.6	1.33	10.4	69	6.4
天皇殿徐石桥九亩里	青粉土	32.1	1.74	21.9	75	6.7
米世丰连圩	黏质加土	33.9	1.77	9.5	119	6.7
米世米世圩	黏质加土	35.2	3.32	17.3	150	6.9
栖丰高家坝南	小粉土	29.6	1.43	16.1	144	6.2
三来小千里	青粉土	13.9	2.12	6.3	60	6.6
三来史家斗	小粉土	25.4	2.74	5.1	55	6.1
三来花园斗	青粉头小粉土	31.5	1.52	7.2	74	6.3
三来卞家里屋东	黄斑土	35.1	1.85	5.6	74	7
茅林南村南	粉心青紫土	34.8	2.09	2.9	69	6.4
茅林中塔北	青粉土	23.5	1.09	4.4	79	6.3
湖墩周家庄	青隔小粉土	40.4	2.2	21.9	74	6.1
湖墩步母鸡湾	黄斑土	35.5	1.75	18	210	6.1
杨家坝四通桥堍	青紫土	23.2	1.77	12.2	104	6.4
杨家坝坝脚郎	青紫土	18.4	0.93	29.7	159	6.4

第二节　水　域

湖泊

境内大小漾潭有 26 个，总面积 1859 亩，其中野菱滩漾与桐乡众安村分享，城头漾与新安城头村分享。

百亩漾　位于禹越境中心，南邻杨家坝村，西靠北圩，北界夏东村，经多年围垦，现周长 5993 米，计 794 亩，平均水深 2 米，为镇境第一大漾。深南港贯穿东西，盐官下河斜穿而过。

湖墩漾　位于栖湖村的栖丰村和湖墩村之间，周长 3011 米，面积 323 亩，平均水深 2 米，有东九里港、王家湾港、打子桥港、范家坝港、盐官下河、深南港 6 条河流与之交集，漾因湖中有墩而名。

绿乌龟漾　位于周家庄和北圩郎之间，西接湖墩漾，东连百亩漾，周长 2395 米，面积 168 亩，平均水深 2.5 米，深南港、张家小桥港流经其中。

野菱滩漾　南临钱塘村，北连米世湾堂前漾，西靠米世牌头，东为桐乡众安村，周长 2352 米，面积 149 亩，平均水深 2.3 米，牌头港流经其中。

城头漾　位于新安城头村和栖湖村之间，周长 1836 米，面积 137 亩，平均水深 2.3 米，王家湾港、北塔里港、经路西港流经其中。

赵家漾　位于新安城头村和栖湖村之间，周长 1405 米，面积 124 亩，平均水深 2 米，西九里港、坎儿桥港流经其中。

白龙潭漾　白龙潭漾南临夏家韩家桥，北靠三来龙潭村，周长 1118 米，原面积 204 亩，现 87 亩，平均水深 2 米，中塔港、白龙潭港、韩介桥港流经其中。

油车漾　位于西港村和栖湖村之间，周长 979 米，面积 41 亩，平均水深 1.5 米，塔浪湾港、打子桥港流经其中。

老坟漾　在西港村荡郎东，周长 872 米，原面积 51 亩，现为 35 亩，平均水深 1.5 米，西公港、荡郎港流经其中。

划船漾　位于夏家白马高桥南，章家角东面，面积 80 多亩。圣堂港自西流入，大东港南北流过。

白鱼漾　位于米世坝头北，原有面积60多亩，其中近半已经被填土造田。

蛇荡湾漾　位于三来村和勾里西面桥之间，周长2100米，原面积204亩，现剩80多亩。

后堂漾　位于白马高桥东北面，原有面积80多亩，现湮。其中南面填土造田，北面填土开发。

朱家湖漾　位于东溪前，连接百亩漾，原有面积90多亩，现在已经填土围圩，变成内荡。

贾家漾　位于夏家上堂圩西面，北与菱湖漾相邻，面积100余亩，已经填土围圩变成内荡。

邋遢漾　位于夏家南王南面、渔家庄西面，原有面积70多亩，经多次推土围圩，成为内荡和水田、旱地，面积扩展到300余亩。

菱湖漾　位于上堂圩西，贾家漾北面，面积60多亩。

庙前漾　位于茅林庙桥东，钟家舍西，面积60多亩。

大鱼滩漾　位于西港村荡郎西，面积87亩。

堂前漾　位于米世湾前，野菱滩漾北，面积92亩，部分已被填土。

张鱼漾　位于米世张鱼湾出口，面积50亩。

荡湾漾　位于油车桥集镇后面，面积30多亩。

庙前漾　位于油车陈家里西，面积15亩。

会郎漾　油车会郎和桐乡界境里之间，面积20多亩。

花园头漾　位于夏家姚家浜西，夏家桥东面，面积60多亩。

桨架漾　位于栖丰桥余家兜东面，面积60多亩。

河流

镇境之水，源自两处。一处来自运河，自南而北流向；一处来自东苕溪，自西而东流向。其中主干河道5条，南北流向的有九里港、大东港，东西流向自南至北有盐官下河、深南港、横塘港。

运河东线　俗称大东港，从五杭镇北五杭桥东分水北流入镇境，经四通高桥、白马高桥，接油车港，穿横塘港，流入新市境内。全长 12.55 公里，其中禹越境内 8.38 公里。河底高程 0.8— 0.6 米，底宽 6.2—88.5 米，河宽 50 米左右，平均深度 2.5 米。大东港为境内唯一县级河流，现在已分两部分命名，自五杭运河至四通桥段叫盐官下河，四通桥至横塘港段仍叫大东港。

九里港 南起大运河堂前漾，分水北流，从毛羊兜进入禹越境内，直达湖墩漾。全长 4 公里余，俗因九华里，故名“九里港”，其中境内 2.79 公里，河宽 40 米，平均深度 1.8 米。

深南港 西起城头漾，穿过湖墩漾，过绿乌龟漾，至夏家桥、圣堂桥至章南角，汇入大东港。禹越境内 4 公里，河宽 45 米，平均深度 2 米。

盐官下河 西起湖墩漾，流经栖湖、木桥头、杨家坝，入大东港，折向南过四通桥直达五杭运河。全长 5.86 公里，河宽 55 米，平均深度 2.5 米。

横塘港 西起下舍草头漾，东流经下舍陈家圩北，沿勾里、油车、高林边界过大东港、横塘高桥，至一步滩入桐乡境。禹越境 5.16 公里，全长 9 公里，俗称十八里横塘。河底高程 1— 0.6 米，河床底宽最窄 15.7 米，河面宽 50—60 米，平均深度 2 米。

镇境主要河流统计表

表 2-1-2　　　　单位：米

河道名称	境内起止点	长度	流经行政村	河底高程最低（米）	河床底宽最窄（米）
石屑斗新开河	外口—东南斗	1930	西港	—	—
东九里港	召家角—毛羊斗	2795	西港、栖湖	－0.1	5
塔浪湾港	东九里港—油车漾	447	栖湖	—	—
西九里港	七十亩—王介港	2518	西港、栖湖	—	—
坎儿桥港	东九里港—赵家漾	328	栖湖	—	—
高家坝港	西九里港—高家坝	414	栖湖	—	—
汤介斗港	打字桥港—汤介斗	621	栖湖	—	—
打子桥港	东湖墩漾—油车漾	2027	栖湖	—	—
黄家湾港	西九里港—湖墩漾	465	栖湖	—	—

续表 2-1-2

河道名称	境内起止点	长度	流经行政村	河底高程最低（米）	河床底宽最窄（米）
范家坝港	扎门湾港—范家坝	195	木桥头	—	—
扎门湾港支 1	—	327	木桥头	—	—
西公港 1	陈介里—芦家斗	302	东港	—	—
西公港 2	—	811	木桥头	—	—
西公港 3	—	1217	木桥头	—	—
荡郎港	老坟漾—新开河	1009	西港	—	—
朱家坝港	朱家坝—邓介坝	497	东港	—	—
邓介坝港	扎门湾港—邓介坝	784	东港	—	
杨介木桥港	西南王—陈介里	647	杨家坝、木桥头、东港	—	—
大船头港	大船头—坝里	701	杨家坝	—	—
黄郎港	张家角—圩郎东	2282	杨家坝、木桥头	—	—
千字坝港	新窑—千字坝	740	东港	—	—
八字桥港	西湾角—八字桥	807	钱塘、杨家坝	– 0.3	18.3
郁家墩港	西湾角—朱家墩	877	钱塘村	—	—
新开河	俞家墩—费家里	811	钱塘村	—	—
芦家里港	水磨墩—钱塘湾	1323	钱塘村	—	—
道场港	—	417	杨家坝村	—	—
石桥港	白鱼洋—坝头	882	高桥	—	—
黑桥港 1	黑桥—塘前洋	1731	高桥	—	—
黑桥港 2	黑桥—大东港	275	高桥	—	—
凌介斗港	东白马—凌介斗	462	高桥	—	—
范介里港	南丰边—范介里	1455	高桥	—	—
丰边港支 1	—	324	高桥	—	—
会郎港	丰边港—会郎	603	高桥	—	—
小幅桥港	荡湾里—蔡家浜	1239	高桥	—	—

续表 2-1-2

河道名称	境内起止点	长度	流经行政村	河底高程最低（米）	河床底宽最窄（米）
立安港	大东港口—立安	500	高桥	—	—
河西角港	横塘港—中家大	1231	天皇殿	—	—
天皇殿港支 1	—	1870	天皇殿	—	—
徐石桥港	横塘港—天皇殿港	682	天皇殿	—	—
徐石桥港支 1	—	321	天皇殿	—	—
丁介坝港	横塘港—丁介桥港	645	天皇殿	—	—
胡介浜港	天皇殿港—胡介浜	1553	天皇殿	—	—
秋安桥港	秋安桥—桐乡	1691	天皇殿	—	—
王介浜港	天皇殿港—屠家浜	1475	天皇殿	—	—
中介舍港	横塘港—大东港	834	三林	—	—
蔡介角港	中介舍港—蔡介角	1044	三林	—	—
蔡介角港支 1	—	407	三林	—	—
草桥港	二东港—草桥	740	三林	—	—
新港	东港—二东港	1026	三林	—	—
二东港	庙西港—蔡介角	1217	三林	—	—
冷会圩港	二东港—木鱼桥港	732	三林	0.8	10.9
庙西港	东港—二东港	753	三林	—	—
上南斗港	庙西港—上南斗	684	三林	—	—
经路东港	—	1203	栖湖	—	—
经路西港	—	1166	栖湖	—	—
北塔里港	经路东港—经路西	1389	栖湖	–0.2	6.5
张家小桥港	北王公—张家小桥	1045	栖湖	—	—
东溪港	深南港—斗斗里	701	夏东	0.3	10.1
白龙潭港	白龙潭漾—史家斗	495	三林	—	—
韩介桥港	白龙潭漾—白马里	2052	夏东	0.5	5.1
西南王港	杨树下—上堂圩	1516	夏东	—	—

续表 2-1-2

河道名称	境内起止点	长度	流经行政村	河底高程最低（米）	河床底宽最窄（米）
董家湾港	鱼家庄—董家湾	715	夏东	—	—
牌头港	东牌头—众安	1367	钱塘、高桥	—	—
丰边港	北丰边—会郎港	933	高桥	—	—
天皇殿港	大东港—秋安桥	3722	天皇殿	—	—
木鱼桥港	蔡介角—深南港	5262	三林、夏东	—	—
中塔港	大东港—木鱼桥港	1135	三林、夏东	—	
深南港	东湖墩漾—章南角	2589	夏东、栖湖、木桥头	—	—
东庙桥港	—	3343	三林	—	—
扎门湾港	东南王—人民桥	2705	杨家坝、木桥头、东港	—	—
盐官下河	东湖墩漾—五杭	5863	栖湖、木桥头、杨家坝、钱塘	—	—
大东港	牌头港—横塘港	5386	三林、天皇殿、高桥、夏东、杨家坝	—	—
横塘港	东港—秋安桥	5164	三林、天皇殿	—	—

第二章　气　候

镇境地处德清县最东端，属东南沿海北亚热带季风性气候。季风盛行，四季分明，气候温和，雨水丰沛，光照充足，气候条件较为优越。

第一节 气 候

雨量

镇境雨量充沛，年平均降水量 1378.2 毫米，略少于全县平均水平（全县年平均降雨量 1391.1 毫米）。每年 5—9 月为主汛期，汛期平均降水量约 800 毫米，约占全年总降水量的 6 成，其中 6 月为梅雨期，降水集中，7 月受副热带高压控制，天气炎热，常有午后强对流天气出现，8—9 月为台汛期，时常有台风影响带来较多降雨。镇境历来未设水文站，故以新市水文站资料为依据。

新市地区年平均降雨量分布情况

表 2-2-1

月份	1	2	3	4	5	6	7	8	9	10	11	12
降水%	2.5	6.2	9.2	6.9	13.4	14.7	14.6	8.2	11.1	3.4	2.8	3.1

新市设水文站以来，测得一日最大降水量为 1962 年的 211.7 毫米，最高水位为 1963 年 9 月 12 日台风降雨的 5.05 米。

典型水害年份新市水文站测得降雨概况

表 2-2-2

年份	年降雨量（毫米）	降雨天	最大月降雨（毫米）	月份	最大日降雨	日期
1963	1201.1	126	247.5	6	187.8	9.12
1983	1780.1	143	393.2	6	144.2	10.4
1984	1284.0	147	385.0	6	157.0	6.13

季节

镇境年平均气温 17.2℃，高于全县平均水平（德清县近 5 年来平均气温 16.7℃）。禹越镇冬冷夏热温差大，其中 1 月最冷，平均气温 4.0℃，7 月最热，平均气温 28.8℃。春季一般始于 3 月，低温多雨，冷暖起伏，天气多变；夏季始于 5 月下旬至 6 月初，前期梅雨季节，闷热潮湿多暴雨，后期出梅，晴热少雨多高温；秋季始于 9 月下旬至 10 月初，前期晴暖多雨，后期秋高气爽；冬季寒冷干燥。

常年四季起讫日期及持续时间大致为：春季 3 月 30 日起，6 月 8 日止，共 71 天。夏季 6 月 9 日起，9 月 27 日止，共 111 天。秋季 9 月 28 日起，12 月 4 日止，共 68 天。冬季 12 月 5 日起，3 月 29 日止，共 115 天。

光照

镇境年平均太阳辐射量约为 4150 兆焦耳/平方米，年日照时数约 1800 小时。10℃积温及持续日数是衡量一个地区热量资源和农业气候资源的一个重要指标，镇境稳定通过 10℃的活动积温平均为 5600℃左右，持续日数在 230—250 天，热量资源较优越，终年可进行田间作业。此外，境内河网小气候、农田小气候非常典型。

第二节　灾　害

镇境气象灾害种类较多，台风、暴雨、干旱、大雪、雷电、大风、冰雹、大雾、高温、低温等时有发生，由气象条件引发的城镇内涝、农村渍涝及农业气象灾害等也较为严重，对经济社会发展、工农业生产、人民群众生命财产安全以及生态环境造成较大影响。受全球气候变化影响，各类极端天气事件更加频繁，气象灾害的强度和影响程度不断加大，气象灾害直接经济损失约占当年总产值的 1%左右。

台风

镇境距离浙江北部沿海海岸线不到 100 公里，受台风影响较为严重，其中一类是在浙江沿海登陆且西北行正面影响的台风，另一类是台风倒槽与冷空气相结合影响浙江的台风。一旦遭受台风影响，易发生连锁性灾害，即洪涝、风灾等数灾并发，危害较大。德清的台风风雨综合强度在浙江县（市）中，排名39位，属于中等偏重程度。镇境台风风险度在全县各乡镇中排第4名，台风风险较高。据统计，年均2个台风影响禹越，主要集中在7—9月。近年来影响较重的台风有：2007年第16号台风罗莎、2012年第11号台风海葵，2013年第23号台风菲特。

暴雨

暴雨洪涝镇境发生比较频繁，洪涝灾害大都由暴雨、特大暴雨或持续大范围暴雨天气造成，镇境年均出现3次日降雨量50毫米以上的暴雨天气。暴雨引发的洪涝灾害一般主要发生在梅汛期，其中1981—1999年遭遇5次特强洪涝，分别发生在1983年、1984年、1993年、1996年和1999年。禹越镇洪涝灾害风险度相对较高，排在全县各乡镇中等。

高温

每年6—9月多为35℃以上高温天气，尤以7月、8月两月居多。镇境年平均35℃以上的高温日数达25天左右，近年来属于酷暑年的有1990年、1994年、1995年、1998年、2003年、2005年、2013年，其高温日数均超过30天。特别是2013年7月上旬至8月中旬，禹越镇最高气温35℃以上高温日接近50天，其中8月上旬日最高气温连续多天维持在40℃以上。2013年8月7日出现了42.7℃的极端最高气温。

冰冻

寒潮一般多发于冬春季节，常常会带来大风、暴雪、低温冰冻等恶劣天气。镇境几乎每年都会受到寒潮影响，造成低温雨雪冰冻灾害。镇境因地处德清县东南部，因此降雪、积雪等影响程度相对县内其他地方较低。镇境低温冰冻天气主要出现在冬季和初春，即每年12月份至次年3月份，其时为一年中最冷时节，日最低气温常常会降到0℃以下，霜冻或冰冻天气较为频繁。据统计，镇境日最低气温在 0℃以下日数为 10—25 天左右。历史极端最低气温出现在 2009 年 1 月 25 日，为零下 5.5℃。偏寒年份 10 月见霜，年平均霜期 128 天，无霜期 237 天。

强对流

冰雹、龙卷风、短时暴雨、雷雨大风等强对流天气，局地性强、可预报性困难，常常伴随大雨大风、强雷电。镇境强对流天气，主要发生在春夏季节，一般多发于夏季午后到上半夜，据史载：光绪二十二年（1896）四月十六日傍晚，镇境北圩郎遭龙卷风袭击，天昏地暗，河水翻腾，屋瓦飞舞，巨树被折，周围 10 多里房屋全毁，死伤 200 余人。

雷击

镇境位于德清县三条主要雷暴带南支，属雷暴高发区，年平均雷暴日数 45 天左右。每年 4—9 月为雷暴多发月份，每天雷电又多发于 12：00—19：00。一般二三月份出现初雷。春夏季节发生雷暴较多，秋季次之，冬季很少。平均地闪密度约 2.5—5 次/每平方公里。镇境年平均雷电灾害次数为 1—3 次。

历史记载中与镇境相关自然灾害

水灾

太元元年（251）秋，八月朔，大风，江海涌溢，平地水深八尺。

太平元年（256）八月朔，大风拔木，太湖溢，平地水高八尺。

咸安元年（371），大水，民饥。

南齐永明九年（491），大水，民饥。

大和四年（830），两浙水害稼。

后晋天福五年（940）八月，吴兴、嘉禾郡大水。

嘉祐六年（1061），两浙淫雨为灾。

元丰六年（1083）正月，大雨至六月，田不播种，庐舍漂荡，民弃田卖牛，散走乞食。

崇宁四年（1105），苏州、湖州、秀州三州水。

重和元年（1118）夏，两浙大水，居民流移，溺死者众。

隆兴二年（1164），湖、秀州大水，浸城郭坏庐舍、圩田。

淳熙六年（1179）秋，温、台、湖、秀等皆水坏圩田。

嘉定九年（1216）四月大霖雨至五月，六月大霖雨二十余日，灾甚。

嘉定十一年（1218）六月，德清、武康大水，房屋人畜飘没无数。

至元二十五年（1288）三月，德清，武康大水，乡民卖妻女换粮。

洪熙元年（1425）夏，苏、松、嘉、湖，积水伤稼。

正德十年（1515），湖州府6县水灾，免田赋。

嘉靖二年（1523）夏，德清、武康大水，田稻无收。

嘉靖二十八年（1549）夏，德清、武康大水，田禾淹没。

嘉靖四十（1561）年，德清、武康大水，田稻无收。翠年，武康又大水。

万历十五年（1587），德清大水淹田，溪有浮尸。次年，米价骤涨，饥饿、疫病，死者甚多。

万历十六年（1588），大水，复大疫。米价骤涨，饥饿、疫病，死者甚多。

万历二十九年（1601）春夏，苏、松、嘉、湖，淫雨伤麦。

万历三十三年（1605）夏，德清大水，新市大街离水面仅尺许，近栅可移舟陆中。是岁大饥。

万历三十六年（1608），大雨霖，居民陆地行舟。

崇祯十三年（1640）五月十三日，大雨七昼夜，水溢淹禾，米价涌贵。

崇祯十五年（1642），大风雨，大饥。人食草木，路殍相望。

顺治八年（1651）自春至夏，淫雨，麦豆浸死，民多流离，大饥。

康熙九年（1670）五月，德清接连大雨10日，漂没房屋无数，种苗3次无收，民饥。

康熙十五年（1676）夏，大雨水，田禾没，民庐坏，冬大饥。

雍正四年（1726）八月至十月，恒雨大水，濒河民庐俯可拾鱼，村人驾船割稻头，饥。

乾隆十九年（1754）八月初十日，大雨竟日夜，十三、十四日又雨，水涨七尺许，没圩损稼。

乾隆二十七年（1762）七月初七日，暴雨，十三日复雨，竟日不止，水暴涨，田禾被浸。

乾隆三十四年（1769）春夏，德清淫雨连旬，大水损蚕、麦、田禾淹没，秋无收。

嘉庆九年（1804）五至六月，德清、武康大雨，田禾淹没。

道光三年（1823），淫雨不止，平地水深数尺，禾苗淹没，房屋倒塌，民多溺死，大饥。

道光十二年（1832），大雨水，米价腾贵，斗米钱六百九十文。

道光二十九年（1849），德清大水淹禾，险塘溃决，乡民食树皮，次年春饥荒。

道光三十年（1849）八月十四日，德清昼夜大雨，禾稼淹。

光绪八年（1882）七月二十二日，德清大雨倾盆，吴杨羌山山洪暴发，禾尽淹无收。

光绪十五年（1889）六月二十四日起，德清连雨，险塘冲塌，田禾尽淹。

宣统元年（1909）五月，大水成灾，田禾淹没无收，乞讨成群，民谚："宣统元年，水没廊檐，苦如黄连，豆腐过年。"

宣统三年闰六月十六夜，德清大雨倾盆，水涨7尺，禾苗、杂粮、鱼、菱均受灾。

民国17年，德清、武康水灾，田禾淹没，墙壁倾圮，圩堤倒塌，其中德清17万亩农田颗粒无收，5万余亩减产，损失稻谷22万余担。

民国30年8—9月，德清水灾，水稻减产二至七成。

民国35年（1946）6月，淫雨连绵，河水泛滥，一片汪洋，田禾尽淹，农民日夜戽救二十余日，虽得保存2/3，因秧苗久淹水中，株叶枯萎，补种失时，7月天气阴凉，又被虫蚀。

民国36年，德清12个乡水灾，稻、鱼、菱损失五成左右。

1950年4月28日，新市、下舍等地水灾，淹田1.5万亩。

1952年1月20—23日，德清连日大雨，水位增至5.44米，倒塌堤塘46处，决口2处，淹没农田8440亩。7月下旬，城关、洛舍、下舍、新市区严重内涝，受灾农田2.36万亩。淹死稻田705亩。9月中旬，秋雨连绵，全县淹没农田千余亩，中稻发芽，减产一成。

1954 年 5—8 月，80 多天阴雨连绵，德清出现 3 次洪涝灾害，降雨量 1412 毫米，仁德陡门水位高达 6.55 米，为 20 年来所罕见。全县 7 万亩已插种农田积水 0.6 米，17 万亩未插种农田积水 1—1.3 米，地势低洼的洛舍等 10 个乡，农田一般积水在 1.6 米左右，部分达 2.3 米。全县减产粮食 2050 万公斤。

1957 年 6 月下旬至 7 月 6 日，德清连续降雨，淹没稻田 20 万亩，秧苗田 4357 亩。武康淹田 3.2 万亩。

1973 年 6 月中旬至月底，降雨 460 毫米，全县 13 万亩农田受涝，减产粮食 300 万斤。9 月上中旬，又连续下雨 17 天，雨量 261.6 毫米，酿成水灾。

1983 年 6 月 20 日至 7 月 10 日，降雨 483 毫米，为解放后 34 年来同期雨量最多年份。其中 7 月 5 日 8–19 时，降雨 140 毫米，至 20 时，德清最高水位 6.2 米。次日，新市最高水位 4.95 米。全县 24.6 万亩早稻不同程度受损，其中 15.88 万多亩严重受淹，1 万多亩颗粒无收，受淹桑地 1.3 万亩、鱼荡 7600 亩；塌毁机埠 28 处、水闸 26 处、堰坝 128 处、桥梁 42 处、帮岸 7.5 公里、公路 6.8 公里；堤塘决口 163 处，倒塌房屋 1949 间。

1984 年 6 月 13—14 日，连续 29 小时大暴雨，雨量 236 毫米，水位超历史最高纪录。全县早稻受淹 24.6 万亩，其中较严重的 16.5 万亩，颗粒无收的 4.8 万亩晚稻秧田受损 7000 亩，桑地受淹 1.5 万亩，内外荡淹没 1500 亩，猪、羊死 3065 头。

1999 年 6 月 30 日，苕溪水涨，河水倒灌，武康余英溪两侧路边积水近尺。开闸泄洪后，新市及镇境堤塘受压，泄水不畅而造成内渍，粮食减产。部分鱼荡鱼逸。

旱灾

西汉惠帝五年（前 190）夏，大旱，太湖涸。

北宋建隆二年（961），吴越自五月不雨至七月。

咸平元年（998）春夏，浙江旱。

绍圣四年（1097）夏，两浙旱。

绍兴三年（1133），江浙自六月不雨至八月。

绍兴四年（1134），江浙自六月不雨至八月。

开禧元年（1205）夏，浙东西不雨百余日。

嘉定八年（1215）五月，草木枯槁，百泉皆竭，两浙旱灾为虐，种不入土者十之七八。

淳八年（1248）夏，大旱，运河干涸。

至元二年（1265），江浙旱，自春至八月不雨。

至元八年（1271）夏，大旱，运河干涸。

后至元二年（1336），江浙旱，自春至于八月不雨，民大饥。

成化二十三年（1487）秋，大旱，禾尽槁，河底龟坼。

嘉靖二十四（1545），杭、嘉、湖三府大旱，民大饥。

嘉靖二十六年（1547）七月，不雨，至十二月二十日始雨，自夏至冬，水源干涸。

万历十七年（1589）夏，大旱，运河龟圻，野无青草，溪干田裂，禾稻难插。民咽糟糠，吃树皮，卖妻鬻子，饿殍载道，疫死者无算。

崇祯五年（1632）杭、嘉、湖三府，自八月至十月，七旬不下雨，大旱，岁饥。

崇祯十四年（1641）六月旱，有蝗，蝗自西北来，障天蔽日，食禾几尽。

崇祯十五年，德清大旱，飞蝗蔽天，禾稻吃尽，灾荒连年。百姓背井离乡，典妻卖女，或以树皮、草根、白泥（观音粉）充饥，村落荒芜。

崇祯十六年（1643）六月，大旱，田禾尽枯。

顺治元年（1644）五月不雨，至十一月十五日乃雨，河底起尘，晚禾枯槁，道相望。

顺治九年（1652）自五月不雨至秋，七月溪流绝，井泉竭，运河见底，苗尽槁。

顺治十八年（1661）旱，吴越数千里，草木皆枯死。

康熙十年（1671）自五月至九月不雨，大旱，大燠，草木枯槁，赤地千里，人多竭死。

康熙六十年（1721）夏秋俱大旱，河底龟坼，至八月始雨。

乾隆五十年（1785）六至七月，旱。溪港干涸，禾稻枯槁。

同治十二年（1873）夏秋，德清大旱，田禾减收。

民国7年（1918）夏，旱，运河枯浅。

民国23年（1934）大旱，6月梅雨不发，大旱至9月始雨。河港干涸，土地龟坼，田禾大半枯萎，秋收无望，农民生计陷于绝境，惨况为近百年所未有。

民国36年（1947）旱灾。土地龟裂，河床干涸，禾苗焦枯，德清受灾5.49万亩，武康5725亩。只能饮浑浊的黄泥浆水。

1953年6月，德清旱，近10万亩农田受灾。

1958年，秋旱，5月下旬至7月底，久晴无雨，旱情严重，德清全县10.2万亩水稻受灾，损失粮食375万公斤。

1961年6月19日至8月26日，干旱，全县7.8万亩农田受灾，减产粮食808万公斤。

风灾

万历十五年（1587）七月二十一日，龙风骤作，发屋拔木，皮吹裂，如刀乱然，田禾淹。七月终，飓风大作，环数百里，一望成湖。

天启六年（1626）七月初一日，大风拔木，淫雨如注，舍庐俱损，两昼夜方息。

顺治八年（1651）六月二日，龙卷风大作。

康熙四年（1665）夏，德清大风，拔树、倒屋。

康熙三十五年七月二十三日傍午，飓风大作，飞瓦拔树，房屋倒塌，压伤甚多。

乾隆三十九年（1774）七月二十日，大风雨，坏室庐无算。

同治九年（1870）四月十三日，大风毁屋。

光绪二十二年（1896）四月十五日傍晚，徐家庄北圩郎遭龙卷风，天昏地暗，河水翻腾，屋瓦飞舞，巨树被折，周围10多里房屋全毁，死伤200余人。

民国26年（1937），8月30日晚台风袭击，交通中断。

民国31年（1942），德清、武康风灾。

1952年8月9日起，德清连遭2次台风袭击，大片早稻倒伏。

1956年8月1日午夜至2日，德清、武康遭强台风侵袭，风力10–11级。德清暴雨，日雨量接近200毫米，刮倒房屋757间，压死3人，伤53人，损失稻谷25万公斤。

1960年8月8—10日，受8号台风影响，暴雨淹田3.4万亩。

1961年6月24日，倾盆大雨，雷电交加，风力从4级增至12级，持续20分钟。全县倒塌房屋256间，死2人，伤13人，经济损失10万元左右。10月3日，26号台风侵袭，历时3天，水位从3.9米涨至5.85米。上全县倒房2459间，损失粮食1182.5万公斤，死3人，伤4人，经济损失297万元。

1962年，14号台风，全县21个公社118个大队的1039个生产队受灾，死7人，伤11人，倒塌房屋353间，损坏水利设施650处、桥梁73座、农船63只，受灾稻田28.35万亩，减产粮食11万余公斤。

1963年9月12日，12号台风侵袭。拂晓时风力9—10级，阵风11级。雨量：西部姜湾271毫米，中部城关258毫米，东部新市188毫米。6时，东苕溪德清水位为3.31米，次日13时涨到6.24米，洪水下泄缓慢，最高水位持续时间155小时。全县4925处水利设施遭损坏，其中洪水漫塘、决堤倒坝1046处，冲毁桥梁209座、淹没电灌机埠25个，沉抽水机船8只（台），损失农船46只，淹田28万亩、杂粮地2.1万亩、鱼塘4067亩、桑地5708亩，损失秋蚕种8710张，倒房屋2631间，仓库292个，死5人，伤51人，死猪羊632头、牛1头。

1985年7月30日，受6号台风影响，镇境遭大风雨，倒房屋畜舍，伤死家畜，毁机埠水泵。9月9—12日，又遭12号台风影响，普降暴雨，孕穗晚稻普遍淹没，毁房舍、机埠、水泵、变压器。

1988年8月8日，遭7号台风袭击，民房、“三线”树木及夏收作物损失严重。

1997年8月19日，遭11号台风袭击，又值天文大潮，狂风暴雨，倒房屋、树木，部分村供电中断。

雪雹

三国赤乌四年（吴）(241）春，正月，大雪平地深三尺，鸟兽死大半。

南北朝武定四年（546）二月大雪，人畜冻死，路殍相望。

太建十年（578）四月，大雨雹。

唐天复三年（903）三月，大雪平地三尺，其气如烟，其味苦。

南宋绍兴四年（1134）三月，大雨雹，伤稼。

绍兴十三年（1143）二月，雨雹伤麦。五月，夜雹。七月，雹害稼。十一月，雨雹。

嘉定六年（1213）夏，江浙郡县多雨雹，害稼。

景泰元年（1450）正月，大雪二旬，间有黑花，凝积丈许，鸟雀几尽。

嘉靖四年（1525）二月，德清雨雹损桑。

万历二十三年（1595），德清大雪，平地丈许，2个月雪冻不释，死者甚众。

康熙九年（1670）九月，德清雨雪；十二月，大雪丈余，鸟兽乏食冻死。

康熙二十六年（1687）三月十四日，德清雨，雹如拳盂，桑斗麦俱损。

康熙二十九年（1690）十一月，大雪，河道冰绝。

康熙四十二年（1703）二月十九日，大雷，雨雹损菜麦。

道光二十一年（1841）十一月初一至初五夜，德清大雪，平地丈余，菜麦苗俱伤，道路不通，屋宇损坏无算，乡民有压死、饥死者。

1970年3月12日大雪，全县电话通讯线全部中断，并造成大范围停电。

1972年6月11日15时45分至16时15分，洛舍、戈亭、干山、钟管、梅林、新联、高桥等公社的35个大队遭冰雹袭击。冰雹直径1—2厘米，风力8—9级，阵风10级，冰雹范围约1公里。

1976年4月22日12—13时，南路、三桥、龙山、城关、洛舍、钟管、干山、士林、梅林、新联、高桥等公社的81个大队遭冰雹，雹大如拳头，小似蚕豆，持续时间约10分钟，伴有大风。房屋、电杆、麦、油菜等均有损坏。

1977年1月，降雪129毫米，全县压断水泥电杆5779支，毛竹电杆1.1万多支，损失线材1.5万多公斤，倒塌机埠13处。

1980 年 6 月 26 日 13 时 35 分，东部地区 7 个公社下冰雹 4—6 分钟，冰雹最大直径 3.5 厘米，伴有大风。高桥公社刮断 1 万伏电线杆 1 支，低压线杆 15 支，部分早稻倒伏。18 日 12 时 10 分，东部 10 个公社又遭强冰雹袭击，死 6 人，伤 26 人，倒屋 454 间，早稻倒伏 3 万多亩，倒电线杆 2907 支，树 7950 棵。

1983 年 4 月 28 日凌晨 2 时 10—20 分，雷甸、勾里、禹越、二都、三合、城关等公社遭冰雹袭击，受灾面积 66.9 平方公里。冰雹最大直径 8 厘米，一般 3 厘米左右。遭灾较重的雷甸、勾里、禹越公社的 25 个大队 264 个生产队，损失春粮 102.57 万公斤，菜籽 37.5 万公斤，秧田 4891 亩，种谷 10 万公斤，桑叶 12.8 吨，经济损失 127.1 万元。

虫灾

宋隆兴元年（1163）八月，德清、武康飞蝗蔽天。

明嘉靖二年（1523），德清虫灾，桑叶受损。

嘉靖八年（1529），武康夏蝗、秋螟。德清新市有蝗。

嘉靖十九年（1540），武康、新市蝗灾，苇竹俱尽。

崇祯十五年（1642），新市蝗灾。

清康熙三十七年（1698），武康、德清虫灾，德清尤甚。

道光二十三年（1843）七月，德清螟食禾，乡民饥。

咸丰七年（1857）秋，德清飞蝗蔽天，伤禾。

民国 28 年（1939）12 月，德清虫灾，亩粮食减产四至五成。

民国 30 年（1941）8—9 月，德清虫灾。

民国 37 年（1948），早晚稻期间因长期水渍，诱发虫灾，横塘、双马二乡被灾歉收。

1950 年 8 月，德清发生稻苞虫、飞蛾、蛀心虫危害农作物，油车乡 1000 亩水稻枯萎。

1952 年，德清螟虫成灾，全县 60 多万人次投入治虫。

1968 年 10 月，全县五代褐稻虱大暴发，危害面积 15 万亩，损失粮食 1400 万公斤。

地震

明正德十二年（1517），德清大地震。

嘉靖三十九年（1560）四月，德清、武康地震，屋庐摇动如舟，河水撞击，鱼皆跃起。

天启三年（1623）十二月，德清大地震。

崇祯二年（1629）四月，德清地震，闰四月、十二月又震。

清雍正十二年（1734）十二月，新市地震。

乾隆二十年（1765）十二月，德清地震，屋瓦皆鸣。

咸丰三年（1853）三月初七，德清大地震；初十至十七日复震，月余始定。

民国7年（1918）2月12日午后，德清地震。

1979年7月9日地震，震中在江苏溧阳附近，镇境房屋有声，物件晃动，水田泥水抖动。

1984年5月21日23时，黄海乌南沙地震，镇境门窗、橱柜、床晃动出声。

第三章　物　产

镇境位于杭嘉湖平原中心，物种丰富。截至2013年，境内主要植物资源共400多种，主要动物资源300多种，择举如下：

第一节　植　物

镇境属太湖平原植被区，大部分地表原始植被已被人工植被或次生群落所取代。具体可分为：农田植被、水生植被、旱地植被。

农田

天然植被 有稗草、牛毛草、鸭舌草、三角草、油草、夜夜亩、半边莲、水竹叶等。

人工植被 可分为粮食类、蔬菜类、经济类。

粮食类 可分为稻、麦、杂粮。稻有籼稻（早稻）、粳稻（晚稻）、糯稻。麦 有大麦、小麦、荞麦等。

蔬菜类 主要有芋艿、慈姑、茭白等。

经济类 主要有油菜籽、络麻、甘蔗、紫云英、西瓜、葡萄、草莓、荸荠等。

水生

天然植被 有荇、蕴、萍、藻、莲、芦苇、蒲草、水葱、水葫芦、水浮莲、马蹄莲等。

人工植被 有水花生、菱、芡、荷藕等。

旱地

可分为粮食类、经济作物类、瓜菜类、果木类、花木类、花卉类、药草类、地草类、棕竹类、灌木类、乔木类、藤蔓类、孢子类。

粮食类 玉米、番薯、芦稷黍等。

经济类 桑树、芝麻、蓖麻、苎麻、花生、烟叶等。

瓜菜类 辣椒、茄子、番茄、丝瓜、冬瓜、南瓜、香瓜、黄瓜、菜瓜、葫芦、韭菜、葱、大蒜、芥菜、姜、芹菜、蒿菜、菠菜、包菜、茭菜、花菜、青菜、小白菜、黄芽菜、香菜、葫芦、萝卜、丁香萝卜、马铃薯、蚕豆、豌豆、扁豆、豇豆、黄豆、赤豆、绿豆、四季豆等。

果木类 枇杷、杏、梅、桃、枣、李、梨、香橼、橘、橙、柚、石榴、柿等。

花木类 桂、玉兰、含笑、蜡梅、南天竹、苏铁、月季花、杜鹃、紫薇、紫荆、红叶小檗、玫瑰、山茶、木芙蓉、碧桃、黄杨、石楠等。

乔木类　香樟、楠、杜仲、楝、乌桕、枫杨、冬青、法国梧桐、泡桐、松树、水杉、池杉、刺柏、扁柏、白杨、银杏、红枫、垂柳、青岗栎、麻栎、沙朴、白榆、大叶杨、皂荚树、檀树、女贞、柞树等。

棕竹类　棕榈、刚竹、早园竹、淡竹、毛筋竹、箬竹、芦竹等。

灌木类　槿、栀子、海桐、迎春等。

花卉类　鸡冠花、千日红、虞美人、紫罗兰、君子兰、石莲花、垂盆草、仙人掌、凤仙花、夜来香、菊、吊兰、萱草、蝴蝶花、芭蕉、美人蕉、马蹄金等。

藤蔓类　薜荔、何首乌、络石藤、爬山虎、蔷薇、野葡萄、乌蔹莓等。

药草类　野荞麦、地丁草、萹蓄、蓼、荭草、土牛膝、青箱子、三白草、冬葵子、马齿苋、半枝莲、瞿麦、虎耳草、凤尾草、决明子、苍耳子、草茴香、益母草、蒲公英、紫苏、夏枯草、车前草、茜草、败酱草、青蒿、牛蒡、艾草、鬼针草、一枝黄花、香蒲、莎草、半夏、麦冬、草珊瑚、天明精、谷精草等。

地草类　野苋菜、蛇莓、荠菜、马兰头、佛甲草、田皂角、紫云英、野大豆、田菁、野芹、牵牛、马鞭草、稗草、白茅、狗尾草、鸭跖草、莲子草、灯芯草、万年青、酸浆草、绵线头等。

孢子类　蓝藻、丝藻、竹根瘤菌、根瘤菌、蘑菇、平菇、金针菇、竹荪、马勃、地衣、木耳、墙藓、绒苔、牛毛藓、绿片苔、瓦松、节节草、芒、四字萍、凤尾蕨、海金砂、金星蕨等。

第二节　动　物

水生

无鳞类　鳗鲡、泥鳅、鲶鱼、鳝鱼、黄颡鱼（黄钉）、水蛭（蚂蟥）等。

有鳞类　青鱼、草鱼、鲢鱼、鳙（花鲢）鱼、鲫鱼、鳌条鱼、鳑鲏、鳊鱼、鲂鱼、鲌鱼、逆鱼、鳜鱼（桂鱼）、鲤鱼、鳢头、土鲋（罗土）、鲈鱼等。

甲壳类　青虾、小龙虾、石蟹、河蟹、螺蛳、田螺、河蚌、蚬、蛏等。

陆地

家畜类 水牛、猪、湖羊、绵羊、兔、狗、猫等。

家禽类 鸡、鸭、鹅、鸽、鹌鹑等。

兽类 刺猬、麝鼩（尖嘴老鼠）、臭鼩（臭老鼠）、田鼠、黄鼬（黄鼠狼）、蝙蝠等。

鸟类 鹈、鸬鹚、白鹭、苍鹭、麻雀、鹌鹑、秧鸡、雉、喜鹊、斑鸠、杜鹃、翠鸟、啄木鸟、燕、画眉、黄莺、乌鸦、野鸡、野鸭、白头翁、猫头鹰等。

爬行类 壁虎、赤链蛇、水蛇、乌梢蛇、蝮蛇（灰地鳖）等。

昆虫类 桑蚕、稻蝗、蚱蜢、螽斯、纺织娘、蟋蟀、蝼蛄、螳螂、白蚁、黑蚂蚁、蝉、蜻蜓、褐飞虱、黑尾蝉、蚜虫、蜣螂虫，盲蝽象（屙屁虫）、臭虫、谷蛾、麦蛾、螟虫，大豆食心虫，蛀虫、桑毛虫、桑尺蠖、稻苞虫、菜粉蝶、赤蛱蝶（卷叶虫）、瓢虫、萤火虫、叩头虫、谷蠹、斑蝥、蚕豆象、豌豆象、天牛、金龟子、胡蜂、蜜蜂、蚊、蝇、虻、蟑螂、白虱、跳蚤、马陆、蜈蚣、蚰蜒、蜘蛛、蜗牛、蚯蚓等。

两栖

蛤蟆、青蛙、龟、鳖、石鸡（石蛙）。

第三卷　人　口

域内在明清之前人烟稀少，清初战乱，有大量移民陆续从杭州、绍兴、江苏等地迁移到境内定居，从此乡里人口繁衍迅速，形成了地方小，人口密，姓氏多的特征。

民国时期，户籍残缺不全。中华人民共和国成立后虽有人口资料，但仍然缺乏完整性。

第一章　户　口

第一节　规　模

镇境人口统计始于民国26年（1937），其时徐家庄1206户5535人。白马乡838户3641人。西林乡685户4304人。十年后，禹越乡总人口11730人，其中女5213人；双马乡总人口10754人，其中女6149人。

解放初，禹越、油车、三来3个乡共有农户4156户（详见下表）。

1951年禹越三乡村组户口表

表3-1-1

禹越乡	1村	3个组	274户
	2村	2个组	233户
	3村	2个组	202户
	4村	2个组	182户
	5村	2个组	214户
	6村	3个组	232户
	7村	3个组	243户
合计	7个村	17个组	1580户
油车乡	1村	3个组	225户

续表 3-1-1

油车乡	2村	3个组	236户
	3村	3个组	211户
	4村	2个组	206户
	5村	2个组	189户
合计	5个村	13个组	1067户
三来乡	1村	3个组	237户
	2村	2个组	221户
	3村	2个组	224户
	4村	3个组	262户
	5村	3个组	249户
	6村	2个组	206户
	7村	1个组	110户
合计	7个村	16个组	1509户

1964年，禹越公社总户数2423户，总人口11031人；高桥公社总户数2462户，总人口11223人。1966年，禹越设10个大队122个小队，户口增至2326户11144人；高桥设8个大队115个小队，户口增至2477户11749人。1980年，禹越公社农业总户数（不含城镇居民户，下同。）2719户，总人口13104人；高桥公社农业总户数2809户，总人口13919人。1982年，禹越公社总户数2923户，总人数13222人；油车公社总户数2952户，总人口14186人。

2004年4月，下辖14个行政村，143个村民小组，2个居委会，全镇总户数7705户，总人口29498人。2006年底，镇建城区面积2.1平方公里，人口6800人。至2013年年底，全镇总户数7498户，总人口30060人。

1980—2013年禹越镇户数、人口数情况

表3-1-2

年份	总户数	总人口		其中非农业人口
		合计	其中：男	
1980	5528	27023	14407	560
1981	5686	27267	14494	618

续表 3-1-2

年份	总户数	总人口		其中非农业人口
		合计	其中：男	
1982	5793	27501	14610	648
1983	5894	27523	14614	662
1984	6013	27404	14547	607
1985	6171	27401	14523	785
1986	6207	27988	14782	773
1987	6358	28432	14965	798
1988	6532	28560	14978	803
1989	6778	28788	15033	756
1990	6980	29022	15102	801
1991	7199	29230	15123	799
1992	7369	29256	15139	726
1993	7487	29416	15203	716
1994	7622	29560	15252	935
1995	7617	29658	15243	956
1996	7634	29739	15258	971
1997	7611	29710	15168	988
1998	7637	29593	15098	997
1999	7650	29553	15055	1014
2000	7654	29723	15125	1030
2001	7658	29697	15082	1053
2002	7673	29598	14991	1077
2003	7662	29449	14927	1075
2004	7705	29498	14925	1094
2005	7718	29490	14953	1111
2006	7743	29496	14938	1151
2007	7793	29530	14901	1184
2008	7850	29785	15037	1237

续表 3-1-2

年份	总户数	总人口		其中非农业人口
		合计	其中：男	
2009	7884	29667	14976	1270
2010	7888	29744	14940	1304
2011	7873	29663	14906	1302
2012	7604	29682	14889	1210
2013	7498	30060	15028	1003

说明 1.上表数字含禹越、油车的合计数。2.数据摘自德清县统计局编的《统计年鉴》和禹越镇派出所年报数。3.上表 1980—1985 年的总户数为农业户数，不包含城镇居民户

第二节 分布、密度

在历史上，高桥人口出生率低于禹越。1963 年，禹越为 38.93‰，高桥为 33.8‰，1970 年，禹越为 21.67‰，高桥为 19.34‰。

1983 年后，镇区工商业迅速发展，加上婚嫁就业居民时有搬迁，因而人口分布状况不断变化。

1994 年，禹越镇和高桥镇总面积为 39.0 平方千米，人口 29560 人，每平方千米密度约 757 人。

禹越镇部分年份人口分布概况

表 3-1-3

2000 年			2004 年			2010 年		2013 年	
镇、村名	户数	人数	镇、村名	户数	人数	户数	人数	户数	人数
徐家庄镇合计	3981	15127	禹越镇合计	7629	29367	7826	29577	7826	29968
居委会	404	1234	居委会	652	1003	831	1143	798	891
坝里村	377	1474	东港村	543	2144	547	2165	547	2221
石屑斗村	416	1670	栖湖村	755	3009	729	2942	760	3023

续表 3-1-3

2000年			2004年			2010年		2013年	
镇、村名	户数	人数	镇、村名	户数	人数	户数	人数	户数	人数
九里港村	187	692	木桥头村	898	3581	900	3556	900	3665
栖丰村	430	1691	杨家坝村	637	2494	635	2508	635	2590
北圩村	332	1172	钱塘村	368	1510	368	1513	370	1510
道场村	173	710	西港村	562	2204	568	2277	572	2358
木桥头村	690	2657	天皇殿村	798	3334	804	3340	801	3428
徐家庄村	142	554	三林村	933	3843	950	3830	947	3903
杨家坝村	442	1790	夏东村	814	3397	825	3468	827	3496
钱塘村	388	1483	高桥村	660	2848	669	2835	669	2883
高桥镇合计	3930	15603	—	—	—	—	—	—	—
居委会	264	700	—	—	—	—	—	—	—
湖墩村	335	1314	—	—	—	—	—	—	—
东溪村	232	988	—	—	—	—	—	—	—
三来村	519	2090	—	—	—	—	—	—	—
夏家村	618	2501	—	—	—	—	—	—	—
茅林村	414	1706	—	—	—	—	—	—	—
油车村	200	803	—	—	—	—	—	—	—
天皇殿村	878	3501	—	—	—	—	—	—	—
米世村	470	2000	—	—	—	—	—	—	—

说明：本表中 2000 年数字摘自 2000 年第五次人口普查资料，2004 年、2010 年、2013 年数字为禹越、高桥合并后数字，摘自镇政府年报数

第二章 构 成

第一节 民 族

民国期间，镇境无少数民族居住。自 1959—1961 年国家三年困难时期引动人口大迁徙后，始有云、贵少数民族妇女入境婚嫁。据 2000 年第五次人口普查，徐家庄镇汉族 14971 人、蒙古族 7 人、苗族 22 人、彝族 28 人、壮族 47 人、布依族 34 人、侗族 7 人、瑶族 5 人、土家族 1 人。高桥镇汉族 15545 人、苗族 8 人、彝族 3 人、壮族 28 人、布依族 4 人、侗族 4 人、瑶族 7 人、土家族 1 人。

2010 年第六次人口普查，禹越镇常住人口 32034 人，汉族 31284 人，占总人口的 97.66%，其他民族 750 人，占总人口的 2.34%。

第二节 年龄、性别

禹越镇人口年龄性别，据 1964 年第二次人口普查统计，男女性别比例，禹越公社 121.33：100，高桥公社 113.00：100。1982 年第三次人口普查统计，男女性别比例（女性=100），禹越公社为 115.98：100，油车公社为 112.30：100。第四次人口普查统计，男女性别比例，禹越乡为 110.47：100，油车乡为 108.75：100。2000 年第五次人口普查统计，男女性别比例，徐家庄镇为 100.09：100，高桥镇 102.50：100。2010 年第六次人口普查统计，男女性别比例，禹越镇 102.86：100，男妇自然结构基于平衡。

中华人民共和国成立后，全国人口普查共进行六次，据第四次（1990 年）和第五次（2000 年）人口资料比较，禹越镇人口年龄结构变化有如下两个特征：一是 0—4 岁人口下降幅度较大，反映了计划生育成果。二是 65 岁以上人口增长，反映了人民生活和健康水平提高，并进入人口老龄化。

部分年份禹越镇人口年龄构成分组统计

表 3-2-1

年龄分组	1990 年			2000 年		
	合计	男	女	合计	男	女
全镇合计	13704	7193	6511	15127	7567	7560
0—4	1193	615	578	944	470	474
5—9	718	353	365	1121	563	558
10—14	608	314	294	1207	603	604
15—19	963	496	467	715	330	385
20—24	1442	713	729	704	310	394
25—29	1583	828	756	1154	527	627
30—34	1263	690	573	1570	740	830
35—39	1124	591	533	1633	843	790
40—44	928	487	441	1222	685	564
45—49	650	364	286	1127	599	528
50—54	621	326	295	905	463	442
55—59	645	354	291	610	339	371
60—64	627	374	253	565	285	280
65—69	538	302	236	566	289	277
70—74	383	202	181	459	251	208
75—79	235	122	113	341	177	164
80—84	130	46	84	198	86	112
85—89	40	15	25	67	27	40
90—94	10	1	9	15	6	9
95—99	2	0	2	4	1	3
100 岁以上	1	0	1	0	0	0

部分年份高桥镇人口年龄构成分组统计

表 3-2-2

年龄分组	1990 年			2000 年		
	合计	男	女	合计	男	女
全镇合计	14719	7668	7051	15603	7898	7705
0—4	1179	605	574	907	457	450
5—9	885	462	423	1036	552	484
10—14	702	382	320	1239	621	618
15—19	1154	597	557	691	357	334
20—24	1498	748	750	683	318	365
25—29	1690	897	793	1261	601	660
30—34	1394	744	650	1564	770	794
35—39	1218	632	586	1724	899	825
40—44	968	501	467	1340	713	627
45—49	666	318	348	1227	630	597
50—54	702	382	320	931	481	450
55—59	720	396	324	626	298	328
60—64	660	363	297	626	335	291
65—69	495	279	216	657	350	307
70—74	360	190	170	498	253	245
75—79	230	102	128	343	166	177
80—84	154	58	96	163	73	90
85—89	36	12	24	70	22	48
90—94	8	0	8	16	2	14
95—99	0	0	0	1	0	1
100 岁以上	0	0	0	0	0	0

说明：上述禹越、高桥部分年份人口年龄分布统计数均摘自第四次和第五次人口普查资料

第三节　文　化

解放后，文化程度逐步提高，1964 年禹越公社具有小学以上各种文化程度的人口占总人口数的 19.7%，2000 年上升为 78.78%。高中以上文化程度由 1964 年占总人口数的 0.36%，上升到 2000 年占总人数的 4.0%。1964 年油车公社具有小学以上各种文化程度的人口占总人口数的 17%，2000 年上升为 82.65%。高中以上文化程度由 1964 年占总人口数的 0.26%，上升到 2000 年占总人数的 2.52%。2010 年，禹越镇具有小学以上各种文化程度的人口占总人口的 90.01%，高中以上文化程度占总人口数的 6.6%。

部分年份禹越镇文化程度人口统计

表 3-2-3

年份		1964 年		1990 年		2000 年		2010 年	
全镇总人口		22254		28423		30730		32034	
文化程度	合计	人数	百分比（%）	人数	百分比（%）	人数	百分比（%）	人数	百分比（%）
		4081	18.34	19800	69.66	24814	80.75	28837	90.02
	大学	5	0.02	22	0.08	121	0.39	556	1.74
文化程度	高中	64	0.29	639	2.25	1049	3.56	1572	4.91
	初中	283	1.27	4703	16.54	7418	24.13	11689	36.49
	小学	3729	16.76	14436	50.79	16226	52.80	15020	46.89

说明：上述数据摘自第二次、第四次、第五次、第六次人口普查资料，1964 年、1990 年、2000 年数据为禹越、高桥合计数，2010 年为两镇合并以后数据

第四节　职　业

1990 年，禹越镇在业人口为 19907 人，占总人口的 70%。其中各类专业技术人员 217 人，国家机关、政党和群众团体 213 人，生产工人、运输工人和有关人员 4941 人，商业工作人员 492 人，服务性人员 109 人，农林牧渔人员 13336

人，建筑业人员 572 人，金融、保险业 27 人。

2003 年，徐家庄 14195 人中，乡镇 从业 7983 人，占 56.3%。

据 2013 年镇农办统计，禹越全镇在业人口 18459 人，占总人口的 57.63%。

2013 年禹越镇行业人口构成统计

表 3-2-4　　　　单位：人

产业名称	行业类别	人数	占三产百分比
第一产业	农、林、牧、渔水利业	2418	13.1
第二产业	工业、企业、建筑业	13619	73.8
第三产业	交通运输、通讯业 商业、公共饮食业、物资供销业和仓储业 卫生、体育和社会福利事业 金融保险业 国家机关、党政机关和社会团体	2422	13.1
合　计		18459	100

说明：以上资料摘自禹越镇农办 2013 年报数据

附：禹越镇百岁老人录（统计至 2014 年年底）

杨金囡　女，木桥头村陈家里组人，生于 1912 年 2 月 13 日，现年 102 岁，健在。

徐引娣　女，禹越居委会人，生于 1913 年 10 月 23 日，现年 101 岁，健在。

沈金娥　女，三来村红旗斗组人，生于 1914 年 2 月 14 日，现年 101 岁，健在。

戚阿福　女，木桥头村北木桥组人，生于 1915 年 6 月 17 日，现年 100 岁，健在。

沈金凤　女，栖湖村高家坝组人，生于 1915 年 11 月 5 日，现年 100 岁，健在。

禹越镇 2013 年重阳节高龄老人（95 岁以上）慰问名单

表 3-2-5

单　位	姓名	出生年月	性别	发放金额	签名
三林村红旗斗组	沈金娥	1914.2.14	女	300	—
三林村蔡家埭组	陆宝囡	1918.8.2	女	300	—

续表 3-2-5

单　位	姓名	出生年月	性别	发放金额	签名
西港村树下埭组	赵宝魁	1919.8.13	男	300	—
高桥村庆丰东组	沈彩珍	1919.11.2	女	300	—
合　　计	—	—	—	7800	—

第三章　姓氏构成

1. 全镇概况：全镇有 241 姓，其中单姓 239 个，复姓 2 个，以人口数多寡计，千人以上有沈（5716）、徐（2402）、蔡（1570）、陈（1503）、杨（1274），65 个姓氏仅 1 姓 1 人，大部分为女性，多系婚嫁迁入 。现以各姓氏人口数量多少为序，列表于下：

2014 年禹越镇全镇姓氏统计表

表 3-3-1

姓氏	户数	人数	姓氏	户数	人数	姓氏	户数	人数
沈	1511	5716	黄	16	90	肖	2	10
徐	696	2402	谢	25	89	熊	—	10
蔡	393	1570	费	20	81	邓	1	9
陈	387	1503	吕	26	81	潭	1	9
杨	321	1274	郁	24	78	庄	—	9
姚	265	1049	梁	14	71	杜	1	8
周	260	1031	董	21	69	傅	2	8
张	242	966	葛	22	69	盛	—	8
王	213	905	何	12	62	魏	—	8
高	251	894	余	14	62	段	1	8

续表 3-3-1

姓氏	户数	人数	姓氏	户数	人数	姓氏	户数	人数
朱	198	759	袁	15	60	祝	—	8
胡	207	746	倪	13	55	褚	—	7
曹	198	663	忻	10	52	江	—	7
钟	175	645	房	13	50	老	—	7
章	156	595	孟	11	46	廖	—	7
屠	140	480	潘	9	44	骆	1	7
吴	108	433	臧	14	42	石	1	7
李	80	364	谈	9	41	苏	1	7
陆	89	337	莫	6	40	谭	1	7
范	79	322	占	16	40	汤	1	7
钱	82	310	泮	8	38	华	1	6
金	76	268	施	9	37	郎	2	6
俞	75	261	嵇	9	36	楼	3	6
赵	61	245	唐	4	34	聂	1	6
罗	64	239	娄	6	30	裴	—	6
凌	66	224	马	8	29	彭	—	6
许	54	216	叶	6	27	滕	1	6
韩	63	215	冯	5	26	万	—	6
茅	70	210	汪	3	26	詹	—	6
姜	61	197	邵	8	25	查	—	5
宋	53	180	程	2	24	付	1	5
邱	45	175	车	5	22	龚	—	5
孙	39	167	严	7	21	雷	—	5
戚	47	165	田	4	18	龙	—	5
方	39	162	闻	4	18	冉	1	5
郑	45	138	卢	1	16	覃	—	5
郭	32	129	蒋	—	13	陶	1	5
卞	28	121	前	3	13	文	1	5

续表 3-3-1

姓氏	户数	人数	姓氏	户数	人数	姓氏	户数	人数
戴	29	119	曾	2	13	闫	—	5
丁	27	118	林	4	12	尤	—	5
史	30	113	薛	1	12	白	—	4
夏	23	113	顾	—	11	甘	1	4
刘	21	108	庞	2	11	苟	1	4
贾	29	104	秦	1	10	侯	1	4
季	—	4	卓	1	2	温	—	1
焦	—	4	邹	—	2	翁	—	1
孔	1	4	尚	—	1	武	—	1
赖	—	4	池	—	1	项	—	1
柳	2	4	崔	—	1	辛	—	1
鲁	1	4	滇	—	1	邢	—	1
毛	—	4	东	—	1	序	—	1
依	—	4	都	—	1	宣	—	1
任	—	4	段	—	1	尹	—	1
童	—	4	凡	1	1	於	—	1
伍	—	4	古	—	1	鱼	—	1
向	—	4	桂	—	1	喻	—	1
仰	—	4	洪	—	1	岳	—	1
归	1	3	厚	—	1	仲	—	1
解	1	3	吉	—	1	资	—	1
蓝	1	3	纪	—	1	舒	—	1
梅	—	3	康	—	1	税	—	1
牟	—	3	况	—	1	司	—	1
农	—	3	兰	—	1	斯	—	1
巫	2	3	冷	—	1	眭	—	1
阳	—	3	黎	—	1	部	—	1
易	—	3	历	—	1	檀	—	1

续表 3-3-1

姓氏	户数	人数	姓氏	户数	人数	姓氏	户数	人数
左	—	3	令孤	—	1	安	—	1
代	—	2	洛	1	1	巴	—	1
管	—	2	明	—	1	柏	—	1
杭	1	2	缪	1	1	包	—	1
郝	—	2	穆	—	1	鲍	—	1
靳	—	2	欧阳	1	1	边	—	1
蒙	—	2	帕	—	1	卜	—	1
闵	—	2	盘	—	1	操	—	1
皮	—	2	漆	—	1	岑	—	1
沙	—	2	祈	—	1	寿	1	1
商	1	2	卿	—	1	疏	—	1
涂	—	2	裘	—	1	柴	—	1
韦	—	2	屈	—	1	昌	—	1
翟	—	2	全	—	1	常	—	1
权	—	1	—	—	—	—	—	—
全镇：241 姓，7585 户，29161 人								

2. 行政村、居委会姓氏分布状况：行政村、居委会姓氏以表统计，包括姓氏、户数、人数，表内数据以各村 2014 年 6 月底在册数为准。

2014 年禹越镇各行政村（居委会）姓氏统计表

表 3-3-2

姓氏	户数	人数	姓氏	户数	人数	姓氏	户数	人数
陈	21	38	金	6	10	沈	70	121
李	5	9	宋	7	12	姚	4	11
孟	1	2	俞	2	5	张	16	23
楼	1、	1	钟	8	11	林	2	2
胡	14	24	史	2	6	徐	39	74
周	6	10	郁	3	3	马	3	5

续表 3-3-2

姓氏	户数	人数	姓氏	户数	人数	姓氏	户数	人数
杨	19	32	章	5	8	施	1	1
刘	2	3	高	9	22	卓	1	2
陆	3	3	傅	1	2	侯	1	2
叶	2	3	曹	16	29	邵	1	1
朱	6	10	孔	1	3	吴	6	12
柳	1	1	蔡	13	20	屠	2	3
孙	2	3	谢	4	8	王	15	24
滕	1	1	缪	1	1	郎	1	1
姜	1	3	唐	1	2	范	4	9
田	1	1	洛	1	1	何	4	5
严	1	1	葛	2	4	茅	3	6
丁	1	2	罗	1	2	梁	1	1
郭	1	1	肖	1	2	嵇	1	1
潘	3	3	汪	1	2	郑	2	3
邓	1	1	闫	—	1	占	2	2
宣	—	1	赵	2	2	顾	—	1
蓝	1	1	沙	—	1	石	1	1
魏	—	1	钱	1	1	尤	—	1
韩	—	2	卢	—	1	蒋	—	1
凌	—	1	管	—	1	冉	—	2
彭	—	1	江	—	1	—	—	—

兴隆居委会姓氏：81 姓，362 户，635 人

姓氏	户数	人数	姓氏	户数	人数	姓氏	户数	人数
朱	1	23	姜	58	169	周	30	126
韩	1	4	赵	1	8	葛	15	45
章	6	27	高	14	50	张	14	66
房	2	9	姚	14	52	范	1	7
杨	7	58	丁	12	45	徐	144	399

续表 3-3-2

姓氏	户数	人数	姓氏	户数	人数	姓氏	户数	人数
陈	70	239	谢	8	25	曹	78	271
吴	2	14	蔡	5	33	宋	1	3
左	—	1	史	16	49	祝	—	2
沈	58	259	钟	—	5	戚	9	36
郑	—	1	马	4	12	袁	—	1
陆	1	6	郁	—	2	李	1	13
俞	—	7	金	1	3	於	—	1
余	—	1	易	—	2	覃	—	1
孙	—	2	叶	—	1	苏	—	1
熊	—	1	施	—	1	邢	—	1
盛	—	2	忻	—	1	任	—	1
向	—	1	全	—	1	夏	—	2
钱	—	1	闻	—	1	漆	—	1
王	—	25	泮	—	1	汪	—	2
潘	—	3	屠	—	2	莫	—	3
涂	—	1	孟	—	1	田	—	1
梅	—	1	陶	—	2	茅	—	1
唐	—	7	骆	—	1	汤	—	1
罗	—	7	檀	—	1	吕	—	1
刘	—	2	杜	—	1	林	—	1
戴	—	2	梁	—	5	程	—	4
雷	—	2	白	—	1	赖	—	1
倪	—	1	况	—	1	凌	—	1
蒋	—	2	嵇	—	2	魏	—	1
黄	—	3	鱼	—	1	华	—	1
邓	—	1	胡	—	16	何	—	5
郭	—	3	顾	—	1	付	—	1
冯	—	1	费	—	6	方	—	1
东港村姓氏：99 姓，574 户，2221 人								

续表 3-3-2

姓氏	户数	人数	姓氏	户数	人数	姓氏	户数	人数
范	1	4	姚	20	84	方	19	79
袁	14	48	费	4	13	张	22	103
高	22	73	章	32	112	郭	1	9
赵	6	20	韩	1	1	郑	24	70
胡	25	117	钟	1	11	黄	4	10
周	13	64	嵇	1	3	朱	45	184
刘	1	13	蔡	1	11	娄	4	15
陈	4	29	楼	1	1	曹	—	9
陆	5	24	巴	—	1	罗	13	39
柏	—	1	马	1	2	白	—	1
茅	8	25	戴	—	1	孟	2	6
滇	—	1	莫	3	14	杜	—	1
沈	172	639	付	—	1	施	5	13
傅	—	1	宋	1	17	葛	—	1
潭	1	6	荀	—	4	陶	1	1
何	—	2	屠	17	50	贾	—	1
吴	32	123	江	—	1	忻	9	35
姜	—	4	徐	4	34	焦	—	4
严	6	16	金	—	1	杨	26	113
蓝	—	1	李	—	15	许	—	1
梁	—	1	闫	—	2	林	—	1
阳	—	1	凌	—	1	叶	—	1
卢	—	1	殷	—	3	骆	—	1
尤	—	3	毛	—	1	余	—	1
梅	—	1	俞	—	2	明	—	1
曾	—	4	农	—	3	翟	—	1
依	—	1	詹	—	2	潘	—	1
仲	—	1	庞	—	1	祝	—	2

续表 3-3-2

姓氏	户数	人数	姓氏	户数	人数	姓氏	户数	人数
戚	—	2	邹	—	1	钱	—	1
任	—	1	石	—	1	苏	—	1
孙	—	4	秦	—	1	唐	—	4
田	—	1	汪	—	1	王	—	16
魏	—	1	夏	—	7	向	—	1
肖	—	3	谢	—	1	—	—	—

西港村姓氏：101 姓，572 户，2367 人

姓氏	户数	人数	姓氏	户数	人数	姓氏	户数	人数
沈	82	369	屠	4	13	高	75	236
孟	2	6	胡	95	292	莫	2	9
茅	56	169	潘	1	4	陆	32	116
邵	6	19	吴	50	182	宋	8	31
陈	31	125	王	18	65	蔡	19	81
朱	11	63	吕	18	51	周	53	218
凌	22	79	钟	52	163	李	20	79
赵	20	68	张	16	71	嵇	2	14
占	14	37	黄	1	6	余	1	5
丁	4	13	姚	12	60	范	7	26
徐	1	3	甘	1	3	秦	1	3
韩	1	2	卞	—	1	罗	—	1
曹	—	16	蒙	—	1	戴	—	5
葛	—	1	董	—	6	倪	—	1
方	—	7	戚	—	1	费	—	5
钱	—	3	顾	—	1	施	—	2
郭	—	10	石	—	2	郝	—	1
史	—	2	何	—	1	孙	—	12
江	—	2	覃	—	1	蒋	—	2
唐	—	1	金	—	4	陶	—	1

续表 3-3-2

姓氏	户数	人数	姓氏	户数	人数	姓氏	户数	人数
东	—	1	万	—	1	梁	—	6
魏	—	3	廖	—	2	忻	—	6
鲁	—	1	熊	—	1	许	—	2
邱	—	1	严	—	2	武	—	1
杨	—	24	解	—	1	殷	—	1
盛	—	1	俞	—	18	刘	—	2
袁	—	1	褚	—	1	章	—	11
包	—	1	郑	—	13	姜	—	2
洪	—	1	庄	—	1	文	—	1
池	—	1	喻	—	1	毛	—	1
谢	—	1	程	—	1	柴	—	1
序	—	1	叶	—	1	兰	—	1
汪	—	1	吉	—	1	马	—	1
闫	—	1	娄	—	1	—	—	—

栖湖村姓氏：101 姓，738 户，2891 人

姓氏	户数	人数	姓氏	户数	人数	姓氏	户数	人数
蔡	105	431	胡	35	145	钱	1	3
曹	16	64	黄	1	2	冉	1	2
陈	45	185	姜	1	6	沈	224	918
丁	1	6	梁	11	46	宋	2	7
范	30	125	林	1	2	孙	16	67
高	16	65	莫	1	3	王	34	141
郭	1	2	庞	2	9	巫	1	2
忻	1	5	姚	2	7	章	41	171
徐	108	444	俞	2	6	钟	2	7
杨	84	345	张	79	326	周	18	75
朱	18	73	—	—	—	—	—	—

木桥头村姓氏：31 姓，900 户，3690 人

续表 3-3-2

姓氏	户数	人数	姓氏	户数	人数	姓氏	户数	人数
徐	219	765	谈	—	1	陆	9	30
方	—	1	刘	1	8	罗	—	6
沈	14	128	伍	—	1	周	15	65
司	—	1	前	3	13	卢	—	4
杨	145	497	邓	—	2	曹	86	252
余	—	3	王	44	157	殷	—	1
范	6	31	丁	—	11	费	12	38
陈	—	34	朱	11	23	章	—	18
蔡	4	32	文	—	1	华	1	3
金	—	6	姚	15	51	吴	—	8
张	39	132	程	—	4	钟	—	4
杭	—	1	高	—	30	谭	—	2
舒	—	1	赵	—	5	许	—	2
钱	—	7	阳	—	1	郑	—	3
滕	—	3	裴	—	1	江	—	1
孟	—	3	闵	—	1	李	—	11
潘	—	1	胡	—	10	唐	—	2
姜	—	9	何	—	6	叶	—	1
韩	—	2	戚	—	3	楼	—	1
闫	—	1	赖	—	1	马	—	2
詹	—	2	黄	—	5	戴	—	2
凌	—	2	夏	—	3	林	—	4
祝	—	1	郭	—	3	贾	—	1
左	—	2	鲍	—	1	茅	—	2
梁	—	1	裘	—	1	庄	—	2
查	—	3	石	—	2	顾	—	1
袁	—	1	谢	—	3	穆	—	1
骆	—	1	斯	—	1	付	—	1

续表 3-3-2

姓氏	户数	人数	姓氏	户数	人数	姓氏	户数	人数
蒋	—	1	占	—	1	葛	—	2
庞	—	1	代	—	1	熊	—	2
涂	—	1	史	—	3	令孤	—	1
李	—	1	祈	—	1	覃	—	1
邱	—	1	屈	—	1	倪	—	1
屠	—	2	卿	—	1	卜	—	1
孙	—	2	任	—	1	—	—	—

杨家坝村姓氏：105 姓，624 户，2514 人

姓氏	户数	人数	姓氏	户数	人数	姓氏	户数	人数
金	48	156	杨	10	36	罗	8	28
高	93	288	王	4	22	丁	1	3
胡	5	19	徐	4	27	姚	28	111
沈	84	327	费	3	13	蔡	1	12
周	1	12	朱	25	79	戴	1	1
赵	1	5	张	30	114	余	1	9
郁	21	73	陆	1	8	肖	1	3
陈	—	10	庄	—	1	何	—	10
邓	—	1	范	—	10	严	—	1
李	—	11	骆	—	1	车	—	1
龙	—	2	郎	—	2	侯	—	1
钟	—	1	马	—	1	姜	—	2
熊	—	2	吕	—	1	查	—	2
权	—	1	章	—	2	嵇	—	3
孟	—	1	倪	—	1	许	—	1
孙	—	2	郑	—	1	郭	—	1
汤	—	2	方	—	10	吴	—	6
褚	—	1	潘	—	3	童	—	1
戚	—	2	唐	—	1	俞	—	5

续表 3-3-2

姓氏	户数	人数	姓氏	户数	人数	姓氏	户数	人数
黄	—	10	钱	—	2	苏	—	1
程	—	5	冯	—	1	凌	—	1
赖	—	1	魏	—	1	梁	—	1
董	—	1	宋	—	1	白	—	1
夏	—	2	滕	—	2	华	—	1
蒋	—	2	田	—	1	潭	—	2
邵	—	1	彭	—	2	叶	—	1
项	—	1	文	—	2	雷	—	2
卞	—	1	莫	—	5	石	—	1
薛	—	1	龚	—	1	季	—	2
詹	—	1	岳	—	1	—	—	—

钱塘村姓氏：89 姓，371 户，1508 人

姓氏	户数	人数	姓氏	户数	人数	姓氏	户数	人数
沈	237	957	孟	4	16	屠	74	265
邱	31	119	徐	44	176	宋	3	11
葛	5	16	谢	1	8	李	4	36
韩	3	11	汪	2	11	朱	30	124
张	10	50	曾	2	4	钟	24	94
臧	14	41	陈	37	167	胡	2	16
车	3	12	钱	25	95	唐	2	8
泮	8	33	潘	5	24	夏	7	36
蔡	17	46	周	27	107	凌	1	4
王	23	116	陆	7	33	邵	1	2
金	4	20	倪	6	27	高	5	38
孙	7	31	闻	4	14	归	1	3
范	2	12	蒋	—	1	寿	1	1
龙	—	2	许	53	196	罗	—	12
郭	18	52	俞	—	6	杨	1	19

续表 3-3-2

姓氏	户数	人数	姓氏	户数	人数	姓氏	户数	人数
吴	—	8	刘	11	52	史	—	5
林	1	1	聂	—	1	薛	1	10
老	—	7	黄	1	11	余	—	4
娄	2	12	何	—	7	庄	—	3
章	—	2	赵	—	11	冯	—	6
田	—	3	顾	—	4	纪	—	1
方	—	2	万	—	1	施	—	7
董	—	2	仰	—	3	崔	—	1
尤	—	1	姚	1	23	梅	—	1
童	—	2	严	—	1	秦	—	2
雷	—	1	莫	—	2	费	—	3
房	—	1	吕	—	4	程	—	3
褚	—	3	侯	—	1	茅	—	1
梁	—	1	边	—	1	郑	—	2
傅	—	1	曹	—	6	资	—	1
丁	—	2	骆	—	1	熊	—	2
翁	—	1	袁	—	4	邓	—	1
马	—	1	郝	—	1	卢	—	3
付	—	1	戴	—	3	税	—	1
盛	—	3	商	—	1	吴	—	3
靳	—	2	戚	—	3	季	—	1
伍	—	1	段	—	1	赖	—	1
闵	—	1	都	—	1	江	—	1
覃	—	1	—	—	—	—	—	—

天皇殿村姓氏：115 姓，772 户，3338 人

姓氏	户数	人数	姓氏	户数	人数	姓氏	户数	人数
卞	28	112	冯	2	7	蔡	78	294
付	1	1	操	—	1	傅	1	3

续表 3-3-2

姓氏	户数	人数	姓氏	户数	人数	姓氏	户数	人数
曹	2	14	甘	—	1	岑	—	1
高	7	32	昌	—	1	龚	—	3
车	—	1	顾	—	2	陈	82	315
管	—	1	程	—	4	桂	—	1
褚	—	1	郭	—	8	代	—	1
韩	—	12	戴	20	77	何	—	4
丁	3	12	胡	4	22	董	1	4
黄	—	8	杜	—	4	嵇	2	9
范	13	52	季	—	1	方	2	10
贾	2	7	房	10	38	姜	—	1
蒋	—	2	骆	—	1	金	11	39
马	—	2	郎	1	3	茅	—	1
黎	—	1	莫	—	2	李	14	56
倪	7	23	梁	—	5	聂	1	4
廖	—	1	帕	—	1	凌	2	6
潘	—	3	刘	4	16	盘	—	1
柳	—	1	泮	—	3	龙	—	1
裴	—	4	娄	—	1	彭	—	3
楼	1	3	皮	—	2	卢	—	3
戚	—	7	鲁	—	1	钱	29	110
陆	17	68	秦	—	4	吕	—	3
邱	7	23	罗	—	18	任	—	1
邵	—	1	汪	—	5	沈	225	868
王	7	56	盛	—	1	闻	—	1
施	3	12	吴	11	46	史	11	44
伍	—	2	宋	2	22	夏	4	16
苏	—	2	向	—	2	孙	2	8
肖	—	1	谈	—	2	谢	10	39

续表 3-3-2

姓氏	户数	人数	姓氏	户数	人数	姓氏	户数	人数
覃	—	1	忻	—	5	谭	1	3
徐	58	221	潭	—	1	许	—	3
汤	—	3	薛	—	1	唐	—	4
杨	—	29	田	2	5	仰	—	1
童	—	1	姚	101	394	屠	—	8
叶	—	4	万	—	2	易	—	1
殷	1	1	余	3	11	俞	6	24
袁	—	3	臧	—	1	曾	—	5
翟	—	1	张	10	36	章	17	63
赵	12	37	郑	3	12	钟	45	177
周	38	149	朱	21	83	祝	—	2
庄	—	1	褚	—	1	—	—	—

三来村姓氏：125 姓，945 户，3910 人

姓氏	户数	人数	姓氏	户数	人数	姓氏	户数	人数
蔡	127	521	韩	1	1	陈	23	96
何	6	17	杜	1	1	胡	15	43
鲁	1	1	黄	7	20	钱	20	63
贾	1	1	沈	122	367	金	1	1
宋	16	49	凌	35	107	屠	13	36
陆	3	8	王	58	221	罗	40	122
徐	25	83	孙	11	29	姚	11	31
吴	2	3	叶	1	1	杨	6	19
章	31	89	余	7	23	钟	18	42
俞	2	7	朱	18	45	赵	1	2
戴	7	23	周	6	23	范	13	37
高	20	56	—	—	—	—	—	—

高桥村姓氏：34 姓，669 户，2188 人

续表 3-3-2

姓氏	户数	人数	姓氏	户数	人数	姓氏	户数	人数
沈	223	763	夏	12	47	屠	30	101
俞	63	181	李	36	133	杭	1	1
高	12	77	叶	3	14	姚	56	187
吕	8	21	费	1	3	凌	6	22
宋	13	27	钟	25	130	蔡	23	89
朱	12	52	陈	74	265	许	1	11
吴	5	28	董	20	56	嵇	3	4
周	53	182	张	6	45	卞	—	7
钱	6	24	王	10	62	凡	1	1
谢	2	4	欧阳	1	1	商	1	1
章	24	92	丁	5	24	史	1	4
戴	1	5	杨	23	102	贾	26	94
方	18	52	徐	50	176	刘	2	12
戚	38	111	范	2	9	陆	11	41
金	5	28	唐	1	5	胡	12	42
茅	3	5	何	2	5	卢	1	3
邱	7	31	韩	56	180	梁	2	4
余	2	9	姜	1	1	赵	11	66
汤	1	1	罗	2	4	房	1	2
孙	1	7	田	1	6	郭	11	40
黄	2	15	解	1	2	冯	3	11
程	1	3	文	1	1	郑	4	11
柳	1	2	殷	—	2	盛	—	1
谭	—	2	白	—	1	蒋	—	2
毛	—	2	蓝	—	1	祝	—	1
汪	—	4	袁	1	3	康	—	1
疏	—	1	古	—	1	陶	—	1
沙	—	1	鲁	—	1	闻	—	2

续表 3-3-2

姓氏	户数	人数	姓氏	户数	人数	姓氏	户数	人数
尹	—	1	阳	—	1	华	—	1
温	—	1	滕	—	2	马	—	3
莫	—	2	万	—	2	韦	—	2
辛	—	1	冉	—	1	邓	—	3
谈	9	38	牟	—	3	卢	—	1
廖	—	4	施	—	1	厚	—	1
顾	—	1	巫	1	1	骆	1	1
傅	—	1	苏	1	2	孟	2	11
詹	—	1	车	2	8	林	—	1
尚	—	1	郜	—	1	聂	—	1
曹	—	2	潘	—	2	常	—	1
安	—	1	冷	—	1	眭	—	1
娄	—	1	侬	—	3	杜	—	1
庄	—	1	熊	—	2	邵	—	1
桂	—	1	倪	—	1	裴	—	1
江	—	1	历	—	1	魏	—	1
蒙	—	1	龚	—	1	孔	—	1
泮	—	1	肖	—	1	邹	—	1
夏东村姓氏：123 姓，1058 户，3899 人								

第四章　婚　姻

第一节　婚　姻

中华人民共和国成立后，开始实施婚姻登记制度，包括结婚、离婚和复婚。

结婚登记：凡男女年满22周年和20周岁，双方自愿结婚的，需亲自到一方户口所在地镇（乡）政府办理登记手续，并需随带本人身份证和其他有关证明。凡符合婚姻法规定结婚的，人民政府给予登记，并发给结婚证书。

离婚登记：凡男女双方自愿离婚的，给予办理离婚手续，并发给离婚证。在办理时，重在调解，防止轻率，并保护好子女的合法权益，处理好离婚后的财产和生活问题。如有纠纷，由法院处理。

复婚登记：离婚后的男女双方自愿恢复夫妻关系的需办理复婚登记手续。

1982年禹越镇15岁及15岁以上人口21187人，其中有配偶人口13571人，丧偶1681人（其中男645人，女1036人），离婚191人。1990年禹越镇15岁及15岁以上人口23138人，其中有配偶16949人，丧偶1719人（其中男643人，女1076人），离婚153人。（上述数据摘自第三次、第四次人口普查资料）。

2004—2013年禹越镇婚姻登记统计

表3-4-1

年份	准予登记结婚（对）	初婚（对）	离婚（对）	复婚（对）
2004	150	150	10	2
2005	108	108	12	3
2006	128	128	8	5
2007	141	141	13	4

续表 3-4-1

年份	准予登记结婚（对）	初婚（对）	离婚（对）	复婚（对）
2008	168	168	17	2
2009	144	144	18	3
2010	145	145	20	4
2011	200	200	22	5
2012	166	166	21	5
2013	218	218	19	12

说明：以上资料数据由县镇计生办提供

第二节　家　庭

民国 26 年（1937），境内徐庄、白马、西林 3 个乡共有 2729 个家庭。

民国 36 年（1947）禹越乡总人口 11730 人，其中男 6517，女 5213 人；双马乡总人口 10754 人，其中男 4605 人，女 6149 人，两乡共有 3663 个家庭。

解放初，鼓励多生多育，评选一母多孩为光荣妈妈，人口增长较快。1964 年，禹越总户数 2423 户，总人口 11031 人，户平均 4.55 人；高桥总户数 2462 户，总人口 11223 人，户平均 4.56 人。1980 年，禹越农业总户数 2719 户，总人口 13104 人，户平均 4.8 人；高桥农业总户数 2809 户，总人口 13919 人，户平均 4.95 人。1982 年，禹越总户数 2923 户，总人数 13222 人，户平均 4.52 人；公社总户数 2952 户，总人口 14186 人，户平均 4.8 人。

2004 年 4 月，高桥镇并入徐家庄镇，成立新的禹越镇，下辖 14 个行政村，143 个村民小组，2 个居委会，全镇总户数 7705 户，总人口 29498 人，户平均 3.83 人。至 2013 年年底，全镇总户数 7498 户，总人口 30060 人，户平均 4.01 人。

第五章 管 理

第一节 机构、事务

镇境人口，由镇派出所和村（居）委会两级管理。派出所设专职人员做好户口和居民身份证的日常管理工作，包括办理身份证的申请、换领、补领、缴销和出生、死亡、迁入、迁出等项变动手续以及人口统计。村（居）委会负责相关资料的整理。

居民身份证 1985 年，全国人大常委会公布了《中华人民共和国居民身份证条例》。次年 7 月始，镇域办理居民身份证发放工作。镇、村（居）建立工作班子，组织人员核对人口，摸清底子的基础上，编写常住人口登记表，并按行政区划、出生日期的顺序，编好号码。当时核实镇域内应发放数 21039 份，占总人口数的 73.95%。实发 20198 份，占应发总数的 96.07%。到 2013 年止，镇域应发身份证已达到应发总数的 99.9%。

历次人口普查 中华人民共和国成立以来，镇境先后组织六次全国性人口普查。

1953 年 4 月 3 日，政务院公布了《全国人口调查登记办法》决定进行全国第一次人口普查。普查的标准时间为 1953 年 6 月 30 日 24 时止，普查项目为姓名、性别、年龄、民族、与户主关系、现在住址六项，目前资料未见。

全国第二次人口普查的标准时间为 1964 年 7 月 1 日零时，普查项目为姓名、性别、年龄、民族、文化程度、本人成分、职业、籍贯、何时从何地迁来。其时，禹越公社境内有 2423 户，11031 人；高桥公社境内有 2462 户，11223 人。

全国第三次人口普查的标准时间为 1982 年 7 月 1 日零时，普查项目增加常住人口的户口登记状况，不在业人口状况，上年育龄妇女生育女子数和现在存活的子女数，婚姻状况。上年育龄妇女生育状况、行业，及本人成分等项目。同时增加按户填报的项目有户的类别，本户住址编码、本户人数、本户上年出生人数、死亡人数，有常住户口已外出一年以上人数。其时，禹越公社境内有2923户，13222人，比第二次普查增加2191人，年均增加274人；高桥公社境内有2952户，14186人，比第二次普查增加2963人，年均增加370人。

全国第四次人口普查标准时间为1990年7月1日零时，第四次人口普查按人登记的项目比第三次人口普查增加。1985年7月1日常住地状况，在业人口的行业职业，1989年9月1日以来的生育状况。其时，禹越乡境内3358户，13704人，比第三次普查增加482人，年均增加60人；油车乡境内3522户，14719人，比第三次普查增加533人，年均增加66.6人。

全国第五次人口普查的标准时间为2000年11月1日零时，普查内容比上次增加人均居住面积等。其时，徐家庄镇境内3981户，15127人，比第四次普查增加1423人，年均增加142.3人。高桥镇境内3930户，15603人，比第四次普查增加884人，年均增加88.4人。

第六次人口普查时间标准为2010年11月1日零时，普查内容增加中老年人口健康状况等。禹越镇境内9215户，30872人，比第五次普查增加142人，年均增加14.2人。

第二节　计划生育

镇内居民素有“多子多福”习俗，生育长期处于自流状态，普遍早婚多生。1960年年初，提倡节制生育，但农村并未推广。1979年后，大力提倡晚婚晚育和一对夫妇只生一个孩子，严格控制计划外3胎，杜绝多胎。此后列为基本国策，始取得突破性进展。1985年，镇境人口自然增长率控制在0.887‰。

全镇计生工作，1997—1999年，获德清县计划生育红旗单位。2001年，全镇计划生育符合率100%，人口增长率控制在1.41‰以内，再次被评为县级先进单位。

1963年，德清县计划生育委员会成立。同年5月，禹越公社作出决议：1. 大力宣传计划生育工作的重要意义；2. 动员全公社多子女父母，使用人工避孕药具；3.大力提倡晚婚晚育。并开始对多子女家庭进行男性输精管结扎，效果明显。为全县的计生工作作出了榜样。

1973年德清县制订了控制人口规划，提出了“最好一个，最多两个”的政策，以晚（晚婚男25周岁，女23周岁），稀（两孩间隔4—5年），少（每对夫妇不超过两个孩子）作为基本要求。1980年起认真贯彻国家“一对夫妇只生一个孩子”的号召。对表示终身只生一个孩子并落实节育措施的夫妇，发给独生子女光荣证和奖金。2004年，全镇一孩夫妇3975对，领取独生子女光荣证1823对，占45.9%。

1983年开始，要求“一孩上环，二孩结扎”为主的综合性避孕节育措施，并从管理型转向服务型。1994年设立计划生育服务站，配备专职计划生育服务员和计生医疗设备。

1995年，镇境认真实施县计生优质服务方案，以稳定低生育水平、提高人口素质为目标，围绕生育、节育、不育开展优质服务。创建计生服务站，积极开展计生宣传、计生技术服务活动，针对群众在生育、节育、不育方面的需求为中心，开展以技术服务为重点的优质服务：（1）避孕节育服务：包括宣传介绍避孕方法的科学知识，提供足够的避孕方法的选择和使用方法等；（2）计划生育服务：包括能够提供围绕“生育、节育、不育、优育”优质高效的技术服务能力；（3）生殖健康服务：包括提供多功能的生殖健康保健知识及其检查与治疗等技术服务，取得了良好的社会效果。同年，徐家庄镇党委调整镇人口与计划生育领导小组（徐委〔1995〕15号），同时组建计生宣传协作小组。

1997年1月，在县计划生育优质服务评比中，徐家庄、高桥两镇同时被评为“计划生育优质服务达标乡镇”。同年1月，高桥镇、徐家庄镇相继建立“计划生育协会”和“计划生育协会外来妹分会”，组织育龄会员认真做到“五带头”：带头学习宣传党的计划生育政策；带头实行计划生育；带头晚婚晚育；带头联系外来妹；带头劳动致富。其时，境内各行政村全部建立计划生育协会，及时组织育龄妇女学习交流计划生育知识，及时体检，有效控制人口增长，提高人口素质。同年，镇政府投入经费4万余元，使全镇计划生育工作步入微机化管理。计划生育符合率提高到100%，出生率从1981年的12.88%，下降到2003年的6.36%。

2000 年 8 月，高桥镇政府在湖墩村开展计划生育村自管理试点工作，并建立镇计划生育村自管理领导小组（高政〔2000〕26 号）。

2005 年 6 月，镇实施计划生育服务站改造工程，选址镇区育才路、徐兴路交叉口，占地面积 104.3 平方米，建筑面积 312.9 平方米，项目总投资 20 万元，同年 7 月开工，10 月竣工投入使用。新的镇计生服务站使用后，还新添了 B 超等计生医疗设备，为境内新婚育龄妇女提供了良好的保健场所。

2004—2013 年禹越镇人口自然变动情况

表 3-5-1

年份	年终人口数	出生人数	出生率（%）	其中			死亡人数	死亡率（%）	自然增长率（%）
				一胎数	一胎率（%）	计划生育率（%）			
2004	29278	232	7.99	150	64.6	97.0	185	6	1.5
2005	29394	199	6.78	133	67	98.4	248	8.4	-1.6
2006	29383	168	5.25	126	75	97.6	221	6.91	-1.65
2007	29520	190	6.49	142	75	97.3	242	8.2	-1.76
2008	29539	213	7.21	153	71.83	98.12	238	8.06	-0.85
2009	29391	212	7.2	151	71.2	97.64	225	7.6	-0.44
2010	28587	189	6.61	132	69.84	98.94	237	8.29	-1.68
2011	29585	208	7.03	151	73.08	98.50	227	7.67	-0.64
2012	29861	260	8.87	201	77.30	98.46	232	7.7	1.1
2013	30185	218	7.19	148	68.51	98.15	216	7.19	0

说明：本表数据由镇计划生育办公室提供

部分年份禹越镇已婚育龄妇节、绝育情况

表 3-5-2

年份	已婚育龄妇女人数	已落实节、绝措施人数				节育率（%）
		男、女结扎	放环	药具	合计	
2004	6886	2369	2768	1265	6402	93

续表 3-5-2

年份	已婚育龄妇女人数	已落实节、绝措施人数				节育率（%）
		男、女结扎	放环	药具	合计	
2004	6886	2369	2768	1265	6402	93
2005	6640	2156	2706	1435	6297	93.4
2006	6479	2013	2625	1406	6044	93.29
2007	6343	1881	2500	1524	5905	93.09
2008	6282	1829	2382	1586	5797	92.28
2009	6204	1770	2296	1662	5728	92.33
2010	6111	1682	2200	1731	5613	91.86
2011	6133	1618	2095	1837	5550	90.49
2012	5934	1483	1916	1950	5349	90.14
2013	5872	1346	1801	2048	5195	88.47

说明：本表数据由镇计划生育办公室提供

2004—2013 年禹越镇女晚婚、独生子女情况

表 3-5-3

年份	女晚婚情况		独生子女情况		
	人数	晚婚率（%）	已有一孩妇女数	领证数	领证率（%）
2004	150	78.79	3988	1823	26.47
2005	108	79.88	3975	1857	46.7
2006	128	82.44	3948	1964	49.75
2007	141	81.95	3902	1926	49
2008	168	82.14	3883	1898	48.88
2009	144	76.60	3851	1882	48.87
2010	145	76.32	3810	1898	49.82
2011	200	78.39	3817	1882	49.30
2012	166	75.28	3756	1771	47.15
2013	218	76.29	3697	1777	48.07

说明：本表数据由镇计划生育办公室提供

第三节 三峡移民

因三峡发电站建设工程的实施，当地住户按计划迁徙，为认真落实安置工作，德清县人民政府办公室下发了《关于认真做好新增三峡移民安置工作的通知》，2004年8月，镇响应国家号召，接收三峡地区移民17户，计58人，分别安置在三来、天皇殿、茅林、栖丰、西港、木桥头6个村，并落实水田、旱地、宅基地。还为三峡移民提供种植、养殖等农业生产技术培训。为了使三峡移民安置工作顺利进行，此前，镇党委专门发文（徐委〔2003〕21号），成立“三峡移民安置工作领导小组”。

附录：著姓简介

徐家庄沈氏三墙门

徐家庄沈氏是一个很有声望的家族，其中以三墙门影响最大。

三座墙门分别坐落在禹越街的东中西。墙门米漆色，两旁有附属的石材建筑物。门里面有天井，天井旁分东厅、西厅。大宅朝南向，前面有河道流过，小船、大船均能畅通。护岸为石头帮岸，两边出河埠。三墙门的中间墙门是总墙门，比东西墙门更大、更宏伟，墙门外面有环圆形的过道，遮住街面，雨天可以避雨。街面南侧，东西各有“水阁”一间，用以经商店面。三墙门的主人都是以经商为主，民国期间，参与政治。总墙门内设立总家堂，家堂内放列祖列宗牌位，“文化大革命”中毁去。

一、中间总墙门。共分 5 房，每房三间出面，内有厅堂、厨房、厢房等。先祖国字辈为最大，当代五房户主为：

1. 沈颐寿，少年时在乡，后随父外出，在福建省福州市办火柴厂。1949 年厂迁台湾。1992 年才回故乡探亲，祀拜祖宗祖坟一次。一起来的包括萧山、杭州、上海的同宗自族亲戚。2007 年 7 月病逝。终年 92 岁。萧山有个弟弟，每年清明来故乡探亲上坟，享受离休干部待遇。其父亲沈永桢（又名沈伟生）曾在民国期间担任浙江省河道督办之职。

2. 沈申涛，父亲炳荣，又名沈永熙。早年在日本留学，其母亲黄薏萱与沈兹九是同学。回国后，二人同在上海创办女子中学。本人从事商业。

3. 沈炳年，从事商业。

4. 沈嘉生，经营茶店为主，兼营杂货。

5. 沈金贵，经营服务业，后转农。

二、东墙门，户主沈剑波，沈剑平。

哥哥沈剑波，常年在外经商，晚年回乡养老，20 世纪 90 年代末在家病故。

沈剑平，民国期间从军，任国民党军队团长，1949 年 9 月在新疆起义。1957 年被错划为“右派分子”，安排在乌鲁木齐业余中学任教。1985 年 9 月由乌鲁木齐军区平反。享受离休干部待遇。1996 年病故于新疆。

三、西墙门，户主沈永善、沈永兆，沈安丰。

1. 沈永善，祖上经营中药为主，店名沈归仁国药号，民国后期，兼营桐油麻丝。

2. 沈永兆，民国时期从教，后从政担任乡户籍干事。1957 年，被划为“反革命分子”，1984 年由德清县公安局给予平反，1987 年病故。

3. 沈安丰，与人合伙经营沈长源染坊，并在邻县五杭、塘栖镇发展染炼业，毕生从事工商业，在附近颇有名气。中、东墙门已圮，西墙门墙圈尚存，石户限及匾额未损。

第四卷　农　业

第一章　土　地

第一节　所有制

上古无田制，为土地自由占有时代。夏、商、周时期，是土地公有的井田制时代。《孟子·滕文公上》记载："方里而井，井九百亩，其中为公田，八家皆私百亩，同养公田，公事毕，然后敢治私事。"周朝以后，土地买卖盛行，豪强兼并，实为地主操纵时代。春秋战国到秦汉唐宋元明清，直至民国的几千年间，虽然推行过公田官授、均田制，但"听民兼并买卖"，是为土地私有制时代。中华人民共和国成立后进行了土地改革，土地归集体所有，镇境自 1984 年开始，实行土地公有家庭联产承包制。

私有制

镇境土地肥沃，河网密布，宜粮宜桑。据下舍俞家桥出土文物显示，新石器时代已有先民在此农耕生活。历经漫长的封建时代，土地所有形成了"大户、中平户、失地户"三种。大户人家户数不多，但拥有大量田地。中平户占多数，都拥有田地，多则十几亩，少则一二亩、三四亩。失地户占三成左右，部分租田租地养家，部分只能帮佣谋生。

境内租田租地形式有定租、活租、分成租。定租不论有无灾害，租额不变。熟田、近田、水利好的田，每亩年租米一石左右，中等田七八斗，荒田、远田、外塘田五六斗至三四斗。佃户交完租米，剩下始属自己。活租则按照年成交租，熟年多交，荒年少交，田主与佃户之间可以讨价还价。分成租按田地收获分成，一般按收获时实际产量对半分成。1950 年前，境内田亩"狭窄"，一般只有实量面积的七八成。佃户辛勤劳作一年，除去成本、田租和赋税，已经所剩无几。

境内雇工耕作十分常见，雇工形式有长工、短工、忙工、月工、季工、半年工等。

失地农户和土地不多的农户，碰到天灾人祸或青黄不接之季，生活难以为继，不得不卖“青苗”、卖“赊叶”、卖“新丝”以度时艰。卖“青苗”就是在六七月份，水稻青苗期就把稻谷预卖。此时价格不及正常价格的一半，有的农户卖一石米只折作三四斗，到期要按实偿付。卖“赊叶”即卖“冬桑叶”，在上年底就把来年的桑叶预卖。也有还在不到养蚕季节就把“新丝”预卖，议价都在半价上下。大户人家往往趁此放“印子钱”（高利贷）。境内贫穷户向富户借贷，一般都用田地抵押，限期还贷，还要中人作保。如若借贷者到期不能还本付利，抵押田地就归放贷户占有。原禹越乡胡道徒，自1934年起连续放高利贷12年。原双马乡陈姓地主，家有田地一百多亩，其大半是由放高利贷得来。境内有“冷在风里，穷在债里”的俗语，形象写出借贷人的无奈。

1951年镇境土地面积统计表

表4-1-1　　单位：亩

乡别	自耕地						出租	租入
	田	地	杂地	宅基地	荡	合计		
禹越	8333.5	3399.4	5.2	424.7	247.8	13410.6	69，6	31.7
三来	9928.6	3877.6	5.6	448.2	1193.6	15453.7	44.9	69.4
油车	7378	2880.9	3.1	315.3	503.1	11170.3	58.9	26.2
合计	25640	10157	13.9	1188.2	1944.5	40034.6	173.4	127.3

土地改革

1950年6月30日，中央人民政府颁布了《中华人民共和国土地改革法》，8月20日政务院公布《关于划分农村阶级成分的决定》。7月，德清县开始土地改革，下舍区即在全区开展工作。唯镇境因反动势力较强，匪患严重，故土改开展较晚。1950年10月，全县土改已进入第三阶段，县委土改工作队才进驻原禹越乡、三来乡、油车乡。结合剿匪镇反推进土改工作，宣传土地改革政策，上报土地面积，斗争地主富农，划分阶级成分，分土地和颁发土地证。至1951年11月，禹越境内除油车乡在推进外，禹越乡、三来乡土改基本结束。

土地整籍情况统计

表 4-1-2

		禹越乡	三来乡	油车乡	合计
行政村（个）		7	7	5	19
自然村（个）		49	51	33	133
各阶层户数	合计	1742	1468	1178	4388
	地主	17	24	23	64
	富农	12	26	20	58
	中农	842	663	589	1336
	贫农	802	906	501	2209
	雇农	9	17	23	49
	其他	60	12	22	94
人口	总数	6650	6207	4406	17263
	男	3729	3422	2453	9604
	女	2921	2785	1953	7659
	农业人口	6465	6061	4325	16851
	非农人口	185	146	81	412

镇境三来乡是土改工作重点，原是国民党双马区委所在地，反动势力盘根错节，在土改阶段镇压（枪毙）恶霸、匪特 7 人，召开斗争大会 15 次，没收土地 1066.9 亩，没收生产和生活资料计有：房屋 148 间、耕牛 1 只、水车 16 部、船 37 只、锄头铁耙 242 把、稻桶 22 只、蚕篇 408 只、砻 33 部、风车 2 部、粮食 27187.5 公斤。

三来乡土改前后土地情况比较

表 4-1-3

成　分	土改前占有（亩）	土改后占有（亩）	增减情况
地　主	770.14	196.05	－574.09
富　农	682.26	626.81	－55.45

续表 4-1-3

成　分	土改前占有（亩）	土改后占有（亩）	增减情况
中　农	7746.26	8290.89	+ 54.46
贫　农	5486.41	6355.22	+ 86.88
雇　农	26.12	108.82	+ 82.70
小土地出租者	101.04	63.43	– 37.61
公　田	71.31	5	– 66.31
工商业者	9.88	9.88	—
其　他	111.72	50.95	– 66.77
合　计	15005.24	15707.05	—

三来乡土改没收财物分配情况

表 4-1-4

名　称	分配数	受 益 对 象				
		雇 农	贫 农	中 农	地主富农	其 他
耕牛(只)	1	—	1	—	—	—
水车（部）	16.5	4	8	4	0.5	—
砻（部）	33.5	12	19	—	2.5	—
稻桶（只）	22.5	12	8	—	2.5	—
风车（部）	2	—	1	1	—	—
船（只）	37.5	6.5	30	—	1	—
锄头（把）	90	26	40	6	18	—
铁耙（把）	152	52	53	25	22	—
蚕篇（只）	408	67	222	58	61	—
房屋（间）	148	25	70	4	37	4
粮食(斤)	54375	3423	33507	20745	340	1360

第二节　农业合作化

德清解放后，通过各种互助合作的形式，把以生产资料私有制为基础的个体农业经济，改造为以生产资料公有制为基础的农业合作经济的过程。这一社会变革过程叫“农业合作化”，大体自 1951 年起至 1958 年成立人民公社为止，经历了“互助组、初级社、高级社”三个阶段。

互助组

境内农事活动，向有互助合作习惯，车水、筑圩、罱泥、建房等非单家独户所能成事的农活，一般都由几户农家互相帮助。土地改革以后，家家户户有了相应数量的田地，农忙季节互相帮工合作收种，不仅解决了田多劳动力少，田少劳力强的矛盾，而且抓住了农事季节。此类就近临时“并伙班子”（境内叫法）很快就演变成为固定的农业生产互助组。如 1950 年原双马乡十一村组织了 2 个“伴工组”， 35 户人家，水田 133.8 亩，桑地 44 亩，相互伴工翻田、车水、罱河泥、修水沟、插秧等。至 1951 年，境内三来乡第一个互助组——姚阿连互助组产生，至 1952 年 11 月，三来乡互助组增加到 77 个，参加互助组的总户数 859 户，加上伴工组 28 个，178 户，开展互助合作农户占全乡农户的 64%，成为下舍区互助合作先进乡，姚阿连被评为劳动模范。

1953 年互助合作情况统计

表 4-1-5　　单位：个

乡	巩固提高组		搭架子组	常年组	临时组
	组数	户数			
禹越乡	11	718	12	14	41
三来乡	30	696	73	1	21
油车乡	17	348	11	5	19

农业合作社

1953年至1955年上半年，是农业合作化运动的第二阶段，俗称“初级社”。1955年下半年至1956年年底，为第三阶段，称为“高级社”。通过这两个阶段，把原来土地自主经营互相合作劳动的互助组，发展为土地入社，统一经营，并按土地和劳力分红的农业生产合作社。以境内三来乡为例，1953年秋收后，贯彻总路线和粮食统购统销政策，培养出姚阿连和杨传泰2个初级农业生产合作社。逐以点带面形成办社高潮，至1954年年底，全乡入社农户960户，达到全乡农户总数的59.2%。

1955年农业生产合作社基本情况统计表

表4-1-6

	单位	禹越乡	三来乡	油车乡	合计
办社数	个	28	34	30	92
入社户数	户	954	1098	464	2516
入社人数	个	3661	4135	1830	9626
劳动力数	个	1961	2087	989	5037
水田面积	亩	4717	6685	4221	15624
旱地面积	亩	1714	2895	1190	5800
河荡面积	亩	544	632	177	1354
社员自留地	亩	237	312	138	687
耕牛	头	5	24	5	34
水车	部	187	250	127	564
农船	只	561	485	106	1152
抽水机	台	—	8	—	8
打稻机	台	8	3	4	15
稻桶	只	—	425	—	—
社员成分	贫农（户）	391	309	215	915
	新中农（户）	219	359	44	622
	老中农（户）	344	430	205	979
	其他（户）	2	—	—	—

第三节　人民公社

1958 年 8 月，毛泽东发表了“还是办人民公社好”的谈话，中共中央政治局会议通过了《中共中央关于在农村建立人民公社问题的决议》，全国迅速形成了人民公社化运动的热潮。1958 年 10 月，禹越乡与高桥乡合并成立高桥人民公社（俗称“大公社”），下设 4 个耕作区。

高桥大公社时期农业生产组织情况

表 4-1-7

耕作区	耕作区范围	大队数	生产队数	大食堂数
第一耕作区	道场、杨家坝、徐家庄、坝里、木桥头	5	17	17
第二耕作区	石屑兜、九里港、栖丰桥、城头	4	14	14
第三耕作区	湖墩、北圩、东溪、三来、夏家	5	15	15
第四耕作区	茅林、油车、天皇殿、米世、钱塘	5	20	20

公社化初期，各农业社的一切生产资料和公共财产转为公社所有，包括社员自留地和家养牲畜禽牧全部投入集体，由公社统一核算，统一分配，形成组织军事化、生产战斗化、生活集体化管理体制。

1955 年 6 月 1—13 日粮食统销情况

表 4-1-8

	户数（户）	人口（人）	六月份核定供应数（斤）	1—13 日已供应数（斤）			人均已供（斤）	已供数占比（%）
				大米（斤）	杂粮（斤）	合计（斤）		
禹越	1691	6822	102448	41120	16557	57677	8.45	56.3
三来	1584	6056	87786	29648	13617	43265	7.14	52.9
油车	1148	4489	52165	22013	9488	31501	7.02	60.39
合计	4423	17357	242399	92781	39662	132443	7.54	56.5

公社化“政社合一”的管理体制，导致生产上的“大跃进”运动，实行“大

兵团作战”，大搞“瞎指挥”。下面的生产单位，为快速完成上级生产指标，只能早出晚归，实行“六进六出”（早上6点出工，晚上6点收工）。由于劳动力疲惫不堪，普遍出现出工不出力的现象。在生产成果统计中，也普遍出现少做多报、少收多报的现象，大肆浮夸，“大放卫星”。

公社化运动浪费了大量资源，压缩了社员家庭副业，社员劳动生产积极性受到严重伤害，造成粮食、蚕桑、油菜籽连年大面积减产，但国家粮食征购任务因虚报浮夸产量而只增不减，因此口粮严重短缺。1959—1961年间，高桥大公社的66个食堂经常以瓜菜代粮，把吃番薯根粥汤水形容为“羊脚爪过白酒”。最困难的时候甚至用谷糠、野菜、榆树皮、革命草（水草）充饥。因此，不少人患上贫血症、浮肿病；许多人因拉不出大便，到了吞肥皂水、用手抠的地步。如栖丰大队一家农户断粮数日，实在饿不过就肚子朝下躺在板凳上，以减轻饥饿之难受。

1961年《农村人民公社工作条例（草案）》（俗称“农业纲要六十条”）和《关于改变农村人民公社基本核算单位的指示》，在一定程度上缓解了农村工作中的“左”倾错误，并对公社、大队和生产队规模进行了调整。1961年8月，原禹越乡区域建立禹越人民公社；原三来乡、油车乡区域建立高桥人民公社。人民公社实行“队为基础，三级所有”的体制，确立以生产队为基本核算单位，恢复和扩大了农民自留地和家庭副业，促进了农业生产，粮食、蚕桑、畜牧业发展。至1962年，镇境农村基本度过了困难时期。因此，当时有一部分外地妇女流入境内，嫁入本地农户。夏家大队陆家里生产队农户普遍比较困难，10户人家中有6户纳了江苏吴江等地的媳妇。据禹越公社年报：1961年粮食生产三者关系分配中，社员生活用粮仅214.9公斤；1980年，上升到356.3公斤。

1965年“文化大革命”期间，虽然开展“农业学大寨”，但推行“政治挂帅”，大搞“割资本主义尾巴”。农民生产积极性受到抑制，农村生产力再次遭到严重破坏。当时春季的春蚕饲养和“三抢”（抢收春花、抢管早稻、抢种三熟制秧苗），夏季的“双抢”（抢收、抢种），以及秋收冬种三次农忙季节，尽管集中所有劳动力全力以赴，但每因耽误农时而减产。

第四节 家庭联产承包制

解放后，经过土地改革、土地集体化、公社化等运动，使土地所有权和使用权高度集中，农民丧失了土地的所有权和使用权。中共十一届三中全会后，四中全会通过了《关于加快农业发展若干问题的决定》，农村实行的各种责任制，包括小段包工定额计酬，专业承包联产计酬，联产到劳，包产到户、到组，包干到户、到组，等等，统称“联产承包责任制”，俗称“大包干”。以镇境高桥公社为例，1979 年有 12 个生产队开始实施联产到组（操作组）。

1980 年高桥公社责任制统计表

表 4-1-9

村	生产队数	联产到劳			联产到组	油菜联产到户		春粮联产到户	
		队数	水田（亩）	桑地（亩）	队数	队数	亩数	队数	亩数
湖墩	10	—	—	—	—	7	111	—	—
东溪	9	—	—	—	—	1	30	1	40
三来	22	6	423	193	1	18	490	19	486.7
夏家	19	—	—	—	4	19	156	17	180
茅林	14	—	—	—	5	14	160	3	60.5
油车	8	—	—	—	1	5	94.5	1	15.5
红丰	25	—	—	—	—	4	147	5	299.7
米世	13	—	—	—	1	2	68	—	—
合计	120	6	423	193	12	70	1257	46	1082

1982 年后，境内高桥、禹越两个公社正式实施以家庭为单位向生产队承包土地等生产资料和生产任务的农业生产责任制。其基本特点是集体将土地和其他生产资料承包给农户，承包户和集体经济组织签订承包合同。承包户根据承包合同规定的权限，独立作出生产经营决策，并在完成国家和集体任务的前提下分享生产经营成果。家庭联产承包责任制打破了人民公社体制下土地集体所有、集体经营的农业耕作模式，实现了土地所有权与经营权分离，极大地激发

了农民生产的积极性，迅速解放了农村生产力，推动了农业生产的快速发展。当时高桥境内农户口中曾经流传着这样一句顺口溜：“联产如联心，谁联谁操心；只要政策定，生产年年升。”

第二章 粮 食

境内农民历来以粮桑为主，渔菱为辅，自给自足。然遇旱涝灾害，加之苛捐杂税，青黄不接亦为常见。民国27年（1938）水灾，镇境受灾至荒水田5415亩，外出逃荒讨饭231户。镇境解放后，虽组织农民兴修水利，互助合作，但估产过高，征收过高，民生依旧囤无馀粮。口粮不足，以番薯、芋艿、南瓜等杂粮填补。

1955年三来乡春荒情况统计

表4-2-1

村别	卖房（间）	卖树（株）	卖船（只）	卖水车（部）	卖家具（户）	讨饭户		困难户		打短工（户）	放弃农业搞副业渡困（户）
						新户	老户	妻改嫁	卖子女		
1	3	40	—	—	12	—	—	—	—	—	—
2	—	—	—	—	—	—	—	—	—	—	—
3	3	30	2	—	20	2	—	—	1	—	30
4	30	14	—	—	80	7	5	—	3	—	40
5	8	45	2	—	15	4	2	2	3	1	50
6	—	1	—	—	3	1	6	—	—	—	—
7	—	30	—	—	5	—	1	—	—	10	80
8	—	20	—	1	10	—	—	—	—	5	20

续表 4-2-1

村别	卖房（间）	卖树（株）	卖船（只）	卖水车（部）	卖家具（户）	讨饭户		困难户		打短工（户）	放弃农业搞副业渡困（户）
						新户	老户	妻改嫁	卖子女		
9	10	250	—	—	30	2	8	—	—	—	2
10	14	120	—	—	50	3	4	—	—	—	42
11	8	70	—	—	60	—	—	—	—	—	—
12	—	30	1	—	13	2	1	—	1	1	—
13	3	40	—	—	12	—	—	—	—	—	—
合计	79	690	5	1	310	21	27	2	8	17	264

1961 年早稻产量与三者关系安排

表 4-2-2

公社	早稻面积（亩）	单产（斤）	总产（担）	三者关系安排				
				国家征购（担）	占（%）	集体种子（担）	社员口粮（担）	每人平均（斤）
高桥	8938.4	480	42627.3	19325.3	77.6	2807.0	19950.9	194
禹越	6113	473.5	28947.5	8063.6	84.4	1694.3	18240.2	185.4
合计	15051.4	475.9	71574.8	27388.9	81	4501.3	38191.1	189.7

1970 年高桥公社粮食产量与三者关系安排

表 4-2-3

参加分配人口（人）	粮食总产（担）	三者关系安排					
		国家部分		集体部分（担）	社员部分		
		国家征购（担）	占（%）		口粮（担）	肥料粮（担）	每人平均（斤）
12809	155771	55904	35.9	17618	70626	12376	647.6

1980年禹越公社粮食产量与三者关系安排

表4-2-4

参加分配人口（人）	粮食总产（担）	国家部分		集体部分		社员部分				
		征购数（担）	占（%）	总数（担）	占（%）	口粮分配（担）	按劳分配（担）	肥料分配（担）	奖励分配（担）	每人平均（斤）
12572	124513	22315	17.9	23376	18.8	67513	6600	12379	4371	712

1990年禹越乡粮食产量与三者关系安排

表4-2-5

参加分配人口（人）	粮食总产（担）	三者关系安排					
		国家部分		社员生产用粮		社员生活用粮	
		国家征购（担）	占（%）	粮食数（担）	占（%）	粮食数（担）	每人平均（斤）
13489	137854	15923	11.55	26434	19.2	95787	710

1957年“大跃进”起，干部连年瞎指挥，粮食产量虚假浮夸而导致上缴国家征购粮不减反增，最终造成三年困难。农民多以野菜、草根、树皮充饥，文件称为“瓜菜代”。1963年，大公社分小，推行“七边”（田边、地边、山边、荡边、路边、河边、屋边）、“八套”（三季套种）政策，经过三年努力，民生复苏。1966年“文化大革命”开始，“以阶级斗争为纲”取代“以粮为纲”，民心浮动。虽有“抓革命、促生产”指示，然劳动力分散，农业生产受到严重影响。20世纪60年代后期，各公社掀起农业学大寨、平整土地热潮，使圩田成片，渠路弹直，既利于机耕排灌，又利于播种收割。同时提出“备战备荒”口号，各队始贮储备粮。以禹越公社为例，1970年提取储备粮232913公斤，占粮食总产量的4%。

改革开放之后，公社解体，集体土地按劳动力、口粮需要比例承包到户，国家征购粮随田分摊。尔后，富余劳力办厂打工，农业生产几剩老弱。1986年起推广专业户、重点户经营，农田渐由大户集中经营。1990年称为规模经营。后又提倡多种经营，不少粮田改种花卉苗木、蔬菜瓜果，或养鱼养虾，养蛙养鳖，一改先前单一种粮局面，水稻种植面积逐年缩减，粮食总产逐年下降，但农户经济收入反而不断增长，因而激发了农民进行多种经营的积极性。

2005 年禹越镇土地承包经营情况统计表

表 4-2-6

村名＼项目	家庭承包经营农户数（户）	家庭承包经营耕地（亩）	承包耕地流转面积（亩）			实行规模经营耕地面积（亩）		
			合计	转包	出租	合计	10—20亩	20—50亩
钱塘	368	1765	500	—	500	1265	665	600
杨家坝	637	1613	1350	—	1350	1280	480	600
东港	543	938	378	—	378	378	178	200
木桥	898	2824	1950	—	1950	1950	450	1000
西港	562	2336	1070	—	1070	1130	200	700
栖丰	417	1392	500	—	500	520	220	300
湖墩	342	1463	420	—	420	332	156	176
东溪	238	1068	320	—	320	438	78	210
夏家	576	2719	492	—	492	492	100	212
三来	530	3018	600	—	600	600	300	300
茅林	420	1966	580	580	—	580	—	230
油车	209	967	338	—	338	338	138	200
米世	460	1801	120	—	120	120	55	40
天皇殿	798	3856	350	—	350	294	80	76
合计	6998	27726	8968	580	8388	9717	3100	4844

2010 年禹越镇土地承包经营情况统计表

表 4-2-7

村名＼项目	家庭承包经营农户数（户）	家庭承包经营耕地（亩）	承包耕地流转及规模经营耕地面积（亩）					
			流转（出租）	规模经营耕地面积（亩）				
				10—30	30—50	50—100	100—200	200以上
钱塘	368	1788	1362	810	200	240	—	—

续表 4-2-7

项目 村名	家庭承包经营农户数（户）	家庭承包经营耕地（亩）	承包耕地流转及规模经营耕地面积（亩）					
			流转（出租）	规模经营耕地面积（亩）				
				10—30	30—50	50—100	100—200	200以上
杨家坝	635	1610	1531	600	780	—	—	—
东　港	128	579	309	309	—	—	—	—
木　桥	900	2883	2472	700	1272	500	—	—
西　港	568	2324	1817	600	817	160	240	—
栖　湖	729	2802	2100	1460	450	—	—	—
夏　东	825	3631	2231	301	1460	175	—	295
三　林	950	4370	1892	440	760	610	—	—
高　桥	669	2804	1200	198	230	250	260	262
天皇殿	804	2920	685	—	—	160	—	525
合　计	6576	25711	15599	5418	5969	2095	500	1082

2005 年禹越镇水田生产结构情况统计表

表 4-2-8　　单位：亩

项目 村名	水田总面积	水稻种植面　积	水产养殖面　积	经济作物种植面积	土地流转面　积
钱　塘	915	68	807	30	800
杨家坝	1526	48	1458	20	1360
东　港	858	442	376	40	350
木　桥	2648	701	1822	125	1710
西　港	2215	821	1324	70	1104
栖　丰	1311	363	688	260	480
湖　墩	1408	754	624	30	505
东　溪	1000	670	320	10	330
夏　家	2406	1261	960	185	560
三　来	2903	2410	463	30	610
茅　林	1870	1334	521	15	500
油　车	953	295	638	20	613
米　世	1712	1414	243	55	243

续表 4-2-8

村名＼项目	水田总面积	水稻种植面积	水产养殖面积	经济作物种植面积	土地流转面积
天皇殿	3610	3367	153	90	113
合计	25335	13948	10407	980	9278

第一节 耕作制

解放前，镇境农田耕作一直以单季稻为主。因为水利设施落后，春花作物难保收成。冬旱年景，农户只少量种植油菜、小麦、蚕豆，产量很低。解放后，粮食复种指数不断提高，镇境于 1956 年开始出现双季稻，1958 年蒸汽育秧推广后，双季稻大面积扩种。但产量一直受到缺少肥料、病虫灾害、旱涝等严重制约。1960 年后，推广稻麦矮秆化，以防倒伏。1962 年后，开始大搞水利建设，开挖渠道，架设电线，建造机埠，农田基本实施机电排灌，并开始使用农药，使农业生产有了一定的保障。1968 年扩大春花面积，改一年二熟为三熟，1970 年后，三熟制面积不断扩大，除留足晚稻秧田外，其余水田普遍进行大麦、稻、稻或油菜、稻、稻或花草（绿肥）、稻、稻连作，复种指数高达 230%左右。以高桥公社为例，水田总面积 11910 亩，自 1972 年至 1977 年 6 年中，每年三熟制面积都在 6000 亩以上，占早稻总面积的 60%。但是，由于受气候、肥料、病虫害等因素的影响，相比二熟制产量高不了多少，除去生产成本，三熟制的实际效益往往会低于二熟制。因此，境内农户中当时就流传着一句“三三得九不如二五得十”的顺口溜。

1954 年水稻生产统计表

表 4-2-9

村	水田面积（亩）	早稻			中稻			晚稻		
		面积（亩）	单产（斤）	总产（担）	面积（亩）	单产（斤）	总产（担）	面积（亩）	单产（斤）	总产（担）
禹越	8333	1160	330	3827	571	400	2283	6602	420	27730
三来	10029	1291	360	4646	792	370	2931	7946	450	35758

续表 4-2-9

村	水田面积（亩）	早稻			中稻			晚稻		
		面积（亩）	单产（斤）	总产（担）	面积（亩）	单产（斤）	总产（担）	面积（亩）	单产（斤）	总产（担）
油车	7308	673	340	2287	837	360	3012	5799	440	25515
合计	25670	3123	343	10712	2199	377	8226	20347	437	89003

1982 年起，随着家庭联产承包责任制的实施，国家征购渐弛，农民种植趋于自由。并且随着乡镇企业的发展，大量农村劳动力趋向亦农亦工，种粮效益明显下降，早稻和春粮种植逐年减少。2001 年后，单季稻逐步取代双季稻，油菜、小麦、蚕豆种植也大面积减少，以前“三抢”“双抢”皆成历史。

第二节　水　稻

禹越镇水稻生产择年统计情况

表 4-2-10

年份	早稻			晚稻			单季稻		
	面积（亩）	亩产（斤）	总产（担）	面积（亩）	亩产（斤）	总产（担）	面积（亩）	亩产（斤）	总产（担）
1954	3123.1	343.3	10761	22547	431.2	97229	—	—	—
1970	18783	728.6	136850	20875	595.3	124260	—	—	—
1980	13331	857.7	114343	20631	521.9	107670	—	—	—
1990	16791	806.8	135466	19578	820.7	160669	—	—	—
2000	—	—	—	—	—	—	9138	959.6	87686
2010	—	—	—	—	—	—	13229	1054.6	139514

品种

德清解放前后，境内以矮脚老来青、矮脚落霜青、太湖青 3 个品种为主。20 世纪 50 年代推广六十日籼和八十日籼。20 世纪 60 年代后，继又陆续推出早籼品种陆才号、莲塘早、陆财号、矮脚南特号、广陆矮 4 号，晚粳农垦 58、农虎 6 号，糯稻祥湖 47 等，长期成为集体种植的主要品种。1970 年至今，新的水稻品种不断推出，如秀水系列、浙江系列、嘉湖系列等。其中 1974 年曾经推广杂交稻，品种有汕优 6 号、汕优 64，因产量不高，不久淘汰。

1962 年新市区早稻优良品种分配表

表 4-2-11　　　　单位：亩

品种	新联	梅林	高林	士林	高桥	勾里	禹越	合计
早稻面积	11198	6255	9463	9406	9218	8047	6161	59748
莲塘早	5000	3000	4100	4000	2800	2300	2100	23300
陆财号	4000	2300	3500	3500	3400	3000	2300	22000
团头天花落	37000	20000	31000	31000	34000	27000	20000	200000
全区合计	46000	25300	38600	38500	40200	32300	24400	245300

育秧

本地先民种植水稻，从“清明布谷，谷雨种田”农谚中推知，播谷育秧乃古已有之。解放前，境内农家都种单季水稻。清明之后，开始育秧，经晒种、选种、浸种、催芽、凉种、播种，秧苗始在秧田中生长。为了培养壮秧，提高产量，1955 年提倡盐水选种和药剂浸种。1965 年推广尼龙薄膜育秧。1976 年试行蒸气育秧，温室催芽，但成本高，效果差，次年废止。1982 年，地膜取代薄膜，工本更省。1994 年，提倡秧盘育秧，以抛代种。然稻丛零乱，除草麻烦，两年后不再。1997 年，单季晚稻直播成功，此后种田不再育秧。

种田

镇境水稻种植方式不断演变。单季稻时期，稻田冬季灌水，俗称“烂水田”，三四月份翻田，过一段时间后“倒田”（翻细），耙塄，然后平田插秧。普遍实行大株稀植，行距八九寸，株距五六寸。解放后，普遍推广双季稻，开始曾经试种“再生稻”和“间作稻”。再生稻是在早稻收割以后，加以肥水管理，让稻茬长出稻苗。间作稻则是要在早稻插秧时做到二密一稀，为下一季稻预先留出一定空间，到早稻抽穗前再在稀的行间插上晚稻秧苗。再生稻虽然易行但产量很低，间作稻麻烦费工且虫害严重，产量也不高，还影响早稻生长和产量，因此都被取消。1965 年后，推广“小株密植”， 密植程度要求达到，株距 3 寸，行距 4 寸，每亩 4.5 万—5 万丛，每丛 3—4 根秧苗。1970 年后，恢复传统“秧界绳”种田。先用尼龙绳经好“达头”（固定每个人宽度，规定每一行的棵数），然后再开始种田。当时规格 4×4，株距 4 寸，行距 4 寸，每亩 4.5 万丛左右，每丛 7—8 根秧苗。以上方式方法，不仅耗工浪费劳动力，延误农时影响产量，且因为水稻密度高而导致病虫害蔓延，农药成本增加而得不偿失。

实施家庭联产承包责任制以后，水稻生产农户自主经营，原来生产队一个多月的“双抢”季节，“单干户”往往仅须一半时间，工效提高。由于抓住季节，粮食连年丰收。1990 年后，境内农村劳动力大量流向工厂，亦工亦农矛盾凸显。但因农户自主经营，省工省时的水稻种植方式逐渐出现。一些农户先是试着在翻耕好的大田里直播谷种，因为一样丰收，致竞相效仿。后来，有些农户从境外学来免耕直播的方法，不用翻田，不用机耕，直接在坂田上散播经过发芽的谷种，只要除草和肥水管理得当，照样能够获得高产。这些新法种田不仅能够节省劳动力，而且减轻了劳动强度，尤其是除草剂和机械化收割的普遍使用，使广大农民不再承受“三弯腰”（插秧、摸草、割稻）的辛苦。

管理

肥水　本地农民在水稻栽培过程中积累的管理方法，称为“管小(幼苗期)、养大(生长期)、保老（成熟期)”。在水浆管理方面做到“前期吃饱，中期灌巧，后期不少”。主要采取浅—干—湿—深间歇灌溉。浅，为浅水灌溉，每次灌水深度不超过 3—5 厘米；插秧时采用浅水，一般水层要保持 1—3 厘米左右；插秧后至返青期采用浅水管理，大风时深水护苗；分蘖期要浅水勤灌，以促进分蘖，提高成穗率，灌水深度一般 3—5 厘米。干、湿，本地叫“焐田”，在蘖末期，排水干田可减少无效分蘖，使基部节间缩短，提高抗倒能力；乳熟期至收获前，保持土壤湿润。孕穗、抽穗、开花期是水稻需水量最多的时期，一般田间保持水层 6—7 厘米。遇低温深水护穗，水层可保持在 8—9 厘米。黄熟期需水量开始减少，只要田间湿润即可，并逐渐干田以利方便收割。

传统水稻肥料以人粪畜禽肥为主，间用饼肥、蚕沙、草灰之类。民国36年9月，县农业推广所推广化肥，境内农民无人购买。解放初，肥田粉量少价高，购买农户很少。1954年大涝后，次年发动农民大积肥料。用船下河积肥，有搞蕰草、扒青苔、捻河泥、扒螺蛳；在陆地上积肥，有割青草、扒垃圾、削地边草、烧草木灰、清理猪羊肥、人粪、蚕沙等，千方百计积肥增收。1959年号召自办肥料厂，境内各农业社一哄而上，一时浮夸虚报，竞相吹牛，所造肥料实际只是土杂肥而已。如禹越公社栖丰大队6个"人造尿厂"，实际是6个池塘，社员只是将羊粪倒入池中，用铁耙、竹竿搅拌一下，整个池塘的水便成了"人造尿"了。这样的肥料厂，每个生产队都有。

1964年以后，随着三熟制的普遍实行，肥料矛盾更加突出，除沿袭以前的积肥方法外，还常常出动船只和劳力到城里扒垃圾、掏人粪。还分配一部分肥料粮，鼓励农户多养猪羊产肥。化肥更是供不应求，品种有氨水、尿素、硫酸铵、氯化铵、碳胺、过磷酸钙、钙镁磷肥、氯化钾、硫酸钾等，均由供销社按田亩分配。此外，还种植花草绿肥、蚕豆绿肥、稻草还田，以解决肥料之不足。

1961年9月高桥公社积肥统计表

表4-2-12

队　名	总劳力数（人）	出动船只（只）	出动劳力（人）	日进度（舱）	月积肥面积（亩）
湖墩大队	332	50	167	16.1	501
东溪大队	292	32	149	14.9	447
三来大队	598	60	278	29.8	994
夏家大队	604	130	304	30.4	912
油车大队	233	26	118	11.8	354
茅林大队	533	85	268	26.8	804
红丰大队	918	95	458	45.8	1274
米世大队	666	90	316	31.6	948
合计	4178	568	2078	207.8	6234

除草　本地水稻草害主要有牛毛草、鸭舌草、夜夜亩、三角草、稗草等。传统除草只能用手拔除，大田也用狭锄耥耘，一则除草，二则松土，一举两得。

镇境有“头次耘得匀，二次耘得深，三次耘得精”的经验，并且要求做到：“耘净棵脚草，撸平脚窝潭，挖好丰产沟，摸平沟边泥”。一季稻要摸三次草，有“一次摸出有得收，二次摸出保丰收，三次摸出下年草”和“宁可少肥料，勿可田养草”之谚。

防病　境内水稻主要有三大病害：稻瘟病、纹枯病、白叶枯病。

稻瘟病又称稻热病，是水稻最重要病害之一，如1952年三来乡、油车乡稻瘟病爆发，造成大面积减产，严重的田块减产4成以上。解放前，本地农民对水稻病害不了解，加之稻种抗病性差，一旦发病只能听天由命，造成严重减产。解放后，一面推广抗病品种，先后有农垦58、秀水系列等陆续推出，降低了发病率。70年代后，推广药剂防治，先后使用过波尔多液、西力生、散力散、代森锌、克瘟散、多菌灵、稻瘟净、稻瘟灵等10余种抗稻瘟病的药剂，极大地控制了稻瘟病的危害。

纹枯病是本地区危害最严重水稻病害之一，在苗期至穗期都可发病，轻则可使水稻秕谷增多，粒重下降；重则使水稻不能抽穗。针对纹枯病，一方面是加强水浆管理，采取浅、湿、干交替灌溉的方法；控制氮肥使用量，增施磷肥；控制无效分蘖。另一方面是使用药剂防治，境内主要用井冈霉素、稻脚青、多菌灵等防治。

白叶枯病是水稻中、后期的重要病害之一。白叶枯病主要症状表现在叶子上，有叶缘型和凋萎型，苗期和分蘖期最易受害，抽穗前发病对产量影响较大。病菌在病残体上越冬，稻种亦可带菌，经风雨传播。氮肥过多和低洼积水田发病早而重。台风暴雨后，病害常在感病品种上迅速扩散。秧田防治在移栽前7–10天，水稻拔节后，对感病品种要早检查，若发现病况，应及时施药防治，大风雨后受淹稻田要喷药保护。生菌素、叶枯宁等可防治白叶枯病。

治虫　境内水稻虫害主要为螟虫、蝗虫（谷蜢）、稻飞虱（蚜虱）等。当时没有农药治虫，境内农户只能用土办法驱赶。操作方法为：前面一人将菜油滴在苗间水上，后一人用赶蚜耙泼水；赶谷蜢只能将其赶到田头岸上，无法灭除。解放后，蝗虫灾害得到遏制，螟虫依然猖獗，下舍区政府开展大规模群众灭螟运动，通过挖稻蒲头、采卵块、拔枯心苗、点灯诱蛾等方法，一度使螟害明显下降。但推广二熟制、三熟制之后，螟害又重新抬头，二化螟、三化螟和卷叶螟尤甚。此外，稻飞虱和卷叶虫（蚰虫）也为害严重。

1951 年 8 月 13 日治虫统计表

表 4-2-13

乡	参加人数（人）			稻田治虫数（只、块）		桑地治虫数（只、块、斤）			点灯数（盏）			其它（斤、斤、个）		
	男	女	儿童	螟蛾	卵块	桑螟蛾	卵块	桑茧	汽灯	美孚灯	油灯	杂虫	枯心苗	稻苞虫
禹越	693	758	214	497		43751	27214	43.2	1	137	115	32.2	148	—
三来	125	89	71	579	64	8775	8300	25	—	—	146	73	338	8033
油车	758	416	278	664	122	49832	7420	—	5	9	188	4	300	11890

1952 年 10 月拔稻根统计表

表 4-2-14

乡	水田总亩数（亩）	已拔稻根亩数（亩）	百分比（%）	参加人数			
				男劳力（人）	女劳力（人）	儿童（人）	合计（人）
禹越乡	8278	7858	94.9	2300	750	460	3510
油车乡	7277	6976	95.8	6595	2232	488	9315
三来乡	9928	9113	92	1162	642	245	2049

镇境 1956 年之后，开始使用化学农药治虫，先后有六六六、滴滴涕、二二三等，但长期使用后螟虫产生抗药性，药效降低。1976 年推出有机磷剧毒农药，有乙基 1605、苏化 203、甲基 1605 等，但对人畜带来危害。后改用甲胺磷、三唑磷、敌百虫、氧化乐果、杀螟松、呋喃丹等农药防治。改种单季稻之后，螟虫危害大为减轻，而且出现了一批低毒高效的农药，防治螟虫基本与其他病虫害一并施药防治。

收获

方式　境内水稻收获期，早稻抽穗后一个月左右，晚稻 45 天左右，单季稻一般45—50天，当稻穗金黄饱满低头垂下时，就可以开始收割。收割方式依据水稻收割农具分为三个时代：人力时代、半机械时代、机械化时代。

1958年以前，水稻收割农具为镰刀、稻桶、谷箩、簸箕等。收割过程分为割稻、掼稻、挑谷、筛谷、晒谷、扇谷、进仓（上圈）。

人民公社成立之后，开始使用脚踏打稻机脱粒，70年代又出现了电动打稻机。90年代之后，境内逐渐以水稻收割机代替打稻机脱粒。

产量

1951年禹越境内水稻生产情况

表4-2-15

乡名	单季稻		
	面积（亩）	均单产（斤）	总产（担）
禹越乡	8333	400左右	33332
三来乡	9928	400左右	39712
油车乡	7377	400左右	39508
合 计	25638	—	112552

1964年禹越公社水稻生产汇总表

表4-2-16

生产大队	总产量			早 稻			晚 稻		
	面积（亩）	单产（斤）	总产（担）	面积（亩）	单产（斤）	总产（担）	面积（亩）	单产（斤）	总产（担）
钱 塘	1379	544	7523	637	588	3751	637	588	3750
道 场	742	602	4465	349	644	2252	349	644	2251
杨家坝	1758	568	9989	811	593	4814	810	592	4743
徐家庄	810	583	4244	377	563	2125	377	563	2125
坝 里	1564	540	8451	713	564	4022	713	564	4022
木桥头	3165	476	15078	1488	505	7520	1487	505	7517
石屑兜	2370	461	10939	1079	508	5480	1079	508	5480

续表 4-2-16

生产大队	总产量			早稻			晚稻		
	面积（亩）	单产（斤）	总产（担）	面积（亩）	单产（斤）	总产（担）	面积（亩）	单产（斤）	总产（担）
九里港	937	450	4077	433	509	2207	433	510	2206
栖丰桥	2196	533	11718	1048	563	5910	1048	563	5910
北 圩	1585	504	7989	751	545	4096	751	545	4096
合 计	16509	592	84669	7689	548	42179	7689	548	42179

1966 年高桥公社水稻生产汇总表

表 4-2-17

生产大队	总产量			早稻			晚稻		
	面积（亩）	单产（斤）	总产（担）	面积（亩）	单产（斤）	总产（担）	面积（亩）	单产（斤）	总产（担）
湖 墩	1952	622	12020	910	726	6618	1042	518	5402
东 溪	1532	588	8858	709	718	5092	823	458	3766
三 来	3524	589	20511	1604	711	11546	1920	467	8965
夏 家	3411	598	20476	1602	715	11463	1809	482	9004
茅 林	2673	585	15614	1233	709	8988	1440	461	6626
油 车	1328	567	7402	609	686	4180	719	448	3222
天皇殿	5096	655	32920	2336	777	18164	2760	534	14756
米 世	2703	657	15701	1248	778	9715	1455	536	7786
合 计	22299	613	135293	10271	731	75766	12028	495	59527

1974 年高桥公社水稻生产汇总表

表 4-2-18

生产大队	水稻合计			早稻			晚稻		
	面积（亩）	亩产（斤）	总产（担）	面积（亩）	亩产（斤）	总产（担）	面积（亩）	亩产（斤）	总产（担）
湖 墩	1024	1345	1373	892	888	791454	1024	572	5858
东 溪	801	1304	10449	697	854	595355	801	561	4495

续表 4-2-18

生产大队	水稻合计			早稻			晚稻		
	面积（亩）	亩产（斤）	总产（担）	面积（亩）	亩产（斤）	总产（担）	面积（亩）	亩产（斤）	总产（担）
三　来	1885	1322	24930	1631	856	1396931	1885	581	10961
夏　家	1869	1340	25041	1613	899	1451086	1869	563	10530
茅　林	1440	1409	20289	1250	920	1150668	1440	610	8782
油　车	770	1409	10849	664	883	586291	770	648	4986
天皇殿	2760	1401	38664	2386	896	2138128	2760	626	17283
米　世	1375	1483	20399	1196	925	1107072	1375	678	9328
合　计	11925	1378	164394	10330	882	9216986	11925	605	72225

1985 年油车乡水稻生产汇总表

表 4-2-19

生产大队	水稻合计			早稻			晚稻		
	面积（亩）	亩产（斤）	总产（担）	面积（亩）	亩产（斤）	总产（担）	面积（亩）	亩产（斤）	总产（担）
合　计	11455	1304	149428	9643	905	87282	11416	544	62146
湖　墩	921	1375	12666	800	950	7600	921	550	5066
东　溪	780	1265	9870	658	785	5757	776	530	4113
三　来	1810	1230	21966	1506	860	12952	1785	505	9014
夏　家	1812	1280	23187	1540	850	13090	1812	560	10097
茅　林	1430	1294	18502	1180	870	10266	1420	580	8236
油　车	739	1281	9465	600	921	5526	739	533	3939
天皇殿	2642	1334	35273	2219	935	20748	2641	550	14525
米　世	1322	1350	18499	1140	995	11343	1322	541	7156

1995年禹越乡水稻生产汇总表

表 4-2-20

生产大队	早稻			晚稻			单季稻		
	面积（亩）	亩产（斤）	总产（担）	面积（亩）	亩产（斤）	总产（担）	面积（亩）	亩产（斤）	总产（亩）
钱　塘	555	780	4330	550	834.6	4590	150	1000	1500
道　场	290	760	2204	280	840	2352	100	1068	1068
杨家坝	775	760	5890	763	880.4	6717	75	1100	825
徐家庄	127	760	966	140	920	1288	—	—	—
坝　里	580	760	4408	524	838.8	4396	180	1000	1800
木桥头	1025	780	7996	1225	910	11156	142	1000	1420
石屑兜	895	740	6624	901	851.4	7672	129	1000	1290
九里港	347	760	2638	362	870	3242	20	1000	200
栖丰桥	734	760	5560	915	892	8164	35	1100	386
北　圩	610	740	4514	650	908	5900	100	1000	1000
合　计	5938	760	45148	6310	879	55477	931	1019	9489

2000年徐家庄镇水稻生产汇总表

表 4-2-21

生产大队	单季稻		
	面积（亩）	亩产（斤）	总产（担）
钱　塘	345	1090	3760
道　场	33	1090	360
杨家坝	281	1090	3060
徐家庄	37	1090	404
坝　里	562	1090	6126
木桥头	519	1090	5660
石屑兜	821	1090	8820
九里港	309	1090	3368
栖丰桥	577	1090	6290

续表 4-2-21

生产大队	单季稻		
	面积（亩）	亩产（斤）	总产（担）
北　圩	401	1090	4378
合　计	3885	1090	42346

2005 年禹越镇水稻生产汇总表

表 4-2-22

生产大队	单季稻		
	面积（亩）	亩产（斤）	总产（担）
合　计	13948	633	88300
湖　墩	754	700	5280
东　溪	670	700	4690
三　来	2410	600	14460
夏　家	1261	699	8820
茅　林	1334	600	8000
油　车	295	600	1770
天皇殿	3367	600	20200
米　世	1414	600	8480
钱　塘	68	706	480
杨家坝	48	600	288
东　港	442	600	2652
木桥头	701	699	4900
西　港	821	699	5740
栖　丰	363	700	2540

2013 年禹越镇水稻生产汇总表

表 4-2-23

生产大队	单季稻		
	面积（亩）	亩产（斤）	总产（担）
合　计	8725	1136	99116

续表 4-2-23

生产大队	单季稻		
	面积（亩）	亩产（斤）	总产（担）
钱　塘	198.6	1140	2264
杨家坝	315.4	1119.8	3532
东　港	3.5	1142.9	40
木　桥	303.3	1119.7	3396
西　港	468.7	1039.9	4874
栖　湖	888.9	1120	9956
夏　东	1683.4	1152.7	19404
三　林	1378.4	1134	15638
高　桥	768.5	1099.8	8452
天皇殿	2716.4	1161.8	31560

禹越镇承包到户之后水稻生产择年统计

表 4-2-24

年份	单季稻			早　稻			晚　稻		
	面积（亩）	亩产（斤）	总产（担）	面积（亩）	亩产（斤）	总产（担）	面积（亩）	亩产（斤）	总产（担）
1980	—	—	—	13330	863	149371	20630	518	107670
1995	—	—	—	15214	749	113518	18718	434	96184
2000	9138	959.6	87686	—	—	—	—	—	—
2005	13948	634	88300	—	—	—	—	—	—
2013	8725	1136	99116	—	—	—	—	—	—

第三节 杂 粮

春粮

小麦 境内传统春粮之一，栽培早于大麦。民国期间多播于旱地，开沟条播，据民国36年统计，战时单产32.5公斤。解放后扩大种植，开始在田间播种，以补口粮之缺。但生长周期长，在以三熟制为主时期，小麦田只能作为晚稻秧田使用，所以播种面积很少。承包制后，单季稻逐步流行，小麦种植面积有所扩大。目前境内农户种植大多为采麦草用于祭祀，不以粮谋，故种植面积极少。

大麦 境内种植时间较短，镇境始播于抗日战争期间，种植户不多，因砻磨费力，一度废种。公社化后以粮为纲，三熟制大行。因成熟时间比小麦早，产量较高，收割后麦田可以种植早稻，故种植面积迅速扩大，一直延续到九十年代中后期。随着三熟制面积减少和单季稻逐步推广，境内农户大麦生产趋于消极，2000年以后基本无人种植。

禹越镇大小麦面积与产量择年统计情况

表4-2-25

年份	小麦			大麦			占水田总面积（%）
	面积（亩）	单产（斤）	总产（担）	面积（亩）	单产（斤）	总产（担）	
1970	1958.7	154.1	3018.1	169.1	184.5	311.9	10.24%
1980	1024.1	285.8	2926.9	6108.4	351.8	21491.4	34.57%
1990	65	256	170	3851.1	418.2	16106.8	20%

传统大小麦播种先垦麦塄，用铁耙帽头敲出浅坑，在坑内播上麦种，然后用草泥灰覆盖。1962年后，操作上以鸭脚铁耙替换了连刀铁耙，变窄塄为宽塄，改点播为条播，产量有所提高。1974年学习江苏经验，麦塄增阔，开深沟，表面泥土倒细，麦种催芽，磷肥拌种，改条播为散播，再在上面撒上一层盖子肥。

1986 年后推广免耕法，先将种子散播在坂田上，盖上盖子肥，再用深沟锹开挖深沟，把撬起来沟泥放在种子上面，等沟泥干燥后敲细，覆土盖子一举两得。

镇境大小麦主要病害有：黑穗病、赤霉病等，主要发生在扬花灌浆期，尤其是阴雨连绵的天气。一般用石灰水、福美霜浸种结合托布津、多菌灵等药剂防治。虫害主要为黏虫、芽虫，其时都用敌百虫、甲胺磷、氧化乐果等防治。

人民公社后，大小麦新品种层出不穷。大麦先后有立夏黄、无芒六棱、70 年代之后，陆续引进推广了早熟 3 号、浙农大 3 号、浙农大 6 号、秀麦 3 号等高产抗病品种。小麦品种传统以和尚头麦为主，解放后有矮粒多、扬麦一号等，产量亦随之提高。

蚕豆　栽培历史悠久，湖州钱山漾新石器时代遗址中就有蚕豆出土。蚕豆称谓较多，有罗汉豆、胡豆、南豆、竖豆、佛豆等名。

蚕豆在境内是粮食、蔬菜和饲料、绿肥兼用作物。三年困难时期，境内百姓借以充饥度荒。粮食统购统销时，5 公斤蚕豆可折 0.6 公斤原粮。传统品种有踏扁青、小青皮、白皮豆等。

豌豆　又名雪豆、毕豆、寒豆、冷豆、麦豆、荷兰豆等。境内称寒豆或圆寒豆，分硬壳、软壳两种。硬壳开白花，剥荚吃豆；软壳开紫花，连荚炒食。镇境在立夏前后，采收嫩荚或剥荚取豆，成为时蔬。立夏当天，在田边地头搭灶烧“寒豆糯米饭”，俗称“野火饭”，或在家里烧“立夏饭”，是境内传统风俗。

马铃薯　别称土豆、洋芋、种植时间较短，始种于 70 年代初。食用部分为地下块茎，可做菜，亦可充饥。作商品出售后也用于酿酒。

秋粮

番薯　又名红薯、甘储、甘薯、山薯等，明朝万历二十一年（1593），由福建长乐县华侨从南洋带到福州，从此传到大江南北。本地种植始于清朝咸丰年间，先由温州、台州客民来德清租山开荒种植，随之在本地传播。番薯地上藤蔓，嫩时可吃茎，地下根块一般国庆节前后可掘。番薯吃法多种多样，有煮番薯、烤番薯、番薯干、番薯条、番薯片、番薯粉丝、番薯粉皮等，在灾荒年景粮食紧张时期，是农家的重要食粮。

芋艿 又称芋头、青芋，清明后播种，农户叫“排芋艿”。芋艿是本地传统秋粮兼菜肴，炖、煮、爆炒皆可当菜，腌菜卤烧毛芋艿乃传统习俗之一。

南瓜 又名饭瓜、番瓜、倭瓜。南瓜既可当菜又能代粮。困难时期，境内推广“瓜菜半年粮”之瓜，即指南瓜。南瓜嫩时当菜；老时代粮；成熟南瓜内的种子可炒制休闲食品；嫩茎尖及叶柄也可炒菜吃。境内农家有“红瓜糯米饭”送灶君习俗。每年农历十二月廿三，家家户户都要烧南瓜糯米饭，敬送灶君回天宫复命。因加入南瓜米饭呈橙色，所以称为“红瓜糯米饭”，亦表对灶君的虔诚。

黄豆 镇境名“红豆”者，实乃黄豆。其他名称有：大豆、青仁乌豆、泥豆等。黄豆吃法多样。青豆可带荚炖或煮吃，老豆则可烧酥黄豆，炒黄豆，油沸黄豆或吃黄豆芽等。此外，黄豆还可加工成豆制品，如豆腐、豆浆、豆腐皮、豆腐干、千张、素鸡等。另有发酵性豆制品腐乳、豆豉、豆酱等。

豇豆 又名角豆，本地称豇豆，有衣带豇、筷儿豇之分，均为长豇豆。1990年后引进四季豇，株矮实多，豆荚短，因随播随长，故名四季。

豇豆是攀缘植物，所以在幼苗长到 1 尺左右时，需用细竹竿搭架。境人食用以做菜为主。

扁豆 又称羊眼豆，有黑、白之异，嫩时吃荚，老则吃豆，为浙江四大名豆之一。境内农家时常在房前屋后零星种植。

赤豆 又名红饭豆、赤山豆、赤小豆，有大红袍、花斑赤、豇豆赤三大类，境内农家时常在空闲地上点播。赤豆淀粉含量较高，蒸后呈粉沙性，故常用来做成豆沙，以供各种糕团面点的馅料，另有野赤豆，荚细豆小，入药用，可利尿健肾，荒年采食。

绿豆 别名青小豆、菉豆。镇境广泛食用绿豆种子。盛夏酷暑煮成绿豆粥，甘凉可口，防暑消热。绿豆汤也是家庭常备夏季清凉饮料，清暑开胃，老少皆宜。绿豆可以发成绿豆芽，做成凉拌菜或者炒食。也可以做成糕点，绿豆糕是本地传统美食佳品。

玉米 又名苞谷、苞米、玉蜀黍、粟米等，镇人称粟米。镇境种植较少，以往只有零星种植，以解小孩口馋。近年镇人亦喜食甜玉米、糯玉米，种植增加。

芦穄黍 也叫芦粟、芦穄、芦黍、高粱甘蔗等，境内叫芦穄黍，主要有甘蔗芦穄和笤帚芦穄两种。

甘蔗芦穄精华在茎秆，农户零星种植专供儿童解馋。笤帚芦穄茎淡不能食，其穗去籽后用于扎笤帚，因此虽量少而普遍种植。困难时期，境内农家以此代粮度荒，平常用作饲料。

荞麦　别名甜荞、三角麦。境内于 1960 年引进，主要用于救灾，因产量太低，二三年后即停种。

1952 年杂粮种植面积统计表

表 4-2-26　　单位：亩

类别	耕地面积	番薯	黄豆	芋艿
禹越乡	10135	17.3	269.9	9.3
三来乡	12397	61.3	154.8	6.4
油车乡	9234	9.3	102.4	8.4
合　计	31766	87.9	527.1	24.1

1954 年下舍区七乡晚秋作物种子供应及种植情况

表 4-2-27

类别	绿豆	玉米	小米	荞麦	大豆
种子供应（斤）	5613	1776	2392	1855	1117
种植面积（亩）	2957.9	454.8	717.4	593.9	356

1955 年杂粮种植面积统计表

表 4-2-28　　单位：亩

	小麦	蚕豆	玉米	番薯	黄豆	南瓜	绿豆	芋艿
禹越乡	966	2147	145	785	480	—	—	81
三来乡	920	2084	4	514	715	45	4	54
油车乡	1206	718	20	189	796	—	—	40

高桥公社（乡、镇）杂粮生产择年情况

表 4-2-29

年份	小麦			大麦			蚕豆、大豆			其他		
	面积（亩）	亩产（斤）	总产（担）	面积（亩）	亩产（斤）	总产（担）	面积（亩）	亩产（斤）	总产（担）	面积（亩）	亩产（斤）	总产（担）
1965	1093	326	3564	11	112	12	414	256	1063	—	—	—
1970	1125	139	1565	52.5	123	65	404	191	770	—	—	—
1980	653	277	1813	3386	322	10902	760	371	2820	36	188	67
1985	529	338	1789	2847	384	10929	302	404	1221	33	318	105
1990	65	256	170	1838	398	7310	54	218	118	6	200	12

禹越公社（乡、镇）杂粮生产择年情况

表 4-2-30

年份	小麦			大麦			蚕豆、大豆			其他		
	面积（亩）	亩产（斤）	总产（担）	面积（亩）	亩产（斤）	总产（担）	面积（亩）	亩产（斤）	总产（担）	面积（亩）	亩产（斤）	总产（担）
1970	833	174	1453	117	212	247	368	321	1181	195	684	1331
1980	371	301	1114	2722	389	10589	485	291	1412	43	156	67
1990	—	—	—	2013	436	8796	—	—	—	—	—	—
1995	51	436	222.6	1350	459	6196	—	—	—	—	—	—

第三章　蚕　桑

第一节　沿　革

据1958年湖州钱山洋发掘出的丝织品残片考证，湖州地区纺丝织绸的历史可以追溯到4700多年前。镇境向为蚕区，历史悠久。

境内桑园，每亩养蚕可产丝十多斤，等于数亩稻田收入。即使花白桑地，种桑兼种豆、菜，收益也不亚于稻谷，故栽桑育蚕，千百年来延续至今。在养殖周期上，早先只养春蚕，民国时期以春蚕为大宗，辅之少量夏蚕。解放后，改造桑地，改良蚕种，推行小蚕共育，增加养殖批次，至改革开放实施联产承包制后，蚕桑生产进入全盛时期。但随着乡镇企业和民营企业的发展，各地纷纷开办小丝厂，仅镇内就有小丝厂6家。国家、集体、个人为争购蚕茧，茧价大起大落。如2006年禹越镇中秋茧平均价格每50公斤高达1635元，到2008年，下跌至460元。茧价失控导致蚕桑生产跌宕起伏，加上农户多种经营和大量年轻劳动力进厂务工，历来养蚕优势渐失，蚕桑生产逐年萎缩。

第二节　栽　桑

镇境所栽桑树，有火桑、麻桑、乌桑、白皮桑、紫藤桑、青蘖桑、鸡窝桑、鸡脚桑、荷叶桑、扯皮桑、小叶桑、晚青桑等，统称湖桑。民国前期，优品桑种有青皮、紫皮、白皮三类。青皮肉厚叶小，枝干较细，利于密植；紫皮叶大肉厚，枝粗芽密，叶汁旺盛；白皮枝干清秀，叶嫩汁稠，拔蘖快，故为大宗。另有火桑，叶厚，出芽早，用以饲稚蚕，然老化快，栽种不多。

解放后，经过调查分类，按出芽迟早分为早中晚三类。镇境早桑有火桑、青桑、乌皮桑，中生桑有麻桑、荷叶桑、桐乡青、睦州青。中晚桑有大种桑、红皮大种桑，湖桑2号。晚生桑有尖头荷叶白、团头荷叶白。其中湖桑7号（团头荷叶白）自1956年引进，因产量高，不久成为当家品种。此后，桑树新品种有湖桑197号、湖桑199号、农桑8号，农桑10号、农桑14号等，均据县农业局指导更新。

桑叶亩产视植株而定，解放前种高秆桑，三腰六拳，株距4—5尺，树龄几十年，地块桑树参差不齐，每亩产叶七八百斤。解放后，种桑密度渐次增加，拳高降低，桑叶产量有所提高，但仍沿用死一补一旧习。1961年，学习德清太堡塘（幸福大队）增株、增拳、增条经验，竖距加密，横距不变，每亩密度增至500—600株。同时更换短秆桑，开展千斤桑（春叶亩产）、百斤茧（全年五蚕总产）运动。新市区最高桑叶亩产610担，最低371担，比民国期间增加5倍以上。三年困难，累及蚕桑。1962年，新市区缺叶3281.4担，正常斤茧耗桑13.1公斤，而是年斤茧耗桑仅7.1公斤，蚕饥腹空，茧丝大减。

1961—1962年新市区桑叶产出情况统计表

表4-3-1　　　　单位：斤

公社	桑地（亩）	春叶产量		春蚕每张食桑		斤茧用桑	
		1961年	1962年	1961年	1962年	1961年	1962年
高桥	5081	492	372	606	717	23	15
禹越	2294	475	320	488	699	21	14
士林	3751	610	405	765	746	30	—
梅林	3620	409	401	539	729	24	13.8
高林	5235	494	371	553	585	26	13.6
新联	4789	483	387	577	696	30	14.5
勾里	4854	375	337	472	640	27	14.8

70年代改桑形成高潮，低产老桑地成片改造为新桑园。先后推广无秆密植桑、矮秆桑，逐步稳定于中杆桑，即拳高0.8米上下，每亩600株左右。1983年后，县内小丝厂林立，禹越境内就有小丝厂9家，与国营丝厂争夺鲜茧，时称蚕茧大战。茧价一日三涨，有时超过恒常四五倍，农家养蚕心切，培桑尤殷。

2000年后，蚕茧价格不稳，农民务工增多，土地经营搞活，或改桑种植其他经济作物，或征用开发工业项目，桑园日渐萎缩。

桑树繁殖

本地农家栽桑历来自行繁殖，互通有无。桑树繁殖有种子繁殖、嫁接繁殖、扦插繁殖和压条繁殖四种。种子繁殖用桑葚播籽，来年出苗为实生桑，俗称“野桑”。待桑本粗壮后再行嫁接，嫁接成活称为“家桑”。

种子繁殖　采收成熟桑葚，经捣烂淘洗取得种子，以春播或夏播方式育苗。育成的桑苗称实生苗，一般每亩可生产1.5万—3万株。

嫁接繁殖　“文化大革命”期间，曾采用袋接法繁育桑苗，使砧木剪口处的皮层和木质部分离形成袋状，然后插入接穗。方法简便易行，成活率高，成为桑苗嫁接主要方法。

扦插繁殖　选用1年生充实枝条，取中下部分段剪成插穗，然后插入苗床。上端留叶2片，插入有覆盖物能遮阴保温的苗床，成活后适时移栽。

压条繁殖　将母株枝条横伏固定于地面，待新梢长达20厘米左右时压入压条沟中，露出新梢。落叶后剪离母株，掘取压条，分段剪成独立苗木。

采伐与管理

施肥　旧时以河泥为主。每年冬季，养蚕人家都要雇人罱河泥。一村之内，约定日期，同时开工，俗称“开埮头”。一时众船排开，百杆错落，煞是壮观。

剪伐　夏伐采用根刈法。冬伐采用齐拳剪伐（留主杆高30—50厘米）。桑地一般在冬季翻垦一次进行冬晒。削地除草不厌其多。

病虫害　主要有桑螟、桑蚕、桑尺蠖、桑毛虫等。解放前，桑园病虫害无药防治，任由危害。解放初，发动群众捉虫治虫。后随农药推广，才以药剂防治为主。

1951 年 7 月桑地刮蝗统计

表 4-3-2

乡名	参加人数（人）	男（人）	女（人）	儿童（人）	户数（户）	刮蝗卵数（斤）
禹越乡	556	—	395	161	554	8.6
三来乡	1120	210	630	280	1011	9.8
油车乡	630	130	292	210	540	6

第三节　养　蚕

蚕种

传统品种由蚕花户对蛾产卵，浴种催蚁，是为土种。民国 21 年起，县内原蚕种场相继生产杂交种，有西瓜牌、老虎牌、狮球牌 3 个品牌，产茧量均高于土种，因此土种逐渐淘汰。至解放前后，镇境主要蚕种有金鸡、老虎、观音、金鱼、香炉、三和、飞虎、船牌等。

解放初，原蚕品种为华 8、华 9、华 10、鼒文、鼒翰五个。蚕种场采用杂交方式生产蚕种：春种有，瀛翰×华 8 或华 9。夏秋种，瀛文×华 10 或正反交。1958 年起又推行云溪×华 9。1963 年后，春蚕种有苏 16×苏 17，夏秋种有 306×华 10。1976 年后，春蚕种有华合×东肥，杭 7×杭 8，夏秋种有东 34×603、东 34×苏 12。1982 年起，春蚕种有菁松×皓月、浙蕾×春晓，苏春×镇丰。夏秋品种有浙农 1 号×苏 12，薪杭×科明，蓝天×白云。1991 年起，春蚕品种有华锋×雪松，雪松×华锋正反交，夏秋种有薪杭×白云，54A×丰 10。2000 年后，春种有秋丰×白玉，夏 6×夏 7，丰一×富日等。

1958 年大公社前，德清县曾开展饲养原蚕培训，推广原蚕制种。境内夏家、茅林在中塔石道地合作饲养原蚕制种。

1951 年下舍区蚕种牌号分配表

表 4-3-3　　单位：张

	金鸡	老虎	船牌	观音	金鱼	香炉	三和	飞虎	合计
禹越	580	—	—	—	1901	—	—	—	2481
三来	2451	—	—	—	589	—	522	33	3595
油车	1955	—	—	—	4	—	842	—	2801
下舍	—	—	2710	419	—	—	—	—	3129
舍南	—	—	1295	865	—	—	—	26	2186
勾里	735	1856	—	375	124	—	—	—	3090
西葑	—	1990	—	—	21	1482	—	—	3493
合计	5721	3846	4005	1659	2639	1482	1364	59	20775

1952 年春蚕发种催青情况

表 4-3-4

乡	村	牌号	品种	张数	催青地点
禹越乡	一	红星	八×翰	435	总管桥
	二	红星	八×翰	316	总管桥
	三	红星	八×翰	264	总管桥
	四	红星	八×翰	203	总管桥
	五	红星	翰×八	333	陆家兜
	六	红星	翰×八	417	陆家兜
	七	船牌	翰×八	425	陆家兜
三来乡	一	福星	翰×八	617	总管桥
	二	红星	八×翰	544	陆家兜
	三	船牌	翰×八	517	陆家兜
	四	红星	八×翰	552	陆家兜
	五	船牌	翰×八	636	陆家兜
	六	船牌	翰×八	479	陆家兜
	七	红星	翰×八	191	总管桥
油车乡	一	红星	八×翰	449	陆家兜
	二	红星	翰×八	574	总管桥

续表 4-3-4

乡	村	牌号	品种	张数	催青地点
油车乡	三	船牌	八×翰	661	陆家兜
	四	福星	翰×八	599	总管桥
	五	船牌	八×翰	633	陆家兜
合计	—	—	—	8899	—

饲养

镇境农家历来将农历十二月十二定为“蚕生日”，家家户户做“南瓜糯米圆子”奉于家堂、灶前，焚香点烛膜拜，祈求来年蚕花廿四分。

养蚕向为单家独户，每年清明前净蚕室，并贴虎头、蚕猫、元宝、聚宝盆之类祈福，门挂桃枝祛邪。养土种时，蚕妇焐种于胸口，以体温催青。民国 15 年推广火缸加温催青。解放初，推广稚蚕（1—3 龄）共育，1952 年下舍区全部养蚕户组织共育室 402 个。三来乡姚阿连互助组，饲养群众口碑最差的船牌（称“大船牌”为“破船牌”），也取得平均 27.5 公斤的丰收。三来乡养蚕劳动模范姚五毛，每天义务到全村共育室进行指导，当年获得张产 30 公斤高产。1954 年，禹越乡七村钟阿如实施全程共育，蚕茧产量达到 32.5 公斤的高产。1963 年推广炕床育，室内安装天火龙、地火龙加温，直至公社解体。土地承包后，蚕农各自协作共育，规模趋小。1985 年，采用打孔塑料薄膜覆盖，效果优于防干纸。

镇境养蚕，以春蚕为大宗，秋蚕次之。夏蚕因天热，向来少饲。1957 年起提倡春、夏、早秋、中秋、晚秋五个批次。1—3 龄期境内蚕农叫小蚕，4—5 龄蚕称大蚕。5 龄饷食后叫老蚕，一般移到地面饲养至上簇。

1951 年养蚕组织情况

表 4-3-5

乡别	养蚕户	成立养蚕小组	参加养蚕劳力	蚕室（间）	蚕柗（副）	蚕篇（只）	桑地面积	养蚕数量（张）
禹越乡	1349	108	2943	1759	2193	8667	1560	2481
三来乡	1380	113	3181	2287	1896	11397	2283	2801

续表 4-3-5

乡别	养蚕户	成立养蚕小组	参加养蚕劳力	蚕室（间）	蚕柗（副）	蚕篇（只）	桑地面积	养蚕数量（张）
油车乡	1180	118	1787	1717	2584	15035	1566	3595
合计	3909	339	7911	5763	6673	35117	5409	8877

上簇采茧

上簇　境内称“上山”，是因蚕户用稻草制作成“山”形簇具而名。上簇时，先搭山棚，上铺芦簾，下置火盆。然后棚上插簇，捉蚕上山，使其做茧。解放后逐渐淘汰。传统簇具为“蚕茅头草”。1962 年后使用蜈蚣簇，沿用至今。1995 年，镇境推广纸质方格簇。方格簇干燥通风，无柴印、黄斑、双宫等次下茧，茧色洁白，横形茧多，茧层厚薄均匀，茧形大，茧衣少，能连续使用五六年。现镇境养蚕户喜用塑料簇具，不但经久耐用，且便于消毒贮藏。

采茧和售茧　熟蚕上簇后 7 天左右可采茧，采茧过早，蛹体嫩，蛹体易受伤，出血成内印茧，毛脚茧（未化蛹的茧），茧层率低。过迟采茧，增加死笼茧和蝇蛆茧。.采茧、选茧　做到先上先采，后上后采，轻采轻放。并随采随选，将上茧、双宫茧、黄斑茧、柴印茧、烂茧等分别放置，以便分类出售。

解放初，镇境有徐家庄、天皇殿、万云寺 3 个收茧站。1952 年，徐家庄收茧 758.5 担，天皇殿收茧 691.5 担，梵音寺收茧 784.5 担。其中万云寺茧站为三来和西葑两地收茧。高桥收茧站建于 1977 年，此后高桥蚕农不再去万云寺售茧。

1962 年高桥公社蚕茧出售汇总表

表 4-3-6

生产大队	蚕种（张）				交售蚕茧（斤）				上茧担价（元）		
	总数	春蚕	夏蚕	秋蚕	全年	春茧	夏茧	秋茧	春茧	夏茧	秋茧
湖墩	349	194	71	84	9231	7376	1037	817	126.8	111	108.6
东溪	208	110	44	54	6969	5164	1197	607	125.4	112.4	103.6
夏家	655	371	146	138	20127	15616	2212	2299	122.3	109	105.1
油车	373	206	61	100	10348	8033	1186	1128	122.9	111	103.1

续表 4-3-6

生产大队	蚕种（张）				交售蚕茧（斤）				上茧担价（元）		
	总数	春蚕	夏蚕	秋蚕	全年	春茧	夏茧	秋茧	春茧	夏茧	秋茧
茅林	611	313	131	167	15014	10870	2053	2090	128	109.7	103.6
三来	782	394	170	187	24173	16704	3733	3135	125.3	114	108.1
米世	645	346	134	147	16665	11715	2088	2861	124	112.5	105
天皇殿	1425	864	264	314	49575	36928	7512	5135	125.4	116.8	108
合计	5016	2816	1009	1911	152104	112408	21021	18765	125.1	113.6	106.3

1962 年禹越公社蚕茧出售汇总表

表 4-3-7

生产大队	蚕种（张）				交售蚕茧（斤）				上茧担价（元）		
	总数	春蚕	夏蚕	秋蚕	全年	春茧	夏茧	秋茧	春茧	夏茧	秋茧
钱塘	310	154	66	90	8405	6274	1172	958	125.1	102	97.4
道场	143	76	32	35	4208	3330	243	646	126.3	97.1	97.5
杨家坝	321	177	74	70	9440	6948	1604	888	122.6	112.1	103.4
徐家庄	78	42	16	20	2382	1974	300	107	125.2	106	97.5
坝里	164	88	31	45	5423	4321	609	492	124.1	107.8	98.6
木桥头	339	195	59	85	9680	7720	600	1359	124.1	100	101.1
栖丰桥	380	214	81	85	10780	7663	2092	1024	125.8	112.4	98.1
石屑兜	196	115	31	50	6080	4924	475	680	124	100.5	102
九里港	100	45	20	35	2584	2041	125	417	124	90.7	96.9
北圩	262	149	46	67	7209	5496	640	1073	126.4	106.4	100.1
合计	2293	1255	456	582	66194	50694	7863	7651	125.2	107.6	100.6

蚕病

引起蚕病因素很多，轻者降低蚕茧产量和质量，重者颗粒无收。

镇境常见蚕病

表 4-3-8

传染性蚕病	病毒病	血液型脓病、中肠型脓病、病毒性软化病、浓核病
	细菌病	细菌性败血病、细菌性中毒病（卒倒病）、细菌性胃肠病、细菌性空头病
	真菌病	白僵病、绿僵病、曲菌病
非传染性蚕病	节肢动物病	多化性蚕蛆蝇病、壁虱病
	中　毒　症	农药中毒、废气中毒

防治　养蚕前半个月左右，将蚕室内外、屋顶、四壁全部掸扫，清理蚕期遗留的一切残废物，铲除蚕室周围杂草，疏通阴沟，排除污水，并用漂白粉消毒。

养蚕过程中发现病害，首先彻底消毒，蚕网要常洗、蒸煮、曝晒。重视桑园除虫，防止交叉感染。

发现农药中毒，要迅速打开门窗，通风换气，蚕座撒干燥材料，加网除沙，隔离毒物；并将中毒的大蚕，放到阴凉通风的地方，再喂以新鲜桑叶，复苏后，应加强管理。

第四节　采　茧

民国前期，每张蚕种产量不超过 6 公斤，民国 21 年（1932）起推广杂交蚕种，张产提高到 10 余公斤。解放后，由于品种改良，科学饲养，蚕茧产量逐年提高。

高桥公社（乡、镇）蚕茧产量择年汇总表

表 4-3-9

年度	春蚕			夏蚕			秋蚕		
	蚕种（张）	张产（斤）	总产（担）	蚕种（张）	张产（斤）	总产（担）	蚕种（张）	张产（斤）	总产（担）
1961	4127	25.3	1042	—	—	—	—	—	—
1962	2816	48.2	1360	1018	22.4	228.3	1191	21.7	261

续表 4-3-9

年度	春蚕			夏蚕			秋蚕		
	蚕种（张）	张产（斤）	总产（担）	蚕种（张）	张产（斤）	总产（担）	蚕种（张）	张产（斤）	总产（担）
1966	3575	72	2573	1381	53.3	736	2823	57.8	1631
1980	3870	96.3	3727	1481	80	1190	4899	60.5	2964
1985	5121	103	5298	2862	65.3	1870	12035	61	7358
1990	9974	76.5	7624	2176	67	1460	14579	52.6	7669
1995	9184	78.8	7239	2336	53.6	1253	12349	48.8	6026

禹越公社蚕茧产量择年汇总表

表 4-3-10

年度	春蚕			夏蚕			秋蚕		
	蚕种（张）	张产（斤）	总产（担）	蚕种（张）	张产（斤）	总产（担）	蚕种（张）	张产（斤）	总产（担）
1961	2027	22.7	461.6	—	—	—	—	—	—
1962	1257	44.8	560.1	448	19.7	88.8	582	19.2	111.5
1970	1841	75.3	1386	1070	48.2	516	1784	35.6	635
1980	1974	95.1	1877	791	74.6	590	2463	52.2	1289
1990	3776	83.8	3164	933	57.1	533	5627	60.8	3421
1995	4068	78	3172	853	61.8	528	5588	49.8	2778
2000	3053	71.1	2171	310	75.6	234	2801	38.7	1084

禹越镇蚕茧生产择年汇总表

表 4-3-11

年度	春蚕			夏蚕			秋蚕		
	蚕种（张）	张产（斤）	总产（担）	蚕种（张）	张产（斤）	总产（担）	蚕种（张）	张产（斤）	总产（担）
2005	7306	100.4	7340	1040	76	800	6602	52	3441
2010	3401	106	3600	234	76	180	1502	79.9	1200
2013	2806	103.4	2900	228	96.4	220	2661	87.2	2320

2013 年禹越镇蚕桑生产统计表

表 4-3-12

村名	桑地总面积	饲养蚕种张数（张）				蚕茧总产量（担）			
		春蚕	夏蚕	秋蚕	合计	春蚕	夏蚕	秋蚕	合计
钱塘	—	—	—	—	—	—	—	—	—
杨家坝	351	11.2	0.8	4.7	16.7	11.4	0.2	3.6	15.2
东港	287	8	—	0.6	8.6	8.4	—	0.2	8.6
木桥	560	140.5	10.4	56.9	207.8	146.2	9.6	46.6	202.4
西港	234	119.9	6.6	27.5	154	122.2	6	22.2	150.4
栖湖	816	326	35.7	478.9	840.6	339	33.6	419.8	792.4
夏东	1082	291.5	57	318.4	666.9	297.2	52.4	283.2	632.8
三林	1291	591	30	645	1266	614.6	28.8	572.4	1215.8
高桥	926	333.4	30.5	434	797.9	346.6	29.8	384.4	760.8
天皇殿	1450	984.5	57	695	1736.5	1014	59.6	587.6	1661
合计	7087	2806	228	2661	5695	2900	220	2320	8235

第四章　畜　禽

据马家滨文化考古发掘，证明早在 7000 年前的新石器时代，杭嘉湖地区先民就已经饲养牲畜。镇境农家在长期的农业生产中，逐渐形成了粮、桑、畜并事。本地农谚云："有猪有羊，像模像样；无猪无羊，无啥名堂。"

第一节　家　畜

猪　猪在境内农家居六畜之首。解放前本地养殖不多，大量饲养，始于

1958年，当时有“猪多肥多，肥多粮多”口号，公社、大队、生产队相继办畜牧场，集体饲养猪羊。1962年确立“私养为主”方针，鼓励畜牧生产，每头生猪划地1分种植饲料，生猪出售，奖励化肥、饲料、食糖、肥皂等票证。1962年，新市农技站调查总结高桥公社油车大队会郎生产队经验，农户年均养猪4头，养羊7.4头，全年积猪羊肥2350担，66%的早稻田和88%的晚稻田都用猪羊肥作底肥。大队和生产队集体畜牧场一直到80年代前后才解散。据高桥公社统计资料，1980年全年养猪16850头，户均6头，养猪最多的王家浜生产队达到了户均10.6头。1985年之后，政策扶持专业户、重点户，境内农户中出现规模养殖和养殖大户。至2005年发展到43户，全年养殖8720头；2010年有73户，全年养殖11250头；2013年发展到79户，全年养殖14576头。

猪的品种不断变化。旧时以养太湖猪、嘉兴猪为主，解放后引进过金华两头乌、枫泾猪、上海白猪、长白猪、约克夏猪等，通过杂交，品种得到改良。

羊　湖羊是本地农家传统养殖的大宗牲畜之一。从民国时期直至1990年，境内农户少则三四只，多至八九只，湖羊食草为主，养殖成本低。成年湖羊2年可生3胎。因此，农家养羊可自家繁殖，生生不息。

镇境养羊，1965—1982年为高峰期，据高桥公社统计资料，1980年年终存栏11449只，户均4.1只。1983年实施承包到户之后，鼓励政策不再实行，羊毛、羊皮收购价连年下降，农家养羊逐年减少。

2000年后，养羊专业户逐步形成，据2010年统计，全镇有42个养殖大户，年养殖规模达到12487只。

牛　牛为六畜之一，旧时农家极少饲养。境内解放前只有高桥天皇殿有农户养水牛2只，除自家耕田外，还帮周围农户趁工。牛为力畜，故历朝历代都规定耕牛“非病不得宰杀”。1949年11月，嘉兴专员公署颁发《禁止屠宰贩卖耕牛及奖励繁殖耕畜办法》：10岁以下牝牛、幼牛及10岁以上耕畜，严禁屠杀。土改后，规定各村老弱病残水牛宰杀前，须经村农民协会公认属实，上报区政府批准，并派员勘验合格方可宰杀。20世纪五六十年代，随着双季稻和三熟制大面积推广，农忙季节劳动力紧张。许多生产队，举一队之力购置耕牛，1970年始，拖拉机渐增，耕牛逐步淘汰。至1989年，境内已无耕牛。

兔　解放前，境内无家兔。解放初，境内农家始养肉兔。1955年引进力克斯皮用兔，食肉卖皮一举两得。大公社时期，境内多数生产队集体养兔，一哄而起，一哄而散。1960 年，因兔毛看涨，境内农户引进安哥拉长毛兔，1962 年年末存栏 7379 只。1984 年后，兔毛价格倍增，境内有些农户开始小规模养殖长毛兔，后因兔毛价格下跌，市场萎缩，养殖趋少。1990 年后，少数农户引进獭兔，但数量不多。至 2010 年，全镇有养殖户 6 家，年养殖 4387 只。

狗　传统只为看门护院，因此一般不杀食肉，任其老死。1996 年起，狗肉上市，昂于羊肉，遂有养狗专业户，但境内无人涉足。近年民营企业、农家养狗渐多，旨在防偷防窃。宠物犬在 2000 年前后开始流行，少数居民养育，品种有哈巴狗、斑点狗，沙皮狗、泰迪熊、牧羊犬、藏獒、狼狗等。

猫　养以捕鼠，尤利于蚕家（因鼠欲偷蚕），不宰食。

第二节　家　禽

鸡　境内农家历来有养鸡习惯，少则三五只，多则十几只，放养为主。因会损害庄稼，“文化大革命”时控制饲养数量。改革开放后，农户养殖自由，政府还鼓励发展家庭养殖业，逐渐出现规模养鸡户和专业养鸡大户。2005 年统计，全镇养鸡专业户 6 家，年饲养商品鸡 39400 羽；2013 年达到 8 家，年商品鸡数量 46706 羽。

2013 年禽流感影响禹越镇，高桥、徐家庄两处禽市场封闭 1 月。

鸭　养鸭是农家惯常之举。在 20 世纪 80 年代以前，境内农家养鸭数量不多。传统养鸭也有专业户，俗称“赶大伙鸭、赶黄鸭”，数量一二百只左右。境内高桥姚家浜有赶大伙鸭世家，每年养鸭 2 批，每批 200 —300 只，徐家庄夏家湾也有赶黄鸭专业户，批次规模 200 只左右。2005 年统计，全镇养鸭专业 7 户，年饲养商品鸭 21700 羽；至 2010 年有 11 户，养殖规模达到 41817 羽。境内鸭品种有肉鸭、蛋鸭和蛋肉兼用三类。近年番鸭渐兴（境内叫木驼鸭），始于 80 年代后期。

鹅　境内品种大多为本地太湖种草鹅，1986 年引进金华灰鹅。农家养殖数量不多。

鸬鹚　本地习惯叫“墨鸭”。善潜水捕鱼，本地渔家驯养作为捕鱼工具。

民国期间，我县新市区渔民养鸬鹚以子思桥为多。据 1952 年统计，全区有鸬鹚船 52 只，鸬鹚 559 只，后日渐减少，1969 年渔民陆上定居后不再饲养。镇境无人饲养，但湖荡常有鸬鹚船捕鱼。

鸽 本地叫鸽子，境内饲养旧时稀有，近年开始饲养肉鸽，量也不多，2005 年镇境内有养殖户 1 家，年养殖 9817 羽， 2010 年增至 21000 万羽。

第三节 防 疫

民国期间，猪羊疾病多用土方治疗，如白痢用野苋菜，丹毒用苎麻根、地丁草，哮喘用鱼腥草、大黄叶，诸虫用楝树皮、百部草。鸡瘟鸭瘟则以大蒜头拌盐水喂饲。解放后，于 1958 年冬办起新市公社畜牧兽医站，各大队培训防疫员 1 人。1979 年，大队取消兽医，公社兽医站减员，此后兽医成为个体。公社解体后，商业和外贸部门各自配备兽医和卫生检疫人员，从事肉食检疫。乡农技站协同各村，开展畜禽疾病防治。1990 年，镇区开设庄稼医院，为农业植保，畜禽疾病防治作咨询，同时售药送药，兼打预防针。1995 年成立镇农技服务中心，对养殖大户进行指导，并按时防疫，及时诊治。

镇境兽病：猪有猪丹毒、瘟疫、蹄口疫、乙型脑炎、肺炎、流感、链球菌、副伤寒和蠕虫病、疥癣病等。羊有肝片吸虫、炭疽、羊块疫、布氏杆菌和腐蹄病、羊疥癣。兔有兔瘟、下痢病、脱毛症、球虫病、巴氏杆菌病。镇境禽病：鸡有鸡瘟、鸡白痢、黑头病、支气管炎、球虫病。鸭有病毒性肝炎、减蛋综合征、脑脊髓炎。鹅有鹅瘟、霍乱、副伤寒、大肠杆菌、绦虫病。鸽有鸽痘、肠炎、鸽新城疫。鹌鹑有瘟病、白痢、肠炎、球虫病等。

近百年来，县内重大疫情并波及镇境者有民国 33 年猪瘟，染疫生猪死亡过半。1953 年猪丹毒，农户 40%生猪遭灾。1973 年羊肝片虫病暴发，全县死羊 2.3 万余头，镇境波及死羊上千头。2004 年，外县发生禽流感，病毒可传染人，所幸未曾波及。解放以来，镇境重大疫病预防有 1956 年注射羊炭疽疫苗，所饲羊只无一遗漏。1959 年注射结晶紫疫苗预防猪瘟，使生猪染疫死亡率降至 8%。1974 年两次分服羊驱虫片，有效驱杀羊肝片虫和肠道寄生虫。2013 年禽流感在县内发生，境内禽类市场禁止活禽、禽肉、禽蛋交易，养禽户受到严重影响。

禹越镇畜禽年末存栏择年统计

表 4-4-1

年份	猪（头）	羊（只）	牛（头）	兔（只）	家禽（只）	集体牧场
1952	205	3418	—	—	8042	—
1955	187	2071	38	—	—	—
1962	3739	13721	250	7379	20843	—
1970	19517	23388	163	—	—	129
1980	29079	19125	1	1671	—	80
1990	17585	3658	—	293	52582	—
1995	16723	4400	—	465	85030	—
2005	27618	5327	280	6950	398265	—
2013	28012	21709	165	5390	150071	—

第五章　水　产

第一节　资　源

镇境河道纵横，湖漾相连，池塘密布，渔业资源得天独厚。

水域资源

外荡为主，见《自然环境》卷。

水产资源

鱼类有青鱼、草鱼、鲢鱼、鳙鱼、鲤鱼、鳊鱼、鲫鱼、黑鱼、鳜鱼、黄颡鱼等。其他有青虾、河蟹、花鳖、乌龟等，河蚌育珠为改革开放以来后起之秀。

第二节 捕 捞

渔船

小渔船 用于打网、放丝网、放钓子、载墨鸭等。

连家船 境内叫“江北船”，因夫妻或全家以船为家，又用船捕鱼为业，故名。有以撒网捕鱼为主者称“大渔船”；有以放鳝鱼笼、虾笼为主者称“笼子船”；有以耥螺蛳为主者，称“耥螺蛳船”等。

活水船 船头船舱可流通河水，用于装运鱼苗或活鱼。

看簖船 本地称“绍兴船、生板船”。专门用于外河养殖时看守鱼簖。

挂艄机 钢筋水泥船体，船尾装有柴油机和螺旋桨，主要用于运输鲜鱼。

捕捞

境民捕捞仅少数以此为业，专业者一般以船为家，水上生活。

竭泽而渔 镇境常见捕捞方式，旧时用龙骨水车将池水车干，然后手捉。小渠、小潭，则用杆拷或水桶舀干捕捉。

戳鱼 手持渔叉，春天戳孵子鱼，夏秋戳嚎鱼，夜里用灯戳夜鱼。更有将雌雄鲤鱼各一个用麻线系住楞鳍，放到水面让其不断游动，引来鲤鱼交配，伺机戳之，俗称“摆擂台”。

放钓子 分竹钓和铁钓两种。钓鱼方式有悬空钓、滚钓和小钓，小钓又有黑鱼钓、鳝鱼钓、甲鱼钓、泥鳅钓等。

摆网 有大网、丝网、扳网、撒网、撬网之分。

放倒笼 蟹笼、虾笼、鳝笼、鳜鱼笼之别，内各置饵引鱼。唯鳜鱼笼无饵。

引鱼 或在河道投放树枝、水草，或用蒲鞋、瓦片做成鱼窠，或用白色金属水中晃动，借以引鱼群集，镇境有做鳜鱼窠，鲈鲤窠（土附鱼）、钓白鲦三种。

扦簾子 春天多雨时节，在渠中扦插竹簾，下疏上密，逆水而捕。

药鱼　用鱼藤精、巴豆洒入河中，将鱼药死。此法对人有害，已禁止。

赶鱼　镇境称灌桥坂，事先用石灰水灌入鱼窠，驱鱼出游而捉。

电捕　1970 年后，水产大队用柴油机带动发电机发电，将电流引入水中捕鱼。因巨细皆殃，至 1979 年被禁止。但屡禁不止，仍有个人带电瓶非法捕捞。

此外，尚有照鳝鱼，捕河蚌、扒螺蛳、挖泥鳅、埋甲鱼甏等办法，均手工劳作，破坏不大。

第三节　养　殖

本地淡水鱼养殖，相传始于范蠡。境内养鱼，历来就有筑簖养殖和开池养殖，现在一般称为外荡养殖和内荡养殖。

外荡

境内外荡水域面积 5983 亩，河道纵横交错，漾潭星罗棋布，其中百亩漾、湖墩漾两漾相连 1117 亩，养殖资源得天独厚。境内养鱼历史虽久，但外荡养殖直到解放后才开始。1951 年，浙江省农林厅水产局在德清县设立外荡示范养殖场，其中有勾里乡西葑漾和镇境湖墩漾。湖墩漾开辟养殖面积 300 多亩，从绍兴等地抽调渔民，实施围簖养鱼。养殖场管理点设在湖墩庙内。

1954 年，各乡组织渔民生产合作社，定港生产，外荡划给渔业社经营。1968 年，贯彻中央《连家船渔民社会主义改造》文件，各公社划出土地，让渔民陆上定居，组建高禹水产大队，融入人民公社。期间，外荡水面多由农户放养水草饲养湖羊，河道仅留狭窄船路，出现养鱼难、行船难局面，严重制约外荡渔业生产。

1984 年后，乡镇企业及私营企业兴起，境内水域受到污染。1989 年，大运河污水侵入境内水域，造成境内河段死鱼。此后外荡养鱼滑坡。

1989 水体污染渔业损失情况统计表

表 4-5-1

项　目		稻桶湾	湖墩漾	九里港	扎门湾	城头漾	赵家漾	百亩漾	合计
面　积（亩）		450	435	100	325	435	200	1052	2997
放养数（担）		300	320	50	280	493	185	800	2428
鱼种成本（万元）		3.8	4.03	0.5	3.64	5.43	1.94	7.96	27.3
污染面积（亩）	第一次	450	435	100	150	200	200	500	2035
	第二次	450	435	100	325	350	200	700	2560
死鱼数量（担）	第一次	275	40	35	18	20	15	20	423
	第二次	15	120	10	40	15	35	50	285
经济损失（万元）	第一次	3.85	0.56	0.49	0.25	0.28	0.21	0.28	5.922
	第二次	0.21	1.68	0.14	0.56	0.21	0.49	0.7	3.99
死鱼总数（担）		290	160	45	58	35	50	70	708
总经济损失（万元）		4.06	2.24	0.63	0.812	0.49	0.70	0.98	9.912

高禹水产大队渔业生产择年统计表

表 4-5-2　　单位：担

时间		1960 年	1970 年	1974 年	1980 年
捕捞产量		2152.44	931.7	945.2	688.8
放养鱼苗（万尾）		—	—	12.99	10.6
主要水产品捕捞产量	鲤鱼	500	300	282	200
	鲫鱼	200	150	170	150
	鳊鱼	50	20	20	—
	鳜鱼	400	150	160	10
	鳌鱼	100	30	30	—
	鲐鱼	70	100	100	—
	鳍鱼	100	40	40	150
	鳗鱼	—	10	11	—
	鳝鱼	—	30	40	80
	杂鱼	100	11.7	14.2	88.8

续表 4-5-2

时间		1960 年	1970 年	1974 年	1980 年
主要水产品捕捞产量	甲鱼	—	40	40	10
	虾蟹	—	50	80	—
产值比	捕捞收入	—	42%	48.6%	30%
	养鱼收入	—	58%	51.4%	6.6%
	其他收入	—	—	—	63.3%

内荡

民国期间，内荡荒废甚多。1954 年后多由生产队集体经营，养殖有指标，出售有任务。一般年终干荡，完成出售任务后集体分配。传统家鱼为青（鲭）草（鲩）鲢（白鲢）鳙（花鲢、包头）四种，1975 年后又发展鲫、鳊、鲤三种，成为镇境养殖大宗。

1979 年起，鱼塘实行四改（小改大、浅改深、坍改固、死改活），推广多品种混养（如青草鲢鳙混养、草鲂鲤鲫混养），提高放养密度（每亩池塘以青鱼为主者，青鱼 6000 尾、鳙鱼 4000 尾。以草鱼为主者，草鱼 6000 尾，鳙鲢 5000 尾。以鲢鱼为主者，鲢鱼 8000 尾，草鱼 2000 尾。以鳙鱼为主者，鳙鱼 6000 尾，草鱼 1500 尾），亩产明显提高。土地承包后，集体鱼塘拈阄放养，上交承包金，1996 年后改由招标经营。

水面承包

始于 1983 年。是年，百亩漾近千亩水面养鱼和原珍珠场 100 余亩水面育珠均由个人承包。1984 年，夏家村填坝围圩，首开外荡改内荡先河，先后把邋遢漾、贾家漾承包给村民养鱼。水面承包养殖使村集体增收经济来源，因此其他村纷纷效仿，引爆镇境农田养殖大发展。

水田

1993 年，木桥头村村民承包北圩 30 亩水田，挖荡养殖黑鱼。此后各村群起效仿，至 2013 年统计，全镇农田水产养殖面积达到 12247 亩，超越水稻种植面积，占农田总面积的 58.4%。

水田养殖种类有：鳜鱼、鳢头、鳗鲡、黄鳝、泥鳅，翘嘴红鲌、黄颡鱼、鲶鱼等传统野鱼；有团头鲂、白鲫、银鲫、澳大利亚罗非鱼，巴西鲷、加州鲈鱼、俄罗斯鲟鱼等外地引进鱼种；有青虾、河蟹、花鳖、乌龟、田螺等介壳类水生动物；以及牛蛙、蛇、鳄鱼等两栖类动物。2013 年，全镇水田养殖总产量达 11468 吨，占全镇淡水鱼总产量的 91.8%。

第四节　渔　民

解放前，境内渔民大多来自苏北。1951 年 4 月 15 日，本地区渔民协会成立，由塘栖镇派出所领导，后经动员各地渔民返回原籍，改由新市派出所水上检查站管理。1953 年，下舍区水上工作组报告，组织禹越乡渔船 84 只，成立渔民协会，建立 6 个小组，有会员 94 人。

1954 年，各乡组织渔民生产合作社，定港生产，外荡划给渔业社经营。1966 年 2 月，中共中央批转了水产部党组《关于加速连家船渔民社会主义改造的报告》。在全国范围内开展连家船渔民社会主义改造。1968 年 5 月 2 日，镇境成立高禹水产大队，办公地址设在湖墩庙内，共有渔民 21 户，152 人；小渔船 42 只，大渔船 4 只。高桥公社和禹越公社外荡水面均为水产大队经营范围。

1969 年 10 月，贯彻中央文件渔民陆上定居。在高桥公社湖墩大队漾北划出土地 2 亩，建房 16 间，首批 16 户渔民上岸定居。1973 年，湖墩庙后 3 亩土地划给水产大队，11 户渔民上岸定居。1975 年，夏家大队庙前圩 1.5 亩土地划给水产大队，8 户渔民上岸定居。由于农户养羊与水产大队争夺水面，渔民养殖捕捞受到影响。为解决渔民生活困难，1976 年从禹越公社九里港大队和高桥公社湖墩大队划出水田 8 亩，让渔民自耕自给。至 1983 年公社化终结时，水产村渔民已发展到 42 户，216 人。随着工商业兴起，境内水域受到污染，渔业生产无以为继，渔民亦逐步融入本地经济社会，或务工经商，或承包水面、水田从事养殖业。2001 年 9 月，水产村并入徐家庄镇栖丰桥村，成为村民小组，渔业户 65 户，230 人。至 2010 年，昔日纯渔业户已减少至 30 户。

2013 年禹越镇渔业基本情况

表 4-5-3

村＼类别	渔业专业户	渔业人口	渔业从业人员
钱　塘	75	301	115
杨家坝	84	316	112
东　港	16	61	19
木　桥	156	620	153
西　港	46	162	69
栖　湖	121	421	328
夏　东	59	210	85
三　林	41	158	74
高　桥	16	57	54
天皇殿	11	40	33
合　计	625	2346	1042

2013 年禹越镇渔业生产统计表

表 4-5-4

村＼类别	养殖合计		池塘		河域		稻田		工厂化养殖	
	面积（亩）	产量（吨）	面积（亩）	产量（吨）	面积（亩）	产量（吨）	面积（亩）	产量（吨）	面积平方米	产量（吨）
钱　塘	30	1382	30	25	—	—	1197	1357	45000	286
杨家坝	190	1407	20	10	170	24	1312	1373	1600	10
东　港	80	582	80	40	—	—	455	542	4000	31
木　桥	154	2070	154	77	—	—	2482	1993	25000	200
西　港	180	968	30	15	150	74	1171	879	5000	35
栖　湖	3003	1974	15	10	2988	211	1575	1753	18000	118
夏　东	565	1282	345	211	220	110	1302	961	10000	61
三　林	460	1004	60	21	400	105	1103	878	25000	150
高　桥	170	1080	170	45	—	—	1079	1034	25000	210
天皇殿	38	739	38	42	—	—	570	697	15000	90
合　计	4870	12488	942	496	3928	524	12247	11468	173600	1191

第六章　经济作物

第一节　油　料

油菜籽

本地农家自古种植。但品种差且杂，民国期间，亩产大多15公斤左右。解放后，油菜种植面积不断扩大，品种亦不断优化，产量大幅提高，其中三年困难时期出现低潮。近10年来，上市食用油品种越来越丰富，油菜种植面积不断下降。

1962年禹越公社油菜籽生产统计表

表4-6-1

生产大队	种植面积（亩）	平均亩产（斤）	总产量（斤）	出售国家数量（斤）	社员分配数量（斤）	自留地生产（斤）
钱　塘	175.3	73.5	12886	4500	8225	450
道　场	90	96.4	8678	2500	6107	1075
杨家坝	239.2	113	27008	7000	18908	2930
徐家庄	110.3	66.6	7324	2517	4657	—
坝　里	193.8	66.8	12950	4933	78265	860
木桥头	265.2	61.7	16385	8000	8142	1121
石屑兜	245	55.5	13597	6200	7397	1256
九里港	115.2	40	4592	2500	1982	185
栖丰桥	246.3	69.5	17123	6850	10049	764
北　圩	163.7	60	9832	5000	4694	893
合　计	1844.1	70.7	130376	50000	77968	9534

1962 年高桥公社油菜籽生产统计表

表 4-6-2

生产大队	种植面积（亩）	平均亩产（斤）	总产量（斤）	出售国家数量（斤）	社员分配数量（斤）	自留地生产（斤）
湖墩	143.8	70	10017	5300	4717	1756
东溪	94.6	87	8251	4100	4151	1041
三来	366.7	40	14742	8900	5842	3923
夏家	330	39	12728	9300	3428	5555
茅林	228	46	10478	6800	3678	4565
油车	146	48	6993	3700	3293	1500
天皇殿	500.9	60	30090	14100	15990	7166
米世	303.2	65	17965	7800	11965	2272
合计	2113	53.4	113065	60000	53065	27778

品种　传统以白菜型为主，大多为长梗白、三月黄。这些品种具有早熟、耐湿、耐寒特性，但均易感染菌核病，产量在 25—40 公斤之间。另有毛油菜、腊芥菜（芥菜型）等，老熟时易烂根倒伏。农业合作化初期，引进姜黄种、灯笼种，抗病力虽强但产量不高。1956 年，从四川引进甘蓝型胜利油菜，有胜利 92，甘油 3 号等品种，枝多荚密，抗病耐肥，产量比本地土油菜高出三成，人民公社化后成为当家品种。1980 年，引进甘蓝型新品种 92–13 系和 92–58 系，因成熟期早，遂取代原胜利油菜。1995 年，推广浙双 72 和沪油 15 两个低脂产品，其中浙双 72 栽种面积占 90%。

油菜栽种每年都有任务。1993 年油票取消后始放开自主。

栽培　传统以密播小秧育苗，1965 年后学习上海南汇稀播壮秧经验，以 1 亩种 6 亩标准培育。

收获　传统以籽荚微黄起拔。“文化大革命”后期推广打堆后熟，可使三熟制早稻提早插秧。

镇境油菜籽种植面积和产量择年汇总表

表 4-6-3

乡镇（年）	高　桥			徐家庄			禹　越		
	面积	亩产	总产	面积	亩产	总产	面积	亩产	总产
1949	2411	71.3	1719	—	—	—	—	—	—
1962	2113	53.4	1131	1844	70.7	1304	—	—	—
1970	2294	161	3691	2099	159.8	3355	—	—	—
1980	3940	175.7	6922	3476	171.8	5903	—	—	—
1990	4858	190	9238	3847	240	9249	—	—	—
1995	2677	194	5197	3500	222.6	7789	—	—	—
2000	2648	216	5716	2500	261	6532	—	—	—
2005	—	—	—	—	—	—	210	246	520
2013	—	—	—	—	—	—	71	440	312

芝麻

旧时农家少量栽种，2013 年统计，全镇产量仅 300 公斤。

其他

蓖麻籽，可榨油。1959—1963 年普种，产量不高， 1964 年停种。其他如花生、向日葵，镇境均有种植，仅供自家零食，从不榨油。此外有乌桕籽、桐籽，树既不多，籽亦无人采集。

第二节　蔬　菜

境内蔬菜品种极多，可分为 11 类：

叶菜类：青菜、白菜、芥菜（瘤香芥、千头芥、鸡脚芥）、韭菜、茭菜（大白菜）、包心菜（甘蓝）、黄芽菜、蒿菜、菠菜、芹菜、甜菜、大叶菜、苔心菜、粉皮菜、木耳菜、苋菜等。

果菜类：茄子、番茄、辣椒（尖头椒、朝天椒、灯笼椒、杏子椒）等。

茎菜类：莴苣笋、榨菜、苋梗、番薯茎、南瓜茎等。

根菜类：大头菜、萝卜、丁香萝卜、马铃薯、生姜、芋艿、羊姜等。

水菜类：茭白、慈姑、莲藕、菱角等。

花菜类有：黄花菜、花菜、西兰花等。

葱蒜类有：小葱、洋葱、大蒜、夏蒜、蒜苗、薤白（蕎部头）等。

野菜类有：荠菜、马蓝头、香椿头等。

豆类有：豇豆、扁豆、黄豆（青黄豆、毛豆荚）、四季豆、豌豆、蚕豆、豆芽菜等。

菌类有：木耳、蕈、地衣、蘑菇、金针菇、平菇等。

瓜类有：南瓜、丝瓜、冬瓜、菜瓜、黄瓜、匏瓜（葫芦）等。

此外还有木本植物类蔬菜竹笋。

蔬菜生产，旧时自食，冬瓜、茭菜为境内蔬菜之大宗，社员可船运至周边城镇乃至杭州、湖州、苏州等地销售，70 年代期间，因徐家庄开办榨菜厂而引发种植榨菜高潮。改革开放后，农家蔬菜逐步减少。2002 年，余杭人在高桥镇米世村承包水田 26 亩，种植时令蔬菜，为境内蔬菜规模化生产第一人。2013 年，全镇蔬菜规模化生产面积达到 450 亩。其中木桥头村村民，在三林村承包经营生产基地 380 亩，形成了蔬菜、水果生产专业化的生态型基地。天皇殿村村民，在三林村建设食用菌基地，进行工厂化生产，年生产食用菌 480 吨。

蔬菜生产择年统计

表 4-6-4　　单位：1990 前，担；2005 年后，吨

	1952 年		1970 年		1980 年		1990 年		2005 年		2013 年	
	亩	总产	亩	总产	亩	总产	亩	总产	亩	总产	亩	总产
高　桥	137	—	159	—	187	—	129	1290	—	—	—	—
徐家庄	273	—	103	—	152	—	—	—	—	—	—	—
禹越镇	—	—	—	—		—	—	—	1252	1252	2236	2333

说明：1990 年前数据不含农家自留地蔬菜生产情况

第三节　水　果

境内传统水果种植有菱角、莲藕，荸荠、西瓜、香瓜、甘蔗、桃、李、柿、枣、梨、杏、榴、柑橘等，多以自产自食为主，据1965年高桥公社统计资料，全公社水果种植仅33.41亩。水果种植规模经营始于2005年，由道场村民、雷甸村民在我镇道场、东溪、高桥等地承包农田，种植葡萄、西瓜。其中，以三林村200亩生态型农场规模最大，内种草莓、甜瓜、樱桃番茄、桑葚等水果。

菱

传统种植，解放后抵兑原粮（5公斤折原粮0.5公斤）。1959年，禹越公社大包干任务3700担，高桥公社4660担。1963年，高桥公社种菱1354亩，产量9274担。随后畜牧业发展，外荡种菱日少，至1980年基本绝种。近年种植，量少不满百担。

藕

各村均有种植，但数量不多，主供自食。如1963年，高桥公社种植18.7亩，产量253担。后农业学大寨，池塘改田，境内莲藕几乎消失。近年有零星种植者。

甘蔗

境内传统种植的大宗水果，其中徐家庄为县域重点产区。品种有“果蔗”和“糖蔗”2种。传统种植一般以果蔗为主，又分紫皮和青皮。糖蔗皮厚肉硬，一般作制糖原料。1970年徐家庄办糖厂期间，引进推广种植，后又因糖厂停办而终止。

甘蔗生产择年统计

表 4-6-5

乡镇（年）	高桥		徐家庄		禹越		
	面积（亩）	总产（百件）	面积（亩）	总产（百件）	面积（亩）	亩产（公斤）	总产（吨）
1952	—	—	—	24.3	—	—	—
1963	0.5	1.3	45.8	200.1	—	—	—
1970	—	—	232	—	—	—	—
1980	—	121.16	—	—	—	—	—
1990	7	1316	211	28600	—	—	—
2000	—	—	151	22370	—	—	—
2005	—	—	—	—	95	4500	428
2010	—	—	—	—	80	2516	211
2013	—	—	—	—	188	2238	420.8

荸荠

境内传统水果。1963 年小规模种植，船运销往外地。是年，高桥公社种植 132 亩，产量 1863 担。禹越公社种植 190.7 亩。“文化大革命”开始，以粮为纲，不再种植。1990 年，境内种植合计 114 亩，产量 86 吨。

瓜

镇境传统种植果用瓜有黄香瓜、雪里瓜、青皮瓜、香酥瓜（老太婆瓜）西瓜等。1963 年后，集体小规模种植，据高桥公社统计：1963 年果瓜类种植面积 94 亩，而 1965 年只有 0.5 亩。

2005 年，雷甸村民在高桥东溪村承包农田 20 亩专种西瓜，为境内首个西瓜种植大户。至 2013 年，镇境西瓜种植大户 7 户，种植面积 254 亩。

葡萄

成片栽培始于 2005 年，道场村民承包本村农田 120 亩，种植巨峰葡萄，亩产1000公斤左右，年产值100余万元。至2013年，镇境葡萄种植面积为380亩。

草莓

1990年高桥中学试种0.2亩，境内始有农户零星种植。规模种植始于2010年，以木桥头村民在三林村，种植草莓10亩为最多。

桃

境内传统水果，品种有小暑桃、水蜜桃、油光桃、黄桃、蟠桃、野桃等，镇境1963年桃园合计面积有86.7亩，产量2107担。

枇杷

枇杷种植以栖丰桥村为最多，1960—1970年，供销社在栖丰桥设点收购。镇境1963年枇杷合计面积28.5亩，产量223担。2013年，种植面积发展到410亩。

其他

枣、李、柿、梨、杏、石榴、柑橘等，均为本地传统水果。1960年前，境内枣树据多，李、柿、梨、杏、石榴、柑橘等次之，另有桑葚，俗叫“桑果子”，也为美味鲜果。

第四节　花　木

植树成荫，古来如此。天皇殿的白果树（银杏），树龄数百年，茅林南村的大香樟，树冠覆盖一亩多地；米世白鱼漾濠潭里的大香樟；夏家麻丝滩堂前的大香樟；道场里的大香樟等，惜被乱加砍伐，几乎绝迹。1958年后政府发动植树运动，第一次是生产队共育室（集体养蚕的房子）前后，种植树种是法国梧桐、楝树。第二次是“农业学大寨”运动中，在农田渠道上和道路边种植水杉、池杉。

境内第一个花木场始于1995年，位于夏家韩家桥，土地30亩，所栽花卉苗木有香樟、红枫、玉兰、紫薇、龙柏、杜鹃、挂花、月季、海桐球等。2013年，全镇有专业户3家，承包土地近1000亩。

禹越镇植树择年统计

表4-6-6　　单位：万枝

年份	1975	1980	1990	1995	2000	2005	2010
植树数	6	8	5	6	6	13.1	153.5

竹

旧时境内农户家家有竹园，品种分早竹、晚竹、毛茎竹三种。不种毛竹。

第五节 其 他

烟叶

传统种植。1960—1963年因香烟供应紧缺，种植大增，交售给收购社。1963年，境内集体出售干烟叶137.5担。

1968年后，香烟供应逐步充裕，种植骤减，1976年后境内不再种植。

络麻

又称黄麻，民国时期开始种植，1950推广种麻，禹越626亩，油车443亩，三来370亩。1951年，三乡合计扩大到3305亩。下舍区曾推广区劳动模范亩产700斤种麻经验。新市供销社组织供应印度麻、台湾麻两个品种，发放黄麻贷款19694元，肥料贷款91826元。新市收麻站收麻13716担，支付金额198349元。1956年后，生产重点转向粮桑，黄麻种植渐减，1980年禹越、高桥合计只有77担。至土地承包后，境内已无人种。

苎麻

苎麻种植历史悠久。旧时家家都有苎麻墩。叶可食用，但面积一般都不大，基本自产自用。解放后，供销社于 1958 年收购苎麻，1979 年停收，目前苎墩已不多见，任其自生自灭。

棉花

传统不种，1963 开始种植，由公社下达种植任务，并指定收购社收购皮棉，每斤换购布票 5 尺（8 级皮棉每斤 3 尺）。据 1963 年统计，全镇种植棉花 213 亩，出售皮棉 393 担。1965 年后种植渐少，1977 年，全县收购 24 担，镇境已无棉花投售，1979 年停收。2005 年以来，又有零星种植，一般都弹花自用。

白菊

又名杭白菊，1983 年从桐乡引进种植一亩地，逐渐发展至周边农户，最多年份 60 余亩，后因销售不畅停种。2010 年，夏东村农户承包 30 亩农田种植杭白菊，采摘雏菊，加工售往桐乡。

绿肥

紫云英为主，兼种少量蚕豆，最多年份占冬种面积的 40%以上。1970 年，境内仅禹越公社绿肥面积就有 4484 亩，至 1980 年，种植骤减，境内两个公社仅播 2904 亩。1990 年后不再种植。

芦竹

多种于镇境河边、堤边，此后至 1984 年，最多年份出售鲜芦苇 6820 担。1985 年后，芦苇仅作柴禾并逐步淘汰。

第六节　农副产品

桑条皮

桑条皮始收于 1959 年，次年全县 8581 担，1966 年达到 20655 担，禹越境内约占 14%左右，1984 年停收，农户不再剥皮。

芦苇

人民公社时期，冬季组织到太湖买芦苇，自割装船，载回来分给农户。用于织芦簾、编芦扉。

柴禾

以稻草、麦草、芦竹为主。1955 年，境内供销社收购稻草，1961 年收购麦草，70 年代一度收购芦竹，供应给省内造纸厂。此外，农户造房砖瓦也须用柴禾交换。

蜜蜂

历来从业不多，1954 年，禹越乡道场村民从上海引入种蜂，至次年发展蜜蜂 20 箱，年产蜂蜜 1000 公斤。大公社时期蜂场归畜牧场管理，规模发展至 100 箱。1962 年蜂场被砍，仅余十来箱，归道场大队所有。后又逐步发展至 100 箱，年产蜂蜜 5000 多公斤，“文化大革命”期间，蜂场被卖

1972 年，禹越道场重新养蜂，至今养殖 36 箱。年产蜂王浆 300 公斤左右，生产蜂蜜 1000 多公斤。

第五卷　水　利

第一章 农具农机

镇区为传统农耕地区，农业生产历史已有5000多年，邻近的马家浜文化区罗家角遗址发掘证明。在长期的农业生产实践中，境内外先民发明创造了一系列农业生产工具，并且随着时代发展，生产工具不断更新换代。至今，许多原始农具已经绝迹，民国至20世纪的铁木农具亦不复常见，代之以现代农业机械。兹将境内旧今农业器具收录部分，以观发展脉络。

1955年农业合作社主要生产资料统计

表5-1-1

类别	耕牛	水车	农船	抽水机	打稻机	稻桶
禹越乡	5	187	561	5	8	368
三来乡	8	250	485	8	3	425
油车乡	5	127	106	5	4	326

第一节 耕 作

耕作农具

铁耙 是农业耕作最主要的传统农具，境内农户家家都有。2000年以前，一般每家每户有数把成套，有散齿、尖齿、鸭脚、阔齿、镰刀等式样。

散齿铁耙 境内最常见，四齿，齿宽半寸。规格有大、中、小号，刚竹为柄，用于旱地垦地。

尖齿铁耙 四齿，齿尖，用于旱地垦地和装载羊肥。

鸭脚铁耙　四齿，齿口如鸭脚，用于翻板田和垦麦塄。

阔齿铁耙　四齿，齿上窄下宽成梯形，齿口寸半，刚竹为柄，用于翻烂水田和水田耙塄。

镰刀铁耙　是用大号散齿铁耙组装上刀，刀装于齿口。用于翻板田和垦麦塄，鸭脚铁耙出现以后，逐渐淘汰。

锄头　是境内传统除草、培土农具。按不同用途分刮子、三角锄等。刮子形如新月，口薄，有管子可装竹柄。三角锄身板较厚，冒头（装柄处）类似铁耙。境内以刮子为多，用以削地除草、松土、培土、下种开穴等。

山子　长条形，厚重，口快，装实木柄，一般用于翻桑树和倒树掘蔸头。

铁锹　长方形，口薄锋利，舌尖形，中间有梁，后有管子可装竹柄，是境内农家传统的开沟、撬土农具。但解放前境内使用的铁锹并非真正铁制品，铁木结构，只是木板上套了一个铁锹头而已。

深沟锹　1967 年后，大小麦和油菜籽大面积种植，为了方便在坂田上开挖深沟，在铁锹基础上改型为宽 15 厘米，长 40 厘米的圆弧形深沟锹，装实木短柄，在境内普遍使用。

犁　耕田农具，境内使用者都为木犁，即犁身绝大部分是木制件，只有犁头是铁铸件。耕田时，牛拉犁，人扶犁操作。1955 年推广双轮双铧犁，需要两头牛牵引耕田，在水田中操作很不方便，不久弃用。

耖耙　用于水田平整和清除杂草，耙身木制，底下装有长约 20 厘米的铁刺，牛拉人扶操作。

踏耙　水田碎土和平整农具，长方形木框耙身，两根横木框条底下各装有 15—20 把耙刀。耕作时牛拉踏耙，人站在踏耙上操作。

耕作机械

电耕犁　1968 年禹越公社栖丰大队率先使用，每个生产队一台。高桥公社有电耕犁 5 台，镇境最多时共有 13 台。每台电耕犁配套牵引犁耙，耕作时要拉电线，定位控制台，搬迁牵引犁耙，不但操作不便，而且易产生触电事故，还会不时损坏田埂，使用几年后被手扶拖拉机取代。

手扶拖拉机 1967年，镇境石屑兜大队率先使用耕田，全公社仅此1台。1969年，高桥公社米世大队率先获得中型拖拉机一台，但不适合在水田中耕作，只能放在武康搞运输。此后，手扶拖拉机快速发展，至1980年，禹越公社手扶拖拉机增加到63台，高桥公社增加到93台，镇境各生产队已经全部有手扶拖拉机。手扶拖拉机耕田，起先也使用配套的犁耙，3年后推出旋耕犁，操作方便，效率倍增，至今仍用。

机耕船 1974年，部分手扶拖拉机在桐乡改装成机耕船，用于泥深烂水田，镇境1980年拥有16只。机耕船虽可以防陷，但耕作中阻力大，且翻越田埂困难，故到1983年左右弃用。

第二节 排 灌

排灌农具

农田水满要排，水缺则灌，故排灌农具是境内不可或缺又广泛使用的农具。对于小面积的排灌，一般用扦捞、水桶舀水。大面积排灌，传统使用水车，即“龙骨水车”，有脚踏和手摇两种。手摇水车形状较小，一人即可操作。脚踏水车由幅板、叶链、车厢、车轴、盎对（固定车水轴头的一双支架）等组成。解放初，境内有水车1000多部，直到1963年，镇境3个公社还有618部。1957年，曾经从平湖县引进风力水车几十部，试用未成功。

车水需2—3人配合，脚踩车轴驱动车叶链头车水。不仅要脚踩车轴，还要手扶横杆稳定身体，并用一手握稻草把计数（计时以轮换班次），不用稻草把计数则口喊号子（喊车水曲），喊曲不但用计数换班，还可同心协力消除疲劳。镇境常喊车水曲有多种，“一个啰一咻奥——哎嗨……一百个啰咻奥——哎嗨……”为常用曲句之一。

排灌机械

镇境排灌机械抽水机（境人称“打水机”、“水泵”），1952年境内仅三来乡一台，以12匹马力单缸柴油机为动力，水泵一般10寸，安装在木船上，配备机手一名，可在各围圩间移动抽水。1956年，高桥增至4台，受益农田4790亩；禹越公社1台，受益农田900亩。至1959年，境内抽水机船增到15台，灌溉面积达到22334.45亩。1961年，开始建造机埠，以电动机为动力的水泵出现并逐年增加，而抽水机船则逐年减少。1980年，禹越公社农用水泵达到102台，配备动力分别有176马力和629千瓦，抽水机船已从最多的21只减少至3只。到1990年，高桥公社农用水泵达到135台，配备动力1243千瓦，抽水机船已淘汰。

1959年高桥大公社抽水机拥有情况

表5-1-2

生产队	灌溉面积	小计		柴油机					煤气机		
		台	马力	大连20HP	杭动12HP	上海12HP	宁波12HP	台州8HP	宁波18HP	杭汽12HP	宁波12HP
一	2177.41	2	24	—	1	—	—	—	—	1	—
二	1299.81	1	18	—	—	—	—	—	1	—	—
三	1661.32	1	20	1	—	—	—	—	—	—	—
四	1827.82	1	12	—	—	—	—	—	—	—	1
五	1203.03	1	12	—	—	—	—	—	—	—	1
六	962.75	1	12	—	—	—	1	—	—	—	—
七	2772.94	1	12	—	—	1	—	—	—	—	—
八	1954.53	2	20	—	1	—	—	1	—	—	—
九	1892.83	1	12	—	—	—	—	—	—	—	1
十	2258.01	1	12	—	—	—	—	—	—	—	1
十一	2814.55	1	26	—	—	—	—	—	1	—	—
十二	1509.43	1	12	—	—	—	1	—	—	—	—
合计	22334.5	15	192	1	2	1	2	1	2	1	4

1962 年德清县电灌规划第一期（高桥公社）

表 5-1-3

地点	受益面积	装机容量				配备变压器				水泵		
		10	12	14	20	20	30	50	100	14	18	20
太平桥	1560	2	—	—	—	—	1	—	—	—	1	—
蔡家角	2309	—	3	—	—	—	—	1	—	3	—	—
张步兜	1833	—	2	—	—	—	1	—	—	2	—	—
韩家桥	1527	2	—	—	—	—	1	—	—	2	—	—
史家兜	2631	—	2	1	—	—	—	1	—	2	1	—
三石里	1351	2	—	—	—	—	1	—	—	2	—	—
荡湾里	2475	—	—	2	—	—	—	1	—	—	2	—
胡家浜	1806	—	2	—	—	—	1	—	—	2	—	—
荷花池	3010	—	—	3	—	—	—	1	—	—	3	—
濠　郎	2335	—	—	2	—	2	—	—	—	2	—	—
合计	20837	6	9	8	—	2	5	4	—	15	8	—

1962 年德清县电灌规划第一期（禹越公社）

表 5-1-4

地点	受益面积	装机容量				配备变压器				水泵		
		10	12	14	20	20	30	50	100	14	18	20
南　兜	4404	—	—	2	2	—	—	2	—	—	4	—
栖丰桥	1323	2	—	—	—	—	1	—	—	2	—	—
张南兜	1174	—	—	1	—	1	—	—	—	—	1	—
杨家坝	1040	—	—	1	—	—	1	—	—	—	1	—
合　计	7941	2	—	4	2	1	2	2	—	2	6	—

1962 年电灌机埠资金方案

表 5-1-5

公社	大队	机埠	所需经费（元）		
			线路	设备	小计
高桥公社	湖　墩	太平桥	4600	7430	12030

续表 5-1-5

公社	大队	机埠	所需经费（元）		
			线路	设备	小计
高桥公社	东　溪	观音堂	3200	7430	10630
	三　来	史家兜	7450	9950	17400
	夏　家	张步兜	4700	7470	12170
	夏　家	韩家桥	4020	7470	11490
	油　车	蔡家角	5200	8341	13561
	油　车	三石里	2600	5830	8430
	油　车	荡湾里	7240	9950	17190
	天皇殿	胡家浜	2950	6350	9300
	天皇殿	荷花池	3630	7480	11110
	米世	濠　郎	6430	9950	16380
	合计		52040	87651	139691
禹越公社	杨家坝	杨家坝	5510	9050	14560
	栖丰桥	栖丰桥	3020	9050	12070
	九里港	张南兜	5450	9050	14500
	石屑兜	南　兜	18900	23840	42740
	徐家庄				
	木桥头				
	合计		32880	50900	83870

第三节　栽　培

栽培农具

豆拐　外地称笃子，境内叫“蚕豆扦子”，是蚕豆、黄豆、豌豆等下种的农具，旧时境内家家户户都有。树杈制成，手枪形，头尖，便于在泥地上打孔放豆。

种刀　是蚕豆扦子的换代农具，铁制，长 20 厘米左右，宽 3—4 厘米，上有管子可装短木柄，下口薄，适于泥土中开孔。不仅方便豆子下种，也用于种菜开潭，是境内农家大量使用的小农具。

秧凳 拔秧时在水田中坐的专用凳子。

耥耙 旧时境内农户用以在水田中耕除杂草的专用农具，木制，类似于铁锹，上有铁齿。操作时，在稻田中来回推拉。解放后，提倡小株密植，耥耙停止使用。

栽培机械

插秧机 有手动和机动两种，手动插秧机境内出现于1959年，铁木结构，因使用不方便而很快废弃。2007年，三林村率先引进洋马VP6乘坐式水稻插秧机，插秧效率可达到每小时5亩左右。2010年，天皇殿村相继购进了3台。至2013年，镇境已有高速插秧机5台。

第四节 植 保

解放前，境内无植保器具。解放初，治虫农具仅是“三面快”和简易灯具。三面快用于掘稻根，由于费工费力，使用不久就放弃。灯具引诱飞虫，开始用油灯，1966年后代改用白炽灯，1974年起又改为黑光灯，1996年后不再使用。

喷雾器 喷粉器 境内农用喷雾器始于“大跃进”初，有气压式、圆筒形两种，1964年出现单管喷雾器，结构简单，但要两人操作。喷粉器也是此时出现，数量不多，使用不当易造成药害。1974年，主要使用背包式喷雾器，操作方便，基本达到每户一台，至今仍在使用。

机动喷雾器 1976年，境内部分生产队引进，担架式，小型汽油机为动力，适合大面积治虫。

第五节 积 肥

蕰草竿 蕰草耙 传统普遍用水中的蕰草为农田肥料，积肥方式为绞蕰草和扒薀草。绞薀草的农具是两根细长小竹竿，扒薀草的农具是一个装有长竹竿的钉耙，都要在船上操作，漂浮的草叶捞放船舱中。

捻泥袋　杆拷　为镇境传统农具。捻泥袋由麻线织成，浆猪血以防腐，安装在两根长竹竿上，在船上操作，河泥放船舱中，再用杆拷搬运至岸上的沟潭中，境人称为“搬沟”。

机动吸泥船　1975 年后，境内引进过 2 只机动吸泥船，效果不理想，未推广。

第六节　收　获

收获农具

镰刀　稻谷在脱粒之前必先用镰刀连同稻秆割下，镰刀是传统割稻、割麦农具，一直使用至今。

稻桶　解放前后，本地脱粒农具为“稻桶”，方形如升，内置竹木结构的稻床，稻桶三面以篾蓬圈之，留一面让人扬稻敲击稻床而脱粒，境人称之为“掼稻”。

翻晒农具　常用的有麓谷耙、耥谷板、畚箕、竹匾。畚箕竹篾做成，用于畚取稻谷，竹匾，用于谷物晾晒；麓谷耙为竹木结构，主要用来翻动晾晒的谷物；耥谷板主要用来聚集晾晒的稻谷。此外，晒谷还有簦笪。

净化农具　常用的谷物净化农具有风车、谷筛。谷筛竹篾做成，主要是将谷物中禾叶之类筛除。风车木料制成，唯转动轮叶的手摇把为铁杆，其用途是驱除谷物中的细微杂禾和秕谷。

圈条　境内叫“领条”，竹篾编成，宽 50—80 厘米，长 5—10 米不等，主要用于储存粮食。

菜籽棍　长约 50 厘米的木棍，有把手。用于敲击油菜籽荚，使之与菜籽分离。

此外，传统农具还有叉袋、络子，将田中稻谷装运回家。

收获机械

打稻机　人民公社成立后，开始使用打稻机脱粒，有单人、双人和三人三种，靠人力脚踩驱动脱粒。在使用过程中淘汰了单人和三人打稻机，双人打稻机使用了十余年，直至被电动打稻机所取代。

脱粒机　电动打稻机出现以后的60年代末，禹越公社农具推广站沈金狗在电动打稻机基础上研制出了简易的“禾叶头脱粒机”，专门用于稻麦脱粒过程中产生的大量含有剩余谷粒禾叶头的脱粒，可提高工效数倍。70年代初，境内部分生产队购进稻麦脱粒机，使用过程中发现效率不如电动打稻机，至1980年境内共有149台脱粒机中，其中一部分为禾叶头脱粒机。

扬尘机　是70年代期间为替代风车所生产的，境内只部分生产队拥有。

排风扇　是80年代后期由电风扇改造生产的，用于处理含有谷粒禾叶头的简单农机。

水稻收割机　90年代之后，境内逐渐以水稻收割机代替人工和半人工（打稻机脱粒）收割水稻。收割机主要来自江苏、安徽等地，收费服务。镇境拥有的收割机不多，截至2013年，全镇仅天皇殿村有东风654型联合收割机一台，1998年购买。

第七节　运　输

运输农具

人力肩挑农具　传统使用扁担、绳索、箩筐、土笪、担桶、粪桶等。扁担结合绳索适用于柴禾之类挑运；扁担结合箩筐常用于谷物的挑运；扁担结合土笪主要用于挑土和羊肥；扁担结合粪桶用来挑人粪、猪粪、河泥。

农船　农船用以长距离水上运载，分小、中、大三种。小船载重三四百斤，人力以划楫划水驱动。大船载重1吨以上，人力摇橹驱动。也有两条大船并在一起，用横木和绳索固定，叫“撬舫”，这种双体船又叫“舫子船”，载重可达5吨以上，亦人力摇橹驱动。传统农船全为木制，至60年代中期出现水泥船，载重量有1吨、3吨、5吨，木制大船逐渐淡出。统计资料显示，1963年，境内高桥公社有农用木船663只；至1985年，木船增加到803只，并有水泥船515只。

手推车 境内农用手推车始于1965年，仅1辆，至1970年，全镇已有56辆。

运输机械

挂桨机船 1968年后，境内开始出现挂桨机船，主要是社队企业和供销社拥有。手扶拖拉机大量出现后，生产队利用农用水泥船和手扶拖拉机上的柴油机，购买挂桨机改装为挂桨机船较为普遍。

运输拖拉机 1969年，高桥公社米世大队有中型拖拉机一台，由于境内不通公路，只能放在武康搞运输。公路开通后，境内才出现手扶拖拉机配挂车的运输拖拉机，大多用于短途运输。截至2012年，全镇共有运输拖拉机125辆，总动力1959千瓦。

农用运输车 2000年之后，境内出现一些专门从事运输业的农民，大多购买柴油机农用运输车，2012年全镇共有24辆，总动力1168千瓦。

第八节 加 工

加工农具

传统粮食加工农具有砻、石臼、石磨、米筛、粉筛、蒸桶、淘箩等。砻是旧时碾米的农具，有木砻、泥砻两种，境内约1/3的农户有砻，以木砻居多。砻碾出来的米为糙米，要放进石臼中用打米墩子敲打，才能成为白米。米筛，竹篾做成，用来分离白米、碎米和米糠，分离出来的碎米境内叫“粞”。20世纪50年代，新市有了砻谷机以后，以砻碾米，用石臼打米才退出历史。

石磨，是将米磨成米粉或将黄豆磨成豆浆的农具，旧时境内近半农家拥有，同时使用的还有粉筛，境内叫“筛笼”，两者在磨粉机出现后逐渐弃用。蒸桶则是打年糕时用来蒸米粉的。还有一些做米粉食品的器物，如雪糕箱子、寿桃印子、糖糕印子等，现今仍在使用。此外，境内农家日常做饭习惯使用淘箩在水中淘尽米糠杂质后再烧。淘箩，竹篾做成，是家家户户应有之物。20世纪六七十年代，因柴禾不足，利用废弃物烧饭，用风箱助燃，因此境内大半农家灶间都有风箱。

加工机械

1965 年，境内机埠上开始安装碾米机（境内叫“米斗”）为农户加工粮食（境内叫“轧 ga 米”）， 70 年代初饲料粉碎机、磨粉机相继出现，每个村的机埠上都有。小型砻谷机出现较晚，推广于 80 年代，全镇 5 台，安装在栖丰桥、大南兜、韩家桥等机埠上，由于加工米质过糙，3 年后基本弃用。

第九节 计量和储存

粮食计量器具 旧时粮食计量，基本以斗和升为主。斗，木制，圆形；升，木制，方形，口大底小。境内基本每户都有。

粮食储存器具 叉袋、米囤、米柜多是家庭储粮之物。叉袋，即麻袋，境内农户少则十来只，多则几十只。米囤，稻草编成，农家盛米之器，旧时境内家家均有。米柜，木料做成的盛米之器，旧时仅少数富裕农家拥有。

第十节 养 蚕

镇境养蚕器具有蚕柏、蚕匾、蚕架、蚕凳、叶墩、叶刀、叶箭、叶笪、蚕网、温湿度计、火缸、桑剪、接桑刀等，家家户户都有。蚕柏、蚕架、蚕凳木料制成。蚕柏为丁字形多层结构，每层可放一只蚕匾；蚕架为单层结构，丁字形，饲蚕时放蚕匾；蚕凳则是老蚕下地后，供人在地铺中行走的长木凳。叶墩、叶刀、叶箭、叶笪（da）是采桑饲叶的用具。火缸为蚕室加温器具。蚕网是蚕眠期用来隔离眠蚕与青蚕的。桑剪用于剪伐桑条；接桑刀用于嫁接桑苗。

1963 年高桥公社农业生产机具统计表

表 5-1-6

电动机（台）	汽柴油机（台）	水泵（台）	抽水机船（只）	木水车（辆）	脚踏打稻机（台）	稻桶（只）	喷雾器（只）	喷粉器（只）	犁（把）	耙（把）	耖（把）	农用木船（只）	碾米机（台）	蚕匾（只）
25	9	27	10	329	185	1208	67	9	172	133	138	664	9	13921

1963 年禹越公社农业生产机具统计表

表 5-1-7

电动机（台）	汽柴油机（台）	水泵（台）	抽水机船（只）	木水车（辆）	脚踏打稻机（台）	稻桶（台）	喷雾器（只）	喷粉器（只）	犁（把）	耙（把）	耖（把）	农用木船（只）	碾米机（台）	蚕匾（只）
14	8	20	6	289	157	813	48	3	57	37	40	1248	5	8663

1980 年高桥公社农业生产机具统计表

表 5-1-8

手扶拖拉机（台）	机引犁耙（套）	水泵（台）	机耕船（只）	电耕犁（台）	电动打稻机（台）	脚踏打稻机（台）	脱粒机（台）	机动喷雾机（只）	人力喷雾机（只）	加工机械（套）	机动船（只）	农用木船（只）	水泥船（只）	手推车（辆）
93	77	120	3	5	244	32	69	30	5647	97	34	611	277	141

1980 年禹越公社农业生产机具统计表

表 5-1-9

手扶拖拉机（台）	机引犁耙（套）	水泵（台）	机耕船（只）	电耕犁（台）	电动打稻机（台）	脚踏打稻机（台）	脱粒机（台）	机动喷雾机（只）	人力喷雾机（只）	加工机械（套）	机动船（只）	农用木船（只）	水泥船（只）	手推车（辆）
63	13	102	13	8	219	30	80	12	456	51	11	1366	225	93

1993年油车乡农机具拥有量统计表

表 5-1-10

类别 / 村	农机总动力（匹）			耕作机械（台）					
	合计	柴油机	电动机	台	千瓦	手扶拖拉机	旋耕机	开沟机	秸秆还田机
合　计	10361	6271	4093	211	1861	211	211	1	10
湖墩村	1019	600	419	18	159	19	18	—	1
东溪村	659	379	280	14	124	15	14	—	1
三来村	1405	776	629	34	230	38	34	—	4
夏家村	1610	1006	605	29	256	30	29	—	1
茅林村	1224	785	439	28	247	29	28	—	1
油车村	674	344	330	14	124	15	14	—	1
天皇殿村	2048	1473	935	49	432	51	49	1	1
米世村	1259	838	421	25	221	25	25	—	—
水产养殖公司	103	71	32	—	—	—	—	—	—

类别 / 村	排灌机械			收获机械		人力喷雾喷粉器（只）	农产品加工机械			
	水泵（台）	电机（台）	动力（千瓦）	电动打稻机、脱粒机（台）	（千瓦）		碾米机（套）	磨粉机（台）	饲料机（台）	电动机（台）
合　计	349	132	1397	1514	2068	3198	19	13	20	49
湖墩村	63	13	119	139	221	301	2	4	2	9
东溪村	20	12	110	92	134	227	1	—	1	2
三来村	50	15	163	237	337	462	5	3	4	10
夏家村	27	20	202	258	325	487	2	—	2	4
茅林村	18	12	128	160	215	402	3	1	4	7
油车村	50	11	154	87	129	198	1	3	1	5
天皇殿村	87	33	364	354	450	718	4	2	5	10
米世村	28	10	126	187	259	403	1	—	1	2
水产公司	6	6	32	—	—	—	—	—	—	—

续表 5-1-10

类别 村	运输机械									吸泥船（只）
	农用运输车		机动三轮车		运输拖拉机		机动农船		农船	
	（辆）	（千瓦）	（辆）	（千瓦）	（辆）	(千瓦)	（艘）	（千瓦）	（只）	
合　计	2	176	10	88	14	123	522	3951	1181	4
湖墩村	1	88	1	8.8	1	8.8	43	317	133	1
东溪村	—	—	—	—	—	—	32	238	91	1
三来村	—	—	3	26.4	2	17.6	62	432	171	—
夏家村	—	—	—	—	2	17.6	99	732	198	—
茅林村	—	—	3	26.4	4	35	61	476	91	—
油车村	—	—	2	17.6	—	—	26	185	72	1
天皇殿村	1	88	—	—	5	44	115	891	231	1
米世村	—	—	1	8.8	—	—	76	608	194	—
水产养殖公司	—	—	—	—	—	—	8	71	—	—

2012 年禹越镇农机具拥有量统计表

表 5-1-11

农机总动力		柴油机	汽油机		电动机
15757 千瓦		7340 千瓦	140 千瓦		8277 千瓦
项目	数量（台套）	动力（千瓦）	大型	中型	小型
耕作机械	303	2633	—	—	302
种植机械	5	36	—	1	4
排灌机械	354	4005	—	30	324
植保机械	9	28	—	—	9
收获机械	1	42	—	1	—
收获处理机械	1297	2857	—	—	1297
加工机械	44	734	—	—	44
禽畜机械	168	168	—	—	168
渔业机械	579	1417	—	—	579
食用菌机械	54	400	—	—	54
运输机械	478	3127	—	236	242

第二章　水　利

第一节　圩　区

镇域属太湖流域水网地带，河流纵横，荡漾密布，田脉交错，池塘众多，低洼的圩田与凸起的横埂、桑地构成凹凸不平的地貌特征，具有抵御洪涝灾害的天赋缺陷。历史上，只要持续暴雨天气和西部洪水到来，便会成灾。镇境解放后，就有 1952 年、1954 年、1965 年、1973 年、1983 年、1984 年、1993 年、1996 年、1999 年等洪涝灾害。民国期间，农户分散经营，农田护卫薄弱，更是十年九灾。在长期与洪涝灾害的斗争中，境内历代农民不断挑土修堤，围田成圩，形成了镇境大小不等的圩区。1952 年下舍区统计资料，镇境禹越、三来、油车 3 个乡共有圩区 108 个。

1952 年各乡圩区名称

表 5-2-1

禹越乡		三来乡		油车乡	
庙后圩	范家圩	东庄圩	善坝圩	六百亩圩	千亩圩
双洋圩	庵后圩	村前后圩	南庄村后圩	寺东圩	寺前圩
庙西圩	独　圩	蒲荡圩	四保村后圩	受舍东圩	受舍前圩
庙前圩	沈小范圩	食字圩	冷坞圩	上舍东北扇圩	上舍村南扇圩
花子圩	夜壶圩	四保庙前圩	四保村东圩	村前圩	六保盖字圩
三坟前圩	封田圩	中塔村后圩	商首圩	上淮其子圩	五保盖字圩
中　圩	新科南圩	庙前东圩	桥西圩	百家圩	堂子圩
百十四亩圩	大小孙坵圩	牛墓圩	坦田圩	独守圩	洪字前圩
胡金圩	洪洋圩	经南圩	经北圩	上舍七村圩	五保七村圩

续表 5-2-1

禹越乡		三来乡		油车乡	
大坟后圩	大坟前圩	庙字经圩	北塔村前圩	五保圩	立安圩
三清圩	西朱家圩	北塔村后圩	周庄村后圩	石莲圩	清礼圩
百四十亩圩	大坟东圩	蒲湾圩	上荡圩	罗东圩	罗前圩
新琪圩	谢大圩	钮沈扇	巢其圩	南北圩	冬字圩
二百亩圩	荷洋圩	利坞潭圩	松溪村后圩	沈葱圩	长湾圩
滨头圩	三百圩	绍武圩	大庆圩	往字圩	秋字圩
三倾圩	姚荒圩	庙后圩	港东圩	—	—
大坟圩	大坟前圩	新东北圩	大庆圩	—	—
大坟西圩	千亩圩	—	—	—	—
下渎圩	村后圩	—	—	—	—
南洋坵	五百亩圩	—	—	—	—
千字圩	一百六十亩圩	—	—	—	—
桥西南圩	三盖圩	—	—	—	—
合计	44	合计	34	合计	30

自 1952 年始，政府年年发动群众发动群众兴修水利，对圩区格局进行统一规划建设，至 2013 年，形成大包围 23 个，总面积 47457 亩。

2013 年禹越镇圩区基本情况统计表

表 5-2-2

圩区名称	圩区总面积（亩）	耕地面积（亩）	人　口（人）	房屋面积（万平方米）	生产总值（万元）
三来圩	11650	6211	6102	58.01	5.19
天皇殿圩	9000	3500	4140	32.30	6.77
大南斗圩	7352	2720	3645	122.50	7.34
钱塘圩	3365	1788	1510	7.80	2.72
董家湾圩	1750	1045	1645	13.72	1.14
千亩圩	1500	1380	270	0.98	0.42
元家斗圩	1300	800	631	4.10	0.97

续表 5-2-2

圩区名称	圩区总面积（亩）	耕地面积（亩）	人　口（人）	房屋面积（万平方米）	生产总值（万元）
米世圩	1300	1300	900	6.00	2.70
杨家坝圩	1225	688	1830	12.00	1.66
北塔圩	1210	930	396	2.35	0.87
湖墩圩	1060	730	1144	11.52	0.79
栖丰桥圩	1000	600	643	2.98	0.75
九里港圩	790	642	610	6.40	0.79
村后圩	750	150	1290	5.10	0.73
北圩	650	400	1175	3.10	0.80
八十亩圩	625	467	200	1.10	0.87
南圩	600	260	1340	5.70	0.74
范家里圩	350	270	350	1.60	0.73
河西角圩	300	100	120	0.95	0.15
庆丰圩	295	170	600	3.00	0.61
道场（东）	240	190	150	0.60	0.33
道场（西）	230	180	240	0.83	0.31
新安地带	915	915	—	0.02	0.24
合计	47457	25436	28931	302.658	37.642

第二节　防洪排涝

暴雨洪涝是镇域频发的自然灾害，据浙江省水利厅对杭嘉湖地区历代水灾统计，自公元 101 年至 1950 年的 1850 年中，洪涝灾害 376 次，平均 5 年一次。民国 27 年水灾，禹越乡荒掉水田 3000 亩，占耕种面积的 56.3%。三来乡荒掉水田 2415 亩，占耕种面积的 31.8%。逃荒讨饭 213 户，卖土地 246 户。1949 年水灾，下舍区被淹田地 16554 亩。1954 年水灾，禹越、三来、油车三乡有 981 户受灾，被淹水田 2926 亩。1961 年台风洪水，造成禹越、高桥两个公社 12095

亩稻田严重内涝。是年，两乡水稻减收 10460 担，杂粮 550 担，鱼 700 担，菱 1400 担。

每遇洪涝灾害，抗洪排涝成为农户约定俗成的任务。民国期间，遭遇洪水危险时，由堤塘龙头户鸣锣报警，所有农户自主出动挑土筑堤，在危险堤段夯桩，并搬出门板堵塞缺口。圩田积水，用龙骨水车日夜车水。若圩田围沉，只有听天由命。镇境解放后，人民政府发动群众，动员全社会力量抗洪救灾。如 1949 年洪涝灾害之后，次年下舍区政府即动员全区各乡组织 66 个修水利小分队，修河堤 11 处，堵漏水洞 211 个，共用工 1054 工。1954 年特大洪水，境内北圩、大庆圩、蒲鞋圩等多处围沉，其中三来乡七村、北圩 300 多亩水田，水深 2 米。是年，县、区、乡分别成立抗洪排涝指挥部，全民动员抗洪排涝，三来乡、油车乡出动水车 664 部，劳力 9600 人，除一部分水车生产自救外，大部分水车分别在安排在北圩、大庆圩、蒲鞋圩 3 个圩区昼夜车水。禹越乡除一半水车生产自救，一半水车带人力支援城关乡。

1953 年 7 月排涝抢种统计表

表 5-2-3　　单位：亩

类别 乡	总田亩	已插秧	未插秧	寄秧	车水		未车		车苗田		抽水机（台）
					车干未插	正车	三尺以下	三尺以上	水车（部）	劳力（工日）	
禹越	8333	7147	1181	276	104	768	—	—	—	—	—
三来	9956	8486	1470	711	570	—	300	600	341	1030	4
油车	7380	6785	595	700	175	350	—	70	129	681	—

1961 年台风暴雨造成镇境大面积农田内涝，被淹稻田：禹越公社 5295 亩，高桥公社 6800 亩。尽管出动水车 540 部、抽水机 8 台、劳动力 1762 人全力排涝，还是导致粮食减产 523000 公斤。德清大闸建成和导流港开通后，东部平原防洪排涝控制运用核定：外港水位 3.4 米各圩区排涝站关闸。内港水位 3.5 米时起排，3.6 米停排，内外港水位持平时开闸。但是，一旦大范围洪水来临，境外客水压境，镇境水患在所难免。原因就在于几次大的水利工程使镇境成了德清县水利“东西矛盾”的咽喉地带。如湘溪港工程和长山河、盐官下河工程，镇

境高桥和禹越两个公社出动上万个劳动力，支援工程建设。前者使我镇西部洪水下泄更加畅通，后者是杭嘉湖南排工程的主要通道，但长山河工程止于桐乡洲泉镇，盐官下河工程止于海盐县八里公社，两条排洪入海的通道都尚未延伸到境内。1999 年“6·30”洪水，西部为保杭州和保县城，德清大闸、洛舍大闸全开泄洪，每秒流量达到 620 立方米，加上东部平原地区排涝每秒近 200 立方米流量，全部压到东部平原自然扩散，使我镇及周边几个乡镇洪水水位居高不退。镇境危险地段 137 处，总长度 25.8 公里，损毁机埠 22 座，烧毁变压器 2 台，农田严重内涝。

1963 年 12 号台风灾情统计

表 5-2-4

类别	投入抗洪力量					抢修水利工程						
	人	机埠	马达	抽水机	木水车	堵缺口		修圩堤		涵洞	水闸	土坝
	人	个	台	台	部	处	米	处	米	处	处	处
高桥	3346	13	23	10	84	653	1306	174	6000	—	—	25
禹越	2673	11	14	7	117	204	—	138	1780	39	6	24
合计	6019	24	37	17	201	857	—	312	7780	—	—	49
类别	群众自筹抗洪物资							国家支援抗洪物资				
	木头	树	毛竹	麻袋	门板	蚕凳	资金	木材	毛竹	麻袋	草包	资金
	根	株	根	条	块	只	元	立方	支	条	条	元
高桥	824	340	2000	250	161	385	—	7.5	2300	—	800	—
禹越	1008	300	1500	2100	1100	400	6000	4	2100	800	2050	3000
合计	1832	640	3500	2350	1261	785	6000	11.5	4400	800	2850	3000
类别	受灾损失情况											
	受灾户	受灾人数	倒塌房屋	倒塌畜棚	人员伤亡	猪羊死亡	倒塌木桥	围沉水田	圩堤决口	粮食损失	蚕桑损失	水产损失
	户	人	间	间	人	只	座	亩	处	亩	亩	亩
高桥	500	3050	91	111	—	20	—	3	1	3619	388	606
禹越	435	2254	62	38	1	60	6	480	11	4817	60	964
合计	735	5304	153	149	1	80	6	483	12	8436	448	1560

第三节　水利工程

为抵御洪涝干旱灾害，历朝历代政府皆重视兴修水利，然治理机制所异而治水力度和效果迥然。民国期间，农业生产单家独户，筑堤车水派工派米，均以堤塘溇口对准之田户为龙头，负责召集。堤塘虽经常加土，但塘身单薄，终难完善。解放后，每年组织动员群众兴修圩堤，农业水利工程不断完善，粮食生产和农田养殖才得以旱涝保收。

修圩堤

1950 年，浙江省人民政府拨款德清县 25 吨大米，兴办中华人民共和国成立后第一处水利工程，培修加固双马区（境内三来乡白马村为当时区委所在地）勾里乡荷叶浦漾滩堤塘 767 米，加高 2 米，底加宽 3 米，面加宽至 4 米，完成土方 6568 立方米。

1951 年冬至 1952 年春，县、区政府部署禹越、三来、油车 3 个乡兴修水利以防洪为主，对各圩区外包围实施全面培修。重点工程北圩、蒲鞋圩，堤塘加高 1 尺，加宽 1 尺。此后，基本每年冬、春进行挑土修堤成为惯例。1962 年后，公社每年都有兴修水利计划下达到大队，生产队。此外，还要承担县水利工程的土方劳动任务。如 1963 年，禹越公社每个大队各抽调 25 个民工，轮流参加对河口水库大会战。1974 年，德清县导流工程，分配给禹越公社土方 3673 立方米，杂工 960 工；分配给高桥公社土方 5139 立方米，杂工 1360 工。

1951 年冬至 1952 年春兴修水利统计表

表 5-2-5

项目 / 乡 / 时间	修堤塘（处）		用　工（工）		受益田亩	
	1951 年	1952 年	1951 年	1952 年	1951 年	1952 年
禹越乡	108	124	5190	3967	2640	3400
三来乡	156	91	7654	19267	6126	3614
油车乡	419	74	6442	7900	3611	149
合　计	683	289	19286	31134	12377	7163

1999 年高桥镇冬修水利和武康防洪工程任务

表 5-2-6

<table>
<tr><th rowspan="2">类
村</th><th rowspan="2">分配任务人口（工日）</th><th rowspan="2">武康（土方）（立方米）</th><th colspan="3">外围圩堤加固加高</th><th rowspan="2">圩堤培修标准</th></tr>
<tr><th>（处）</th><th>长度（米）</th><th>土方（立方米）</th></tr>
<tr><td>合计</td><td>13615</td><td>—</td><td>—</td><td>15697</td><td>43293</td><td rowspan="10">堤高：吴淞高程 6.3 米
堤顶宽：2.2 米。
坡比：1 ∶ 1.75</td></tr>
<tr><td>湖墩村</td><td>1235</td><td>3005</td><td>7</td><td>1230</td><td>3075</td></tr>
<tr><td>东溪村</td><td>914</td><td>2223</td><td>5</td><td>687</td><td>1718</td></tr>
<tr><td>三来村</td><td>1948</td><td>4740</td><td>15</td><td>1660</td><td>4150</td></tr>
<tr><td>夏家村</td><td>2231</td><td>5428</td><td>10</td><td>2390</td><td>5975</td></tr>
<tr><td>茅林村</td><td>1626</td><td>3955</td><td>7</td><td>1620</td><td>4050</td></tr>
<tr><td>油车村</td><td>803</td><td>1954</td><td>11</td><td>2160</td><td>5400</td></tr>
<tr><td>天皇殿村</td><td>3056</td><td>7435</td><td>22</td><td>4340</td><td>10850</td></tr>
<tr><td>米世村</td><td>1838</td><td>33212</td><td>90</td><td>3230</td><td>8075</td></tr>
</table>

砌石塘

1964 年 4 月，嘉兴专署水利局批准，下舍西石圩塘 1337 米和高林十二里塘 1810 米砌石，首开德清县圩堤砌石先河。境内圩堤砌石始于 1970 年后，砌石地段主要为航道两侧的圩塘，并逐步发展到其他薄弱圩塘。如：1974 年农田水利建设工程中，高桥公社圩堤砌石 5 公里，禹越公社 4.5 公里。1983 年，县拨款 35000 元，用于禹越公社北圩堤塘砌石。1989 年，湖州市航道护岸工程中，禹越乡砌石 200 米，市政府补助 14000 元；油车乡砌石 500 米，市政府补助 35000 元。1992 年冬至 1993 年春农田水利基本建设，油车乡航道砌石 0.8 公里，修理 2.4 公里；徐家庄镇航道砌石 1.5 公里，修理 3.2 公里。2001 年，高桥镇茅林村砌石 150 米，油车村砌石 50 米，县补助经费 32000 元；徐家庄镇杨家坝村砌石 100 米，县补助 16000 元。堤塘砌石为水利百年大计，镇境解放后得到各级人民政府充分重视，一般为政府出钱，地方出力，也有政府补助为主，部分自筹的。

德清县航道影响农田调查（镇境部分）

表 5-2-7

公社	大队	地段	长度（米）	影响农田面积（亩）
高桥	茅林	横塘角	700	400
	油车	立安圩	600	500
	米世	东寺圩	1000	800
	天皇殿	河西角	500	500
合计			2800	2200
禹越	杨家坝	庙后圩	1000	1300
	道场	涛和头	100	300
	钱塘	莫家西	150	200
合计			1250	1800

堤塘砌石护岸择年统计表

表 5-2-8

年份	禹　越			高　桥		
	长度（米）	补助资金（万元）	自筹资金（万元）	长度（米）	补助资金（万元）	自筹资金（万元）
1989	700	8	2.6	500	8	2
1991	200	1	—	300	1.5	—
1993	1500	—	—	800	—	—
1998	230	4	—	80	1.3	—
2004	—	—	—	700	—	—
2005	1400	—	—	—	—	—
2008	2100	—	—	—	—	—
2010	3900	—	—	—	—	—

造机埠

1961 年华东电网输入之后，境内电灌机埠也开始建设。第一期建设，高桥公社有湖墩太平桥、东溪观音堂、三来史家兜、夏家韩家桥、夏家张步兜、茅林蔡家角、茅林三石里、油车荡湾里、天皇殿胡家浜、天皇殿荷花池、米世濠郎 11 个机埠；禹越公社有杨家坝、栖丰桥、九里港张南兜和石屑兜、徐家庄木桥头的南兜 4 个机埠。合计 15 个机埠，配备变压器 16 台，590 千伏安；水泵 31 台，其中 18 口径 14 台、14 口径 17 台；国家投入资金 223561 元，全镇受益面积 27738 亩。1963 年又投入 11256 元，建设和改善东溪、湖墩、北圩、南圩、桥东、东濠郎、总管桥 7 个机埠，受益面积 3524 亩。1966 年机埠补点和调整天皇殿坝西圩、夏家庙前圩、北圩 3 个机埠，受益农田 2065 亩。20 世纪 70 年代，全国农业学大寨，境内大搞土地平整，又新建了一批机埠。

1962 年年末至 1984 年，境内农田水利基本得益于六七十年代建成的电灌机埠。其间，虽有若干补点和调整，但总体格局变化不大。在设备设施方面，除将大部分木板闸门改为水泥门，及将涵洞铁盖改为螺杆启闭铁板以外，亦无大的更新。1991 一起，新一轮机埠更新改造展开，基本涉及每一个圩区和每一个机埠。仅 1991—1992 年，就更新改造机埠 18 个。1999 年“6・30”特大洪水以后，水利建设进一步加强，发展至 2013 年，全镇已经拥有机埠 117 个。

1991 年更新改造泵站

表 5-2-9

村	泵站	受益面积（亩）	更新改造内容					总投资（万元）	资金来源			
			电动机（千瓦/台）	水泵型号×台	泵房面积（平方米）	水池面积（平方米）	配电盘（个）		乡村自筹（万元）	农行贷款（万元）	财政贴息（万元）	财政补助（万元）
湖墩	木桥	800	18.5/2	14 轴×2	26	3	—	2.2	1.216	0.64	0.264	0.08
米世	濠郎	700	18.5/2	14 轴×2	20	—	—	2.0	1.130	0.56	0.231	0.07
三来	龙潭	800	18.5/2	14 轴×2	24	—	1	2.2	1.216	0.64	0.264	0.08
钱塘	莫家湾	700	18.5/1	14 轴×1	20	5	1	1.6	0.739	0.56	0.231	0.07
钱塘	水磨圩	300	—	12 离×1	16	—	—	0.6	0.231	0.24	0.099	0.03
钱塘	打子里	400	18.5/1	14 轴×1	—	—	—	0.9	0.403	0.32	0.132	0.04
北圩	丰产圩	400	18.5/1	14 轴×1	20	6	1	1.8	1.308	0.32	0.132	0.04
北圩	座圩	600	18.5/1	14 轴×1	24	6	—	1.7	0.962	0.48	0.198	0.06
道场	道场	400	18.5/1	14 轴×1	16	—	—	1.0	0.508	0.32	0.132	0.04
道场	八十亩	500	18.5/1	14 轴×1	16	4	—	1.2	0.585	0.40	0.165	0.05
合计	—	5600	—	—	—	—	—	15.2	8.303	4.48	1.848	0.56

1992 年更新改造泵站

表 5-2-10

村	泵站	受益面积（亩）	更新改造内容				总投资（万元）	资金来源			
			电动机（千瓦/台）	水泵型号×台	泵房面积（平方米）	配电盘（个）		乡村自筹（万元）	农行贷款（万元）	财政贴息（万元）	财政补助（万元）
天皇殿	胡家浜	800	30/1 18.5/2	14 轴×1 20 轴×1	30	1	2.5	1.516	0.6	0.254	0.08
茅林	中塔	300	7.5/1	10 轴×1	16	1	0.9	0.531	0.24	0.099	0.03
三来	草桥	600	13.5/1 7.5/1	14 轴×1 10 轴×1	20	—	1.8	1.062	0.48	0.193	0.06
三来	横塘港	600	18.5/1	14 轴×1	18	1	1.6	0.862	0.48	0.198	0.06
杨家坝	小坝	1000	18.5/1	14 轴×1	20	1	2.2	0.97	0.3	0.33	0.01
杨家坝	二百亩	400	17/1	12 轴×1	18	—	1.0	0.508	0.32	0.132	0.04
坝里	千树坝	500	7.5/1	10 轴×1	16	—	1.2	0.585	0.4	0.165	0.04
木桥	竹园坝	400	7.5/1	10 轴×1	16	—	1.0	0.508	0.32	0.132	0.06
合计		4600	—	—	—	—	12.2	6.542	3.68	1.518	0.56

2013 年禹越镇机埠情况调查表

表 5-2-11

序号	村	所在圩区	机埠名称	水泵（台/寸）	流量（秒/立米）	功力（马力）	运作情况	排渠（米）	灌渠（米）	堤塘长（米）
1	栖湖村	北塔圩	北塔里机埠	1/14	0.36	18.5	正常	4520	4250	3100
2	栖湖村			1/20	0.60	30.0	正常			
3	栖湖村		西石坟	1/8	0.11	5.5	正常			
4	栖湖村	新安地带	桂石港	1/8	0.11	5.5	正常	1220	1200	1300
5	栖湖村		高家坝	1/12	0.18	11.0	—			

续表 5-2-11

序号	村	所在圩区	机埠名称	水泵（台/寸）	流量（秒/立米）	功力（马力）	运作情况	排渠（米）	灌渠（米）	堤塘长（米）
6	栖湖村	湖墩圩	周家庄	1/10	0.18	11.0	正常	1680	1550	1450
7	栖湖村		木桥机埠	1/14	0.36	18.5	正常	4300	4100	2447
8	栖湖村			1/14	0.36	18.5	正常			
9	栖湖村			1/12	0.18	11.0	正常			
10	栖湖村	栖丰桥圩	栖丰桥机埠	1/14	0.36	18.5	正常	4840	4500	3256
11	栖湖村			1/20	0.60	30.0	正常			
12	栖湖村	元家斗圩	下家湾机埠	1/10	0.18	7.5	正常	2800	2650	550
13	栖湖村			1/14	0.36	18.5	正常			
14	栖湖村		栖丰桥北机埠	1/10	0.18	7.5	正常	2150	1850	1500
15	栖湖村			1/14	0.36	18.5	正常			
16	栖湖村		塔浪湾	1/8	0.11	5.5	正常	2550	1500	2100
17	栖湖村	大南斗圩	和会角	1/8	0.11	5.5	正常	1450	1300	1150
18	夏东村	董家湾圩	清水潭机埠	1/10	0.14	7.5	正常	400	400	2200
19	夏东村			1/10	0.14	7.5	正常			
20	夏东村		西王	1/6	0.05	3.0	正常	300	300	400
21	夏东村		上堂圩	1/10	0.14	7.5	正常	—	600	—
22	夏东村		圣堂桥	1/8	0.11	5.5	正常	—	1150	—
23	夏东村		董家湾机埠	3/14	1.08	55.5	—	—	—	—
24	夏东村			1/12	0.18	11.0	正常			
25	夏东村	三来圩	韩家桥机埠	2/14	0.72	37.0	正常	4200	2700	4700
26	夏东村			2/10	0.28	15.0	正常			
27	夏东村		大庆圩	1/8	0.11	5.5	正常	600	600	1000
28	夏东村		西北角	1/10	0.14	7.5	正常	—	900	—
29	夏东村		竹叶坝	1/8	0.11	5.5	正常	—	500	300
30	夏东村		大道地机埠	1/20	0.6	30.0	正常	—	7870	2700
31	夏东村			1/14	0.36	18.5	正常			
32	夏东村		大道地北机埠	2/14	0.72	37.0	正常	—	4500	—
33	夏东村			1/10	0.14	7.5	正常			

续表 5-2-11

序号	村	所在圩区	机埠名称	水泵（台/寸）	流量（秒/立米）	功力（马力）	运作情况	排渠（米）	灌渠（米）	堤塘长（米）
34	夏东村	三来圩	木角潭	1/10	0.14	7.5	正常	—	2500	1000
35	夏东村		下北埂机埠	1/10	0.14	7.5	正常	—	3160	1000
36	夏东村			1/14	0.36	18.5	正常			
37	夏东村		金南圩机埠	1/10	0.14	7.5	正常	2300	1860	800
38	夏东村			1/10	0.14	7.5	正常			
39	夏东村		南刺史桥	1/10	0.14	7.5	正常	—	700	—
40	夏东村		北刺史桥	1/10	0.14	7.5	正常	—	900	—
41	三林村		白龙潭机埠	1/14	0.36	18.5	正常	2890	2760	—
42	三林村			1/10	0.14	7.5	正常			
43	三林村		木鱼桥	1/10	0.14	7.5	正常	340	205	—
44	三林村		冷会圩	1/10	0.14	7.5	正常	1130	930	—
45	三林村		田口	1/10	0.14	7.5	正常	1050	1288	—
46	三林村		上南斗	1/10	0.14	7.5	正常	530	299	—
47	三林村		田坂兜机埠	1/12	0.18	11.0	正常	1988	1885	950
48	三林村			1/10	0.14	7.5	正常			
49	三林村		湾里	1/12	0.18	11.0	正常	1457	1150	—
50	三林村		桥里	1/10	0.14	7.5	正常			
51	三林村		草桥机埠	1/12	0.18	11.0	正常	3950	3250	2460
52	三林村			1/10	0.14	7.5	正常			
53	三林村		草桥小机埠	1/10	0.14	7.5	正常	385	379	1250
54	三林村		北兜里	1/10	0.14	7.5	正常	800	800	900
55	三林村		蔡家角	1/10	0.14	7.5	正常	300	300	400
56	三林村		红旗斗北	1/10	0.14	7.5	正常	500	500	—
57	三林村		红旗斗	1/10	0.14	7.5	正常	300	500	—
58	三林村		蔡家埭	1/10	0.14	7.5	正常	300	800	—
59	三林村		庙后村	1/10	0.14	7.5	正常	350	700	—

续表 5-2-11

序号	村	所在圩区	机埠名称	水泵（台/寸）	流量（秒/立米）	功力（马力）	运作情况	排渠（米）	灌渠（米）	堤塘长（米）
60	三林村	三来圩	钟介舍	1/10	0.14	7.5	正常	800	1100	1200
61	三林村	三来圩	南村	1/10	0.14	7.5	正常	900	1300	800
62	三林村	三来圩	罗介丁	1/10	0.14	7.5	正常	600	900	—
63	三林村	三来圩	中塔东	1/12	0.18	11.0	正常	950	1300	850
64	三林村	三来圩	中塔南	1/10	0.14	7.5	正常	300	500	—
65	高桥村	庆丰圩	庆丰东	1/6	0.05	3.0	正常	—	400	—
66	高桥村	庆丰圩	石桥头	2/10	0.28	15.0	正常	1600	1750	1300
67	高桥村	米世圩	浩浪	2/12、14	0.54	29.5	正常	5200	6100	3300
68	高桥村	米世圩	南草荡	2/10、14	0.50	26.0	正常	2540	3650	2600
69	高桥村	米世圩	湾里	1/8	0.11	5.5	正常	850	1100	1200
70	高桥村	米世圩	和尚寺	1/10	0.14	7.5	正常	570	550	1300
71	高桥村	米世圩	白马里	1/8	0.11	5.5	正常	400	750	900
72	高桥村	八十亩圩	沙泥湾	2/12、10	0.32	18.5	正常	1150	1850	1700
73	高桥村	范家里圩	范家里	2/10、14	0.50	26.0	正常	1500	1900	1800
74	高桥村	范家里圩	堂前	1/6	0.05	3.0	正常	—	300	500
75	高桥村	天皇殿圩	荡湾里	2/10 2/14、20	1.70	86.0	正常	5500	5800	1800
76	高桥村	天皇殿圩	港口	2/10	0.28	15.0	正常	2500	3000	1300
77	高桥村	天皇殿圩	立安北	1/10	0.14	7.5	正常	900	1000	1200
78	高桥村	天皇殿圩	北丰边	1/8	0.11	5.5	正常	600	—	500
79	天皇殿村	天皇殿圩	胡家浜	2/14 2/10	1.0	52.0	正常	—	—	2500
80	天皇殿村	天皇殿圩	受舍东	1/10	0.14	7.5	正常	—	—	—
81	天皇殿村	天皇殿圩	钱家浜	1/10	0.14	7.5	正常	—	—	—
82	天皇殿村	天皇殿圩	王家浜	1/6	0.05	3.0	正常	—	—	—
83	天皇殿村	天皇殿圩	矮五浜	2/10、12	0.32	18.5	正常	—	—	4000
84	天皇殿村	天皇殿圩	独云里	1/10	0.14	7.5	正常	—	—	—

续表 5-2-11

序号	村	所在圩区	机埠名称	水泵（台/寸）	流量（秒/立米）	功力（马力）	运作情况	排渠（米）	灌渠（米）	堤塘长（米）
85	天皇殿村	天皇殿圩	周家湾	1/10	0.14	7.5	正常	—	—	—
86	天皇殿村		刘家埭	1/10	0.14	7.5	正常	—	—	—
87	天皇殿村		屠家浜	1/10	0.14	7.5	正常	—	—	—
88	天皇殿村		坝西	2/12、10	0.32	18.5	正常	—	—	—
89	天皇殿村		钟家埭	1/10	0.14	7.5	正常	—	—	300
90	天皇殿村		西宅	2/10、12	0.32	18.5	正常	—	—	3500
91	天皇殿村		塔郎	1/10	0.14	7.5	正常	—	—	—
92	天皇殿村		丁家坝	2/12、10	0.32	18.5	正常	—	—	3500
93	天皇殿村		浜里	1/10	0.14	7.5	正常	—	—	—
94	天皇殿村		北窑	1/10	0.14	7.5	正常	—	—	—
95	天皇殿村		天皇殿	1/10	0.14	7.5	正常	—	—	—
96	天皇殿村	河西角圩	河西角	2/10、12	0.32	18.5	正常	—	—	3000
97	钱塘村	钱塘圩	打子里	2/10、12	0.32	18.5	正常	1400	1600	1200
98	钱塘村		姚家湾	2/10、12	0.32	18.5	正常	1600	1800	500
99	钱塘村		莫家庄	2/10、12	0.32	18.5	正常	1700	2000	2600
100	钱塘村		钱塘湾	2/10、12	0.32	18.5	—	900	1000	300
101	杨家坝	杨家坝圩	杨家坝	2/20、12	0.78	41.0	正常	3200	4050	2000
102	杨家坝		马家角	1/12	0.18	11.0	正常			
103	杨家坝	千亩圩	小坝	2/1014	0.50	26.0	正常	2400	2800	1800
104	杨家坝		二百亩	1/12	0.18	11.0	正常	1300	1200	1300
105	杨家坝	道场东	河东	1/12	0.18	11.0	正常	1500	1200	1200
106	杨家坝	道场西	河西	1/10	0.14	7.5	正常	1400	1100	1300
107	杨家坝	董家湾圩	西牌头	2/12、14	0.54	29.5	正常	2800	2900	1200

续表 5-2-11

序号	村	所在圩区	机埠名称	水泵（台/寸）	流量（秒/立米）	功力（马力）	运作情况	排渠（米）	灌渠（米）	堤塘长（米）
108	杨家坝	八十亩圩	八十亩	2/10、12	0.32	18.5	正常	1300	1400	600
109	东港村	千亩圩	千树坝	2/10、12	0.32	18.5	正常	35	—	1000
110	东港村	大南兜圩	沙场	1/12	0.18	11.0	正常	6	—	—
111	东港村	村后圩	孟家浩	1/10	0.14	7.5	正常	8	—	250
112	西港村	大南兜圩	兜门坝	1/12	0.18	11.0	正常	1600	800	—
113	西港村	大南兜圩	河东	2/12、14	0.54	29.5	正常	600	1500	—
114	西港村	大南兜圩	外口 1	1/12	0.18	11.0	正常	1300	700	1800
115	西港村	大南兜圩	外口 2	1/12	0.18	11.0	正常	—	—	—
116	西港村	大南兜圩	毛羊兜	2/12	0.36	22.0	正常	480	—	—
117	西港村	大南兜圩	石南	1/14	0.36	18.5	正常	2500	2000	—
118	西港村	大南兜圩	荡郎	1/10	0.14	7.5	正常	700	700	—
119	西港村	九里港圩	陈家兜	2/14	0.72	37.0	正常	2200	3000	4300
120	西港村	九里港圩	胡家埭	1/10	0.14	7.5	正常	180	—	—
121	木桥村	南圩	南圩	2/20、12	0.78	41.0	正常	1000	700	800
122	木桥村	北圩	北王港	3/10、12、14	0.68	37.0	—	—	—	—
123	木桥村	北圩	北圩	1/12	0.18	11.0	正常	1200	700	1600
124	木桥村	九里港圩	漾会里	1/8	0.11	5.5	正常	—	—	—
125	木桥村	村后圩	黄郎	2/10、12	0.32	18.5	正常	800	800	200
126	木桥村	三来圩	竹叶坝	1/10	0.14	7.5	正常	500	500	200
127	木桥村	三来圩	状元桥东	1/10	0.14	7.5	正常	800	800	700
128	木桥村	大南兜圩	范家坝	2/10、12	0.32	18.5	正常	1000	800	1000
129	木桥村	新安地带	七十亩	1/12	0.18	11.0	正常	1500	1500	1000
130	木桥村	新安地带	村前圩	1/12	0.18	11.0	正常	1000	800	800
131	木桥村	新安地带	公子塘	1/12	0.18	11.0	正常	1000	1000	800
132	木桥村	新安地带	东兜郎	1/10	0.14	7.5	正常	500	500	700
133	木桥村	新安地带	蛇荡会	1/10	0.14	7.5	正常	1000	1000	1000

随着电灌机埠及其他农用机械普遍使用，尤其是乡村企业的兴起，农村用电及柴汽油的用量与日俱增，供求矛盾极为突出，农村排灌及农田作业用电用油一度由县统一分配，直至 2004 年才实行市场供应。如 1989 年县水利农机局分配给境内两个乡镇柴油汽油，按季度分配情况如下：

第一季度，油车乡柴油 1.6 吨，汽油 200 公升。禹越乡柴油 1.26 吨，汽油 200 公升。

第二季度分配数

表 5-2-12

项目 乡	柴油分配情况							汽油（公升）
	分配数（吨）	机耕（吨）	排灌（吨）	农用运输（吨）	乡镇企业（吨）	供销社（吨）	损耗（吨）	
油车	27.53	23	0.32	0.73	2.88	0.32	0.23	300
禹越	20.97	17.55	0.32	0.97	1.6	0.32	0.21	300

第三、四季度分配数

表 5-2-13

项目 乡	柴油分配情况										汽油（公升）
	分配数（吨）	三季度（吨）	四季度（吨）	机耕（吨）	排灌（吨）	农用运输（吨）	乡镇企业（吨）	供销社（吨）	殡葬（吨）	损耗（吨）	
油车	34.21	29.5	4.71	23	0.64	5.17	3.94	0.48	0.64	0.34	450
禹越	26.92	22.5	4.42	17，5	0.64	5.44	1.95	0.48	0.64	0.27	450

用电计划由县计经委分配，如 1993 年全县乡镇分配电量 3263 万千瓦时，其中徐家庄镇 140 万千瓦时，油车乡 147 万千瓦时。

1998年度高桥镇农业排灌、脱粒用电分配表

表 5-2-14

类别 村	核定面积（亩）	厂区面积（亩）	总面积（亩）	分配电量（万千瓦时）	说明
合计	12731.9	369.4	13431.3	79.47	厂区排灌电量按每亩30千瓦时分配
湖墩村	1485.3	—	1485.3	8.91	
东溪村	689.6	—	689.6	5.22	
三来村	2051.8	—	2051.8	12.31	
夏家村	1730.7	128.98	1859.67	10.77	
茅林村	1392.4	—	1392.4	8.35	
油车村	838.2	153.21	991.41	5.49	
天皇殿村	3131.2	75.04	3206.24	19.01	
米世村	1562.73	12.16	1574.9	9.41	

设闸门

1961年前，境内无水闸。镇境设置水闸，始于首批电灌机埠建成后，为保障防洪能力而增建闸门，大多于1961—1979年之间建成。据1979年统计，镇境共有水闸13座。

1979年镇境水闸统计表

表 5-2-15

公社	闸名	孔数	闸孔净宽（米）	闸门型式	建成年份	受益面积（万亩）	
						排涝	灌溉
高桥	白龙潭	1	2.4	水泥门	1965	0.083	0.056
	东　溪	1	2.6	水泥门	1965	0.133	0.1
	胡家浜	1	2.6	水泥门	1968	0.20	0.14
	荡湾里	1	3.5	水泥门	1965	0.207	0.123
	董家湾	1	2.2	水泥门	1965	0.132	0.078
	桥　头	1	2.2	水泥门	1964	0.088	0.053

续表 5-2-15

公社	闸名	孔数	闸孔净宽（米）	闸门型式	建成年份	受益面积（万亩）	
						排涝	灌溉
禹越	杨家坝	1	3.2	水泥自动	—	0.081	0.055
	小坝	1	2	水泥自动	—	0.096	0.043
	斗门坝	1	3.3	水泥自动	1973	0.248	0.156
	东南兜	1	3.3	水泥自动	1975	0.248	0.156
	田庆坝	1	2.6	水泥自动	1975	0.168	0.081
	丰产圩	1	3.2	水泥自动	1974	0.056	0.033
	定家坝	1	3.6	水泥自动	1975	0.201	0.091

1991 年后，除对老水闸进行改造维修外，又结合圩区调整和农田水利基本建设新建了一批水闸，至 2013 年，镇境水闸增加到 22 座。

2013 年禹越镇水闸统计表

表 5-2-16

所在村	闸名	孔数	闸孔净宽（米）	闸门型式	建成改建年份	受益面积（万亩）	
						排涝	灌溉
东港村	定家坝	1	3.3	钢筋混凝土平面	1991	0.7350	0.2720
	千树坝	1	3.3	钢筋混凝土平面	1996	0.1500	0.1380
	坝　郎	1	2	钢筋混凝土平面	1991	0.7350	0.2720
杨家坝	小　坝	1	2	钢筋混凝土平面	1991	0.1500	0.1380
高桥村	荡湾里	1	3.5	钢筋混凝土平面	1994	0.9000	0.3500
三林村	钟家舍	1	4	钢筋混凝土平面	2002	1.1650	0.6211
	新　港	1	3	钢筋混凝土平面	2002	1.1650	0.6211
	南　桥	1	3	钢筋混凝土平面	2002	1.1650	0.6211
	中　塔	1	4	钢筋混凝土平面	2002	1.1650	0.6211
天皇殿	刘家埭	1	3.3	钢筋混凝土平面	1998	0.9000	0.3500
	丁家坝	1	3.3	钢筋混凝土平面	1998	0.9000	0.3500
	邱安桥	1	3.3	钢筋混凝土平面	2011	0.9000	0.3500
	胡介浜	1	3.3	钢筋混凝土平面	2011	0.9000	0.3500

续表 5-2-16

所在村	闸名	孔数	闸孔净宽（米）	闸门型式	建成改建年份	受益面积（万亩）	
						排涝	灌溉
天皇殿	屠家浜	1	3.3	钢筋混凝土平面	2011	0.9000	0.3500
	钟家埭	1	3.3	钢筋混凝土平面	2011	0.9000	0.3500
夏东村	刺史桥	1	3	钢筋混凝土平面	2008	1.1650	0.6211
	韩家桥	1	2.5	钢筋混凝土平面	2002	1.1650	0.6211
	董家湾	1	2.5	钢筋混凝土平面	1990	0.1750	0.1045
	大道地	1	3	钢筋混凝土平面	1987	0.1750	0.1045
西港村	斗门坝	1	2.5	钢筋混凝土平面	1991	0.7350	0.2720
钱塘村	莫家庄	1	2.5	钢筋混凝土平面	2002	0.3365	0.1788
	郁家墩	1	2.5	钢筋混凝土平面	2002	0.3365	0.1788
	钱　塘	1	3	钢筋混凝土平面	2002	0.3365	0.1788

建排涝站

排涝站虽类似于机埠，但机埠筑于圩田旁边，直接灌溉圩区。排涝站则建于港口，一旦洪水，可使内河水位下降以免圩区劳渍，故俗称翻水站。镇境自1991年起建成6座排涝站，提高了农田抗灾能力。

2013年镇境排涝站统计表

表 5-2-17

圩区	站名	建站时间	排涝能力（台/寸）	流量	功率
三来圩	中塔排涝站	2002年	4/28	6.52	240
天皇殿圩	天皇殿排涝站	2011年	4/28	6.52	320
	刘家埭排涝站	1995年	1/28	1.63	80
钱塘圩	钱塘排涝站	2002年	2/28 + 1/20	3.82	140
大南斗圩	大南斗排涝站	1991年	2/36	4.46	270
	中台里排涝站	2009年	2/28	3.26	160

整治

水利整治包括开挖和加固导流工程、出海工程、疏浚河道、并大圩、建排涝站、造大闸、修大堤等，以每年冬、春季节农田水利基本建设为标志。

开挖和加固导流工程、出海工程　1963 年开挖对河口水库导流工程，禹越公社每大队各抽调民工 25 人。1974 年德清导流东塘加固工程，高桥公社负担土方 5139 立方米，负担杂工 1360 工；禹越公社负担土方 3673 立方米，负担杂工 960 工。1978 年开挖湘溪港，高桥公社负担土方 51200 立方米，禹越公社负担土方 46000 立方米。此外还有对河口水库大坝工程、长山河工程、武康防洪工程，等等。

河道疏浚与开挖　1969—1970 年开挖石屑兜至外口和树下埭至外口两条新开河，宽 12 米，共长 825 米。1970 年三来新开河宽 10 米，长 700 米。1990 年油车乡疏浚 4 条，7500 米；禹越乡疏浚 7 条 15000 米。1992 年油车乡疏浚与开挖 3 条，9000 米。2001 年，徐家庄镇投资 14.8 万元（县财政补助 4.93 万元），购置挖泥船 1 只。2003 年，徐家庄镇疏浚河道 3.65 公里。

整修砖瓦厂挖泥缺口　境内原有砖瓦厂 6 个，长期挖泥、购泥导致镇境圩区外围产生大量缺口，威胁防洪安全。因此县防汛指挥部每年都要检查整改，以 1989 年为例立表如下：

1989 年 4 月砖瓦厂挖泥缺口统计表

表 5-2-18

<table>
<tr><th rowspan="3">乡</th><th rowspan="3">村</th><th rowspan="3">缺口处小地名</th><th colspan="4">缺口情况</th><th colspan="2">影响</th></tr>
<tr><th colspan="2">未填</th><th colspan="2">已填不标准</th><th rowspan="2">危及农田（亩）</th><th rowspan="2">危及农户（户）</th></tr>
<tr><th>长度（米）</th><th>高程（米）</th><th>长度（米）</th><th>高程（米）</th></tr>
<tr><td rowspan="6">油车乡</td><td rowspan="3">天皇殿</td><td>李家浜</td><td>—</td><td>—</td><td>118.6</td><td>5.5</td><td>2500</td><td>500</td></tr>
<tr><td>李家浜对面</td><td>30</td><td>4.5</td><td>—</td><td>—</td><td rowspan="2">2800</td><td rowspan="2">1000</td></tr>
<tr><td>李家浜西面</td><td>100</td><td>4.5</td><td>—</td><td>—</td></tr>
<tr><td>东溪</td><td>状元桥</td><td>15</td><td>4.5</td><td>—</td><td>—</td><td>1200</td><td>500</td></tr>
<tr><td rowspan="2">三来</td><td>横塘港</td><td>—</td><td>—</td><td>17</td><td>5</td><td>1800</td><td>600</td></tr>
<tr><td>横塘港</td><td>17</td><td>4.5</td><td>—</td><td>—</td><td>1700</td><td>36</td></tr>
</table>

续表 5-2-18

乡	村	缺口处小地名	缺口情况				影响	
			未填		已填不标准		危及农田（亩）	危及农户（户）
			长度（米）	高程（米）	长度（米）	高程（米）		
油车乡	夏家	姚家浜	50	4.5	—	—	50	200
		乡政府对面	—	—	90	5.5	1200	400
		乡政府对面	110	4.5	—	—		
		夏家桥对面	20	4.5	—	—	800	150
	茅林	农具厂北	15	5.5	—	—	600	200
合计		11 处	357	—	225.6	—	13950	4136
禹越乡	钱塘	莫西	4	5	—	—	500	85
	徐家庄	东角郎	6	5.2	—	—	700	250
	坝里	老坟漾	7	4.8	—	—	1200	250
	木桥	打子桥港	12	5	—	—	700	180
	石屑兜	油石北	8	4.9	—	—	1100	220
	北圩	状元桥	14.8	4.7	—	—	1000	150
合　计		6 处	51.8	—	—	—	5200	1135

农田水利基本建设　　解放前农户分散，面对洪涝灾害，只能听天由命。解放后，县乡两级政府每年都要组织冬季和春季农田水利基本建设，培修圩堤、整治“蓑衣漏”、堤塘砌石、造机埠、建闸门、修渠道等，使镇境农田护卫能力不断提高。

1974 年农田水利基本建设情况

表 5-2-19

公社	平整土地（亩）	改造低产田（亩）	修建渠道（公里）	培修圩堤（公里）	堤塘砌石（公里）	新建机埠（座）	改造机埠（座）	工程量		
								土方（万立方米）	石方（万立方米）	人工（万工）
高桥	3000	1500	25	—	5	2	8	91	1.47	38
禹越	2745	700	27	14.6	4.5	—	7	18.9	1.61	22.4

1990年冬—1991年春农田水利基本建设情况

表5-2-20

乡	总用工（万工）	土石方（万立方米）	建设项目情况								投入资金（万元）		
			培修圩堤（公里）	航道砌石（公里）	渠道衬砌（公里）	渠道整修（公里）	维修机埠（座）	机泵改造（台）	水闸维修（座）	开挖疏浚河道（公里）	合计	乡镇	村
油车	6.1	8.38	12	1	9.8	68	27	13	9	0.75	145.5	17	37.5
禹越	4.7	6.36	7.34	1	9.5	48	25	19	5	1.5	153.4	18.2	34.2

1999年徐家庄镇冬季水利建设任务

表5-2-21

村	培修圩堤（公里）	河道疏浚（公里）	新建水闸（座）	整修渠道（公里）	机埠维修（座）	新建机埠（座）	计划投工（万工）	完成土方（万立方米）
钱塘	1.87	—	—	3	2	—	0.6	0.4
道场	2.3	—	—	2.7	1	—	0.7	0.76
杨家坝	2.23	—	—	3.7	1	—	0.65	0.6
徐家庄	1.25	—	—	3	1	—	0.4	0.4
木桥	2.75	—	—	10	1	—	1.03	0.96
石屑兜	1.8	0.4	—	10	2	2	1.0	0.89
坝里	0.85	0.2	1	8.5	3	—	0.76	0.5
九里港	2.25	0.1	—	2	1	2	0.53	0.42
栖丰桥	7.6	—	—	8	2	—	2.67	1.7
北圩	2.91	—	—	4.7	—	2	0.99	0.76
合计	25.81	0.7	1	60.6	14	6	9.33	7.39

改革开放后，水利建设按承包田亩分摊。每年冬季，各乡镇政府均与各行政村签订农田水利基本建设计划责任书，将圩堤培修，渠道砌石整修，机埠、水闸维修、改造和新建任务落实到村。2000年以后，水利建设不再分摊到村到户，基本以工程承包方式由政府投资实施。如2005年投入150万元，堤塘砌石

1.4 公里，培修圩堤 3.5 公里，新建改建机埠 14 座，维修水闸 1 座。2008 年投入 300 多万元，完成 5.2 公里堤塘加固加高和 2.1 公里砌石护岸，完成 17.9 公里河道整治，改造老鱼塘 470 亩，新建改建机埠 5 座，新增变压器 30 台，扩容 12 台，新增容量 3000 千伏安。凡此水利建设投入，政府每年列入财政预算，并向每届人民代表大会报告。

1988 年，浙江省水利厅规划整治杭嘉湖地区低洼圩区，要求按 20 年一遇加固加高堤防，按 10 年一遇标准增容排涝设备，建设大包围，形成中格局圩区。1990 年省水利厅批复同意的德清县第二批圩区整治工程中，镇境有天皇殿、大南兜 2 个圩区中格局建设。建设标准：堤高 6.13 米，堤顶宽 2.5 米，内坡 1∶2，外坡 1∶1.5。新建套闸 2 座，天皇殿河西角 1 座，宽 5 米；大南兜 1 座，宽 4 米。新建单闸 5 座，天皇殿河西角、四房里各 1 座，宽 4 米；大南兜 3 座，斗门坝 4 米，破路坝 3 米，四条坝 3 米。2001 年，三来圩区中格局整治工程启动，范围包括东溪、夏家、三来、茅林四个村和高桥集镇，还涉及勾里、徐家庄部分农田。共有水田 13000 亩，总人口 9000 人，区域工农业总产值 3.2 亿元。工程总投资 390 万元，新建防洪水闸 7 座，排涝站 2 座，改建机埠 8 座，加固加高外围圩堤 13 公里。此后，钱塘圩、千亩圩等中格局整治逐步实施，遂形成现今（2013 年禹越镇圩区基本情况统计表）圩区格局。

第四节　土地整治

传统田地河池错落杂陈，田块大小不一，田墩桑埂星罗棋布，路弯沟曲。其间水田大多是“出门见横埂，水田嵌中央，一场大雨水汪汪”的“箱子田”、“烂水田”。镇境解放后，重视水利兴农。1961 年后，境内建设固定电灌机埠，修筑总渠（境内称“大水渠道”）和支渠，渠道排灌兼用。1972 年起，开展大规模平整土地，境内几乎全民动员，“搬横埂、填小港、改低田、做地道、种树苗”。彻底改变了镇境千百年来“馒头桑、箱子田、插花田”的田地布局和面貌，使耕田井然成方，大小划一，渠路配套，道树成行。

1974 年高桥公社平整土地统计表

表 5-2-22

生产大队	完成土方（立方米）	劳动力投放（工日）
湖墩大队	14500	4233
东溪大队	15500	210
三来大队	20100	547
夏家大队	15510	362
茅林大队	17800	246
油车大队	17400	177
天皇殿大队	51300	659
米世大队	43596	313
合　计	195666	6747

1976 年 12 月禹越公社农田基本建设统计表

表 5-2-23

大队	投放劳力（人）	平整土地			做机耕路		修渠道		做渠道	
		面积（亩）	搬横埂（条）	土方（立方米）	数量（条）	长度（米）	数量（条）	长度（米）	数量（条）	长度（米）
钱塘	445	13	27	40700	7	390	21	1300	9	5100
道场	120	40	15	7000	—	300	2	1000	2	300
杨家坝	500	100	20	3000	2	300	4	1000	2	300
徐家庄	140	63	15	6000	2	400	2	400	1	50
坝里	318	83	—	42500	1	200	2	1600	5	2000
木桥	513	315	111	117000	—	—	20	5000	12	6500
石屑兜	318	136	57	105350	5	3200	7	4200	1	600
九里港	155	183	24	31500	—	—	1	1400	1	150
栖丰桥	350	19	10	30000	—	—	7	2500	1	380
北圩	289	131	17	4900	2	400	7	2000	2	400
合计	3211	919	296	414950	19	5190	79	20400	36	15780

1985 年起，境内乡村企业兴起，商品经济蓬勃发展，农民种田收益不及务

工经商，土地抛荒随处可见，征用田地用于他业十分普遍，保护耕地成为政府宏观控制的重要目标。1996 年，县政府和各乡镇签订责任书，确保农田和桑地控制目标。此外，为防渠道渗漏逃水，对农田排灌渠道砌石整修，自 1980 年至 1990 年，镇境防渗渠道砌成 36 公里。90 年代后，采用 U 形水泥预制槽内衬水渠，接口水泥焊缝。2013 年统计，境内排涝渠 265 条，总长 137.01 公里，其中衬砌 130 公里；灌溉渠总长 156 公里，其中水泥预制防渗渠 150 公里。

2000 年基本农田及专业桑地保护区宏观控制目标

表 5-2-24

名称 乡镇	1999 年末耕地（万亩）	2000 年末耕地（万亩）	保护区面积（万亩）	建设用地面积（万亩）	耕地保护率（万亩）	1989 年末桑地（万亩）	2000 年末桑地（万亩）	桑地保护率（万亩）
禹越镇	0.95	0.92	0.92	266	97.2%	0.26	0.26	100%
油车乡	1.27	1.24	1.24	356	97.2%	0.54	0.54	100%
合计	2.22	2.16	2.16	622	—	0.8	0.8	—

1998 年，省人民政府办公厅颁发《关于鼓励开展农村土地整理有关问题的通知》，2000 年开始，境内高桥镇政府和徐家庄镇政府着手对土地进行综合整治，先后申报立项白龙潭圩区（2000 年 8 月）、北塔圩区（2000 年 8 月）、夏家圩区（2000 年 11 月）、西港村陈家外口圩、木桥村下畔圩、钱塘村沈楚圩等多个土地综合整治项目，对整理掉的桑地、菜地、林地、养殖场、渔荡、房屋、坟墓等，进行统一补偿。

第六卷　工　业

第一章　发　展

民国以前境内无工业，仅有部分小作坊。如油车榨油坊，始于1936年为最早。其余如糕饼坊、水作坊、刨烟坊，分布湖墩、天皇殿。日寇侵华，诸业皆毁。据民国36年5月调查，禹越乡手工业人数19人，其中木匠6人，泥水4人，竹匠7人，船匠2人。

1954年，油车、徐家庄、三来3个乡相继成立手工业合作联社（铁木竹社），有缝纫、木器、白铁、铁器、水作、刨烟、制鞋等作坊。人民公社初期，号召大办工业，境内有砖瓦、肥料、纸浆、农具、食品等厂10家。是年，镇境工业总产值54.7万元，占全县1.6%。

1963年后，高桥、禹越两公社先后将农村分散的铁匠、木匠、竹匠、泥水匠、鞋匠、铜匠、缝纫、理发、机面、水作纳入综合社。1966年，综合社改为农具厂，分木器、竹器、铁器、修船等车间。泥瓦匠则脱离综合社，成立建筑社。1968年，夏家砖瓦厂始建，次年，栖丰高家坝砖瓦窑和禹越公社糖厂继起，成为境内工业先驱。同时，各大队纷建稻谷、饲料加工厂，为民生服务。

“文化大革命”中后期，新兴企业主要有：高桥农具厂、东溪综合厂、三来五金塑料厂、高桥熔模铸钢厂、杨家坝五金铸件厂、水产柳条厂、禹越建筑工程队、栖丰砖瓦厂、木桥砖瓦厂、木桥综合厂、禹越印刷厂、禹越针织厂等。

1983—1990年，集体织绸业达到鼎盛时期，公社及大队建办丝织厂多达25家。1991年后，家庭织绸业勃兴，乃至村村闻机声，户户有织人。据2005年年报统计，镇境有织户676户，约占全镇总户数的10%以上。

缫丝业自1978—2014年，镇境除米世村外村村都有缫丝厂。各厂为争夺原料引发蚕茧大战，导致政府出台压缩缫丝业政策，2004年镇境仅剩2家。2013年，仅剩禹越缫丝厂1家。

砖瓦行业从 1967 年夏家村建土窑烧砖开始，先后有东溪栖丰桥、木桥、四通桥、高桥、禹越等，因环境污染，影响蚕桑生产，目前已全部关停。

1990 年后，镇境工业发展迅速，如徐家庄镇办企业湖州市蚕宝集团，资产达到 4072 万元，产值 4766 万元，税利 1088 万元。村办企业三星集团拥有塑料化工、金属拉丝、缫丝、金属加工等企业，总资产达到 1913 万元。其他还有东港公司、华顺公司、中霸公司、新丰纸业集团公司等，均曾辉煌一时。

1996 年起，集体企业改为股份制企业，2000 年后，又转为民营企业。频繁转制，导致部分资产流失。

2013 年，全镇有工业企业 1043 家，从业人员 10977 人，拥有总资产 259362 万元，全年工业总产值 825861 万元，实现税利 48093 万元，工业产值占全镇工农业总产值 90%以上。

1950 年前后境内手工业情况统计

表 6-1-1

行业	禹越乡		三来乡		油车乡	
	家数	人数	家数	人数	家数	人数
榨油	—	—	—	—	1	6
刨烟	1	2	—	—	—	—
水作	2	4	1	2	2	4
糕饼	1	2	—	—	1	2
木工	4	8	5	8	5	9
泥工	3	6	3	6	3	5
打铁	—	—	1	2	1	2
白铁	1	2	—	—	1	2
铜锡	1	1	—	—	1	1
成衣	8	8	6	6	5	5
打船	2	4	1	1	—	—
棺材	—	—	1	1	—	—
箍桶	1	2	1	1	1	2
制鞋	1	2	—	—	1	3
棉花	—	—	1	2	—	—
蔀墩	—	2	1	2	—	—
制橹	2	2	—	—	—	—

1959年高桥大公社工业生产基本情况统计

表6-1-2

项目＼时间	一季度产量	二季度产量	三季度产量	四季度产量	全年产量
土砖（万块）	38.9	34.4	48.5	59.3	181
土瓦（万张）	—	—	1.8	5.6	7.4
肥料（吨）	—	—	—	52	52
纸浆（吨）	40	17	35	53	145
镰刀（把）	350	680	730	470	2230
铁耙（把）	220	240	—	—	440
碾米（吨）	179	—	—	103	582
糕点（吨）	4	2.5	5.5	4.5	16.5
奶粉（吨）	4.7	1.4	—	0.31	6.44
奶油（吨）	0.97	0.25	—	0.08	1.3
产值合计（元）	125000	62000	52000	120000	359000

1967年高桥人民公社工业企业年报

表6-1-3

单位	企业	人数（人）	产品	产量（万斤）	产值（元）
湖墩大队	加工厂	3	碾米	15	4503
			饲料	7.5	
东溪大队	加工厂	3	碾米	—	2300
三来大队	加工厂	11	碾米、饲料	75.4	4529
夏家大队	加工厂	7	碾米、饲料	—	2480
夏家大队	砖瓦厂	58	土砖瓦	121000	3200
油车大队	加工厂	3	碾米、饲料	—	5957
红丰大队	加工厂	7	碾米、饲料	79.95	6857
米世大队	加工厂	5	碾米、饲料 轧棉花	—	7584
合计	—	97	—	—	39839

1972 年高桥人民公社工业生产基本情况

表 6-1-4

工业项目	单位	年实绩	生产大队	碾米（担）
1.年末人数	人	83	湖墩大队	7233
2.工业总产值	元	100587.47	东溪大队	4500
铁制农具	件	1813	三来大队	3560
木制农具	件	293	夏家大队	985
砖	块	750440	茅林大队	6758
瓦	张	1963265	油车大队	3150
3.商品零售合计	元	57022.96	红丰大队	14000
4.年末设备拥有	—	—	米世大队	1374
车床	台	1	合计	41560
台钳	台	2	—	—
台钻	台	1	—	—
砂轮机	台	1	—	—

1987 年油车乡工业企业经营基本情况

表 6-1-5

类别	单位	年计划（万元）	年产值（万元）	上年产值（万元）	是上年的（%）
乡办企业	砖瓦一厂	92.8	93.87	84.75	110.76
	砖瓦二厂	98.6	115.7	61.78	187.28
	油车丝厂	160	154.18	115.18	133.86
	新丰丝厂	43	63.31	10.37	610.51
	油车绸厂	300	253	152.75	165.63
	印花纺织厂	50	62.51	24.54	254.73
	造纸厂	100	140.3	97.3	144.19
	农具厂	15	16.74	14.48	115.61
	合计	859.4	899.61	828.72	108.55

续表 6-1-5

类别	单位	年计划（万元）	年产值（万元）	上年产值（万元）	是上年的（%）
湖墩村	塑料厂	70	169	65.3	258.81
	编织厂	60	57.3	38	150.79
	加捻厂	45	17.5	5.8	336.21
	洗衣机配件厂	90	80.2	15.3	524.18
	合计	250	326	145.8	223.29
三林村	绸厂	60	16.11	25.93	62.13
	合计	60	16.11	25.93	62.13
夏家村	砖瓦厂	5	3	4.5	66.67
	保温材料厂	5	3.7	2.7	137.04
	合计	10	6.7	7.2	93.06
东溪村	综合厂	5	3	1.88	157.57
	纺织厂	19	14	21.42	6536
	丝厂	40	22.2	—	—
	合计	64	39.2	33.74	116.18
天皇殿村	铸钢厂	50	37.85	4977	76.05
	预制厂	10	7.84	10.8	72.59
	丝厂	50	46.57	—	—
	绸厂	26	15.45	20.06	77.02
	服装厂	5	1.96	2.08	91.35
	合计	100	107.67	82.71	132.60
茅林村	绸厂	30	11.1	17.6	63.07
	综合厂	0.5	0.4	0.4	100
	合计	30	11.5	20.6	54.88
油车村	棒冰厂	2	5	5.5	90.91
	丝厂	25	23.42	—	—
	合计	27	28.42	6.3	616.19

续表 6-1-5

类别	单位	年计划（万元）	年产值（万元）	上年产值（万元）	是上年的（%）
米世村	织带厂	60	39.8	18.84	211.25
	铸件厂	20	13	10	130
	预制厂	—	9.21	—	—
	合计	80	62.01	36.76	168.67
全乡合计		605	607.75	359.07	169.25

1995 年高桥镇工业企业经营基本情况

表 6-1-6

单位	产品	产量	单位	产值（万元）	销售收入（万元）	利润（万元）	税金（万元）
镇办企业合计	—	—	—	12038	10008	–319.7	490.5
砖瓦一厂	95 红砖	3009	万块	271	480	46.7	34.4
砖瓦二厂	95 红砖	3050	万块	275	497	55.8	34.3
第一丝厂	白厂丝	38.44	吨	627	365	–226	–46.5
新丰丝厂	白厂丝、针织品	38.8	吨	1695	617	–16.4	48.3
造纸厂	机制纸	17902	吨	4861	4557	267.1	267.5
绸厂	丝织品	134.7	万米	2197	1983	–170	81.8
盛达绸厂	丝织品	57.3	万米	992	557	–188.2	33.3
制药厂	药品	3813	万粒	780	673.8	–89.5	31.2
农具厂	铁铸件	434.5	吨	144	129.3	0.5	1
手套厂	手套	7.2	万打	196	147.1	0.1	5.2
村办企业合计				4309	3849	–159.8	210.8
湖墩村				1285	1260	–30	71.5
东溪村				484	390.7	–36.6	21.5
夏家村				—	—	—	—
三林村				127	111.5	–38.5	–0.1

续表 6-1-6

单位	产品	产量	单位	产值（万元）	销售收入（万元）	利润（万元）	税金（万元）
茅林村				110	118.8	–19.6	9.7
油车村				534	303.9	–16.7	21.6
米世村				605	474.7	0.8	11
天王殿村				1175	1188.6	–19.1	75.6
私营企业合计				4720	4720	—	—
总计				21067	18577	–479.7	701.3

1981 年禹越公社工业企业经营基本情况

表 6-1-7

单位	产品	单位	产量	销售收入（万元）	总产值（万元）	利润（万元）
农机厂	铁铸件	吨	137	8.92	8.32	3
农具厂	木器家具	只	108	2.18	2.17	0.54
针织厂	尼龙袜	双	135309	22.19	26.49	4.53
	卡丝袜	双	183			
蔬菜厂	榨菜	担	5789	18.39	18.46	2.43
	卤瓜	担	86	—	—	—
砖瓦厂	青砖	万块	54.83	5.7	5.43	0.5
	平瓦	万张	20.16			
	土瓦	万张	23.36			
预制场	横条	根	1200	2.8	2.7	0.16
	五孔板	块	700			
配种站	苗猪	头	85	0.73	0.73	0.19
绸厂	被面	条	3510	5.2	4.21	0.03
轮窑	95 红砖	万块	1160	52.7	47.82	18
搬运站	—	—	—	0.77	0.77	0.04
印刷厂	—	—	—	3.75	3.71	0.55
电扇厂	—	—	—	27.6	27.3	3.33

续表 6-1-7

单位	产品	单位	产量	销售收入（万元）	总产值（万元）	利润（万元）
合计	—	—	—	150.93	148.11	32.86
大队办企业合计			—	—	25.5	6.24

1996 年徐家庄镇工业企业统计基本情况

表 6-1-8　　单位：万元

	企业数	职工人数	总产值	税收	利润
工业企业合计	167	3352 人	23380	903	163
乡镇企业	9	1979 人	10747	861	200
村办企业	7	1024 人	7927	42	-127
个私企业	146	306 人	3806	—	—
合作企业	5	43 人	900	—	—

1997 年徐家庄镇私营企业基本情况

表 6-1-9

行业	企业数	从业人数	固定资产（万元）	销售收入（万元）
合计	238	524	553	5803
工业企业	72	308	394	4830
纺织	33	107	101	1994
服装	5	46	51	680
塑料	7	50	61	555
水泥预制	8	38	68	430
印刷	5	24	47	328
机械	7	23	29	365
金属	3	7	11	240
化工	3	5	10	150
食品	1	8	16	88
第三产业	166	216	159	973

2013年禹越镇工业企业统计基本情况

表 6-1-10 单位：万元

	企业数	职工人数	总产值	总资产	税利总额
工业企业合计	1043	10977	825861	259362	48093
乡镇企业	—	—	—	—	—
村办企业	—	—	—	—	—
私营企业	1034	9455	721162	225771	41867
外资企业	9	1522	104700	33590	6224

2013年禹越镇主要工业企业汇总表

表 6-1-11

企业名称	企业地址	主要产品
德清县双氏达塑料有限公司	栖湖村吕家里组	塑料软管
德清县康益自来水有限公司	木桥头村王郎	自来水供应
德清县宏欣达塑料五金厂（普通合伙）	杨家坝	塑料制品制造
德清县红丰纸业有限公司	天皇殿村委会	抗制纸制造
德清县百盛箱包有限公司	百盛箱包	箱包生产
德清佳铱铁丝有限公司	木桥头村委旁边	铁丝生产
德清县昊天箱包有限公司	东港村横塘路	拉杆箱生产
德清金源豪竹木制品有限公司	杨家坝村委	生产竹包装箱
浙江三星新材股份有限公司	东港村	PVC 塑料粒子生产
德清县翔盛金属制品有限公司	东港村	铁钉、钢材、五金制造
浙江德清佳顺金属制品有限公司	木桥头村	镀锌铁丝生产
德清永久织带有限公司	高桥村原米世村	织带生产
德清金梦蝶金属制品厂	栖湖村北塔里组	钢板网制造
德清县吴达塑料厂	栖湖村吕家里组	塑料编织袋
德清县徐建建材有限公司	栖湖村	多孔砖生产
德清县同丰纺织品有限公司	高桥集镇	绢纺丝织造加工
德清县鑫星铝粉厂	栖湖村吕家里组	铝粉浆

续表 6-1-11

企业名称	企业地址	主要产品
德清县佳暖被服有限公司	庙西 7 号	蚕丝被加工
德清县天创五金制品有限公司	滨江路	五金制品加工
德清县欣纬织造厂	高桥集镇夏东村	线带生产
德清县宏铭纺织品有限公司	宏铭纺织品	涤纶绒生产
德清县红五月包装有限公司	中塔南路 158 号	液体包装膜生产
湖州彩织布业有限公司	东港村	纺织品生产
湖州基达金属制品有限公司	四通桥街	气保焊丝生产
德清县龙腾服饰有限责任公司	龙腾服饰	纺织服装制造
德清县杭亚钢结构有限公司	东港村工业区	钢结构生产
湖州新唐人服饰有限公司	夏家村高桥集镇	棉化纤针织品制造
德清金飞织带有限公司	夏东村桥北	织带生产
德清县创佳金属制品有限公司	翔鹰金属	五金制品制造
德清县舒欣被服有限公司	东港村曙光路	蚕丝被生产
德清华宇涂层有限公司	华宇涂层厂	牛津布涂层加工
德清恒通水泥制品厂	恒通水泥	水泥制品生产
德清县康得贝卫生器材有限公司	中塔北路	手术垫单生产
德清县盛德塑料制品厂	盛德塑料	塑料软管加工
德清县东伟铸造厂	杨家坝村委	铸铁件生产
德清县良达丝织有限公司	高桥村原米世村委	真丝织物生产
德清县华松塑料厂	栖湖村村委	塑料零配件
德清县三惠塑业有限公司	育才路 8 号	塑料品制造
德清县有庆丝绒厂	有庆丝绒	丝绒及丝织品加工
德清县振利达绢纺有限公司	天皇殿村老街	绢纺丝制造
浙江五味和食品有限公司	杭海路 666 号	酱油酿造
德清县高桥塑料包装厂	栖湖村吕家里组	塑料袋制造
德清县东港纸业有限公司	东港村振兴路 136 号	机制纸生产
浙江西溪玻璃有限公司	东港村杭海路 505 号	中空玻璃等生产
德清远晨塑料制品有限公司	栖湖村吕家里组	塑料制品制造

续表 6-1-11

企业名称	企业地址	主要产品
湖州恒业电脑绣花机有限公司	恒业电脑	电脑绣花机
德清县杨帆塑料厂	东港村	塑料制品加工
德清县油车新升织带厂（普通合伙）	高桥村石桥头	织带生产
德清县冠群丝绸服装有限公司	工业园区	丝绸服装生产
湖州祥隆金属丝有限公司	振兴路	镀锌铁丝生产
德清县徐家庄镇洪腾制线厂	木桥头村王郎	缝纫线生产
德清县高桥三鑫织带厂	高桥村石桥头	织带生产
德清县昌友塑料厂	栖湖村吕家里组	塑料编织袋
德清县郑峰塑料制品厂	郑峰塑料厂	塑料制品生产
德清县吉祥鸟制衣厂	吉祥鸟服饰	机织服装加工
利欧玛家纺（湖州）有限公司	东港村	化学纤维布生产
德清县徐家庄镇包装彩印厂	包装彩印厂	包装印刷
德清县天安建材有限公司	天皇殿村河西角	黏土烧结多孔砖
德清县豪翔塑料厂	栖湖村村委	塑料零配件
德清县金新金属制品有限公司	木桥头车站旁边	枪钉生产
德清县茂盛丝织有限公司	高桥工业区	蚕丝制品
德清县一得化工有限公司	夏家村东旺街	钡锌复合稳定剂生产
德清县双德塑料厂	栖湖村高家墩组	塑料制品制造
德清县米世织带厂	高桥村张鱼湾	织带生产
德清县梦睡宝床上用品厂	木桥头村章家埭	丝棉加工
德清县祥隆金属制品有限公司	振兴路	铁丝制造
湖州中亚医用材料有限公司	夏东村	药用聚乙烯瓶制造
德清县天美丝绸有限公司	育才路	机织服装制造
德清县禹越镇金龙织带厂	钱塘村	织带生产
德清县百旺塑料编织厂	栖湖村村委	塑料零配件
德清县天煜丝绸有限公司	横塘路 92 号	真丝面料生产
德清县金友棉织厂	夏东村桥北	织带制造
德清中欣搪瓷制品有限公司	东港村振兴路 237 号	搪瓷制品生产

续表 6-1-11

企业名称	企业地址	主要产品
德清县一碟菜业有限公司	育才路 9 号	酱菜加工
浙江日丰纸业有限公司	夏家村高桥集镇鑫丰路 188 号	机制纸生产
德清县油车星火绸厂	高桥村小福桥西	棉混纺布生产
浙江汇隆新材料股份有限公司	东港村杭海路 88 号	涤纶纤维生产
湖州凯迪雅纺织品有限公司	伊莱纺织	装饰布生产
德清县正辉包装有限公司	亚辉包装	纸箱生产
德清县恒通纺织有限公司	恒通纺织	梭织面料生产
湖州天元宠物用品有限公司	杭海路 183 号	纺织品生产
德清县佳裕绸业有限公司	杭海路 188 号	丝织品制造
德清县飞马针织厂	杨家坝村	纺织服装加工、门封条加工
德清县港飞金属制品有限公司	四通桥	镀锌铁丝生产
德清县金蓝服饰有限公司	中塔南路 55 号	纺织服装生产
湖州港东铁丝有限公司	港东铁丝	镀锌铁丝生产
德清县金丝源纺织品有限公司	夏东村	丝织物织造加工
德清县净波丝钉制皂有限公司	净波丝钉	铁丝生产
德清县祥裕喷涂厂	祥裕喷涂厂	喷涂加工
德清县金氏织带有限公司	钱塘村水磨墩	织带生产
德清县远东皮件有限公司	远东皮件	真皮手套生产
德清郑翔化工有限公司	西港村村委	清洁剂生产
德清县泰力涂料厂	泰力涂料厂	内墙涂料生产
湖州君紫兰纺织品有限公司	高桥村委北	围巾生产
德清县农垦绢纺有限责任公司	道场	绢纺和丝织加工
湖州天鹏纱线有限公司	东港村杭海路 283 号	纱线生产
德清县恒飞文教用品厂	徐家庄集镇老街	订书机制造
湖州千思家用纺织品有限公司	夏家村高桥集镇	蚕丝被生产
浙江胜辉服饰有限公司	杭海路 398	女式休闲服装生产
德清昊纳丝线有限公司	天皇殿村委会	丝线加工
德清县云波金属制品厂	云波金属	铁丝拉丝

续表 6-1-11

企业名称	企业地址	主要产品
德清县三彩纸制品厂	木桥头委下面	纸张印刷
德清县艾贝欧织带厂	田畈斗	织带生产
德清县杭兴铸钢有限公司	杭兴铸钢	钢铁铸件生产
德清县凯华线带有限公司	高桥村白马里	线带生产
德清县步金制衣有限公司	东港村振兴路	纺织服装制造
德清县德邦织带有限公司	高桥村石桥头组	织带生产
德清和顺拉链有限公司	钱塘村	拉链生产
湖州鑫迪箱包有限公司	高桥集镇新兴街	箱包生产
浙江智钢化工机械有限公司	夏家村中塔南路 213 号	化工设备制造
德清思然纺织品有限公司	思然纺织	丝绵生产
德清县国盛纺织品涂层有限公司	国盛纺织	涂层布生产
德清庆丰涂层有限公司	庆丰涂层	装饰布涂层加工
德清县港东镀锌铁丝有限公司	港东铁丝	铁丝制造
德清县豪康塑料厂	栖湖村吕家里组	塑料软管
德清卢氏布艺有限公司	曙光路	乔绒生产
德清县康祺化学品有限公司	康祺	表面调整剂生产
湖州杭宏金属制品有限公司	夏家村高桥工业区	铸钢件加工
德清鑫德机械有限公司	鑫德机械	工程机械生产
德清县巨力塑业有限公司	巨力塑业有限公司	塑料制品制造
德清利涛金属制品有限公司	钱塘村	五金件制造
德清县美丽制衣有限责任公司	徐兴路 2 号	纺织服装制造
浙江明伦新材料科技有限公司	高桥工业集中区	液体包装膜生产
德清荣丰精密铸造有限公司	天皇殿村	铸钢件制造
德清玉龙线带有限公司	高桥村湾里东	织带生产
德清县翔鹰金属制品有限公司	东港村曙光路 83 号	金属家具制造
德清中意自动化设备有限公司	中意自动化	包装设备制造
德清县振威塑料厂	振威塑料厂	玻璃门生产
德清县高桥绢纺厂	夏家村	绢绸丝生产

续表 6-1-11

企业名称	企业地址	主要产品
德清县高桥昌盛棉织厂	高桥村白马里	线带生产
德清县锦业织带厂	中塔北路	服装用织带生产
浙江荣新家用纺织品制造有限公司	镇南工业区	棉纺织的生产
德清三峨塑业有限公司	栖湖村栖丰桥组	塑料制品、铁线制品
德清县豪迈箱包有限公司	栖湖村村委	箱包制造
德清县海峰塑料有限公司	栖湖村洋北组	塑料零配件
德清彩织布业有限公司	东港村	丝织品生产
湖州唐人博格服饰有限公司	新塘人服饰	纺织服装制造
德清县徐家庄金达彩印厂	金达彩印	本册印刷
德清金旺制丝有限公司	商益街 2 号	白厂丝制造
湖州伊莱纺织有限公司	东港村	纺织品加工制造
湖州畅想家用纺织品有限公司	天皇殿村沈家浜	蚕丝被加工
德清丝美线业有限公司	杭海路 518 号	绣花线加工
德清县华翔丝绸有限公司	钱塘村	丝织品生产
德清玉峰金属制品有限公司	会郎	五金生产
德清县高桥林坤纺织机械制造厂	高桥林坤纺织	生铁铸件生产
德清鑫都五金有限公司	杭海路	五金制品加工
德清县琦鑫塑料制品厂	荡郎组	冰箱门封条
德清永福食用菌有限公司	三林村木鱼桥东	食用菌种植
德清凯诚塑料制品厂	栖湖村村委	塑料制品生产
德清益翔机械铸造有限公司	木桥头村章家埭	生铁铸造
德清县建旺塑料厂	夏东村李家坝	塑料制品生产
浙江辰鸿纺织品科技有限公司	杭海路 585 号	纺织品生产技术研发
德清万盛纺织品涂层有限公司	木桥头村北横港	纺织品涂层加工
德清县亚盛纺织有限公司	油车西街 258 号	化纤布织造
湖州亚新包装有限公司	振兴路	纸板容器制造
湖州创宇家纺有限公司	高桥村坝南	丝绵被加工
浙江浩盛纺织有限公司	禹越滨江路 99 号	窗帘制造

续表 6-1-11

企业名称	企业地址	主要产品
湖州吉尔圣纺织品有限公司	禹越杭海路	窗帘、沙发布等
德清县荣顺塑料厂	高桥村石桥头 46 号	塑料零配件制造
德清县海诚服装辅料有限公司	高桥村南丰边	织带生产
德清海豚制衣有限公司	海豚制衣	服装生产
湖州雅丝特布艺有限公司	高桥集镇	纺织布植绒加工
德清县申华塑料厂	东港村曙光路	塑料软管生产
湖州品格纺织科技有限公司	曙光路 88 号	纺织品、丝织品
德清海鑫金属制品有限公司	木桥头村范家坝	铁钉、金属拉丝及塑料制品
德清县徐家庄浙杭丝绒厂	工业集中区	绒布生产
德清县吕达塑料编织厂	栖湖村吕家里组	塑料编织
德清县剑飞塑料厂	剑飞塑料	pvc 塑料粒子
德清县双良塑料制品厂	双良塑料厂	塑料管生产
德清县高桥双飞织带厂	高桥村	线带制造
德清博翔服饰有限公司	栖湖村元家兜组	服装生产、加工
德清县凌鹰电器有限公司	曙光路	家具用金属配件制造
川田卫生用品（浙江）有限公司	镇西南路 188 号	卫生巾、护垫
浙江鸿跃机械有限公司	西港村星河路 508 号	汽车车身车壳制造
德清县斯卡福服饰有限公司	油车西街 366 号	围巾生产、加工
德清诚宏纺织品有限公司	钱塘村	丝绒生产
浙江双林机电科技有限公司	西南路 111 号	塑料机械成套设备生产
德清旺益纺织品有限公司	杨家坝村委	纺织品生产
德清三丰服饰有限公司	三丰服饰	机织服装制造
德清县华高金属丝有限公司	工业园区	铁丝生产
浙江品至家具有限公司	镇西路	家具制造
浙江汇隆合纤科技有限公司	杭海路 88 号	有色涤纶长丝制造
浙江理想阀门制造有限公司	杭海路 669 号	阀门制造
德清晨丰电气有限公司	三林村南村	微电机制造
德清华方电光源有限公司	华方电光源	电源制造

续表 6-1-11

企业名称	企业地址	主要产品
德清伊诺纺织品有限公司	吉祥鸟服饰内	纺织品生产
浙江丽源数码科技有限公司	西港村振兴西路 699 号	冷裱膜生产、喷涂耗材、广告布展器材
德清康盛包装有限公司	圣堂村	纸箱生产加工
德清曹氏金属制品有限公司	四通桥	黑铁丝制造
德清县大同金属制品有限公司	杨家坝村委	锅炉及辅助设备制造
浙江莱克诗瑞丰润服饰有限公司	夏东村	围巾制造
德清朗格纺织品有限公司	朗格	床上用品制造
德清格林菲尔纺织品有限公司	格林菲尔	纺织品制造
德清县隆泰密封材料有限公司	曙光路申华塑料厂	密封玻璃胶
德清合力建材有限公司	天皇殿	混凝土砌块及板材生产
德清盛瑞复合材料有限公司	四通桥	氧化镁、氧化镁复合材料
德清县富隆塑料有限公司	横塘路	塑料玻璃门
湖州铭灏机械有限公司	杭海路 186 号	机械制造
浙江新世联金属有限公司	夏家村	冷、热扎钢管
德清理想包装材料有限公司	理想包装	包装装潢纸板制造
德清县海皇食品厂	高桥村南浜组	肉制品手工加工
德清益邦电器有限公司	夏东村桥北	冰凝器
德清欧雅特饰品有限公司	工业园区	水晶饰品加工
德清县奇新机械有限公司	曙光路申华塑料厂	普通机械设（联合机片）制造
德清县博华服装辅料有限公司	商益街 66 号	聚乙烯包装袋制造
湖州聚春实业有限公司	振兴路	铁丝生产
浙江杭摩欧亿汽车零部件有限公司	东港村	汽车刹车片
浙江德清法丝特服饰有限公司	横塘路 139 号	围巾加工
德清强顺包装厂	杨家坝村	纸和纸板容器制造
德清雅贤装饰材料有限公司	杨家坝村委	装饰材料
德清博涵五金有限公司	博涵五金	五金加工
德清县振杭纺织品有限公司	韩家桥	丝绒生产

续表 6-1-11

企业名称	企业地址	主要产品
德清县广纳无纺布有限公司	钱塘村老丝厂	无纺布制造
德清正源化纤有限公司	正源化纤	控变丝生产
德清县旺盛丝绒有限公司	横塘路	纺织品生产
德清县立航塑业有限公司	栖湖村赵家埭组	玻璃门生产
湖州东日环保科技有限公司	东日科技	环保机械设备制造
浙江杰林电器有限公司	杰林电器	冷藏箱生产
德清县新立包装有限公司	夏东村李家坝组	纸箱生产
德清宝丰冷冻冷藏有限公司	西港村村委	冰块制造
德清永有金属制品有限公司	集镇北老区	金属制品（工业座椅）制造
德清县港东纺织品涂层有限公司	港东铁丝	纺织品涂层制造
德清天睿箱包有限公司	横塘路 103 号	箱包制造
德清德信纸业有限公司	高桥村范介里	餐巾纸制造
德清坝里污水处理有限公司	振兴路 66 号	电力、热力、燃气及水生产和供应业污水处理及其再生利用
德清县中奥塑料制品有限公司	杨家坝村委	塑料制品生产
德清县禹越金荣五金制品厂	高桥村湾里东	生铁铸造制造
德清康溢包装有限公司	栖湖村吕家里组	摩擦片
德清县三星玻璃有限公司	杭海路 555 号	彩晶玻璃门生产
浙江立固色源科技有限公司	立固色源科技有限公司	原料制造
浙江拓邦液压科技有限公司	西港村	叉车用中压油缸、挖掘机用中高压油缸的研发
德清亿隆纺织科技有限公司	振兴路 66 号	其他纺织品制造（加涂层）
浙江钰淏卫浴科技有限公司	西港村	淋浴房和浴缸/盆制造
德清茂盛塑业有限公司	东港村	塑料制品加工
德清县禹越镇采桑女家纺厂	徐家坝组	丝绵被加工
德清县明宏针织有限公司	徐石桥组	针织品加工
德清悦帆带业有限公司	米世	织带加工
德清县兴超丝织有限公司	新兴街 3 号	化纤布加工

续表 6-1-11

企业名称	企业地址	主要产品
德清县禹越镇强力塑料制品厂	杨家坝村	塑料制品制造
德清县望辰织带厂	石桥头 29 号	织带加工
德清县禹越镇盛昌针织厂	西港村	羊毛衫加工
德清县骏马纸箱厂	朝阳路 28 号	纸箱加工
德清志远纸制品有限公司	振兴西路 699 号	纸管制造
德清鑫成纺织品有限公司	东白马 66 号	纺织品生产
德清县宏泰塑料制品厂	木桥头村	塑料制品生产
德清同佳纺织品有限公司	工业园区	纺织品生产
德清蓝升环保科技有限公司	振兴东路 436 号	环保设备研发
德清敏洁服饰有限公司	姚介浜组 88 号	围巾加工
德清沸泰慕丝绒有限公司	东港路	化纤面料生产
德清鼎元制冷设备配件有限公司	杨家坝四通桥	冷凝器、五金制品制造
德清艾默纺织有限公司	高桥村	纺织品加工
浙江德清昇达金属制品有限公司	镇西南路 111 号	铝箔生产
湖州千思丝绵科技有限公司	西港村	桑蚕丝生产
德清县敏红服装辅料有限公司	高桥村	纱线加工
德清宏强生物科技有限公司	西港村	生物质颗粒的技术研发
德清莘远日用品有限公司	欣业路 153 号 3 幢	日用品制造
德清县装盛包装有限公司	鱼家庄	纸箱加工
德清奥艺菲纺织有限公司	商益街	服装面料加工
德清县南丰丝织有限公司	米世村南丰边	涤纶纺织品制造
浙江元正布艺有限公司	滨江路 99 号	化纤布织造
德清县顺龙织带有限公司	钱塘湾	织带加工
浙江越千树数码科技有限公司	振兴西路 699 号	广告模生产
德清县铭旺冰箱配件有限公司	西港村	冰箱塑料配件加工
德清宏和织带有限公司	上塘圩	织带加工
德清佳鸿塑业有限公司	杨家坝村	玻璃门制造
德清县根法纺织品有限公司	天皇殿村东面	丝绵被手工加工

续表 6-1-11

企业名称	企业地址	主要产品
德清袓鑫家纺有限公司	天皇殿村北苏林	丝绵加工
德清华烨纺织品有限公司	西港村工业集中区	纺织品研发、销售
德清县亿玛零部件有限公司	西南路 188 号	汽车配件加工
德清县丰诚塑料制品有限公司	凌家兜组	家具塑料配件
德清县昌顺丝绸有限公司	夏家村	丝织品制造
德清惠澜纺织品有限公司	欣业路 153 号	纺织品制造
德清圣艾依壁布有限公司	工业集中区	壁布制造
德清正飞拉链有限公司	振兴路	拉链生产
德清县越绒纺织品有限公司	集镇育才路 73 号	纤维面料加工
德清县富拓电力设备有限公司	四通桥 1 号	电力配件加工
德清县长荣塑业有限公司	栖湖村	中空玻璃门制造
德清县红升包装有限公司	木桥头村	纸箱加工
德清泰龙食品有限公司	朝阳路 3 号	冰激凌食品加工
德清普洛旺斯箱包有限公司	横塘路 103 号	箱包制造
德清县佳晨纺织有限公司	佳晨纺织	纺织品制造
德清县力搏塑业有限公司	力博塑业	塑料制品制造
德清华文达纺织有限公司	振兴路	化纤布制造
德清兴源五金有限公司	木桥头	五金制造
德清县禹越镇余烨丝织厂	木桥头村坟头湾	丝织品加工
德清县创辉包装有限公司	钱塘村老丝厂	纸箱生产
浙江杭兴锅炉有限公司	西港村	锅炉制造
德清县禹越镇飞浩五金制品厂	郑峰塑料厂	五金配件塑料制品制造
浙江桐江阀门科技有限公司	西港村	阀门制造
德清超磊服装有限公司	超磊服饰	服饰制造加工
德清县禹越镇双鑫塑料制品厂	栖湖村塔郎湾组	塑料制品加工
德清县宏发塑胶厂	栖湖村吕家里组	色粉制造
德清博友塑料制品有限公司	夏东村桥北	塑料制品生产
德清铃丽绣花有限公司	高桥集镇中塔北路	绣花面料生产

续表 6-1-11

企业名称	企业地址	主要产品
德清杭海冷藏有限公司	杭海冷藏	冷冻加工
德清琪程纸业有限公司	夏东村	纸管制造

第二章　体　制

民国期间，镇境作坊分独资与股份制两种。镇境解放初，对私营手工业实行“利用、限制、改造”政策，此后至1982年，高桥、禹越两地手工业综合社撤销。镇境向无国有企业。集体企业主要有乡（公社）镇办企业、村（队）办企业和二轻企业。

第一节　乡镇集体

镇境公社（乡镇）集体企业，盛行于1983年后，1996年起全部转为私营企业。乡镇集体企业由政府兴建，职工多为本乡农民。报酬有计时制、计日制、计件制、按月等多种形式。1983年前，工人工资中70%—80%返还所在生产队，按同等劳动力记工分后再参与生产队分配。

乡镇集体企业1996年转制前，禹越乡有华顺公司、塑料厂、轮窑、造纸厂、蚕宝集团、丝厂、绸厂、服装厂、蔬菜厂等9家，生产铁丝、注塑品、95#红砖、机制纸、茧丝、白厂丝、丝织品、服装、腌制菜等产品，年产值11359万元。

油车乡有砖瓦厂（2家）、丝厂（2家）、绸厂（2家）、造纸厂、制药厂、农具厂、手套厂等10家，生产95#红砖、白厂丝、针织品、丝织品、机制纸、药品、铸铁件和手套，年产值12038万元。

第二节　村办集体

镇境大队（村办）集体企业起源发展与乡镇企业同。据 1981 年统计，禹越公社有碾米厂 10 家，年加工大米 6.92 万担。砖瓦厂 3 家，年产红砖 182.2 万块，平瓦 130 万张。全年工业总产值 51.6 万元。

高桥乡 1987 年统计，共有村办企业 22 家（其中天皇殿 5，湖墩 4，东溪、米世各 3，夏家、茅林、油车各 2，三来 1），生产塑料制品、化纤、保温材料、白厂丝、丝织品、织带、服装、铁铸件、砖瓦、水泥制品、棒冰等产品，年产值 607.6 万元（其中天皇殿 107.7，湖墩 326.0，东溪 39.2，米世 62.0，夏家 6.7，茅林 11.5，油车 38.4，三来 16.1）。

第三节　二轻企业

镇境二轻企业主要在徐家庄集镇，系由原手工业作坊发展而成，高桥公社境内手工业者原由手工业联社管理，1982 年划归二轻系统，挂靠徐家庄管理。初期仅为 19 人（铁木竹 8 人，鞋服 7 人、水作 4 人）。二轻企业以生产农具为主，兼业生活服务。分设铁器、木器、竹器、服装、水作等部门和灯泡、弹簧等车间。1980 年后因弹簧车间行情看好，改称弹簧厂，产品有沙发、枕头、雨伞、电扇网罩等，最多时有职工 300 多人。1985 年，又改称铝制品厂，生产压力锅为主。其间，还辅产电热油灯、笔芯、摩托车等。1997 年，境内二轻企业转制解体。

第四节　个私、联营

镇境私营企业始于 1936 年，解放后，加入手工业综合社。1982 年，手工业综合社撤销，回归个体经营。1996 年后，形成集体、联营、私营、中外合资等多种经营方式。2001 年后，镇境企业皆为私营。

高桥镇乡镇企业转制情况

表 6-2-1　　单位：万元

企业	转制时间	转制方式	总资产	转让价
砖瓦一厂	1997 年	—	270.55	66
砖瓦二厂	1997 年	—	363.3	98
高桥丝厂	1997 年	—	—	156
新丰丝厂	1998 年	—	—	70
高桥绸厂	1997 年	内部转让	1266	1266
新丰织造厂	1998 年	内部转让	4947.19	4947.19
新丰针织厂	1996 年	—	276	188
浙北制药厂	1999 年	拍卖	—	—
机械铸造厂	1996 年	—	122.32	—
新丰造纸厂	1998 年	零资产转让	—	—

禹越镇乡镇企业转制情况

表 6-2-2　　单位：万元

企业	转制时间	转制方式	总资产	转让价
蔬菜厂	1996 年	存量资产转让	—	52
塑料厂	1996 年	—	—	不明
天昌绸厂	1996 年	存量资产转让	—	95
服装厂	1996 年	—	—	不明
轮窑	1997 年	—	—	不明
丝厂	1997 年	存量资产转让	—	345
建材厂	1997 年	存量资产转让	—	58
造纸厂	1998 年	—	—	不明
蚕宝集团	—	—	4072	不明

第五节　外资、合资

国外资金进入境内与国内企业合资，称为中外合资企业；国外投资者在中国境内设立 企业为外资企业。镇境引进外资企业最早为2003年11月设立的浙江胜辉服饰有限公司，投资700万美元，主要经营范围为服装、服饰、皮革制品、鞋、服装辅料生产和销售，水洗加工。镇境最早的中外合资企业为浙江荣新家用纺织品制造有限公司，成立于2003年10月，投资121万美元，主要生产销售纺织品（除毛纺、棉纺）、服装、沙发、防火涂层布。至2014年年底，镇境外资工业企业和中外合资工业企业共12家（附表）。

禹越镇外资及台港澳资工业企业登记情况

表6-2-3　　　　单位：万美元

企业名称	法人代表	成立日期	注册资本	企业性质	经营范围
浙江荣新家用纺织品制造有限公司	傅浙强	2003.10	121	台港澳与内地合资	生产销售纺织品（除毛纺、棉纺）、服装、沙发、防火涂层布
浙江胜辉服饰有限公司	徐双喜	2003.11	700	台港澳法人独资	生产销售服装、服饰、皮革制品、鞋、服装辅料，水洗加工
德清鑫德机械有限公司	王承存	2004.4	110	台港澳与内地合资	生产销售工程机械、钢构件
德清佳铱铁丝有限公司	叶桂珍	2004.4	110	台港澳与内地合资	铁丝、文教用钉的技术开发
利欧玛家纺（湖州）有限公司	JOSE DE LA CRUZ RIOS MARQUEZ	2004.11	120	外国法人独资	生产销售家纺产品，进出口业务
浙江浩盛纺织有限公司	安东尼.卡迪亚迪.阿曼达	2004.12	90	外国法人独资	生产销售装饰布、服装、布制工艺品、家居纺织品
湖州港东铁丝有限公司	沈美华	2005.5	18	台港澳与内地合资	生产销售铁丝

续表 6-2-3

企业名称	法人代表	成立日期	注册资本	企业性质	经营范围
湖州祥隆金属丝有限公司	徐林祥	2005.7	28	台港澳与内地合资	生产销售铁丝、热镀锌钢材
湖州新唐人服饰有限公司	沈寿华	2006.6	500	中外合资	生产销售服装及面辅料
川田卫生用品（浙江）有限公司	周平	2010.1	500	台港澳与内地合资	生产销售卫生用品（卫生巾、卫生护垫、尿布、尿裤）
浙江鸿跃机械有限公司	柴月华	2010.12	1200	台港澳与内地合资	生产销售数控机床、汽车零部件、家用电器配件、金属制品、五金配件、塑料制品
德清圣艾依壁布有限公司	熊自量	2014.6	2000	台港澳合资	生产销售壁布、高档家纺产品及服装面料的研发、设计

第六节　规模企业

镇境规模企业是指规模以上的工业企业，依据德清县统计年鉴为准。

2007 年之前，年工业产值达到 500 万元及以上的为规模企业。2011 年之后，年工业产值达到 2000 万元及以上的为规模企业。截至 2014 年，全镇各类工业企业 47 家，职工 5727 人，总资产 223635 万元，全年工业总产值 430163 万元，实现税利 25193 万元。

2014 年禹越镇规模以上工业企业一览表

表 6-2-4

企业名称	单位地址	主要产品
浙江德清高远塑料薄膜有限公司	新安镇孙家桥村	塑料薄膜制造
浙江新世联金属有限公司	夏家村	冷、热扎钢管
浙江浩盛纺织有限公司	禹越滨江路 99 号	窗帘制造

续表 6-2-4

企业名称	单位地址	主要产品
浙江智钢化工机械有限公司	夏家村中塔南路 213 号	化工设备制造
德清县佳裕绸业有限公司	杭海路 188 号	丝织品制造
湖州品格纺织科技有限公司	曙光路 88 号	纺织品、丝织品
湖州伊莱纺织有限公司	东港村	纺织品加工制造
浙江德清昇达金属制品有限公司	镇西南路 111 号	铝箔生产
湖州聚春实业有限公司	振兴路	铁丝
德清普洛旺斯箱包有限公司	横塘路 103 号	箱包制造
德清金旺制丝有限公司	商益街 2 号	白厂丝制造
德清县三星玻璃有限公司	杭海路 555 号	彩晶玻璃门生产
浙江双林机电科技有限公司	西南路 111 号	塑料机械成套设备生产
德清县申华塑料厂	东港村曙光路	塑料软管生产
浙江五味和食品有限公司	杭海路 666 号	酱油酿造
浙江辰鸿纺织品科技有限公司	杭海路	纺织品生产技术研发
德清丝美线业有限公司	杭海路 518 号	人造绣花线
川田卫生用品（浙江）有限公司	镇西南路 188 号	卫生巾、护垫
德清县东港纸业有限公司	东港村振兴路 136 号	机制纸生产
浙江三星新材股份有限公司	东港村	PVC 塑料粒子生产
德清县步金制衣有限公司	东港村振兴路	纺织服装制造
德清中欣搪瓷制品有限公司	东港村振兴路 237 号	搪瓷制品生产
浙江胜辉服饰有限公司	杭海路 398	女式休闲服装生产
德清县天创五金制品有限公司	滨江路	五金制品加工
德清县舒欣被服有限公司	东港村曙光路	蚕丝被生产
浙江汇隆新材料股份有限公司	东港村杭海路 88 号	涤纶纤维生产
德清县翔鹰金属制品有限公司	东港村曙光路 83 号	金属家具制造
浙江西溪玻璃有限公司	东港村杭海路 505 号	中空玻璃等生产
湖州天元宠物用品有限公司	杭海路 183 号	纺织品生产
湖州吉尔圣纺织品有限公司	禹越杭海路	窗帘、沙发布等
湖州祥隆金属丝有限公司	振兴路	镀锌铁丝生产

续表 6-2-4

企业名称	单位地址	主要产品
湖州亚新包装有限公司	振兴路	纸板容器制造
湖州天鹏纱线有限公司	东港村杭海路 283 号	纱线生产
德清县徐家庄浙杭丝绒厂	工业集中区	绒布生产
浙江元正布艺有限公司	滨江路 99 号	化纤布织造
德清海鑫金属制品有限公司	木桥头范家坝	铁钉、金属拉丝及塑料制品
德清县农垦绢纺有限责任公司	道场	绢纺和丝织加工
湖州基达金属制品有限公司	四通桥街	气保焊丝生产
德清和顺拉链有限公司	钱塘村	拉链生产
德清合力建材有限公司	天皇殿	混凝土砌块及板材生产
德清荣丰精密铸造有限公司	天皇殿村	铸钢件制造
德清县高桥绢纺厂	夏家村	绢绸丝生产
浙江莱克诗瑞丰润服饰有限公司	夏东村	围巾制造
德清县同丰纺织品有限公司	高桥集镇	绢纺丝织造加工
德清县金丝源纺织品有限公司	夏东村	丝织物织造加工
荣新家用纺织品制造有限公司	高桥工业区	棉纺织的生产
德清县亚盛纺织有限公司	油车西街 258 号	化纤布织造
湖州鑫迪箱包有限公司	高桥集镇新兴街	箱包生产
浙江日丰纸业有限公司	高桥集镇鑫丰路	机制纸生产
湖州千思家用纺织品有限公司	高桥集镇	蚕丝被生产
湖州杭宏金属制品有限公司	高桥工业区	铸钢件加工
湖州新唐人服饰有限公司	高桥集镇	棉化纤针织品制造

第三章　门　类

至2013年，全镇工业企业拥有纺织、服装、塑料化工、金属制品四大龙头行业。其中纺织行业，包括丝绸、纺织、织带，有企业667家，从业人数2985人，年产值204560万元，税利15076万元。服装行业企业114家，从业人数3005人，年产值88958万元，税利7078万元。塑料化工企业34家，从业人数1403人，年产值70122万元，税利9696万元。金属制品企业41家，从业人数1392人，年产值49724万元，税利6858万元。其他造纸纸制品、食品、玻璃、建材、家具、电子等行业企业186家，从业人数2101人，年产值36590万元，税利9385万元。

第一节　缫丝业

镇境农家自古栽桑养蚕，土法缫丝，每天可缫三十两左右。土丝有头蚕丝、二蚕丝之分，有粗丝、细丝之别。民国时期，境内土丝除自行织绸外，大多出售给新市、临平丝商，再转至上海洋庄，民国16年。湖州达昌绸厂在大麻海卸村创办苕溪丝厂，使用意大利和日本缫丝车，当时境内为丝厂提供茧子，而土法缫丝，1957年前仍时有所见。

机械缫丝始于1980年，东溪大队从杭州新华丝厂引进2组缫丝车，次年生产白厂丝。1982年转为公社办企业。此后，缫丝厂竞起，至1994年发展到16家。以禹越丝厂缫车72台规模最大，东溪丝厂缫车42台次之。此外，米世村村民于1993年在湖北英山县创办英山丝厂，开缫丝外拓之先河。

禹越镇缫丝厂发展情况

表 6-3-1

厂名	创办时间	地址	创办单位
东溪丝厂	1981 年	东溪村	东溪村
高桥丝厂	1982 年	米世村	高桥公社
油车丝厂	1983 年	油车村	油车村
新丰丝厂	1985 年	高桥集镇	油车乡
茅林丝厂	1985 年	茅林村	茅林村
湖墩丝厂	1985 年	湖墩村	湖墩村
三来丝厂	1985 年	三来村	三来村
天皇殿丝厂	1985 年	天皇殿村	天皇殿村
供销社丝厂	1985 年	高桥集镇	高桥供销社
夏家丝厂	1985 年	夏家村	夏家村
禹越丝厂	1986 年	徐家庄塔耳兜	禹越乡
钱塘丝厂	1986 年	钱塘村	钱塘村
杨家坝丝厂	1993 年	杨家坝村	杨家坝村
九里港丝厂	1993 年	九里港村	九里港村
德清金旺制丝有限公司	1993 年	禹越镇商益街	金晋源
德清县油车制丝有限公司	1998 年	禹越镇米世村	徐士良

第二节　纺织业

纺纱织布为传统农家手工业，民国期间，境民衣料多为自织。

最早使用机动纺织为水产大队针织厂，建于 1976 年，生产袜子。1978 年以 6 台织机起家的高桥公社绸厂次之。继而村办绸厂兴起，私营丝织相继。主要集体企业有高桥绸厂（高桥丝织总厂）等 41 家，以天昌绸厂年产值 3500 万最大。

2001 年后，私营纺织业一统天下，至 2014 年，镇境个体纺织业计 114 家。产品包括丝织被面、丝织品、绸缎、纺织品、织带等。

禹越镇集体丝织厂发展情况

表 6-3-2

厂　名	创办时间	地　址	产　品
高桥绸厂	1978 年	高桥集镇	绸缎、被面
禹越绸厂	1979 年	禹越集镇	绸缎、被面
湖墩锦纶针织厂	1980 年	湖墩	化纤加捻 针织品
徐家庄针织厂	1980 年	徐家庄	纱手套
石屑兜大队玻璃纤维编织厂	1983 年	石屑兜	玻璃纤维织品
杨家坝玻璃纤维编织综合厂	1983 年	杨家坝	玻璃纤维织品
栖丰桥大队玻璃丝厂	1983 年	栖丰桥	玻璃纤维织品
北圩大队玻璃纤维制品厂	1983 年	北圩	玻璃纤维织品
坝里大队蔴类综合加工厂	1983 年	坝里	蔴类加工
禹越玻璃纤维制品厂	1984 年	禹越集镇	玻璃纤维织品
油车织带厂	1984 年	米世村	松紧带
高桥织锦厂	1984 年	高桥集镇	织锦绸
夏家针织厂	1984 年	夏家村	针织腈纶衫
三来丝织厂	1984 年	三来村	丝织品
油车丝织厂	1984 年	天皇殿村	丝织品
油车第二绸厂	1984 年	茅林村	被面等
禹越织造厂	1984 年	禹越集镇	麻袋、玻璃纤维织品
禹越纺织器材厂	1985 年	杨家坝村	纺织器材
油车天皇殿织带厂	1985 年	村办企业	各类织带
禹越中学丝织厂	1985 年	禹越集镇	被面羽纱
禹越福利厂	1985 年	禹越集镇	丝绸
禹越丝织厂	1985 年	坝里村	丝织品
春光绸厂	1985 年	水产村	被面等
栖丰玻璃拉丝厂	1985 年	栖丰桥村	玻璃纤维织品
北圩丝织厂	1985 年	北圩村	绸缎、被面
油车化纤纺织厂	1985 年	东溪村	尼龙纺

续表 6-3-2

厂　名	创办时间	地　址	产　品
油车丝绸印花厂	1986 年	茅林村	印花被面
高桥印花厂	1986 年	油车村	印花被面
坝里绸厂	1986 年	坝里村	被面、丝织品
禹越东南丝织厂	1986 年	禹越集镇	被面、丝织品
禹越色织厂	1986 年	禹越集镇	被面
栖丰丝织厂	1986 年	栖丰桥	被面
华美针织厂	1992 年	禹越集镇	真丝针织品
德清县脱胶纤维厂	1992 年	道场村	绢纺精干品
徐家庄织带厂	1992 年	栖丰村	松紧带
徐家庄第二丝绸厂	1992 年	劳武企业	丝织品
德清昌达炼染厂	1993 年	禹越集镇	丝绸炼白
坝里箱包布厂	1993 年	坝里村	纺织品
徐家庄制绵厂	1993 年	道场村	绢纺原料
禹越天昌绸厂	1994 年	禹越集镇	丝织品
石屑兜箱包布厂	1995 年	石屑兜村	箱包布

禹越镇私营丝织企业情况调查

表 6-3-3

厂　名	创办时间	产　品	地　址
东溪玻纤织布厂	1984 年	玻纤布	—
禹越织造厂	1984 年	玻璃纤维编织品	杨家坝大队
三来化纤织布厂	1984 年	羽纱、化纤布	—
三来工艺美术印花厂	1984 年	被面印花	—
联办玻纤织布厂	1984 年	玻纤编织品	—
栖丰桥针织厂	1984 年	锦纶手套	—
振兴联办绸厂	1985 年	被面、纺织品	九里港村
米世花本厂	1986 年	绸厂花本	—

续表 6-3-3

厂　名	创办时间	产　品	地　址
钱塘联办织锦厂	1986 年	被面	—
坝里针纺织造厂	1986 年	被面	—
米世红桥绸厂	1987 年	真丝被面	禹越米四石桥头
德清县徐家庄针织厂	1992 年	针织品	石屑兜村
徐盛实业公司	1993 年	织带、针织品	—
德清县高桥三鑫织带厂	1995 年	纺织带和帘子布制造	禹越米四石桥头
德清县高桥昌盛棉织厂	1996 年	织带	禹越镇米世村
德清县良达丝织有限公司	1998 年	纺织制成品制造	禹越镇米世村
自立绢纺原料加工厂	1999 年	绢纺和丝织加工	禹越镇杨家坝村
德清县徐家庄鑫达绢纺原料厂	1999 年	绢纺原料	禹越镇木桥头村
方泰绢纺有限公司	2000 年	绢纺原料	禹越镇茅林村
德清禹越镇兴达绢纺原料经营部	2000 年	丝绢纺织及印染精加工	禹越镇茅林村
振利达绢纺有限公司	2001 年	棉球、落绵	禹越镇天皇殿村
德清县禹越镇振德衬子加工厂	2001 年	浆丝加工	禹越镇东港村
德清县同丰纺织品有限公司	2001 年	纺织制成品制造	禹越镇高桥集镇
德清县徐家庄镇洪腾制线厂	2002 年	绢纺和丝织加工	禹越镇东港路
德清县徐家庄镇洪腾制线厂	2002 年	缝纫用线	禹越镇市场街 1 号
浙江荣新家用纺织品制造有限公司	2003 年	纺织品	禹越镇欣业路 118 号
湖州彩织布业有限公司	2003 年	纺织品制造	禹越镇振兴路
浙江浩盛纺织有限公司	2004 年	生产装饰布、服装、布制工艺品	禹越镇滨江路 99 号
德清县禹越镇正永丝织厂	2004 年	丝织品加工	禹越镇东溪村
利欧玛家纺（湖州）有限公司	2004 年	纺织制成品制造	禹越镇杭海路
德清县国盛纺织品涂层有限公司	2004 年	多功能遮光布、窗帘布	禹越镇横塘路
德清县禹越镇丽之锦丝织厂	2005 年	丝织品加工	天皇殿村东侧
德清县恒通纺织有限公司	2005 年	纺织品制造	禹越镇工业集中区

续表 6-3-3

厂　名	创办时间	产　品	地　址
德清县禹越镇震宇丝线厂	2005 年	绢纺和丝织加工	天皇殿村东侧
德清县天兴绢纺有限公司	2005 年	桑蚕丝落绵、桑蚕绵球、桑蚕丝绵、绢丝生产	禹越镇高桥
德清县禹越镇力伟丝织厂	2005 年	绢纺和丝织加工	德清县禹越镇天皇殿村东侧
德清锦业织带厂	2005 年	织带制造	高桥集镇
德清县茂源莱丝织有限公司	2005 年	丝织品织造	天皇殿村
德清县天美丝绸有限公司	2005 年	丝织品加工	禹越镇育才路
德清县禹越镇金龙织带厂	2005 年	纺织带和帘子布制造	禹越镇钱塘村水磨墩 10 号
浙江雅丝特围巾有限公司	2005 年	围巾、面料及其他纺织品生产	禹越镇欣兴路 58 号
德清顺宝纺织品有限公司	2006 年	针纺织品、纺织纤维	禹越镇工业区
德清县鹤山针织饰品有限公司	2006 年	针织花边生产	钱塘村打子里村
德清县艾贝欧织带厂	2006 年	织带和帘子布制造	德清县禹越镇三来村
湖州天鹏纱线有限公司	2006 年	纱线生产	禹越镇杭海路
德清县金氏织带有限公司	2006 年	织带制造	钱塘村水磨墩
德清县宏铭纺织品有限公司	2006 年	棉纺纱加工	禹越镇茅林村
湖州凯迪雅纺织品有限公司	2006 年	家用纺织制成品制造	禹越镇工业集中区
德清润盈纺织品有限公司	2007 年	纺织品、针织品	德清县禹越镇振兴路 8 号
德清县油车星火绸厂	2007 年	化纤布	禹越镇油车村小福桥
坤松织造厂	2007 年	装饰布加工	栖湖村洋北
新新织造厂	2007 年	装饰布加工	禹越镇集镇东街 128 号
华继织造厂	2007 年	围巾加工	夏东村渔介庄
德清禹越镇佳联制线厂	2007 年	纱线加工	栖丰村和会角

续表 6-3-3

厂　名	创办时间	产　品	地　址
德清昊纳丝线有限公司	2007 年	捻丝线加工	禹越镇天皇殿村
德清禹越镇瑞帛家纺厂	2007 年	装饰布加工	禹越镇天皇殿村
德清金飞织带有限公司	2007 年	纺织带和帘子布制造	禹越镇东溪村
德清米世织带厂	2007 年	纺织带制造	禹越镇米世村
湖州君紫兰纺织品有限公司	2007 年	棉纺纱加工	禹越镇油车村
德清玉龙线带有限公司	2008 年	纺织带和帘子布制造	禹越镇米世村
德清县禹越镇金博床上用品厂	2008 年	家用纺织制成品制造	禹越镇茅林村钟塔
玉明织带厂	2008 年	纺织带和帘子布制造	米世村石桥头组
银魁织造厂	2008 年	丝织品织造	杨家坝村河南
德清县禹越镇振辉丝织厂	2009 年	丝织品织造	禹越镇栖丰村
德清县禹越镇明格丝织厂	2009 年	丝织品织造	禹越镇夏家村东王组
德清县禹越镇金越织造厂	2009 年	绢纺和丝织加工	三来村圣堂村
德清县禹越镇新越丝织厂	2009 年	丝织品织造	夏家村苏庄桥组
林祥浆丝加工厂	2009 年	浆丝加工	米世村丰边
校平织造厂	2009 年	丝织品织造	三来村史介斗
玉香织带厂	2009 年	纺织带制造	米世村牌头
茂松织造厂	2009 年	丝织品织造	夏家村渔家庄
惠高织带厂	2009 年	纺织带制造	禹越镇钱塘村
德清县禹越镇佳祥制线厂	2010 年	拼线加工	栖丰村和会角
德清永久织带有限公司	2010 年	纺织带和帘子布制造	禹越镇米世村
德清正源化纤有限公司	2010 年	空变丝生产	禹越镇西港村
湖州品格纺织科技有限公司	2010 年	纺织装饰布	禹越镇曙光路 88 号
德清县博华服装辅料有限公司	2010 年	家用纺织制成品制造	徐家庄集镇
德清铃丽绣花有限公司	2010 年	绣花面料生产	高桥中塔北路 88 号

续表 6-3-3

厂　名	创办时间	产　品	地　址
德清华文达纺织有限公司	2010 年	棉纺纱加工	禹越镇工业园区
建刚织带厂	2010 年	织带加工	钱塘村姚家湾
继亮围巾加工厂	2010 年	围巾加工	禹越镇夏家村
建方织带厂	2011 年	织带加工	禹越镇夏家村
德清县禹越镇吕翔围巾厂	2011 年	围巾加工	禹越镇栖湖村湖墩
建华围巾加工厂	2011 年	围巾加工	三林村会郎
德清县禹越镇金忠丝织厂	2011 年	丝织品、化纤布加工	西港村兜门坝
永明围巾加工厂	2011 年	围巾加工	三林村草桥
国权丝织厂	2011 年	丝织品加工	夏东村白马里
德清县禹越镇嘉顺围巾厂	2011 年	围巾加工	禹越镇高桥中塔北路
德清县禹越镇镏丰丝织厂	2011 年	丝织品加工	天皇殿村三房里
德清县禹越镇烨琛家纺厂	2011 年	家用纺织制成品制造	栖湖村吴家里
德清县禹越镇诗琪围巾厂	2011 年	围巾加工	湖墩村湖墩 35 号
柏平围巾加工厂	2011 年	围巾加工	三林村草桥
洪兴围巾加工厂	2011 年	围巾加工	东港村邓家坝组
德清诚宏纺织品有限公司	2011 年	纺织品生产	禹越镇钱塘村
德清县斯卡福服饰有限公司	2011 年	围巾、纺织品	禹越镇三林村
法坤纺织厂	2011 年	丝织品加工	三林村卞家里
德清县禹越镇玉娣丝织厂	2012 年	丝织品加工	禹越镇高桥油车街
德清格林菲尔纺织品有限公司	2012 年	纺织品生产	禹越镇西港村
德清县禹越镇福娣丝织厂	2012 年	纺织品生产	禹越镇钱塘村
法根纺织厂	2012 年	丝织品加工	高桥集镇劳动路
根泉围巾加工厂	2012 年	围巾加工	三林村草桥
德清县禹越镇鼎源床上用品厂	2013 年	纺织品生产	三林村圣堂村
德清县万梭纺织品有限公司	2013 年	纺织品	禹越镇夏东村
新祥纺织厂	2013 年	绕线加工	木桥头村朱家湾
金狗织造厂	2013 年	丝织品加工	三林村圣堂村

续表 6-3-3

厂 名	创办时间	产 品	地 址
林海织造厂	2013 年	化纤布加工	夏东村夏家桥
银华织造厂	2013 年	化纤布加工	夏东村上圹圩
德清县广纳无纺布有限公司	2013 年	无纺布制品生产	禹越镇钱塘村
德清亿隆纺织科技有限公司	2013 年	纺织品涂层生产	禹越镇振兴路 66 号
德清县禹越镇炳林织造厂	2013 年	棉织品、丝织品、围巾加工	钱塘村水磨墩
法荣织造厂	2013 年	化纤布、丝织品、棉织品加工	杨家坝村戚家湾
德清县禹越镇双柏丝织品厂	2013 年	绢纺和丝织加工	高桥油车街
鹤鸣织造厂	2013 年	丝织品加工	天皇殿村屠介浜
建明织造厂	2013 年	丝织品加工	三林村白龙潭

第三节 服装业

传统衣服或自家缝制，或请裁缝上门制作，1954 年组织手工业联社，油车桥、徐家庄、湖墩始有成衣铺。

1980 年禹越公社石屑兜大队开办服装厂，加工生产男女服装，开境内服装企业之先河。此后不断开办，最多时高桥 8 家，禹越 15 家。后随市场经济大潮淘洗，至 2014 年，全镇服装规模企业只剩 3 家。

自 1980 年至 2013 年，镇境先后开设服装业 57 家。

禹越镇服装企业发展情况

表 6-3-4

厂 名	创办时间	产 品	地 址
石屑兜服装厂	1980 年	服装制造	石屑兜大队
徐家庄大队针织厂	1980 年	服装制造	徐家庄大队
禹越内衣厂	1984 年	服装制造	杨家坝四通桥

续表 6-3-4

厂　名	创办时间	产　品	地　址
钱江服装厂	1984 年	服装制造	油车集镇
双喜领带厂	1984 年	服装制造	油车集镇
夏家针织厂	1984 年	服装制造	夏家村
油车时新服装厂	1984 年	服装制造	油车集镇
湖墩服装厂	1984 年	服装制造	湖墩村
油车第二服装厂	1984 年	服装制造	湖墩村
油车时乐服装厂	1984 年	服装制造	集镇
北塔服装厂	1985 年	服装制造	湖墩村
禹越服装加工厂	1985 年	服装制造	栖丰桥
丽华服装厂	1985 年	服装制造	徐家庄
真美服装厂	1985 年	服装制造	栖丰桥
时代服装厂	1985 年	各类服装制造	坝里
禹越服装总厂	1985 年	各类服装制造	集镇
禹越丝绸服装加工厂	1986 年	服装制造	集镇
徐家庄皮件制衣厂	1991 年	服装制造	坝里村
华美针织制衣厂	1992 年	服装制造	集镇
栖丰制衣厂	1993 年	服装制造	栖丰桥
江南丝绸服装厂	1993 年	服装制造	杨家坝
同惠服饰有限公司	1993 年	服装制造	徐家庄
中霸实业公司制衣厂	1994 年	各类服装制造	禹越集镇
华盛制衣实业公司	1994 年	各类服装制造	禹越集镇
湖州唐人博格服饰有限公司	1999 年	丝针织品制造，服装加工、制造	德清县禹越镇高桥鑫丰路 86 号
德清县徐家庄天恩针织制衣厂	2000 年	针织或钩针编织物织造	德清县禹越镇西港村
德清县步金制衣有限公司	2001 年	机织服装制造	德清县禹越镇工业区
德清县冠群丝绸服装有限公司	2002 年	机织服装制造	禹越镇工业园区
德清高景制衣厂	2002 年	机织服装制造	禹越镇集镇

续表 6-3-4

厂　名	创办时间	产　品	地　址
德清县金蓝服饰有限公司	2003 年	机织服装制造	禹越镇中塔南路 55 号
德清县禹越镇顺意服装厂	2003 年	服装缝纫加工	木桥头村陈家里
文祥手套加工站	2004 年	手套缝制加工	徐家庄市场街
申田针织加工厂	2004 年	羊毛衫加工	米世村凌介埭
德清县龙腾服饰有限责任公司	2005 年	机织服装制造	禹越镇高桥集镇
德清县禹越镇青兰服装加工厂	2005 年	机织服装制造	东溪村祥门埭
德清飞马针织厂	2005 年	针织服装	禹越镇杨家坝
湖州新唐人服饰有限公司	2006 年	机织服装制造	禹越镇高桥集镇
德清禹越镇宏鑫服装加工厂	2006 年	服装加工	禹越镇高桥集镇东街 118 号
德清博翔服饰有限公司	2007 年	服装生产	禹越镇栖丰村
德清县禹越镇富香涛制衣厂	2007 年	服装加工	禹越镇木桥头村北木桥
德清县禹越镇泽裕制衣厂	2007 年	服装加工	禹越镇木桥头村曹家笕
德清县禹越镇龙华制衣厂	2008 年	机织服装制造	禹越镇高桥集镇中塔路
德清县禹越镇根泉制衣厂	2009 年	服装加工	禹越镇中塔南路 18 号
德清县禹越镇可曼儿服饰厂	2009 年	机织服装制造	禹越镇湖墩村吕家里
德清县禹越镇德依服装厂	2009 年	服装加工	栖湖村北塔里
德清县新马针织厂	2009 年	针织服装加工	禹越镇杨家坝村
洪根服装加工厂	2009 年	服装缝制加工	禹越镇禹越街
德清县禹越镇华辰制衣厂	2009 年	服装缝制加工	禹越镇西港村荡郎组
德清县禹越镇杭丰绣品厂	2009 年	抽纱刺绣工艺品制造	高桥集镇镇中塔北路
如坤服装加工厂	2009 年	服装缝制加工	东港村丁家里
德清海豚制衣有限公司	2009 年	皮革服装制造	禹越镇横塘路

续表 6-3-4

厂　名	创办时间	产　品	地　址
德清县禹越镇如兴服装厂	2010 年	服装缝制加工	禹越镇育才路
德清三丰服饰有限公司	2011 年	服装缝制加工	禹越镇钱塘村
德清县禹越镇勤锋服装厂	2011 年	服装缝制加工	东港村丁家里 20 号
德清县禹越镇正飞服饰厂	2011 年	机织服装制造	东港村塔儿兜
德清县禹越镇鼎浩服装厂	2012 年	服装缝制加工	三林村庙西
德清县禹越镇祥发服装厂	2012 年	服装缝制加工	禹越镇高桥村张鱼湾

第四节　丝绵加工业

传统丝绵加工仅供农户自需，形成商品化始于 1978 年东溪大队综合厂。此后至 1994 年，镇境先后办起禹越公社丝绵加工厂（1980 年），东溪丝绵加工厂（1984 年），油车丝绵加工厂（1985 年）等集体企业 6 家。1998 年后，私营加工勃兴，自天皇殿村民创办云生丝绵加工厂起至 2012 年受舍村民创办丝情家纺厂止，镇境先后有个体企业 42 家。除加工丝绵外，生产蚕丝被、绵绸、棉织品及床上用品。

禹越镇丝绵加工企业发展情况

表 6-3-5

厂　名	创办时间	地　址	产　品
东溪大队综合厂	1978 年	东溪大队	丝绵加工等
禹越公社丝绵加工厂	1980 年		丝绵加工
东溪丝绵加工厂	1984 年	东溪村	丝绵加工
油车丝绵加工厂	1985 年	油车村	丝绵加工
禹越丝绵加工厂	1990 年	石屑兜村	丝绵加工
德清县丝绵被胎厂	1992 年	九里港村	丝绵加工

续表 6-3-5

厂　名	创办时间	地　址	产　品
蚕宝丝绵被胎厂	1994 年	九里港村	丝绵加工
德清县禹越镇云生丝绵加工厂	1998 年	禹越镇天皇殿村	丝绵加工
建良丝绵加工厂	2000 年	天皇殿村屠家浜	丝绵加工
德清县禹越镇天皇丝绵加工厂	2000 年	禹越镇天皇殿村	丝绵加工
德清县农垦绢纺有限责任公司	2000 年	禹越镇杨家坝村道场北	绵球、蚕丝被生产
德清县禹越镇盛达丝绵加工厂	2000 年	高桥中塔路	丝绵加工
掌仙丝绵加工厂	2001 年	天皇殿村胡家浜	丝绵加工
德清县禹越镇世豪丝绵加工厂	2002 年	米世村罗池兜	丝绵加工
德清县高桥镇暖尔佳丝绵厂	2002 年	茅林村红旗兜	丝绵加工
德清县禹越镇宏胜丝绵加工厂	2002 年	天皇殿村北窑组	丝绵加工
德清县禹越镇永斌丝绵厂	2004 年	茅林村庙后组	丝绵加工
水泉丝绵加工厂	2004 年	茅林村南村南	丝绵加工
德清县徐家庄镇玉祥丝绵厂	2004 年	钱塘村朱家圩	丝绵加工
德清县舒欣被服有限公司	2004 年	禹越镇曙光路	丝绵被加工
德清县禹越镇兴泰丝棉厂	2006 年	油车村立安北	丝绵、丝绵被加工
德清禹越镇九华红被服厂	2007 年	天皇殿村屠介浜	蚕丝被、床上用品
德清禹越镇旺顺丝绵厂	2007 年	天皇殿村矮五浜	丝绵加工
德清亿泰家纺有限公司	2007 年	禹越镇中塔北路	蚕丝被加工生产
德清县天皇殿绢纺厂	2008 年	禹越镇天皇殿村	丝织品、棉织品、丝绵加工
德清县禹越镇祥辉丝绵厂	2008 年	德清县禹越镇西港村	丝绵、丝绵被加工
德清禹越旺润丝绵厂	2008 年	天皇殿村矮五滨	丝绵、丝绵被加工
德清县禹越镇艾尔家纺厂	2008 年	禹越镇杨家坝村	蚕丝被及其他床上用品加工
德清县禹越镇兴丰丝绵厂	2009 年	天皇殿村洋郎	丝绵加工
德清县禹越镇龙腾丝绵厂	2009 年	禹越镇油车村	丝绵加工
德清县禹越镇富亿达丝绵厂	2009 年	茅林村中塔	丝绵加工

续表 6-3-5

厂 名	创办时间	地 址	产 品
洪根丝绵加工厂	2009 年	天皇殿村沈介浜	丝绵加工
水荣丝绵加工厂	2009 年	禹越镇油车村	丝绵加工
德清县禹越镇舒诚丝绵厂	2009 年	禹越镇中塔路	丝绵加工
海荣丝绵加工厂	2009 年	茅林村中介舍	丝绵加工
德清县禹越镇龙鑫丝绵厂	2009 年	天皇殿村荷花池	丝绵加工
荣法丝绵加工厂	2009 年	天皇殿村南海角	丝绵加工
德清县禹越镇荣润丝绵加工厂	2009 年	禹越镇木桥头	丝绵加工
德清县禹越镇鑫辉丝绵加工厂	2009 年	禹越镇夏家村	丝绵加工
德清县禹越镇林峰丝绵厂	2009 年	禹越镇三来村	丝绵被加工
德清县禹越镇蚕佳丝绵厂	2009 年	夏家村东溪	丝绵加工
国伟丝绵加工厂	2009 年	夏家村杨家里	丝绵加工
德清县禹越镇真情被服厂	2009 年	天皇殿村矮五浜	丝绵被加工
德清县禹越镇蕾帝雅家纺厂	2010 年	高桥中塔路	丝绵加工
德清县禹越镇丝满舒丝绵被厂	2011 年	天皇殿村三房里 97 号	丝绵被加工
德清县禹越镇梦浩蚕丝被厂	2011 年	禹越镇钟塔路	丝绵被加工
德清县禹越镇玉蚕三宝丝绵厂	2011 年	禹越镇高桥村牌头	丝绵、丝绵被加工
德清县禹越镇鑫港丝绵厂	2011 年	禹越镇西港村兜门坝	丝绵加工
德清县禹越镇丝情家纺厂	2012 年	天皇殿村受舍	丝绵被加工

第五节 建材业

砖瓦

境内早期建筑材料行业主要是砖瓦。1968 年，高桥公社夏家大队建造土窑，次年栖丰桥大队开办制砖厂为境内最早砖瓦厂。此后东溪、九里港、杨家坝、北圩等村纷纷建窑办厂。1978 年，高桥公社砖瓦厂土窑改轮窑，采用机器制坯。1980 年后，境内两乡各有砖瓦厂 2 家，规模都为 26 门轮窑，初时生产 85#红砖，后以生产 95#红砖为主。1998 年后，因影响水利环境、污染空气进行整改。至 2013 年，境内砖瓦企业仅剩天皇殿砖瓦厂和禹越建材厂 2 家。

2012 年，天皇殿砖瓦厂与杭州人合资成立德清合力建材有限公司，投入 2500 万元，利用原砖瓦厂部分场地生产轻质墙体材料。每年生产混凝土蒸压加气切块 20 万立方米，年产值 4000 万元。新型建材，成为首个无公害企业。

水泥预制件

1979 年，禹越兴办水泥预制场，浇制五孔板、桁条、人字樑等。2000 年后，渠道弯板成为主要产品。2010 年后，农村建房基本不用水泥五孔板，遂于 2014 年停产。

禹越镇建材企业发展情况

表 6-3-6

厂　名	创办时间	地　址	产　品
夏家砖瓦厂	1967 那	夏家村	青砖小瓦
栖丰桥制砖厂	1969 年	栖丰桥	青砖小瓦
九里港砖瓦厂	1970 年	九里港	青砖小瓦
木桥头砖瓦厂	1973 年	木桥头	青砖小瓦
四通桥砖瓦厂	1974 年	四通桥	青砖小瓦
东溪砖瓦厂	1974 年	东溪	青砖小瓦
高桥砖瓦厂	1976 年	夏家	95 红砖
禹越水泥预制厂	1979 年	—	水泥五孔板
禹越轮窑	1980 年	—	95 红砖
夏家大队砖瓦厂	1980 年	夏家韩家桥	青砖小瓦
高桥砖瓦二厂	1985 年	天皇殿村河西角	黏土烧结多孔砖
禹越第二水泥预制厂	1985 年	徐家庄村	水泥预制品
禹越水泥预制厂	1985 年	坝里村	水泥预制品

续表 6-3-6

厂　名	创办时间	地　址	产　品
油车水泥制品厂	1985 年	米世村	水泥五孔板
油车塔西水泥预制厂	1985 年	茅林村	水泥预制品
禹越水产锯板厂	1986 年	水产村	木材加工
禹越建筑装潢厂	1986 年	禹越集镇	五彩瓷砖
禹越建材配件厂	1987 年	杨家坝村	人造大理石
禹越建材厂	1987 年	栖湖村	多孔砖生产
油车米世水泥预制厂	1987 年	米世村	水泥五孔板
禹越道场水泥预制厂	1987 年	道场村	水泥预制品
高桥建忠花岗石装潢材料厂	2001 年	禹越镇夏介村中塔路	花岗石加工，水磨石制造
德清县徐家庄西港水泥制品厂	2002 年	禹越镇西港村朱家埭组	非预应力混凝土预制构件制造
德清县徐家庄预制厂	2002 年	禹越镇东港村	非预应力混凝土预制构件制造
德清县禹越镇奇绩装饰材料厂	2007 年	茅林村北斗里	石膏装饰材料生产
德清县禹越镇建法水泥制品厂	2007 年	禹越镇夏家村	非建筑类混凝土砌块
德清县禹越镇琪隆水泥制品厂	2008 年	德清县禹越镇西港村兜里组	非建筑类混凝土砌砖
建花花岗石加工厂	2009 年	木桥头村徐家墙门组	花岗石加工
德清合力建材有限公司	2012 年	天皇殿村河西角	混凝土蒸压加气切块

第六节　其　他

铁丝

镇境铁丝生产起源于 1984 年。是年 5 月，木桥头大队五金农具修造厂更名“德清县镀锌铁丝厂”，生产镀锌铁丝。1986 年杨家坝村创办“德清县金属拉丝厂”。此后，1994 年镇办华顺公司投入 980 万元生产铁丝、圆钉，而祥隆、港飞、港东等加入铁丝生产行业，一时成为镇内主要产业和利税大户。

镀锌铁丝企业污染环境，2012年，华顺、佳顺、祥隆、港飞、港东五家金属拉丝企业整体迁入镇工业区，投资3800万元，重组湖州聚春实业有限公司，占地35亩，建筑面积2.4万平方米，生产各规格镀锌丝、镀铜丝、黑铁丝、 绑丝、 切断丝、 U 形丝、系列线材系列产品，年生产能力2.5万吨以上，年产值8000余万元。

禹越镇金属拉丝企业发展情况

表6-3-7

厂　名	创办时间	地　址	产　品
德清县镀锌铁丝厂	1984年	木桥头大队	镀锌铁丝
德清县金属拉丝厂	1986年	杨家坝村	铁丝、铅丝
德清县金属钢丝厂	1987年	木桥头村	镀锌铁丝
禹越镇杨家坝金属拉丝厂	2002年	禹越镇杨家坝村	金属拉丝
德清佳铱铁丝有限公司	2004年	禹越镇木桥头村	铁丝、文教用钉
湖州港东铁丝有限公司	2005年	禹越镇工业区	铁丝
湖州祥隆金属丝有限公司	2005年	禹越镇振兴路66号	铁丝
德清海鑫金属制品有限公司	2007年	木桥头村范家坝	铁钉、金属拉丝
湖州聚春实业有限公司	2013年	禹越镇振兴路	镀锌丝、镀铜制品加工

塑料、化工、化纤

境内化工业规模较小，化纤企业唯有一家。塑料企业起步早，发展快。其中原高桥镇湖墩村集体、个体塑料企业达10余家，自1981年至2013年，镇境先后有塑化企业74家。

禹越镇塑化企业发展情况

表6-3-8

厂　名	创办时间	地　址	产　品
道场大队矿烛厂	1981年	道场大队	矿烛
九里港大队综合厂	1983年	九里港大队	矿烛

续表 6-3-8

厂　名	创办时间	地　址	产　品
坝里塑料化工厂	1983 年	坝里大队	塑料制品
油车湖墩联办塑料厂	1984 年	湖墩大队	塑料制品
禹越矿烛厂	1984 年	石屑兜大队	矿烛
油车定丰塑料厂	1984 年	天皇殿大队	塑料制品
油车塑料制品厂	1984 年	油车大队	塑料制品
油车保温材料厂	1984 年	夏家村	保温材料
油车东溪矿烛厂	1985 年	东溪村	矿烛
高桥塑料编织厂	1985 年	高桥集镇	塑料编织袋
湖墩塑料包装厂	1985 年	湖墩村	塑料包装袋
油车塑料厂	1985 年	东溪村	塑料包装袋
油车新星塑料制品厂	1987 年	米世村	塑料制品
禹越电冰箱配件厂	1987 年	徐家庄村	电冰箱塑料配件
德清县塑料工艺厂	1989 年	禹越集镇	塑料制品
德清县塑料密封件厂	1989 年	杨家坝村	塑料密封件
德清县东南塑料制品厂	1991 年	杨家坝村	塑料制品
德清县新光化工厂	1992 年	徐家庄集镇	催发泡稳定剂系列产品
徐家庄纺织助剂厂	1992 年	徐家庄村	纺织助剂
德清县飞童童车联合公司	1993 年	禹越集镇	童车
德清县氮化硅制品厂	1993 年	徐家庄集镇	氮化硅制品
德清县昌达炼染厂	1993 年	徐家庄集镇	丝织品炼染
浙江德清捷达印染有限公司	1993 年	徐家庄集镇	丝织品炼染
浙江净水器具总厂	1994 年	禹越集镇	各类净水器具
德清县申华塑料厂	1995 年	禹越镇曙光路	塑料制品制造
中霸喷涂厂	1995 年	—	家用电器喷涂
德清县高桥塑料包装厂	1997 年	禹越镇湖墩村	塑料包装箱及容器制造

续表 6-3-8

厂　名	创办时间	地　址	产　品
浙江三星新材股份有限公司	1999 年	德清县禹越镇杭海路 333 号	聚氯乙烯塑料粒子及制品、钢化玻璃、镀膜玻璃、丝印玻璃、玻璃门及制冷用门体
百旺塑料编织厂	2000 年	禹越镇湖墩村	塑料编织袋
德清杨帆塑料厂	2000 年	禹越镇东港村	PVC 异型材
德清双德塑料厂	2001 年	禹越镇湖墩村	塑料制品制造
德清豪翔塑料厂	2001 年	禹越镇栖湖村	塑料制品制造
德清华松塑料厂	2001 年	禹越镇栖湖村	塑料制品加工
德清县双氏达塑料有限公司	2001 年	禹越镇湖墩村	PVC 软管、塑料制品
德清县泰力涂料厂	2002 年	禹越镇杨家坝村	内外墙涂料（限水性）生产
德清县怀化涂料厂	2002 年	禹越镇米世村	水性内、外墙涂料制造、多功能建筑胶水加工
德清县三惠塑业有限公司	2002 年	禹越镇育才路 8 号	非食用塑料制品制造、加工
德清县盛德塑料制品厂	2003 年	禹越镇工业园区	非食用塑料制品制造、加工
浙江汇隆新材料股份有限公司	2004 年	禹越镇杭海路	差别化有色涤纶长丝
德清县禹越镇继鑫塑料厂	2004 年	夏家村预制厂内	塑料粒子加工
德清县禹越镇鸿明塑料厂	2004 年	禹越镇湖墩村	塑料制品制造、加工
湖州中亚医用材料有限公司	2004 年	禹越镇夏家村	药用聚乙烯瓶、聚酯瓶制造
德清县禹越镇佳能塑料制品厂	2004 年	禹越镇东港村	塑料板、管、型材
德清县禹越镇禾顺塑钢门窗厂	2004 年	德清县禹越镇杨家坝村	塑钢门窗、塑料加工
德清县康祺化学品有限公司	2004 年	禹越镇横塘路	化学试剂和助剂制造
德清县一得化工有限公司	2005 年	禹越镇夏家村	稳定剂、钡锌、钙锌

续表 6-3-8

厂　名	创办时间	地　址	产　品
德清县天顺塑料包装厂	2005 年	禹越镇朝阳路	塑料胶袋生产
德清县双良塑料制品厂	2006 年	禹越镇横塘路	塑料管生产
德清县海峰塑料有限公司	2006 年	禹越镇湖墩村	塑料零件制造
德清禹越镇龙宇塑业制品厂	2007 年	木桥头村打鸟湾	塑料制品加工
德清郑翔化工有限公司	2007 年	禹越镇振兴路	无苯清洗剂
德清三峨塑业有限公司	2007 年	禹越镇栖丰村	包胶铁丝、铁线制品、塑料制品
德清禹越镇中意塑料制品厂	2007 年	西港村兜门坝	塑料制品加工
德清远晨塑料制品有限公司	2007 年	禹越镇湖墩村	塑料制品加工
德清禹越林达塑料制品厂	2008 年	三来村上南兜	塑料制品加工
德清禹越镇红炬塑料厂	2008 年	木桥头村北璜港桥北西侧	塑料制品加工
德清禹越镇飞翔塑料厂	2008 年	禹越镇茅林村	塑料制品加工
子洪塑料加工厂	2009 年	夏家村姚介浜	塑料加工
凯诚塑料制品厂	2009 年	禹越镇栖丰村	塑料制品生产
寿春塑料制品厂	2009 年	三来村言人兜	塑料制品加工
建旺塑料厂	2009 年	禹越镇东溪村	塑料制品加工
永祥化工厂	2009 年	米世村罗池兜	活性钙
德清县禹越镇祥龙塑料制品厂	2009 年	禹越镇夏家村夏家桥	塑料制品加工
华良塑料加工厂	2009 年	禹越镇夏家村	塑料加工
德清县禹越镇白马塑料厂	2009 年	禹越镇夏家村	塑料加工
德清县力搏塑业有限公司	2010 年	禹越镇东港村	塑料制品生产
德清县禹越镇金缘塑料包装厂	2010 年	茅林村蔡介角	工业用塑料袋
德清县禹越镇双华塑料制品厂	2010 年	禹越镇湖墩村	塑料制品加工
德清县禹越华泰泡化碱加工厂	2010 年	天皇殿村周家湾	中性泡化碱
德清博友塑料制品有限公司	2010 年	禹越镇东溪村	塑料丝生产，塑料制品
德清县隆泰密封材料有限公司	2012 年	禹越镇曙光路	建筑密封胶

续表 6-3-8

厂　名	创办时间	地　址	产　品
德清县富隆塑料有限公司	2012 年	禹越镇徐家庄工业园区	PVC 塑料异型材
德清县禹越镇禹浩塑料制品厂	2013 年	杨家坝村东南王	塑料制品加工
德清县禹越镇金典塑料制品厂	2013 年	栖湖村洋北 63 号	塑料制品加工

造纸、印刷、包装

1984 年，高桥公社天皇殿大队创办造纸厂。1987 转为乡办企业，厂址搬迁到高桥集镇，占地 5.3 公顷，主要生产瓦楞纸和印花纸。两年后，村又重新开办造纸厂，主要生产卫生纸。1993 年，徐家庄开办造纸厂，主要生产瓦楞纸和纱管纸。1996 年，高桥新丰造纸厂更名为“湖州新丰纸业集团”，总资产达 4947 多万元，拥有职工 460 人，年产值 1 亿多元。1998 年后，境内 3 家集体造纸厂全部转制。徐家庄造纸厂更名为“德清县东港纸业有限公司”； 湖州新丰纸业集团整体拍卖，更名为“浙江日丰纸业有限公司”。2013 年，红丰纸业有限公司（天皇殿造纸厂）关闭转产。

在造纸业发展过程中，境内随之出现数家配套的印刷、包装企业，其中如川田卫生用品（浙江）有限公司、湖州亚新包装有限公司等为规模以上企业。

禹越镇造纸、印刷、包装企业发展情况

表 6-3-9

厂　名	创办时间	地　址	规　模
禹越公社印刷厂	1979 年	禹越集镇	印刷品
禹越包装用品厂	1988 年	道场村	包装箱
德清县华丰包装厂	1995 年	木桥头村	包装箱
德清县富晓彩印工艺厂	2002 年	禹越镇工业园区	印刷品
德清县红五月包装有限公司	2005 年	禹越镇高桥集镇	包装装潢、其他印刷品印刷
德清再创纸箱厂	2006 年	禹越镇徐兴路	纸箱生产
信初纸板加工厂	2008 年	栖丰村洋南湾	纸板加工

续表 6-3-9

厂　名	创办时间	地　址	规　模
川田卫生用品（浙江）有限公司	2010 年	禹越镇镇西南路 188 号	卫生用品（卫生巾、卫生护垫、尿布、尿裤）
德清县新立包装有限公司	2010 年	禹越镇东溪村	纸箱生产
德信纸业有限公司	2010 年	禹越镇米世村	纸巾生产
德清理想包装材料有限公司	2012 年	徐家庄工业园区	包装装潢
德清富鑫纸张有限公司	2012 年	禹越镇高桥鑫丰路 188 号	纸张加工
德清县明怡包装材料有限公司	2013 年	禹越镇栖湖村	纸制品制造
德清康溢包装有限公司	2013 年	禹越镇栖湖村	纸制品制造

玻璃、五金、机械

禹越镇五金、玻璃、机械企业发展情况

表 6-3-10

厂名	创办时间	地址	产品
高桥熔模铸钢厂	1978 年	天皇殿大队	铸钢零件加工
高桥三来五金塑料厂	1978 年	三来大队	小五金产品
禹越五金铸件厂	1978 年	杨家坝大队	五金铸件
禹越农具修理厂	1980 年	禹越集镇	农具、家具
禹越公社电扇厂	1980 年	禹越集镇	电风扇
杨家坝大队金属压铸厂	1980 年	杨家坝大队	金属压铸件
木桥头五金加工厂	1984 年	木桥头村	五金加工
栖丰桥五金熔炼厂	1984 年	栖丰桥村	五金熔炼加工
禹越五金电器厂	1984 年	杨家坝村	电扇配件、五金铸件
油车米世五金铸件厂	1984 年	米世村	五金铸件
油车三来五金灯具厂	1984 年	三来村	各种灯具
油车湖墩友谊小五金厂	1984 年	湖墩村	电筒管子等
油车米世五金加工厂	1984 年	米世村	五金加工

续表 6-3-10

厂名	创办时间	地址	产品
禹越五金铸件厂	1985 年	坝里村	五金铸件
禹越五金电器配件厂	1985 年	徐家庄	电扇网罩
禹越五金滑轮厂	1985 年	栖丰桥	滑轮
禹越利民五金厂	1985 年	木桥头	五金加工
禹越栖丰五金厂	1985 年	栖丰桥	电扇配件
德清制冷辅机厂	1985 年	禹越集镇	制冷辅机
木桥头五金厂	1985 年	木桥头村	电扇网罩
油车五金厂	1986 年	高桥集镇	电扇网罩
油车三来小五金厂	1986 年	三来村	及钢片
致富五金电器厂	1986 年	徐家庄村	五金电器配件
禹越特种铸件厂	1986 年	禹越集镇	中锰合金、耐磨球铁
电器特种灯具厂	1987 年	禹越集镇	各种灯具
禹越有色金属铸造厂	1988 年	水产厂	有色金属机械配件加工
德清县五金配件厂	1990 年	禹越集镇	五金配件
徐家庄机械配件厂	1992 年	坝里村	五金配件
上海晨望科技研究所德清联营实验厂	1992 年	徐家庄村	五金电器零件
德清县禹越镇三来铝制品厂	1993 年	三来村言人兜	金属制餐具和器皿制造
德清县徐家庄金属铸件厂	1993 年	道场村	金属铸件
德清县禹越中元金属制品厂	1999 年	木桥头村葡萄斗	订书钉加工
德清县徐家庄金峰金属制品厂	2000 年	禹越镇振兴路	铁钉制造、小五金加工
德清县创佳金属制品有限公司	2001 年	禹越镇徐兴路	金属日用品制造
德清中欣搪瓷制品有限公司	2002 年	禹越镇振兴路	搪瓷制品制造
德清县杭兴铸钢有限公司	2003 年	禹越镇高桥集镇	黑色金属铸造
德清县徐家庄镇晓敏五金制品厂	2003 年	木桥村小桥头	铁钉、钢钉加工

续表 6-3-10

厂名	创办时间	地址	产品
德清鑫德机械有限公司	2004 年	禹越镇振兴路 85 号	生产工程机械、钢构件
德清县翔鹰金属制品有限公司	2004 年	禹越镇滨江路	金属家具制造
湖州杭宏金属制品有限公司	2005 年	禹越镇高桥集镇	黑色金属铸造
德清县祥裕喷涂厂	2005 年	五金件喷涂加工	禹越镇工业集中区
德清县禹越镇宇亭模具加工场	2006 年	西港村荡郎	模具制造
德清金梦蝶金属制品厂	2007 年	湖墩村东桥头组	钢板网、金属制品
德清利涛金属制品有限公司	2007 年	禹越镇钱塘村	五金件生产
德清舜鑫金属制品有限公司	2007 年	禹越镇欣业路	金属制品
德清县金新金属制品有限公司	2007 年	禹越镇木桥头村	枪钉、工业钉、码钉加工
德清禹越镇建翔机械加工厂	2008 年	禹越镇徐兴路	机械零部件加工
东亮五金加工厂	2008 年	禹越镇学士路	五金加工
荣山五金加工厂	2009 年	杨家坝村圩郎东	五金加工
德清县三星玻璃有限公司	2010 年	禹越镇杭海路 555 号	钢化、镀膜、丝印玻璃制造，中空玻璃门生产
张氏金属加工社	2010 年	禹越镇振兴路	白铁皮加工
浙江鸿跃机械有限公司	2010 年	禹越镇西港村	金属加工、机械制造
浙江新世联金属有限公司	2010 年	禹越镇夏家村	优特无缝钢管
德清永有金属制品有限公司	2010 年	徐家庄集镇北老区	金属制品
浙江本凡机械有限公司	2010 年	禹越镇木桥头村	滚塑机及滚塑制品生产
德清县禹越镇水华五金加工厂	2011 年	木桥头村葡萄斗	五金加工
卷闸门加工站	2011 年	东港村活六兜组	卷闸门加工
德清县禹越镇豪雅五金加工厂	2011 年	德清县禹越镇木桥头村	五金加工
德清县禹越镇锦德机械配件厂	2011 年	禹越镇西港村河北组	机械零部件加工

续表 6-3-10

厂名	创办时间	地址	产品
德清县大同金属制品有限公司	2011 年	禹越镇杨家坝村七介湾	金属制品
浙江桐江阀门科技有限公司	2012 年	禹越镇西港村	阀门和旋塞制造
德清县禹越镇全达五金厂	3013 年	禹越镇东港村邓家坝 69 号	机械零部件加工
梅生不锈钢门窗加工站	2013 年	禹越镇夏东新村	不锈钢门窗加工
浙江钰潒卫浴科技有限公司	2013 年	禹越镇西港村	淋浴房和浴缸研发生产

禹越镇其他企业发展情况

表 6-3-11

厂名	创办时间	地址	产品
水产大队柳条厂	1978 年	水产大队	柳条加工产品
禹越建筑工程队	1978 年	禹越集镇	建筑施工
木桥头大队综合厂	1979 年	木桥头大队	麻袋、草包、草绳
钱塘檬梗综合厂	1980 年	钱塘大队	檬梗、棒冰梗
高桥公司煤球厂	1980 年	高桥集镇	煤球
茅林大队禹越公社厂	1980 年	高桥集镇	煤球
坝里台糖加工厂	1981 年	坝里大队	台糖加工
油车乡建筑工程队	1984 年	油车集镇	建筑施工
天皇殿建工队	1984 年	天皇殿村	建筑施工
湖墩合作家具厂	1984 年	湖墩村	家具
油车潮汕食品厂	1984 年	茅林村	烤鸭
油车棒冰厂	1984 年	油车村	棒冰
油车电视机配件厂	1984 年	天皇殿村	高压包
禹越自控电器厂	1985 年	九里港村	光电控制吊
油车南京板鸭厂	1985 年	高桥集镇	板鸭、烤鸭
油车茅林肠衣加工厂	1985 年	茅林村	肠衣制品

续表 6-3-11

厂名	创办时间	地址	产品
禹越眼镜厂	1985 年	禹越集镇	眼镜
德清县制笔联营厂	1986 年	禹越集镇	笔配件
禹越坝里农家具厂	1987 年	坝里村	农具、家具、锯板
德清县电器仪表厂	1987 年	禹越集镇	电源变压器、滤波器
石屑兜竹木家具厂	1987 年	石屑兜村	竹木家具
德清县杭德联营电器厂	1988 年	坝里村	散热器
德清县锦德电机厂	1989 年	杨家坝村	直流电动机
禹越家具厂	1990 年	徐家庄村	家具、农具、门窗
德清县江南高级奶瓶厂	1992 年	杨家坝村	电子音乐奶瓶
德清县特种灯泡厂	1992 年	北圩	特种灯泡
德清县一碟菜业有限公司	1996 年	徐家庄育才路	酱菜加工
德清县康得贝卫生器材有限公司	2002 年	高桥集镇	卫生材料及医药用品制造
德清县豪极箱包配件有限公司	2003 年	湖墩村	皮箱、包制造
德清县祥兴箱包有限公司	2003 年	禹越镇栖湖村	箱包制造
湖州天元宠物用品有限公司	2005 年	禹越镇杭海路	宠物用品、工艺品
德清县新高轻纺园建设有限公司	2005 年	禹越镇高桥工业集中区	标准厂房建设
坤法饲料加工厂	2009 年	米世村范介里	蚕蛹加工
德清县禹越镇徐字卫生香厂	2009 年	禹越镇夏家村	卫生香加工
德清县康益自来水有限公司	2010 年	禹越镇木桥横郎	集中式供水生产
浙江丽源数码科技有限公司	2011 年	禹越镇西港村	数码产品、广告膜、纸制品、广告装饰材料
德清华方电光源有限公司	2011 年	禹越镇东港村	照明灯具制造
青安箱包加工厂	2011 年	禹越镇夏东村	箱包缝制加工
治成箱包加工厂	2012 年	夏东村欣业路	皮箱、包制造
治忠箱包加工厂	2012 年	夏东村欣业路	皮箱、包制造
德清港盛置业有限公司	2012 年	禹越镇徐兴路 1 号	房地产开发

续表 6-3-11

厂名	创办时间	地址	产品
浙江五味和食品有限公司	2013 年	杭海路 666 号	酱油酿造
德清永福食用菌有限公司	—	三林村木鱼桥东	食用菌种植

第七节　骨干企业简介

浙江三星新材股份有限公司

浙江三星新材股份有限公司前身为德清县三星塑料化工有限公司，创建于 1999 年 6 月。2012 年 8 月改名。公司占地面积 10 万平方米，固定资产 1.5 亿元，具有年产 300 万平方米钢化玻璃、300 万平方米 ITO 镀膜玻璃、200 万平方米彩晶玻璃、各种玻璃门体 150 万套生产能力。产品出口美国、巴西、加拿大、澳大利亚和东南亚等 10 多个国家和地区。2013 年产值 23112 万元，利润 3569 万元，税金 1365 万元。

浙江西溪玻璃有限公司

浙江西溪玻璃有限公司由杭州西溪玻璃公司发展而来，是一家集研发、生产加工、销售服务于一体的综合型实业公司，主生产基地设禹越经济开发区，有员工 120 多人，总资产约 1.5 亿元；　主要产品有智能调控玻璃、防火玻璃、防弹玻璃、LOW-E 中空玻璃、夹胶玻璃、钢化玻璃、自洁净玻璃等。

浙江汇隆新材料股份有限公司

浙江汇隆新材料股份有限公司成立于 2004 年，位于禹越镇工业区，占地 8.7 公顷。

主要生产涤纶和锦纶等长丝系列，年生产能力 15 万吨。公司自主研发的 DT、FDY、POY、DTY、 ATY、母丝、单丝等系列产品可满足不同行业需求。

浙江胜辉服饰有限公司

浙江胜辉服饰有限公司位于禹越镇工业园区，由香港胜辉纺织有限公司全额投资，成立于 2003 年 11 月，注册资金 700 万美元，占地面积 4.4 公顷，建筑面积 25000 平方米，员工 620 人，进口缝纫设备 1120 台，其中电脑平车 198 台，节能平车 477 台，平缝刀车 62 台及电脑套结机、平头锁眼机、日星电脑人字车等。

公司于 2006 年 2 月投入生产，年产量可达 450 万件，主要生产休闲时尚服装，产品全部出口欧美国家，2011 年、2012 年连续两年销售额达到 1.5 亿元。

湖州千思家用纺织品有限公司

湖州千思家用纺织品有限公司成立于2005年5月，是一家专业生产天然桑蚕丝被和床上用品的丝绸家纺企业。公司位于高桥集镇。占地面积 4000多平方米，拥有标准厂房 7549.07平方米，总资产6500万元，现有员工 200余人。主要生产桑蚕丝被，真丝提花大套件。2007年在武康开设分馆，次年分别在北京、上海、济南、深圳、温州等地开设专卖店。

天元宠物用品有限公司

天元宠物用品有限公司位于禹越镇杭海路 183 号，公司成立于 2005 年，注册资金 600 万元，占地面积 43000 平方米，职工 300 多名。主要生产各种宠物用品，产品出口欧美及亚洲市场，2014 年度产值 6756 万元，纳税 424 万元。

浙江五味和食品有限公司

浙江五味和食品有限公司前身是杭州市食品酿造有限公司，创始于 1881 年（清光绪七年），原名恒泰酿造厂，1903 年（清光绪廿九年）与杭州利民食品厂合并组建有限责任公司。

公司主要生产经营糕点、酱油、食醋、黄酒、调料等产品，产品远销日本、东南亚、欧洲等国家和地区。

浙江辰鸿纺织品科技有限公司

浙江辰鸿纺织品科技有限公司成立于2009年6月，公司专业致力于高科技窗帘产品研发、生产销售。现有职工112人，大专以上工程技术人员21人，公司设有技术研发中心，中心科技人员6人，直接从事研发工作技术研发人员5人，其中高级职称2人。科研场所拥有实验、仪器及设备20余台（套）及科研办公区300多平方米，目前新产品有无绒防粘遮光布、防水植绒面料、阻燃遮光涂层布、阻燃透光面料、非卤阻燃环保遮光布、双面配色牛津布等。产品远销澳大利亚、新西兰、美国、日本、阿联酋、新加坡等国家及中国香港、台湾地区。

浙江莱克诗瑞丰润服饰有限公司

浙江莱克诗瑞丰润服饰有限公司是浙江丰润集团核心企业。始创于1992年，总部坐落于杭州临平龙安工业园区，主要产品有各种规格的提花、素色围巾、披肩和特种布艺，主要出口到欧洲、美洲、日韩、俄罗斯以及东南亚等国家和地区，内销全国各个地区。集团总占地面积3.2公顷，总建筑面积2.6公顷，总资产1.3亿元，年生产总值1亿元，其中出口850万美元。集团拥有员工380名，其中本科以上管理和外贸人员28人。

湖州聚春实业有限公司

湖州聚春实业有限公司位于禹越镇工业区，是由华顺、佳顺、祥隆、港飞、港东五家金属拉丝企业合资成立的大型金属拉丝企业。注册资本1000万元，总投资3800万元，占地面积2.3公顷，建筑面积24000平方米。

主要产品有各规格镀锌丝、镀铜丝、黑铁丝、 绑丝、 切断丝、 U 形丝、系列线材系列产品，年生产能力2.5万吨 以上，产品远销日本、美国、韩国等诸多国家。

浙江智钢化工机械有限公司

浙江智钢化工机械有限公司建于2005年，公司位于禹越镇高桥工业区，紧靠申嘉湖高速公路。占地面积约 2.13 公顷，厂房建筑面积约 8405 平方米，固定资产 5000 万元，年生产能力 5000 万元。公司有员工 70 人，其中工程技术人员 7 人，持证合格焊工 13 人。

公司主要产品有 D1、D2 类压力容器、焊接铝管件和钢结构件。

浙江日丰纸业有限公司

浙江日丰纸业有限公司成立于 2005 年 4 月，位于高桥集镇，注册资金 3300 万元， 占地面积 5500 平方米，建筑面积 25000 平方米。公司拥有造纸生产线五条以及相适应的配套设备，员工 170 余人。年生产能力 12 万吨。2013 年总资产达 1.8 亿元，年产值 1.362 亿元，年利润 438 万元，税金 348 万元。

湖州伊莱纺织有限公司

湖州伊莱纺织有限公司位于镇区曙光路，主要生产沙发布、窗帘布等装饰用布。

公司成立于 2004 年 4 月，占地面积 10000 平方米，总投资 2880 万元，公司拥有国内先进水平的电子剑杆织机、整经机及检验设备 60 多台套，就业 105 人，年生产沙发布、窗帘布达 350 万米。2013 年产值 5800 万元，利润 176 万元，税金 166 万元。

川田卫生用品（浙江）有限公司

川田卫生用品（浙江）有限公司系外商投资企业，成立于 2010 年，坐落在镇西南路 188 号，公司主要以卫生巾加工、产妇巾加工、乳垫加工、护垫加工为主。

公司总资产 6599 万元，2013 年产值 5053 万元。

德清县舒欣被服有限公司

德清县舒欣被服有限公司成立于 2004 年 6 月，位于曙光路 88 号，专门生产销售各种中高档蚕丝被、真丝枕头、枕套、床罩套件等。2013 年生产销售各种蚕丝被、真丝枕头枕套等 10 万余件套，年销售五千余万元。其中“馨丝路”产品远销美国、加拿大、英国、新西兰、澳大利亚等国家与地区。

浙江新世联金属有限公司

浙江新世联金属有限公司创办于 2013 年，位于高桥工业区。公司占地 6.7 公顷，建筑面积 6 万平方米，并拥有 800 吨级自备码头。

公司总资产 1.8 亿元，拥有专业技术人员 50 多人。产品广泛应用于航空航天、汽车船舶、机器机床、工程机械、农林渔机械、核电设备、自动控制、压力容器、各类发动机等领域。各类产品年产值超 8 亿元。

附：工业园区

2002 年，分别在徐家庄东港村和高桥夏家村白马里自然村筹建工业区。规划总面积 8 平方公里，目前已开发面积 1.8 平方公里，形成以纺织服装、机电五金、新型建材、食品加工等四大产业。历年来，共投入资金 5000 多万元，道路、绿化、灯光、给排水、通讯及污水处理设施等工程相继完工。二期 0.8 平方公里今已启动实施，赛诺起重、富康五金等一批项目相继落户。工业区三期规划 0.53 平方公里，远景规划 5 平方公里。

截至 2010 年，园区落户并已投产企业 75 家，其中规模企业 47 家，至 2010 年 11 月底，47 家规模企业产值达到 18.2 亿元，占整个规模产值的 78%，实现税利 10528 万元，占整个规模产值的 81%。

2015 年末尚在建设的千万元以上项目 17 家，总投资达 12 亿元。其中，固定资产投资达到 10 亿元。五味和食品、双林机械、众拓建材、汇隆二期等亿元项目已相继竣工投产。

第七卷　商　贸

第一章 概 况

解放前，域内高桥、禹越两个乡镇商贸业十分弱小，两镇合并之后，全镇商贸服务业开始兴旺发达。

第一节 沿 革

民国期间，镇境有商贸集市点八处，分别为：徐家庄、油车桥、湖墩桥、西庙桥、白马里、天皇殿、东坝头、栖丰桥，约有商店五六十家，从业七八十人。其中经营食品者占有2/3，其余为杂货和贸易服务。徐家庄集镇形成时间早于油车桥和西庙桥，解放以后，西庙桥划归勾里乡管辖，本志不再专述。

有组织的商贸服务始于民国21年。如民国21年成立的双林乡信用合作社，民国24年成立的油车桥蚕业生产合作社，民国28年组织的白马乡运销消费信用生产合作社等。抗日战争期间，各类合作社一度解散，民国35年起又重新成立了一批供销合作社，其中也有保一级合作社，有案可稽者共9个，直至解放前夕。

1950年9月，禹越镇境“徐家庄供销合作社”成立，为全县最早的四个基层社之一。此后，信用合作社、合作商店、手工业联合社等相继成立，商业集体化成为主流。

1981年开始，合作商店推行经营承包责任制。1984年，供销合作社全面实行经营承包责任制。2001年起，高桥供销合作社开始转制，经营权和集体资产私有化；2003年，徐家庄供销合作社转制。此后，商业经营回归个体。

第二节 体 制

镇境商贸服务业向以个体经营为主，经营形式早期大多为作坊式，或前店后坊，或店坊一体，边作边卖，如豆腐店、糕饼店、肉店、纸马蜡烛店之类。

民国 18 年（1929），省建设厅令派合作指导员驻县，办理农村合作组织。是年，全县组织合作社 25 个。境内最早 2 个，为民国 21 年成立的双林乡信用合作社和民国 24 年成立的油车桥蚕业生产合作社，日寇侵华，合作社停止经营。民国 28 年，浙江省颁布战时合作社暂行办法和县各级社组织大纲，至民国 37 年，镇域共组成乡保合作社 15 个。另外，少数资本富裕户开始合股经营，如油车桥榨油坊、茧行等，可称为股份合作制经营方式在境内的开端。

解放后，原有合作社全部瓦解。1950 年 7 月，德清县供销合作总社开始着手组建基层供销合作社。9 月，徐家庄供销合作社成立。1955 年，县人民政府对私营商业进行社会主义改造，组织小商小贩下伸农村设点服务。1958 年 5 月，高桥供销合作社成立。是年，德清县供销合作总社并入德清县商业局，基层供销社转为国营商业的基层供销部。1961 年恢复基层供销社，并对小商小贩进行整顿，成立合作商店，业务由供销社管理。1969 年，基层供销合作社由人民公社一元化领导，农村合作商店实行大队管理。1983 年 7 月，县供销合作总社在全县各基层社召开社员代表大会，恢复合作商业的性质，并着手清理股金。次年，全面推行经营承包责任制。1993 年起，供销合作社陆续转制，2001 年高桥供销合作社解体，2002 年徐家庄供销合作社解体。供销合作社转为私有化后，另行成立德清县东佳供销有限公司，实行股份制运作。

第二章　商贸服务业

第一节　民国时期

民国以前，镇境已经形成的商贸集市有徐家庄、油车桥、湖墩桥 3 处，皆临水成市，为周边乡民交易提供便利。较大的自然村也开办小店，如茶水、理发、首饰加工、铜锡加工等。多为家庭式小本经营，购销对象为当地村民。

民国 21 年起，境内出现一些服务于农桑产业的合作社，皆以乡或保为单位设立。合作社以股份形式吸收社员，产生理事会和监事会，订立章程，呈文县政府核准后开业。镇境登记者为民国 21 年，双林乡信用合作社；民国 24 年，油车桥蚕业生产合作社；民国 28 年，白马乡运销消费信用合作社；民国 35 年，横塘乡受舍蚕业生产合作社，西庙桥蚕业生产合作社，北苏林蚕业生产合作社，南苏林蚕业生产合作社，茅林蚕业生产合作社；民国 36 年，横塘乡西宅渔业生产合作社，禹越乡孙家桥蚕业生产合作社；民国 37 年，禹越乡有八保、九保、十一保、孙家桥等保合作社。16 年中，镇境禹越、白马、横塘 3 个乡共有乡保合作社 10 个，专业合作社 2 个，为促进农桑产业发展起了重要作用。

民国时期镇境商贸服务分布情况一览表

表 7-2-1

集市 村庄	店 名	店 主	经营范围	经营地址
徐家庄	南货店	沈丫头	糕饼、杂货、香烛	朝南街
	南货店	—	糕饼、杂货、香烛	朝南街
	酱园	—	糖、酒、酱、盐、油	八角桥朝南
	豆腐店	和生	豆制品	朝南街
	豆腐店	阿炳	豆制品	朝南街

续表 7-2-1

集市 村庄	店 名	店 主	经营范围	经营地址
徐家庄	米店	—	粮食	朝南街
	烟店	—	老烟、刨烟	南朝北
	药店	沈元乔	中药材、行医	朝南街
	药店	曹立水	中药材、行医	永明桥南
	药店	徐义舫	中药材、牙医	朝南街
	药店	沈永善	中药材、行医	朝南街
	肉店	—	杀猪卖肉	朝南街
	肉店	—	杀猪卖肉	朝南街
	羊肉店	—	鲜羊肉、熟羊肉、酒	朝南街
	染坊	—	布、绸印染	朝南街
	剃头店	—	理发	朝南街
	茶店	—	茶水、小吃	朝南街
	鱼行	—	鱼贩	木桥头
	剃头店	—	理发	木桥头
	肉店	—	杀猪卖肉	木桥头
	豆腐店	—	豆制品	木桥头
	羊肉店	—	鲜羊肉、熟羊肉、酒	木桥头
油车桥	阜鑫南货店	蔡少和	糕饼、杂货、香烛	油车桥东
	豆腐店	徐建生	豆制品	油车桥东
	肉店	俞阿东	杀猪卖肉	油车桥东
	烟店	潘应生	老烟、刨烟	油车桥东
	螺丝行	沈生奎	螺丝、鱼苗、菱秧	中塔东村
	药店	范宝法	中药材	中塔桥北
	剃头店	杨炳仁	理发	中塔东村
	剃头店	叶祥初	理发	油车桥东
	茶店	周丫头	茶水	油车桥东
	榨油坊	蔡汉荣等	油菜籽榨油服务	油车桥东
	采青场	蔡少和等	养蚕服务	油车桥东

续表 7-2-1

集市 村庄	店 名	店 主	经营范围	经营地址
油车桥	崇县茧行	南浔老板	收购蚕茧	油车桥东
湖墩桥	南货店	高吉宝	糕饼、杂货、香烛	街东朝西
	茶店	高德标	茶水	街东朝西
	豆腐店	范阿洪	豆制品	街东朝西
	棺材铺	周林福	寿材、棺材	街东朝西
	肉店	范家生	杀猪卖肉	街东朝西
	肉店	陈财荣	杀猪卖肉	街西朝东
	药店	陈云峰	中药材	街西朝东
	剃头店	陈文海	理发	街东朝西
	剃头店	陈月半	理发	街东朝西
栖丰桥	豆腐店	高阿银	豆制品	栖丰桥西
	羊肉店	阿官	鲜羊肉、熟羊肉、酒	栖丰桥西
	肉店	沈美生	杀猪卖肉	栖丰桥西
东坝头	杂货店	沈阿明	糕饼、杂货、香烛	观音堂东
	杂货店	沈阿正	糕饼、杂货、香烛	观音堂河南
	药店	俞金财	中药材、行医	观音堂河南
	剃头店	财毛	理发	—
	豆腐店	—	豆制品	观音堂河南
	肉店	谈子梅	杀猪卖肉	观音堂河南
	螺丝行	沈金生	螺丝、鱼苗、菱秧	观音堂东
白马里	羊肉店	沈勤生	鲜羊肉、熟羊肉、酒	苏庄桥南
	豆腐店	杨炳奎	豆制品	杨家兜
	杂货店	姚和尚	小杂货、纸马蜡烛	苏庄桥南
	银匠店	周富林	银首饰加工	陆家里
	肉店	姚和尚	杀猪卖肉	苏庄桥南
天皇殿	豆腐店	屠阿连	豆制品	天皇殿西边

民国 27—31 年米价变化

表 7-2-2　　单位：石

时间＼价格	全年平均价（元）	其中 最高价（元）	最低价（元）	年平均上升（%）
民国 27 年	13.00	—	—	100
民国 28 年	15.82	17.60	14.30	121.7
民国 29 年	55.83	73.30	20.95	429.6
民国 30 年	153.40	160.00	149.00	1180
民国 31 年	415.70	550.00	240.00	3197.7

民国 31—37 年米价变化

表 7-2-3

民国＼时间	米价（储备币元／石）	时间	米价（法币万元／石）
31 年 7 月 2 日	250.00	34 年 10 月 2 日	0.315
32 年 3 月 7 日	560.00	35 年 10 月 7 日	5.10
33 年 1 月 8 日	2300.00	36 年 10 月 2 日	53.33
33 年 12 月 21 日	30000.00	37 年 1 月 7 日	107.33
34 年 6 月 22 日	480000.00	38 年 8 月 2 日	5650.00

第二节　解放后

解放初期

1950 年，禹越部分社员自发成立合作社，共 120 股，营业 9 天，亏损 12 万元（旧币，下同）。9 月，在县供销合作总社指导下，建立理事会、监事会，成立徐家庄供销合作社，成为全县第一批示范性基层供销合作社。是年末，亏损 153 万元。次年扭亏，盈利 1123.9 万元。1952 年，在原有社员 1365 人的基础上，发展社员 1167 人，股金增加到 12660 万元。1953 年，社员总数达到 3911 人，股金增加到 18848.7 万元，总资金达到 40539.95 万元，全年销售总额 168700.6 万元。全社工作人员 16 人，设供应门市部 2 个，收购部 1 个。其间，油车桥仅设供销部和收购部，业务由徐家庄供销合作社管理。

供销合作机构的发展，逐步割断了农民和私商的联系。1950 年，县供销合作总社在徐家庄设临时收购站，负责禹越、三来、油车、勾里、西封 5 个乡的棉麻收购。是年，公粮计征开始，由供销合作社进行粮食收购工作（解放后，双马区设粮库）。1951 年，镇境设徐家庄和油车桥（天皇殿）2 个蚕茧收烘点；1952 年开始，蚕茧全部由供销合作社代收代烘。1953 年，实施粮食统购统销，实行全民凭证购粮。1954 年，棉花、棉纱实行统购统销，对油菜籽、麻、蚕茧、土丝实行预购，化肥开始按计划分配供应，同时经营上海垃圾，支援农业生产。1955 年，徐家庄、下舍、勾里、西庙桥 4 个基层供销合作社合并，成立下舍区社，原徐家庄供销合作社改为“徐家庄综合商店”。是年，供销社停止粮食统购统销，粮食购销移交粮食部门。是年，各业私商户进行社会主义改造，一部分小商小贩拖家带口下伸至较大自然村，铺设零售网点，面向村民，供应日常生活必需品。

1950 年徐家庄供销合作社一览表

表 7-2-4　　单位：万元（旧币）

社员人数	社员股金总额	已缴股金	干部人数	盈亏		社员成分（人）				
				盈	亏	富农	中农	贫农	商人	合计
1001	1001	862	3	不详	153	4	170	826	1	1001

1950 年 1 月日用品销售价格

表 7-2-5

品名	单位	月初价格（元）	月底价格（元）
美孚火油	市斤	4800	6000
船牌肥皂	块	900	1200
车白糖	市斤	4600	5800

续表 7-2-5

品名	单位	月初价格（元）	月底价格（元）
毛巾	块	2500	3200
采莲火柴	10 盒 / 封	1000	1750
食盐	市斤	1006	不详

1950—1956 年全年平均粮价

表 7-2-6　　单位：元 / 担

时间＼类别		早籼	晚粳	糯米（谷）	小麦	黄豆
1950	购稻谷	7.10	7.95	—	9.20	—
	销大米	10.40	12.18	—	11.25	8.60
1951	购稻谷	6.70	7.95	8.10	9.49	9.00
	销大米	10.56	12.08	13.50	10.30	10.91
1952	购稻谷	7.34	8.73	8.64	9.43	9.38
	销大米	11.26	1297	12.78	10.22	10.00
1953	购稻谷	7.44	8.68	9.05	9.54	11.38
	销大米	11.15	12.87	13.52	10.20	12.21
1956	购稻谷	7.20	8.60	9.50	8.70	11.20
	销大米	11.15	13.05	13.80	10.30	12.40

1951 年收购黄麻统计表

表 7-2-7

乡	合同件数	预购面积（亩）	预购数量（斤）	预购金额（元旧币）	订购数量（斤）
禹越	96	658.3	202250	42545000	42975800
三来	62	406.91	133335	28257000	15258150
油车	52	432.24	151014	31316500	—

1951 年春蚕茧收购情况

表 7-2-8

收购·点	计划收购（担）	实际收购（担）	收茧金额（元旧币）	均茧价（元旧币/担）	烘费收入（元旧币）	费用（元旧币）	盈余（元旧币）
徐家庄	800	636.42	443832000	697387	40094000	25585720	14508250
天皇殿	800	1000.69	691793000	691313	45675520	31479524	23195998

1953 年 7 月发放布票统计

表 7-2-9

乡	实有户数	实有人口	普选人口	发放布票（张）
禹越	1691	6800	6699	6800
三来	1579	6282	6157	6286
油车	1145	4540	4490	4540

徐家庄供销合作社 1952 年与 1953 年经营情况对比

表 7-2-10

项目	五二年实绩（元旧币）	五三年实绩（元旧币）	增长率（%）
代售	1451392561	860295180	—
代购	118773546	164751584	138.71
生产资料自销	483495463	570340000	348.67
生活资料自销	—	1116665954	—
收购	367361316	1812302391	493.33
推销	410656780	2213088747	588.9
合计	2831679666	6737443856	237.93

1954年羊肉供应牌价

表7-2-11　　单位：元旧币／市斤

品名	规格	供应牌价	批发价	零售价
60斤以上绵羊白肉	前腿	3400	3150	3500
	后腿	3600		
60斤以下绵羊白肉	前腿	3000	2790	3100
	后腿	3200		

1954年毛猪收购价格一览表

表7-2-12　　单位：元旧币／市斤

等级	级别	重量（斤）	出肉率（%）	膘肥	收购价（元／担）
一等	一级	230以上	75	5厘米以上	404000
一等	二级	230以上	72.5	5厘米以上	390000
一等	三级	230以上	70	5厘米以上	376000
二等	一级	210以上	72.5	4厘米以上	384000
二等	二级	210以上	70	4厘米以上	370000
二等	三级	210以上	67.5	4厘米以上	357000
三等	一级	190以上	70	3厘米以上	363000
三等	二级	190以上	67.5	3厘米以上	350000
三等	三级	190以上	65	3厘米以上	337000
四等	一级	170以上	67.5	2.5厘米以上	348000
四等	二级	170以上	65	2.5厘米以上	335000
四等	三级	170以上	63	2.5厘米以上	325000
五等	一级	150以上	65	2厘米以上	330000
五等	二级	150以上	63	2厘米以上	320000
五等	三级	150以上	61	2厘米以上	310000
六等	一级	130以上	63	统膘	310000
六等	二级	130以上	61	统膘	300000
六等	三级	130以上	58	统膘	285000

1954 年鲜鱼收购价格一览表

表 7-2-13　　单位：万元旧币／担

品名	收购价		备注	
	中等	上等	中等	上等
青鱼	42	46	3—4 斤	5 斤以上
草鱼	32	34.5	2—4 斤	4 斤以上
花鲢	22	24	2—4 斤	4 斤以上
白鲢	19	21	1 斤以上	1.5 斤以上

1954 年羊毛收购价格牌价

表 7-2-14

牌价 旧币元／斤	折合洗折牌价 旧币元／斤	各级比重 （%）	各级含量 （%）	净毛价 旧币元／斤
洗折 55%	洗折 100%	一级 100%	一级 30%	一级 2496059
950000	1727273	二级 70%	二级 42%	二级 1747241
		三级 35%	三级 28%	三级 873621

1955 年土丝购销价格一览表

表 7-2-15　　单位：市两

品名	等级	收购价（元）	销售价（元）
细土丝	甲级	40.6	50.7
	乙级	38.6	48.1
	丙级	36.6	45.6
	丁级	35.1	43.7
	次上	33.6	41.8
	次中	32.6	40.6
	次下	31.1	38.6
双经细丝	甲级	42.3	52.8
	乙级	40	50
	丙级	37.8	47.2

续表 7-2-15

品名	等级	收购价	销售价
双经细丝	丁级	36.1	45
	次上	34.4	42.8
	次中	32.5	40.4
肥土丝	甲级	36.1	45
	乙级	34.6	43.1
	丙级	33.1	41.1
	丁级	31.6	39.2
	次上	30.6	38
	次中	29.6	36.8
	次下	28.1	34.8
中贯丝	甲级	37.1	46.2
	乙级	35.6	44.4
	丙级	34.1	42.4
	丁级	32.6	40.6
	次上	31.6	39.2
	次中	30.6	38
	次下	29.1	36.2

1955 年毛鸭毛鸡收购价格一览表

表 7-2-16　　单位：元／市斤

	一级	二级	三级	四级	五级
毛鸭	4.5 斤以上	4 斤以上	3.5 斤以上	3 斤以上	2.5 斤以上
	0.51	0.48	0.43	0.38	0.33
毛鸡	3 斤以上	2.5 斤以上	2 斤以上	—	—
	0.62	0.6	0.55	—	—
公鸡	3 斤以上	1.5 斤以上	—	—	—
	0.5	0.46	—	—	—
阉鸡	3.5 斤以上	3 斤以上	—	—	—
	0.6	0.55	—	—	—

1955 年油菜籽收购价格一览表

表 7-2-17　　单位：担

出油率	收购价（元）	出油率	收购价（元）	出油率	收购价（元）	出油率	收购价（元）
25.5—28	11.35—12.22	28.52—32	12.4—13.62	32—35	13.62—14.68	35.5—40	14.85—16.43

1955 年菱角购销价格一览表

表 7-2-18　　单位：担

项目	收购成本				销售使得							每担净利（元）
	收购价（元）	支出		合计（元）	销售价（元）	费用差价					实得金额（元）	
		收购调拨5%	运费			上交区社13%	装卸费	损耗		合计（元）		
								金额	%			
青菱	2.4	0.12	0.3	2.82	5.00	0.65	0.2	0.11	2.2	0.9	4.04	1.22
浆菱	2.6	0.13	0.3	3.03	5.00	0.65	0.2	0.5	10	1.35	3.65	0.62
栈菱	3.2	0.16	0.3	3.66	6.30	0.82	0.2	0.63	10	1.65	4.65	0.99
风菱	4.2	0.21	0.39	4.8	8.00	1.04	0，28	0.4	5	1.69	6.31	1.51

1955 年小湖羊皮收购价格

表 7-2-19　　单位：张

品名	头路（元）	二路（元）	三路（元）
小湖羊皮	2.47	1.98	1.48

1955 年盐、酒、烟三业改造基本情况表

表 7-2-20

地点	行号	从业人数	月营业额（元）	资本额（元）	每月开支（元）	营业形式
徐家庄	广大	1	420	251	43	卷烟零售店
	赵亿顺	1	342	157	31	卷烟零售店
	沈炳记	1	255	80	28	卷烟零售店

续表 7-2-20

地点	行号	从业人数	月营业额（元）	资本额（元）	每月开支（元）	营业形式
徐家庄	金茂兴	1	390	64	45	卷烟零售店
	黄裕昌	1	310	197	28	卷烟零售店
	沈馥记	1	393	206	46	卷烟零售店
	徐国贞	1	450	75	42	卷烟零售摊
	李阿和	1	95	30	11	卷烟零售摊
	费阿香	1	207	74	23	卷烟零售摊
	胡妙连	1	170	34	20	卷烟零售摊
	沈魁记	1	450	293	48	盐零售店
	方源隆	1	477	390	65	酒零售店
徐家庄	万大生	1	456	270	63	酒零售店
	楼德顺	1	360	510	55	文具百货零售店
湖墩桥	德昌	1	234	52	26	烟、盐零售店
	宝记	1	211	106	25	烟零售店
	沈宝顺	1	215	200	36	酒零售店
	寿记	1	169	112	24	酒零售店
油车桥	陈丫头	1	360	510	55	烟、酒零售店

1958 年后下伸商店分布情况一览表

表 7-2-21

村（生产大队）	经营范围	经营地址
钱塘大队	生活日用品	钱塘湾
杨家坝大队	生活日用品	渔郎
石屑兜大队	生活日用品	石屑兜观音堂
木桥头大队	生活日用品	木桥头东
栖丰桥大队	生活日用品	栖丰桥东朝南
北圩大队	生活日用品	北圩二队
湖墩大队	生活日用品	湖墩桥北

续表 7-2-21

村（生产大队）	经营范围	经营地址
东溪大队	生活日用品	坝桥南
三来大队	生活日用品	庙西杨家泰家
夏家大队	生活日用品	西白马、麻师太堂
茅林大队	生活日用品	茅林庙
天皇殿大队	生活日用品	天皇殿庙
米世大队	生活日用品	坝头尖角堂、大队旁

公社化时期

1958 年 5 月，徐家庄供销合作社更名“禹越供销合作社”。是月，高桥供销合作社成立。10 月，禹越、高桥两乡合并成立高桥人民公社。国营商业、供销合作社、合作商店实行“三线合一”，原徐家庄、油车桥 2 个基层供销合作社合并，成立“高桥人民公社供销部”，址设湖墩。同时，下伸农村的小商小贩并入供销部，成为农村商业网点。粮食征购实行大包干，“一定五年”，增产不增购，减产不减免。1959 年的“大跃进”“放卫星”思想，也影响到商贸业，如高桥供销部直接用“估田收稻草”“估荡收菱”方式付货款，是年收购估田稻草 2 万元，估荡收菱 6 万元，造成亏本。至 1960 年，商品严重短缺，供不应求。

1961 年，国家对农副产品实行统购、定购政策，执行统购的有粮食、棉花、油料，定购的有黄麻、牛皮等。对小商小贩调整体制，恢复合作商店。对生活必需品实行凭票、凭证和定量供应，商品数量达 90 多种。是年，县粮食局在境内设立“禹越粮食管理所”和“高桥粮食购销管理站”。1962 年 5 月，基层供销合作社再次调整，禹越、高桥、勾里、士林、梅林、高林、新联 7 个基层社并入新市供销社，成为新市供销社的分社。是年春茧开始，对蚕茧收购实行奖售政策，每投售 50 公斤，奖售化肥 100 公斤、棉布 10 市尺、煤油 4 斤。每超出 50 公斤，奖售绸缎 20 市尺。6 月份对畜产品也实行奖售，毛猪白肉 35 公斤以上，奖布票 3 尺、饲料票 40 斤；白肉 32.5 公斤以上，奖布票 2.8 尺、饲料票 37 斤；白肉 17.5 公斤以上，奖布票 1.5 尺、饲料票 20 斤。年底，大部分商品恢复敞开供应，凭票、凭证和定量供应商品数量缩小到 30 多种。1963 年，禹越分社从新市供销社划出，恢复“禹越供销合作社”；1964 年，高桥分社从新市供销社划出，恢复“高桥供销合作社”。其时，供销合作社已经形成固定规模，下设四个部门：生产资料部，负责农业生产资料供应；副食部和棉百部，负责生活资料供应；收购部，负责农副产品、废品收购。1965 年，供销合作社推广“三水一绿”植物（水浮莲、水花生、水葫芦、绿萍），增加肥源，支援农业生产。粮食征购实行“一定三年不变”政策，至 1971 年改为“一定五年不变”。

1969 年，基层供销社由当地人民公社革命委员会一元化领导。同时，合作商店改为“三代”商店，即代购、代销、代营，资金由供销合作社铺底，提取一定比例手续费作为费用开支和报酬。至 1971 年，下伸在生产大队的合作商店，改为由大队管理的代购代销点。1972 年，蚕茧收购实行以干壳量分级定价。1979 年 6 月，德清县在高桥天皇殿茧站试点，试行社队烘茧，干茧买卖。“文化大革命”期间，市场供应再度紧张，凭票、凭证、限量供应商品范围再次扩大。

1950—1979 年生产资料供应主要商品增加趋势

表 7-2-22

年度	1950	1951	1952	1953	1957	1959	1969	1973
主要商品	少量化肥	化学农药	喷雾器	喷粉器	草籽种	氮肥 磷肥 钾肥 小农具	农用薄膜	复合肥

1950—1989 年生活资料供应主要商品增加趋势

表 7-2-23

时间	主要商品
1950—1956	食盐、食糖、火柴、水产品 卷烟、酒、煤油、肥皂 棉布、胶鞋
1957—1980	絮棉、化纤布 呢绒、绸缎、日用陶瓷 手表、缝纫机、自行车、收音机
1981—1985	日用杂品 电风扇、录音机、电视机、电冰箱、洗衣机

1960年一季度德清县商业局下达高桥供销社副食品采购数量

表 7-2-24

生猪（头）	菜羊（头）	家禽（只）	鲜蛋（担）	淡水鱼（担）	绵羊收购价格（元/担）		
					毛重80斤以上	毛重60斤以上	毛重40斤以上
141	200	2200	50	2800	30	27	24

1960年二季度德清县商业局分配高桥供销社商品数量

表 7-2-25

食盐（担）	农用盐（担）	糖精（斤）	肥皂（箱）	铅笔（万支）	墨水（打）	活扳手（把）	灯管（支）	电灯泡（个）	合页（打）
530	220	6	110	65	100	10	3	300	60

1960年一季度德清县商业局分配高桥供销社卷烟数量

表 7-2-26

类别 / 月	合计（条）	乙级	丙级	丁级	戊级
		金奖	雄狮　万象 黄金龙	栈桥　乾坤 红三星	双鱼
一月	2000	20	930	500	550
二月	2000	20	930	500	550
三月	4900	50	1550	1700	1600

1960年德清县商业局分配高桥供销社春花肥料数量

表 7-2-27

种植面积（亩）	化肥分配数量（担）				上年调拨	今年一月
	氮肥	磷肥	钾肥	合计	氮肥（担）	氮肥（担）
10960	574	130	50	754	202	400

1960—1979 年全年平均粮价

表 7-2-28　　　　单位：元／担

时间	购销	早籼	晚粳	糯米（谷）	小麦	黄豆	油菜籽
1960	购稻谷	7.40	10.20	11.20	9.40	15.00	70.00
	销大米	11.15	13.05	14.20	10.30	14.40	62.00
1965	购稻谷	8.70	10.20	13.00	11.40	15.00	70.00
	销大米	12.20	13.70	18.70	11.40	15.00	75.00
1979	购稻谷	11.7	13.60	15.90	15.70	23.50	106.00
	销大米	13.80	15.80	18.70	13.00	15.50	75.00

1965 年粮食征购任务基数

表 7-2-29

征购 公社	一定三年征购基数（担）		
	合计	征购基数	超产增购数
高桥公社	55678	39296	16503
禹越公社	22461	15461	7000

1971 年粮食征购任务基数

表 7-2-30

征购 公社	一定五年征购基数（担）			油菜籽数
	合计	征购基数	加价 30%数	
高桥公社	55678	50268	5500	990
禹越公社	22461	20161	2300	800

1969 年部分商品分配情况

表 7-2-31

县分配商品	单位	禹越供销合作社	高桥供销合作社
等外级棉花	担	5	6
绵胎用纱	包	2	2
红麻	担	26	28

续表 7-2-31

县分配商品	单位	禹越供销合作社	高桥供销合作社
土麻布	疋	200	200
国产手表	块	32	32
进口手表	块	2	2
玻璃	平方米	80	100
蚕用尼龙纸	吨	1.3	1.5
草席	条	360	360
电耕犁用长筒靴	双	4	12
劳动手套	打	25	25
轻快靴	双	75	90
松木	立方米	14	19
水泥	吨	8	9.5
木材	立方米	7	13
麻绳	担	6	6
毛竹	支	2050	1940
蚕扁	只	200	300
打稻机	只	5	10
风车	部	0	5
石灰	吨	30	40
漂白粉	市斤	500	700
电灯泡	只	280	600

1960—1969 年废旧物资收购手续费率

表 7-2-32

品名	手续费率（%）	废旧物资品种
有色金属	6	铜、铝、锡、铅
黑色金属	12	生铁、熟铁、锅铁
废旧铁皮	5	铁桶、黑白铁皮

续表 7-2-32

品名	手续费率（%）	废旧物资品种
人发	8	辫发、泡发、剪发、人发渣
牛羊油	6	工业用油脂
废塑料	11	各种尼龙薄膜、各种塑料制品
其它	14	杂瓶、玻璃、橡胶、废纸、废棉、杂骨、废麻、破布鞋

1966 年天皇殿茧站试点情况一览表

表 7-2-33

分期	蚕种（张）	收购鲜茧		烘干茧			干茧款（元）		干茧价格（元/担）	折合鲜茧价格（元）
		数量（担）	其中上茧（担）	数量（担）	其中上茧（担）	上茧烘折（斤）	合计	其中上茧		
春茧	1032	748.9	685.4	298.6	273.5	249.6	103004	97070	355	142
夏茧	371	205.6	167.6	80.6	65.9	251	28616	24980	379	150
中秋	649	309.2	299.9	127.4	123.8	241.7	43831	43169	349	144
晚秋	165	73.7	58.8	30.7	24.6	236	11455	10060	408	172
合计	2217	1337	1211.7	537.3	487.8	248.4	186906	175279	359	145

1970–1979 年上茧牌价（干壳量）

表 7-2-34　　单位：元／担

等级 干壳量／克	一	二	三	四	五	六	七	八	九	十	十一
	9	8.8	8.6	8.4	8.2	8	7.8	7.6	7.4	7.2	7
1972 年	150	145	140	136	132	128	124	120	117	114	111
1979 年	189	183	177	172	167	162	157	152	148	144	140

1970—1979年下茧牌价

表7-2-35 单位：元／担

年度	等级	双宫	次茧	黄、柴、串	印、烂、薄	蛾口、削口	鼠口
1972年	一	102	95	77	33	367	312
	二	95	88	69	26	354	300
	三	88	81	61	17	341	288
1979年	一	127	118	92	40	440	374
	二	118	109	83	30	425	360
	三	109	101	73	20	409	346

1962年农副产品收购奖售化肥情况

表7-2-36

公社	单位	猪羊收购奖售	油菜籽收购奖售	春茧收购奖售	夏茧收购奖售	秋茧收购奖售	合计
高桥	担	2	30	2236	420	500	3188
禹越	担	2	25	1014	157	160	1358

1962年夏收夏种生产资料供应情况

表7-2-37

品名	单位	高桥公社	禹越公社
木犁	只	20	9
犁头	只	110	38
锄头	把	340	350
铁耙	把	195	148
柄竹	支	748	803
草刀	把	1381	945
粪桶	对	19	54
粪勺	只	85	119
谷箩	对	670	477

续表 7-2-37

品名	单位	高桥公社	禹越公社
畚箕	只	981	1223
谷筛	只	437	300
领条	条	286	915
竹箹	只	1398	352
扁担	根	316	261
笠帽	顶	426	1036
车骨	节	6	16
车板	张	36	50
稻桶	只	41	28
风车	部	7	7
农船	只	6	10

改革开放后

1981 年 7 月起，首先在合作商店推行经营承包责任制，经营额与职工工资奖金挂钩。1984 年，供销系统全面推行经营承包责任制，蚕茧代收代烘业务移交德清县蚕丝公司。

1985 年，国家取消粮食统购，实行合同定购，农业税可交现金。次年起，合同定购粮食每 100 公斤，供应平价尿素 5 公斤，1987 年增加柴油 2 公斤，1988 年价外补贴人民币 4 元。

1990 年 6 月，供销合作社推出第二轮承包，采用柜台出租，缴足基数，多售多得方法。1994 年 4 月 15 日，县府下发 9 号文件，鼓励企业组建集团，推进股份制，拍卖出售小企业，实行国有民营和公有民营，合作、集体商业率先转为个私。2001 年，高桥供销合作社歇业，股份并入徐家庄供销社；2002 年，徐家庄供销合作社歇业，原有营业用房、仓库、生活用房全部拍卖出售。原有股金移交德清县供销总社，从中提出 20000 元股金，重新设立“德清县东佳供销有限公司”，实行公司化经营。稍后，茧站、粮站亦分别于 2004 年和 2007 年歇业退出市场。供销社、茧站、粮站人员或分流，或内退，或解除合同，房屋或出租，或拍卖，徐家庄茧站卖价 140 多万元，天皇殿茧站卖价 80 多万元。至 2009 年，镇境所有国有、集体，合作商贸服务部门全部转为个体私营。

1983 年禹越供销合作社清股、扩股、增股统计表（一）

表 7-2-38

大队	农户总数	原有股金			清股				扩股	
		入股农户	股数	金额（元）	清股农户	已清股数	金额（元）	占比（%）	扩股户数	金额（元）
钱塘	290	207	419	2099	266	420	2091	99.8	38	79
道场	143	88	106	533	116	106	523	100	47	148
杨家坝	326	261	449	2253	300	736	2240	99.6	45	116
徐家庄	133	95	167	833	122	166	832	99.9	36	100
坝里	321	228	434	2171	298	431	2156	99.3	40	95
木桥头	575	380	674	3368	477	669	3347	99.4	61	154
石屑兜	334	214	326	1628	259	320	1598	98.2	147	670
九里港	130	86	127	637	102	127	637	100	48	222
栖丰桥	294	205	296	1483	211	295	1475	99.5	11	20
北圩	203	145	236	1180	175	230	1157	98	26	72
水产	43	—	—	—	—	—	—	—	—	—
合计	2792	1809	3238	16188	2326	3214	16069	99.3	499	1680

1983 年禹越供销合作社清股、扩股、增股统计表（二）

表 7-2-39

大队	新增股			新老股合计				增扩股户数	
	新增农户	新增股数	金额（元）	入股农户	股数	金额（元）	占比（%）	增扩户数	占比（%）
钱塘	7	7	35	273	441	2205	94.2	45	15.5
道场	23	24	120	139	160	801	97.2	70	49
杨家坝	32	33	165	332	504	2522	101	77	23.3
徐家庄	6	6	30	128	193	963	96.2	42	31.6
坝里	25	26	130	323	476	2382	100.2	65	20.2

续表 7-2-39

大队	新增股			新老股合计				增扩股户数	
	新增农户	新增股数	金额（元）	入股农户	股数	金额（元）	占比（%）	增扩户数	占比（%）
木桥头	2	2	10	479	702	3511	83.3	63	11
石屑兜	55	63	315	314	518	2583	94	202	60.5
九里港	15	16	80	117	188	940	90	63	48.5
栖丰桥	63	64	320	274	363	1816	93.2	74	25.5
北圩	25	25	125	200	271	1355	98.9	51	25.1
水产	39	49	245	39	49	245	90.7	39	90.7
合计	292	315	1575	2618	3865	19324	93.8	791	28.3

1983 年供销合作社股金情况

表 7-2-40

高桥供销合作社			禹越供销合作社		
社员数	股数	股金（元）	社员数	股数	股金（元）
3083	4577	22886	2618	3865	19324

商贸转制后

镇境商贸服务业发展缓慢。1985 年，油车桥建农贸市场，形成市场一条街。五年后，西街建成。1995 年至今，高桥新农贸市场、新丰大道、桥西新兴街区相继形成。与此同时，徐家庄农贸市场先后二次搬迁，街路逐渐建成，镇区不断拓展，商店竞相开业，市场规模扩大。据 2014 年工商管理资料显示，全镇有商贸企业和商户共 500 家，服务行业 251 家。其中，禹越综合市场 55 户，高桥农贸市场 67 户，各自然村 54 户。

2014 年末禹越镇商贸服务业统计表（据工商登记）

表 7-2-41

商　　业	户数	服务业	户数
百货零售	5	保险服务	2
金属及五金电器零售	10	文化娱乐	13

续表 7-2-41

商　　业	户数	服务业	户数
粮油零售	24	餐饮服务	125
日用杂货	26	广告、图文、摄影	3
房地产开发经营	4	银行	5
纺织、服装零售	19	供电、供水服务	2
图书文具用品零售	7	住宿服务	10
化肥农药零售	4	邮电、通讯服务	11
食品零售	230	建筑工程机械与设备租赁	1
果品蔬菜零售	34	汽车修理	6
珠宝首饰零售	3	摩托车、电瓶车修理	9
室内外装修材料零售	13	自行车修理	6
家具零售	4	投资与资产管理	13
家用电器零售	6	生活用燃料零售服务	6
建材批发零售	4	废旧物资回收	4
种子、饲料	11	理发、美容	22
肉、禽、蛋及水产品零售	42	建筑装修材料加工	7
药品零售	8	加油站	6
烟草制品零售	21	—	—
汽车销售	2	—	—
摩托车、电瓶车销售	7	—	—
网络销售	16	—	—
合　　计	500	合　　计	251

第三章　信息 物流业

第一节　邮　政

民国时期，境内邮件仰赖外埠邮路（新市、塘栖、下舍、洲泉等），均由航船带递。抗战期间，政府公文由递步哨代送。民国 29 年，德清县政府指令徐庄乡派快船一只，负责下舍、勾里、禹越、湘洋、大麻五乡政府公文递送。解放后始设邮路。

徐家庄

邮电所成立于 1956 年，原址徐家庄老街，租用民房，办理邮政和电信业务。1958 年并入高桥，所址迁至湖墩庙。1961 年 6 月，迁回徐家庄，更名禹越邮电所。1962 年 5 月，体制下放给公社，改为社办电话交换所，代办邮政业务，1965 年恢复原称。1992 年投资 20 万元，在徐家庄新大街建三楼 6 间新所房，建筑面积 750 平方米，是年迁至新大楼营业。次年安装程控交换机，总容量 720 门，实装电话用户 308 户。1997 年新建移动电话基站 1 座，数字频点 3 个，移动电话交换机总容量 1200 门，实装电话用户 770 户，其中公用电话用户 28 户。村装电话以木桥头村为最，装机户达到 61.9%。全所职工 7 人，其中营业员 3 人，机线员 1 人，投递员 2 人。有农村邮路 2 条，单程长度 42 公里，服务半径 2.4 公里。1997 年邮电营业收入 111.2 万元，邮政储蓄余额 114.5 万元。1978 开始实施邮政编码，徐家庄和高桥同为：313201。1998 年实施新编码：徐家庄邮政编码为 313213。

2000 年，邮政与电信分设，邮政以代办所体制独立经营。2007 年，高桥邮政代办所合并至徐家庄，成立禹越镇邮政所，在振兴东路租房营业。2014 年投入 260 万元，在镇西路和商益街口北侧购房 250 平方米，邮政所于是年 4 月整体搬迁。

高桥

1958 年，高桥邮电支局成立，址设湖墩庙。1961 年搬迁至油车桥公社大院内，更名高桥邮电所。次年更名为高桥公社电话交换所，兼代办邮政业务，1965 年恢复高桥邮电所名称。1993 年，在油车西街与新五公路交汇处北侧新建所房三楼 6 间、二楼 2 间，建筑面积 651 平方米，是年迁至新大楼营业。至 1994 年有职工 8 人，其中营业员 3 人，机线员 2 人，投递员 2 人。有移动电话基站 1 座，数字频点 2 个，电脑 2 台，移动电话交换机总容量 1200 门，实装电话用户 753 户，其中公用电话用户 31 户。农村邮路 2 条，单程长度 50 公里，服务半径 3.7 公里。1997 年邮电营业收入 106.2 万元，邮政储蓄余额 114.4 万元。1978 开始实施邮政编码，号码与徐家庄同。1998 年单独实施新编码：313211。

2000 年，邮政与电信分设，邮政业务合并至高桥信用社。次年分离，成立高桥邮政代办所，址设中塔北路。2007 年并徐家庄。

1997 年邮政业务一览表

表 7-3-1

乡镇	函件	包件	汇票	快递	发行	储蓄	集邮	程控电话	电报传真
高桥	√	√	√	√	√	√	—	√	√
徐家庄	√	√	√	√	√	√	—	√	√

1997 年邮政业务经济指标一览表

表 7-3-2

乡镇	装机业务		邮储业务		业务收入		
	放号（户）	完成计划（%）	余额（万元）	完成计划（%）	全年业务收入（万元）	比上年增长（%）	完成年度计划（%）
徐家庄	108	85.8	114.5	104.1	111.2	26.12	99.25
高桥	161	134.2	114.4	76.3	106.2	37.46	108.39

1997 年农村投递路线

表 7-3-3

乡镇	路线名称	单程长度（公里）	日均行程（公里）	投递工具
徐家庄	东线	29	43	自行车
	西线	13	21	
高桥	北线	29	40	自行车
	南线	26	39	

高桥邮电所农村投递路线

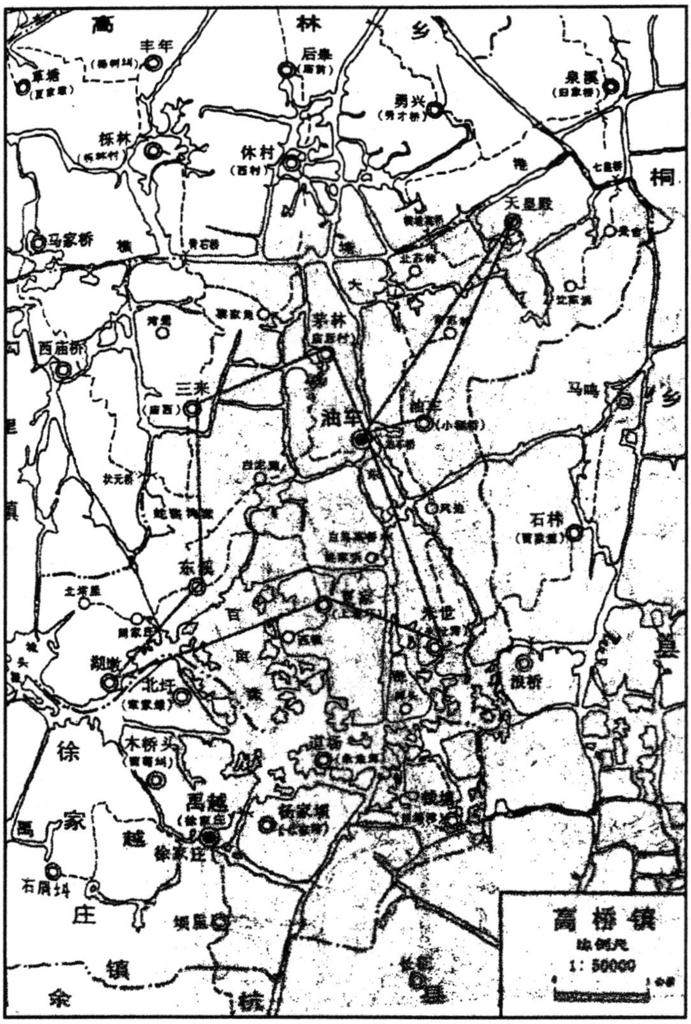

徐家庄邮电所农村投递路线

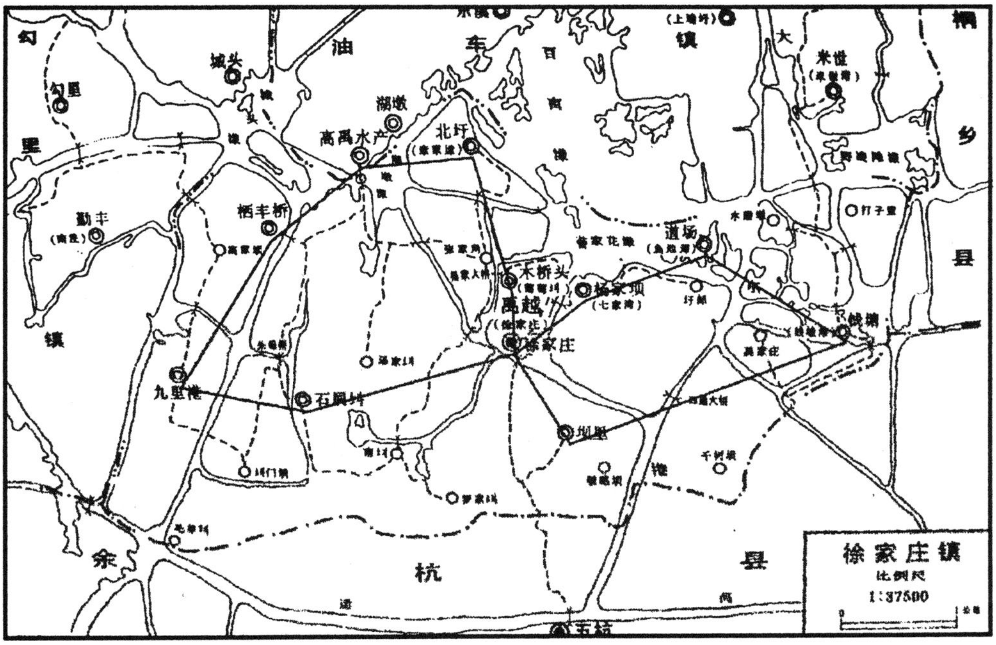

第二节　电　信

有线电话

民国 23 年，塘栖至下舍、新市架设电话线路，设立电话所。至民国 36 年，全县新架设电话双铁线 10 条，乡村电话 89 公里。其中在境域内有电话线 3 条，下舍至大麻线只是途经本境。

民国三十七年境内电话线路情况

表 7-3-4

名称	起止	途经乡	长度（公里）	电杆（根）	材质
下大路	下舍至大麻	勾里、禹越	16	496	竹木兼用
下禹路	下舍至禹越	勾里	9	279	竹木兼用
新双路	新市至双马	栎林	9	288	竹木兼用

移动电话

邮电本为一体，2000年邮政、电信分离，进而又发展到电信、移动、联通三足鼎立。

电信　2000年，镇境电信与邮政分设，电信独立经营。高桥营业厅位于油车西街232号原邮电所大楼（邮政迁出），设工作岗位5个，其中业务2人，线务2人，管理1人。徐家庄于原商益街50号邮电所大楼为电信营业厅，设工作岗位5个，其中业务2人，线务2人，管理1人。2004年两镇合并，电信所仍分两处营业，统一管理，设工作岗位6个，其中业务2人，线务2人，管理2人。2015年，新安、禹越两镇电信所统一管理，设所长1人。

镇境建有基站6个，经营业务有：固定网本地电话、国内长途电话、国际长途电话、IP电话、第二代数字蜂窝移动通信、第三代数字蜂窝移动通信、因特网数据传送、国际数据通信、公众电报和用户电报、宽带网络接入、数字电视等等。2015年，中国电信镇境营业额460万元。

移动　2004年3月，中国移动禹越营业部成立，地址徐兴路15号。2014年10月搬迁至徐兴路3号，营业面积扩大到235平方米，有职工5人，其中业务2人，线务1人，安保1人，管理1人；境内布设基站6个，代销点7家。业务范围涵盖神州行、动感地带、全球通，有语音、上网、短信、飞信、“12580”、“12593”、“139”邮箱、“12593”长途、乐信、彩信、彩铃、话费闹钟、短信回执、来电提醒、来电显示、手机视频、手机电视、手机阅读、手机报、手机游戏、手机医疗、手机支付、手机钱包、手机地图、手机证券、号簿管家、音乐随身听、无线音乐高级会员和普通会员、动感短信、动感彩信、彩信相片冲印、WAP和WLAN业务、移动宽带、移动沙龙、语音杂志、气象等。2015年，中国移动镇境营业额达到900多万元。

联通　中国联通在禹越镇尚无营业部，仅在徐家庄设2个代销点，业务上接受新市营业部管理，规模不大。

第三节　物　流

物流业集运输、储存、装卸、搬运、包装、流通加工、配送、信息处理于一体，2015年全镇从事物流企业25家，个体运输户37人，营业额2000多万元。

2014年禹越镇物流业统计表（不完全）

表7-3-5

单　位	经营内容	地址
德清宝丰冷冻冷藏有限公司	冷冻冷藏	西港村
德清云库仓储有限公司	仓储服务	欣业路153号
德清恒运物流有限公司	物资仓储服务	振兴路52号
德清杭海冷藏有限公司	冷冻加工冷藏	高桥工业区
德清县晨磊建材有限公司	黄沙、石子、水泥批发	米世村石桥头
德清县禹越镇陆通送货服务部	快递服务	商益街15号
德清县禹越镇申通快递	快递服务	商益街15号
德清县禹越镇中通快递	快递服务	育才路10号
德清县禹越镇圆通快递	快递服务	育才路10号
德清县禹越镇高桥中通快递	快递服务	夏东新村南街
德清县禹越镇高桥圆通快递	快递服务	夏东新村南街
德清县禹越镇高桥韵达快递	快递服务	夏东新村北街
德清捷通物流有限公司	道路货物运输	徐兴路
德清富捷物流有限公司	道路货物运输	徐兴路

第四章　银行　保险业

第一节　农村信用合作社

民国21年，双林乡信用合作社成立，系镇境第一个信用合作社。此后，民国28年12月，白马乡呈报建社，名为运销信用合作社，加入人员仅12名，不久解散。

解放后，在农村信用合作社尚未建立之前，镇境金融业务由人民银行下舍支行开展。1954年5月，禹越乡四村高阿毛信用互助组建立。6月，开始建立以乡镇为单位的信用合作社，全县分三批建社。境内三来乡第一批，禹越乡第二批，油车乡第三批。

1956年，油车乡与三来乡信用社合并为高桥乡信用社。1958年10月，高桥乡、禹越乡信用社合并更名为高桥公社信用部，徐家庄设信用分部。1961年6月，公社规模调整，禹越信用分部恢复为禹越公社信用社。1984年1月，改为禹越乡信用社。1991年3月更名为徐家庄信用社。1992年，徐家庄信用社下设水产村信用分社，1996年徐家庄信用社下设姚家桥分社，1998年撤销。2004年，高桥信用社并入徐家庄信用社，更名禹越信用社。2008年8月，德清农村合作银行成立，禹越农村信用社更名为德清农村合作银行禹越支行。2012年7月，更名为德清农商银行禹越支行。

行址原设镇老街东端。1996年6月，搬迁至镇政府东侧。1995年、1996年，徐家庄信用社连续两年被评为湖州市十强信用社。2010年10月25日，经市银监局批准，在镇区徐兴路建造新大楼，建筑面积3097平方米，总投资1197万元。2012年11月搬迁至新大楼营业。至2011年年底，禹越支行下辖高桥分理处1家，下设村级服务点11个，支行及分理处职工25人。2013年年末，各项存款余额 93129.34 万元，各项贷款余额 70736.98 万元。

分支机构

高桥分理处　前身为油车乡信用社，成立于 1954 年。1956 年撤区并乡，油车乡与三来乡合并后更名为高桥乡信用社。1958 年 10 月后，更名为高桥公社信用部。1961 年恢复为高桥信用社。1982 年 7 月更名为油车信用社。1984 年更名为油车乡信用社。1992 年，油车信用社下设湖墩分社和天皇殿代办处，先后于 2002 年至 2003 年撤销。1995 年，改名高桥镇信用社。2004 年，更名为禹越信用社高桥分社。2008 年 8 月，浙江德清农村合作银行成立，更名为禹越支行高桥分理处。2012 年 7 月，更名为德清农商银行禹越支行高桥分理处。

高桥分理处（高桥信用社）地址三经搬迁，2010 年迁址至高桥新兴街。

高桥（油车）信用社

表 7-4-1

年度	职工人数（人）	股金		存款总数（万元）	储蓄总数（万元）	贷款余额（万元）	累计放贷（万元）
		户数（户）	金额（万元）				
1979	7	—	不详	93	38	31.4	—
1983	—	3026	不详	—	—	—	—
1994	—	—	不详	2127.8	1874.9	1692.3	6764.7
1996	—	—	不详	3084.5	2605.3	2028.2	10307.6
2000	—	—	不详	4299.3	3652.3	2736.2	—
2004	10	—	不详	7124.1	6053.1	4946.9	—
2015	8	—	不详	43917.3	40509.9	21554	—

禹越（徐家庄）信用社

表 7-4-2

年度	职工人数（人）	股金		存款总数（万元）	储蓄总数（万元）	贷款余额（万元）	累计放贷（万元）
		户数（户）	金额（万元）				
1979	6	—	—	63.5	22.5	9.7	—

续表 7-4-2

年度	职工人数（人）	股金		存款总数（万元）	储蓄总数（万元）	贷款余额（万元）	累计放贷（万元）
		户数（户）	金额（万元）				
1983	—	2674	13163	—	—	—	—
1994	—	—	—	2704.4	2365.9	1999.4	7872.1
1996	—	—	—	3504.7	2784.4	2351.7	7734.6
2000	—	—	—	6002.1	5275.6	3303.1	—
2004	—	—	—	10547.8	8709.7	7250.5	—
2015	—	237	4876.248	121826.4	75621.2	96717.5	—

第二节　其他金融机构

湖商村镇银行

湖商村镇银行禹越镇支行成立于 2014 年 7 月 9 日，址设禹越镇徐兴南路 3 号，建筑面积 650 平方米。至 2015 年年底，存款余额 8000 万元，累计发放贷款 1.1 亿元。职工 19 人。

工商银行

工商银行禹越镇营业点开设于 2014 年 12 月，地址位于禹越镇徐兴路 18 号，营业面积 50 平方米，设自助设备 5 台，可进行存款、取款、转账等业务，称为“有人值守自助银行”。2015 年，平均每天 300 多笔业务，全年业务量超过 10 万笔。

农业银行

农业银行禹越镇营业点开设于 2014 年，地址位于禹越镇徐兴路 53 号，营业面积 50 平方米，设自助设备 3 台，可进行存款、取款、转账等业务。2015 年，存款余额 300 多万元。

1952年5月20日人民银行下舍支行生产贷款发放统计表

表 7-4-3

乡	原有户数	申请户数	批准户数	贷款金额（万元）	成分		贷款用途（户）						
					贫农户	其他户	买羊	修水车	购铁器	买小猪	修船	修蚕具	其他
禹越	1742	232	181	1452	119	62	32	28	6	—	84	49	21
油车	1183	223	208	999.5	136	72	103	45	72	1	17	135	—
三来	1684	474	304	1691	260	44	89	56	179	—	49	73	6

1952年人民银行下舍支行服务春茧收购情况

表 7-4-4

茧站	收购春茧数量（斤）	发出茧款（万元）	收储情况（斤）
徐家庄	75869	59514.28	16265
油车	79681	62048.88	10512
西庙桥	69151	52407.19	13636

1953年人民银行下舍支行桑苗、桑肥贷款发放

表 7-4-5

乡	桑肥贷款		桑苗贷款	
	贷款户	贷款数量（万元）	桑苗亩数	贷款数量（万元）
禹越	601	2584	522	850
油车	791	3560	404	550
三来	893	3117	616	800

1954年7月人民银行下舍支行收放贷款及公债发放情况

表 7-4-6　　单位：万元

乡	本月收贷	本月放贷	本月余额	收回公债
禹越	78	780	4798	7063
油车乡	119	148	2715	3716
三来乡	136	802	6852	3880

第三节 货 币

民国初，镇境银两、银圆、银角、铜圆、铜钱混用。

铜钱 又称铜钿。传统货币，历时久远，铜质圆形，中有方孔。民初清代铜钱合用，以乾隆、光绪年号最多。铜圆上市后，每10枚换铜圆1枚。

铜圆 俗称铜板，圆形无孔。光绪廿六年所铸“光绪元宝”，每枚当制钱10文。三十一年所铸“大清铜币”，规定每枚当10铜圆（100铜钿），100枚换银圆1元。然宣统三年贬值，1银圆需135枚抵值。民国5年后，各省私铸铜圆量轻质劣，故民国10年，省颁铜圆入境限制令，每人限带1000枚，逾量没收充公。民国24年11月，法币取代铜圆，每300枚换法币1元，然市场仍有流通。直至1950年始停用。

银两 清末民初，官府征税一两以上用银，一两以下银钱通用。制钱1000文兑银一两。银两本位以下为钱、分、厘、毫。实银分元宝、中锭、锞子、福珠四种。虚银称规元，系商号记账货币，实银1000两折规元1075.5两。民国初，钱庄统一用银圆记账，本地商号与上海划汇，须用规元兑换，比价多在1∶138上下浮动，以沪上钱市挂牌为准。民国22年，国民政府废用银两，虚实银全部退出市场。

银圆 又称银洋。清咸丰后，墨西哥鹰洋由丝茧贸易流入镇境，与银两同时流通。清光绪十五年，清政府铸“光绪元宝”（俗称龙洋），宣统二年定为国币，重库平7钱2分，成色90%。民国元年，南京造币厂铸孙中山头像开国纪念币（俗称孙洋）。民国3年，北洋政府铸袁世凯头像银圆（俗称袁洋、袁大头），成色89%。此后，国民政府于16年仿铸中山开国纪念币，22年铸船洋，成色均为88%。商汇时，因成色不同，有升水、贴水之分。如民国6年，100鹰洋换龙洋须升水2角5分。民国24年11月，国民政府发行法币、银圆不再流通。

银角 清光绪十六年，始由广东铸币局铸5角、2角、1角、5分四种银质辅币，俗称角子，成色82%。民国3年，北洋政府发行5角、2角、1角三种银辅币，法定10角等银圆1元。镇境流通多为湖北、江南局所铸。民国6年末，银圆升值，100银圆兑银角1121枚；18年12月，可兑1130枚；22年10月，可兑1157枚。民国24年，法币1元兑银角12角。翌年，国民政府发行镍、铜、纸辅币，银辅币逐步退出流通。

可兑银纸币　民国元年后，交通银行，中国银行以及四明、大清、中南、浙江兴业、中央、中国实业等银行所发行纸币，均可兑换银两、银圆。民国23年，因白银大量外流，次年11月4日，宣布钞票不再兑换银圆银两。

不可兑银纸币：（1）**法币：**民国24年11月，白银收归国有，以中央、中国、交通、农民四银行发行纸币为合法货币（简称法币）。面值有1元、5元、10元和20分、10分、5分镍质及1分、半分铜质辅币。法币与银圆等值。民国31年8月，法币停止使用。34年8月恢复使用。36年5月，发行1000元面额法币，尔后面额越发越大，斗米车薪，动则上亿，最终成为废纸。（2）**金圆券：**民国37年8月发行，取代法币。面额有1元、5元、10元、50元、100元五种和1分、5分、1角、2角、5角辅币五种。次年5月，发行面额100万元券，物价上涨12万倍，通货膨胀，最终崩溃。（3）**华兴券：**抗战期间伪政府发行，面额有2元、5元、10元三种，强制收兑法币，八折计算。（4）**中储券：**中央储备银行发行，面值有1元、5元、10元三种及辅币券，与法币等值使用。（5）**关金券：**民国20年，发行缴纳关税专用金券，与法币等值。31年4月，关金券升值，1元兑法币20元。（6）**抗币：**民国期间，新四军抗日民主政府发行（①苏中根据地江淮银行发行，面额1元、5元、10元。②苏浙根据地江南银行发行，面额1元、5元）抗币1元折法币5元，或中储券300元。民国34年8月，抗币1元折法币50元或中储券5000元。解放初，1元折人民币4000元（新币4角）收兑，1954年结束。

人民币　1948年12月1日发行第一套，面额为1元、5元、10元、20元、50元、100元、200元、500元、1000元9种。1950年续发5000元、10000元、50000元3种。1955年3月1日发行第二套，面额为主币1元、2元、3元、5元4种，辅币1分、2分、5分、1角、2角、5角6种。1957年增发10元1种。1962年4月15日发行第三套。主币1元、2元、5元、10元4种，辅币1角、2角、5角3种。1964年4月起，收回第二套人民币3元、5元、10元券，2000年7月1日停止流通。1987年4月27日发行第四套。主币1元、2元、5元、10元、50元、100元6种，辅币1角、2角、5角3种。1999年10月1日发行第五套。主币1元、2元，5元、10元、20元、50元、100元7种，辅币1角、2角、5角3种。

金属币 1957年12月1日，始发行1分、2分、5分铝币，与纸币同值流通。1980年4月15日，发行1角、2角、1元镍币，5角铜币。2005年，1角硬币改为不锈钢。

金融市场，关系民生。民国37年8月19日， 中央政府规定金圆券取代法币，比价为：金圆券1元=法币300万元。2元=银圆1枚。3元=白银1两。4元=美元1元。200元=黄金1克。宣布一切商品价格，不得超过8.19限价。但通货膨胀飞速，金圆券发行679458亿元，比限价时计划增发3.4万倍。

1949年5月6日，浙江省人民政府通告，人民币兑换金圆券，期限三天，比价以挂牌为准。5月10日，人民币1元兑15000元；11日，1元兑5万元；12日，1元兑10万元，此后不再兑换。德清因解放迟于杭州，故延在1950年3月执行，比价为人民币1元兑13500元，期限三天。

1950年，各级金融机构贯彻中央货币发行、财政收支、粮食进出三统一，财政收支、信贷进出、物资供需三平衡政策。同时取缔钱庄，禁止金银外币流通。

1955年3月新版人民币，兑换旧人民币。新币1元兑旧币1万元，1角兑1000元。1分兑100元。

第四节 保险机构

社会保险

1951年，中国人民保险公司在县内城关、新市开设服务处，经营强制和自愿保险业务，有财产强制、团体人身、运输、普通火灾等险种。1959年停止。1980年恢复业务，险种渐增，至2010年，有险种120余个，主要有企业财产、家庭财产、人身、职工养老、个人养老、农村养老、人身意外、货物运输、船舶、机动车辆及第三者责任、农业大病医疗等。

财产强制险 1980 年改为自愿保险。

人身意外伤害险 1983 年恢复，以建筑工、矿工为主。1985 年 9 月开办师生平安险，保额 1000—5000 元，费率 1‰。1987 年开办司机、乘客险，保额 5000 元，费率 6‰。

养老险 1984 年开办城镇集体企业职工养老险。次年 6 月，开办乡镇企业职工养老险。1989 年 11 月，开办农村干部养老险。1990 年 1 月，开办农村籍义务兵养老险；同年 7 月，开办独生子女父母养老险。保费为：10 岁以下 100 元，每隔 10 岁增 100 元，交至退休年龄止。

货物运输险 1950 年开办，每 50 公里费率 0.04‰—2.4‰。1980 年恢复后，费率按水运、陆运、空运和本省、邻省、隔省、远省分档计算。

船舶险 1952 年开办木船保险。1983 年 3 月恢复，范围扩至轮船、机帆船、驳船。费率按船舶种类，船龄航行区域分档。

农业险 1983 年 6 月，试办养蚕、养兔、养鱼、育珠、奶牛保险。蚕种每张保费 1 元，保险额为春种 150 元，夏秋种 80 元，1987 年停办。

大病医疗险 1995 年 3 月推行，企业按职工工资总额 2%收取，农民以户为单位，每人每年 12 元。每户全年医药费 1000—2000 元，付 30%；2000—5000 元，付 35%；5000—1 万元，付 40%；1 万—2 万元，付 50%。

禹越镇社会保险 2015 年度完成情况

表 7-4-7

社会保险险种	2015 年度完成人数	个人缴费金额
职工养老保险	1681	在职职工：193.52 元/月 自由职业者：465 元/月
职工医疗保险	841	在职职工：48 元/月 自由职业者：170 元/月
城乡居民基本养老保险	40	100—1200 元/年
城乡居民医疗养老保险	14235	330 元/年
被征地农民生活保障制度	535	转或 24000 元/一次性

商业保险

中国人寿保险股份有限公司德清县支公司禹越镇营销服务部

2002年9月，人寿保险禹越镇营销服务部开业，址设禹越街桥堍。主要经营服务范围：对营销员开展培训及日常管理；收取营销员代收的保险费、投保单等单证；分发保险公司签发的保险单、保险收据等相关单证；接受客户咨询、投诉等。2008年，地址搬迁至市场街9号，经营范围主要为面向农村的各种保险，险种有如商业养老保险、少儿保险、理财保险、健康保险、定期寿险和意外保险等。2015年营业额（保费）53.31万元，其中：老年意外险26万元，惠民意外险9.8万元，建房意外险8万元，0—3周岁医疗险7万元，女性关爱险1.75万元，企业职工意外险0.76万元。

中国人民财产保险股份有限公司德清支公司禹越营销服务部

2009年3月，财产保险禹越营销服务部开业，址设振兴路。主要经营服务范围：对营销员开展培训及日常管理；收取营销员代收的保险费、投保单等单证；分发保险公司签发的保险单、保险收据等相关单证；接受客户咨询、投诉等。经营保险种类主要有：机动车车辆险、企业财产险、家庭财产险、货物运输险、健康险、责任险、政策性农业保险、政策性农房保险等几十个险种。年保费收入，2009年不足100万元，至2015年已达到1300余万元。开业以来，累计理赔2000多万元。

第八卷　城　建

第一章　城　镇

本章记述禹越镇区、高桥集镇及农村建设。其中水闸见农机水利卷。

第一节　镇　区

沿革

老街西头保安桥重修于道光戊戌（1838），由此推测或在清代中叶已逐渐形成集镇。然据民国《德清县新志》载，徐庄向为乡村小集市，直至解放，未形成集镇格局。时镇区沿市河东西伸展，西起小桥头，东至八角桥。沿河北岸以条石砌驳岸，店铺作坊临河而建。东西一字街道，石板路面，长不足百米，宽两三米而已。永明桥南有禹王庙，见旧志。

1958 年后，镇区市河西起小桥头东至八角桥一段被填平，开始向南拓展。次年，在西公港东扎门湾港北岸建造蚕茧收烘站。小桥头西北侧建小学分部，1963 年又续建 5 间平房。在东南部的永明桥周边建造生产资料部仓库、农副产品收购站、轮船码头、粮管所和粮食仓库等。1960 年后，街北徐家祖居后建造公社大会堂，其中会堂 9 间。楼房 2 间，作为公社办公用房。公社往南至街口道路，乃昔日徐家和沈家之间弄堂，石板路长 60 米，宽 2 米。

“文化大革命”中期，卫生院搬至小桥头西侧。1983 年，禹越中心学校平房改建为楼房。1986 年，禹越中学整体搬迁至蔬菜厂西面砖桥南桥堍东侧。1989 年，禹越乡政府搬迁至禹越桥南，1990 年，小桥头南侧公路桥（前进桥）建成通车。1993 年，东面坝里西桥建成，镇区向东南发展工业区。1995 年，镇区西大桥（太平桥）及镇区南永安桥建成通车，2000 年，禹越汽车站投入使用。从此形成新镇规模。

建成区

2005 年 1 月，禹越镇总体规划经县政府批准实施。

截至 2015 年，镇区总面积为 3.5 平方公里。建成区东至大东港，南至余杭界，西南至新五公路，西北至杨禹公路，北面覆盖木桥头村大部。镇区南部、东南、西南形成 2 平方公里的工业集中区。镇区扎门湾港以东至邓介坝港桥西，南至振兴路，为传统商业集中区。扎门湾港西，沿禹越大道两边，南至余杭界，北至南横港桥为新发展区域，集行政、文化教育、医药卫生、市场、民居于一体，面积约 1.5 平方公里。镇北木桥新路南北两边，除东北为教育区块外，其余均为民居。

道路桥涵

道路　镇区道路以镇西路和振兴路为主轴。其中南北走向主要有 4 条：徐兴路，市场街，滨江路，镇西路。镇西路于 2013—2015 年，拓宽改造为禹越大道，并南北两头延伸。

东西走向主要有 5 条：禹越街，育才路，商益街，振兴路，杭海路。（参见《建置 · 路名》）

禹越镇区道路建设一览表（2015 年）

表 8-1-1

路名	路长（米）	路宽（米）	路面结构	建设时间
徐兴北路	440	21	水泥浇筑	1986 年开发，1999 年改造
徐兴南路	722	12	沥青浇筑	1993 年
禹越街	650	21	水泥浇筑	历史老街，1959 拓宽改造
育才路	290	14	沥青浇筑	1989 年开发
商益街	290	18	水泥浇筑	1995 年
群益街	110	18	水泥浇筑	1995 年

续表 8-1-1

路名	路长（米）	路宽（米）	路面结构	建设时间
市场街	200	18	水泥浇筑	1995 年
禹越大道（镇区部分）	2400	40	沥青浇筑	2005 开发，2014 年改造
振兴路	2118	30	沥青浇筑	2001 年
滨江路	890	30	水泥浇筑	2003 年
杭海路	1386 1300	30	东段水泥 西段沥青	2003 年 2014 年向西延伸至禹越大道
杭海支路	460	12	沥青浇筑	2004 年
曙光路	979	16	水泥浇筑	2003 年
春晖路	884	16	沥青浇筑	2004 年
横塘路	480	16	水泥浇筑	2003 年
横塘支路	200	16	水泥浇筑	2003 年
东港路	860	12	沥青浇筑	2004 年
杨禹公路	2550	16	沥青浇筑	1996 年开发，2012 年改造
木桥路	750	16	沥青浇筑	2015 年

桥梁　镇区原有桥梁仅老街西头保安桥和东头八角桥。东南的永明桥和西南的砖桥，向属连接外界。1960 年后，逐步新建人民桥、禹越桥、前进桥、育才路桥、商益街桥、坝桥、太平桥、永安桥、坝里西桥。其中人民桥、太平桥、坝桥还经历二次改造，加宽加固，以适应载重汽车通行。（详见《交通》）

涵道　传统街区设下水道，俗称“阴沟”，雨水直排河滩。1999 年禹越街和徐兴北路改造，始埋地下下水道，总长约 1000 米。禹越街两边开挖阴沟，砖砌沟道，上覆漏水篦子；徐兴北路埋设砼管，窨井沟通地面，下水、排污兼用。2000 年起，镇区外扩，地下涵道逐步规范，下水、排污、通讯线缆、供电电缆等地下通道日趋完善，据 2015 年地下城乡测绘所对镇区（除老镇区）道路下水、排污管线探测，测得地下管线总长度 16.741 公里，其中雨水管线长度 10457.4 米，污水管线长度 6238.6 米。各路段设置窨井 762 个。

禹越镇（新区）地下涵道分布表

表 8-1-2

道路	排污道	下水道	通讯用窨井（个数）	供电用窨井（个数）
	窨井个数	窨井个数		
镇西路	57	108	50	24
振兴东路	90	90	—	—
振兴西路	16	16	—	—
杭海路	106	106	—	—
杭海支路	14	14	—	—
曙光路	16	16	—	—
横塘路	24	24	—	—
横塘支路	8	8	—	—
滨江路	50	54	—	—
越城花苑	6	79	—	—
香堤湾	—	20	—	—
商益西路	18	16	—	—

房产与开发

1985 年，镇区长期居住 100 户 425 人，居住用地 83 亩，人均宅基地 32.8 平方米。1993 年，禹越镇区居住人口 1000 人，实有建筑面积 17.2 万平方米，其中住宅建筑面积 4.6 万平方米，使用面积 3.1 万平方米，居住面积 2.1 万平方米，人均居住面积 11.5 平方米。镇区商品化房产开发于 2007 年起步。此前，房地产均由政府规划征地，然后出售给当地农民自建，逐渐形成新的街道和市场。

楼盘开发

房产公司开发楼盘表

表 8-1-3

名称	开工时间	竣工时间	占地面积（平方米）	建筑面积（平方米）
越盛房产	2007 年 9 月	2013 年 12 月（农贸市场、1—10 号楼、11、12、14、15 号楼）	32868.89	45623.76
德华香缇湾房产	2011 年 3 月	2014 年 12 月	72134.8	54949.61
越兴华庭	2013 年 3 月	2015 年 1 月	3007	6000
明瑞房产（越丰广场）	2014 年 5 月	2016 年 12 月	15593	27998

第二节　高桥集镇

沿革

高桥集镇，亦称油车高桥，集市形成于清末至民国初，初始仅桥东南北几家小店，直至解放。解放后因设乡政府，集镇逐步发展，至 1961 年，有完全小学、卫生院、信用合作社、粮食收购站、农产品收购站、供销合作站等建筑。1962 年后，先后建成办公楼 6 间、公共厕所 2 间，以及邮电所、公社食堂。粮站仓库、简易码头、露天轮船码头。

“文化大革命”前，集镇街道仅桥东百米，店面南北相向。1972 年填平桥堍东滨兜，街道始有所延伸。

1982 年，油车高桥改建为钢筋水泥拱桥，集镇街道同时浇筑。1985 年，油车乡政府征用农田 3.5 亩建农贸市场，形成老菜场一条街。此后，农机修理站、建筑社、邮电所、招待所、电影院、公社会堂、广播站等陆续建成。

1990 年以后，在油车高桥西建造新街，并沿徐新公路两旁向南发展与新大桥沟通，形成河两边环形街区，2004 年后，镇区河东为高桥村，河西为夏家村。此后至 2015 年，形成东至小福桥，南至北丰边—西白马，西至韩家桥，北至荡湾里，方圆约 1.8 平方公里新区域。

开发区

位于集镇西南部，征用夏家村土地 500 多亩，填平东荡湾和西荡湾两处水面 200 多亩，总面积约 0.6 平方公里。其中：中塔南路长 650 米，宽 16 米；欣业路长 800 米，宽 12 米；丰边角路长 200 米，宽 12 米；西南路长 550 米，宽 9 米。铺设地下排污、排水系统涵管 2600 米，窨井 38 个。地面高压架空线路供电系统，变压器 12 台；绿地面积 6000 平方米。引进企业 12 家，建筑面积 36590 平方米。

道路桥涵

高桥集镇以桥命名，旧时仅一座油车高桥而已。1995 年虽然新建公路大桥，但集镇区域内也就只有一港二桥。

道路

1998 年高桥集镇道路分布情况

表 8-1-4　　单位：米

道路名	方　位	路面结构	长	宽
中塔路	南至工业区—北至油车西街	沥青	960	12
沿河东路	南至油车大桥—北至油车高桥	混凝土	380	4
沿河西路	南至制药厂—北至高桥茧站	混凝土	300	6
环城东路	南至米世路—北至油车村	沥青	380	12
鑫丰路	南至鑫丰集团—北至自来水厂	混凝土	380	12
油车西街	东至油车高桥—西至新五公路	沥青	150	12
油车东街	东至油车村—西至油车高桥	混凝土	150	10
劳动街	东至鑫丰路—西至沿河东路	混凝土	150	10
新兴街	东至环城东路—西至中塔路	沥青	380	12

涵道

高桥集镇地下涵道分布情况

表 8-1-5

地下设施	桥西道路	桥东道路	小学	中学	市场	开发区
涵道（米）	360	280	250	680	260	2100
窨井（个）	16	10	13	25	8	38

房产开发

高桥集镇房地产开发基本由政府规划征地，然后以单位集资形式建房分配给职工居住，是为集体宿舍楼。同时，规划开辟新街道，也征地出售给当地农民自建临街房产，逐渐形成新的街道和市场。

1985 年，油车乡政府征用米世牌头农田建农贸市场的同时，在市场两边出售部分土地给当地农民建房，形成了老菜场一条街。

此后至 1995 年，先后在集镇周边 4 次征地 8.82 亩，形成桥西一条街及农贸市场新区。1995 年后，为开发桥西新街区，先后 3 次征地 30 多亩，售给当地农户建房，形成新兴街区。

2013 年，高桥村在原村丝厂位置开发房产 3000 平方米，销售收入 700 多万元。（参见《民生·居住》）

第三节　公共建设

1995 年前后所建集体房屋如乡镇企业、村办企业、二轻企业、供销社、综合商店、茧站、影剧院等，均已出售转为私人资产；另如政府宿舍楼、学校宿舍楼、粮站、信用社等公共建筑资产，或出租，或在评估转让中。其余公共建筑，据 2015 年统计列表如下。

禹越镇历年公共建设项目统计表

表 8-1-6

项目	年份	占地面积（平方米）	建筑面积（平方米）	投入资金（万元）
镇政府	2002	15333	4069.51	505
	2014	564	1595	373
禹越中学高桥校区	2000	23949.9	7301	586
禹越中学徐家庄校区	1994	6587.5	5317	—
徐家庄中心小学	2015	19400	9136	—
高桥中心小学	1992	5917.8	3650	—
禹越成校	—	2134	1056	—
徐家庄中心幼儿园	2003	4862	1608	150
高桥中心幼儿园	2001	4876	1054	120
禹越卫生院	1998	2000	2820	111.8
高桥卫生院	1997	1024	1940	98
禹越自来水厂	1995	5367	430	160
禹越污水处理厂	2007	10000	1000	3073
禹越供电所	2005	5100	4700	700
禹越派出所	—	2650	1093	324.6
广电站	2010	300	750	150
原高桥农电站	1993	150	336	—
高桥邮电所	1993	250	450	—
徐家庄邮电所	2014	125	250	300
徐家庄农贸市场	2008	1638	1638	280
高桥农贸市场	2012	1200	1200	230
禹越镇中心公园	2013	7000	—	132
禹越镇居委会	—	600	1200	——
徐家庄河滨公园	2015	8000	—	240
徐家庄停车场	2013	420	—	11
垃圾中转站	2014	250	50	50
高桥垃圾中转站	2014	150	50	50

天皇殿村历年公共建设项目统计表

表 8-1-7

项目	年份	占地面积（平方米）	建筑面积（平方米）	投入资金（万元）
办公楼	2008	320	640	65
老年活动室	2011	400	400	18
粮食产业区生产用房	2010	750	1500	125
天皇殿公园	2011	1800	1800	60
中格局园区建设	2011	200	200	360
中心村配电房	2012	106	106	9
永寿高桥	2014	200	200	250
幼儿园改造	2014	300	300	18
村道建设	2015	7500	7500	285
中心村	2015	800	800	9
卫生服务站	2010	200	200	3
小学	1993	6103	2200	65
永寿寺	—	4000	—	—
苏林庙	—	1200	—	—
上舍庙	—	1200	—	—
受舍庙	—	1200	—	—
总管堂	—	180	—	—
五柳庙	—	1200	—	—

三林村历年公共建设项目统计表

表 8-1-8

项目	年份	占地面积（平方米）	建筑面积（平方米）	投入资金（万元）
办公楼	2010	320	640	75
文化礼堂	2010	388	775	73
篮球场	2010	830	—	13

续表 8-1-8

项目	年份	占地面积（平方米）	建筑面积（平方米）	投入资金（万元）
门球场	2011	420	—	6.5
绿化公园	2010	6700	—	124
广场	2010	750	—	11.5
原茅林村办公楼	2003	200	400	50
原茅林村公园广场	2003	1900	—	10
原三来村办公楼	1997	250	500	25
原三来村停车场	1997	200	—	3
三来幼儿园	1988	650	480	39
老年活动中心	2005	100	100	5
卫生服务站	2005	140	140	10
中塔店面房	1995	200	200	20
原绢纺厂	1986	2700	1700	150
木鱼桥堂	—	200	—	—
三良庙	—	700	—	—
中塔庙	—	1900	1300	—
茅林庙	—	1800	1200	—

高桥村历年公共建设项目统计表

表 8-1-9

项目	年份	占地面积（平方米）	建筑面积（平方米）	投入资金（万元）
办公楼	2011	390	1170	100
老年活动室	2011	96	96	11
广场公园	2011	3000	3000	58
停车场	2011	1250	—	45
米世幼儿园	2013	200	200	37
米世老幼儿园	1999	80	80	3
原米世小学	1987	215	430	20

续表 8-1-9

项目	年份	占地面积（平方米）	建筑面积（平方米）	投入资金（万元）
米世卫生服务站	2009	180	540	48
出租房	—	5940	5940	—
白马东庙	—	1800	1000	—
观音堂	—	300	—	—
福清庵	—	250	—	—
立安庙	—	600	—	—

夏东村历年公共建设项目统计表

表 8-1-10

项目	年份	占地面积（平方米）	建筑面积（平方米）	投入资金（万元）
办公楼	2010	450	1350	150
中心公园	2005	13340	—	115
篮球场	2010	300	—	10
中心村绿化	2014	5000	—	50
卫生服务站	2001	105	105	5
东溪幼儿园	2012	200	150	75
原东溪村办公房	2005	300	500	—
原夏家村办公房	2004	250	500	—
白马西庙	—	1800	1000	—
总管堂	—	250	150	—
田圣观堂	—	1000	—	—
外观音堂	—	100	—	—
里观音堂	—	70	—	—
牡丹亭	—	340	—	—

栖湖村历年公共建设项目统计表

表 8-1-11

项目	年份	占地面积（平方米）	建筑面积（平方米）	投入资金（万元）
办公楼	2012	500	1500	217.2
幼儿园	2012	—	—	125
中心公园	2012	2500	—	55.6
乡风文明馆	2012	70	70	10.9
中心村建设	2012	—	—	138.4
生态驳岸	2012	—	—	21.2
老年活动中心	2013	130	290	8.4
卫生服务站	2007	250	400	—
湖墩小学	—	600	750	—
湖墩寺	—	960	—	—
小福庙	—	1800	1100	—
周家庄庙	—	550	450	—

西港村历年公共建设项目统计表

表 8-1-12

项目	年份	占地面积（平方米）	建筑面积（平方米）	投入资金（万元）
村委会办公楼	2006	2000	600	65
村委会会议室	2015	200	110	13
公共厕所	2007	30	20	2
汽车停靠站	2007	200	20	7
农民公园	2008	660	—	18.6
健身场地	2009	200	—	5
卫生服务站	2005	600	100	—
水月庵	—	800	600	—
屠家庵	—	800	600	—

续表 8-1-12

项目	年份	占地面积（平方米）	建筑面积（平方米）	投入资金（万元）
永静庵	—	400	300	—
观音堂	—	400	300	—
洪神堂	—	700	500	—
耶稣教堂	—	2400	1000	—

木桥头村历年公共建设项目统计表

表 8-1-13

项目	年份	占地面积（平方米）	建筑面积（平方米）	投入资金（万元）
村委办公楼	—	320	960	—
村委停车场	2015	430	250	28
老年活动室	2013	1000	320	48
卫生服务站	2007	600	240	25
村民避灾点	2015	670	500	75
车站	2003	3000	400	50
车站北出租房	2014	2000	3000	260
砖桥头出租房	1994	330	330	15
健身场地	2004	400	—	8
北横港机埠	2014	300	20	29
佛喜寺	—	3150	—	—

杨家坝村历年公共建设项目统计表

表 8-1-14

项目	年份	占地面积（平方米）	建筑面积（平方米）	投入资金（万元）
村委办公楼	2003	250	750	50
文化礼堂	2014	260	520	52
篮球场	2014	650	650	30

续表 8-1-14

项目	年份	占地面积（平方米）	建筑面积（平方米）	投入资金（万元）
老年活动室	1992	900	1500	60
幼儿园	1990	800	540	—
卫生服务站	—	120	90	—
接靖庙	—	660	—	—
东夏殿庙	—	1800	—	—

东港村历年公共建设项目统计表

表 8-1-15

项目	年份	占地面积（平方米）	建筑面积（平方米）	投入资金（万元）
村委办公楼	1991	150	300	20
老年活动室	1982	120	240	5
老年照料中心	2007	212	424	27
篮球场	2007	700	—	12
健身点	2007	100	—	3.5
中心村公园	2008	2000	—	65
卫生服务站	—	90	90	—
禹皇庙	—	810	—	—

钱塘村历年公共建设项目统计表

表 8-1-16

项目	年份	占地面积（平方米）	建筑面积（平方米）	投入资金（万元）
村委办公楼	2012	350	700	125
老年活动室	1992	1665	550	15.79
钱塘老丝厂	1993	7992	13948	127.47
乡风文明馆	2013	200	420	42
停车棚	2013	136	136	2.5

续表 8-1-16

项目	年份	占地面积（平方米）	建筑面积（平方米）	投入资金（万元）
广场	2013	660	—	8.1
中心公园	2013	2500	—	175
卫生服务站	2000	120	—	—
大吉庵	—	350	250	—
三聚庵	—	200	150	—

2004 年禹越镇区建设用地情况统计

表 8-1-17

序号	用地项目	用地情况		
		面积（平方千米）	人均（平方米）	比例（%）
1	居住用地	7.71	25.7	25.0
2	公共设施用地	12.50	41.7	40.5
3	行政管理用地	1.68	5.6	5.4
4	商业金融用地	7.51	25.0	24.3
5	医疗卫生用地	0.31	1.0	1.0
6	文化娱乐用地	0.24	0.8	0.8
7	教育设施用地	2.41	8.0	7.8
8	集贸设施用地	0.24	0.8	0.8
9	文物古迹用地	0.11	0.14	0.4
10	工业用地	2.41	8.03	7.8
11	仓储用地	1.63	5.4	5.3
12	对外交通用地	1.08	3.6	3.5
13	道路广场用地	5.54	18.5	17.9
14	绿化用地	0.31	1	1
城镇建设用地		30.87	103	—

第二章　农　村

农村建设以房屋为主。

第一节　村　庄

2004年，徐家庄与高桥合并，行政村也进行调整：镇域自然村由156个减少为143个。（参见《建置·沿革》）

2004年禹越镇各村基本情况

表8-2-1

序号	行政村	人口	居住点面积（平方千米）	自然村数
1	钱塘村	1524	6.21	8
2	杨家坝村	2531	16.7	12
3	木桥头村	3568	7.11	21
4	东港村	2137	12.17	14
5	西港村	2206	9.11	16
6	栖丰村	1711	15.63	10
7	湖墩村	1326	19.2	4
8	东溪村	1001	8.7	2
9	三来村	2128	20.8	13
10	夏家村	2450	19.9	9
11	茅林村	1764	13.0	7
12	油车村	887	9.3	7
13	天皇殿村	3349	32.5	12
14	米世村	2006	15.1	8
合计		28588	205.43	143

第二节 民 宅

镇境地下基岩松软。传统民宅砖木结构，平屋多于楼房，泥墙土瓦，间有草棚。解放后至 1977 年，农村稀有建房者。1980 年后，民宅建设勃兴，此后至 2000 年，农村建房形成高潮。

1991—1993 年油车乡住房建设情况统计

表 8-2-2

年份	年末房屋建筑竣工面积（万平方米）	实有住宅使用面积（万平方米）	居住人口（万人）	人均面积（平方米）
1991	—	83.4792	—	—
1992	0.58	84.0681	1.5082	55.74
1993	0.32	84.3931	1.5154	55.69

1986—1991 禹越乡民房建设情况统计

表 8-2-3　　单位：户

行政村	1986 年	1987 年	1988 年	1989 年	1990 年	1991 年
坝里村	42	99	49	67	44	36
木桥头村	43	16	96	104	83	92
杨家坝村	—	108	27	40	—	41
道场村	17	49	56	89	16	17
徐家庄村	15	53	28	25	25	20
石屑兜村	—	45	47	55	30	32
九里港村	—	32	47	21	32	17
栖丰桥村	—	82	35	54	—	31
北圩村	—	—	95	51	—	50
钱塘村	28	103	37	30	—	29

2002—2005 年徐家庄镇农村私人建房情况统计

表 8-2-4

行政村	2002 年		2003 年		2005 年	
	竣工面积（平方米）	投入资金（万元）	竣工面积（平方米）	投入资金（万元）	竣工面积（平方米）	投入资金（万元）
钱塘村	9700	194	4580	160.1	—	—
杨家坝村	2020	52	5150	143	—	—
东港村	10500	210	31400	942	—	—
木桥头村	30930	761.8	32145	1015.2	—	—
西港村	9600	195	6290	157.5	—	—
栖丰村	4400	88	6000	170	—	—
合计	65350	1500.8	85565	2587.8	44455	1670.9

1990—1994 五年内建设用地表

表 8-2-5　　单位：亩

年份	乡镇	国家征用	乡镇集体建设	农民建房			合计	
				户数	用地	原地拆建	三项建设	原拆原建
1990	油车	—	—	15	2.337	—	2.337	—
	禹越	2.327	—	10	1.151	—	3.478	—
1991	油车	3.655	4.1	22	4.225	—	11.98	—
	禹越	0.297	0.821	29	3.837	—	6.982	—
1992	油车	1.195	3.816	41	7.433	7.115	12.444	7.115
	徐家庄	3.091	3.105	49	6.714	6.247	12.91	6.427
1993	油车	6.84	0.222	8	1.552	2.317	8.614	2.317
	徐家庄	—	22.59	35	7.246	10.818	29.836	10.818
1994	高桥	—	—	16	3.346	5.724	3.346	5.724
	徐家庄	4.383	19.48	50	10.124	17.352	34.005	17.352

第三节 整 治

镇境村庄整治始于 1998 年，2010 年后进入高潮。

镇政府先后出台《禹越镇村庄建设长效管理工作实施办法》《全镇开展农村环境卫生集中整治活动的行动方案》《村庄环境卫生长效管理责任书》《村庄环境保洁制度》《村庄绿化养护制度》《村庄垃圾收集及清运制度》《村庄环境长效管理监督制度》《村庄保洁员工作职责》《村庄绿化养护员工作职责》《村庄垃圾清运员工作职责》《村庄环境监督员工作职责》《禹越镇村庄环境保护公约》《禹越镇农户“门前三包”责任》等文件，规范操作。

1998—2007 年，全镇共投入资金 2.6 亿元，完成了镇区及通村公路和村级公路的硬化、黑化、亮化工程。2005 年后， 12 个圩区建成 83 公里混凝土标准护岸或块石护岸；农田灌溉大面积采用地下涵道和 U 形防渗水泥沟渠。同时对全镇河道水面漂浮物、河滩垃圾、河底淤泥，进行分类治理。并在村庄、道路、河道、农田实施绿化，农村改厕 6383 户，覆盖率 100%；建设垃圾收集房 19 座，垃圾收集箱 1724 只，基本形成“户收、村集、镇运”垃圾收集体系。

第四节 新 村

最早是杨家坝村的西牌头自然村，始于农户自发搬迁，2002 年被评为德清县“最佳村庄人居环境”先进单位。2004 年夏家村继起，由村委统一规划，同时配备车路、电路、路灯、地下管道、排污设施、绿化带等设施，此后，各村效仿，至 2015 年，先后有三林、高桥、夏东、天皇殿、钱塘、木桥头、东港、栖湖、杨家坝建设中心村 12 个，规划占地面积 50 万平方米，已落成新单元 413 幢，827 户农民迁入新村。

2015 年禹越镇新农村建设统计表

表 8-2-6

行政村	建设年份	中心村位置	占地面积（万平方米）	建筑单元（幢）	落户数（户）
杨家坝	2000	西牌头	2.0	20	40
	2015	七家鱼池	2.0	8	16
夏东村	2003	白马里北	4.0	44	88
	2012	白马里北	6.6	60	120
三林村	2010	圣堂村南	4.7	30	60
	2008—2011	红旗兜	3.0	29	59
高桥村	2011	小福桥	2.7	27	54
天皇殿村	2011—2015	三房里	5.3	58	116
钱塘村	2014	莫东	0.7	5	10
东港村	2002	中潭里	8.0	60	120
	2013	杨家木桥	1.3	10	20
木桥头村	2000—2015	陈家里	5.3	34	68
栖湖村	2014	召家角	4.0	28	56
合计	2000—2015	—	49.6	413	827

第三章　水、电

第一节　供　水

镇境传统饮用河水。禹越于 1984 年始建自来水厂，油车始于次年。（参见《卫生卷·公共卫生》）

1989—1993 年农村水改情况

表 8-3-1

乡	1989 年		1993 年			
	受益人数	受益率（%）	自来水厂	受益人数	总人口	受益率（%）
高桥	9366	36.79	4	6809	15154	44.93
禹越	13349	97.5	5	13665	14262	95.81

2015 年禹越镇供水管网（直径 100 厘米以上）一览表

表 8-3-2

	管网直径（厘米）	PE 管（米）	水泥管（米）	管网总长（米）
1	400	4200	—	4200
2	300	3641	—	3641
3	250	1038	—	1038
4	200	2810	730	3540
5	160	9350	9279	19122
6	100	8239	4814	13048
合计		29278	14823	44589

第二节 供 电

1961 年 7 月，德清县第一座 35 千伏变电所建成，并于当年架通德清至新市 10 千伏线路。次年 4 月 24 日，新市至高桥和禹越线路架设完成。6 月 9 日正式通电。是年，境内开始建设电灌机埠。第一期国家投入资金 22.35 万元，共建设电灌机埠 15 座，其中高桥 11 座，禹越 4 座。（详见《水利》）。与此同时，照明线路进村入户，由各个机埠就近辐射至各自然村。

1970 年后，新市至境内 10 千伏线路大修，将木电杆更换成水泥杆，木横担更换成瓷横担。1980 年后，“二线一地制”改为三相线。并将原 A 型铝导线更换成LGJ型钢芯铝绞线。提高了安全度。

随着企业增多，用电量日增，1990年后，县三电办对乡镇用电统一分配，经常拉闸调峰供电，企事业单位纷纷自备发电机组，油车乡政府还于1993年出资101万元，与莫干山能源开发公司合资办电厂，享受电量为每万元19500KWH／年，享受期限20年。

1990年电力排灌情况统计表

表8-3-3

乡＼名称	机埠（座）	变压器（千伏·安／台）	电动机（千瓦／台）	水泵（台）	受益面积（万平方米）
油车乡	41	1215／31	960／62	62	699.3
禹越乡	35	1205／22	724／53	53	499.5
合计	76	2420／53	1684／115	115	1198.8

1997年低压线路改造情况统计表

表8-3-4

镇＼类别	线路总长（千米）	线路改造长度（千米）	改造线路占比（％）
高桥镇	221.9	203.6	91.75
徐家庄镇	118.2	118.2	100
合计	340.1	321.8	95.87

1997年漏电保护器安装情况统计表

表8-3-5

镇＼类别	农用10千伏配变保护器		动力保护器（台）	保护面（％）	照明总保（台）	保护面（％）	家庭保护器（台）	保护面（％）
	数量（台）	功率（千伏·安）						
高桥镇	35	1925	50	100	30	100	4134	100
徐家庄镇	34	2850	106	100	28	100	3720	100
合计	69	4775	156	100	58	100	7854	100

1997 年用电合格村建设情况统计

表 8-3-6

类别 / 镇	合格村数	总投入建设资金（万元）	其中			
			下拨资金（万元）	占比例（%）	村、户自筹（万元）	占比例（%）
高桥镇	6	202.93	173.21	85.35	29.72	14.65
徐家庄镇	11	174.77	140.88	80.61	33.89	19.39
合计	17	377.7	314.09	82.98	63.61	17.02

1999 年，徐家庄 35 千伏变电始建，架设新市至徐家庄高压线路 12.6 公里，2001 年 6 月 5 日运行，主变压器 2 台，容量 32000 千伏·安。此后至 2015 年年底，全镇共有公用配电变压器 309 台，容量 72300 千伏·安，架空线路 168.4 公里，主干线电杆为 10 米杆，架空导线为 120 平方绝缘导线，供电可靠率达到 99%以上。2015 年，全镇低压供电量 44295785 度。

第四章　交通　运输

第一节　陆　路

乡村道路

民国 34 年县境乡村道路统计：新市至徐家庄，境内 12 里；油车桥至干村，境内 6 里。村路宽处 6 尺，窄处不到 3 尺；泥路为主，极少量石板路。其余村道皆为羊肠小道。1984 年浇筑水泥路，标准为 1—1.5 米，可通摩托车、自行车。据 1985 年德清县乡村道路建设统计，油车乡 35 条，61.1 公里；禹越乡 52 条，

84.7公里。

公路

新五公路　北至新市，南至五杭。1993年开通，投资435万元，沿路桥梁14座，境内8.9公里。

新禹公路　为德清县东部乡镇连接杭州的第二条大通道。南至西港村运河北岸，北过新市二桥，境内5.5公里。

油夜公路　油车桥经天皇殿到桐乡夜明村县道，境内4.5公里，已建成通车。

杨禹公路　连接新安镇西进乾元、武康境内2.1公里，1996年建成通车，2011年拓宽改造。

申嘉湖杭高速公路　申嘉湖杭高速公路横贯镇境北部，自桐乡进入我镇天皇殿村至三林村，在天皇殿设服务区，三林村设进出口。

320至新市互通公路　2014年开始建设，2015建成通车，境内全长7公里，其中周家庄至三林村高速公路出口与新禹公路重叠，周家庄至徐家庄与新五公路重叠，为双向四车道加非机动车道，中间绿化带，全程安装路灯。320至新市互通公路过境后，南接运河特大桥，可直达320国道，向北可直达湖州318国道。

乡镇公路　1998—2015年，镇政府将公路建设和养护列入年度规划和预算，共投入资金2500多万元，建设公路31条，公路里程80.6公里。（参《民生·行路》）

2015年禹越镇公路建设统计表

表8-4-1

序号	公路起讫	长（公里）	宽（米）	建造时间（年）	总投资（万元）
1	油车—天皇殿	4.2	5	1998	—
2	徐家庄—砖瓦厂（北圩）	0.7	5	1998	—
3	徐家庄—杨家坝—钱塘	3.5	4.5	2001	—
4	周家庄—湖墩	1	5	2001	—
5	徐家庄—九里港—栖丰	3.5	5	2003	—

续表 8-4-1

序号	公路起讫	长（公里）	宽（米）	建造时间（年）	总投资（万元）
6	高桥—夏家	2.7	4.5	2003	—
7	高桥—三来	2.2	5	2003	—
8	徐家庄—东港	1.2	9	2003	—
9	高桥—米世	2.2	5	2004	—
10	兜底头—东溪	0.6	5	2004	—
11	杨家坝—杨家村	1.8	5	2004	—
12	钱塘—七家桥	1	4	2005	28
13	西港—城头	1	5	2005	35
14	米世—石林	1	5	2005	35
15	米世—众安	3	4	2005	70
16	米世—钱塘	4	4	2005	100
17	道场—夏家	2	5	2006	70
18	杨家坝—余杭	5	4	2006	130
19	西港—杭北	2	5	2006	70
20	夏家环线	2	4	2007	50
21	东港—博陆	3	7	2007	160
22	天皇殿—桐乡	4	4	2007	100
23	三来—西庙桥	4	4	2007	100
24	钱塘环线	4	4	2008	100
25	湖墩—孙家桥	3	4	2008	70
26	石屑兜—余杭	5	4	2008	130
27	汤家兜—湖墩	4	4	2008	100
28	茅林—三来	2	4	2009	50
29	东溪—三来	2	4	2009	70
30	茅林—油车	2	4	2009	50
31	油车—桐乡	3	4	2009	70
合计		80.6	—	—	—

2015 年禹越汽车站班车时刻、票价一览表

表 8-4-2

到站	车型	时间	途径（主要站点）	票价（元）
武康	大客	6:50、8:20、10:00、13:00 15:40、17:00	勾里、下舍、高铁站	8.50
乾元	中客	6:25—17:15 （30 分钟一班）	沿途招呼下车、招手上车	5.50
新市 临平	中巴	6:30—16:30 （30 分钟一班）	沿途招呼下车、招手上车	4.00 5.00
天皇殿 西港	小巴	6:30、9:30、16:0	沿途招呼下车、招手上车	2.00

第二节　水　路

航道

镇境位于水乡，大东港南接运河东线北连运河中线，为境内主航道。其中德清至徐家庄航道由德清三里塘进东塘河，过韶村十二里塘到新市，经油车桥达徐家庄，经过城关、下舍、干山、士林、勾里、梅林、高林、高桥、徐家庄等 9 乡镇，全长 27.58 公里，平均河底宽 5 米、深 1.7 米，有桥梁 15 座、渡口 5 处、鱼簖 25 处，通航船舶 50 吨。湖州—长安航道在境内基本与德清—徐家庄航道重叠，自新市至五杭，境内全长 4.59 公里，有桥 3 座、渡口 1 处、鱼簖 2 处。此外，南北向的九里港乃镇境船运塘栖、杭州的主要航道；东西向的牌头港、深南港、横塘港是西至德清，东至桐乡的重要航道。

运输工具

传统交通运输以船运为主。客运，早期使用划船，俗称“小渔船”；后来出现航船，属专业载人货出市航班。解放前后，徐家庄、湖墩有 2 只航船往来塘栖，白马、油车桥有 2 只航船往来新市。轮船航班最早始于民国 35 年，新市荣

记汽轮公司开通新市至临平航班，从大东港经过镇境。1956 年，德清轮船公司投资 5528 元，建造“工农 1 号”轮，开通德清经新市至徐家庄航班。1982 年，长安至千金航班过境，停靠四通桥、油车桥 2 个码头。1992 年停航。

境人出行或买卖运输主要依靠船舶。传统木船，小船承载两三百公斤。大船承载在 0.5—3 吨之间。用 2 只大船固定在一起，称为撬舫船，境内道场、北圩、杨家坝一带往往以此为副业。1970 年后，水泥船出现，乡镇企业、生产队集体大多在船尾安装挂桨机，改变了人摇历史。此外，乡政府和少数企业也曾经置办过摩托艇和小汽轮；徐家庄和高桥供销社还有一艘机器货运船，时称“航快班”。

1985 年船只统计

表 8-4-3　　单位：只

乡别	小划船	农用船
油车乡	494	1046
禹越乡	1034	821

1970 年禹越客运航班一览表

表 8-4-4

航班	徐家庄时　间	沿途停靠站	票价（元）
徐家庄—德清	5：40	水磨墩、白马高桥、油车桥、新市、召村、水北、士林、东庄桥、洋口	新市 0.2 德清 0.5
湖州—长安	11：00	境内停靠：油车桥、白马高桥、水磨墩、四通桥	长安 0.6

码头、驳岸

境人叫“河埠头”，一般用条石叠砌而成。大户人家则石堍两边都建驳岸，互成一体，今存不多。境内徐家庄沈家驳岸，全长 25 米，高 2 米，设河埠 2 个，并有银锭式缆船石 3 个，题记石显示为“乾隆元年二月沈茂才独建”；三林村中塔姚家驳岸，全长 25.5 米，宽 1.8 米，高 2 米，设河埠 2 个，部分台阶石上凿有缆船洞。均存。

1958 年在禹王庙东侧建专用轮船码头，并沿建油车桥、白马高桥、水磨墩、四通桥 4 个露天停靠码头。油车桥、徐家庄两地供销社、粮站、收购站、茧站都建造部分驳岸和大石墚。专用装卸码头建造较迟，大多建于乡镇企业鼎盛时期，高桥镇有 4 个，徐家庄有 3 个，都安装有机械装卸设备。

第三节　桥梁　渡口

渡口

镇境河道纵横，无桥则渡。据 2012 年调查统计，境内原有渡口 8 处。

禹越镇渡口一览表

表 8-4-5

序号	渡口位置	摆渡方式	终止时间
1	钱塘莫家庄—圩郎	橹摇渡船摆渡	1992 年
2	北圩南横港—木桥头陈家里	拉绳渡船摆渡	—
3	栖丰桥东—栖丰桥西	拉绳渡船摆渡	1956 年
4	九里港吴家里—河西	拉绳渡船摆渡	1968 年
5	九里港南—余杭龙光桥村	拉绳渡船摆渡	1983 年
6	圩郎—道场里	橹摇渡船摆渡	1983 年
7	千树坝—坝里	拉绳渡船摆渡	2012 年
8	九里港西—南庄	拉绳渡船摆渡	1973 年

桥梁

境内桥梁，始于元明，代有兴废，表录如下：

1985年德清县民间桥梁统计

表8-4-6

乡	数量（座）	总长度（米）	石拱桥（座）	石平桥（座）	木桥（座）	钢筋水泥桥		钢梁桥（座）
						拱桥	梁桥	
禹越乡	41	828	1	8	1	16	14	1
油车乡	67	1561	7	33	1	13	12	1
合计	108	2387	8	41	2	29	26	2

禹越镇桥梁建设调查汇总表（古）

表8-4-7

序号	桥名	地址	结构	桥长（米）	桥宽（米）	孔宽（米）	建设时间
1	永寿高桥	天皇殿村横塘港	单孔石拱桥	32.7	3.55	11.4	民国16年
2	步高桥	天皇殿村徐石桥	三孔石梁桥	21.72	1.73	中孔5.72	清光绪二十五年
3	众福桥	天皇殿钱家滨	三孔石梁桥	18.96	1.45	中孔4.18	清代
4	太平桥	高桥村陈家里	单孔石梁桥	9	1.43	4.2	咸丰六年
5	聚兴桥	高桥村小福桥	单孔石梁桥	11.4	1.65	4.0	道光十年
6	坝桥	高桥村南丰边	单孔石梁桥	12.4	1.69	5.0	1887年
7	白马高桥	夏东村白马村	古单孔石拱桥 今单孔钢梁桥	35.80	3.25	11	清光绪间 1963年
8	庙桥	夏东村白马西庙	单孔石梁桥	10.16	1.5	3.46	清代
9	施家桥	夏东村施家桥	单孔石梁桥	12.05	1.45	4.85	光绪四年
10	圣龙桥	夏东村韩家桥	三孔石梁桥	17.0	1.65	中孔4.7	清代
11	万安桥	夏东村章家角	单孔石梁桥	9.6	1.33	4.4	清代
12	聚财桥	三林村中塔	三孔石梁桥	17.0	1.8	中孔5.0	清代
13	永安桥	三林村圣堂村	单孔石梁桥	8.85	0.78	4.25	光绪二年

续表 8-4-7

序号	桥名	地址	结构	桥长（米）	桥宽（米）	孔宽（米）	建设时间
14	木鱼桥	三林村朱家坝	三孔石梁桥	22.2	1.6	中孔 5.6	清代
15	聚福桥	三林村朱家坝	单孔石梁桥	10.17	1.34	3.57	清代
16	东庙桥	三林村草桥	七孔石梁桥	39.0	1.6	中孔 5.6	清代
17	永顺桥	栖湖村北塔里	三孔石梁桥	16.6	1.58	中孔 4.8	光绪十四年
18	朱母桥	栖湖村塔郎湾	三孔石梁桥	20.10	1.5	中孔 4.9	清代
19	保安桥	木桥头村小桥头	单孔石梁桥	10.9	1.78	5.5	道光戊戌
20	永明桥	禹越镇禹王庙	单孔石拱桥	19.6	3.15	7.15	民国 15 年
21	过福桥	天皇殿村四房里	单孔石梁桥	10.8	1.63	4.3	民国 4 年
22	永宁上桥	天皇殿村许家埭	单孔石梁桥	9.0	1.6	4.2	民国 18 年
23	庆善桥	天皇殿村独云圩	单孔石梁桥	11.2	1.5	4.2	民国 16 年
24	老虎桥	三林村红旗兜	单孔石梁桥	13.6	1.67	4.2	民国甲子年
25	草鞋桥	三林村草桥	三孔石梁桥	21.0	1.46	中孔 5.0	—
26	永平桥	栖湖村周家庄	单孔石梁桥	8.1	1.3	3.3	—
27	发元桥	栖湖村周家庄	单孔石梁桥	20.0	1.6	3.8	民国
28	太平桥	栖湖村北塔里	三孔石梁桥	22.0	1.74	中孔 5.0	民国
29	庆元桥	夏东村东溪村	五孔石梁桥	29.7	1.6	中孔 5.0	民国
30	总管桥	钱塘村姚家湾	单孔石梁桥	12.0	1.67	3.8	民国 9 年
31	永兴桥	东港村坝里	单孔石梁桥	9.35	1.79	3.62	民国 7 年

续表 8-4-7

序号	桥名	地址	结构	桥长（米）	桥宽（米）	孔宽（米）	建设时间
32	金安桥	栖湖村和会角	三孔石梁桥	19.8	1.4	中孔 4.5	民国
33	砖桥	木桥头村曹家兜	五孔石梁桥	28.7	1.5	中孔 5.7	民国

禹越镇桥梁建设调查汇总表（今）

表 8-4-8

序号	桥名	地址	结构	桥长（米）	桥宽（米）	载重（吨）	建设时间
1	坝里桥	新市—五杭	钢筋水泥梁桥	8.5	7	10	1987 年
2	坝里西桥	徐家庄—五杭	钢筋水泥梁桥	15	8.5	8	1993 年
3	坝桥	夏家—油车	钢筋水泥梁桥	21	7	10	1997 年
4	白马大桥	夏家—油车	钢筋水泥梁桥	52	8.5	5	—
5	北横港桥	新市—五杭	钢筋水泥梁桥	131	30	55	2014 年（改建）
6	蔡家角桥	新市—五杭	钢筋水泥梁桥	10	7	10	1993 年
7	蔡家桥	钱塘—七家桥	钢筋水泥梁桥	19	5	5	1994 年
8	车行天桥	新市—五杭	钢筋水泥梁桥	630	7	10	2009 年
9	刺史桥	新市—五杭	钢筋水泥梁桥	39	7	10	1993 年
10	道场北桥	杨家坝—夏家	钢筋水泥梁桥	54	2.5	3	1983 年
11	丁家坝桥	周家湾——天皇殿	钢筋水泥拱桥	25	4.5	5	1999 年
12	东港大桥	徐家庄—东港	钢筋水泥拱桥	75	5.5	5	2002 年
13	丰边桥	夏家—油车	钢筋水泥拱桥	46	7.5	10	2005 年（改建）
14	韩家桥	新市—五杭	钢筋水泥梁桥	7	3.5	10	1993 年
15	黑桥	夏家—油车	钢筋水泥拱桥	30	7	10	1997 年
16	金安桥	杨树湾—禹越	钢筋水泥梁桥	39	14	30	2011 年（改建）

续表 8-4-8

序号	桥名	地址	结构	桥长（米）	桥宽（米）	载重（吨）	建设时间
17	九里港桥	徐家庄—东港	钢筋水泥拱桥	25	4.5	8	1996 年
18	新木鱼桥	镇西—三来	钢筋水泥梁桥	39	7	10	2012 年（改建）
19	罗家里桥	罗家里——钱塘大桥	钢筋水泥梁桥	12	5	5	80 年代
20	茅家墩桥	新市—五杭	钢筋水泥梁桥	16	7	10	1993 年
21	太平桥	米世—牌头	钢筋水泥梁桥	34	5.5	5	1999 年
22	东木鱼桥	新市—五杭	钢筋水泥梁桥	39	7	10	1993 年
23	幕东桥	镇西—三来	钢筋水泥梁桥	22	4.5	5	2000 年
24	南横港桥	新市—五杭	钢筋水泥梁桥	131	30	55	2014 年（改建）
25	栖丰桥	杨树湾—禹越	钢筋水泥梁桥	62	14	30	2011 年（改建）
26	前进桥	杨树湾—禹越	钢筋水泥梁桥	20	7	10	1990 年
28	钱塘大桥	徐家庄—钱塘	钢筋水泥拱桥	70	5.5	8	
29	邱安桥	天皇殿—桐乡	钢筋水泥拱桥	35	4.5	5	1999 年
30	人民桥	杨树湾—禹越	钢筋水泥梁桥	52	14	30	2011 年（改建）
31	新圣堂桥	油车桥——杨家坝	钢筋水泥梁桥	34	6	10	—
32	四房里桥	油车—天皇殿	钢筋水泥梁桥	30	5	8	1986 年
33	四通大桥	杨家坝——千树坝	钢筋水泥拱桥	50	3.1	—	1969 年
34	太平桥	新市—五杭	钢筋水泥梁桥	67	12	15	1995 年
35	天人桥	新市—五杭	钢筋水泥梁桥	68	7	10	—
36	西九里港桥	徐家庄—东港	钢筋水泥拱桥	25	4.5	8	1996 年
37	夏家桥	杨家坝—夏家	钢筋水泥拱桥	30	7.5	5	—
38	新港桥	西港—余杭	钢筋水泥梁桥	10	5	5	—
39	幸福桥	茅林—油车	钢筋水泥梁桥	20	6	5	—

续表 8-4-8

序号	桥名	地址	结构	桥长（米）	桥宽（米）	载重（吨）	建设时间
40	徐石桥	周家湾——天皇殿	钢筋水泥梁桥	25	4.5	5	2000 年
41	杨家坝桥	徐家庄—钱塘	钢筋水泥拱桥	30	5	8	2004 年
42	杨家坝新大桥	杨家坝—夏家	钢筋水泥梁桥	65	6.5	10	2004 年
43	永安桥	新市—五杭	钢筋水泥梁桥	52	12	15	1995 年
44	永联桥	周家湾——天皇殿	钢筋水泥梁桥	25	2.6	5	1984 年
45	永胜高桥	周家桥——天皇殿	钢筋水泥拱桥	25	3.5	—	—
46	永天桥	南苏林—受舍	钢筋水泥梁桥	34	6	10	—
47	永兴桥	蔡家里——天皇殿	钢筋水泥梁桥	30	4.5	5	1993 年
48	余庆桥	徐家庄——高家坝	钢筋水泥梁桥	30	7	10	2005 年（改建）
49	禹越桥	杨树湾—禹越	钢筋水泥梁桥	20	7	10	1986 年
50	中塔桥	新市—五杭	钢筋水泥梁桥	33	9	15	1993 年
51	中心一桥	钱塘大桥—钱塘	钢筋水泥梁桥	20	7	5	1994 年
52	中心二桥	徐家庄—钱塘	钢筋水泥梁桥	15	6	8	1996 年
53	周家庄桥	新市—五杭	钢筋水泥梁桥	30	7	10	—
54	永福桥	周家湾——天皇殿	钢筋水泥梁桥	25	4.5	—	1995 年
55	总管桥	杨树湾—禹越	钢筋水泥梁桥	39	14	30	2011 年（改建）
56	朱母桥	新禹西线	钢筋水泥梁桥	39	14	30	—
57	外口桥	新禹西线	钢筋水泥梁桥	52	14	30	—
58	漾北桥	新禹东线	钢筋水泥梁桥	30	30	55	2014 年（改建）
59	横塘港桥	新禹西线	钢筋水泥梁桥	145	30	30	—
60	北草鞋桥	新禹西线	钢筋水泥梁桥	60	30	30	—

续表 8-4-8

序号	桥名	地址	结构	桥长（米）	桥宽（米）	载重（吨）	建设时间
61	南草鞋桥	新禹西线	钢筋水泥梁桥	40	30	30	—
62	南港天桥	新禹合线	钢筋水泥梁桥	609	30	55	2014 年（改建）
63	周家庄西桥	新禹合线	钢筋水泥梁桥	100	30	55	2014 年（改建）
64	圣堂桥	油车桥——杨家坝	钢筋水泥拱桥	34	2.0	—	1977 年（改建）
65	五星桥	罗树兜——章渔湾	钢筋水泥拱桥	28	3	5	1999 年（改建）
66	牌头桥	米世—钱塘	钢筋水泥梁桥	35	1.8	3	1986 年（改建）
67	油车高桥	高桥集镇	钢筋水泥拱桥	65	5	3	1982 年（改建）
68	世纪桥	米世—石林	钢筋水泥拱桥	30	5	8	2015 年（改建）
69	油车二桥	高桥集镇	钢筋水泥梁桥	76	14	10	1995 年
70	湖墩桥	湖墩庙	钢筋水泥梁桥	33	2.5	—	1989 年（改建）
71	红卫桥	北圩村	钢筋水泥梁桥	26.5	1.8	—	1966 年（改建）

第五章　环　境

2004 年，镇政府始重环境建设，并于次年启动生态乡镇建设，是年高桥中学创建“湖州市绿色学校”。2006—2007 年，镇政府确定“生态环境建设年”。重点实施生态长廊建设；关停能耗大、污染严重的工业企业；启动污水处理厂建设；河道净化；村庄绿化和农村改厕及生活垃圾集中处理。

第一节 绿 化

境人在房前屋后、河滩坟头，植树成荫，已成习惯。故境内名木古树众多，如天皇殿的白果树（银杏），茅林南村、米世白鱼漾濠潭里、夏家麻师太堂前、夏家桥的大香樟等，均已百年以上。植树节始于民国，解放后继承传统，主要种在集体养蚕的共育室前后和路边、荒地，树种以法国梧桐、楝树为主。“农业学大寨”期间，农田渠道上和道路边广植水杉、池杉；1979 年重新颁布“植树节”后，每年都购买大批树苗，开展植树活动。据德清县林业局 2007 年 8 月调查，禹越镇森林覆盖率为 17.9%。

禹越镇植树择年统计

表 8-5-1 单位：万株

年份	1975	1980	1990	1995	2000	2005	2010
植树数	6	8	5	6	6	13.1	153.5

禹越镇生态长廊建设统计表（一）

表 8-5-2

项 目	实施单位	长度（公里）	树 种	完成时间	责任人
生态示范路	镇政府	5.876	香樟、银杏等	2005 年	陈新毛
生态标准路	湖墩村	4.35	香樟、银杏	2005 年	周玉良
生态标准路	夏家村	20	香樟、银杏、水杉	2005 年	陈金木
生态标准路	三来村	8.865	香樟、水杉、湿地松	2005 年	沈炳奎
生态标准路	木桥头村	6.76	香樟、银杏、水杉	2005 年	陈金毛
生态标准路	茅林村	4.697	香樟、水杉	2005 年	钱松法
生态标准路	米世村	7.85	香樟、银杏	2005 年	蔡高林
生态街道	镇政府	0.1	香樟等	2005 年	陈新毛

禹越镇生态长廊建设统计表（二）

表 8-5-3

绿色示范村	林带林网（公里）		公共绿地（平方米）		四旁绿化（亩）		负责人
	长度	年份	面积	年份	面积	年份	
夏家村	20	2005	1000	2007	19. 5	2005	陈金木
三来村	8.865	2005	900	2006	31.5	2005	沈炳奎
杨家坝村	18.46	2005	800	2006	56.1	2005	蔡伟明

禹越镇县级保护古树名木统计表

表 8-5-4

编号	树种	树高（米）	胸围（厘米）	冠幅（米）	树龄（年）	所在地址	生长情况
300448	香樟	15	496	23	150	茅林村南村里 田边	旺盛
300449	香樟	12	339	12	210	夏家村西王 水边	一般
300450	榔榆	10	125	9	120	夏家村苏庄桥 水边	旺盛
300451	香樟	11	220	12	100	东溪村南栅口 水边	旺盛
300452	香樟	11	109	7	100	东溪村南栅口 水边	旺盛
300453	香樟	11	120	10	100	东溪村南栅口 水边	旺盛
300454	香樟	12	205	10	100	东溪村南栅口 水边	旺盛
300455	香樟	12	215	11	100	东溪村南栅口 水边	旺盛
300456	香樟	6	210	8	110	米世村牌头 水边	一般
300457	香樟	7	280	13	120	米世村湾里西 水边	一般
300458	香樟	12	278	8	110	米世村张渔湾 路边	一般
300443	香樟	14	316	20	200	西港村荡郎 田边	旺盛
300444	香樟	13	217	18	150	杨家坝村圩郎 水边	旺盛
300445	香樟	10	322	9	200	杨家坝村圩中 水边	较差
300446	香樟	13	285	15	150	杨家坝村河东 池边	一般
300447	香樟	12	270	20	100	钱塘村水塘湾 水边	旺盛

第二节 保 洁

历古以来，生活垃圾及人畜粪便皆被农家视为庄稼之宝，并不随意倾倒。自农业生产萎缩后，生活垃圾竟无人问津，遂催生城乡保洁机制，并出台禹越镇人民政府《禹越镇村庄建设长效管理工作实施办法》禹政发〔2005〕13号文件。2007年，成立村庄管理领导小组，与村民签订责任书，颁布保洁公约。并进行制度化管理。

禹越镇村级垃圾收集房、垃圾箱、管理员汇总表

表8-5-5　　2008年8月

行政村	垃圾收集房（座）	垃圾箱（只）	保洁员（人）	清运员（人）	养护员（人）	监督员（人）
钱塘村	1	83	4	1	1	1
杨家坝村	1	58	3	1	1兼	1
东港村	1	191	4	1	2	2
木桥头村	—	191	6	1	1	3
西港村	—	146	4	1兼	1	3
栖丰村	—	111	2	2兼	2	2
湖墩村	1	115	4	1	1	2
东溪村	1	41	3	3兼	1兼	3
三来村	3	113	8	1	2	2
茅林村	—	65	1	1	1	1
夏家村	1	273	13	1	1	1
油车村	1	26	1	1兼	1兼	1
天皇殿村	—	64	5	1	2	2
米世村	—	21	4	2	1	2
合计	10	1498	62	18	18	26

禹越镇村庄环境建设长效管理工作考核表

表 8-5-6

考核项		考核内容	得分
一	道路净化	村道路面无杂物	3
		路旁、边沟无垃圾	3
		道路畅通，路面完好	3
二	河道清洁卫生	河水清澈，无漂浮物，无杂（污）物	3
		河滩、溪沟无垃圾，无堆积物	3
		河道畅通，驳岸整齐清洁	3
三	房前屋后清洁整齐	垃圾入箱并及时清运	4
		房前屋后无垃圾，无杂物堆放	3
		家禽家畜围栏圈养	3
		无露天粪坑	3
四	绿化养护	村内古树名木保护完好	2
		行道树养护完好	3
		宅旁路边和公共绿化养护完好，及时修剪	3
五	公共设施养护	村内路灯完善，亮灯率 100%	3
		卫生设施和公共休闲场所维护完好	4
		公厕有专人打扫，清洁干净，无恶臭	3
六	环境整洁	村内无乱搭建、乱张贴、乱堆放现象	2
		房屋外墙清洁，白化完好	2
七	制度齐全	有长效管理办法，明确经费来源、机构设置、人员配备、监督、奖励等措施	10
		乡镇与行政村签订长效管理责任书，责任任务明确，奖罚分明	10
		定期督查、考核，并做好记录，提出整改意见和处理措施	20
		长效管理制度公示，每个行政村不少于一处，保洁、清运、养护、监督人员名单和职责上墙公示	5
合计			100

第三节　治　污

镇境治污始于 2005 年，2007 年，日处理污水能力 1 万吨的污水处理厂开工(一期工程处理污水能力 5000 吨),铺设地下排污管道 3 公里,投入资金 3072 万元，于 2009 年投入使用。

2007—2008 年镇境首次改厕，主要将农村老式茅坑改造为三格化粪池卫生厕所，全镇一期改造 4556 户，达到全镇总户数的 62.81%。2015 年再次改厕，范围涉及夏东村、高桥村、三林村、天皇殿村、钱塘村、栖湖村、杨家坝村，采用生活污水管网收集，分散式一体化污水处理系统。投入资金 4047.86 万元，纳管户数 3243 户，纳管人口 11325 人，占全镇人口 35%。

禹越镇 2008 年改厕情况汇总

表 8-5-7

行政村	改厕（户）	公共厕所（只）	投入资金（万元）
栖丰村	—	2	2.5
杨家坝村	200	1	4
三来村	75	1	3.5
茅林村	126	1	1.4
钱塘村	180	1	4
木桥头村	100	1	3.5
西港村	565	1	16.5
合计	1246	8	35.4

禹越镇 2015 年农村排污设施建设汇总表

表 8-5-8

行政村	污水处理系统	纳管范围		污水量（吨/天）	设计水量（吨/天）	总投资（万元）
		户数	人数			
夏东村	20	614	2101	147.71	224	761.79
高桥村	22	460	1613	114.75	166	618.35

续表 8-5-8

行政村	污水处理系统	纳管范围		污水量（吨/天）	设计水量（吨/天）	总投资（万元）
		户数	人数			
三林村	18	347	1201	85.9	117	408.92
天皇殿村	48	588	2076	147.5	201	759.23
钱塘村	11	190	667	47.7	68	231.74
栖湖村	30	572	2010	143	204	721.51
杨家坝村	14	472	1657	158.7	205	—
合计	163	3243	11325	845.26	1185	4047.86

夏东村 2015 年农村排污设施建设汇总表

表 8-5-9

自然村	污水处理系统	纳管范围		污水量（吨/天）	设计水量（吨/天）	总投资（万元）
		户数	人数			
东王	一	32	112	8	10	42.25
东溪	一	9	32	2.16	5	19.27
	二	24	84	6	10	29.14
	三	6	22	1.5	2	8.82
	四	13	46	3.25	5	20.98
	五	24	84	6	10	33.30
	六	63	220	15.75	20	58.51
	七	38	133	9.5	10	39.17
上堂圩	一	43	151	10.8	20	54.93
	二	20	70	5	5	24.23
	三	10	35	2.5	5	20.74
西南王	一	44	154	11	20	54.62
	二	61	214	15.25	20	62.48
杨树下	一	11	39	2.75	5	15.83
渔家庄	一	7	25	1.75	2	8.87
	二	11	39	2.75	10	36.49

续表 8-5-9

自然村	污水处理系统	纳管范围		污水量（吨/天）	设计水量（吨/天）	总投资（万元）
		户数	人数			
渔家庄	三	23	81	5.75	10	32. 76
	四	16	56	4	5	16.06
中心村	一	123	430	30.75	40	113.95
	二	21	74	5.25	10	32.66
合计	20	614	2101	147.71	224	761.79

高桥村 2015 年农村排污设施建设汇总表

表 8-5-10

自然村	污水处理系统	纳管范围		污水量（吨/天）	设计水量（吨/天）	总投资（万元）
		户数	人数			
北丰边	一	24	84	6	10	33.14
蔡家滨	一	23	81	5.75	10	31.23
	二	7	25	1.75	2	8.26
范家里	一	16	56	4	5	22.07
	二	11	39	2.75	5	16.00
	三	7	25	1.75	2	8.51
会郎	一	15	53	3.75	5	20.71
	二	7	25	1.75	2	8.06
立安	一	13	46	3.25	5	18.84
	二	10	35	2.5	5	15.85
	三	27	95	6.75	10	41.64
罗池兜	一	23	81	5.75	10	33.05
	二	19	67	4.75	5	21.04
米世湾	一	29	102	7.25	10	46.34
	二	45	158	11.25	20	38.50
南丰边	一	10	35	2.5	5	17.31
	二	31	109	7.75	10	43.55

续表 8-5-10

自然村	污水处理系统	纳管范围		污水量（吨/天）	设计水量（吨/天）	总投资（万元）
		户数	人数			
牌头	一	24	84	6	10	32.73
	二	56	196	14	20	51.97
	三	14	49	3.5	5	19.73
石桥头	一	40	140	10	10	21.49
	二	8	28	2	2	38.88
合计	22	460	1613	114.75	166	618.35

三林村2015年农村排污设施建设汇总表

表 8-5-11

自然村	污水处理系统	纳管范围		污水量（吨/天）	设计水量（吨/天）	总投资（万元）
		户数	人数			
北兜里	一	32	112	8	10	40.38
卞家里	一	14	49	3.5	5	12.7
草桥	一	23	81	5.8	10	27.83
罗家墩	一	20	70	5	5	23.94
	二	11	39	2.8	5	16.49
庙后	一	13	46	3.3	5	17.27
	二	21	74	5.3	10	29.07
湾里	一	16	56	4	5	16.37
	二	6	21	1.5	2	6.93
濠里	一	7	25	1.8	2	7.11
钟塔	一	31	109	7.8	10	39.13
	二	6	21	1.5	2	6.55
	三	18	63	4.5	5	19.96
	四	31	109	7.8	10	30.31
	五	10	35	2.5	5	13.02
	六	4	14	1	1	5.48

续表 8-5-11

自然村	污水处理系统	纳管范围		污水量（吨/天）	设计水量（吨/天）	总投资（万元）
		户数	人数			
钟家舍	一	20	70	5	5	23.06
	二	59	207	14.8	20	53.85
合计	18	347	1201	85.9	117	408.92

天皇殿村 2015 年农村排污设施建设汇总表

表 8-5-12

自然村	污水处理系统	纳管范围		污水量（吨/天）	设计水量（吨/天）	总投资（万元）
		户数	人数			
矮五滨	一	9	32	2.25	5	13.22
	二	5	18	1.25	2	7.81
蔡家里	一	8	28	2	2	8.26
	二	7	25	1.75	2	6.71
北苏林	一	19	67	4.75	5	21.56
北窑	一	3	11	0.75	1	4.68
	二	6	21	1.5	2	7.01
	三	27	95	6.75	10	34.17
	四	14	49	3.5	5	18.51
	五	26	91	6.5	10	32.30
郭家滨	一	15	53	3.75	5	20.05
	二	17	60	4.25	5	22.08
荷花池	一	19	67	4.75	5	19.32
	二	3	11	0.75	1	4.77
胡家滨	一	5	18	1.25	2	6.68
	二	12	42	3	5	15.82
	三	10	35	2.5	5	17.01
林门头	一	15	53	3.75	5	19.17
	二	3	11	0.75	1	4.42

续表 8-5-12

自然村	污水处理系统	纳管范围		污水量（吨/天）	设计水量（吨/天）	总投资（万元）
		户数	人数			
南苏林	一	14	49	3.5	5	16.50
	二	4	14	1	1	6.34
	三	8	28	2	2	9.27
	四	10	35	2.5	5	14.30
	五	9	32	2.25	5	15.73
	六	15	53	3.75	5	21.20
	七	13	46	3.25	5	18.69
沈家滨	一	14	49	3.5	5	13.11
	二	8	28	2	2	9.81
钱家滨	一	16	56	4	5	17.35
	二	8	28	2	2	7.35
受舍	一	4	14	1	1	4.99
	二	8	28	2	2	9.18
	三	6	21	1.5	2	7.54
	四	20	70	5	5	18.82
屠家滨	一	20	70	5	5	23.46
	二	4	14	1	1	5.47
王家滨	一	25	88	6.25	10	33.71
陈家滨	一	13	46	3.25	5	18.10
西石	一	8	28	2	2	7.57
	二	4	14	1	1	7.94
徐石桥	一	16	56	4	5	20.01
	二	3	11	0.75	1	4.03
	三	10	35	2.5	5	14.76
	四	6	21	1.5	2	6.08
中心村	一	23	81	5.75	10	28.19
	二	65	228	16.25	20	59.59
	三	8	28	2	2	10.15

续表 8-5-12

自然村	污水处理系统	纳管范围		污水量（吨/天）	设计水量（吨/天）	总投资（万元）
		户数	人数			
三房里	一	5	18	1.25	2	7.27
合计	48	588	2076	147.5	201	759.23

钱塘村 2015 年农村排污设施建设汇总表

表 8-5-13

自然村	污水处理系统	纳管范围		污水量（吨/天）	设计水量（吨/天）	总投资（万元）
		户数	人数			
中心村	一	51	179	12.8	20	53.62
水磨墩	一	12	42	3.0	5	16.30
	二	15	53	3.8	5	18.35
	三	12	42	3.0	5	13.97
姚家湾	一	15	53	3.8	5	16.67
	二	16	56	4.0	5	20.47
	三	8	28	2.0	2	9.02
钱塘湾	一	6	21	1.5	2	7.70
	二	8	28	2.0	2	8.35
打子里	一	30	105	7.5	10	34.61
	二	17	60	4.3	5	21.64
合计	11	190	667	47.7	68	231.74

栖湖村 2015 年农村排污设施建设汇总表

表 8-5-14

自然村	污水处理系统	纳管范围		污水量（吨/天）	设计水量（吨/天）	总投资（万元）
		户数	人数			
北塔里	一	44	154	11	20	58.45
	二	31	109	7.75	10	37.66
	三	15	53	3.75	5	18.13

续表 8-5-14

自然村	污水处理系统	纳管范围		污水量（吨/天）	设计水量（吨/天）	总投资（万元）
		户数	人数			
北塔里	四	37	130	9.25	10	38.53
	五	3	11	0.75	1	4.39
	六	7	25	1.75	2	7.57
高家坝	一	36	126	9	10	44.58
高家墩	一	12	42	3	5	15.18
	二	32	112	8	10	40.26
	三	16	56	4	5	14.51
塔郎湾	一	25	88	6.25	10	17.4
和会角	一	18	63	4.5	5	12.7
	二	11	39	2.75	5	16.4
	三	18	63	4.5	5	22.29
栖丰桥	一	33	116	8.25	10	41.54
	二	14	49	3.5	5	12.94
汤家兜	一	3	11	0.75	1	5.13
	二	6	21	1.5	2	8.54
	三	11	39	2.75	5	18.32
	四	5	18	1.25	2	8.76
王家湾	一	17	60	4.25	5	23.8
	二	22	77	5.5	10	30.48
漾北	一	55	193	13.75	20	52.63
	二	12	42	3	5	16.62
茅家墩	一	21	74	5.25	10	24.27
	二	4	14	1	1	15.55
漾南湾	一	13	46	3.25	5	17.26
赵家埭	一	29	101	7.25	10	33.2
周家庄	一	13	46	3.25	5	17.64
	二	9	32	2.25	5	12.43
合计	30	572	2010	143	204	721.51

杨家坝村 2015 年农村排污设施建设汇总表

表 8-5-15

自然村	污水处理系统	纳管范围		污水量（吨/天）	设计水量（吨/天）	总投资（万元）
		户数	人数			
邦圩郎	一	71	249	23.9	30	71.13
大船头	一	16	56	5.4	10	22.94
东南王	一	12	42	4.0	5	13.51
河北墩	一	21	74	7.1	10	25.02
	二	29	102	9.7	10	32.93
河南墩	一	89	312	29.9	30	83.17
	二	37	130	12.4	20	42.38
	三	19	67	6.4	10	28.33
七家湾	一	93	326	31.2	40	91.03
西南王	一	21	74	7.1	10	25.89
西牌头	一	20	70	6.7	10	28.24
	二	10	35	3.4	5	11.89
鱼池潭	一	7	25	2.4	5	10.18
朱家里	一	27	95	9.1	10	33.66
合计	14	472	1657	158.7	205	546.32

第九卷　经　管

第一章 财 政

财政管理，主要体现在政府财政计划的编制、执行及财政决算，意在确保财政收支平衡。

第一节 体 制

历朝财政皆集权于中央。民国24年（1935），国民政府公布《财政收支系统法》，明确中央、省、县三级财政体制。德清县于民国25年编制财政预算，主要收入为田赋及各项捐税共24种。县财政包括乡镇，乡镇无财政管理，钱粮用途均由区县定，办公经费至县结算。如民国31年，白马、湖墩、徐庄三乡向下舍区政府申请，在鱼、菱上市之际，酌扣货价2%，以弥补乡镇公用经费之亏欠。民国33年，徐庄乡奉德清县政府训令推销同盟胜利公债100万元。民国34年，横塘乡向县政府呈报，缺少冬耕种子数量：小麦45石9斗，蚕豆144石，赖县政府贷放。

解放初，乡政府行政支出主要为会议费、办公费、学习费三项，经费由区政府统一拨发。如1950年境内土地整籍，三来、禹越、油车三乡投入人工248工，大米992市斤，办公费用（笔墨、灯油、用具等）51376元（旧币），均由下舍区政府统一拨付。1952年9月，试办县财政，乡镇干部生活费实行包干制，公杂费限于纸张墨水，照明差旅、维修学习，有电话机者每月7万元（旧币），无电话机6万元。村公所、居委会每月1万元，限于纸张墨水、照明，不够自行筹募。1954年，浙江省颁布乡镇行政经费开支标准，乡财政支出主要有：教育事业费、军属安家费、农会活动费、治虫灯油费、行政公用经费等，均由县政府统一管理。1958年后，办公经费限每人每月2元。1959年9月起，公社财务划归县财政局管理，公社由副社长1人分管，配财务专管员1人。1960年实施公社财政包干，工资照算、福利统筹、公用经费定额包干。1968年，乡镇预算收入全部上缴县财政，支出按省定指标审报，直至乡镇财政体制改革。此外，1951—1952年，开展的“反贪污、反浪费、反官僚主义”运动，以及“反行贿、反偷税漏税、反盗骗国家财产、反偷工减料、反盗窃国家经济情报”运动。1962年，开展 “清账目、清仓库、清工分、清财物”的“四清”运动，均与财政经济有关。“文化大革命”期间，农村实施“队为基础，三级所有”政策，对公社、大队、生产队三级财务进行核算管理，1979年后，公社、大队、企业经济往来频繁，乡镇财政管理开始逐步规范。

1984年起，乡政府开始配备财政总会计。1986年，县实施“划分税种，核定收支，超收分成，减收减支，超支不补，结余留乡，一年一定”的乡镇财政管理体制。境内2个乡各自建立乡财政组，开始编制乡财政年度预决算。1987年，实行乡财政基数一定三年，次年，全面实行乡镇财政包干。1989年，乡镇财政组改为乡镇财政工作站，在体制上改为差额补助事业单位。1994年，在分税制的基础上，出台《乡财政管理若干意见》。1996年，县政府出台并实施《德清县乡镇预算外资金管理实施办法》，全面清理乡镇预算外资金，取消多头账户，纳入财政专户管理。2001年，实行乡财政集中收付制度，乡镇财政工作站改建为乡镇财政集中收付中心，乡镇下属事业单位（如学校）的银行账户取消，统一纳入乡财政集中收付中心核算管理，在操作方面实施了财会电算化。2008年至今，与镇工办合并为经济建设服务中心。2014年，成立禹越镇财政所。

第二节　财会队伍

1950年前，镇境乡、保均无会计。解放初，农村互助组始有记工员。农业合作社（初级社）期间，因生产形式转变为集体劳动、集体收入、集体分配，农村会计制度应运而生。1954年，镇境禹越、三来、油车三乡有会计60余人，其中大部分人员参加县级会计培训。1955年转高级社后，每社用会计1人，财务保管员1人。时禹越乡有初、高级社28个，三来乡初、高级社34个，油车乡初、高级社30个，连同乡政府财务人员，共有会计95人。会计报酬分工资、工分两种（外聘者给工资，本地人拿工分），工资分 16 元、18 元、20 元、22 元四等；本地人评工分参加年终分配。1958 年，境内 19 个生产大队、66 个生产队、66 个大食堂，以及供销、牧场、学校、卫生院等机构，财务会计人员增加到 330 多人。1961 年，镇境有 2 个公社 17 个大队 261 个生产队，加上其他核算单位，财会队伍扩大到 600 余人。此后至 1984 年土地承包到户，除保留乡村两级财会人员外，生产队财会人员不再留用，镇境会计不足百人。1986 年后，德清县财政局按照财政部《会计工作达标升级试行办法》，对全县财会人员分期培训、考试和职称评审。1989 年开展优秀会计评比，并规定年产值 50 万元以上企业及行政村会计由乡镇政府任免，此后财会队伍基本稳定。

1990 年，根据国家财政部《会计证管理办法（试行）》，对已经评定会计员以上会计专业技术职能资格或取得中专以上财经专业学历的会计，直接颁发会计证，其他人员经专业知识考试合格取得会计证。1991 年，德清县实行会计证制度，已评为农民会计员专业职务人员或已担任村办会计 20 年以上人员，经当地财税所审核，发给临时会计证。

第三节　财政预决算

1986 年开始，编制乡镇财政收支预算；依法征收农业税（包括特产税）和其他收入，代征农村工商税，筹集、分配和管理乡镇自有资金；做好国库券推销工作和各种规费的管理工作；办理本乡镇范围内国家预算收入、预算外收支和乡镇自有资金收支的报解结算工作，按期报送各种报表；受上级政府和财税机关委托，负责发放和回收财政支农周转金和其他有偿使用的资金；督促指导乡镇所属各行政、企事业单位执行各项规章制度，加强财务管理，严格执行财经纪律。对财政预决算和使用情况实行人大审议监督。

乡镇财政预算内收入主要为税收，具体有：产品税、营业税、增值税、集贸税收、集体企业所得税、个体工商税、农业税、农林特产税等。其次为规费、公产、罚没、排污费、公共维护费。预算外收入有：教育费附加、农业发展基金、蚕茧返回款、乡镇企业利润上交、乡镇事业收入上交等。支出项目主要有：农田水利建设经费，农业技术推广经费，农业、林业、农机、水产、畜牧等事业费，文化、教育、卫生等事业费，行政管理、公共场所维护、退休退职、社会救济、抚恤、价格补贴等。

涉农收费有教育费附加、土地承包款、广播事业费、义务兵役费、治安联防费、船舶管理费、农业发展基金、教育专项资金、统筹费等，名目繁杂且随时变化。1993 年，为减轻农民负担，取消农村宅基地有偿使用费、宅基地超占费、土地登记费、村镇规划用地许可证费、村镇规划建设管理费，保留教育费附加、土地承包款、广播事业费、义务兵役费。2003 年，德清县政府制定出台涉农收费标准，明确农村建房、婚姻登记、农机监理、工商管理、农林渔业、劳动就业、中小学收费、农村用电、公安管理 10 个方面的收费标准，遏制了乱收费现象，减轻了农民负担。

教育费附加　1984 年，境内两乡民办教师工资各自统筹，确定人均负担 0.40 元（年）。1985 年，农村按人口年人均收取 0.42 元，工商个体户按销售总额 1%集资，乡办企业抽取税前利润 10%，交纳工商三税企事业单位按税计征 1%。1989 年，三税单位按税计征 2%，由乡镇财政部门统一收取，农村按人口年人均收取 6 元。1996 年，人均收取 15 元；1999 年，按人均纯收入 1.5%足额征收，人均计征 20 元。

教育专项基　1995 年开始筹措教育专项基金，副局级以上人员每人每年 200 元，事业单位一般人员 100 元，乡镇企业副厂长以上人员 200 元，职工每人 20 元，农村人员 20 元，离退休人员自愿捐助，农村困难户和企业特困职工免证。

土地承包款　起收于 1983 年，收费标准为水田每亩 10 元，桑地每亩 25 元，鱼荡每亩 100 元。1996 年调整收费标准：水田每亩 15 元，桑地每亩 35 元，鱼荡每亩 120 元。

义务兵役费　德清县政府〔89〕69 号文件规定，凡在辖区内工作人员、农村居民（残疾人、五保户、现役军人家庭除外），每人每年征交 1.5 元国防义务费。1996 年，调整为每人每年 2 元。1997 年，调整为每人每年 6 元，纳入统筹款计征。

广播事业费　1987 年开始征收，人均每年征收 9 元。1996 年调整为人均 20 元。

治安联防费　1993年开始征收，人均每年征收4元，个体经营户每月每户5元，影剧院、歌舞厅、酒家餐厅、宾馆旅店等公共场所每月20至50元。

农业发展基金　1988年始，企业每人每年60元作支农税前列支，职工每人12元。从事运输、建筑、服务、手工业个体户，每户每年40—60元。外出经商办企业者，办理营业执照时交纳100元。

统筹费　村提留用于公积金，公益事业。村务管理（包括村干部工资）始于1963年。乡镇统筹用于学校、民兵、军人优抚等。1984年开始征收，1997年每人每年24元。2003年改称公益事业费，人均每年20元。

预算一般在上年实收实支基础上递增制订，决算实收实支。

1961年禹越公社社员劳动分配汇总表

表9-1-1

生产大队	管理费		社员分配		按实做工分		每户平均	
	金额（元）	占总收入（%）	总额（元）	占总收入（%）	劳动工分	每个劳动日值（元）	户数	每户平均（元）
钱塘	504.00	—	39590.00	61.1	831747	0.476	220	180.00
道场	497.54	0.6	49334.41	78.88	399946	1.27	126	391.50
杨家坝	1464.77	—	84727.31	61.1	1033605	0.819	304	280.00
徐家庄	1434.52	0.42	88333.42	46.84	1154116	0.7	366	241.40
木桥头	1234.46	0.48	63606.75	50.7	1235008	0.515	457	140.00
石屑兜	1143.69	—	77538.58	54	1156277	0.735	262	296.00
九里港	438.55	1.2	24719.48	65.24	445981	0.5535	110	228.20
栖丰桥	2200.38	1.4	96556.93	65.1	993327	0.972	344	395.70
北圩	789.55	0.67	70037.53	59.5	636728	1.082	165	417.07
合计	9704.59	—	594776.46	60.7	7826801	0.755	2354	264

1970年禹越公社基本核算单位经济分配决算表

单位：元

表9-1-2

大队	分配人数	总收入	费用支出	税款	生产基金	公积金	公益金	储备基金	社员分配	人均收入
合计	12075	2158869	517105	79725	5859	232689	34959	49616	1238914	102.60
钱塘	1039	220993	54116	7302	—	26455	4486	4401	124230	94.91
道场	681	124223	29394	4098	—	15344	2135	2814	70436	103.58
杨家坝	1590	270232	73066	9309	—	28418	4286	5721	149421	93.18
徐家庄	659	114336	24849	3857	—	11800	2286	2955	68587	104.08
坝里	1279	210726	47812	7345	—	20397	3439	6414	125517	98.16
木桥头	2322	387180	93795	13857	2806	43819	5265	11264	216372	93.18
石屑兜	1460	283997	58412	10585	3053	28528	3772	9379	170266	117.31
九里港	550	97786	26013	4689	—	8837	1685	1111	55449	100.81
栖丰桥	1335	259487	63529	10792	—	28829	2660	1470	152205	114.00
北圩	890	189904	96115	7888	—	20257	5140	4076	106425	119.58

1980年禹越公社年末科目余额表

单位：万元

表9-1-3

收入			支出			结余		
合计科目	上年余额	本年余额	合计科目	上年余额	本年余额	合计科目	上年余额	本年余额
财产基金	224.73	240.264	下年生产费	13.36	9.1507	现金	8.17	11.0361
折旧基金	0.41	0.5204	基建投资	3.62	4.4551	存款	16.54	11.0469
公积金	22.3	22.4615	社员预支	5.8	6.5991	库存物资	25.52	10.1094
生产基金	33.89	33.6597	暂付款	17.7	29.6633	储备粮	15.77	22.9102
公益金	11.91	9.7348	—	—	—	库存粮食	7.58	15.1501
储备基金	33.04	32.8428	—	—	—	固定财产	224.73	240.264
贷款	2.47	1.53	—	—	—	—	—	—
暂存款	6.53	11.6732	—	—	—	—	—	—
社员提资	3.51	7.6985	—	—	—	—	—	—
合计	338.79	360.3849	合计	40.48	49.8682	合计	298.31	310.5167

1980 年禹越公社三级经济收入和固定资产总值统计表

表 9-1-4　　　　　　　　　　　　　　　　金额单位：万元（不留小数）

<table>
<tr><th colspan="3">项　目</th><th>甲</th><th>全公社合计</th></tr>
<tr><td rowspan="4">三级总收入</td><td colspan="2">合 计</td><td>1</td><td>478</td></tr>
<tr><td colspan="2">公社一级收入</td><td>2</td><td>97</td></tr>
<tr><td colspan="2">生产大队一级收入</td><td>3</td><td>57</td></tr>
<tr><td colspan="2">生产队一级收入</td><td>4</td><td>304</td></tr>
<tr><td rowspan="5">企业性单位收入</td><td colspan="2">合 计</td><td>5＝6＋7</td><td>154</td></tr>
<tr><td colspan="2">公社企业性单位收入</td><td>6</td><td>97</td></tr>
<tr><td rowspan="3">大队企业性单位收入</td><td>合 计</td><td>7＝8＋9</td><td>57</td></tr>
<tr><td>以生产队为核算单位的企业收入</td><td>8</td><td>51</td></tr>
<tr><td>以大队为核算单位的企业收入</td><td>9</td><td>6</td></tr>
<tr><td rowspan="4">三级固定财产</td><td colspan="2">合 计</td><td>10</td><td>335</td></tr>
<tr><td colspan="2">公社一级固定财产</td><td>11</td><td>67</td></tr>
<tr><td colspan="2">生产大队一级固定财产</td><td>12</td><td>27</td></tr>
<tr><td colspan="2">生产队一级固定财产</td><td>13</td><td>241</td></tr>
</table>

禹越乡 1990 年农村经济收入分配和效益统计表

表 9-1-5

项　目	金额	项　目	金额
一、总收入（万元）	5029.65	二、纯收入（万元）	1863.46
其中：农业收入	1156.61	其中：国税	218.23
工业收入	3361	集体提留	64.16
建筑业收入	44.4	农民所得收入	1580.47
交通运输业收入	99.11	人均收入（元／人）	1171.67
商业饮食业收入	14.7	—	—
服务业收入	30.44	四、农村劳动力（人）	7353
其他收入	323.39	人均收入（元／人）	2534.29
二、各项费用（万元）	3166.19	—	—

续表 9-1-5

项　目	金额	项　目	金额
其中：生产费用	2878.37	五、农村固定资产原值	1304
管理费用	256.88	—	—
其他费用	30.93	—	—

1990 年禹越乡村级合作经济组织收支情况统计表

表 9-1-6　　单位：万元

类别＼村	合计	钱塘	道场	杨家坝	徐家庄	木桥头	坝里	石屑兜	九里港	栖丰桥	北圩	水产
一、收入合计	83.53	5.05	6.40	9.1	8.44	8.47	5.56	7.37	4.51	13.74	7.77	7.12
1. 村级经营收入	29.64	1.42	1.43	3.6	3.89	2.04	—	0.53	3	—	5.16	2.95
2. 单位上交款	11.36	1.43	0.01	5.3	1.7	—	0.7	0.13	0.44	1.5	—	0.15
3. 农户承包款	33.56	1.51	3.53		0.95	5.5	2.78	6.5	0.39	6.27	2.37	3.70
4. 统筹款	1.01	—	1.01	—	—	—	—	—	—	—	—	—
5. 土地征用补偿	3.02	—		—	—	—	—	—	—	3.02	—	—
6. 上级单位下拨	3.85	0.3	0.23	—	0.5		0.2	—	—	2.26	—	—
7. 其他收入	6.71	0.39	0.19	0.2	1.4	0.93	1.79	0.21	0.68	0.33	0.27	0.32
二、支出合计	88.19	5.98	6.95	6.64	5.9	8.47	1.79	12.37	3.44	13.98	4.05	13.22
1. 上交税金	0.02	—	—	—	—	—	—	—	—	—	—	0.02
2. 上交统筹款	0.41	—	—	—	0.41	—	—	—	—	—	—	—
3. 生产性支出	45.91	2.53	1.49	4.3	1.61	5.13	3.19	7.87	0.62	11.49	1.70	4.78

续表 9-1-6

村 类别	合计	钱塘	道场	杨家坝	徐家庄	木桥头	坝里	石屑兜	九里港	栖丰桥	北圩	水产
①生产性资产	2.19	—	—	—	0.06	—	0.33	1.8	—	—	—	—
②下拨资金	10.42	1.3	—	—	—	—	—	—	—	9.12	—	—
③水利	14.41	1.23	1.4	—	1.55	4.2	2.56	0.51	0.54	2.37	0.05	
④农补款	4.08	—	0.08	3.1	—	0.9	—	—	—	—	—	—
⑤其他	3.16	—	—	—	—	0.43	—	0.92	0.08	—	1.65	0.08
4. 村级公益事业	14.96	1.18	4.26	0.8	0.58	1.24	0.77	1.89	0.59	0.21	0.65	2.79
①村政建设	8.61	0.54	3.18	—	0.5	—	0.32	1.41	0.42	—	—	2.04
②文教卫生	3.31	0.49	0.37	0.2	0.05	0.9	0.37	0.39	0.11	0.11	0.27	0.05

2005 年禹越镇财政收支决算表

表 9-1-7　　单位：万元

收　入		支　出	
项　目	金额	项　目	金额
一、增值税收入	1880	1.农业事业费	110
—	—	2.水利事业费	12
二、地税收入	1249	3.工业、交通事业费	72
1.营业税	107	4.文化事业费	33
2.房产税	40	5.计生事业费	23
3.印花税	24	其中：转移支付	6
4.土地使用税	18	6.教育事业支出	905
5.所得税	538	其中：转移支付	103
6.农村教育附加税	135	7.医疗卫生支出	30

续表 9-1-7

收　入		支　出	
项　目	金额	项　目	金额
—	—	8.其他部门事业支出	50
7.城建税	87	9.抚恤、救济、社会福利	34
—	—	10.行政管理支出	653
三、预算外收入	2161	11.城市维护费支出	31
1.企事业上交收入	56	12.扶持工业支出	512
2.上级补助收入	793	13.农业水利部门支出	40
3.土地出让收入	1235	14.公益事业建设支出	772
4.其他杂项收入	77	15.其他支出	107
—	—	其中：安全考核支出	3
—	—	综合治理支出	30
—	—	农业科技支出	8
—	—	—	—
合计	5290	—	—
财政可用资金	3393	合计	3384

2010 年禹越镇财政预算执行情况

表 9-1-8　　单位：万元

收　入		支　出	
项　目	金额	项　目	金额
一、财政税收	17043	1.一般公共事务支出	1455
公共财政可用资金	5182	2.教育事业支出	5395
其中：	—	3.文化、体育、传媒支出	383
1.核定支出基数	962	4.社会保障、就业支出	741
2.超收分成	902.5	5. 医疗卫生支出	450
3.上级补助	3317.5	6.城乡社区事务支出	83
—	—	7.农林水利事务支出	3949
二、政府性基金收入	57	8.交通运输支出	520

续表 9-1-8

收入		支出	
项　目	金额	项　目	金额
—	—	9.公共安全支出	201
三、各类补助性收入	11037	10.环境保护支出	2270
—	—	11.资源勘探、电力等支出	275
—	—	12.其他支出	614
四、其他收入	60	—	—
—	—	—	—
财政可用资金	16336	合计	16336

2015 年禹越镇财政预算执行情况

表 9-1-9　　单位：万元

收入		支出	
项　目	金额	项　目	金额
一、财政税收	8570	1.一般公共事务支出	594.4
1. 增值税收入	5382	2.教育事业支出	87.9
2.一般收入	1262	3.文化、体育、传媒支出	20
3.所得税	1290	4.社会保障、就业支出	94.8
4.教育附加收入	315	5. 医疗卫生支出	120.3
5.城建税	321	6.城乡社区事务支出	90.9
—	—	7.农林水利事务支出	152.7
二、财政预算内收入	1208	8.交通运输支出	47
1.预算分成收入	944.9	9.城乡基本建设支出	1461
2.基金预算收入	23.1	10.支援农业生产支出	58
3.补助收入	240	11.抚恤、救济、社会福利	59
—	—	12.扶持企业发展支出	198
三、预算外收入	2755	13.行政事业支出	835
1.自筹资金	14	14.其他支出	183
2.上级补助收入	1064	—	—

续表 9-1-9

收入		支出	
项目	金额	项目	金额
3.土地出让收入	1628	—	—
4.其他杂项收入	49	—	—
—	—	—	—
上年结余	39	合计	4002
财政可用资金	4002	—	—

2015 年禹越镇城乡居民最低生活保障一览表

表 9-1-10

月份	保障对象总户数（户）		保障对象总人数（人）		月支出保障金（元）	
	城镇	农村	城镇	农村	城镇	农村
1	9	89	9	246	4860	95030
2	9	89	9	246	4860	95910
3	9	89	9	246	4860	95910
4	9	91	9	247	4860	96230
5	9	91	9	247	4860	96230
6	9	91	9	247	4860	96230
7	9	93	9	254	4860	98550
8	9	93	9	254	4860	98550
9	9	95	9	263	4860	101530
10	8	100	8	270	4320	104950
11	2	107	2	270	1230	121960
12	2	107	2	270	1230	121960
全年合计					1273560	

第二章 工 商

工商行政管理，能维护合法市场竞争，保障健康市场秩序。

第一节 概 况

据《周礼·地官》载，周朝设“司市”，为我国商贸管理之始。先秦两汉时期，对工商业者进行“注籍”登记；隋唐经济兴盛时期，有坊市、宫市、集市、夜市和互市，商贸管理范围扩大。清光绪二十九年（1903 年），清政府设立工部、商部，将工商管理纳入专管机构。民国时期，1928 年设立工商部，起草公布各种经济法规 109 部，包括工业、商业、商标、公司注册、交易所、商会等工商管理法规。当时，德清县工商事务由县政府实业科管理，乡镇无工商管理机构。

解放初，政务院于 1949 年 10 月设立了中央私营企业局和中央外资企业局。1952 年 10 月，并为中央工商行政管理局，地方工商以组织物资交流，活跃城乡市场，取缔投机违法，稳定市场物价为主。1956 年后，县级工商行政管理职能仅局限在管理农村集市贸易与打击投机倒把上。“文化大革命”期间，各级工商行政管理机构相继撤并。直至 1978 年 9 月才重新恢复。

解放初，境内工商事务基本由下舍区工商管理组直接管理。公社化后，由新市工商部门管理，直至 2014 年。

2014 年 7 月，禹越镇市场监督管理所成立，工商行政管理所、食品药品监督管理所、质量技术监督所三牌同挂。设所长 1 名、副所长 2 名。

第二节 市 场

民国时，主要对食盐、蚕丝等产品进行严格管控。专门组织缉私队，打击贩卖私盐和其他强买强卖行为，蚕茧、蚕丝须经政府批准领贴后方可经营。

1953年，实施粮食统购统销，禁止自由买卖。1958年，取消农户自留地，限制社员家庭副业，农副产品收归国有商业经营，取消所有议价商品。至1961年始短期恢复。1962年成立市管小组，对国家统购物资、市场物价、计量进行管理，对无证商贩、票证买卖等投机倒把活动进行处理。“文化大革命”期间，一二类农产品不准上市，三类农副产品只准就地交易，不准转手买卖、长途运销，致使商品流通不畅。

1979年后，工商部门鼓励各种经济成分同台竞争。原长途贩运、弃农经商率先成为 “万元户”，如高桥公社三来大队沈阿洪，经营被面印花，成为镇境首个万元户，被政府树为典型。

1983 年，国务院发布《城乡集市贸易管理办法》，规定城乡集市贸易场地由当地人民政府纳入城镇建设规划。同年，禹越乡筹资设立固定马路摊位，1985年，在石前埭建设农贸市场，有固定摊位23个。同年，油车乡政府征用米世牌头农田 3.5 亩，与新市工商所联合建立油车桥第一个农贸市场，摊位面积 800平方米，同时出售部分土地给农民建房，形成老菜场一条街。1985年后，因价格双轨制导致物价大幅上涨。镇境大宗农产品蚕茧，大量流入无证照商贩之手转手倒卖，造成“蚕茧大战”。其他日用消费品和“菜篮子”食品价格皆比上年翻倍，食糖凭票供应，食盐抢购成风。

1993 年，《中华人民共和国消费者权益保护法》和《中华人民共和国反不正当竞争法》颁布，工商、文化、食品、药品等部门，加强执法检查，查处不规范经营活动。徐家庄镇文管办查处了无证电子游戏机经营户7家。1994年，油车桥农贸市场整体搬迁，摊位面积3000平方米，入场商户增加到62家。1996年，徐家庄综合农贸市场亦整体搬迁，面积扩大到6亩，入场商户增加到47家。是年，成立镇综合治理委员会和镇医药市场管理小组；次年，成立镇个体私营管理领导小组。

2008年，成立“十小”行业整治工作领导小组，对全镇小食杂店、小餐饮店、小加工作坊、小药店、小农资店、小菜场、小网吧、小音像店、小美容美发店、小液化气储配站等248家，进行为期两年的规范化整改。2012年，油车桥综合农贸市场进行整体改造。次年，搬迁至徐家庄综合农贸市场。

2010年10月农贸市场主要蔬菜价

表9-2-1　　单位：元

品名	单位	价格	品名	单位	价格	品名	单位	价格
精猪肉	斤	10	粳米	斤	2.10	豆腐	块	1
排骨	斤	13	糯米	斤	3.50	油豆腐	斤	5
板油	斤	10	菜油	斤	4.80	胖豆腐	斤	2.70
(中)青虾	斤	17	面粉	斤	2.00	素鸡	斤	4
草鱼	斤	6.50	生面	斤	2.00	豆腐干	斤	3
羊肉	斤	19	白糖	斤	3.00	千张	刀斤	2.50 7.50
甲鱼	斤	25	300克食盐	袋	1.00	栗子	斤	4
(中)黄鳝	斤	35	黄酒	斤	0.50	甘蔗	件	32
毛脚蟹	斤	25	小青菜	斤	1.50	西瓜	斤	1.30
三黄鸡	斤	6.80	大蒜头	斤	6	橘子	斤	2.80
鳢头	斤	10	花菜	斤	4.5	香蕉	斤	2
麻鸭	斤	7	茭白	斤	3	苹果	斤	3
莴苣笋	斤	2.5	萝卜	斤	2.5	葡萄	斤	4.50
大白菜	斤	1.5	芹菜	斤	2			

2010年市场交易价格表

表9-2-2

名　称	单　位	价格（元）	名　称	单　位	价格（元）
小麦	担	75	白　鲢	斤	3.50
黄豆	担	200	花　鲢	斤	6.50
番薯	担	80	鲫　鱼	斤	9.00
马铃薯	担	120	关棚鸡	斤	6.80

续表 9-2-2

名　称	单　位	价格（元）	名　称	单　位	价格（元）
菱	担	100	关棚鸡蛋	斤	4.70
粳米	担	200	关棚鸭	斤	7.00
糯米	担	350	鸭　蛋	斤	6.00
芋艿	担	200	中等青虾	斤	17.00
毛猪（白肉）	担	920	土　鸡	斤	10.00
活羊	担	980	土鸡蛋	斤	12.00

第三节　登记管理

商业登记法滥觞于民国 17 年，是年颁布商业注册暂行规则 35 条，26 年正式制定商业登记法。1950 年 12 月，政务院颁布《私营企业暂行条例》，1962 年又颁布了《工商企业登记管理试行办法》，1987 年、1988 年又分别颁布了《城乡个体工商户登记管理暂行条例》和《企业法人登记管理条例》。此后，国家先后颁布《公司登记管理条例》《企业名称登记管理条例》《合伙企业登记管理办法》《个人独资企业登记管理条例》《农民专业合作社登记管理条例》等，使工商登记管理制度趋于不断完善。境内工商企业登记管理，民国期间由县政府批文备案，解放后长期由新市工商所管理。据《新市镇志》记述；2010 年禹越镇工商企业总数有 1538 户。

2010 年禹越镇工商户汇总表

表 9-2-3

类别	企　业	个体工商户	合　计
集　镇	65	448	513
农　村	262	763	1025
合　计	327	1211	1538

禹越镇历年新企业注册、注销、变更情况

表 9-2-4

年份	企业（家）			变更登记	个体工商户（家）			变更登记
	新注册	注销	累计		新注册	注销	累计	
2004	31	2	135	30	43	8	165	68
2005	32	1	167	59	32	6	197	65
2006	18	1	185	45	13	7	210	32
2007	29	4	214	58	47	90	257	39
2008	14	4	228	47	129	19	386	155
2009	20	1	250	78	289	13	675	144
2010	41	10	292	70	143	49	818	41
2011	32	10	324	74	117	28	935	43
2012	30	11	354	67	136	23	1071	35
2013	86	11	441	74	180	91	1251	45
2014	63	4	506	75	173	42	1424	21
2015	44	10	551	66	158	40	1582	15

第三章　土　地

第一节　概　况

民国 18 年，县设土地陈报处。35 年设地政科，筹划地籍整理，36 年成立地籍整理处，次年完成土地清丈登记。解放后，农村土地经过土地改革、互助组、合作化运动，直至人民公社几十年间，土地均属集体经营。土地承包责任制后，经营逐步放开。1984 年，乡政府建立土地管理领导小组，并配备一名土地专管员。1986年贯彻《中华人民共和国土地管理法》。次年，《浙江省土地管理实施办法》《德清县国家、集体建设用地管理实施办法》《德清县农村宅基地管理实施办法》《德清县农村非农业建设用地有偿使用暂行办法》相继公布，1988年4月，县成立土地管理局。1996年秋，境内徐家庄镇、高桥镇先后成立土地管理所， 2007 年，乡镇土地管理所撤销，成立新市镇中心所，兼管乡镇土地管理，直至2014年3月重新恢复禹越镇土地管理所。镇设立土管所迄今，先后获得市级先进单位5次，县级先进单位6次。

第二节 地 籍

地籍，指记载土地位置、界址、数量、等级、权属和用途等基本情况的籍册。民国前，政府《鱼鳞册》所标田亩均属耕地面积，为官方征收田赋之依据。民国18年，县土地陈报处整编地籍，各乡农户自报田亩，编成清册，但匿产颇多。23年，县设清丈处，办理地籍整理，至26年完成疆界调查40万亩，图根测量49万亩，户地测量18万亩，资料后遭日寇毁失。民国35年设地政科，筹划地籍整理业务，并于次年成立地籍整理处，37年完成土地清丈登记，全县总计田237587亩，地31753亩，山2581亩，荡6658亩。其时镇境横塘乡：田12350亩，地493亩，荡232亩。民国期间，土地归纳为田地山荡4大类，其中田分圩田、地田、山田、荡田4类，地分平地、山地2类。解放初，土地申报分为水田、桑地、花白地、宅基地和鱼塘5类。人民公社后，水田、桑地并称耕地，增加自留地1项。此后统计分类亦时有变化。

1949年后，县政府发出通告，土地登记与征粮相结合，开展反黑田运动，各村查田、定产，土地申报自报公议。紧接着开展土地改革运动，至1951年年底，境内土改结束，为农户颁发土地所有证书。通过土改，摸清地情。如三来乡，土改前后比较，新增土地360.264亩。1959年，全县开展第一次土壤普查，普查清丈耕地面积比习惯面积减少8.3%。1981—1983年，进行全县第二次土壤调查，此后，1991年、1996年、2000年又进行多次土地利用和土地变更调查。2005年，禹越镇区域面积39.17平方公里，其中农用土地面积2682.59公顷，占68.47%。耕地1779.31公顷，占45.42%。建设用地面积695.96公顷，占17.76%。

水域面积 539.23 公顷，占 13.76%。

1951 年土地面积统计表

表 9-3-1　　单位：亩

单位	田	地	杂地	宅地	荡	合计
三来乡	10032.64	3881.32	5.66	448.19	1199.93	15567.74
油车乡	8428.62	2905.31	3.09	316.23	597.22	12250.47
禹越乡	8416.20	3411.83	5.26	430.81	247.82	12511.92
合计	26877.46	10198.46	14.01	1195.23	2044.97	40330.13

1961 年土地面积统计表

表 9-3-2　　单位：亩

单位	水田	桑地	白地	自留地	荡	合计
高桥公社	12195	5217	1051	1047	1212	20722
禹越公社	9107	2150	1352	774	797	14180
合计	21302	7367	2403	1821	2009	34902

1971 年耕地面积统计表

表 9-3-3　　单位：亩

单位	水田	白地	自留地	合计
高桥公社	13303.590	1331.268	794.410	15429.268
禹越公社	8913.886	487.818	680.639	10082.343
合计	22217.476	1819.068	1475.049	25511.611

1981 年耕地面积统计表

表 9-3-4　　单位：亩

单位	水田	白地	自留地	合计
高桥公社	11785.6	545.1	684.4	13051.1
禹越公社	8835.8	312	579.1	9726.9
合计	20621.4	857.1	1263.5	22778

1990 年耕地面积统计表

表 9-3-5　　单位：亩

单位	水田	白地	内荡	合计
油车乡	11701	924	370	12995
禹越乡	8700	747	850	10297
合计	20401	1671	1220	23292

1992 年居民点及工业用地调查

表 9-3-6　　单位：公顷

单位	合计	城镇	农村居民点	工业用地
油车乡	216.19	—	195.78	20.41
徐家庄镇	176.98	2.78	150.71	23.49
合计	393.17	2.78	346.49	43.9

1996 年土地面积统计表

表 9-3-7　　单位：公顷

单位	合计	耕地	园地	林地	民居工业用地	交通用地	水域	未利用土地
高桥镇	2290.87	879.31	508.37	—	287.47	48.86	484.69	82.17
徐家庄镇	1636.45	611.41	310.94	0.02	213.05	43.92	404.01	53.10
合计	3972.32	1490.72	818.31	0.02	500.52	92.78	888.7	135.27

2006—2020 年土地利用规划控制指标

表 9-3-8

地类		面积（公顷）	比重（%）
土地总面积		3917.06	100
农用地	耕地	1769.32	45.17
	园地	530.19	13.54
	林地	1.69	0.04
	其他农用地	240.67	6.14
	合计	2541.87	64.89

续表 9-3-8

地类			面积（公顷）	比重（%）
土地总面积			3917.06	100
建设用地	城乡建设用地	城镇用地	342.88	8.75
		农村居民点用地	377.03	9.63
		采矿用地	13.09	0.33
		小计	733.00	18.71
	交通水利用地	公路用地	112.77	2.88
		管道用地	0.19	—
		小计	112.96	2.88
	其他建设用地	风景名胜用地	2.64	0.07
		特殊用地	0.09	—
		小计	2.73	0.07
	合计		848.69	21.67
其他土地	河流水面合计		524.44	13.39
	自然保留土地		2.06	0.05
	合计		538.92	13.44

第三节　经　营

夏、商、周时期计人受田，史称“井田制”。春秋至汉代，豪强圈地，公私纷呈。晋、唐两朝，实施均田制。宋代起直至民国，分官田、民田。

解放后，农民除自耕地、宅基地外，其余均为国有土地。人民公社化初，土地全部归公。1958 年“大跃进”时，提出“耕作园田化，生产机械化”口号，农村掀起垦荒造地热潮，但未能长久。1969 年开展农业学大寨，镇境平整土地，搬埂移墩，筑堤修塘，调整田塍，使田地大小划一，渠路配套，零星闲地得以开发。1983 年承包经营，土地所有权和土地经营权分列。1990 年，遵照《国有土地使用权出让、转让办法》，县先后出台《关于开展全县农村宅基地有偿使用工作的通知》和《德清县国有土地使用权有偿出让转让办法》，此后土地开始流转。

农田保护　1989 年县府发文，一律禁止在粮田上搞基本建设。1992 年 10

月，又将耕地桑园面积宏观控制指标下达各乡镇，在基本农田保护区立标定界。此后，各乡镇绘制基本农田保护图，县政府与乡镇长签订责任书，镇至 2020 年落实耕地保护面积 1769.32 公顷，其中划定永久基本农田示范区 830.21 公顷。但自 1997 年起，因基本建设所需，控田政策松弛。至 2000 年，耕地保护率下降至 97.2%。至 2013 年，全镇农用土地总面积 2493.19 公顷，占 63.65%。其中耕地 1767.11 公顷，占 45.11%；园地 477.17 公顷，占 12.18%；林地 1.92 公顷，占 0.05%；其他用地 246.99 公顷，占 6.31%。此外，在全镇土地总面积中，建设用地 785 公顷，达 20.04%，耕地保护率已降至 80.39%。

20 世纪末镇境农田保护情况

表 9-3-9

单位	耕地（万亩）		保护区（万亩）	建设留用地（亩）	保护率（%）
	1989 年	2000 年			
高桥	1.27	1.24	1.24	356.00	97.2
徐家庄	0.95	0.92	0.92	266.00	97.2
合计	2.22	2.16	2.16	622.00	97.2

2000 年耕地面积统计表

表 9-3-10　　单位：亩

单位	水田	旱地	合计
高桥镇	11386	666	12046
徐家庄镇	7820	571	8391
合计	19206	1237	20437

2014 年禹越镇耕地面积及生产结构统计表

表 9-3-11　　单位：亩

单位	水稻	桑地	淡水养殖	耕地总面积
合计	12472	7087	942	22502
钱塘	1171	—	30	1700
杨家坝	1315	351	20	1610

续表 9-3-11

单位	水稻	桑地	淡水养殖	耕地总面积
木桥头	2352	560	154	2583
东港	410	287	80	579
西港	1181	324	30	1725
栖湖	1911	816	15	2650
夏东	1302	1082	345	3031
三林	1081	1291	60	3070
高桥	1039	926	170	2804
天皇殿	703	1450	38	2750

土地整治　解放后，先后开展兴修水利、土地平方、改造低产田等运动，境内土地旧貌变新，1999 年，德清县下发《土地利用开发整理计划》，其中高桥镇 2000 亩，徐家庄镇 1000 亩。此后，土地整理、圩区中格局整治、农业综合开发、土地复垦相继。2000 年，有夏家圩、白龙潭圩、北塔圩、田大坝圩、和会角圩、河北圩、邓家坝南圩等 7 个项目，总投资 1626.8 万元，整治面积，850.84 公顷。2001 年，有千亩圩、陈家圩、外口圩、高家圩、沈楚圩、下畔圩、庙后圩等 8 个项目，总投资 1842.15 万元，整治面积 395.91 公顷。2005 年，有墩头郎圩、高家坝圩、北塘圩、牌头圩、西横圩、坝渔郎圩等 6 个项目，总投资 557.69 万元，整治面积 14.09 公顷。2007 年，有禹越轮窑、油车陈家里、夏家上堂圩、栖丰汤家兜、米世范家里、天皇殿浜里、米世木桥头等 7 个项目，总投资 804.16 万元，整治面积 28.27 公顷。2009 年，有钱塘郁家墩、茅林红旗兜等 3 个项目，总投资 479.48 万元，整治面积 6.52 公顷。2010 年，有三来言人兜、木桥头墩头郎、天皇殿等 3 个项目，总投资 633.05 万元，整治面积 6.3 公顷。

土地经营　1986 年 9 月，土地管理实行分级负责，村民建房超平方罚款，七成归乡，三成归村。并规范村民建房申请手续，服从村镇规划，缴纳造地费。1990 年，规定土地使用收费标准分造地费、管理费、申报勘验费三项。国家集体单位占用耕地每亩 1000 元，乡镇企业、重点户、专业户及村民建房，每亩 500 元。已批土地抛荒费每亩 1000—1500 元。其中单位建设用地抛荒，由县土管局收取，农户抛荒，由乡镇政府收取。商业用地每亩7000元。外商投资企业，按用途分为4类。(1)商业、金融、旅游用地。每平方米/年4260元。(2)文化、娱乐、办公、住宅用地，每平方米/年3—40元。(3)工业、交通用地，每平方米/年2—30元。(4)文教、科研、卫生、农业用地，每平方米1—10元。1992年起，农村宅基地有偿使用暂行办法规定每人30平方米，超过部分交纳占地费每平方1元1年。后放宽界限，蚕桑地区每人占地50平方米。1995年9月，为推进粮田规模经营，农村建立口粮田、商品粮田分离经营体制（俗称双田制），使农田三权分离（所有权属集体，承包权归承包农户按期定责承包，经营权根据立约、守法原则，由转包人从事生产经营）。并规定，口粮田人均0.4—0.5亩，承包期15年。商品粮田完成国家定购粮任务，其中一类田500公斤、二类田400公斤、三类田300公斤。大户转包面积以20—50亩为宜，经营期一般5年，承包款每亩200元交户，资源费一次性500元交村组，农业税由经营者承担。1996年取消收费。1997年，双田制停止推行，实行由集体招标转让使用权，俗称股票田。1998年1月起，农村私人建房征收每平方米6元造地专项基金。

1992年5月，县内首次招标出让国有土地使用权。内资项目每亩6万元，外资项目每亩5.5万元，代征地每亩3万元（均不含用地指标费）。2006年再次调整工业用地价格，土地基准价每亩10万元，代征地每亩6万元，投资额500万元以下项目不再单独供地。

德清县一般建制镇土地出让基准结构（评估价）

表9-3-12　　　　单位：元/ 平方米

乡镇	评估时间	土地等级分值	商业用地	住宅用地	工业用地
高桥镇	1994年	19.1	196.6	111.3	85.4
	1999年		345	165	75
徐家庄镇	1994年	23.1	222.1	122.7	93.5
	1999年		375	165	75

第四章　税　务

第一节　概　况

赋税起自商周，历代以继。清代以前，税无定制，名目税率多变不一。民国初，沿袭清制。至民国 12 年，颁布《宪法》，规定全国税制划一，并划分国、地两税制，全国统一税率。其时，德清县设税捐征收处，下设城区、新市、洛舍、下舍四个稽征处，镇境由下舍稽征处征收。稽征业务主要有营业税、屠宰税、契税、地价税等。民国 17 年公布《国家收入、地方收入暂行标准案》，明确中央收入 17 个税项，地方收入 12 个税项。但因战乱频仍，苛捐杂税名目繁多。如民国 26 年，除田赋、契税项下附加带征外，列入县级预算的地方捐费有：保安及壮训户捐、自治户捐（附加一成义教费）、店住屋捐、屠宰附捐、固有警捐、旅店捐、广告捐、戏捐、置产捐、碗酒捐、渔行认捐、茧帖附捐、筵席捐、冬防附捐、典业捐、巡轮附捐、清道捐、乐助捐、验契地方教育费、茶馆执照费等 20 种。此外，还先后征收碗茶捐、班船捐、车照捐、螺蛳附捐、菱行捐、叶行捐、硝皮捐、肉捐、茧捐、带征学附捐、土产改良费、土产特别税等。1950 年 1 月起，全国统一开征 14 个税种。是年 4 月，县成立税务局，下设新市税务所、洛舍、下舍税务组，镇境仍由下舍税务组征收。1955 年，洛舍、下舍税务组改为税务所。1958 年，税务并入财政，下设新市、洛舍、下舍、三桥、上柏、莫干 6 个区税务所。此后，随着税制不断改革，机构时分时合，税种时增时减，直至公社解体，镇境税务始由新市财税所征管，并始派征管员长驻。1987 年，新市财税所一分为二，一所管辖新市镇区，二所下辖新联、梅林、士林、高林、高桥、禹越、勾里 7 个乡镇，高桥、禹越设税务征收组，各有 3 人长驻。1994 年，县分设财政局、国家税务局、地方税务局三机构。财政局管乡镇财政，国税局和地税局分别下设武康、城关、新市3个中心所，镇境征收组仍由新市管辖。

第二节 税种 税目

各个时代，税种、税目多有变化。民国初年沿用清朝赋税制，税分四类：（1）丁口税（丁赋、差役）。（2）收益税〔田赋、营业税(当税、牙税)、矿税。〕（3）交通税（注册税、契税）。（4）消费税〔盐税、茶税、酒税、渔税、土药税、厘金税、关税（海关税、通关税）〕。民国3年税种调整，此后至14年略有小变，分为三类30目。（1）收益税〔田赋、矿税、房税、营业税（牙税、当税、烟酒牌照税）、所得税、遗产税〕。（2）交通税〔登记税（各种注册费、契税）、印花税〕。（3）消费税〔盐税、茶税、糖税、烟酒税、丝茧税、特种消费税（棉油特税、卷烟特税、棉纱特税、麦粉特税、火柴特税、水泥特税）、出产税、销场税、关税〕。民国14年，税种归并，分为国税6种（货物税、所得税、利得税、营业税、印花税、遗产税），地税7种（屠宰税、营业牌照税、车船使用牌照税、筵席娱乐税、房捐、警捐、山地收益捐）。此后至民国26年，税率稳定。日寇侵华后，驻境游杂部队各自盘踞，按乡按保科派经费，江南第一挺进队竟在水陆要冲设税局，经过各物，无不抽税，以致一物数捐，遂使百物昂贵。战后通货膨胀，税、捐、费名目繁多，税率变化无常。据县档，境内开征税、捐、费项目有：正捐18种（保安壮训户捐、自治户捐、店住房捐、固有警捐、旅店捐、广告捐、戏捐、置产捐、碗酒捐、渔行认捐、筵席捐、典业捐、清道捐、乐助捐、屠宰附捐、巡轮附捐、冬防附捐、茧贴附捐）；费3种（验契地方教育费、茶馆执照费、户捐附加义务教育费）。临时捐12种（碗茶捐、肉捐、茧捐、菱行捐、叶行捐、硝皮捐、班船捐、车照捐、劳役捐、荒地取缔捐、茧捐带征义务兴学捐、螺蛳附捐）。附税1种（土产特别税），费2种（土地改良费、绥靖经费）。正税沿用清制4种（牛税〔民国五年停征〕、当税、牙税、印花税、契税），捐3种（警捐、船捐、户捐），民国3年以来逐年开征未停，税目10种（屠宰税、营业牌照税、使用牌照税、营业税、货物税、所得税、利得税、遗产税、筵席税、娱乐税），捐3种（房捐、渔丁捐、山地收益捐），费1种（佃租费）。民国 36 年开征地税 6 种（糖税、麦粉税、茶叶税、土烟丝税、土烟叶税、土酒税），37 年开征 1 种（地价税，每 1000 元征稻谷 1 升），细化所得税 4 种（技艺报酬所得税，每年所得满 480 元者征 3%；定额薪资所得税，每月所得满 40—150 元征 1%，150—300 元征 2%，600 元以上征 4%；财产租赁所得税，每年所得 80 元起征，税率 4%；一时所得税，每次所得满 40 元者征 10%），因税杂捐苛，民多怨声。

解放区税收与国统区有别，据县档资料，在陕甘宁边区、晋西北、河曲一带，及宁夏天水堡至环县种植鸦片 158340 亩（民国 31 年统计），开征徭役、救国公粮（田赋）外，设税 17 种（营业税、所得税、利得税、农田水利税、印花税、烟酒税、屠宰税、猪牙税、度量衡税、鸦片税、大小贩登记税、遗产税、物产过境税、敌货入境税、土货出境税、婚姻登记税、房屋地宅税），捐 7 种（富户捐、商户捐、救灾捐、慰劳捐、抗日捐、鞋袜捐、家畜捐），费 2 种（牲畜出境手续费，土地所有权证费）。

解放初，税目调整频繁，1949 年设 13 种（货物税、营业税、营利事业所得税、财产租赁所得税、营业牌照税、行商营业税、筵席税、娱乐税、存款利息所得税、印花税、屠宰税、使用牌照税、房捐）。次年并改为 11 种，其中改名 4 种（营业牌照改摊贩牌照，行商营业改临时商业，使用牌照改车船使用牌照，房捐改城市房地产），合并改名 2 种（营利事业所得、财产租赁所得并为所得税，筵席、娱乐并为特种消费行为）。1953 年增开 4 种（商品流通税、牲畜交易税、集市交易税、盐税），取消 1 种（摊贩牌照），改名 2 种（特种消费行为改文化娱乐，存款利息所得改利息所得），共开征税目 14 种。1958 年大加裁并，设 6 种（工商统一税、工商所得税、屠宰税、车船使用牌照税、城市房地产税、盐税）此后，1973 年工商统一税改名工商税外，均不变。1984 年调整为 12 种（产品税、增值税、营业税、工商统一税，工商所得税、国营企业所得税、屠宰税、车船使用牌照税、城市房地产税、盐税、牲畜交易税、建筑税）。1990 年增开 8 种（印花、外国企业所得、个人收入调节、城市维护建设、国营企业工资调节、国营企业奖金、事业单位奖金、集体企业奖金），分设 1 种（工商所得分为城乡个体工商业所得、集体企业所得 2 种），改名 2 种（车船使用牌照改车船使用、城市房地产改房产），共设 21 种。1995 年再次变动，取消 7 种（产品、牲畜交易、建筑、国有企业奖金、国有企业工资调节、事业单位奖金、集体企业奖金)，合并1种(集体企业所得、城乡个体工商业所得、国有企业所得合为企业所得)，增设2种(土地使用、国有企业投资方向调节)，改名5种(工商统一更名消费，个人收入调节改个人所得、车船使用改车船、盐税改资源税、外国企业所得改外商投资企业和外国企业所得)，共税目14种。

2000年前，湖州地区的税种有：农业税、农林特产税、产品税、增值税、营业税、工商所得税、国有营企业所得税、集体企业所得税、城乡个体工商业户所得税、私营企业所得税、国有企业工资调节税、奖金税、契税、城市维护建设税、房产税、个人收入调节税、印花税、屠宰税、筵席税等。其中，农业税、特产税、工商税、房产税、印花税、屠宰税、筵席税是解放后50年代开征的税种。但境内征收历史最长，与境民生活最为密切的是农业税。

农业税　始于春秋时期鲁国“初税亩”，汉代称“田租”，唐朝称“租庸调”，宋元称“田赋”。历史上，“皇粮国税”为国家支柱之一，缴纳田赋为农民之义务。1949年11月，浙江省发布《征收农业税暂行办法》，将田赋、公粮、公柴及乡镇经费各项负担合并征收，改称农业税。1958年6月，国家颁布《农业税条例》，成为国库收入主要来源。2005年12月，十届全国人大常委会第十九次会议通过决定，自2006年1月1日起废止《农业税条例》，中国沿袭两千多年之传统税收得以终结。

第三节　征　收

清代赋税均由地方经办，通过行业公会和乡绅组织征收，收入上解中央。清咸丰三年(1853年)创办厘金，无物不税。民国初年，国税设置征收机构，地方税收和各种杂捐由县级财政、公安、教育、慈善等机构稽征，部分税捐还采取招商承办或包征、就地摊派。

解放初，稽征对象主要为工商业，采取“查账征收”“民主评议”“定期定额”3种征收法。1953年后，城镇按行业专管，农村划片包干，巡回稽征。1955年，国营、供销社、公私合营企业实行查账征收。1959年，对国营、供销社工商统一税采取自报核算征收，对少数个体商贩和手工业者采取单定征收。1980

年，镇境对农副产品市场和小商品市场征税。1990年始，加强集贸市场零星税收征管工作。1997年，撤销专管员管户制度，撤销基层税务所，成立武康、城关、新市3个中心所和3个办税大厅，实行集中征收。2000年后，采用网络化，“数据采集、税源监控、税收分析、纳税评估、税务稽查”征管机制。

田赋　民国元年1月，颁布《地丁征收法案》，原清朝漕粮一律改为抵补金，每斗征银3角，平均每石4.75元。原地丁银1两改折银2.33元，其中1.5元正税，0.3元粮捐，全部解省入库。其余0.53元为地税，供县内使用。民国20年6月，省公布田赋章程，土地划分等级，按级计征。镇境水田分为50等，一等田亩税8元，末等0.1元。旱地分为39等，一等亩税5.7元，末等0.1元。山分11等，荡分28等。境内以3等圩田额定税率5.6%为最高，20等圩田税率3.2%为最低。民国33年改为实征（不收现金、只收稻谷），按业户原征每元征谷3市斗。同时推出征借〔赋额不满1斗之小户不借，1斗以上户每元征借1.5市斗，从民国38年起凭粮串（收据）分5年摊还〕。民国37年起，原每亩3斗改为五折实征，另征借每亩2.25斗，公粮0.9斗，地主积谷（储备）0.3斗，合计每亩征谷4.95斗。

带征　抗日战争期间，县定附捐、杂费共18种。其中捐9种（建设特捐、建设附捐、教育附捐、慈善教育亩捐、保卫团亩捐、飞机捐、救济院附捐、地方自治附捐、劳军特捐），费9种（县建设费、水利经费、治虫经费、区公所经费、征收公费、乡自治教育费、地籍测绘代征费，县自治经费，归还地方捐亏垫）。民国36年，代征绥靖经费，每元带征稻谷1升2合。次年8月，工商营业税项下带征15%。

农业税　解放后由田赋改称，俗称公粮。1949年仍按民国20年省颁田亩按等级计征法征税。次年改为全额累进制，分40级，最低税率3%，最高42%。年人均收入稻谷75公斤以下免征公粮，人均收入稻谷100公斤以上，税率可提高至80%，由于征税过苛，各村多有青黄不接。1952年调整税率，缩小为24级，年人均收入稻谷75公斤以上者，税率7%—30%。

1951年11月公布的农业税税率

表9-4-1

税级	一户人均农业收入（折谷·市斤）	税率（%）
一	150斤及以下	8
二	150斤以上不足200	9
三	200斤以上不足250	10
四	250斤以上不足300	11
五	300斤以上不足350	12
六	350斤以上不足400	13
七	400斤以上不足500	14
八	500斤以上不足600	15
九	600斤以上不足700	16
十	700斤以上不足800	17
十一	800斤以上不足900	18
十二	900斤以上不足1000	19
十三	1000斤以上不足1100	20
十四	1100斤以上不足1200	21
十五	1200斤以上不足1300	22
十六	1300斤以上不足1400	23
十七	1400斤以上不足1500	24
十八	1500斤以上不足1600	25
十九	1600斤以上不足1700	26
二十	1700斤以上不足1800	27
二十一	1800斤以上不足1900	28
二十二	1900斤以上不足2000	29
二十三	2000斤以上	30

1952 年秋征任务统计表

表 9-4-2　　单位：斤

乡镇	常年产量	平均税率	负担数	代金数	实征数
三来	5605539	19	1065052	127806	937246
油车	4170149	19	792328	95079	697249
禹越	4686960	17	796783	95614	701169
合计	—	—	14240128	1708814	12531314

1958 年，改为地区差别比例税制，德清县东部水乡平原税率 19%，平均每亩计征 450 斤。旱地分项定产计征。

1962 年评产计征旱地分项定产表

表 9-4-3　　单位：斤

地区	旱地	桑地	小桑地	果地	竹地	内荡	杂地	芦苇
高桥	260	450	240	500	500	450	200	200
禹越	260	450	240	500	500	450	200	200

1961 年粮食三者关系统计表

表 9-4-4　　单位：斤

公社	粮食总产量	国家				集体	社员
		征购	增购	还借	合计		
高桥	9380572	3846568	108979	96796	4052343	700392	4627837
禹越	6243789	1646100	73942	18473	1738515	435097	4070177
合计	15624361	5492669	182921	115269	5790898	1135489	8698014

人民公社期间，公粮余粮由集体交纳。1965 年起，农业税占总比例逐年下降。高桥公社 1970 年税金 117145 元，占总收入 2526697 的 4.64%；1980 年，禹越公社农业税 92075 元，占总收入 2497779 元的 3.68%；1990 年，油车乡农业税 26.56 万元，占总收入 1505.43 万元的 1.76%。

公社解体后，改为以户计征。1984 年，现粮征收改为货币结算。1992 年 1 月起，早稻定购价每担 24.60 元，晚稻 31.80 元。10 月 30 日前，农业税按早稻价计征；11月1日后，按晚稻价计征。1990年，高桥镇农业总收入1505.43万元，农业税上交26.56万元万元。1995年起，因基建需要，征地频繁。除水利，公路外，乡镇建房用地未能及时免税，致使各乡有税无地日益加重。2000年，徐家庄镇上交农业税58.2万元。

减免　解放初，军烈属及吃口重，劳力少的贫下中农，可酌情减免。1954年德清县特大洪灾，全县减税0.659万公斤。1961年困难时期，全县调整国家任务比上年减少7025万公斤，平均税率为9%。

农林特产税　1991年1月开征。淡水鱼每亩内塘20元，外荡5元，集体养殖征10%；河蚌每亩30元，单位养殖征15%；甘蔗瓜类每亩30元，葡萄每亩50元。1999年修改税率，淡水鱼每亩内塘60元，外荡20元，田改荡10元。水产品生产者征8%，收购者征5%。园艺产品，只对生产者征税，甘蔗、药材征5%，瓜类8%，茶叶7%，杨梅、板栗、桃、杏、枣、橙、香枹、枇杷、葡萄、草莓10%，苹果、梨、橘、梅12%。烟叶产品只对收购者征税，税率31%。林木产品，竹、木、笋，生产者征8%，收购者征8%，畜产品，猪、羊、兔、鸡、鸭、鹅、皮毛、肠衣，收购者征10%。食用菌类，生产收购各征8%。

耕地占用税　1987年4月开征。县府所在地每亩5000元，其余乡镇4000元。1992年调整，每亩6000元（每平方9元），农民建房减半。2001年，商品房开发及工商用地推行招标拍卖土地使用权。

流转税类　商品流转额和非商品流转额为征税对象，包括工商业税、货物税、商品流通税、工商税、增值税、产品税、工商统一税、营业税、消费税等税种。其中工商业税为解放后开征的税种，分为工商营业税、摊贩业税、临时商业税3种。货物税，1958年并入工商统一税。商品流通税，开征于1952年，1958年并入工商统一税。工商统一税，1958年由原货物税、商品流通税、营业税、印花税合并而成。工商税，1973年由工商统一附加税、城市房地产税、车船使用牌照税、盐税和屠宰税合并而成的。增值税，以纳税人生产产品增值额为征税对象，1983年开征。产品税，开征于1984年，其中应税工业品260个，农产品10个。营业税，民国20年开征，解放后入工商税，1984年恢复营业税，有税目12个，税率25个。消费税，1994年开征。

所得税类　有工商所得税、国营企业所得税、个人收入调节税、个人所得税、中外合资经营企业所得税、外国企业所得税、利息所得税、企业所得税。其中工商所得税，民国 25 年开征，其中向国家上交利润的企业及税法规定免税的企业不征所得税。国营企业所得税，1983 年开征。个人收入调节税，1987 年开征。个人所得税，1980 年开征。工商所得税，民国 25 年开征。中外合资经营企业所得税和外国企业所得税是新税种。1990 年开征。利息所得税开征于解放初，1959 年停征。

资源财产、行为税类　包括盐税、资源税、城镇土地使用税、建筑税、奖金税、国营企业工资调节税、城市维护建设税、固定资产投资方向调节税、土地增值税、房产税、印花税、车船使用税、屠宰税、集市交易税、牲畜交易税、特种消费行为税、文化娱乐税、筵席税、特别消费税等 20 个税种。其中盐税于 1994 年纳入资源税。固定资产投资方向调节税、屠宰税、集市交易税、特种消费行为税、文化娱乐税、筵席税、特别消费税、国家能源交通重点建设基金 8 种已经停征。

1953 年屠宰税、货物税汇总

表 9-4-5　　　　单位：万元（旧币）

乡镇	屠宰税	货物税	货物明细
油车	473.7500	136.2800	白酒 150 斤，鱼 7320 斤。丝 1125 两
西葑	552.0400	52.0000	白酒 221 斤。黄豆 200 斤，鱼 3300 斤
三来	缺	15.4800	鱼 80 斤，丝 304 两
合计	4826.7100	495.0900	—

返回　国税分中央税和共享税两类，税收通过中央财政转移支付地方库返还，有 60%构成地方财政收入。禹越镇 2005 年财政收入部分，增值税一项收入有 1880 万元；2015 年，增值税收入达到 5382 万元。地税由地方政府征收、管理和支配，属于地方政府财政收入。禹越镇 2005 年地税收入 1249 万元，2015 年达到 3188 万元。

第五章 旅游业

东部水乡，泛舟扬帆，步桥赏月，渔舟晚唱，采菱挖藕，皆成风景，成《旅游》章。

第一节 资 源

水资源 昔为大禹治水之地，内河众多。深南港、盐官下河、横塘港横贯东西，大东港、九里港、木鱼桥港纵穿南北，串连起城头漾、赵家漾、湖墩漾、绿乌龟漾、百亩漾、堂前漾、野菱滩漾、白龙潭漾等众多湖泊，形成独特自然风貌，成为天然旅游资源。

古桥 地因水而多桥，桥因水而多姿。横塘港上的永寿桥，为单孔石桥代表作；白马高桥，为大东港上古老桥梁；韩家桥形制特殊；永明桥被列入县级文物保护。此外，木鱼桥、砖桥、保安桥等众多平桥，不仅多彩多姿，而且蕴含着丰富民间传说。其中，淳安桥地处杭嘉湖三府交汇处，桥中孔东侧梁板一侧阴刻“中央桥门为德清县东西连接之水道”，中孔北桥墩东侧阴刻“北首桥门东西直线崇德县界”，中孔南桥墩东侧阴刻“南首桥门东西直线杭县界”，可谓“一桥跨三府”。

古寺庙 境内先民，崇尚佛事，寺庙庵堂，星罗棋布。天皇殿村永寿寺，建于唐大中二年，最为古老。镇区禹王庙，是祭祀大禹的庙宇。此外，佛喜寺、白马寺、观音堂、牡丹亭、福清庵、永镇庙等，几乎村村有庙堂。

历史风情 民风民俗，源远流长。其中庙会文化、婚嫁文化、农耕文化、蚕事文化、赛船文化等，皆可为旅游开发而升华。杨家坝皮影戏、东坝头花鼓戏更是文化奇葩。

第二节 开 发

2010年，境内旅游开发提上政府议事日程。《禹越镇2011年至2030年发展规划》明确提到：以“江南水乡——休闲文化”为发展旅游业指导思想，建设环绕百亩漾、野菱滩、湖墩漾“一心两翼”休闲旅游圈。

道路景观建设

2010—2016年，镇境主要道路沿线实施绿化、美化，植树、栽花、种草。2016年，建设公路节点景观建设6处：（1）白马节点，位于夏东村西，新禹线与荷禹路延伸段交叉口，景观占地面积约1284平方米，设一匹白马形状雕塑，总投资约98万元。（2）杭州产业园支路节点，位于镇西路与杭海路路口，占地面积约10.3米，设景墙景观，总投资约8.5万元。（3）杭州产业园北入口节点，位于杨徐线与五新线路口，占地面积630平方米，设景墙景观，总投资约36.2万元。（4）南大门节点，位于我镇与余杭区交界处，设门楼景观，总投资约55万元。（5）高速路口节点，位于S13练杭高速出口，设景墙景观，总投资91万元。（6）三林路口节点，位于三林村入口，设以蚕桑活动主题雕塑，总投资约34万元。

休闲农庄建设

建丽农庄 2010年建立，位于三林村木鱼桥，有河道100多亩，土地40余亩。以垂钓为主，兼餐饮。

东湖农庄 2011年建立，位于夏东村蛇荡湾漾，有水面150多亩，土地50余亩。经营餐饮和垂钓业务。

野菱滩生态农庄 2011年建立，位于高桥村野菱滩漾，有水面500多亩，土地300多亩。有垂钓、生态休闲、烧烤、餐饮等。

大禹生态休闲农庄 2012年建立，位于三林村村委前，占地220亩，集瓜果蔬菜采摘、农业科普、亲子教育、休闲娱乐于一体。

百亩漾现代农业精品园　2012年建立，位于高桥村立安，占地300多亩。以生态养殖和营销为主，兼餐饮、垂钓等。

立项开发项目

浙江金象岛休闲旅游度假区项目　为浙江省发改委、浙江省人民政府批准为重点项目（浙发改基综〔2013〕414号；浙政办发〔2013〕30号。）项目位于高桥村米世湾野菱滩漾，因湖中有岛，岛中有湖，岛岛相连，浑然天成“象”形，故名“金象岛”。原有永镇庙，“文化大革命”中毁。项目以“回归宁静，亲近自然”为宗旨，计划开发面积1200亩。

百亩漾农业精品园花间堂精品度假酒店项目　位于高桥村，占地300亩，总投资人民币 6.2 亿元。项目分三期建设：第一期建设三组苏州园林式江南特色庭院，及配套建设住宿、餐饮、会议、停车场设施。第二期建设江南文化产业基地和养老基地。第三期建设德清农业产品交易平台。

第十卷

中国共产党基层组织

第一章　机构组织

1928 年，德清县独立支部书记许斌在镇境油车角、菁田坝建立 2 个农村党支部。然无甚活动。

镇境解放后，于 1949 年 6 月成立中共双马区委员会，下辖双马、禹越、勾垒、大麻 4 个乡，1950 年 5 月，双马区委撤销，双马、禹越、勾垒划归下舍区委管辖，大麻乡划归崇德县（桐乡县）。其时，境内设禹越、三来、油车 3 个乡支部委员会。共有党员 26 名。

1956 年撤区并乡，各乡先后建立党总支。其中禹越乡党总支成立于 1956 年 3 月。三来乡与油车乡合并后更名为高桥乡，党总支成立于 1957 年 1 月。总支下设分支 6 个，党员 44 名。1958 年 6 月，乡党总支改建党委。1958 年 10 月，禹越乡和高桥乡合并，组建高桥人民公社，公社党委辖 3 个党总支。1961 年 6 月，撤销大公社和耕作区，原禹越乡从高桥公社分出，成立中共禹越公社委员会，下辖钱塘、道场、杨家坝、坝里、徐家庄、木桥头、石屑兜、九里港、栖丰桥、北圩 10 个大队和机关、集镇共 12 个支部，党员 65 名。中共高桥公社委员会下辖湖墩、东溪、夏家、三来、茅林、油车、米世、天皇殿 8 个大队和集镇、机关共 10 支部，党员 148 名。

1966 年“文化大革命”开始，党的组织机构和工作处于瘫痪状态。此后至 1976 年，公社党政权力归革命委员会行使。1976 年 10 月，公社党委领导班子重新工作。1978 年 3 月拨乱反正，重新建立党委。对“文化大革命”期间突击入党的造反派，通过开门整党，予以甄别。至 1980 年，镇境高桥公社党委下辖 13 个支部，党员 247 名。禹越公社下辖 17 个支部，党员 255 名。

1966—1971 年高桥公社基层党组织及党员分布情况

表 10-1-1　　　　　　　　　　　　　　　　　　　　　单位：人

<table>
<tr><th>单位</th><th>党员</th><th>单位</th><th>党员</th><th>单位</th><th>党员</th><th>单位</th><th>党员</th></tr>
<tr><td>湖墩</td><td>17</td><td>东溪</td><td>13</td><td>夏家</td><td>19</td><td>三来</td><td>34</td></tr>
<tr><td>茅林</td><td>12</td><td>油车</td><td>11</td><td>天皇殿</td><td>38</td><td>米世</td><td>21</td></tr>
<tr><td>集镇</td><td>17</td><td>机关</td><td>8</td><td>—</td><td>—</td><td>—</td><td>—</td></tr>
<tr><td>合计
190 人
（女 13）</td><td colspan="7">1.按年龄分布：25 岁以下，7 人；26—35 岁，43 人；36—55 岁，130 人；56 岁以上，10 人
2.按学历分布：大专以上，1 人；高中，1 人；初中，13 人；小学以下，175 人</td></tr>
</table>

1980 年高桥公社基层党组织及党员分布情况

表 10-1-2　　　　　　　　　　　　　　　　　　　　　单位：人

<table>
<tr><th>单位</th><th>党员</th><th>单位</th><th>党员</th><th>单位</th><th>党员</th><th>单位</th><th>党员</th></tr>
<tr><td>湖墩</td><td>18</td><td>东溪</td><td>16</td><td>夏家</td><td>23</td><td>三来</td><td>41</td></tr>
<tr><td>茅林</td><td>13</td><td>油车</td><td>16</td><td>天皇殿</td><td>39</td><td>米世</td><td>27</td></tr>
<tr><td>集镇</td><td>8</td><td>机关</td><td>16</td><td>农具厂</td><td>9</td><td>砖瓦厂</td><td>9</td></tr>
<tr><td>合计
247 人
（女 15）</td><td colspan="7">1.按年龄分布：25 岁以下，8 人；26—35 岁，53 人；36—45 岁，63 人；46—60 岁，104 人；61 岁以上，20 人
2.按学历分布：大学，2 人；中专，1 人；高中，3 人；初中，25 人；小学，159 人；文盲，57 人</td></tr>
</table>

1983 年，“政社合一”体制进行改革，实行党政分设，公社改建为乡党委和乡政府。境内 2 个公社党委于 1984 年 1 月分别改名。下辖生产大队支部改为村支部。1991 年 1 月，禹越更名徐家庄镇，下辖钱塘、道场、杨家坝、北圩、木桥、徐家庄、坝里、石屑兜、九里港、栖丰桥、水产、联渔、联珠、砖瓦厂、建材厂、镇企、塑料厂、丝厂、文卫、财贸、电器、小学、中学、供销、机关一、机关二等 26 个支部，党员 359 名。1994 年 9 月，油车恢复高桥原称，党委下辖湖墩、东溪、三来、夏家、茅林、油车、天皇殿、米世、集镇、企业、供销、粮站、学校、绸厂、纸厂、砖瓦一厂、砖瓦二厂、第一丝厂、新丰丝厂、农具厂、机关等 21 个支部，党员 383 名。至 2004 年两镇合并，两乡镇先后经历十届领导班子。

2004年4月，高桥、徐家庄两镇合并，10日，组建中共禹越镇委员会，2006年11月20日，中共禹越镇召开第一次党代会，选举产生第一届党委和纪委。禹越镇党委下辖天皇殿、高桥、三林、夏东、栖湖、西港、木桥头、东港、杨家坝、钱塘10个建制村，全镇设2个总支，39个支部，党员892名，其中企事业单位支部12个。截止2014年12月，全镇2个党委，下辖6个党总支，53个党支部，党员1094名。在全部党员中，其中预备党员31人，女党员208人。以年龄分档：35岁以下231人、36—45岁207人；46—55岁266人，56—60岁117人，60岁以上273人。以学历分档：研究生6人，大学本科127人，专科116人，中专、高中223人，初中及以下622人。

1991年徐家庄镇党委下辖组织及党员分布情况

表10-1-3 单位：人

单位	党员	单位	党员	单位	党员	单位	党员
钱塘	15	木桥头	34	建材厂	12	小学	6
道场	17	九里港	9	镇企	13	中学	3
杨家坝	27	栖丰桥	32	塑料厂	13	供销	9
徐家庄	11	水产	10	丝厂	15	机关一	20
坝里	15	联渔	5	文卫	9	机关二	13
石屑兜	18	联珠	10	财贸	5	—	—
北圩	14	砖瓦厂	12	电器	12	—	—
合计359人（女28）	1.按年龄分布：25岁以下，12人；26—35岁，79人；36—45岁，93人；46—55岁，59人；56—60岁，37人；61岁以上，79人 2.按学历分布：大专以上，1人；中专，5人；高中，32人；初中，73人；小学，107人；文盲，81人						

1994年高桥镇党委下辖组织及党员分布情况

表10-1-4 单位：人

单位	党员	单位	党员	单位	党员	单位	党员
湖墩	29	东溪	20	夏家	27	三来	38
茅林	15	油车	21	天皇殿	39	米世	34
集镇	7	机关	21	农具厂	6	砖一	14

续表 10-1-4

单位	党员	单位	党员	单位	党员	单位	党员
砖二	14	企联	20	供销	10	文卫	16
丝厂	14	新丰	11	纸厂	8	绸厂	15
粮站	4	—	—	—	—	—	—
合计 383 人 （女 26）	1.按年龄分布：25 岁以下，9 人；26—35 岁，89 人；36—45 岁，93 人；46—60 岁，102 人；61 岁以上，90 人 2.按学历分布：大专以上，9 人；中专、高中，48 人；初中，122 人；小学，160 人；文盲，44 人						

2011 年禹越镇党员基本情况

表 10-1-5　　单位：人

项目	党员总数	预备党员	女党员	35 岁以下	36 至 45 岁	46 至 54 岁	55 至 59 岁	60 岁以上	大学以上	大专	中专高中	初中以下
合计	1021	41	178	221	210	237	92	261	100	105	188	628
党政机关工作人员	30	3	8	13	9	4	4	—	19	9	2	—
事业单位管理人员、专业技术人员	104	9	35	51	27	16	10	—	55	31	8	10
企业管理人员	88	—	6	6	22	38	14	9	1	2	25	57
企业专业技术人员	56	6	18	18	17	13	5	3	9	11	15	22
工人	144	8	68	42	47	39	13	3	4	18	31	91
农林牧渔人员	478	7	30	67	83	120	16	162	3	25	89	361
离退休人员	83	—	9	—	—	—	—	83	—	2	6	75
其他人员	38	8	4	24	5	7	—	2	9	7	10	12
备注	镇党委下辖组织：党总支 6 个，党支部 52 个											

2015年各行政村党组织情况

表10-1-6

总支行政村	下辖支部	党员人数	支部行政村	党员人数
木桥头村	企业支部	21	杨家坝村	23
	海鑫支部	4	钱塘村	47
	黑鱼合作社支部	16	东港村	57
	综合支部	33	西港村	51
栖湖村	湖墩支部	41	—	—
	栖丰支部	23	—	—
	水产支部	21	—	—
三林村	农业支部	67	—	—
	企业支部	30	—	—
夏东村	集镇支部	12	—	—
	综合支部	56	—	—
	蚕桑合作社支部	12	—	—
高桥村	企业支部	34	—	—
	农业支部	33	—	—
	老年支部	18	—	—
天皇殿村	工业支部	30	—	—
	农业支部	27	—	—
	老年支部	21	—	—

2015年机关、社区、企业、事业单位党组织情况

表10-1-7

支部单位	党员人数	支部单位	党员人数	支部单位	党员人数
机关一	25	机关二	21	机关三	22
退休干部	23	杭州产业园	22	兴隆居委会	30
供电所	8	成校幼教	6	农商银行	10
禹越中学	36	高桥小学	20	徐家庄小学	15

续表 10-1-7

支部单位	党员人数	支部单位	党员人数	支部单位	党员人数
禹越卫生院	12	辰鸿纺织	7	天元宠物	3
三惠塑业	10	金旺制衣	7	泰龙食品	5
东港纸业	12	三星新村	17	高桥绢纺	10
合力建材	9	荣丰铸造	4	新塘人服饰	9
千丝家访	3	博士佳生物	4	汇隆化纤	9
胜辉服饰	11	聚春实业	10	公安协警	22

解放以来中共党员发展概况

表 10-1-8　　单位：人

年份	高桥		徐家庄		禹越镇	
	党员总数	发展数	党员总数	发展数	党员总数	发展数
1954	22	—	4	—	—	—
1955	34	—	12	—	—	—
1961	148	—	65	—	—	—
1966—1975	226	36	221	22	—	—
1976—1980	247	21	255	34	—	—
1981—985	316	69	303	48	—	—
1986—1990	344	28	356	53	—	—
1991—1995	401	57	381	25	—	—
1996—1999	413	31	391	29	—	—
2006	—	—	—	—	892	27
2009	—	—	—	—	958	28
2011	—	—	—	—	1021	34
2013	—	—	—	—	1060	27
2014	—	—	—	—	1094	25
2015	—	—	—	—	1101	21

第二章　党代会

乡镇合并以前

第一次党代会（无考）

第二次党代会（无考）

第三次党代会

禹越公社　1980 年 9 月 23 日，中共禹越乡第四次代表大会在徐家庄集镇举行。出席代表 95 人。高文鸿作《坚持党的领导，改善党的领导，为建设富庶的社会主义新农村而奋斗》工作报告。会议选出 5 人组成的禹越乡第三届委员会。

高桥公社（无考）

第四次党代会

禹越乡　1985 年 10 月 18 日，中共禹越乡第四次代表大会在徐家庄集镇举行。陈阿水作《坚持改革，团结奋斗，全面开创禹越工作新局面》工作报告。会议选出 4 人组成的禹越乡第四届委员会。第一次会议产生书记 1 人，副书记 2 人，委员 1 人。

油车乡　1985 年 10 月 26 日，中共油车乡第四次代表大会在高桥集镇举行。朱吾庆作工作报告。会议选出 6 人组成的禹越乡第四届委员会。第一次会议产生书记 1 人，副书记 1 人，委员 4 人。

第五次党代会

禹越乡 1988年3月21日至22日，中共禹越乡第五次代表大会在徐家庄集镇举行。全乡选出代表100人，出席会议代表92人，列席代表4人，大会主席团9人。大会选举产生了中共禹越乡第五届委员会，委员5人。高文鸿作《沿着党的十三大确定的基本路线，为发展两个文明建设而团结奋斗》的工作报告。五届一次会议产生书记1人，副书记2人，委员2人。1989年11月，县委任命书记1人。

油车乡 1988年3月18日至19日，中共油车乡第五次代表大会在高桥集镇举行。全乡选出代表104人，出席会议代表102人，列席代表22人，大会主席团12人。大会选举产生了中共油车乡第五届委员会，委员5人。邱荣泉作《沿着党的十三大路线，团结奋斗开拓前进》的工作报告。五届一次会议产生书记1人，副书记1人，委员3人。1989年5月，县委任命副书记1人，委员1人。

第六次党代会

禹越乡 1990年2月16日，中共禹越乡第六次代表大会在徐家庄集镇举行。全乡选出代表57人，出席会议代表57人，列席代表6人，大会主席团11人。沈连华作《坚持党的基本路线，推进两个文明建设》工作报告。大会选举产生中共禹越乡第六届委员会，委员5人。六届一次会议产生书记1人，副书记2人，委员2人。

油车乡 1990年2月14日至15日，中共油车乡第六次代表大会在高桥集镇举行。全乡选出代表72人，出席会议代表67人，列席代表13人，大会主席团10人。邱荣泉作党委工作报告。大会选举产生中共油车乡第六届委员会，委员5人。六届一次会议产生书记1人，副书记2人，委员2人。1992年10月，县委任命委员2人。

第七次党代会

徐家庄镇 1993年2月8日，中共徐家庄镇第七次代表大会在徐家庄镇举行。全乡选出代表 71 人，出席会议代表 70 人，列席代表 6 人，大会主席团 9 人。沈连华作《加快改革开放步伐，夺取两个文明建设的更大胜利》工作报告，陈阿水代表纪委作工作报告。大会选举产生了中共徐家庄镇第七届委员会，委员 5 人。七届一次会议产生书记 1 人，副书记 2 人，委员 2 人。纪委书记 1 人，委员 2 人。

1994 年 1 月至 1995 年 12 月，中共徐家庄镇第七届委员会委员 10 人，先后产生书记 2 人，副书记 3 人，纪委书记 1 人。

油车乡　1993 年 2 月 16 日，中共油车乡第七次代表大会在高桥集镇举行。全乡选出代表 72 人，出席会议代表 69 人，列席代表 36 人，大会主席团 12 人。邱荣泉作《解放思想，团结奋斗，把握时机，勇于改革，推动我乡经济跃上新台阶》的工作报告，沈学军代表纪委作工作报告。大会选举产生中共油车乡第七届委员会，委员 7 人。七届一次会议产生书记 1 人，副书记 2 人，委员 4 人。纪委书记 1 人，委员 2 人。

1994 年 1 月至 1995 年 12 月，中共油车乡第七届委员会委员 13 人，先后产生书记 2 人，副书记 4 人，纪委书记 2 人。

第八次党代会

徐家庄镇　1995 年 12 月 29 日，中共徐家庄镇第八次代表大会在徐家庄镇召开。全镇选出代表 57 人，出席会议代表 56 人。沈云峰作党委工作报告，陈阿水代表纪委作工作报告。大会选举产生中共徐家庄镇第八届委员会，委员 9 人。其中书记 1 人，副书记 4 人，纪委书记 1 人。

高桥镇　1995 年 12 月 28 日，中共高桥镇第八次代表大会在高桥镇召开。全镇选出代表 52 人，出席会议代表 52 人，大会主席团 9 人。陈金初作党委工作报告，葛林根作纪委工作报告。大会选举产生中共高桥镇第八届委员会，委员 9 人。其中，书记 2 人，副书记 4 人，纪委书记 1 人。

1997 年 12 月，选举产生中共德清县第十次党代会代表 7 人。

第九次党代会

徐家庄镇 1998 年 12 月 30 日，中共徐家庄镇第九次代表大会在徐家庄镇召开。全镇出席会议代表 58 人。沈云峰作《放眼世界，着眼未来，全面建设跨世纪发展的徐家庄》工作报告，陈阿水作纪委工作报告。大会选举产生了中共徐家庄镇第九届委员会，委员 12 人。并产生书记 2 人，副书记 5 人，纪委书记 2 人。

高桥镇 1998 年 11 月 9 日，中共高桥镇第九次代表大会在高桥镇召开。全镇出席会议代表 53 人。陈金初作党委工作报告，葛林根作纪委工作报告，大会审议通过报告和《关于加强领导班子思想作风建设的决定》。选举产生第九届委员会，委员 13 人。并产生书记 2 人，副书记 5 人，纪委书记 1 人。

第十次党代会

徐家庄镇 2002 年 1 月 16 日，中共徐家庄镇第十次代表大会在徐家庄镇召开。选出代表 52 人，出席代表 51 人，大会主席团 11 人。嵇金星作《努力实践“三个代表”重要思想，为提前基本实现现代化目标而努力奋斗》工作报告，陈新毛作纪委工作报告，大会选举产生中共徐家庄镇第十届委员会，委员 6 人。第十届委员会产生书记 1 人，副书记 3 人，纪委书记 1 人。会议还通过《代表活动制度》《委员会议事规则》《党委领导班子作风建设》3 个决议。

高桥镇 2002 年 1 月 16 日，中共高桥镇第十次代表大会在高桥镇召开。出席会议代表 47 人，沈梅仙作党委工作报告，葛林根作纪委工作报告。大会选举产生中共高桥镇第十届委员会，委员 9 人。十届委员会产生书记 1 人，副书记 3 人，纪委书记 1 人。

乡镇合并以后

第一次党代会

2006 年 11 月 20 日，中共禹越镇第一次代表大会在禹越镇召开。选出代表

58人，出席代表58人，大会主席团13人。嵇金星代作《坚定信心，开拓进取，再创辉煌，努力在社会主义新农村建设中率先崛起》工作报告，姚洪田作《惩防结合，标本兼治，努力开创全镇党风廉政建设和反腐败工作新局面》纪委工作报告。大会选举产生中共禹越镇第一届委员会和纪律检查委员会，选出党委委员9人、纪委委员5人。一次会议选举产生书记1人，副书记2人，纪委书记1人。

一届三次会议

中共禹越镇第一届代表大会第三次会议于2010年3月12日召开，出席代表56人。会议审议通过金明龙作《抢抓机遇，鼓足干劲，乘势而上，为实现全镇经济社会又快又好发展而努力奋斗》工作报告，姚洪田作《立足教育，着眼防范，严格管理，为实现"实力禹越、平安禹越、和美禹越"提供坚强保证》纪委工作报告。会议还审议通过《中共禹越镇委关于进一步加强和改进新形势下党的建设的实施意见》和《禹越镇党代表提案制度》两个文件。

第二次党代会

2011年9月23日，中共禹越镇第二次代表大会在禹越镇召开。选出代表58人，出席代表58人。金明龙作《转型升级谋发展，创新管理促和谐，创先争优强党建，为建设"秀美、富裕、和谐"现代化禹越而努力奋斗》工作报告，王忠德作《惩防并举，创新机制，为建设"秀美、富裕、和谐"现代化禹越提供坚强保证》纪委工作报告。大会还审议通过了《关于中共禹越镇第二届委员会议事规则》、《关于禹越镇党代会常任制若干活动制度》两个文件。大会选举产生了中共禹越镇第二届委员会和纪律检查委员会，选出党委委员9人、纪委委员5人。一次会议选举产生书记1人，副书记2人，纪委书记1人。

二届三次会议

中共禹越镇第二届代表大会第四次会议于2014年1月7日召开，出席代表56人。金明龙作《助推新崛起，谋求新跨越，为实现禹越经济社会又快又好发展而努力奋斗》工作报告，王忠德作《惩防并举，创新机制，为努力实现禹越镇又快又好发展提供坚强保证》纪委工作报告。会议还审议通过《禹越镇党代会代表述职评议工作实施办法》。

二届四次会议

中共禹越镇第二届代表大会第四次会议于 2014 年 1 月 7 日召开，出席代表 54 人。傅文虎作《改革发展，务实创新，为全面建设“实力之镇、活力之镇、魅力之镇”而努力奋斗》工作报告，王忠德作《正作风，守纪律，为努力实现禹越镇又快又好发展提供坚强保证》纪委工作报告。会议还通报镇党委、纪委班子民主评议结果，审议通过《禹越镇 2014 年度民生实事项目》。

第三次党代会

2016 年 10 月 20 日，中共禹越镇第三次代表大会在禹越镇召开。全镇选出代表 58 人，出席代表 58 人，列席代表 39 人，大会主席团 19 人。姜庆华作《凝心聚力，担当实干，为建设“生态活力金三角，产城融合示范镇”而努力奋斗》工作报告，蔡勤锋作《全面从严治党，把纪律挺在前面，为加快建设“生态活力金三角，产城融合示范镇”提供纪律保障》纪委工作报告。大会选举产生中共禹越镇第三届委员会和纪律检查委员会，选出党委委员 7 人、纪委委员 5 人。一次会议选举产生书记 1 人，副书记 2 人，纪委书记 1 人。

附：县党代会代表

中共德清县委党员代表大会迄今召开十五次，大多无考，兹将资料齐全者列如下：

中共德清县第七次代表大会代表：（1980 年）

禹越公社（不详）

高桥公社：（7 人）：

茅阿洪、李源法、屠祥荣、杨荷花、王荣奎、吕全安、倪云贵

中共德清县第九次代表大会代表：（1993 年）

徐家庄镇（不详）

油车乡：（7人）：

周南、邱荣泉、周金松、凌金叙、姚永昌、沈炳泉、陈祥坤

中共德清县第十次代表大会代表：（1997年）

徐家庄镇（7人）：

沈云峰、沈梅仙、沈掌根、宋荣虎、陈阿水、徐建华、高金林

高桥镇：（7人）：

吕炳法、杨玉仙、陈金初、房水根、金骆明、嵇金星、蔡水泉

中共德清县第十二次代表大会代表（2006年14人）：

杨玉仙、沈炳奎、沈掌根、沈群涛、沈耀根、金明龙、俞文明、姚洪田、徐云仙、高江春、黄林祥、嵇金星、蔡金根、潘如新

第三章　机构负责人

1949年6月，德清县委在镇境成立中共双马区委，张殿奎任区委书记。下辖双马、禹越、勾垒、大麻4个乡，乡级党组织负责人不详。1950年5月，双马区委撤销，双马、禹越、勾垒划归下舍区委管辖，其中双马乡分为三来乡、油车乡。至1954年，境内设3个支部，党员26名，其中禹越4名，油车5名，三来17名。

解放初期党组织负责人

表10-3-1

支部名称	书记姓名	任职年月	副书记姓名	任职年月
禹越支部	胡阿洪 章源法	1955春—不详 1955.7—1956.5	钟阿金	1955.7—1956.5

续表 10-3-1

支部名称	书记姓名	任职年月	副书记姓名	任职年月
三来支部	李凤士	1955.7—1956.5	—	—
油车支部	王选璋	1955.7—1956.5	—	—

撤区并乡后称为乡党总支，1958 年 6 月改称党委。

禹越、高桥党总支（党委）负责人

表 10-3-2

单位	职务名称	负责人姓名	任职年月
禹越乡	第一书记	嵇正楷	1956.11—1958.10
	书 记	杨掌法	1956.3—1958.10
	副书记	钟阿金 祝永昌	1956.6—1957 冬 1958.6—1958.10
高桥乡	第一书记	杨可靖 黄书梅	1957.1—1958.6 1958.6—1958.10
	书 记	黄书梅 杨可靖	1958.2—1958.6 1958.6—1958.10
	副书记	李凤士	1958.6—1958.10
	副书记	祝永昌	1957.1—1958.6

自 1959 年人民公社至 2004 年两镇合并，高桥、徐家庄先后经历十届领导班子。

高桥人民公社（大公社）党委负责人

表 10-3-3

书记	任职年月	副书记	任职年月
黄书梅	1958.10—1959.12	高坤泉 范洪昌 嵇正楷 钱金魁	1958.10—1959.12 1958.10—1959.12 1958.10—1959.12 1958.10—1959.12
嵇正楷	1959.12—1961.2	戚世昌 李凤士 杨富生	1959.12—1961.8 1959.12—1961.9 1959.12—1961.8

禹越公社党委负责人

表 10−3−4

书记	任职年月	副书记	任职年月
曹阿育 缪振忠	1961.6—1965.12 1965.12—1966.5	杨掌法	1961.8—1966.5

高桥公社党委负责人

表 10−3−5

书记	任职年月	副书记	任职年月
郑杏元 钱金魁	1961.6—1962.2 1962.1—1963.10	王选璋	1961.8—1963.4
姚永峰	1963.4—1966.5	李源法 李荣法	1963.4—1966.5 1963.4—1966.5

“文化大革命”前期公社党委负责人

表 10−3−6

单位	书记	任职年月	副书记	任职年月
高桥公社党委	姚永峰	1966.5—1968.3	李源法 李荣法	1966.5—1968.3 1966.5—1968.3
禹越公社党委	缪振忠	1966.5—1968.3	杨掌法	1966.5—1968.3

拨乱反正时期公社党委负责人

表 10−3−7

单位	书记	任职年月	副书记	任职年月
高桥公社党委	姚永峰	1976.10—1981.10	李源法 姚祥法 董毛毛	1970.3—1981.9 1978.4—1979.1 1981.3—1981.10
禹越公社党委	边根奕	1976.10—1977.9	陈德胜 王连根	1970.7—1978.5 1971.10—1978.8
	陈德胜	1978.5—1983.11	高文鸿	1979.7—1987.2

体制改革时期公社党委负责人

表 10-3-8

单位	书记	任职年月	副书记	任职年月
高桥公社党委	董毛毛	1981.10—1984.1	—	—
	朱吾庆	1984.1—1987.3	陈兴根 邱荣泉	1984.1—1984.6 1986.12—1987.4
	邱荣泉	1987.4—1987.12	周金松	1987.4—1987.12
禹越公社党委	陈阿水	1983.11—1987.2	—	—
	高文鸿	1987.2—1987.12	陈金初 沈梅仙	1987.2=1987.12 1987.2=1987.12

油车乡四—七届党委负责人

表 10-3-9

届别	书记	任职年月	副书记	任职年月
第四届	邱荣泉	1988.1—1988.3	周金松	1988.1—1988.3
第五届	邱荣泉	1988.3—1990.2	周金松 凌金叙	1988.3—1990.2 1988.3—1990.2
第六届	邱荣泉	1990.2—1993.2	周金松 凌金叙	1990.2—1993.2 1990.2—1993.2
第七届	邱荣泉	1993.2—1993.12	周金松 凌金叙	1993.2—1993.12 1993.2—1993.12

禹越乡四—五届党委负责人

表 10-3-10

届别	书记	任职年月	副书记	任职年月
第四届	高文鸿	1988.1—1988.3	陈金初 沈梅仙	1988.1—1988.3 1988.1—1988.3
第五届	高文鸿	1988.3—1989.11	陈金初 沈梅仙	1988.3—1990.2 1988.3—1990.2

徐家庄镇六—十届党委负责人

表 10-3-11

届别	书记	任职年月	副书记	任职年月
第六届	沈连华	1990.2—1993.2	陈金初 沈梅仙	1990.2—1993.2 1990.2—1993.2
第七届	沈连华 沈云峰	1994.1—1995.7 1995.7—1995，12	陈金初 沈梅仙 宋荣虎	1994.1—1995.7 1994.1—1995.12 1995.7—1995.12
第八届	沈云峰	1995.12—1998.12	宋荣虎 沈梅仙 陈阿水 沈亦红	1995.12—1998.12 1995.12—1998.6 1996.5—1998.12 1998.6—1998.12
第九届	沈云峰 嵇金星	1998.12—1999. 1 1999.1—2002.1	陈阿水 宋荣虎 沈亦红 顾雪根 沈国荣	1998.12—1999.1 1998.12—2001.7 1998.12—2002.1 1999.1—2002.1 2001.11—2002.1
第十届	嵇金星	2002.1—2004.4	沈亦红 顾雪根 沈国荣 姚　欣	2002.1—2003.4 2002.1—2004.4 2002.1—2004.4 2003.4—2004.4

高桥镇七—十届党委负责人

表 10-3-12

届别	书记	任职年月	副书记	任职年月
第七届	邱荣泉 陈金初	1994.1—1995.7 1995.7—1995，12	周金松 凌金叙 嵇金星 房永根	1994.1—1995.7 1994.1—1995.7 1995.7—1995.12 1995.7—1995.12
第八届	陈金初 王金荣	1995.12—1998.4 1998.4—1998.11	嵇金星 房永根 沈兴泉	1995.12—1998.11 1995.12—1998.11 1998.6—1998.11
第九届	王金荣 沈梅仙	1998.11—2000.8 2000.8—2002.1	嵇金星 房永根 沈兴泉 沈梅仙 赵叙坤	1998.11—1999.1 1998.11—2001.11 1998.11—2002.1 1999.1—2000.8 2001.11—2002.1
第十届	沈梅仙 傅友根	2002.1—2003.4 2003.4—2004.4	陈　健 赵叙坤 沈兴泉 金明龙	2002.1—2003.4 2002.1—2004.4 2002.1—2004.4 2003.4—2004.4

2004—2016 年禹越镇党委负责人

表 10-3-13

书记	任职年月	副书记	任职年月
嵇金星	2004.4—2009.2	顾雪根 沈国荣 杨玉仙 金明龙	2004.4—2005.5 2004.4—2006.7 2005.5—2009.2 2006.7—2009.2
金明龙	2009.2—2013.5	郭坤华 曹益春	2009.2—2011.5 2009.2—2011.7
傅文虎	2013.6—2015.2	姜庆华 沈群涛	2011.9—2015.2 2011.9—2016.10
姜庆华	2015.2—	胡国忠 泉江东	2015.2— 2016.10—

第四章　党　务

第一节　概　述

解放后，乡镇各阶段中心工作均由党委主持。1949—1956 年，境内重点抓镇压匪霸反革命，打击反动邪教，清丈查田、土地改革，组织互助组、农业合作社，粮食“三定”（定产、定销、定购）。工商界以“五反”（反行贿、反盗骗国家财产、反偷税漏税、反偷工减料、反盗窃国家经济情报）和壮大国营、集体工商业为主。社会宣传为剿匪反霸、抗美援朝、捐献飞机大炮、破除封建迷信、镇反肃反、贯彻婚姻法和全民普选。在党员干部中开展“三反”（反贪污、反浪费、反官僚主义）和整党整风运动。

1956—1966 年“文化大革命”开始，主要是巩固初级社，组织高级社，建立人民公社，贯彻《农业发展纲要四十条》和《农村人民公社工作条例》。工商界为公私合营、动员下乡回乡。社会工作先后为“大跃进”、反右派、“大鸣大放”、大炼钢铁、支援宁夏、瓜菜代粮、社会主义“四清”（清政治、清思想、清组织、清经济）、学雷锋、知识青年上山下乡。

1966—1976 年，破“四旧”（旧思想、旧文化、旧风俗、旧习惯），抄家、揪斗、夺权，批判资产阶级反动路线，狠抓阶级斗争、备战备荒、“批林批孔”、农业学大寨、平整土地，学习下高桥经验，清理阶级队伍。

1977—1985 年，主要为拨乱反正，冤假错案平反，退赔查抄物资，四类分子摘帽，批判“两个凡是”，清理“三种人”（“文化大革命”中追随林彪、江青反革命集团造反起家的人，帮派思想严重的人和打砸抢分子）。贯彻《中共中央关于经济体制改革的决议》，解体公社制、实行土地承包、定权发证、鼓励多种经营和发展乡镇企业，扶持个私企业。社会宣传核心为“一个中心，两个基本点”，四项基本原则和实现四个现代化。

1986 年后，党政分工，机构改革，集中精力抓经济建设。

1996 年后，经济体制改革，推行现代农业，实施工商企业改制，促进两个文明建设（精神文明和物质文明）。

2004 年后，学习“三个代表” 重要思想和科学发展观，协调城乡发展，推进新农村建设和城镇化建设，反腐倡廉。

第二节 重大政治运动纪略

剿匪镇反

解放初期，县委和下舍区委在境内三乡开展剿匪反霸，同时培养积极分子，发动群众对土匪、恶霸地主、反动党团骨干和反革命分子等进行检举揭发，各乡召开斗争大会。1950 年 11 月起至 1951 年 10 月重点打击匪首、惯匪、恶霸地主和民愤大的反革命分子。据县档资料，境内被判决和管制匪霸反革命分子共 89 人，其中判刑镇压 39 人，管制 50 人。（参见第十四卷《政法》）

土地改革

镇境土改开展较晚。1950 年 10 月，县委土改工作队才进驻境内禹越乡、三来乡、油车乡。结合剿匪镇反推进土改工作，宣传土地改革政策，上报土地面积，斗争地主富农，划分阶级成分，分土地和颁发土地证。至1951年11月，境内除油车乡推进较迟，禹越、三来土改基本结束。

打击邪教

民国期间，境内邪教活动十分猖獗。1951—1952年，境内三乡开展声势浩大的取缔反动会道门运动。对境内“一贯道”“同善社”等反动会道门组织进行调查、登记，宣传发动受害道徒退道，取缔查封坛、盘、祠、堂等反动道会门活动据点，严惩反动道首。（参见第十四卷《政法》）

乡村干部参加反动会道门情况统计表

表10-4-1

类别 \ 乡	三来乡	油车乡	禹越乡	合计
乡干部人数	4	3	4	11
参加反动会道门人数	2	2	2	6
村干部人数	42	未统计	63	105
参加反动会道门人数	35	未统计	47	82

抗美援朝

1951年，境内开展抗美援朝捐献飞机大炮运动。下舍区报名参军418人，捐献慰劳品410.3万元，子弹代金540万发，慰问信240封，召开各种会议208次。在捐献活动中， 境内三来乡捐款合计达5300万元，油车乡4397万元。参与抗美援朝各界群众团体77个，进行控诉活动97次，参加人数4139人。举行抗议游行6次，参加人数51000多人。

农业合作化

1952—1956年，党务工作以农业合作化运动为核心，开展爱国增产竞赛运动，组织互助组，创办农业合作社，基本完成对农业、手工业和商业的社会主义改造。（参阅第四卷《农业》第二节《合作化》）

1952 年爱国增产竞赛运动情况统计表

表 10-4-2

乡	行政村数	已发动村	省级挑战		县级挑战互助组	区乡挑战		参加竞赛互助组	参加竞赛单干户	参加竞赛总户数	参加竞赛总人数
			互助组	单干户		互助组	单干户				
禹越	7	7	1	2	—	17	24	18	26	282	880
三来	7	3	3	—	14	60	—	77	—	859	1868
油车	5	—	—	—	—	—	—	—	—	—	—

三面红旗

1957 年开始，境内贯彻学习党的总路线、“大跃进”、人民公社（三面红旗），开展大生产运动，大办钢铁、大兵团作战、大办食堂、粮食统购统销，大鸣、大放、大辩论，党内“左倾”思潮泛滥，“五风”盛行（共产风，浮夸风，强迫命令风，瞎指挥风，干部特殊化风）。当时境内流行粮食产量“放卫星”，报产竞相拔高，甚至把几亩稻子拔到一起弄虚作假。同时大割“资本主义尾巴”，把社员自留地、生产工具、房屋等归公社所有，实行“供给制”，“吃饭不要钱”，造成粮食空前紧张和大饥荒，以致瓜菜代粮，树皮草根充饥。1961 年，贯彻党中央《农村人民公社工作条例（草案）》，宣传“调整、巩固、充实、提高”八字方针，纠正“五风”错误，渡过三年困难。

1955 年整党建党情况统计表

表 10-4-3

类/乡	参加人数			整党前情况					整党后情况				
	正式党员	预备党员	积极分子	工作积极	工作一般	工作消极	入社的	单干的	工作积极	工作一般	工作消极	入社的	单干的
禹越	12	—	9	6	4	2	3	9	8	2	2	11	1
油车	7	5	8	4	5	3	3	9	7	4	1	12	—
三来	18	4	6	14	4	4	17	5	14	5	3	22	—

"文化大革命"

1966 年"文化大革命"开始后，宣扬"造反有理"，开展夺权斗争，党委工作停止，被"公社革命委员会"替代。全民学习"最高指示"（毛主席语录），家家拥有"红宝书"，人人学习"老三篇"（《为人民服务》、《愚公移山》、《纪念白求恩》），全面开展"三忠于"活动（无限忠于毛主席，无限忠于毛泽东思想，无限忠于毛主席无产阶级革命路线）。营造"红色大海洋"（家家门前插红旗，户户家里张贴毛主席像，人人手拿红宝书，个个佩戴毛主席像章，处处墙面书写毛主席语录）。"文化大革命"期间，境内党政主要领导个个挨斗，"地、富、反、坏、右"家家被抄，1971 年"九·一三"发生林彪外逃事件，全党开展"批林整风"运动。1974 年，在所谓"批林批孔"运动中，各公社建立"批林批孔"领导小组，左右局势。1976 年粉碎江青反革命集团后，清理"左倾"思潮，平反冤假错案，各级党组织进行调整。

平反冤假错案统计表

表 10-4-4

禹越公社		高桥公社	
平反对象	平反人数	平反对象	平反人数
"走资派"	18	公社"走资派"	9
"现行反革命"	29	大队"走资派"	18
"黑干将"	1	"现行反革命"	5
漏划地主资本家	10	右派分子	5
坏蛋分子	4	特务	2
其他	78	漏划地主资本家	2
—	—	非法关、斗	5
—	—	坏蛋分子	57
合计	140	合计	103

学习下高桥

1969 年 9 月 15 日，《人民日报》转载《红旗》杂志《深入进行农村两条道路斗争的教育——浙江德清县下高桥大队的调查报告》一文，境内掀起学习下高桥高潮，要“把一斤粮食、一把竹笋、一个鸡蛋，卖给谁，卖什么价格，都提到走什么道路的高度来认识”，狠抓阶级斗争和路线斗争，推动“斗、批、改”。境内各行各业都到下高桥参观取经。

第三节　改革开放施政纪略

分田包干

1979 年后，中央颁布《关于加快农业发展若干问题的决定》，农村实行各种联产承包责任制（包括小段包工定额计酬，专业承包联产计酬，联产到劳，包产到户、到组，包干到户、到组）俗称“大包干”。镇境 1979 年高桥公社有 12 个生产队开始实施联产到组（操作组）。1982 年后，境内正式实施以家庭为单位向生产队承包土地，当时高桥境内曾经流传顺口溜：“联产如联心，谁联谁操心；只要政策定（不变），生产年年升。”

体制改革

1983 年公社制解体，党政分设；乡镇集体企业推行厂长承包责任制。1987 年，党政干部实行三年责任制，一般干部实行岗位责任制。责任考评分“乡镇企业实绩、纯农业产量产值、村镇建设规模、精神文明建设”四栏。年终以考评总分领取县长奖励基金（第一档 4600—4000 元，二档 3750—2750 元，三档 2550–1750 元，四档 1650—1250 元，五档 1200—1000 元，六档 870—780 元），企事业单位发年终奖金成为时潮。

学习教育

1984 年,学习十二大通过的新党章和《中共中央关于经济体制改革的决议》。1986 年，学习宣传《中共中央关于社会主义精神文明建设指导方针的决议》，开展文明乡镇建设。1989 年起至 1998 年，进行农村党的基本路线教育，开展“评三户”活动（爱国守法户、五好家庭户、文明户），1999 年，学习推广枫桥经验。2000年开展双思教育，机关干部走村串户，开展思富、思进教育。2002年，县、镇机关干部1000馀人赴农村，进村入户住农家，开展“三个代表”重要思想学习教育，镇境18个行政村均完成调研报告。2003年5月，县委部署用5年时间，在农村基层组织中开展先锋工程建设，以保持党的先进性。镇境内党支部，村委班子实行知识化、年轻化。2015年起，开展党的群众路线教育实践活动，全镇领导班子整改落实内容13项，单位8项，个人149项，建章立制8项。

第五章　纪律检查

解放初，县委设纪律检查委员会，区委设纪检委员，乡镇基层无专门纪检机构。1956年，县委纪律检查委员会改为县委监察委员会，乡镇党委均有监察委员1人，负责纪律检查。文革后，纪检工作停顿。1981年恢复。是年7月，县委组织部任命各公社纪检委员1名。1991年5月，中共徐家庄镇纪律检查委员会建立，委员5人，设书记1人，副书记1人。1992年3月，中共油车乡纪律检查委员会建立，委员5人，设书记1人，副书记1人。律检查委员会成员由历次党代会产生。1993年起，委员改为3人，不设副书记。2002年起，只设书记，不设委员。乡镇合并后的历届纪委，都设委员5人，书记1人。

纪委领导

表10-5-1

乡镇	届别	书记	副书记
徐家庄镇	第六届	沈梅仙（1991.5—1993.2） 陈阿水（1991.5—1993.2）	—
	第七届	陈阿水（1993.2—1995.12）	—
	第八届	陈阿水（1995.12—1998.12）	—

续表 10-5-1

乡镇	届别	书记	副书记
徐家庄镇	第九届	陈阿水（1998.12—2001.11） 陈新毛（2001.11—2002.1）	—
	第十届	陈新毛（2002.1—2004.4）	—
高桥镇（油车乡）	第六届	凌金叙（1992.3—1993.2）	沈学军（1992.3—1993.2）
	第七届	沈学军（1993.2—1995.8） 葛林根（1995.8—1995.12）	—
	第八届	葛林根（1995.12—1998.11）	—
	第九届	葛林根（1998.11—2002.1）	—
	第十届	葛林根（2002.1—2003.12）	—
禹越镇	第一届	姚洪田（2004.4—2011.7） 杨玉仙（2005.5—2006.7）	—
	第二届	王忠德（2011.7—2015.11	—
	第三届	蔡勤锋（2015.11—）	—

附：县属单位名录

境内县属单位，业务由县相关部门直接领导，但党组织关系隶属地方。列表如下：

表 10-5-2

单位名称	驻地	工作人员
禹越镇人民政府	振兴路	99
禹越派出所	振兴路	68
禹越司法所	行政中心	3
禹越工商所	行政中心	5
禹越供电所	振兴路	32
禹越国土资源所	行政中心	5
禹越交警队	—	12
禹越粮管所（高桥）	—	16
禹越电信营业所（高桥）	商益街	9

续表 10-5-2

单位名称	驻地	工作人员
禹越电信营业所（高桥）	商益街	9
禹越邮政所（高桥）	商益街、禹越大道	12
禹越镇工会	行政中心	7
禹越农商银行	徐兴北路	28
禹越湖商村镇银行	徐兴南路	22
禹越财产保险营业部	振兴西路	3
禹越人寿保险营业部	市场街	11
禹越移动营业部	徐兴南路、振兴路	5
禹越自来水厂	—	20
禹越中学	徐家庄	99
禹越成校	徐兴北路	4
禹越中心小学	—	62
高桥中心小学	油车桥新兴街	61
禹越中心幼儿园	—	56
高桥中心幼儿园	油车桥新兴街	35
禹越卫生院（高桥）	油车桥东	86
禹越广播电视站	—	8
禹越供销社	—	4
徐家庄汽车站	—	2

第十一卷　乡镇政府

第一章　机　构

1950年5月，境内禹越乡辖7个行政村（杨家坝、徐家庄、坝里、石屑兜、九里港、栖丰桥、木桥头），三来乡辖6个行政村（湖墩、东溪、三来、夏家、北圩、道场），油车乡辖5个行政村（钱塘、米世、油车、茅林、天皇殿）。1955年11月，乡镇人民政府改称“人民委员会”，下属行政村改称“代表区”。禹越、三来各辖13个代表区，油车辖10代表区。1956年7月后，各乡配备干部4—5人，设办公室和人民调解委员会、文卫工作委员会、人民武装部、妇女联合会4个常设机构。下设生产互助、财粮、民政调解、文教卫生、治安保卫、技术指导、武装建设7个委员会。

1958年公社以后，先由社员代表大会产生主席1人，副主席1人。直接管辖社务管理委员会和社监察委员会。社管会设委员21人，其中社长1人，副社长7人。下设工业生产、农业生产、特产、畜牧、计划、民政调处、财务、交建、工资福利、文教卫生、科学研究、水力发电、武装治保等13个管理委员会。分别建立团、营、连、排等组织。其中财务管委会设供销、信用2个部。社监会设委员5人，其中主任1人，副主任1人。大队管委会委员15人，其中大队长1人，副大队长3人。生产小队管委会设委员11人，其中队长1人，副队长3人。委员分工管理宣传、卫生保健、记账调配、保管、检查、治安保卫、工业、农业、副业、财经分配、武装等工作。

1962年，高桥公社下辖湖墩、东溪、三来、夏家、茅林、油车、天皇殿、米世8个大队。公社管理委员会设社长、副社长和委员。监察委员会设主任、副主任和委员。公社管理委员会下属的常设机构有：农副业生产办公室、工业交通办公室、财贸办公室、文卫福利办公室、政务办公室、总会计室，各办公室设主任。1968年3—4月，各公社、大队先后成立革命委员会，取代原公社管理委员会。1981 年 8 月，恢复人民公社管理委员会名称。

1983 年末，大队改称“村民委员会”，生产队改称“村民小组”。1991 年后，镇机关设 7 个职能办公室。以及纪委、人大主席团、共青团、妇联、人民武装部等组织。镇机关行政编制 22 人。

（1）党群办公室：负责党建和领导班子建设、纪检监察、统战、群团、人武、干部人事管理、精神文明建设；及综合协调、政策调研、信访、信息、督查、文秘档案。

（2）政府办公室：负责制订国民经济和社会发展综合规划、财政预决算、资金管理、下属行政事业单位财务审计、征收农业税及各项规费收缴、民政、机关行政事务、后勤服务。

（3）综合治理办公室：负责法制宣传教育、民事纠纷调解、社会治安规划实施、协调公安、司法、法庭、检察、交警、公管工作及渔政船舶管理。

（4）经济贸易办公室：负责村镇集体、股份、合作、私营、个体企业和第三产业规划、协调、监督、服务，集体资产管理、协调项目开发、技改立项，科学知识普及应用，招商引资，内外贸易，工业统计和财务审计。

（5）农业发展办公室：负责组织实施农业发展规划，先进技术推广应用，生产资料组织协调，水利、农机、河道资源管理，多种经营指导服务与统计，农村建房、电管站，集体资产管理监督和农业综合技术服务。

（6）计生文教卫办公室：负责计划生育，教育、体育、初级保健、医疗卫生及计生服务。

（7）村镇建设办公室：负责村镇建设规划管理、镇容镇貌、绿化和环境整治、饮水、卫生防疫、开发区建设、环境保护，市政交通建设，协调电力、邮电、房地产建设。

2004—2015 年，镇机构设置为党政、经济发展、农业发展、综合治理、社会事务管理、村镇建设 6 个综合性办公室。机关定编行政人员 30 人。其中公务员编制 30 个，事业编制 38 个，另有工勤人员 34 个。此外，农业、经济建设、社会事业、公共安全、人力资源和社会保障 5 个服务中心和城市综合管理大队，作为差额预算事业单位非常设机构。

第二章　人民代表大会

各界人民代表会议

1949年11月3日，县首次召开各界人民代表会议，下舍区分配名额24名，其中禹越、三来各3人，油车2人。

镇境三乡第一次各界人民代表会议，于1951年5月召开，工作报告总结一年来土地改革和抗美援朝成绩。反对美帝武装日本，各乡举行示威游行3—5次；二次向志愿军慰劳，捐赠慰问袋1千多只，妇女界发起献军鞋运动。

人民代表大会

第一次人代会　禹越、三来、油车分别于1953年5月至1954年4月召开。各乡选举产生乡长1人，副乡长2人，乡人民委员11人。大会选出县代表禹越7人，三来7人，油车5人。

第二次人代会　禹越、高桥二乡于1956年11月召开。各乡选举产生乡长1人，副乡长3人。并产生各乡人委委员13人，分管民事调解、武装、治安、生产、文化教育、财政工作。会议选举出席县二届人大代表禹越5人，高桥5人。

二届二次会议　于1957年2月召开，发动整风“反右”。

二届三次会议　于1957年6月召开，传达毛泽东《正确处理人民内部矛盾的问题》，加强社会主义改造，贯彻勤俭办社，民主办社方针。

二届四次会议　于1957年12月召开，大会号召大鸣大放，开展整风运动。

第三次人代会　二乡于1958年4月召开。各乡产生乡长1人，副乡长3人，人委委员13人，人民陪审员各4人。选出出席县人代会代表各7人。

三届二次会议　禹越、高桥合并成立高桥人民公社后，于1958年10月召开，选举社长1人，副社长6人。

三届三次会议　于1958年10月召开，选举社长1人，副社长3人。

第四次人代会　1961年10月分别召开第四次人代会。禹越公社第四届人民代表大会第一次会议，正式代表61人，实到55人。选举产生公社管委会13人，社长1，副社长3人；产生公社监察委员会7人，主任1人；产生人民陪审员4人；产生县人大代表7人。会议通过了《关于进一步贯彻党的大办农业、大办粮食的方针，确保61年粮食生产全面丰收的决议》《关于积极投售农副产品，支援社会主义工业化的决议》《关于发展畜牧生产的决议》《关于发展蚕桑生产的决议》《关于秋收冬种的决议》《关于生产大队和生产队规模调整问题的决议》，会议收到提案44件。

第五次人代会　1963年5月召开。其中，高桥公社人代会，选举公社代表159人，人大主席团9人。会议选出公社人委委员15人，社长1人，副社长1人，人民陪审员4人。会议通过了《关于搞好分配，开展增产节约运动的决议》《关于发展六三年粮食生产的决议》。

第六次人代会　1966年3月召开。其中禹越公社人代会，出席会议代表157人，会议听取总结报告和1966年工作任务报告。号召广大社员突出政治，活学活用毛主席著作，备战备荒为人民。会议选出公社人委委员15人，社长1人，副社长2人。会议收到提案87件，其中交通29件，水利20件，文教卫生8件，供销6件，粮管2件，商店3件，手工业4件，物资10件食品2件。

第七次人代会　1981年8月召开。其中禹越公社人代会于8月29日召开，出席会议代表140人。高文鸿作工作报告：1980年全公社粮食增产441万斤，蚕茧增产5.1%，水产增产55.4%，副业收入增长29%，企业总产值140万元。全公社经济收入增加127万元，农民人均分配182元。会议通过了公社工作报告，选举七届管理委员会9人，其中主任1人，副主任2人。选举出席县人代会代表7人。

禹越公社七届二次会议　于1982年10月25日召开，出席代表94人，高文鸿作工作报告。会议通过了《禹越公社关于计划生育若干问题的补充规定》《禹越公社关于建房用地管理的实施条例》《禹越公社关于保护水利设施的条例》《禹越公社关于加强社会治安若干问题的规定》。

第八次人代会 禹越乡于1984年4月15日召开，油车乡于同年10月23日召开。其中油车乡人代会，出席会议代表112人，宋荣虎作工作报告。大会选举产生乡长1人，副乡长2人，产生出席县人代会代表7人。

油车乡八届二次会议 于1985年10月27日召开，周金松作工作报告。会议通过了《油车乡乡规民约》《油车乡计划生育条例补充规定》《油车乡土地管理和建房用地的规定》《油车乡关于筹集资金改造水利设施的意见》《油车乡关于筹措教育事业附加税的暂行规定》。

油车乡八届三次会议 于1986年12月1日召开，听取政府工作报告，财政预决算报告，“七五”期间两个文明建设规划和实行九年制义务教育实施意见报告。

第九次人代会 油车乡于1987年4月24日召开，选出主席团8人，出席代表54人。产生乡长1人，副乡长3人。选出县人大代表7人。

禹越乡于1987年4月23日召开，出席代表48人。陈金初作工作报告：1986年全乡工业总产值1442.86万元，税利205.79万元。粮食总产量6620吨，蚕茧总产量241.1吨，淡水鱼14116担，农民人均收入596.7元。会议产生乡长1人，副乡长2人。

第十次人代会 禹越乡于1990年3月16—17日召开，出席会议正式代表62人，列席代表59人。会议产生人大主席团7人，产生常务主席1人。会议审议通过了政府工作报告、财政预决算报告、人大主席团工作报告。会议产生乡长1人，副乡长3人。会议收到提案40件。

徐家庄镇十届二次会议 于1991年禹越撤乡建镇后4月8日召开，会议审议通过了徐家庄镇经济建设和社会发展“八五计划”。

徐家庄镇十届三次会议 于1992年3月20—21日召开。会议选举产生出席县人代会代表8人。

油车乡第十届第一次于会议 1990年3月24—25日召开，出席会议正式代表65人，列席代表36人。会议审议通过了政府工作报告、财政预决算报告、人大主席团工作报告。会议产生乡长1人，副乡长3人。周金松作政府工作报告，油车乡1989年工农业总产值3358.53万元，其中工业总产值1921万元，利润220万元。农业总产值1437.53万元，农民人均收入904元。全乡存款总数407万元。

油车乡十届二次会议　于1991年4月19日召开。

油车乡十届三次会议　于1992年3月21日召开。会议选举产生出席县人代会代表8人。

第十一次人代会　徐家庄镇于1993年2月10日召开，会议正式代表80人，列席代表58人。会议选举产生人大常务主席1人，镇长1人，副镇长3人。报告总结1992年全镇工农业总产值8011万元。其中工业总产值6191万元，农业总产值1820万元，企业利润226万元，财政收入175.81万元，农民人均收入1304元，储蓄总额1200万元。会议提案31件。

徐家庄镇十一届四次会议　于1995年7月11日召开，会议接受沈利华辞去镇人大主席、陈金初辞去镇长职务的请求，选举产生镇人大主席、镇长各1人。

油车乡第十一届人大第一次会议　于1993年2月5日召开，会议正式代表77人，列席代表42人。会议选举产生人大常务主席1人，镇长1人，副镇长3人。

高桥镇十一届四次会议　1995年7月9日召开，会议接受邱荣泉辞去镇人大主席、周金松辞去镇长、宋荣虎辞去副镇长职务的请求，选举产生镇人大主席、镇长各1人。

十二次人代会　高桥镇于1996年1月11日召开，选举产生十二届代表51人，出席会议49人。会议听取了各项工作报告。报告总结1995年全镇工农业生产总产值2.2亿元。其中工业产值1.95亿元，税利150万元，1993—1995年新增固定资产4338万元；农业总产值2500万元，粮食产量8000吨，蚕茧725.8吨，淡水鱼425吨，家禽10羽，农民人均收入2200元。会议选举产生镇人大主席1人，镇长1人，副镇长3人，人民陪审员2人。会议审议通过了政府工作报告、人大主席团工作报告、政府财政预决算报告、高桥镇三年计划和五年规划报告。

高桥镇十二届四次会议　于1998年7月9日召开，会议接受张金芳辞去镇人大主席、马金德、沈同生、嵇水泉辞去副镇长职务的请求，选举产生镇人大主席1人。

徐家庄镇第十二届第一次会议　于1996年1月11日召开，选举产生十二届代表 51 人，出席会议 49 人。大会选举产生了镇人大主席 1 人、副主席 1 人，镇长 1 人，副镇长 3 人。

十三次人代会　徐家庄于 1999 年 3 月 6 日召开。出席代表 50 人。会议审议通过政府工作报告、人大主席团报告、财政预决算报告。会议产生镇人大主席 1 人，副主席 1 人，镇长 1 人，副镇长 3 人。

徐家庄镇十三届二次会议　于 2000 年 3 月召开，会议接受茅林祥辞去副镇长职务，选举副镇长 1 人。

徐家庄镇十三届三次会议　于 2001 年 8 月召开，会议接受宋荣虎辞去镇长职务，选举镇长 1 人。

高桥镇第十三届人大第一次会议　于 1999 年 3 月 5 日召开，出席代表 50 人。会议审议通过政府工作报告、人大主席团报告、财政预决算报告、依法治镇三年规划和依法治镇章程。工作报告指出：1998 年全镇工农业总产值达到 3.69 亿元，农民人均收入达到 3584 元。实现了村村通公路，完成卫生院门诊大楼改扩建，落实了中学整体搬迁、土地征用和资金筹集，架设高桥至新市 3.5 万伏高压线路立项。会议产生镇人大主席 1 人、镇长 1 人、副镇长 3 人。

高桥镇十三届二次会议　于 2000 年 3 月召开，会议接受沈梅仙辞去镇长职务的请求，选举镇长 1 人。

第十四次人代会　徐家庄镇 2002 年 1 月 28 日召开，出席代表 50 人。会议听取相关报告，产生人大主席、副主席各 1 人。镇长 1 人，副镇长 3 人。

徐家庄镇十四届二次会议　于 2003 年 5 月召开，会议接受沈亦红辞去镇长职务的请求，选举镇长 1 人。

高桥镇第十四届人大第一次会议　于 2002 年 1 月 26 日召开，会议听取相关报告，产生人大主席、副主席各 1 人。镇长 1 人，副镇长 3 人。

高桥镇十四届二次会议　于 2003 年 5 月召开，会议接受陈健辞去镇长职务的请求，选举镇长 1 人。

禹越镇人民代表大会

第一次人代会　2004 年 4 月，高桥镇和徐家庄镇合并成立禹越镇。2004

年10月至12月，选举产生了禹越镇第一届人民代表大会代表60人。2005年1月16日，禹越镇第一届人代会第一次会议召开。会议主席团9人，出席代表59人，金明龙作政府工作报告，嵇金星作人大主席团报告，姚水虎作财政预决算报告。政府报告指出：2004年全镇完成工农业总产值15.6亿元，镇财政总收入4337万元，完成技改投入1.8亿元，农民人均收入达到6327元。会议选举产生人大主席、副主席各1人，选举产生镇长1人、副镇长4人，产生人民陪审员2人。会议收到代表提案12件，大会审议通过7件。

第一届二次会议　于2006年1月12日召开，出席代表55人。会议听取和审议政府工作报告、人大主席团工作报告、财政预决算报告和有关决议，补充选举副镇长1人。

第一届三次会议　于2006年8月29日召开，出席代表57人。会议审议通过了嵇金星、姚洪田、陈新毛三人的辞呈，补充选举人大主席1人，副镇长2人。

第二次人代会　于2007年1月30日召开。会议主席团11人，出席会议正式代表62人，列席代表94人。会议选举产生人大主席、副主席各1人，镇长1人、副镇长4人。会议代表共向大会提意见建议18件，其中城建市场管理工作2件，交通道路建设工作4件，环境保护1件，社会治安1件，自来水管理1件，教育3件，薄弱村扶持1件，农业1件，土地管理2件。

第二届二次会议　于2008年1月16日召开。会议审议通过了政府工作报告、人大主席团工作报告、政府财政预决算报告和有关决议。

第二届三次会议　于2009年3月6日召开。政府工作报告指出：2008年全镇工农业总产值38.2亿元，财政总收入6857.8万元，农民人均收入达到10807元，基本实现了全面小康社会的目标。

第二届四次会议　2010年3月18日召开。会议审议通过了政府工作报告、人大主席团工作报告、政府财政预决算报告和有关决议。

第二届五次会议　于2011年3月9日召开。会议审议通过了政府工作报告、人大主席团工作报告、政府财政预决算报告和有关决议，审议通过了宋法根同志的辞呈，补充选举副镇长1人。政府工作报告指出：2010年全镇工农业总产值53.2亿元，财政总收入8570万元，农村居民人均收入达到13482元。

第三次人代会　于2012年1月10日召开。会议主席团11人，出席代表58人，姜庆华作政府工作报告，沈国荣作人大主席团报告，唐亚明作财政预决算报告。政府工作报告指出：2011年全镇工农业总产值64.35亿元，财政总收入1.03亿元，农村居民人均收入达到14965元。会议选举产生人大主席副主席各1人、镇长1人、副镇长4人。

第三届二次会议　于2013年1月14日召开。会议听取了政府工作报告、人大主席团工作报告、政府财政预决算报告、《禹越镇总体规划调整修编方案》的说明，会议审议通过了四个报告和有关决议。

第三届三次会议　于2013年9月6日召开。会议审议通过了姚宏同志的辞呈，补充选举副镇长1人。

第三届四次会议　于2014年1月17日召开。会议听取审议政府工作报告、人大主席团工作报告、财政预决算报告和有关决议。

第三届五次会议　于2015年3月18日召开。会议审议通过了姜庆华同志和陈有武同志的辞呈，补充选举镇长1人、副镇长1人。政府工作报告指出：2014年全镇工农业总产值98.74亿元，财政总收入1.504亿元，农村居民可支配收入达到22980元。

第三届六次会议　于2016年1月22日召开。会议审议通过了政府工作报告、人大主席团工作报告、政府财政预决算报告、《禹越镇人民代表大会关于政府实事工程项目表决制实施办法》。会议选举产生副镇长1人，表决通过《禹越镇人民代表大会2016年政府实事工程项目》。

第四次人代会　于2016年12月26日召开。会议主席团9人，出席会议正式代表61人，列席代表124人。胡国忠作政府工作报告，白永法作人大主席团报告，钟凯作财政预决算报告。会议选举产生人大主席、副主席各1人，镇长1人、副镇长4人。政府工作报告指出：2016年全镇工农业总产值113亿元，财政总收入1.87亿元，农村常住居民人均可支配收入达到17618元。会议审议通过了政府工作报告、人大主席团工作报告、财政预决算报告和有关决议，票决通过了《禹越镇2017年政府民生实事项目》。

附录：

革命委员会会议

“文化大革命”期间，人民代表大会被革命委员会会议和积极分子代表大会所取代。

第一次会议　1968 年 9 月召开，会议号召统一认识，统一步伐，统一行动，紧跟毛主席战略部署。

第二次会议　1969 年 1 月召开，会议号召批斗走资本主义道路当权派。

第三次会议　1969 年 8 月召开，会议号召抓紧革命大批判，认真搞好斗批改。

第五次会议　1969 年 10 月召开，学习国庆社论，解决思想革命化问题。

第六次会议　1971 年 10 月召开，镇革委会全体委员，基层党支部委员，革委会成员，团支部书记，民兵连长，贫代会负责人等出席。会议号召密切注视阶级斗争动向，狠批修正主义流毒，号召活学活用毛泽东思想。

积极分子代表会议

简称积代会。1969 年 11 月 14 日，全县召开第一次活学活用毛泽东思想积极分子代表大会后，各公社纷纷召开。出席人员为积极分子代表，大队党支部、革委会、贫代会人员，妇女队长，团支部委员，生产队长、政治队长、贫协组长、民兵排长，共产党员，公社党委、革委会、贫代会全体人员，企事业单位负责人。

第三章　领导更迭

双马区政府

区长：未到任

副区长：王其昌（1949.11—1950.5）

双马区政府下辖乡镇领导

表 11-3-1

乡名	乡　长	副乡长
大麻乡	于相成（1949.11—1950.5）	薛小明（1949.11—1950.5）
禹越乡	刘士文（1949.10—1950.10）	于小亭（1949.10—1950.10）
双马乡	张　云（1949.11—1950.5）	—
勾里乡	郭忠纯（1949.11—1950.4）	—

1950 年 5 月，双马区撤销，大麻乡划归崇德县，余皆归属下舍区，双马乡分为油车、三来两乡。

1950—1956 年各乡领导

表 11-3-2

乡	乡　长	副乡长
禹越乡	徐奎生（1950.10—1951.3） 章源法（1951.3—1956.7）	钟小狗（1950.10—1961.3） 胡子林（1952.3—1953.3） 胡阿洪（1953.3—1956.7） 王子玉（女 1953.3—1956.7）
三来乡	沈金林（1950.5—1953.1） 李凤士（1953.1—1956.10）	曹春法（1950.5—1953.1） 沈宝田（1953.1—1954.12） 杨传泰（1953.1—1956.1） 李源法（1954.5—1956.10）

续表 11-3-2

乡	乡　长	副乡长
油车乡	沈子法（1950.5—1953.1） 高子奎（1953.1—1956.10）	罗阿寿（1950.5—1953.10） 王来生（1952.3—1953.1） 钱金法（1953.1—1956.10） 钱金魁（1953.1—1956.10） 王选璋（1953.1—1956.10）

1956 年撤区并乡，油车、三来合并为高桥乡，人民政府改称人民委员会。

1956—1958 年各乡领导

表 11-3-3

乡	乡　长	副乡长
禹越乡	周亮（1956.7—1958.9）	胡阿洪（1956.7—1956.11） 王子玉（女 1956.7—1958.9） 钟小狗（1956.11—1957.12） 高梓奎（1956.11—1958.9）
高桥乡	杨传泰（1956.10—1958.10）	钱金魁（1956.10—1958.1） 沈金娥（女 1956.10—1958.1） 徐掌法（1956.10—1968.1） 祝永昌（1958.2—1958.10） 沈振甫（1958.4—1958.4）

1958 年 10 月，高桥、禹越合并，建立高桥人民公社。1961 年 6 月大公社撤销，禹越、高桥单独建社直至“文化大革命”初期。

1958—1966 年各公社领导

表 11-3-4

公社	社　长	副　社　长
大公社	李凤士（1958.10—1959.3） 史　尔（1959.3—1959.12） 钱金魁（1959.12—1961.6）	周　亮（1958.10—1959.8） 周金林（1958.10—1959.8） 张老虎（1958.10—1959.8） 沈高法（1958.10—1959.8） 杨传泰（1958.10—1959.8） 沈水生（1958.10—1959.8） 沈振甫（1959.8—1961.8） 高梓奎（1959.8—1961.8） 李源法（1959.8—1961.6）

续表 11-3-4

公社	社　长	副　社　长
高桥公社	钱金魁（1961.6—1962.2） 金荣权（1961.12—1968.3）	李源法（1961.6—1968.3）
禹越公社	边根奕（1961.6—1968.3）	周　亮（1961.8—1968.3） 赵春凤（女 1961.8—1968.3） 高梓奎（1961.8—1962.6） 杨传泰（1965.12—1966.春）

1968 年 3 月，“革命委员会”取代公社管理委员会。

1968—1981 年各公社领导

表 11-3-5

公社	革委会主任	革委会副主任
高桥公社革命委员会	姚永峰（1968.3—1981.10）	李源法（1968.3—1981.10） 姚祥法（1978.4—1979.1） 汪育文（1979.5—1981.3）
禹越公社革命委员会	边根奕（1968.3—1977.9） 陈德胜（1978.5—1979.6） 高文鸿（1979.6—1981.8）	王连根（1971.10—1978.8） 王选璋（1979.5—1979.12） 杨掌法（1979.5—1979.121981）

1981 年 8 月，废除“革委会”名称，同时恢复“人民公社管理委员会”名称。

1981—1984 年各公社领导

表 11-3-6

公社	主任	副主任
高桥公社	陈兴根（1982.4—1984.1）	沈同生（1982.4—1984.1） 朱兴泉（1982.4—1984.1）
禹越公社	高文鸿（1981.8—1984.1）	沈水荣（1981.8—1984.1） 沈梅仙（1981.8—1983.9）

1983 年，人民公社建制改为乡建制，“高桥”更名“油车”。

1981—1993 年各公社领导

表 11-3-7

乡	乡长	副乡长
油车乡	陈子法（1984.1—1984.10） 周金松（1984.10—1993.12）	宋荣虎（1984.1—1993.12） 沈杏仙（1984.1—1987.4） 沈同生（1984.1—1993.12） 茅林祥（1990.3—1993.12） 嵇水泉（1993.2—1993.12）
禹越乡	陈金初（1984.1—1991.1）	严才福（1984.1—1991.1） 钟阿芬（女 1984.1—1987.4） 沈水荣（1987.4—1991.1） 张文元（1990.3—1991.1）

1991 年 1 月，禹越撤乡建镇，并更名“徐家庄镇”，历经五届领导更迭。

1991—2004 年徐家庄镇领导更迭

表 11-3-8

届 次	镇　长	副镇长
第十届	陈金初（1991.1—1993.2）	严才福（1991.1—1993.2） 沈水荣（1991.1—1993.2） 张文元（1991.1—1993.2）
第十一届	陈金初（1993.2—1995.7） 宋荣虎（1995.7—1996.1）	严才福（1993.2—1996.1） 沈水荣（1993.2—1996.1） 张文元（1993.2—1996.1）
第十二届	宋荣虎（1996.1—1999.3）	严才福（1996.1—1999.3） 沈水荣（1996.1—1999.3） 孟鹤鸣（1996.1—1998.7）
第十三届	宋荣虎（1999.3—2001.8） 沈亦红（女 2001.8—2002.1）	严才福（1999.3—2002.1） 茅林祥（1999.3—2000.3） 姚水虎（1999.3—2002.1） 孟鹤鸣（2000.3—2002.1） 陈新毛（2000.3—2002.1）
第十四届	沈亦红（女 2002.1—2003.5） 姚　欣（2003.5—2004.4）	姚水虎（2002.1—2004.4） 沈月强（2002.1—2004.4） 凌兴华（2002.1—2004.4）

1994 年 1 月，油车撤乡建镇，并更名“高桥镇”，历经四届领导更迭。

1994 年至 2004 年高桥镇领导更迭

表 11-3-9

届 次	镇　长	副镇长
第十一届	周金松（1994.11995.7） 嵇金星（1995.7—1996.1）	宋荣虎（1994.11995.7） 沈同生（1994.1—1996.1） 嵇水泉（1994.1—1996.1）
第十二届	嵇金星（1996.1—1999.3）	马金德（1996.1—1998.7） 沈同生（1996.1—1998.7） 嵇水泉（1996.1—1998.7）
第十三届	沈梅仙（女 1999.3—2000.3） 陈　建（2000.3—2002.1）	历谷炎（1999.3—2002.1） 杨玉仙（女 1999.3—2002.1） 吴申豪（1999.3—2002.1）
第十四届	陈　建（2002.1—2003.5） 金明龙（2003.5—2004.4）	曹益春（2002.1—2004.4） 杨玉仙（女 2002.1—2004.4） 黄林祥（2002.1—2004.4）

2004 年 4 月，高桥、徐家庄两镇合并，组建禹越镇，镇政府领导已更迭四届。

2004 年后历届领导

表 11-3-10

届 次	镇　长	副镇长
第一届	金明龙（2004.4—2009.2）	姚水虎（2004.4—2009.2） 陈新毛（2004.4—2006.7） 蔡晓荣（2004.4—2009.2） 杨玉仙（女 2005.5—2009.2） 姚洪田（2005.5—2006.7） 黄林祥（2006.7—2009.2） 宋法根（2006.7—2009.2）
第二届	郭坤华（2009.2—2011.5）	沈金妹（女 2009.2—2011.7） 陈肖武（2009.2—2012.1） 蔡晓荣（2009.2—2011.7） 宋法根（2009.2—2011.4）
第三届	姜庆华（2012.1—2015.2） 胡国忠（2015.2—2016.12）	闻卫强（2012.1—2016.12） 陈肖武（2012.1—2015.2） 何卫国（2012.1—2016.12） 姚　宏（2012.1—2016.12） 费贵洪（2012.1—2016.12） 白永发（2015.2—2016.12）

续表 11-3-10

届 次	镇 长	副镇长
第四届	胡国忠（2016.12—）	王明江（2016.12—） 沈国兴（2016.12—） 白永发（2016.12—） 费贵洪（2016.12—）

第四章 人大领导更迭

油车、禹越二乡从第十届人民代表大会起，设人大主席团，始有人大主席职位。

油车、禹越未并前历届领导

表 11-4-1

乡镇	届次	主 席	副主席
油车乡—高桥镇	第十届	邱荣泉（1990.3—1993.2）	—
	第十一届	邱荣泉（1993.2—1995.7） 张金方（1995.7—1996.1）	—
	第十二届	张金方（1996.1—1998.7） 房永根（1998.7—1999.3）	—
	第十三届	房永根（1999.3—2002.1）	—
	第十四届	沈梅仙（2002.1—2003.5）	胡申豪（2002.1—2004.4）
禹越乡—徐家庄镇	第十届	沈连华（1990.3—1993.2）	—
	第十一届	沈连华（1993.2—1995.7） 沈云峰（1995.7—1996.1）	—
	第十二届	沈云峰（1996.1—1999.3）	张文元（1996.1—1999.3）
	第十三届	嵇金星（1999.3—2002.1）	陈阿水（1999.3—2002.1）
	第十四届	嵇金星（2002.1—2004.4）	陈阿水（2002.1—2004.4）

2004年4月，高桥、徐家庄两镇合并，人大领导为：

高桥、徐家庄合并后各届领导

表11-4-2

届次	主　席	副主席
第一届	嵇金星（2004.4—2006.7） 沈国荣（2006.7—2007.1）	严才福（2004.4—2010.12）
第二届	沈国荣（2007.1—2012.1）	宋建华（2011.7—2012.1）
第三届	沈国荣（2012.1—2016.9） 白永法（2016.9—2016.12）	宋建华（2012.1—2016.12）
第四届	白永法（2016.12—）	宋建华（2016.12—）

第五章　政　务

1949—1979年

主要开展土地改革，动员互助合作，发展农业生产，恢复民生。（参见《党派卷》）

1956年，推广双季连作稻。

1958年，成立人民公社。组织民工参加对河口水库和道流工程建设。

1959年，大办公共食堂，大办公共畜牧场。

1960年，纠正“一平二调”（“一平”指家庭财产归公，拉平贫富，平均分配；“二调”是指各队生产资料、劳动力、产品及其他财产无代价上调。）错误，号召大办农业，大办粮食，实行“队为基础，三级所有”政策。

1964年，接受安排下乡知识青年。

1966年，响应中央备战备荒号召，动员开挖防空洞。

1968年，推广麦（油菜）、稻、稻“三熟制”。

1970年，掀起“农业学大寨”运动。

1972年，开展“土地平方”运动。

1978年，组织民工，参加湘溪港、长山河工程建设。

1980—2003年

1983年，体制改革，党政分工。此后，乡政府以推行农村土地承包，组织农村经济合作社，鼓励和扶持专业户、重点户多种形式（联户、合伙、股份、个私）经营和发展乡办企业为中心。

1990年后，主要发展交通建设和民生工程。先后建成徐→五公路、油→新公路、高→禹公路、徐→勾公路及沙改油工程。至2000年，全镇实现村村通公路。此外，两镇农贸市场整体搬迁，成立综合农技服务站，建造影剧院、成立文化中心，开通程控电话、移动通信，建设3.5千伏输变电所工程，信用社、卫生院、学校改扩建，敬老院、政府大楼、汽车站建设等。在工商企业发展方面，基本完成了工商企业的转制，并鼓励发展个私经济。徐家庄、高桥镇工业园区成立。在农村，延长土地承包期，实施土地流转经营，积极引导农户发展多种经营、特色产业、效益农业，涌现出了一批青虾、黑鱼、黄鳝养殖示范户。

2004—2016年

2004年，安置三峡移民17户，镇便民服务中心成立，高桥片自来水管网与县联网。

2005年，编制完成禹越镇城镇建设规划，建立被征地农民基本生活保障制度，村庄环境整治初见成效，获省级卫生镇称号。

2006年，申嘉湖高速公路境内段项目启动，新五公里西线动工，污水处理厂和垃圾中转站立项。

2007年，将原来6个事业单位改为3个差额预算事业单位，新设立镇综合监察中队为不定编差额预算事业单位。改革后机关行政编制30人，其中党政班子10人。事业编制30人，其中农业服务中心12人，经济建设服务中心10人，社会事业服务中心8人。

2008年，禹越镇综合农贸市场整体搬迁，举办首届蚕丝家访文化节，省级文明镇通过复评，完成行政村规范化档案室创建，获档案管理省一级认定。

2009年，成立禹越镇工业集中区管委会，举办第二届蚕丝家访文化节，完成杭海路、滨江路污水总管铺设。

2010年，完成村庄规划编制工作，夏东村、三林村成功创建“中国和美家园”精品村，通过市级示范数字化档案验收。

2011年，三级供水管网全面改造，实现全镇供水一体化，320国道至申嘉湖高速公路新市互通公路工程启动，完成天皇殿圩区建设，天皇殿省级粮食生产功能区通过省级验收，高桥村、天皇殿村成功创建“中国和美家园”精品村，禹越镇被评为湖州市特色水产产业镇，第三届蚕丝家访文化节在杭州吴山广场举办。

2012年，推进栖湖村“精品村”建设，新建污水管网3.5公里，污水处理厂投入运行，禹越中学新校区开工建设，高桥农贸市场整体改造并通过省级示范市场验收，9家家访企业组团参加中国国际纺织品博览会，德华香缇湾商业楼盘开盘，德清县第一个乡村少年宫在禹越中学建成，民间艺术“三跳”语音、视频录入德清方言声音档案，禹越镇档案室通过省级示范数字化档案室验收。

2013年，工业集中区拓展和土地征用，110千伏输变电工程开工，生态公墓建设项目立项，高桥小学新建教学楼竣工，钱塘村成功创建“中国和美家园”精品村，大东港及全镇水环境综合治理，建设社会服务中心综合楼，杨禹公路改扩建工程竣工，实施夏东村、天皇殿村、木桥头村、三林村土地综合整治项目，天皇殿村高标准基本农田建设项目和夏东村贾家漾造田项目竣工，高桥村米世圩中格局圩区建设，“三改一拆”专项整治，全镇农村环境卫生综合整治，创建湖州市卫生强镇，实施城乡居民医疗保险扩面，启动编纂《禹越镇志》。

2014年，“五水共治”，全镇水环境综合治理，污水处理厂等级提升工程，农村生活污水治理工程，杭嘉湖南排工程土地房屋拆迁项目，温室龟鳖养殖专项整治，创建省级文明镇。

2015年，农村土地承包经营权确权登记发证，“一户多宅”专项整治，杨家坝村通过“中国和美家园”建设验收，生猪养殖污水治理，粮食生产功能区调整，夏东村白马里、钱塘水磨墩、三林红旗兜土地整治项目竣工，推进城乡环境管理一体化，创建省级森林城镇，联合国教科文组织专家考察我镇黑鱼养殖基地，首届皮影戏文化节在杨家坝村举办。

第十二卷

禹越国民党组织

第一章　组织机构

民国15年（1926），德清城区（今乾元镇）已有少数国民党员活动，但普及区乡，始于民国27年（1938）武德联合行动委员会成立之后。禹越、高桥两地发展党员，形成组织，为时更晚。

第一节　党　部

禹越国民党组织，始于民国33年（1944）11月，下舍区第20区党部在徐庄乡设4个区分部，辖10个保13个自然村，党员118人。列表如下：

徐庄乡区分部辖村表

表12-1-1

区分部编号	1	2	3	4
保编号	1—2	3—4	5—7	8—10
自然村	杨家坝 圩郎 千字坝 破路坝	邓家坝 东南兜 西坝里	徐家庄 木桥头 北木桥	石屑兜 九里港 栖丰桥

下舍区第20区党部于1947年3月终止使命。是月，徐庄乡与勾里乡合并，组建禹越乡，同时成立禹越区党部，境内20个保分设9个区分部。

禹越区党部辖村表

表12-1-2

区分部编号	1	2	3	4	5	6	7	8	9
保编号	1—2	3—4	5—6	7—8	9—10	11—12	13—14	15—17	18—20
分部驻地自然村	河东湾	东漾兜	倒缩兜	张圩郎	孙家桥	杨家坝	坝里	徐家庄	九里港 石屑兜

在此期间，区分部活动中心，第 6 区分部先设徐家庄，后设杨家坝。第 9 区分部先设九里港，后设石屑兜。党员扩至 217 人。

同年 7 月，乡以下行政区划变动，原 20 个保缩并为 14 个。从 8 月起，区分部也重新编组，全境设 14 个区分部。当时有民谣称："保甲越编越少，党部越编越多。"说明当时注重党建，重视党务的现状。

禹越区分部辖村表

表 12-1-3

区分部编号	1	2	3	4	5	6	7	8	9	10	11	12
保编号	1	2	3	4—5	6—7	8	9	10	11	12	13	14
辖区	杨家坝	坝里	徐家庄	木桥	西丰桥 石雪兜 九里港	藤桥头	埭郎	坝西	俞家湾	费家墩	溪头	北港埭

1948 年 11 月，区分部再次合并，由 12 个并为 5 个。并编方式为：原 1—6 保，并为第一区分部。7—8 保，并为第二区分部。9—10 保，并为第三区分部。11—12 保，并为第四区分部。13—14 保，并为第五区分部，直至解放。其时，共有党员 242 人。

高桥国民党组织隶属关系复杂。1944 年 3 月前，隶属德清县党部直属区分部。其中 1943 年 9 月至次年 3 月，县直属第十九区分部辖双林乡全境。1943 年 11 月至次年 3 月，县直属第三十六区分部辖湖墩乡全境。1943 年 12 月至次年 3 月，县直隶三十七区分部辖白马乡全境。

1944 年 4 月至同年 9 月，县第二区党部第八区分部辖双林乡全境。县第四区党部第七区分部辖湖墩全乡。第四区党部第九区分部辖白马全乡。

1944 年 10 月，湖墩白马两乡合并，组建国民党德清县白马区党部，下设 5 个区分部。原双林乡改名横塘乡，组建德清县横塘区党部，下设 4 个区分部，直至 1946 年 12 月止。

白马区党部下辖区分部表

表 12-1-4

区分部编号	1		2		3		4		5	
保号	1	2	3	4	5	6	7	8	9	10

续表 12-1-4

区分部编号	1		2		3		4		5	
行政村	莫家庄	牌头	米世湾	东白马	西白马	鱼家庄	上塘圩	东坝头	高家墩	北圩郎

横塘区党部下辖区分部表

表 12-1-5

区分部编号	1		2		3		4	
保号	1	2	3	4	5	6	7	8
行政村	受舍	胡家浜	河西角	蔡家浜	钟家舍	朱家坝	卞家里	荡头

1947 年 1 月，白马、横塘 2 个区党部合并，重组德清县双马区党部，下辖 9 个区分部，直至 1949 年 3 月。

并乡后双马区党部下辖区分部表

表 12-1-6

区分部编号	1		2		3		4		5		6	
保号	1	2	3	4	5	6	7	8	9	10	11	12
行政村	莫家庄	牌头	坝头	东白马	南北丰边	矮五浜	林门头	河西角	中塔	西白马	鱼家庄	夏家桥
区分部编号	7		8		9		—		—		—	
保号	13	14	15	16	17	18	—	—	—	—	—	—
行政村	北圩郎	北塔里	东坝头	田畈兜	湾里	风泉坝	—	—	—	—	—	—

1949 年 3 月，行政村并保，区党部改选。原 9 个区分部并为 5 个。

其中莫家庄、牌头、坝头、东白马为第 1 区分部。

南北丰边、矮五浜、林门头、河西角为第 2 区分部。

中塔、田畈兜、湾里为第 3 区分部。

西白马、鱼家庄、夏家桥、北圩郎为第 4 区分部。

北塔里、东坝头、风泉坝、南横港为第 5 区分部。白马区党部于 1949 年 5 月解体，共有党员 257 人。

附录：区分部党员村域分布

（一）横塘区党部（1944.10—1947.1）

第一区分部：（1）林门头、北窑、受舍、丁家坝、荷花池。（2）矮五浜、邬家浜、沈家浜、东浜、胡家浜、陈家浜。

第二区分部：（3）河西角、许家埭、南海角、西宅、上滩郎、徐家里。（4）蔡家浜、小福桥、南丰边、北丰边、立安、周家湾。

第三区分部：（5）草圩兜、蔡家角、红旗兜、庙后村、钟家舍、南村、中塔。（6）埭郎、史家兜、朱家坝、言人兜、圣堂村、庙西、田畈兜。

第四区分部：（7）湾里、桥里、卞家埭、草桥、亳里、曹家埭。（8）经路圩、丁郎桥、荡头、嵇家角、封泉坝。

（二）白马区党部（1944.10—1947.1）

第一区分部：（1）莫家庄、朱家墩、钱塘湾、罗家墩、打枝里、姚家湾。（2）水磨墩、牌头、北塘。

第二区分部：（3）罗池兜、米四湾、坝头。（4）张鱼湾、罗家村、鱼家浜、范家里、东白马。

第三区分部：（5）西白马、韩家桥。（6）道场里、鱼家庄、施家桥、东横。

第四区分部：（7）夏家桥、上塘圩、西横、南横。（8）东坝头、李家坝、周家庄。

第五区分部：（9）北塔里、高家墩、湖墩、漾北、吕家里。（10）北圩郎、南杠港。

（三）双马区党部（1947.1—1949.3）

第一区分部：（1）莫家庄、姚家湾。（2）牌头、水磨墩。

第二区分部：（3）坝头、罗池兜。（4）东白马、张鱼湾。

第三区分部：（5）南北丰边、周家湾。（6）矮五浜、陈家浜。

第四区分部：（7）林门头、荷花池。（8）河西角、孙家里。

第五区分部：（9）中塔、草圩兜。（10）西白马、韩家桥。

第六区分部：（11）东横、道场里。（12）夏家桥、南横。

第七区分部：（13）北圩郎、南横港。（14）北塔里、漾北。

第八区分部：（15）东坝头、周家庄。（16）田畈兜、埭郎。
第九区分部：（17）湾里、宋家埭。（18）风泉坝、经路圩。

第二节　负责人

（一）下舍区第二十区党部（后更名徐庄乡第十二区党部）

书记：沈永绥，又名春毫。任职：1944.11—1947.2。

组训委员：忻玉章（女），小名阿琴。石屑兜人。任职：1944.11—1947.2。

宣传委员：黄学礼，绰号小和尚。道场河南人。任职：1944.11—1947.2。

监察委员：沈蔼士，名阿方。任职：1944.11—1947.2。

候补执行委员：沈志豪。任职：1944.11—1947.2。

候补监察委员：徐亮通，名阿山。任职：1944.11—1947.2。

徐庄乡第十二区党部下辖区分部表

表 12-1-7

分部	职　务	姓　名	家庭地址	任职年月	补　遗
1	书记	徐陛康	杨家坝	1944.11—1947.2	小名阿和
	组训委员	王正元	圩郎	1944.11—1947.2	—
	宣传委员	杨秉昌	圩郎	1944.11—1947.2	—
	执行委员	沈永福	—	1944.11—1947.2	—
2	书　记	徐金福	坝里北墙门	1944.11—1947.2	又名大毛
	组训委员	曹守斋	—	1944.11—1947.2	又名贻经
	宣传委员	曹蕴珍	坝里南墙门	1944.11—1947.2	女
	执行委员	曹洪昌	坝郎	1944.11—1947.2	—
3	书　记	黄学礼	道场河南	1944.11—1947.2	兼区党部宣传
	组训委员	陈锡仲	—	1944.11—1947.2	—
	宣传委员	沈　劬	徐家庄村	1944.11—1947.2	又名孝若
	执行委员	沈德奎	—	1944.11—1947.2	—

续表 12-1-7

分部	职　　务	姓　名	家庭地址	任职年月	补　遗
4	书　记	忻玉章	兜门坝	1944.11—1947.2	兼区党部组训
	组训委员	高福奎	陈家兜	1944.11—1947.2	—
	宣传委员	沈云生	石屑兜外口	1944.11—1947.2	—
	执行委员	章林福	树下埭	1944.11—1947.2	—

（二）禹越区党部

书记：吴永甫，名文生，勾里东漾兜环桥头人。任职：1947.3–1947.7。

组训委员：章振唐，勾里陆家兜人。任职：1947.3–1947.7。

宣传委员：沈永绥，名春毫，徐家庄村人。任职：1947.3–1947.3。

禹越区党部下辖区分部（之一表）

表 12-1-8

分部	职　　务	姓　名	家庭地址	任职年月	补遗
1	书　记	吴永坤	勾里藤桥头	1947.3—1947.7	名子奎
	组训委员	姚尚福	勾里姚家角	1947.3—1947.7	—
	宣传委员	周梦魁	勾里陆家兜	1947.3—1947.7	竹叶埭人
	执行委员	许玉生	勾里南河兜	1947.3—1947.7	—
2	书　记	周仁勸	陆家兜水太漾	1947.3—1947.7	今属勾里
	组训委员	周品山	高家桥枣树下	1947.3—1947.7	今属勾里
	宣传委员	周品源	高家桥枣树下	1947.3—1947.7	今属名叙奎
	执行委员	李金寿	百富兜汪家埭	1947.3—1947.7	今属名叙奎
3	书　记	戴金祥	勾里俞家湾	1947.3—1947.7	名阿顺
	组训委员	王新发	俞家湾田畈兜	1947.3—1947.7	今属勾里
	宣传委员	沈瑞永	张圩郎倒缩兜	1947.3—1947.7	今属勾里名发春
	执行委员	蔡泉元	张圩郎倒缩兜	1947.3—1947.7	今属勾里
4	书　记	钟金荣	东漾兜钟家里	1947.3—1947.7	今属勾里
	组训委员	吴远良	东漾兜木桥头	1947.3—1947.7	今属勾里
	宣传委员	吴文斌	勾里城头	1947.3—1947.7	今属勾里
	执行委员	吴祯祥	东漾兜黄家墩	1947.3—1947.7	今属勾里

续表 12-1-8

分部	职　务	姓　名	家庭地址	任职年月	补遗
5	书　记	周松林	城头西南坝	1947.3—1947.7	今属勾里
	组训委员	孙金山	孙家桥高家里	1947.3—1947.7	今属勾里
	宣传委员	王元坤	孙家桥高家里	1947.3—1947.7	今属勾里
	执行委员	李瑞玉	孙家桥李家湾	1947.3—1947.7	今属勾里
6	书　记	徐陞康	杨家坝	1947.3—1947.7	—
	组训委员	王正元	圩郎	1947.3—1947.7	—
	宣传委员	杨秉昌	圩郎	1947.3—1947.7	—
	执行委员	陈安生	勾里勤丰	1947.3—1947.7	—
7	书　记	徐全福	坝里北墙门	1947.3—1947.7	—
	组训委员	曹守斋	坝里南墙门	1947.3—1947.7	—
	宣传委员	曹蕴珍	坝里南墙门	1947.3—1947.7	—
	执行委员	周富昌	木桥坝头湾	1947.3—1947.7	—
8	书　记	黄学礼	道场河南	1947.3—1947.7	—
	组训委员	陈雪佩	徐家庄西村	1947.3—1947.7	—
	宣传委员	沈　劬	徐家庄村	1947.3—1947.7	—
	执行委员	沈杏生	徐家庄村	1947.3—1947.7	—
9	书　记	忻玉章	石屑兜斗门坝	1947.3—1947.7	—
	组训委员	高福魁	九里港陈家兜	1947.3—1947.7	—
	宣传委员	沈云生	石屑兜外口	1947.3—1947.7	—
	执行委员	方雪庆	石屑兜斗门坝	1947.3—1947.7	—

是年 3 月，召开党员代表大会，出席代表 20 人，选举产生出席县党代会代表二人（沈永绥、章振唐）

1947 年 7 月，区分部扩编，从原来 9 个扩充至 12 个。

禹越区党部下辖区分部（之二表）

表 12-1-9

分部	职　务	姓　名	家庭地址	任职年月	补遗
1	书　记	杨永发	杨家坝	1947.8—1948.10	—
	执行委员	徐上宾	杨家坝荡湾角	1947.8—1948.10	名文高

续表 12-1-9

分部	职　务	姓　名	家庭地址	任职年月	补遗
1	执行委员	徐陞康	杨家坝	1947.8—1948.10	—
	监察委员	曹天顺	七家湾	1947.8—1948.10	—
2	书　记	曹蕴珍	坝里南墙门	1947.8—1948.10	—
	执行委员	曹锡恩	坝里坝郎	1947.8—1948.10	—
	执行委员	徐金福	坝里北墙门	1947.8—1948.10	—
	监察委员	曹守斋	坝里南墙门	1947.8—1948.10	—
3	书　记	黄学礼	道场河南	1947.8—1948.10	—
	执行委员	陈雪佩	—	1947.8—1948.10	—
	执行委员	沈　劭	徐家庄村	1947.8—1948.10	—
	监察委员	沈蔼士	—	1947.8—1948.10	—
4	书　记	陈正源	木桥陈家里	1947.8—1948.10	—
	执行委员	陈正高	木桥陈家里	1947.8—1948.10	—
	执行委员	蔡富贵	大房兜	1947.8—1948.10	—
	监察委员	张永和	徐家庄丁家里	1947.8—1948.10	名宝法
5	书　记	忻玉章	石屑兜斗门坝	1947.8—1948.10	—
	执行委员	忻万林	石屑兜斗门坝	1947.8—1948.10	—
	执行委员	胡义芳	栖丰和会角	1947.8—1948.10	—
	监察委员	胡林魁	栖丰塔塘湾	1947.8—1948.10	—
6	书　记	吴永坤	勤丰藤桥头	1947.8—1948.10	名子魁
	执行委员	周梦魁	陆家兜竹叶埭	1947.8—1948.10	—
	执行委员	吴永丰	勤丰五房角	1947.8—1948.10	—
	监察委员	沈聚福	勤丰藕河里	1947.8—1948.10	—
7	书　记	周乾坤	高家桥枣树下	1947.8—1948.10	—
	执行委员	周品源	同上	1947.8—1948.10	—
	执行委员	周仁颧	陆家兜水太漾	1947.8—1948.10	—
	监察委员	杨叙堂	高家桥杨家湾	1947.8—1948.10	—
8	书　记	李金山	陆家兜坝西	1947.8—1948.10	—
	执行委员	李金寿	百富兜汪家埭	1947.8—1948.10	—

续表 12-1-9

分部	职　务	姓　名	家庭地址	任职年月	补遗
8	执行委员	范振高	百富兜秀才兜	1947.8—1948.10	—
	监察委员	金珠珊	百富兜急水港	1947.8—1948.10	—
9	书　记	戴金祥	俞家港	1947.8—1948.10	—
	执行委员	潘三元	—	1947.8—1948.10	—
	执行委员	李春田	俞家湾	1947.8—1948.10	—
	监察委员	沈坤田	张圩郎倒缩兜	1947.8—1948.10	—
10	书　记	吴祯祥	东洋兜费家墩	1947.8—1948.10	—
	执行委员	吴远高	同上	1947.8—1948.10	名春林
	执行委员	嵇清泉	东洋兜	1947.8—1948.10	—
	监察委员	吴南山	勾里联合诊所	1947.8—1948.10	—
11	书　记	朱发生	城头溪头	1947.8—1948.10	—
	执行委员	朱宝善	城头西南坝	1947.8—1948.10	—
	执行委员	周元兴	城头东兜	1947.8—1948.10	—
	监察委员	吴文彬	城头	1947.8—1948.10	—
12	书　记	孙金山	孙家桥高家里	1947.8—1948.10	—
	执行委员	李瑞玉	孙家桥李家湾	1947.8—1948.10	—
	执行委员	沈寿华	孙家桥刘王桥	1947.8—1948.10	—
	监察委员	王瑞永	孙家桥桥北	1947.8—1948.10	—

1948 年 11 月，区分部合并，重新组建区党部。6 个月后，德清县城解放，国民党各级组织不解而散。

（三）禹越区党部

书记：吴永甫，勾里东漾兜人。任期：1948.11—1949.4。

执行委员：章振堂，勾里陆家兜人。任期：1948.11—1949.4。

执行委员：沈永绥，徐家庄村人。任期：1948.11—1949.4。

候补委员：章振华，勾里陆家兜人。任期：1948.11—1949.4。

候补委员：高志祥，名竹安，石屑兜人。任期：1948.11—1949.4。

禹越区党部下辖区分部（之三表）

表 12-1-10

分部	职　务	姓　名	家庭地址	任职年月	补遗
1	书　记	黄学礼	道场河南	1948.11—1949.4	—
	执行委员	沈蔼士	—	1948.11—1949.4	名文高
	执行委员	沈永绥	—	1948.11—1949.4	—
	候补委员	曹守斋	—	1948.11—1949.4	—
2	书　记	沈聚福	勤丰藕河里	1948.11—1949.4	—
	执行委员	吴永坤	勤丰藤桥头	1948.11—1949.4	—
	执行委员	杨叙堂	高家桥杨家湾	1948.11—1949.4	—
	候补委员	吴永丰	勤丰五房角	1948.11—1949.4	—
3	书　记	邬志成	勾里村	1948.11—1949.4	名锦章
	执行委员	戴金祥	勾里俞家湾	1948.11—1949.4	—
	执行委员	李金山	陆家兜坝西	1948.11—1949.4	—
	候补委员	李春田	勾里俞家湾	1948.11—1949.4	—
4	书　记	倪纵辉	上虞县人	1948.11—1949.4	—
	执行委员	胡南山	勾里联合诊所	1948.11—1949.4	—
	—	缺	—	—	—
	候补委员	胡莹明	高桥湖墩诊所	1948.11—1949.4	—
5	书　记	孙金山	孙家桥高家里	1948.11—1949.4	—
	执行委员	陈林魁	城头南宫桥	1948.11—1949.4	—
	执行委员	沈寿华	孙家桥刘王桥	1948.11—1949.4	—
	候补委员	王瑞永	孙家桥桥北	1948.11—1949.4	—

（四）县直属十九区分部（双林乡）1943.11—1944.3

书记：沈汉民。组训委员：姚圣荣。宣传委员：蔡炳奎。候补委员：沈大权、屠梓昌。

（五）县直属三十六区分部（湖墩乡）1943.11—1944.3。

书记：徐源。组训委员：俞昆兰。宣传委员：沈本义。候补委员：俞晓亭、沈文汉。

（六）县直属三十七区分部（白马乡）1943.11—1944.3。

书记：沈岳林。组训委员：沈铭正。宣传委员：姚遐林。候补委员：沈正林、胡美高。

（七）县第二区党部第八分部（双林乡）1944.4—1944.9。

书记：沈汉民。组训委员：蔡力和。宣传委员：蔡炳奎。候补委员：屠梓昌、徐正法。

（八）县第二区党部第七分部（湖墩乡）1944.4—1944.9。

书记：宋金宝。组训委员：俞昆兰。宣传委员：忻玉章。候补委员：凌兆章、沈本义。

（九）县第二区党部第九分部（白马乡）1944.4—1944.9。

书记、沈铭正。组训委员：沈岳林。宣传委员：姚遐林。候补委员：韩九林、沈正林。

（十）横塘区党部，1944.10—1946.12。

书记：蔡炳魁。组训：沈桐庆。宣传：应文达。监察：沈根元。候补：屠渭源、陈永和。

横塘区党部下属区分部表

表 12-1-11

区分部序号	1	2	3	4
书记	沈大源	陈永和	蔡洪云	程粲然
组训委员	屠渭源	许如芳	徐富春	陆文梅
宣传委员	臧金生	蔡少和	陈金法	—

（十一）白马区党部，1944.10—1946.12

书记：俞昆兰。组训：嵇汉民。宣传：沈荣法。监察：沈荣芳。候补：张子童、蔡宝堂。

白马区党部下属区分部表

表 12-1-12

区分部序号	1	2	3	4	5
书记	沈铭正	王杏珍	徐杏银	韩春宝	宋金宝

续表 12-1-12

区分部序号	1	2	3	4	5
组训委员	高仁抑	凌宝魁	徐广通	沈锦元	胡玉明
宣传委员	高福奎	胡晁奎	沈来法	沈九福	范永仁

（十二）双马区党部，1947.1—1949.3。

书记：蔡炳魁。组训：俞昆来。宣传：沈根元。候补：沈荣芳、陈永和。

双马区党部下辖区分部表

表 12-1-13

分部序号	1	2	3	4	5	6	7	8	9
书记	沈铭正	王杏珍	徐文龙	王杏银	宋金宝	沈大源	陈永和	蔡洪云	程粲然
组训	高仁抑	凌玉奎	沈锦元	徐广通	胡子明	屠渭源	许如芳	徐富春	陆文梅
宣传	高福奎	胡晁奎	沈九福	沈来法	范永仁	臧金生	蔡少和	陈金法	应文达
候补	沈子林	凌高生	沈近山	韩春宝	沈本义	陆九子	陈匡荣	蔡永泉	宋水林

（十三）双马区党部，1947.3—解放

常务委员：蔡洪云。执行委员：蔡炳魁、沈汉民。

候补委员：沈荣芳、陈永和。

双马区党部下辖区分部表

表 12-1-14

区分部序号	1	2	3	4	5
书记	沈荣芳	沈汉民	蔡少和	嵇汉民	沈桐庆

附：中国三民主义青年团

民国 28 年（1937）7 月，三青团浙江支团筹备处组织吴兴分团。在吴兴、德清、武康三县境内开展沦陷区团务活动，宣扬爱国抗日。抗战胜利后，德清在城区、新市、洛舍、戈亭、钟管、澉山、白彪等 7 个乡镇建立三青团组织。镇境发展团员，成立组织，始于 36 年（1947）8 月。当时，全县设余不、新市、洛舍、大麻、曲园、禹越、双马、乐安、永凝、龙溪及新市农村（今梅林）等

11 个区队部，共有团员 2393 人。其中大麻、禹越、双马 3 个区队部属于本镇境域，计团员 274 人。

三青团区队部成立后，多次举办团训练班，扩大组织。其中禹越区队下设 5 个分队，今禹越境内 3 个，勾里境内 2 个，共团员 72 人。为扩大影响。曾定制团徽证章，并在徐家庄搭台做戏五本，凡三青团员亲友家属全部免费入场观看。

高桥境内双马区队下设 5 个分队，共有团员 93 人。并无社会活动。

解放后，三青团不解而散。

（一）禹越区负责人

区队长：邬志成，勾里村人。

区队副：沈孝若，徐家庄人。

第一分队

分队长：沈永林、徐家庄人。

分队副：沈申涛，又名安嗣，高桥米世人。

第二分队

分队长：周文生，徐家庄人。

分队副：李菊华，除家庄人。

第三分队

分队长：林洪章，徐家庄人。

分队副：姚永华，庙西人。

第四分队

分队长：周金山，又名桂春。勾里高家桥港南埭人。

分队副：孙金山，勾里高家里人。

第五分队

分队长：吴莹明，湖墩郎人。

分队副：姚宏勋，勾里镇人。

（二）双马区负责人

区队长：沈蓉芳（1909—1950），米世牌头人。

区队副：韦允升，余杭博陆漆家桥人，当时任小学教员。

第一分队

分队长：高宝魁，米世牌头人。

分队副：沈铭丞，米世人。

第二分队：

分队长：朱炳富，钱塘湾人。

分队副：胡永法，水磨墩人。

第三分队

分队长：钱金芳，米世坝头人。

分队副：徐阿堂，米世坝头人。

第四分队

分队长：徐阿祥，道场河南墩人。

分队副：徐洪庆，道场河南墩人。

第五分队

分队长：张元金，湖墩人。

分队副：吴阿寿，北塔里人。

第二章　国民乡镇政府

第一节　机　构

民国 24 年并乡后始设副职。33 年 7 月起，设乡长、副乡长，总干事（幕僚长）。下设民政、经济、文化、警卫 4 股，置主任。户籍设干事。乡镇自卫队（又称人武班）设队长 1 人，队副 2 人。文职随员有会计员、书记员。

第二节　领导更迭

徐庄乡

第一任乡长（1934年—1940年12月）

乡　长：沈蔼士，又名阿方（1908—1950）

曹贻经，又名守斋（1910—1951）

副乡长：沈永绥，又名春毫（1910—1951）

徐锦玉，又名锦学（1889—1947）

曹贻经

第二任乡长（1941年—1944年7月）

乡　长：陈梓凤（1911—1952）

副乡长：徐锦玉

曹贻经

民政主任：徐义舫（1905—1948）

沈永绥

第三任乡长（1944年8月—1947年2月）

乡　长：沈蔼士

副乡长：忻玉璋，小名阿琴（1907—1976）

蓝国标（1878—1949）

洪忠夫

徐义舫

幕僚长：沈勂，又名考若（1926—1950）

总干事：刘俊、丁文输

户籍干事：沈永兆

经济股主任：沈永绥

民政股主任：徐鹤芳（1914—1949）

警卫股主任：忻玉璋、沈财生（1911—1948）

文化股主任：沈安嗣、蔡晓园

警　长：朱水雄、张佐龙、洪一平

乡队副：张佐龙、沈财生、饶益奎、郭宪华

哨　长：车勤芳、杨克昌

下辖各保保长：

1934 年—1940 年保长名录

表 12-2-1

保 别	保　长
一	徐广道、徐长生、徐金林
二	杨保生
三	曹宝山、曹友堂
四	曹阿坤、葛祖英、葛连芳
五	曹茂生、曹洪昌、朱阿龙、曹春生
六	曹宝珍、徐金福
七	章祈福
八	陈天财、陈万益
九	沈永绥、沈永春
十	张友林
十一	沈文魁
十二	陈土坤

1941 年—1944 年 7 月保长名录

表 12-2-2

保 别	保　长
一	徐广道、徐阿毛
二	杨秉昌、王正元、徐上宾
三	曹宝山
四	曹春生
五	曹蕴珍、曹玉珍

续表 12-2-2

保别	保　长
六	章祈福
七	陈天财、张宝法
八	沈安雪、沈润生
九	朱叙生
十	沈文魁
十一	陈正高

1944 年 8 月—1947 年 2 月保长名录

表 12-2-3

保别	保　长
一	范阿如、王正元
二	徐有根、曹洪坤、杨永法
三	徐金福、曹洪庆
四	周富昌、杨有乾
五	沈润生、沈永兆
六	朱叙生、蔡阿囡、蔡楚武
七	沈学生、陈和尚
八	陈贵飞、胡林魁
九	高福魁
十	胡杏生

双林乡（第一任：1936 年—1944 年 7 月）

乡　长：范宝法（1936—1940.1）

沈汉民（1940.1—1944.7）

副乡长：屠性楚（1936—1939.11）

陈文魁（1939.11—1943.8）

屠渭权（1939.11—1943.8）

蔡少和（1943.9—1944.7）

屠梓昌（1943.9—1944.7）

双林乡下辖各保保长名录

表 12-2-4

保 别	保 长
一	沈大权
二	屠渭泉
三	屠金昌、屠梓昌
四	沈汉民、许宝法
五	陈永和、沈五毛
六	宋锦荣、罗甫林、屠有仁
七	陈振海、蔡洪庆
八	沈应生、施杏林、夏荣祥、邱洪奎、钟卯生、陈金法
九	姚圣权、史掌保、姚圣荣、姚爱仁
十	徐阿大、徐发林、沈良坤

河墩乡（第一任：1936 年—1944 年 7 月）

乡　长：俞昆兰（1936—1942.6）

倪芳来（1942.4—1943.7）

沈达三（1943.8—1943.9）

忻玉章（1943.9—1944.7）

副乡长：胡荣斋（1936—1939.9）

吕应森（1940.10—1943.8）

河墩乡下辖各保保长名录

表 12-2-5

保 别	保 长
一	范永仁、杨永年、杨水林、蔡阿寿、宋金宝、凌宝奎
二	凌兆章、周宝荣、凌法春
三	俞明道、谈子梅、沈建金、沈庆夫、俞桂生、沈阿荣、沈世成
四	胡桂芳、沈福奎、陈贵飞
五	张明锡、周福魁
六	吕应森、季玉文、季玉琴、高福林
七	祈玉璋、姚阿斌、沈叙天、屠阿见

续表 12-2-5

保别	保长
八	朱玉高、高福奎、高富春
九	郭振澜、沈增强、胡凤林、王贵法

白马乡（第一任：1936 年—1944 年 7 月）

乡　长：沈长庚（1936—1942.4）

沈蓉发（1942.5—1944.6）

副乡长：沈锦富（1936—1944.7）

金纪良（1936—1939.9）

余二禄（1939.9—1944.7）

白马乡下辖各保保长名录

表 12-2-6

保别	保长
一	高掌权、高桂仁、高顺柳
二	金叙龙、沈宝良、朱炳富、沈宝真、沈金法
三	高秀法、高福奎、沈增庚、沈铭拯
四	沈洪庆、蔡宝法、蔡惠生
五	胡鼎高、胡春荣、王阿梅、凌高生、凌宝奎
六	沈半农、李来生、屠金芳
七	韩九林、韩春宝
八	杨士连、沈坤荣

横塘乡（第二任：1944 年 8 月—1946 年 12 月）

乡　长：沈汉民（1944.8—1946.12）

副乡长：陆云祥（1944.8—1944.9）

沈桐卿（1944.9—1946.1）

沈　荣（1945.7—1946.1）

程灿然（1946.2—1946.12）

横塘乡下辖各保保长名录

表 12-2-7

保 别	保 长
一	沈大权、秋正德
二	屠渭泉、沈楚年、陈掌生
三	许如芳、屠梓昌
四	屠有仁、宋振兴
五	陈金法、姚正福
六	姚圣荣、俞宝弟、沈双宝、徐凤林
七	宋振法、沈金煜
八	沈兰芳、金和尚、吴阿荣、沈财法

白马乡（第二任：1944 年 8 月—1946 年 12 月）

乡　长：沈蓉芳（1944.8—1946.12）

副乡长：沈达三（1944.8—1946.12）

白马乡下辖各保保长名录

表 12-2-8

保 别	保 长
一	高顺柳、高锦华
二	沈铭拯、沈祉林、金仲孚
三	王杏珍
四	凌宝奎、胡春荣、凌梅贵
五	沈坤荣、钟叙山、沈毛囡、钟宝贵、章贵发
六	徐杏银、徐文龙、徐广通、徐金林
七	沈松山、徐德兴
八	沈长庚、陈坤扬、俞金荣
九	高福林、凌兆章
十	沈庆寿

双马乡（1947 年 1 月至解放）

双马乡第一任（1947 年 1 月—5 月）

乡　长：沈汉民

副乡长：沈达三（1947.3—1947.5）

　　　　沈容芳（1947.3—1947.5）

双马乡下辖各保保长名录

表 12-2-9

保别	保长	保别	保长	保别	保长
一	高锦华	七	沈大权	十三	沈庆寿
二	金仲孚	八	许如芳	十四	凌兆章
三	王杏珍	九	陈金法	十五	俞金荣
四	凌梅贵	十	章贵法	十六	沈双宝
五	屠有仁	十一	徐广通	十七	宋振法
六	沈楚年	十二	徐德兴	十八	吴阿荣

双马乡第二任（1947 年 6 月至解放）

乡　长：沈汉民

副乡长：沈容芳（1947.6—1949.5）

　　　　沈桐卿（1948.6—1949.5）

双马乡下辖各保保长名录

表 12-2-10

保别	保长	保别	保长
一	金仲孚、章金生	八	徐兴龙、徐广通
二	王杏珍	九	沈庆寿、杨家兰
三	屠有仁、宋金法、宋振兴	十	俞金荣、俞官林
四	沈大权	十一	沈双宝
五	许宝法	十二	徐凤林、宋振法、赵包春
六	姚正福	十三	吴阿荣、金和尚
七	章贵法、杨正法	—	—

禹越乡（1947 年 3 月至解放）

乡　长：沈永绥，又名春豪。

副乡长：沈聚福，又名寿光；

　　　　黄学礼。

幕僚长：李家骥；黄杰。

户籍干事：倪纵辉；罗维璋；舒畅非；徐良雁；杨复声；郎莹；沈永华。

乡队副：裘世清；王卓诚。

特务班：一班班长：郭天生；黄志华。

　　　　二班班长：周金山；周阿昌。

禹越乡下辖各保保长名录（一）

表 12-2-11

保别	保长	保别	保长
十一	吴子林	十六	沈培功
十二	周尚林、鲁和生	十七	吴子庚
十三	范正高	十八	沈维洲
十四	董回春	十九	李锦荣
十五	蔡子元	十二	孙金宝

说明：1—10 保，属勾里（略）；徐庄，11—20 保

保长名录（二）

其间，保别有所交叉，第八至十保亦在徐庄境内。八保保长，黄美生；九保保长，周乾坤、金义臣；十保保长，于阿岳、潘三元。

第三节　乡议事会

议事会

清宣统三年三月，实行地方自治，德清县成立县议会，大事公议，各乡镇

亦然。议事会设议长、董事，议长主持议事，董事施政，民国元年改选。镇境时隶大麻乡。

大麻乡议事会：议长：金炳亮。乡董：金有恒。

民国10年废除县乡议事机构，改设乡镇长。是以民国肇始，董事一职即乡镇长之滥觞。

附：三乡办事处

民国34年（1945）四月，白马、徐庄、勾里联合成立三乡办事处。办事处办公地址，徐家庄。设主任1人，副主任2人。主要工作为：催粮、筹款、派伕，迎接抗战胜利。三乡办事处历时3个月，于1945年7月解体。

主　任：郑文荣，又名剑烈，杭州人。

副主任：李云中，安徽人。

　　　　沈建生，境内东溪人。

第十三卷　军　事

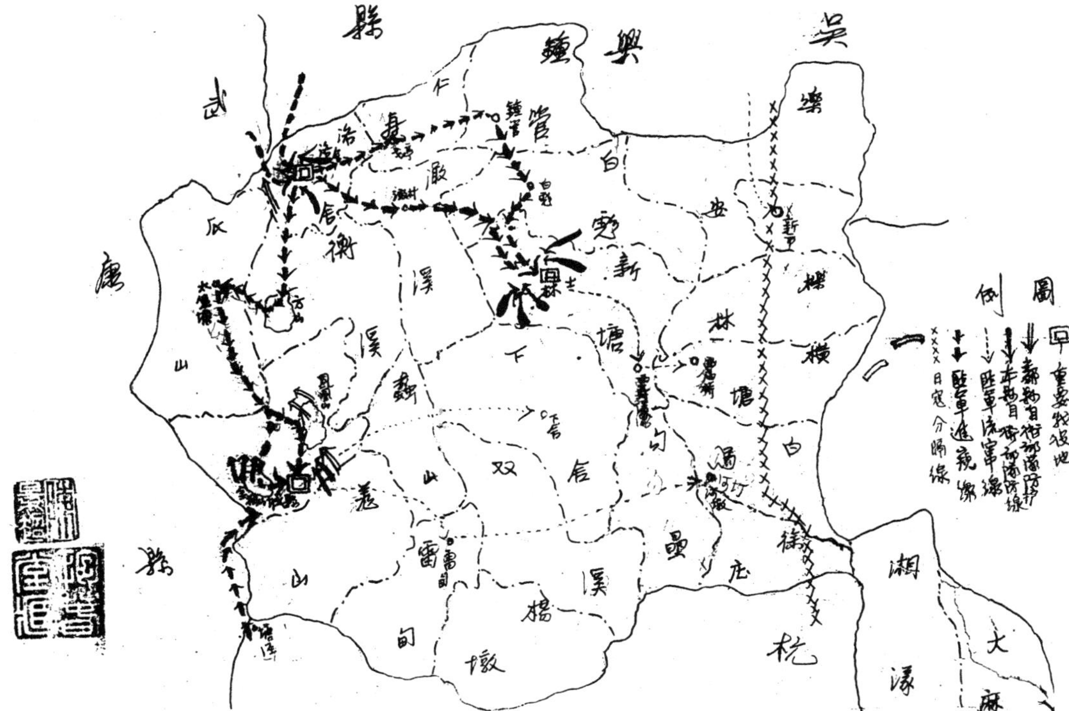

一九四五年德清县境主要战役图 281-1-105

第一章　兵　役

历史上，境内非军事要冲，驻军兵事稀少，亦无募兵记载。民国中后期施行兵役制，盛行壮丁。抗日战争期间，日寇进犯新市镇，镇域之地因交通相对闭塞，地形略显复杂，有小股日军短暂驻扎油车集镇，发生一些零星小规模战事。中华人民共和国成立初，剿匪反霸、抗美援朝，热情高涨。中华人民共和国成立后，实施兵役法，加强民兵建设，人民政权稳固，镇民安居乐业。

第一节　征兵制

民国伊始，县未设专门兵役机构，兵役事务由县知事和民政科兼理。民国7年（1918）10月，浙江省出台《浙江陆军试办征兵规则》，在浙江省实行募兵制。规定征兵期间，按区域划定和征兵配额分设总区、分区和分募区。分区区长由县知事担任，分募区区长在地方绅董中委任。

民国22年6月，国民政府颁布第一部《中华民国兵役法》，改募兵制为征兵制，民国25年3月1日开始施行。《兵役法》规定，兵役分国民兵役和常备兵役。凡18—45岁男性公民，除服常备兵役，或为免役、缓役、禁役、停役者外，应服国民兵役。役期分为初期、前期、中期、后期四段：初期3年（18—20岁），前期5年（21—25岁），中期15年（26—40岁），后期5年（41—45岁）。常备兵役系征集20—25岁之男子，经检验合格，中签者入营服役。征集时，由各保、甲长按户口填造兵役（俗称“壮丁”）名册，然后根据县政府分配兵额，以保为单位召集壮丁抽签，中者应征。

民国25年，德清施行征兵制。凡年满18—35岁的壮丁，不论签号远近，如志愿应征者，皆得征集。志愿兵送县验收合格后，县政府发给优待通知书，由军人优待会对军人家属进行优待，并在应征者家庭门上挂木质“光荣牌”，给每名应征士兵发给安家费。安家费由保长向保内各户摊派，如有违抗不交者，报乡公所、县政府强制执行。此后，征兵制有名无实，盛行抓兵和公开买卖壮丁。先由县政府根据省下达指标数将壮丁名额分配到乡，再由乡公所分配到各保、甲。一般规定为“三丁抽一，五丁抽二”。有权势有职务者，就可免去抽丁。有钱人亦有买丁的。壮丁抽中者，先在乡公所集中训练。训练合格后再移交县壮丁站。如有逃跑者，教官可以开枪。所以当时民间有“好铁不打钉，好男不当兵”的谚语。

民国26年，抗日战争爆发后，常规征兵已难满足前方部队兵员的补充，故兼行募兵，征集对象年龄为20—40岁。其时德清县长朱希，动员全县广大民众投入“抗日救亡”运动，提出“好铁要打钉，好男要当兵”口号，亦有热血青年自愿应募，投入抗日救亡第一线。是年，德清全县征集兵员361人，交中央部队341人，交地方部队20人，境内徐庄乡、白马乡有34人应征入伍。

民国27年8月，县设立兵役科。同时成立抗日救亡工作团，提出“抗日救亡，人人有责”“好男去当兵”的口号。发动爱国青年参军抗日、保家卫国。由于宣传发动工作广泛、深入，爱国青年踊跃参军。民国27—28年间，全县共征兵836人，奔赴抗日前线791人，境内徐庄乡、白马乡有志青年61人入伍抗日。

民国28年，征兵年龄改为18—45岁。因征集兵额比上年增加52%，征集困难，各地普遍出现卖壮丁、抓壮丁现象。境内乡、保长借机勒索屡见不鲜。其时徐庄乡、白马乡根据县下达的征兵额，将壮丁集中，以保为单位抽签，但又并不按签号顺序征集，有权势者及殷富者，大多逃避应征。兵役机构人员借“免、缓役”敛财，得钱买放应征者。于是弊端百出，舞弊亦甚、民愤鼎沸。境内流传“有钱人免役，无钱人充军”、“三抽一五抽二、单丁独子自抽自”等民谣。

民国30年，国民党前方部队急需新兵，而地方征集困难。政府实行“配赋额”，征集的新兵，交补充营或补充团管训。是年全县征集兵员883名，境内白马乡、徐庄乡征兵达150多人。其时为完成兵额配赋，到处抓丁，役政秩序混乱。壮丁为避征集，逃跑者甚多。征集者发给安家费2万元（法币），安家费由保长向村民摊派，无钱缴纳者报县政府强制执行。此后县内买卖壮丁盛行，壮丁价格食米 10—20 石不等。

据《德清县参议会一届一次大会决议》：民国 34 年实行按赋征兵，白马乡总人口 4763 人，按县征兵 6 人。徐庄乡总人口 5245 人，按县征兵 7 人。

为响应县征兵号召，民国 36 年 7 月，禹越乡成立兵役协会，会员遍布全乡各保各甲。兵役协会协助上级兵役部门做好征兵宣传、募集兵役经费，成为当时地方政府一件要事。

民国 36 年禹越乡兵役协会当选委员名册

表 13-1-1

协会职务	姓名	性别	年龄	地址	地方职务
主任委员	沈永善	男	43	三保十四甲	时任乡代表
常务委员	张振唐	男	31	九保十一甲	时任县参议员
常务委员	曹贻经	男	42	二保十三甲	时任县参议员
常务委员	沈蔼士	男	42	三保十三甲	时任农会理事长
常务委员	吴永用	男	42	十二保	时任区党部常务委员
委员	沈安嗣	男	31	三保十四甲	时任本乡第六、七保保校校长
委员	吕介康	男	31	六保五甲	时任本乡第九保保校校长
委员	倪人杰	男	34	十二保	时任本乡第六、二保校校长
委员	沈世曾	男	32	十四保	时任本乡第十、八、九、十二保校校长
委员	凌月娟	女	32	九保	时任本乡第十六.三、四保校校长
委员	王建和	男	49	十二保	时任本乡调解委员会主席
委员	曹子青	男	66	二保九甲	时任本乡乡代表
委员	邬志成	男	26	八保十一甲	时任本乡中心学校校长
委员	姚金湖	男	53	二保九甲	时任本乡代用中心学校校长
委员	傅芝卿	男	49	七保五甲	时任本乡第八、十保校校长

说明：上述名单资料信息来自县档案局

据县档案局资料记载，民国中后期，境内部分村被抽壮丁有：木桥村5人，杨家坝村3人，徐家庄村3人，栖丰村4人，钱塘村4人，三来村2人，北圩村3人，油车村3人，天皇殿村3人，东溪村2人，夏家村1人，石屑兜村3人，白马村6人，镇境共抽壮丁42人。

民国37年，禹越乡征发“浙保”新兵6名：沈寿福26岁，屠安生27岁，沈正发26岁，曹福山30岁，金炳奎26岁，朱有生29岁。双马乡征发“浙保”新兵5名：李生昌26岁，李金法27岁，夏洪兴27岁，韩掌法29岁，沈金毫36岁。上述被征发人员都经过体检、本人自愿、家人证明，并立有《自愿应征保证书》才予以录用。

又据德清档案局资料（资料全宗号289，宗卷号360）记载：民国前1—12年（1900—1912年），民国后1—16年（1912—1927年），境内白马乡立有《国民兵名簿》，记载28年间在册壮丁3010名。

抗战时期，禹越有1名士兵光荣入伍，经历抗日战争（赵梅生28岁，1943年10月入伍，石屑兜村人）。解放战争时期，有2名士兵光荣入伍（张彪19岁，1948年12月入伍，徐家庄村人；沈顺法27岁，1947年7月入伍，木桥头村人）。油车乡在解放战争时期有3名士兵光荣入伍（沈志虎21岁，1949年1月入伍，茅林村红旗兜人；沈金火20岁，1948年8月入伍，茅林村中塔人；朱梅生21岁，1948年10月入伍，米世村人）。此外，镇籍军人中，尚有起义投诚士兵数人。

第二节　志愿兵役制

中华人民共和国成立初，施行志愿兵役制，由青年自愿报名，补入部队。为此，县政府于1949年举办“兵役干部训练班”，招收学员68人，其中禹越乡2名（郭孔林，23岁，不识字，禹越乡第9保人；沈金顺，23岁，小学2年文化，禹越乡第5保人）。

1950年，抗美援朝战争爆发，镇境适龄青年积极报名，参加中国人民志愿军。栖丰村钟叙法，高桥村朱梅生奔赴朝鲜战场。是年，镇域钮金林、钟阿金，米世村朱梅生，茅林村施兴发、张子昌，石屑斗村章子昌、章阿根，九里港村朱少梅，镇食品站潘阿火等10多人批准加入志愿军。其中，志愿兵施兴发，1928

年出生于油车乡茅林村蔡家角。1951年赴朝作战期间，任中国人民志愿军第27军80师炮团（配属）1营部电话员。同年5月27日，在朝鲜一次战斗中光荣献身。武康塔山森林公园革命烈士纪念碑园陵中，有施兴发烈士纪念碑一块。

镇境1954年年底以前入伍的在乡复员军人79人，其中湖墩2人，东溪3人，夏家3人，三来8人，茅林4人，天皇殿15人，米世8人，杨家坝6人，北圩4人，徐家庄2人，栖丰桥4人，石屑兜3人，九里港1人，木桥头7人，坝里2人，钱塘2人，供销社1人，邮电所1人，文化站1人，食品站1人，卫生院1人。具体名单见县档案局档案。

第三节　义务兵役制

1955年2月，境内征集首批义务兵，凡年满18—22周岁男性公民为征集对象，油车、禹越两乡共送检598人，政审、体检合格80名，批准入伍78人。时镇境应征热情高涨，父母动员儿子应征，妻子动员丈夫，兄弟互应互征，一时传为美谈。

1955年7月，《中华人民共和国义务兵役法》颁布。此后，历年征兵，由镇（乡）人民政府组建征兵领导小组，组织全镇（乡）适龄青年的体检、政审工作，合格者根据需要，经县征兵办公室批准，下发入伍通知书。1958—2013年，镇境批准入伍义务兵累计×××人,军官××人（士官以上）。2013年，全镇有现役军人××人。

第四节　预备役

据《德清县军事志》记载，县预备役工作始于1956年。根据1955年《中华人民共和国兵役法》，是年，镇境对部队复员、退伍、转业军人，报县兵役机关办理预备役登记手续。1968年，受“文化大革命”影响，预备役登记工作中断，至1980年恢复。1984年10月，新《中华人民共和国兵役法》施行，对预备役士兵做到逐个登记填卡。退伍军人预备役分为一类预备役和二类预备役，把基干民兵和经过预备役登记的 28 岁以下的退伍军人和专业技术人员编入第一类预备役士兵，把普通民兵和经过预备役登记的 29—35 岁的退出现役的士兵，以及其他符合士兵预备役条件的男性公民，编入第二类预备役士兵。第一类预备役士兵，29 岁转入第二类预备役；第二类预备役士兵 35 岁退出预备役。预备役人员平时在各自岗位生产和工作，接受定期军事训练，一旦国家需要，则应招到军队服现役。

1987 年，根据湖州市人民政府、军分区〔1987〕5 号文件，关于做好《开展战争潜力调查工作的通知》精神，镇人武部对境内预备役士兵进行全面调查，并登记确定了一、二类预备役军人和专业技术人员名单。1995 年 3 月至 4 月，县人武部组织全县各乡镇预备役人员和基干民兵进行春季军训，境内有关预备役人员参加训练。军训内容有步兵、高射机枪、迫击炮和有线、无线通讯训练。训练合格率达到 100%。

1997 年 5 月，为增强全民兵役义务观念，均衡兵役义务负担，根据《中华人民共和国兵役法》《德清县兵役义务费社会统筹实施办法》，镇政府印发征收兵役义务费工作的通知（徐政〔1997〕15 号），通知规定征收对象和标准：本镇在册的常住户口（农户、集镇居民户、自理粮户），每人每年缴纳统筹兵役义务费 5 元；免征对象：现役军人家属、复员退伍军人、四残人员、五保户、特困户，由镇政府批准给予免交。

徐家庄镇 1997 年兵役义务费收缴汇总表

表 13-1-2

单位	人口	按九折计算人口	金额（元）
钱塘	1505	1349	6745
道场	740	676	3380
杨家坝	1780	1599	7997
徐家庄	595	542	2710
坝里	1570	1404	7020
木桥头	2582	2334	11670
北圩	1024	931	4655
栖丰	1457	1365	6825

续表 13-1-2

单　　位	人　口	按九折计算人　口	金　额（元）
水　　产	245	220	1100
石 屑 斗	1622	1468	7340
九 里 港	647	574	2870
街　　道	581	531	2655
合　　计	14404	12993	64965

说明："按九折计算"为 1996 年底各村上报人口的九折计算收费。上表数据来自县档案局

1998 年,《中华人民共和国兵役法》修改后，对士兵预备役作了调整，对 35 岁以下退出现役的士兵、地方与军事专业对口的技术人员预编到现役的预备役士兵，编为一类士兵预备役。编入民兵组织和其他符合士兵预备役条件的男性公民为二类士兵预备役。

第二章　武　装

第一节　驻　军

民国以前，镇境无驻军。

抗日战争期间，国民党陆军 79 师的冯团、62 师的谢、龙二团、28 军第一纵队第三支队在不同时期挺进至德清县东部水乡，在新市周边一带（油车、白马高桥）开展军事活动，涉足镇境油车、白马等地。

1945 年 3 月，新四军粟裕部队苏浙军区 1 纵队 2 支队和 3 纵队 8 支队、独立 2 团等部队奉命挺进浙西敌后，驻洛舍 2 个月时间。其间到过镇境。

第二节　地方武装

民国元年，双马、禹越乡设保卫团，驻团总 1 人，团董 2 人，牌长 2 人，团丁 16 人。要塞设警卡。团总改称警务长。民国 3 年春裁撤。

民国 27 年，驻新市地区的杂牌游击队多达 10 余个，各自在新市周边的双马、禹越、勾里、士林等地招兵买马拉队伍，自封司令或队长。分别有：刘开江、周明三、钱春贵、俞品男、潘雪茹等。争兵夺权，互相残杀。日为抗日部队，夜为盗匪。时，境内木桥头村有多人加入该杂牌游击队，有“张家河头独木桥，划楫家伙当大刀”民谣。

民国 36 年，禹越乡成立民众自卫队，有步枪 12 支，轻机枪 2 挺。横塘乡成立民兵服务队，有步枪 9 支，机枪 1 挺。白马乡民兵服务队有步枪 11 支，机枪 1 挺。

第三节　人民武装

人民武装部

1950 年 6 月，建立下舍区人民武装部，辖油车、禹越等乡。1954 年，区人武部撤销。1958 年 8 月，《中共中央关于民兵问题的决定》提出：“在人民公社中，设立人民武装部”。9 月，高桥、禹越人民公社设武装保卫委员会，设主任 1 人。1959 年 3 月，禹越公社人武部正式成立，陈阿宏任首任副部长。1963 年 8 月，高桥公社人武部成立，1965 年 3 月，李永法任高桥公社人武部首任部长。1984 年 1 月起，两乡配备专职人武干部各 1 名。2004 年 4 月，两镇合并，成立“禹越镇人武部”。

禹越镇历任人武部部长表

表 13-2-1

姓名	任职时间	职务	姓名	任职时间	职务
李永法	1965.3—1976.12	高桥公社人武部长	—	—	—
金法根	1976.12—1980.11	高桥公社人武部长	—	—	—
凌金泉	1980.12—1990.3	高桥公社人武部长	—	—	—
夏伟松	1990.3—1995.11	高桥镇人武部长	—	—	—
沈鑫泉	1995.12—2002.3	高桥镇人武部长	—	—	—
沈掌华	2002.3—2004.4	高桥镇人武部长	—	—	—
陈阿宏	1959.3—1962.3	禹越公社人武副部长	—	—	—
朱天发	1962.7—1965.3	禹越公社人武副部长	—	—	—
杨水林	1965.5—1970.9	禹越公社人武副部长	陈阿水	1978.4—1979.5	人武干事
王连根	1970.9—1979.11	禹越公社人武部长	陈阿水	1979.6—1979.11	人武副部长
陈阿水	1979.12—1983.9	禹越公社人武部长	杨杏山	1083.11—1985.1	人武干事
方炳昌	1983.9—1997.4	禹越公社人武部长	宋建华	1995.3—1997.3	人武副部长
宋建华	1997.4—2002.8	禹越乡人武部长	杨中强	2003.12—2006.11	人武干事
傅明亮	2002.8—2004.4	禹越乡人武部长	曹佰华	2010.10—2011.2	人武干事
傅明亮	2004.4—2011.7	禹越镇人武部长	曹佰华	2011.3—至今	人武副部长
徐荣华	2011.7—至今	禹越镇人武部长	—	—	—

说明：上述表内资料由镇人武部提供

民兵建设

民兵是不脱离生产的群众武装组织。平时为民，战时为兵，抵御盗匪，保卫乡村。民兵组建，自古即有，唯名称不同而已。境内地处德清东部水乡，为德清、余杭、桐乡三县交界地域。解放前，匪盗肆虐，地方治安复杂。

1949年7月，镇境各村成立农民自卫队，每队20—30岁男女40—50名，皆贫雇农或小商贩，有正副队长，武器为土枪、大刀。其责能为协助地方驻军维护地方社会治安、并在集镇、郊区主要水陆通道路口搭哨棚，设哨卡，凡男女队员须日、夜轮流放哨，夜里队长查哨，清晨集中训练。

1950年，自卫队改称民兵组织。同年7月，县根据中央军委关于“民兵工作由部队负责”精神，建立县人民武装部，加强对民兵工作的领导。1951年上级武装组织发放普通步枪，每村3—4支，民兵队长集中保管。

此后，镇境民兵建设先后经历了“普通民兵制”“大办民兵师”，逐步健全民兵领导体系和领导机构。

普通民兵制

1951年5月，中央军委发出《关于加强民兵建设的指示》，规定凡18—40周岁，政治可靠的公民，均有义务参加民兵，接受军事、政治训练。其中18至25周岁的编入基干民兵，其余为普通民兵。是年，县实行普通民兵制，县设民兵大队，区设民兵中队，乡设民兵分队，村设民兵小队，做到“村村有民兵，普遍有组织”。至1953年年底，镇境有民兵1123人，其中基干民兵99人。

1954年9月，根据中共中央《关于民兵工作的指示》，民兵工作的重点是做好民兵基干队伍的工作。民兵基干队伍的数量控制在小乡20—30人、大乡40—50人。时，禹越、油车属小乡，两乡基干民兵总数为60人左右。

大办民兵师

1958年9月29日，毛主席发表“大办民兵师”指示。是年10月，镇境分别以公社、生产大队为单位，分别编为民兵团、营、连、排，并分基干民兵和普通民兵两类。凡16—30岁的青年和40岁以下的转业、复员、退伍军人，编入基干民兵，30—50岁的公民编入普通民兵。排以下设男女基干班、普通班或混合班。

1960年1月，根据县委指示，禹越、高桥公社党委分别建立"民兵工作组"。1962年4月撤销，恢复人民武装委员会。5月，禹越公社党委发文（禹越党字〔1962〕81号），组建公社人民武装委员会。同年，民兵组织进行调整，分武装基干民兵、基干民兵、普通民兵3种，武装基干民兵从基干民兵中选拔。

1962年，贯彻毛主席民兵工作"三落实"（组织落实、政治落实、军事落实），武装基干民兵配发武器，禹越、高桥公社武装基干民兵配有步枪、手枪。1970年，武器装备统一收归县人武部。

1969年12月，公社革委会报县人武部同意发文（德禹革〔1969〕18号）建立民兵独立连。次年，境内民兵工作逐步趋于正常。组织民兵开展野外拉练、实弹射击，民兵武器同时得到了调整和合理管理。

1973年9月，禹越公社成立武装基干民兵连。

1976年7月15日，高桥公社人武部组织基干民兵，在油车高桥下古运河畔，举行纪念毛泽东主席畅游长江十周年水上演练活动，全公社基干民兵300多人参加演练，2000多名群众观看。

从1987年起，镇境职工人数在500人以上的乡镇企业建立民兵组织。是年12月，乡党委对各村、企事业单位民兵连干部重新进行配备。钱塘：指导员姚玉增，连长姚有根；道场：指导员徐掌法，连长徐杏山；杨家坝：指导员王子松，连长范林付，副连长蔡卫民；徐家庄：指导员陈子根，连长张永华；坝里：指导员徐阿金，连长徐永松；木桥头：指导员张小狗，连长沈金根；石屑斗：指导员沈金法，连长沈双根；九里港：指导员朱坤林，连长严有福；栖丰：指导员胡根法，连长钟永祥；北圩：指导员沈法毛，连长杨三兴；水产：指导员沈阿坤，连长沈法根；建材厂：指导员沈林法，连长沈林兴；轮窑：指导员高金林，连长郑金龙；农机绸厂：指导员高松元、胡有法，连长杨永祥。

1991年5月，为贯彻落实《浙江省基层民兵工作"三落实"达标细则》，制定徐家庄镇民兵工作"三落实"达标规划和措施的实施意见。具体措施：1.加强组织领导；2.加强宣传教育；3.加强民兵干部队伍建设；4.加强民兵队伍的政治建设；5.加强财力保障；6.健全制度。同年，镇党委建立镇武装工作领导小组，翌年，县人武部发文（德武连干字〔1992〕第06号），同意组建镇基干民兵连领导班子。

1998年11月，镇武装工作领导小组重新调整（徐政〔1998〕27号）。

2000年8月，高桥镇组建基干民兵连。沈兴泉任连长。

战勤业绩

一、清剿土匪 1949年7月，禹越、油车乡根据县提出“在区、乡（镇）组建自卫武装，开展剿匪斗争”和“迅速武装自己”的口号，组建民兵和自卫队。是年，境内土匪活动猖獗，周边时有土匪杀害干部、抢劫枪支等事件发生，乡民兵组织配合中国人民解放军311团2营、县委工作团警卫连和省武工队以及县大队、县公安局开展剿匪斗争。

二、战备值勤 1949年9月，境内民兵在开展反霸斗争的同时，积极开展减租减息工作，在对恶霸地主的斗争大会上，民兵踊跃上台诉苦，控诉恶霸的罪恶。并对恶霸财产进行经济上的处理。在土地改革运动中，为防止阶级敌人的破坏活动，日夜站岗放哨，维护治安。

1951—1953年，在农业合作化运动和“三反”运动以及首次基层普选中站岗放哨、巡逻，保证运动顺利开展。

1955年8月，民兵协助公安部门打击刑事犯罪活动。1958年，再次参与集中打击破坏刑事案件多起。此后境内多次组织治安检查，打击流窜犯罪分子。同时，在加强区域协助，控制交通要道，清理公共场所等方面，发挥积极作用。

1962年6月，镇境组建武装基干民兵连，加强对镇境机关、学校及社队集体所有粮、油、百货等重要物资仓库的保卫工作。

1983—1985年，根据全国人大常委会《关于严惩危害社会治安的犯罪分子的决定》，境内民兵协助公安机关，开展严厉打击严重犯罪活动的斗争，着重打击杀人犯、抢劫犯、强奸犯、投毒犯、重大盗窃犯。

1996年，境内民兵配合工商部门维持徐家庄镇和高桥镇蚕茧收购秩序，承担值班、巡逻、设卡打击茧贩非法蚕茧贩卖活动。

1997年7月1日，在庆祝香港回归和举办莫干山国际登山节两次重大节庆活动中，共动用民兵近千人参与保卫工作，镇境派出数十名民兵参与。

三、抢险救灾　1999年6月，镇境连降暴雨，洪水肆虐，遭受百年一遇洪涝灾害。全镇民兵日夜奋斗，跳急流，堵缺口，筑堤坝，为战胜洪涝灾害作出了贡献。为此，镇人武部被评为县抗洪救灾先进单位。

四、地方建设　1958年秋，对河口水库建设动工，县人武部组织全县民兵参加工地建设。工程实行军事化编制，下设7个营。1959年7月增至7500人左右。1960年达到8000民工。整个工程于1965年夏秋间竣工。时，镇境民兵数千人在对河口水库工程建设中轮流参与。

1960年，县人武部组织民兵参加杭（杭州）牛（长兴牛头山）铁路建设工程。以一个民兵团的兵员投入上柏、三桥段铁路工程建设。镇境民兵也参与建设工程。

1963年，县人武部抽调全县各公社民兵，参加莫干山公社何村大队开采矿石。镇境民兵100多人参与开矿。1968年11月5日，德清抽调基干民兵、干部820名，组成5个基干民兵连，参加长兴县境内“8383工程”建设，至1972年结束。镇境民兵数十人参与。

1978年11月15日，县委、县人武部组织民兵赴海盐县澉浦六里，参加由7个县30万民兵施工的长山河水利工程建设。县组编一个民兵团，辖14个营，169个连，民兵27650名。历时40天，开挖土方12.5万立方米。镇境民兵1000多人参加此项水利工程建设。事先，于10月23日，成立“禹越公社民兵营党委会”，加强出海工程民兵营的领导。

1999年冬，实施县城武康防洪工程建设（堤长10.05公里，需要土方71万立方米），全县各乡镇按民兵营、连建制，组织民兵参加建设，镇境基干民兵500多人于11月26日赴武康参与水利工程建设。

禹越民兵连组织领导干部名录

表13-2-2

姓名	任职时间	职务
曹阿育	1962.5	公社武装委员会主任

续表 13-2-2

姓名	任职时间	职务
杨水林	1969.12	公社民兵独立连连长
边根奕	1969.12	公社民兵独立连政治指导员
王连根	1973.9	公社武装基干民兵连连长
边根奕	1973.9	公社武装基干民兵连政治指导员
陈阿水	1978.10	公社基干民兵连连长
陈德胜	1978.10	公社基干民兵连政治指导员
陈金初	1991.5	镇武装工作领导小组组长
方炳昌	1992.6	镇基干民兵连连长
宋荣虎	1998.11	镇武装工作领导小组组长

1994 年禹越镇民兵组织连以上干部

表 13-2-3

村　名	指导员	连　长	厂　名	指导员	连　长
钱　塘	金正义	高杏根	轮　窑	高金林	郑金龙
道　场	徐掌法	徐杏山	绸　厂	郑有高	陈林根
杨家坝	杨水泉	范林富	建材厂	沈林法	王子香
徐家庄	沈水火	张水华	丝　厂	朱金山	高林法
坝　里	徐阿金	曹永昌	华富电器	胡其兴	吴兴富
木桥头	张永法	沈金根	—	—	—
石屑斗	杨荣华	孟松山	—	—	—
九里港	朱坤林	严有福	—	—	—
栖　丰	沈掌根	钟永祥	—	—	—
水　产	陈荣根	沈法根	—	—	—
北　圩	梁金财	范兴法	—	—	—

2004 年，根据“合理调整、科学编组、统筹规划”的要求，经镇党委研究，镇境基干民兵连部的设置及干部任职作如下调整：

民兵连的设置：建制2个基干民兵连。基干民兵连干部的任职：一连连长傅明亮，指导员嵇金星；二连连长金明龙，指导员顾雪根。

附：禹越镇人武、民兵工作部分荣誉

出席全国民兵代表大会代表　1960年4月20日，全国民兵代表大会在北京召开。县出席大会的代表有钟阿金、朱树林、王春山3人。其中钟阿金是镇境栖丰大队退伍军人，1945年3月，新四军粟裕部队来南方招兵，钟阿金入伍。1945—1949年曾参加解放战争，1956年退伍。钟阿金在部队多次立功，1958年对河口水库建设工程开始，钟阿金在水库工地当营长多年。

1960年4月20日，钟阿金受到毛泽东、朱德等党和国家领导人接见。罗瑞卿大将授予钟阿金56式半自动步枪一支，枪托上打着“赠”字火印标记。还奖给《毛泽东选集》一套。枪支在“文化大革命”期间被收交，后又发还，1985年自动上交。

优秀民兵连长　1994年3月，徐家庄镇钱塘村民兵连长高杏根，被湖州市、湖州军分区命名为“优秀民兵连长”称号。

第三章　战　事

自民国元年（1912）迄今，境内军民反抗侵略，以八年抗日为主。近邻新市镇于民国28年2月21日沦陷。34年9月23日日寇撤出。近郊禹越、油车乡百姓水深火热6年零7个月有余。其间，偶有战争，详见《丛录》。

日寇占领新市后，碉堡林立，一镇弹丸之地，强迫民众建筑碉堡11个。在镇区南面的油车乡夏家村和双马高桥也相继修筑了碉堡。这些碉堡于民国34年前，陆续被我军摧毁，仅存堡基。此外，从新市南栅至油车乡境内，港口要塞，日寇均围扦竹篱笆，扬言进入竹篱内者，格杀勿论。

民国28年，省战时政工队随流亡政府驻新塘乡舍渭里。5月，栎林、双林、禹越、勾里、下舍、西葑、仁寿、澉溪、石塘等9个乡完成担架输送队组织。

1949年12月11日，禹越乡汤家兜同善社道首纠合道徒70余人，抢夺解放军枪支。战士还击，击毙5人，捕获匪首。

1962年10月至1985年2月，境内服役士兵15人曾先后亲自参加保家卫国战斗，现列举如下：

沈元吉　1955年7月生于钱塘村莫家庄西。1976年3月，到83126部队服役，任班长。1979年2月，参加中越边境自卫还击战，战后曾获中央慰问团赠送毛巾一块。1980年1月光荣退伍。

姚有根　1956年8月生于钱塘村钱塘湾。1976年3月，到54262部队服役，任班长。1979年3月，参加中越边境自卫还击战，战后曾获中央慰问团赠送毛巾一块。1980年1月光荣退伍。

蔡建伟　1965年1月生于木桥头村。1983年11月，到83026部队服役，任班长。1985年2月，参加老山老阴山自卫还击战，战后曾获35154部队“老山战斗胜利留念”杯子1只，江西省人民政府、昆明军区慰问信一封，昆明军区慰问枕巾1条。1986年11月光荣退伍。

杨香水　1956年8月生于木桥头村。1977年1月，到695野战医院服役，任班长。1978年12月，参加对越自卫还击战，战后曾获中央慰问团“自卫还击，保卫边疆”纪念杯子1只，中国人民解放军总政治部“自卫还击，保卫边疆”纪念章1枚。1983年1月光荣退伍。

郑金龙　1958年3月生于栖丰村毛羊兜。1976年3月，到53209部队服役，任战士。1979年2月，参加中越边境自卫还击战，战后曾获“自卫还击，保卫边疆”纪念章1枚。1980年12月光荣退伍。

沈双根　1954年2月生于西港村树下埭。1975年1月，到32516部队服役，任班长。1979年2月，参加中越边境自卫还击战，战后曾获“自卫还击，保卫边疆”纪念章1枚，毛巾1块。1979年12月光荣退伍。

徐杏荣　1954年3月生于徐家庄集镇。1973年1月，到86805部队服役，任班长。1979年2月，参加中越边境自卫还击战，战后曾获中央慰问团赠送毛巾一块。1980年1月光荣退伍。

曹凤魁　1945年1月生于徐家庄集镇。1964年10月，到6306部队陆军79师服役，任副班长。曾获越南政府授予“中越友谊纪念章”1枚。1969年3月光荣退伍。

徐子荣　1955年7月生于东港村中队里。1976年2月，到53503部队服役，任班长。1979年2月，参加中越边境自卫还击战，战后曾获广州军区颁发奖章1枚，中央军委颁发“荣立战功三等功”勋章1枚。1981年1月光荣退伍。

章祥荣　1946年6月生于东港村树下角。1964年9月，到6307部队陆军79师服役，任战士。1967年12月，参加援越抗美战，战后曾获越南政府授予“中越友谊纪念章”1枚、“8·5”纪念章1枚。1969年3月光荣退伍。

沈阿荣　1945年12月出于徐家庄集镇市场街。1966年3月，到南京军区60军服役，任战士。1968年1月，参加援越抗美战，战后曾获越南政府授予“中越友谊纪念章”一枚。1971年3月光荣退伍。

费贵洪　1965年5月生于杨家坝村。1983年11月，到83026部队52分队服役，任班长。1985年2月，在83012部队63分队参加老山老阴山自卫还击战，因参战时表现突出，曾获部队团级嘉奖一次。

陈水法　1941年6月生于栖丰村水产组。1961年12月，到8092部队服役，任炊事班班长。1962年10月，参加中印边境反击战。1968年3月光荣退伍。

沈有根　1958年11月生于西港村石南。1977年1月，到中原野战军33656部队服役，任代理排长。1979年2月，参加中越边境自卫还击战。1985年1月光荣退伍。

詹贵荣　1945年10月生于徐家庄集镇禹越街。1964年10月，到6306部队服役，任战士。曾获越南政府授予“中越友谊纪念章”一枚。1969年3月光荣退伍。

附录一

国民政府对日本宣战布告

日本军阀夙以征服亚洲并独霸太平洋为其国策，数年以来，中国不顾一切牺牲，继续抗战，其目的不仅所以保卫中国之独立生存，实欲打破日本之侵略野心，维护国际公法正义及人类福利与世界和平，此中国政府屡经声明者。中国为酷爱和平之民族，过去四年馀之神圣抗战，原期侵略者之日本于遭受实际上之惩创后，终能反省，在此时期，各友帮亦极端忍耐，冀其悔祸，俾使太平洋之和平得以维持，不料残暴成性之日本，执迷不悟，且更悍然向我英美诸友帮开衅，扩大其战争侵略行动，甘为破坏全人类和平正义之戎首，逞其侵略无厌之野心。举凡尊重信义国家，咸属忍无可忍，兹特正式对日宣战，昭告中外，所有一切条约协定合同有涉及中日间之关系者，一律废止，特此布告。

中华民国三十年十二月九日　主席　林森

附录二

告全国军民书

全国军民同胞公鉴：

日寇怙恶罔悛，多行不义，今竟以卑劣险诈之伎俩，策应欧洲轴心国家，实行其三国同盟联合侵略之行动，且以“九一八”奇袭我沈阳之故智，突击我英美各友邦，掀起太平洋之战祸，演成世界人类空前未有之浩劫。我国民政府，为伸张国际正义，保持人类文明，已对日本正式宣战，并对德意两国同时宣战，宣告中外，谅已周知，溯自日寇侵略我东北以来，我全国同胞，十载奋斗，百折不挠，抗战四年，坚贞弥励。原冀膺惩日寇之野心，复我禹。甸之完整，促戎首之崩溃，以遏侵略之凶焰，今狂妄之日寇，不唯毫无悔之意，且更联合轴心之德意，益肆其凶狡之毒谋，东西两半球民主各国，今已共起响应，声罪致讨，自兹世界上反侵略国家与侵略暴力，已划然分为两大鲜明之阵营。我国为首受侵略战祸之国家，尤应肩荷绝续存亡之重任，吾人深信人类不绝，公理永存，全世界十分之九以上之人类，皆为保卫其民族自由与正义和平而努力，侵略者之终归覆灭，固无待于蓍龟。惟今日以前，吾人之牺牲奋斗，在于扫除侵入国境之敌寇；而今日以后，且将与英美苏联以及世界上爱好正义和平之各友邦，共同一致，并肩作战，以彻底消灭人类之蟊贼，共奠世界永久之和平。我具有五千年历史文化及秉承三民主义以自救救世之中华民族，自兹更须负起空前重大之使命，今后吾人诚能奋发努力，不唯我抗战目的克以完全达成，我国土主权，必得整个恢复，即世界正义之胜利，亦得以提早实现；否则如精神稍有怠弛，使日寇及其侵略轴心，得以延长其作恶之时期，则不唯无以对抗战以来英勇牺牲之军民先烈，亦更无以对共同奋斗并肩作战之友邦。临此存亡安危千钧一发之际，切望我全国军民，以悲愤壮烈之精神，十倍奋发其过去四年来艰苦战斗之意志，再接再厉，以完成吾人神圣之使命；我海内外之军民同胞，务必认识我先圣先烈所传遗民族伟大之精神，务必认识我抗战成败对世界安危之关系，更须认识吾人今日之奋斗，对于后代子孙幸福及人类整个文明，有决定之力量，吾人过去之艰苦奋斗，已造成对倭抗战胜利之基础，而今日反侵略国家之利害成败，尤为呼吸一体，集中全世界百分之九十之人力物力，以与侵略者共同搏斗，吾人之阵营固更见雄伟，吾人之前途，乃益见宏远，而吾人之任务亦弥见艰巨矣。吾全国同胞，自今伊始，更须紧张严肃，重视责任之所在，各竭其能，各尽其责，不辞一切艰苦，不惜任何牺牲，绝对扫除苟安自私之心理，共作最大最后之奋斗；吾海外侨胞，同为炎黄胄裔，应尽其赤诚，奋其伟力，各就所在地区，贡献所有力量，协助友邦，消灭共同之公敌，造成祖国之荣誉；吾全国将士，更应切认今日为吾军人奋勉图报唯一重要之时机，亦为国家民族存亡荣辱之关头，宜更沉着坚忍，英勇奋发，以收获“九一八”以来血肉所造之战果，而勿贻九仞一篑之讥，举国一致，同心协力，有进无退，有我无敌，以雪我国家十年之积耻，纾我被难同胞无限之奇辱。内以恢复领土主权，完成我抗战最初之目的，外以昌明国际正义，求得我中华民族振古未有之光荣。作始也简，将毕也钜，枢机在握，千载一时，惟我全国军民同胞，发奋蹈厉，矢忠矢勇以赴之。

蒋中正　中华民国三十年十二月十日

第四章　备　战

1969—1971 年，中苏边界发生冲突，国际形势紧张，境内农村和企事业单位积极响应毛主席“高筑墙，广积粮，深挖洞”的指示，自发组织防空洞挖掘队伍，自筹经费，自制材料，挖掘防空坑道。1969—1971 年，境内农村家家户户挑选地势较高的地块，利用晚上时间挖掘防空洞。并自愿组织防空洞挖掘小组，厂矿企业以农机厂防空洞最佳，因使用吊车、电动钻等机械工具挖掘，洞口直径可容纳一人站立，其规模在境内名列前茅。

1975 年，境内所有防空洞因土质松软、地势低洼等原因，均出现地下渗水或坍塌现象，无法使用。此后在农田建设中平整土地，防空洞全部消失。

附：日军在禹越的暴行

1942 年 5 月间，驻崇德日军伊藤中队约 80 余人以及汪伪绥靖部队蒋亦人的一个营约 300 余人，汪伪保安队冯代春部两个大队约 300 余人发动“清乡”。并以新市为主要据点，蒋亦人、冯代春部均驻在新市。从新市至余杭市五杭镇大河沿线建筑竹垣（竹篱笆），并在境内油车桥、白马里分设据点，由蒋亦人所部绥靖部队派兵驻守。而冯代春所部伪保安队除驻守在新市外，另派出所部驻守大麻至义马沿线。蒋、冯所部还在“清乡”区内建立“联保联座”的保甲制度，张贴布告威胁说：凡有人穿越竹垣，格杀勿论。同时大量发行“储备券”（汪伪钞票）进行疯狂经济掠夺。是年，日军还在境内双马高桥白马里西，毁坏田地，建筑碉堡。时，日军在双马高桥河畔，准备开着军艇前往桐乡洲泉“扫荡”时，与伪军交战，日寇死伤不少。

1944 年 3 月，日寇以火轮从水路窜至禹越乡杨家坝村圩郎自然村，疯狂抢劫村民财物后，放火烧毁民房 100 余间。同日，日寇火轮沿水路至余杭塘栖镇、德清城关镇洋口自然村抢劫并烧毁房屋数百间。

据民国三十四年调查，仅 5 至 8 月，徐庄乡拆毁房屋 30 间，奸淫 1 人。派米 6.6 万斤，强征损失 500 万元。双马乡毁屋折价 2084 万元，强征财产损失 1131 万元。横塘乡奸淫 15 人，派米 325 石，劫掠财物 195 万元，强征民工 1.05 万工，强征财产损失 480 万元。湖墩乡派米 300 石，强征财产损失 487 万元。

1944 年 3 月，禹越木桥头村豆腐店埭沈氏父子，吃罢晚饭欲外出扒螺蛳。当父子俩准备开船时，被从北圩郎赶来的两名日寇遇见。父亲当即被打死船上。

1939年2月21日，日寇侵占领新市后，在油车夏家村、油车高桥等地大肆拆毁民房，修筑碉堡——引自县《文史资料》第二辑。

1938年，日军在油车桥一带水乡进行扫荡。图为日军乘小划船过河入侵德清东部水乡油车乡——引自《日寇入侵浙江罪行》。

第十四卷　政　法

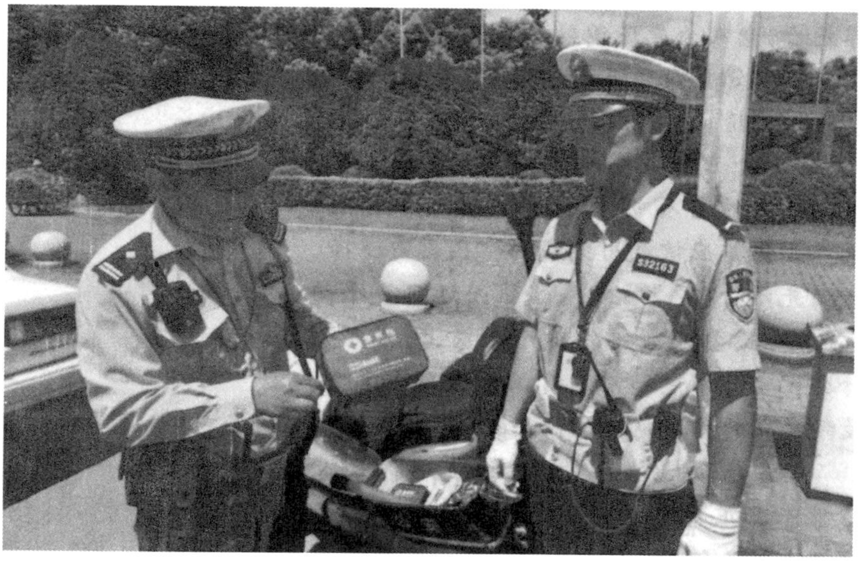

第一章　公　安

民国期间，镇境警务由新市警察所负责；境内乡公所建立自卫队，协助警方维护地方治安。解放初，境内土匪武装和反动道会门残余势力猖獗，通过剿匪反霸、镇压反革命和取缔反动道会门等运动，使人民政权得到巩固。尔后，相继设立公安特派员、公安员，建立乡、村治保调解组织，有效打击刑事犯罪，维护社会治安。1995 年 8 月，镇境徐家庄镇派出所、高桥镇派出所相继成立。

第一节　治安机构

民国期间

清宣统元年，省设巡警道，县设巡警总局，时，境内社会治安隶属新市巡警分局。宣统三年改称警务长公所。民国元年又改称警察署，新市设分署。民国 3 年（1914），县改称警察所，新市地方置警察分所，设三等警佐 1 人，巡长 1 人，巡警 10 人，址设旧巡检署。

民国元年，德清设水上警察大队，至民国 26 年，设立新市、大麻乡（时禹越、双马为新市、大麻辖区）水上警察分队，配巡船 10 艘，每艘有巡长 1 人，巡警 9 人。分队属浙江内河警察厅驻塘栖第一队、驻菱湖第十二队、驻乌镇第十三队管辖。是年冬，日军入侵，水警解体。民国 35 年，省第二区水上保安警察第一大队第二分队驻德清防区，有警长、警察 40 人。

民国 18 年，县警察所改称公安局，新市改分驻所。民国 28 年 2 月，日寇侵占新市，分驻所解体。抗战胜利后，于民国 34 年 1 月，成立徐庄乡警察班，设班长 1 人，警士 6 人。10 月重建新市警察所，辖 7 乡 1 镇，禹越、双马隶属新市。

人民公安机构

1958 年 12 月，原武康、德清两县合并。成立新市派出所，禹越、高桥人民公社隶属新市派出所管辖。

1991 年 2 月，成立徐家庄镇派出所。1994 年 3 月，成立高桥镇派出所。

1998 年 8 月，徐家庄镇派出所改为徐家庄镇中心派出所，内设刑侦中队。

2004 年 7 月，全县乡镇区域调整，高桥、徐家庄合并，重设禹越镇派出所。

2009 年，成立禹越镇交警中队。派出所设所长、副所长、教导员。交警中队设队长、指导员。刑侦中队设队长。

地方治安保卫组织

1950 年，禹越乡、油车乡建立“冬防”队。次年设立治保委员会。1955 年后，各农业、手工业合作社普遍建立治保组织。人民公社后，各生产大队建立治保调解委员会。

1962 年 4 月 25 日，吴兴县双林区、练市区，桐乡县乌镇区、石门区、洲泉区，馀杭县塘栖区，德清县新市区等 7 个区派出所代表举会新市，协议联防。新联、梅林、高林、士林、高桥、勾里、禹越 7 个公社由新市镇负责。

“文化大革命”期间，基层治保组织被“群众专政指挥部”取代。1968 年 12 月，禹越公社从各大队抽调脱产人员充实公社治安大队，看守“文化大革命”期间抓获的“地、富反、坏”分子和各其他各类可疑人员。1973 年恢复生产大队治保组织。

1985 年后，禹越乡和油车乡相继建立治安联防队，协助公安机关维护当地社会治安。各联防队人数为 5—6 人，工资由乡财政支付。1990 年，规模较大的镇、村工业企业和金融等重要单位中，开始配备保安人员。1993 年，11 个村，1 个居委会均建立治保委员会；在规模较大的镇级企业中建立治保小组，上规模的厂建立了民警值班室。同时，全镇还配备治安信息联络员。1996 年，全镇设 12 个治保委员会，经济民警队 1 支，三护队（护村护厂护林）8 支。是年，全镇又设专业联防队，兼职护村（厂）队，义务治安巡逻队。

第二节　社会治安

剿匪反霸

解放前夕，新市梅林匪首徐敬恩，多次伪造新市镇人民政府印章、通行证，到双马、禹越、五杭、亭趾等地敲诈勒索，抢劫苏杭客轮和其他商船，1949 年 10 月 28 日在杭州捕获。1950 年 12 月 19 日处于死刑。

1949 年 7 月上旬，匪首谢明强被捕，由新市镇人民政府押送德清县公安局途中，在韶村发生哗变，然后流窜勾里、高桥，到桐乡县晚村、马鸣，搜罗残部，成立所谓“江南戡乱爱国军”。谢明强自任司令，洗劫吴兴县练市镇商界作活动经费。同年 8 月被我军瓦解。

惯匪沈叙法，解放前历任匪挺进队 3 支队情报员，匪忠救军爆破组长，先后在高林、栎林、禹越、油车等地参与绑票、抢劫、劫得大米 50 余担，解放后畏罪潜逃，化名茅金法。1957 年肃反时，隐藏密室两个多月。1958 年 9 月 20 日，判处有期徒刑 7 年。

此外，镇境徐家庄丁家里自然村有小股盗贼，多次与太湖强盗勾结，抢劫当铺。境内栖丰村俞家兜、夏家村、东溪村、白马村，有民愤极大的土匪多个。解放后，均被政府逮捕判刑，罪孽重大者予以镇压。

据《德清公安志》记载，1950—1951 年，禹越乡公所按照党中央有关坚决肃清和镇压土匪、特务、恶霸的指示，领导全乡人民开展剿匪反霸。其时，每个乡干部出门，都可以按规定领取 1 支步枪、5 发子弹。但无特殊情况不能随意消耗，回乡公所时要履行检查。

镇压反革命运动

1950 年 3 月前，境内结合剿匪反霸，对罪大恶极的土匪、恶霸地主、反动党团骨干和反革命分子等实施严厉打击与斗争。3 月底，禹越、油车两个乡召开联合斗争大会多次，参加群众数千人，被斗的有地主，匪特，富农，其他反革命分子。

同年11月起，按照中央“关于严厉镇压反革命活动的指示”，境内全面开展镇压反革命运动，至1953年6月结束。其中1950年11月至1951年10月为第一阶段，打击对象主要是匪首、惯匪、恶霸地主和民愤大的反革命分子；1951年11月至1952年10月为第二阶段，主要以取缔反动会道门为主；1952年11月至1953年6月为第三阶段，重点为搜捕反动会道门漏网分子，追捕外逃反革命分子。运动坚持“坦白从宽，抗拒从严，立功赎罪，立大功受奖”政策。对匪首、恶霸地主、反动党团骨干、反动会道门骨干分子中罪大恶极，又拒不悔改，不杀不足以平民愤之反革命分子，公判镇压；对罪行严重，但能真诚悔改，又有立功表现者从宽处理；其余根据罪行轻重和认罪态度，分别判处徒刑或交群众管制。在镇反中，新市镇人民法庭先后在禹越、油车召开公审大会，民心大快。1955年，境内开展肃清反革命运动，简称“肃反”。

取缔反动会道门

民国期间，境内徐家庄、油车乡“同善社”反动会道门组织。主要由余杭五杭、博陆及桐乡、吴兴等地传入，在境内千树坝、杨家坝等地农村滋生蔓延。

1951年10月5日，县成立取缔反动会道门指挥部，禹越设登记处，对境内一贯道、同善社等反动会道门组织进行调查，逐个登记道首、道徒。全面取缔查封坛、盘、祠、堂等反动道会门活动据点。对顽固不化、坚持对抗的反动道首，坚决予以严惩。

据县档案局资料记载（全宗号59），“同善社”经取缔后一度死灰复燃，“文化大革命”初，千树坝沈阿建，杨家坝杨阿梅，分别任三层功，两人接受“同善社”上级指示和任务，伙同不法分子，进行秘密串联，开展“暗渡贤良”活动。在勾里、高桥、新市镇，发展社员24名。并筹集经费200余元。为打击邪恶，禹越公社革委会于1968年8月30日向县公安局军管组提出报告，予以拘捕。

同年11月25日，德清县革命委员会人民保卫组，德清县公安局军管组对沈、杨两犯发出判决书，判处沈、杨有期徒刑10年和9年，交当地群众监督改造。并没收隐藏的道宝金戒指 2 只，金耳环 2 副，银圆 253 枚。

1952 年德清县下舍区反动道会门三来分处登记人员分类统计表

表 14-1-1

乡名	总坛坛主	总坛办事员	大坛坛主	大坛办事员	大坛帮办坛主	大坛副坛主	分坛坛主	分坛副坛主	分坛帮办坛主	分坛办事员	家庭坛主	家庭副坛主	合计	一贯道退道人员	同善社退道人员
下舍	—	—	—	—	—	—	—	—	—	—	—	—	—	134	117
舍南	—	—	—	—	—	—	2	2	—	1	—	—	5	192	84
勾里	—	—	—	16	—	—	1	1	—	9	—	—	27	903	367
禹越	—	—	—	18	1	—	10	7	4	33	—	—	74	990	982
西葑	—	—	—	36	4	—	7	4	3	10	2	—	66	907	233
三来	—	7	—	75	—	—	12	1	1	38	3	2	139	2250	269
油车	—	—	—	4	—	—	12	5	1	16	—	—	38	1180	10
合计	—	7	—	149	5	—	44	20	9	107	5	2	349	6556	2052

说明：上述表格数字来自县档案局

2005 年 5 月，禹越镇党委印发《关于成立禹越镇防范和处理邪教问题领导小组的通知》（禹委〔2005〕4 号），成立镇防范和处理邪教问题工作领导小组。2013 年，镇反邪教办公室按照县统一部署，开展境内邪教人员排查统计工作和反邪教警示教育宣传活动。迄今未发现邪教组织。

制止迷信活动

封建迷信活动指烧香念佛、祭祖求神、画符驱鬼、念咒治病、算命排八字、关仙看风水，喊魂放焰口等。自 1951 年境内组织民兵捣毁菩萨、寺庙移作他用后，凡暗中拜忏、做媒、祭祖等，一概打击。如 1968 年 7 月，禹越公社治安组在佛喜庵捣毁数千人“白求恩治病”广场静坐迷信活动。该事件持续 10 天，系受余杭、安吉、长兴等地外围影响而发，后经教育和驱赶，始予平息。事后，对看风水、择吉日、算命、关仙（巫婆）、佛头（组织念佛者）、拜忏（俗称野和尚)、媒婆(介绍人)、拖娘婆(喜娘、伴娘)、吹鼓手、司仪等，集中进行社会主义思想教育，为期5天。

打击投机倒把

人民公社化后，境内社员不准经商，如有长途运销，转手贩卖，抬价牟利、买卖票证等行为，一经查获、严惩不贷。1960年，由政府、工商所、派出所、供销社等单位联组市场管理委员会，陆查水堵，予以打击。“文化大革命”期间，在“刮台风”运动中多次严打。

反贪污盗窃

1960年7月，全县开展新“三反”运动(反贪污盗窃、反投机倒把、反铺张浪费)，禹越公社成立“三反办公室”。据县档案局资料，1973年11月，查获道场大队运输船盗卖国家物资案。该队农民业余搞运输为传统副业。运输收入占全年总收入的28%。是年，全大队拥有17舫船，有专业运输人员34名，涉及家家户户。自1970年至1973年10月，副业人员以运输业为契机，大肆盗卖国家物资总额12279元，涉案人员120多人，涉案地区有河南、河北等省。运输队盗卖案发后，县公安局严办此案，有关人员受到法律严惩。

严防流窜作案

1959年起，四类分子在监督改造中已老实守法，打击重点转向流窜作案犯。禹越地区为三县(德清、桐乡、余杭)交界处，水陆设卡，防范来境内流窜作案的犯罪分子。1981年1月，1984年9月，全县统一部署打击流窜犯，镇境在水陆要道严密设卡，抓捕各类犯罪分子多人，押县处置。

一打三反

1970年，开展“一打三反”运动(打击现行反革命，反贪污盗窃、投机倒把、铺张浪费)。镇境举办各种学习班，开办政治夜校，排查现行反革命分子，贪污盗窃分子，投机倒把分子，及时制止农村吃喝风。

双打运动

1978年4月，全县开展“双打”（打击贪污盗窃，打击投机倒把），农村各大队、生产队及企事业单位全面开展清账理财，揪出大小贪污分子数人。

刹三风

1988年12月中下旬，配合县公安局部署，狠刹“三风”（赌博、封建迷信、婚丧大操大办），重点打击赌头、赌棍、惯偷、流氓。并敦促投案自首，宣传移风易俗，落实治安承包责任制。

三打两禁

1993年9月至1994年2月，开展“三打二禁”（打击团伙犯罪、车匪路霸、盗窃，禁卖淫嫖娼、赌博），针对境内夜盗案、生产资料被盗案进行排查，重点打击地痞流氓（破脚拐、拖鞋爿）、清剿卖淫窝点，力争伸张正义，取信于民。运动中，抓获各类违法犯罪分子和赌徒十多人。

查禁黄赌毒

禁赌　历朝皆禁，如民国34年（1945）县警察局训令云：“赌博财物，小则失业费时，大则倾家荡产，为害非浅。且负债情急，往往流为盗匪，贻害社会。”是年12月布告村市，新市警察所派员往所属各乡（禹越、油车）宣传，随时查禁。解放后，每年张贴布告，严惩赌博。此后至1979年，赌风灭迹。改革开放后，沉渣浮起，作为娱乐流行，置之不理。虽1985年、1987年、1990年全县发文打击，但运动一过，赌博依然，时明时暗，邪风不绝。1994年10月，境内开展查禁党员干部参赌，1997年4月，开展双禁（禁赌、禁毒）斗争，但收效甚微。1999起，棋牌室公开营业，小赌博成为娱乐。虽公安机关多次出击，严惩赌头赌棍，但警力有限，鞭长莫及。近年城乡，无处不赌，小则5元

10元，大则上千上万，赌博之禁，任重道远。

禁毒　民国初，不法之徒偷运鸦片，殷富之家吸食提神，时有所闻。民国16年（1927），县政府明令禁止。次年8月，县成立戒烟医院，为瘾君子药物戒烟。抗战期间，日寇为弱化我民族，在县城开设烟馆（美称“谈话室”），供客吸食乌烟，时沦陷区均有堕民饿吸。抗战胜利后，国民政府于35年（1946）1月颁布《禁烟禁毒治罪暂行条例》。县政府发布《肃清烟毒办法》，规定4月为烟民自首自新月。1950年2月，政务院颁发《关于严禁鸦片烟毒的通令》。1952年8月，境内开展禁烟运动，逮捕毒犯，传训吸食鸦片者，缴获鸦片，查封吸食场所和器具。此后至1995年，境内无吸食堕民。

1997年5月，针对农村私种罂粟，配合全县开展铲毒苗运动，镇成立禁毒禁赌集中行动领导小组。

2013年，全镇共有吸毒人员24人，在册社区戒毒人员6名，康复人员1名。为挽救涉毒人员，遏制毒品蔓延，镇综治办积极开展“无毒村”创建、禁毒宣传、涉毒人员帮教等工作。综治办召开全镇禁毒宣传大会2场，讲授禁毒课14课时，播放禁毒警示教育片56场，发放禁毒传单1000余份，张贴禁毒挂图16幅，禁毒通告16份，为营造全社会禁毒氛围，产生良好效果。

禁娼　境内暗娼，历朝均有。1952年明令禁娼，1957年之后绝迹。1985年，随发廊、美容、按摩、足浴、桑拿、歌厅、夜总会等行业兴起，娼妓增多。2000年9月，派出所开展打击卖淫嫖娼专项行动，整治娱乐场所，略有收敛。但近年业此寄生妇女仍多，多以发廊、按摩作幌子。

禁黄　民国期间，东溪滩簧班因唱白淫秽，动作下流，受国民政府训话，此后长期不敢进城。解放后，多次收缴黄色书刊，禁止《金瓶梅》流传。1985年起，大量黄色录像带、裸照，通过走私从海外流入。2001年，派出所协同文化市场检察队突击检查。近年，黄色歌曲、影视、图像、荤段子，还通过手机传播，腐蚀青少年。故打击查禁，任务尚艰。

开展群防群治

民国期间，境内沿袭敲梆巡夜，防火防盗。

1950年，境内各乡、村组织青年民兵白天站岗放哨，晚上值夜巡逻。农业集体化时期，组织少年儿童呼喊队，手执简易喇叭，沿村开展防火防盗宣传活动。

从1951年起，对未作刑事处罚的地主、富农、反革命分子（简称“地富反”）交当地群众管制，实行监督改造，由乡、村治保组织负责实施。1957年2月，根据《全国农业发展纲要》有关规定，对地、富、反进行普遍评审。表现好的吸收为正式社员，基本守法者为候补社员，表现不好、有违法破坏行为者实行管制劳动。同年，将坏分子也列入监改对象，合称“四类分子”。政府对罪犯的改造，贯彻以监督管制和教育改造相结合，促其自觉改造，成为遵纪守法公民。对刑满释放回归社会者，适当安排工作。

1968年9月，公社革委会建立“清理阶级队伍领导小组”。次年6月，成立“公社革委会人民保卫组”。

1979年，镇境开展“四类分子”教育摘帽工作，是年，大部分“四类分子”被摘除帽子，至1983年，全镇“四类分子”全部摘帽。

2001年，全镇建立以社区保安队为主要力量，以各村治保组织为基础的群防群治队伍。

2013年，镇综治办加强以刑满释放人员为主的特殊群体管理，健全归正人员档案，及时做好新回归人员接收工作。是年，全镇共有刑释解教人员89名，为做好安置工作，镇综治办成立行政村、居委会帮教小组，开展“多对一”帮教。是年，境内在册“社区矫正人员”（包括五种监外执行罪犯：缓刑、假释、剥夺政治权利、管制和暂予监外执行罪犯）16名，社区帮教工作落到实处，矫正人员无脱管、漏管、非法上访和重新犯罪等情况发生。是年，镇派出所根据县公安局统一部署，开展“雷霆行动”“打盗抢、扫毒害、保平安”等专项整治行动，破获市公安局督办系列撬盗车内物品案1起，成功抓获交叉结伙流窜作案盗窃犯罪嫌疑人5名。至10月底，镇派出所共接处报警案件962起；110联动处理报警数28件；立刑事案件121起，破案83起；刑事拘留27人，逮捕11人，起诉28人，抓获逃犯3人；立案并查处治安（行政）案件184起，查结80起，治安处罚46人，行政拘留23人。

枪支弹药管理

1984 年，境内民用土枪全部登记发证。

1994 年 11 月，镇派出所对全镇民间土枪进行审验发证，对无证自制土枪办理了登记手续，对原有证件的土枪办理了验证手续，并收缴自制无证土枪。

1996 年，贯彻《中华人民共和国枪支法》，至 8 月底，对全镇所有气枪、猎枪、土枪全部收缴。

1998 年，开展收缴非法枪支行动。对拒缴非法持枪者实施逮捕。并收缴遗漏民间土枪。

第三节　综合治理

境内治安工作一贯坚持“打防并举、标本兼治，重在治本”的综合治理原则。

1989 年，镇境建立乡、村两级治安承包责任制，使全乡赌博风、偷窃风和其他刑事案件发案率得到有效控制，社会风气明显好转。

1990 年，全镇实行综合治理、“三户”（爱国守法户、五好家庭户、双文明户）复评。其中，爱国守法户标准是：1 不违反计划生育，2 不破坏植树绿化和山林树木，3 不违章建房，4 不赌博，5 不搞封建迷信，6 不大操大办，7 不拒交国家定购任务和各项承包款，8 不弃耕抛荒，9 不拒服兵役，10 不打架、不偷盗、不破坏公共财物，11 不虐待老人、妇女和儿童，12 不违反厂纪厂规，13 不拖欠公款财物，14 在校生（小学、初中）不流生。五好家庭户标准是：1 执行国策，遵纪守法好，2 勤劳致富、完成任务好，3 家庭和睦、邻里团结好，4 移风易俗，文明卫生好，5 教育子女，勤俭持家好。双文明户标准是（在五好家庭标准基础上）：1 诚实劳动、合法经营，2 模范执行国家法律、法令和上级规定，3 积极参加集体公益建设。

1991 年，4 月，成立镇“治安联防大队”，是年，镇境发生刑事案件 24 起，立案 16 起，破案 7 起（大案 3 起）；发生社会治安案件 18 起，破案 18 起；调处民间纠纷 215 起，其中镇调处 33 起，协助村调处 182 起；破积案 14 起（大案 1 起）；逮捕人犯 8 名，行政拘留 4 名，治安处罚 1 名，“镇管民约”处罚 126 民，罚款额 52845 元，追缴赃物折人民币 2500 元。

1993 年 4 月，镇派出所制订《处置重大暴力性案件、重大突发性案件、重大治安和重大自然灾害事故的应急方案》。是年，镇派出所对辖区内 28 岁以下、有违法乱纪现象、重点管理对象建立了帮教小组，及时开展帮教；对缓刑、管制、剥夺政治权利、假释、保外就医等管制人员，开展了严格的教育与管理；对刑满释放回籍人员及时办理登记手续，并全部予以妥然安置。

1996 年 4 月，建立镇社会治安基层基础大排查领导小组，设组长 1 名，副组长 4 名。同月，镇派出所开展为期 2 个月的“公安基层、基础大排查”活动，对全镇 11 个行政村、1 个居委会、55 家企事业单位、4 处特种行业、19 处公共复杂场所、10 家民爆物使用单位和 1 处建筑工地的治安工作开展了彻底排查。现场检查出租房，公共场所，特种行业，民爆物使用单位。收缴非军用枪支，查破各类刑事案件，治安案件多起。抓获参赌人员，调解各类纠纷，排出各类违法犯罪嫌疑人，缴获假钞、赃车等。同时，整顿各村治保委员会，建立治安信息联络员，并与各治安基层单位落实了治安责任制。

2003 年下半年，全镇进一步健全社会防控机制，在集镇、工业开发区和各村建立夜巡队，实行警民共治。镇派出所也加强了夜间巡逻。

2004 年 4 月，成立综合治理委员会，是年，全镇共立各类刑事案件 168 起，破案 94 起，破案绝对数 175 起，其中协外案件 74 起，隐（积）案件 7 起。处理涉案人员 30 名，其中刑拘 12 人，劳教 1 人，取保候审 3 人，起诉 14 人。是年，全镇有外来人员 2400 名，为加强管理，镇综治会同镇计生办、派出所等部门，创设对外来人口的登记、发证业务，使外来人口做到人来有登记，人走有注销。同年 9 月，为配合镇境社会治安，营造良好民风，成立禹越镇文明委员会，各村成立精神文明领导小组。

2013 年 3 月，镇“综治办”与 11 个村（居）、42 个上规模企业、7 个事业单位签订了镇社会管理综合治理、平安建设、信访、消防等各类目标管理责任书，共计 300 份。同年 12 月上报不稳定因素、非正常人员死亡案件 20 余起，警务、调解、维稳各方联动，将不良社会因素降到最低。

附：禹越派出所打击刑事犯罪活动案例

1972 年 5 月 3 日，木桥头大队发生一起偷窃行凶案。是日深夜，木桥头大队胡某与其弟到高禹水产大队赵家洋偷鱼时，被水产大队干部孟某抓住，胡用划桨猛击对方头部，致使对方当场昏倒在船，胡乘机潜逃回家。孟苏醒后，咬紧牙关划船到栖丰大队黄家湾，碰到水产大队党支部书记后，再次昏迷。后急送塘栖镇人民医院抢救，头部缝合 25 针，住院 20 多天，后果严重。经县人民法院刑事判决，胡某有期徒刑 15 年。

2005 年 2 月 22 日，禹越镇派出所快速侦破一起抢劫强奸案。女青年高某，是年 19 岁，禹越镇人。当日晚上 9 点钟下班回家途中，遭两名男青年挟持，并实施强奸，抢走被害人诺基亚手机一部。案发后，犯罪分子当即逃窜，派出所立即组织力量，全体干警连夜四处追捕，终于将躲藏荒野的两名犯罪嫌疑人抓获，并缴获被害人手机一部。

2011 年 5 月 5 日，镇派出所破获一起故意伤害致死案。是年 5 月 3 日下午，当事人闻某（男，27 岁，河南省镇平县人），在禹越集镇郊区乡村公路上与人打斗时，被对方用刀捅伤致死。当日，镇派出所会同县公安局刑侦大队进行追捕，在杭州市余杭区抓获犯罪嫌疑人王某（男，30 岁，辽宁省鞍山市人），又在宁波奉化市抓获犯罪嫌疑人董某和张某（均为辽宁省鞍山市人）。经审讯，犯罪嫌疑人对自己的犯罪事实供认不讳。

2011 年 5 月 16 日，禹越镇派出所破获一起故意伤害致死案。5 月 16 日上午，禹越镇昊天箱包有限公司员工黄某（男，17 岁，云南省广南县人）与同厂员工殷某（男，18 岁，云南省广安县人）发生口角后，殷被黄殴打致死。犯罪嫌疑人黄某被当场抓获。

2011 年 11 月 14 日，禹越派出所摧毁一特大系列盗窃“三电”团伙。抓获犯罪嫌疑人肖某（男，35 岁，云南省麻栗坡县人）、余某（男，35 岁，云南省麻栗坡县人）。两人交代了自 2011 年 5 月至 11 月，结伙在德清县境内盗窃电缆线、农用铝线 10 余起，涉案价值 60 万元的犯罪事实。

第四节　户政管理

常住人口

宋代，境内实行《三保法》，创保甲制，分掌户口情况，户籍分为主户、客户二大类。主户占有土地，交纳赋税。客户无土地，不交纳丁税和摊派劳役。

清代，县公署设户房，掌管全县户政。光绪间，公布《调查户口章程》，为征兵、征税、选举、兴学及稳定社会治安秩序，进行户口登记。宣统二年（1910），实行地方自治，废都图制，建乡村制。民国17年（1928），废乡镇，实行村里制。村里以下设闾邻，10户为邻，5户为闾，乡村户口由里长及闾、邻长负责办理。民国18年，以村里建立户口登记簿册，凡出生、死亡、婚姻、继承、分居、迁徙、失踪等变动，户主须在5天内向或里公所登记。民国23年，废村里，行保甲，按保甲编查户口，由县政府民政科管理。每10户为1甲，每10甲为1保，甲设甲长，保设保长，由保甲办理户籍登记和清查。民国27年9月1日，县建立户籍室，主持全县户政。各乡由乡长任户籍主任，户籍员由乡长选派。35年1月，民国政府公布《户籍法》，境内各乡全面调查登记户口。民国36年现镇域所涉及的禹越乡（包括当时的勾里）总人口11730人，其中女5213人；双马乡（现在的油车乡，包括当时的白马乡）总人口10754人，其中女6149人。

解放后，废保甲，建行政村，乡镇以行政村为单位（居民以居委会为单位）实施户籍管理。在计划经济年代，粮油、棉布及生活必需品皆按户口凭票供应。1984年，国务院颁发《中华人民共和国居民身份证条例》，6月，组织发放居民身份证。1988年3月，县公安局设户政科。1991年，县公安局建禹越派出所，设户籍警。1989年9月，根据公安部发布的《临时身份证管理暂行规定》，对境内应领居民身份证而尚未领到或原证遗失、损坏而尚未补领的公民及16周岁以上常住户口待定的公民制发临时居民身份证。此证与居民身份证有同等法律效力，有效期为一年和二年。

1997年10月起，镇派出所建微机房，开始对全镇常住人口信息实行微机化管理。

1953—2010 年，全国先后开展六次人口大普查，详见卷三《人口》。

流动人口

1953—1973 年，因实行计划经济，境内外来流动人口稀少。改革开放以后，随着市场经济和乡镇企业的发展，境内流动人口骤增，对外来人员的管理和社会治安带来一定难度。

禹越派出所建立后，每年都对境内的外来人口进行清查登记，对符合暂住条件的签发暂住证；检查登记出租房、发放出租房许可证；查验流动人口计划生育证；把外来人员中的可疑分子或危险分子列为重点管理对象；统筹规划，尽量安排外来人员集聚居住，便于集中管理；在外来人员集聚处物色积极分子成为治安“耳目”，及时为村、单位治保组织和镇派出所提供治安线索；不招收“三无”人员（无身份证、无暂住证、无计划生育证）进厂，并劝退“三无”人员返回原籍等。1994 年，全镇有外地人员居住 500 人，其中暂住 3 个月以上的有 250 人。

1995 年 5 月中旬到 7 月中旬，对全镇范围内的暂住人口进行集中整治。进行逐个登记、发证。对违反暂住人口管理规定的单位和个人，限期整改。对“三无”人员做好劝返或收容遣送工作。

1997 年 6 月 30 日，对辖区内 11 个行政村、1 个居委会、各乡镇企业的流动人口进行清查。次年 5 月下旬至 7 月，全镇开展实有人口排查工作，成立“镇实有人口排查领导小组”，调查人口信息，检查出租房、空关房，查明待定人口，重点人口，收集整理档案资料等。

2000 年，对外来人员管理工作进行专项整治，外来人员重新登记造册，统一验发有关证件。是年，全镇外来人员集中处共设置治安联络员 15 人，全年共提供有价值的线索 60 条。

2002 年 8 月 10 日，成立禹越镇外来人口管理领导小组，各村成立外来人口管理服务站，负责对本村外来人口的登记、发证及出租房屋管理与服务等日常组织工作，外来人口在 50 人以上的村设立 1 名专管员，50 人以下的村设立 1

名协管员。

2013 年，镇派出所建立“新居民服务管理制度”。是年，全镇共有登记在册外来“新居民”8046 人，由镇新居民事务所、新居民所在的 4 个行政村和 7 家重点企业共同管理。

第五节　交通管理

1983 年，境内第一条公路“徐杭线”（徐家庄至五杭）建成通车。嗣后，境内公路建设快速发展，至 2013 年，全境形成三大干线、八大支线的公路网络。随着公路的扩展与延伸，各种机动车辆与日俱增，交通管理势在必行。从 1975 年 10 月起，县车辆管理所和县交警部门委托境内乡镇农机管理站协助办理境内车辆登记、验审、组织开展驾驶员培训、考核、发证换证、协调和处理交通事故、查处车辆驾驶违章违规事件等交通管理工作，维护境内交通秩序。

为防止交通事故，在全镇公路沿线的中小学所在地段、商业集市等人口流量较大地段、公路三叉口等处设置各类禁令和减速标志。2000 年以后，镇政府重视交通安全，对全镇公路事故多发地段相继加以改造，及时整顿境内交通秩序。

2012 年，结合县公安局“打非治违”专项整治活动，积极开展境内农村公路安全隐患排查整治，定期在重点路段和中、小学主要路口执勤，累计全年排查安全隐患 15 处，整治 15 处。严格农村道路通行秩序管理，严厉查处酒后驾车、无证驾车、超载超速等严重违法行为，全年组织专项整治行动 98 次，查处超载超速违法行为 83 起，无牌无证摩托车 36 辆。打非治违专项整治以来，镇境共发生交通事故 139 起，事故造成 2 人死亡，17 人受伤。为此实施交通安全教育“五进”工程（安全教育进学校、进工厂、进家庭、进企业、进社区），坚持日常宣传教育与季节性宣传教育结合的原则，以全面提高城乡市民交通法制意识。

附：《油车乡“乡规民约”暂行条例》

为维护社会治安，端正社会风气，提倡“五讲四美三热爱”（“五讲”，讲文明、讲礼貌、讲卫生、讲秩序、讲道德；“四美”，心灵美、语言美、行为美、环境美；“三热爱”，热爱共产党、热爱祖国、热爱社会主义），加强法制观念，搞好两个文明（精神文明、物质文明）建设，建立良好的生产和生活秩序，实现社会治安的根本好转，联系本乡的实际情况，特制定“乡规民约”如下：

第一条 为了适应对内搞活经济，对外实行开放，开展贸易往来，繁荣经济的需要，根据“大的方面管住管好，小的方面放宽搞活”的精神，认真执行党和政府的方针、政策，自觉遵守法律、法令，走勤劳致富的道路。

第二条 加强法制观念，不违法犯罪，维护公共场所的社会秩序，不聚众闹事，不打架斗殴、不偷盗、不赌博，不搞封建迷信活动，不私藏凶器。

第三条 自觉遵守婚姻法，支持婚姻自由，提倡晚婚、晚育和计划生育，教育青年正确对待恋爱、婚姻、家庭。对未履行结婚手续而同居，干涉婚姻自由，包办买卖婚姻或借婚姻之名索取财物等情况，乡政府有权根据情节轻重给予批评教育、行政纪律处分，直至依法处理。

第四条 坚持勤劳致富，不准损公肥私、不准侵犯国家集体和他人的合法财产，不准任意在集体土地上造房、挖土，任何单位和个人需要在集体和承包土地上建房时，须按乡政府〔1985〕1 号《油车乡建房用地管理条例》办理手续。

第五条 积极植树造林，美化环境，不准乱砍滥伐树木，不准损坏幼苗，如违反者，按有关规定赔偿或罚款处理。

第六条 搞好环境卫生和个人卫生，禁止买卖腐烂食品、蔬菜、肉类和有病的家禽家畜，保障人民身体健康。不准在公共场所和水泥路上堆放柴草、粪土、石料等物，确保道路畅通。

第七条 维护社会治安和交通秩序，加强自行车管理，做到文明骑车。严格按照公安机关规定办理使用自行车，如违反规定的，根据不同情节，按《中华人民共和国治安管理处罚条例》和交通规则分别给予处罚，情节严重的应追究刑事责任。

第八条　讲文明、讲礼貌，自己遵守社会公德，做到尊师重教、邻里团结、家庭和睦。赡养老人，教育好子女，遇事要讲道理，不惹是生非、蛮横无理，争创“五好家庭”（1.爱国守法，热心公益好；2.学习进步，爱岗敬业好；3.男女平等，尊老爱幼好；4.移风易俗，少生优育好；5.夫妻和睦，邻里团结好）。

第九条　提倡人人防盗、防火、防破坏、防灾害事故发生，反对麻痹大意。不违章作业，确保安全生产。

第十条　干部要以身作则，秉公执约。反对感情用事，不准营私舞弊、侵犯群众利益。

附：油车乡政府《乡规民约暂行条例处罚细则》

第一条　根据国家《刑法》《民法》有关规定精神和乡政府职权，制定本条例和管理处罚细则。

第二条　扰乱公共秩序，妨害公共安全，侵犯公民人身权利，损害公共财产，情节轻微的依照本细则给予处罚，超过本细则处罚的行为，乡政府呈报上级公安机关处罚。

第三条　违反本条例和处罚细则的处罚分为四种：

1.警告；2.行政处分；3.赔偿和罚款；4.没收财产。

第四条　有下列行为之一的，没收赃款赃物和工具，罚款10—30元，如在乡村企业工作的人，取消2个月奖金，延长合同期。

1. 聚众闹事，结伙打架的；2. 扰乱车站和轮船码头、娱乐场所、电影院、运动场、市场和其他公共场所秩序，不听劝阻的；3. 拒绝、阻挠国家工作人员和治理管理工作人员依法执行任务的；4. 扰乱国家和企业、事业单位工作生产秩序，不听劝阻的；5. 偷窃、诈骗国家、集体、个人财物，尚未构成犯罪的；6. 赃款赃物一律没收。

第五条　有下列行为之一的处于警告、没收工具、罚款5—50元：

1. 破坏财物，经教育不改的；2. 聚众念佛，做观仙婆，看风水，经教育不改的；3. 私刻印章，伪造、变造证件，尚未构成犯罪的；4. 造谣生事，骗取财物，影响生产，经教育不改的；5. 出售假药，骗取少量钱财，情节轻微的；6. 用抽垫、设彩或其他方法变相赌博，经教育不改的；7. 在禁止渔区内捕鱼、叉鱼、药鱼，不听劝阻的；8. 对车辆、船只投掷石子、泥块或其他物品的；9. 流散在社会上的弹药，不主动缴纳的。

第六条 有下列行为之一的，警告、赔偿损失、罚款 5—20 元：

1. 用猥亵的语言、举动调戏妇女的；2. 转抄、传阅已经取缔的反动、淫秽、黄色书刊、手抄本、录音带、图片的；3. 殴打他人的；4. 辱骂他人，不听劝阻的；5. 带头起哄，强拿他人钱物的。

第七条 有下列行为之一的，赔偿损失，罚款 30—50 元：

1. 药害蚕桑、伤害家禽家畜，尚未造成严重损失的；2.损害承包户农作物，不听劝阻的；3. 故意损坏树木、幼树和树苗的；4. 故意损坏农机具、小型水利设施和其他生产设备的。

第八条 有下列行为之一的，警告、责令停止使用、赔偿损失，罚款 5—30 元：

1. 新购和转买自行车，必须在一个月内向公安机关办理领证手续，逾期不办理的；2. 骑车撞行人、车子相撞，分清责任，分别处罚；3. 双放手骑车，不听劝阻的；4. 在公共场所和水泥地上堆放柴草、粪土、石料等物而堵塞交通，经劝阻不听的。

第九条 有下列行为之一的，除批评教育外，须交 10—20 元罚金：

1. 订小亲引起纠纷，解除婚约时，双方协商解决不了，需乡村调解的，须交 10—20 元罚金；2. 未办理结婚手续，非法同居的；3. 虐待老人，经多次教育不改的；4. 犯有上述行为，告诉才处理（如非法同居者在乡村企业工作的，取消半年奖金、延期订合同）。

第十条 有下列行为之一的，没收 50%钱财，罚款 100—1000 元：

1. 单位和个人没有土地处理权，如需要征用和建房占用土地时，必须履行申请调查批准手续，未经批准，擅自占地建房，不按时拆除的；2. 经批准建房后，无特殊情况 6 个月内不动工的；3. 申请建房时，必须按乡村建设规划统一安排使用土地，不按规划，影响村貌的；4. 对于宅基地的使用和处理，应根据民性习惯妥善协商解决。买卖、出租或转让批准建房土地，违反建房批复，强行建房，不听劝阻的；5. 毁渠种桑或其他作物，破坏水利设施，经批评教育不改的；6. 不经组织批准占用承包土地，自行毁地卖土，破坏堤塘制砖，不听劝阻的。

第十一条　本处罚细则裁决后五天内不执行的，上报公安机关改处拘留。

第十二条　本处罚细则应在群众中宣布，国家干部、共产党员、共青团员，要带头遵守并相互监督执行。

第十三条　本处罚细则自公布之日起生效。

油车乡人民政府

1985年9月1日

附：反动会道门组织

（一）“同善社”

禹越“同善社”始于民国17年（1928），木桥、栖丰两村有道徒21人。次年，国民政府明令解散，活动转入隐蔽。抗战中，在邓家坝设先觉祠。抗战胜利后，该社道首为迎合政治，大肆发展道徒。扩及坝里、石屑兜等村庄。并随处建造静坐室。解放前夕，活动猖獗。民国38年春，禹越境内有静坐室18处，道徒352人，形成一股以迷信活动为主的反革命势力。同善社以坐功拜忏为幌子，宣扬荤素不染，入道可以避邪祛灾，登仙成佛。

道徒入社，需要缴纳功德费，数量不限。道首借机敛财，饱入私囊。1952年10月，德清县人民政府明令取缔，道首绳之以法，道徒限令登记退道。但镇境道众阳奉阴违，多次煽动群众，公开对抗。1949年12月初，镇境汤家兜道首周正来，聚集道徒日夜坐功，声称“登记土地有罪，菩萨不叫登记”。“修行的人可以不缴公粮。”12月11日，道徒七八十人，手持凶器，高呼刀枪不入，冲击解放军，打人夺枪，造成流血事件。1951年春，道首周凤翔纠集“十八弟子”，提出“为死者报仇”，策划二次暴动。1952年，道首蔡德法再次策划暴动，被县公安机关侦破未逞。1953年、1957年两年中，部分道徒与不明真相群众无理闹社，煽动退社单干。1962年，余杭县博陆公社道首俞寿章，串联镇境坝里村道徒沈阿见，杨家坝村杨阿梅，并凑组织，在余杭县五杭集镇开会四次，并打出“走马传道，暗渡贤良。修身齐家，治国平天下”旗号，散布“天下就要大乱，要出皇帝。解放军要退出，共产党时间不长”谣言。1968 年 9 月，被政法机关破获。

组织

禹越先觉寺组织分首事、副首事、监理、文牍、交际、收支、庶务七人，下属十八室。骨干姓名如下：

首事：曹益赞。

副首事：沈开成。

监理：沈大吉。

文牍：黄学礼。

交际；曹文高。

收支：俞彩高。

庶务：俞国珍。

下属静坐十八室明细表

表 14-1-1

室长姓名	地址	室长姓名	地址
陈阿柱	木桥陈家里	王金陛	圩郎
张宝生	木桥张家角	沈方中	庙里
沈阿福	木桥葡萄兜	茅福小	高桥湖墩漾北
杨炳荣	杨家坝	沈顺福	木桥木桥头
章安法	塔儿兜	徐阿如	木桥横郎
茅荣昌	树下埭	徐发贵	北圩南横港
张振福	木桥打鸟湾	曹洪发	坝郎
王天生	王家埭	高世玉	高家坝
章阿文	北圩郎	凌福绥	高桥北塔里

层级：

“同善社”分层级，以层级区别功力深浅。整个组织分为 18 层。镇境道徒，四层功 2 人，三层功 6 人。

四层功　（1）沈大吉，又名安昌。1941 年任监理，东村人。（2）曹益赞，名子庆，民国 3 年入社，历任首事。住坝里河西，1957 年卒。

三层功　（1）沈开成，民国 25 年入社，任副首事。住徐家庄，1943 年卒。（2）俞彩高，住坝里塔儿兜，1952 年卒。（3）黄学礼住道场。（4）俞国珍，住坝里塔儿兜。（5）沈仁福，徐家庄人，解放初外出失联。（6）曹文高，住坝里南墙门。

高桥

高桥“同善社”于民国 14 年（1925）由新市后弄刘荣赞发展而来，先纠集沈建昌、沈达三等 6 人，设先觉祠于东溪村。并任命沈建昌、沈达三为正副首事。1944 年，沈建昌病卒，首事由沈连方继承。

抗日战争期间，同善社活动猖獗。1939 年，徐家庄先觉祠道首徐林才扩展到湖墩漾北，设静坐室，道徒 20 人。1942 年又扩展到北塔里，道徒 22 人。至解放前夕，境内有先觉祠 2 处（东溪、湖墩），静坐室 2 个，道徒 150 余人。

组织

先觉祠首事：沈建昌（1925—1944），沈连方（1944—1952）

副首事：沈达三。

监理：沈珍祥。

文牍：沈建红。

交际：张永高。

收支：陈雪林。

下属静坐室 2 个。

室长：凌福山　　地址：北塔里

室长：茅阿山　　地址：漾北

（二）“一贯道”

禹越

“一贯道”源起于山东青州，清光绪 31 年（1905），道首刘青虚借《论语》中“吾道一以贯之”文句命名为“一贯道”。

民国 30 年（1941），“一贯道”从上海、杭州、湖州三地传入德清。至 1947 年夏，在全县最早 5 坛中，镇境占有 2 坛。

境内“一贯道”均由双马乡鱼家庄董金宝、徐长生两人发展，至 1948 年 11 月，共发展母坛 9 只，列表如下：

禹越“一贯道”分布表

表 14-1-2

坛址	水磨墩	朱家墩	莫家庄	北圩	道场	栖丰桥	斗门坝	石屑兜	木桥 横郎西
坛名	明范坛	家庭坛	明察坛	追德坛	明显坛	明见坛	明义坛	明耀坛	朱家坛
时间	1948.1	1948.11	1947.5	1947.9	1947.5	1948.5	1948.5	1947.5	1948.8
坛主	金荣甫	朱阿大	高杏生	沈阿文	徐子培	徐云南	沈云生	张金林	蔡桂武
副坛主	—	—	徐齐玉	沈掌才	徐阿寿	—	—	—	沈洪庆
道徒	60	62	80	45	140	85	89	92	39

在上述 9 只母坛中，明显、明耀共发展子坛 4 只。

禹越“一贯道”母坛发展表

表 14-1-3

上线	明显坛			明耀坛
坛址	杨家坝 荡湾角	徐家庄 树下角	坝里 横荡郎	九里港 河西
坛名	曹宅大坛	浩德坛	家庭坛	家庭坛
时间	1947.9	1948.9	1948.10	1948.5
坛主	曹和尚	陈金龙	葛子连	朱子魁
副坛主	曹宝兴	—	—	—
道徒	98	70	36	91

上述二级坛中，又发展三级坛 4 只。

禹越“一贯道”子坛发展表

表 14-1-4

上线	曹宅大坛			浩德坛
坛址	杨家坝 西南横	木桥 蔡家角	杨家坝 圩郎	坝里 南墙门
坛名	家庭坛	家庭坛	家庭坛	家庭坛
时间	1947.9	1948.10	1948.8	1948.10
坛主	徐文生	徐丫头	张凤林	曹洪庆
副坛主	—	刘阿三	—	—
道徒	31	59	70	10

木桥蔡家角家庭坛于 1949 年初发展四级道坛 1 只。坛址：石屑兜荡郎。坛名：家庭。设坛时间：1949 年 2 月。坛主：袁阿有。下有道徒 35 人。

至解放初，徐家庄境内道坛 18 只，勾里境内 3 只。共有道徒 943 人，其中坛主 20 人，骨干 36 人。

“一贯道”每逢初一、十五到坛堂拜道，道徒入道上交道费。常召开仙费班造谣惑众。如北圩追德坛坛主沈阿文，解放初到处散布“天要黑了，劫难到了”，“种了田，稻米什么吃都不知道”，“只要入了道，空叉袋放在门角落里拍拍就会有米”等言论，破坏生产。

境内“一贯道”坛主为：

（1）朱阿大：钱塘朱家圩人。（2）金荣甫，钱塘水磨墩人。（3）高杏生，钱塘莫家庄人。（4）徐子培，道场河南墩人。（5）徐和尚又名阿寿，道场人。（6）陈金龙，徐家庄树下角人。（7）葛子连，坝里横塘郎人。（8）曹洪庆，坝里北墙门人。（9）徐如生，又名丫头，木桥头小桥头人。（10）沈洪庆，木桥头横郎西人。（11）蔡桂武又名楚武，木桥头横郎东人。（12）袁阿有，石屑兜荡郎人。（13）张金林，石屑兜人。（14）沈云生，石屑兜外口人。（15）朱子奎，九里港胡家埭人。（16）徐云南，女，栖丰桥人。（17）沈阿文，北圩河东人。（18）曹馀庆，又名和尚。杨家坝塘弯角人。（19）张凤林，张家庄圩郎人。（20）徐文生，杨家坝西南横人。

“一贯道”于 1952 年冬被取缔，1957 年全面登记，时全县坛堂 304 只，道首 1847 人，道徒 30806 人。镇境道徒 2897 人，竟占全县总数 9.4%。1972—

1985 年，钟管、干山、油车 3 个乡又发生 4 起“一贯道”复辟案，均受到政法机构严肃处理。

高桥

民国 36 年（1947）7 月，“一贯道”传入高桥境内。其中，最为嚣张的上线为桐乡县界境里明众坛（直属杭州）。先后在红丰、油车、米世、夏家、茅林设立道坛，至次年 8 月，境内道坛有：

（1）明花坛：地址十八亩头。1947 年 7 月。

（2）民善坛：地址立安。1947 年 7 月。

（3）明孝坛：地址董家湾。1947 年 8 月。

（4）明清坛：地址中塔。1947 年 8 月。

（5）明辰坛：地址南丰边。1947 年 10 月。

（6）家庭坛：地址屠家浜。1948 年 3 月。

（7）民众坛：地址湾郎。1948 年 7 月。

在上述 7 处道坛中。除屠家浜家庭坛和湾郎民众坛未发展下线外，其余 5 坛各有发展，尤以董家湾明孝坛为甚。

发展网络

（一）明孝坛：共发展下线道坛 10 处。

（1）吕家里明省坛。（2）陈家潭健德坛。（3）河南家庭坛。（4）西横家庭坛。（5）朱家坝明逸坛。（6）兜兜头翠德坛。（7）牌头尚德坛。（8）夏家家庭坛。（9）鱼家庄家庭坛。（10）上塘圩家庭坛。

由明孝坛发展二级道坛共 7 处。

（1）明省坛发展，高家墩家庭坛 1 处。

（2）健德坛发展，姚家浜家庭坛 1 处，韩家桥家庭坛 1 处，钟家舍景德坛 1 处。

（3）明逸坛发展，田畈兜崇德坛 1 处。

（4）翠德坛发展，李家坝万寿坛 1 处。

（5）上塘圩发展，北塔家庭坛 1 处。

由明孝坛发展三级道坛 1 处。

（1）田畈兜崇德坛发展，卞家里家庭坛。

（二）明花坛：共发展下线道坛 2 处。

（1）上滩郎仁德坛。（2）北窑明花坛。

（三）民善坛：共发展下线道坛 1 处。

（1）周家湾家庭坛。

（四）明辰坛：共发展下线道坛 2 处。

（1）米世湾敬德坛。（2）白马东家庭坛。

由明辰坛发展二级道坛 1 处。

（1）敬德坛发展，张鱼湾家庭坛 1 处。

（五）明清坛：共发展下线道 2 处。

（1）鱼船埭笃德坛。（2）桥里让德坛。

由明清坛发展二级道坛 1 处。

（1）让德坛发展，草桥家庭坛。

此外，“一贯道”传入途径尚有 3 处：

（1）上线为桐乡义马林家浜，1947 年 10 月在红旗兜设明彩坛，1949 年 1 月发展下线为南村清德坛。

（2）上线为桐乡范村，1948 年 8 月在受舍设明笃坛。

（3）上线为新市西栅。先后在 1947 年于北兜、1948 年 3 月于西宅，1949 年 3 月于河西角，各发展家庭坛 1 只。

“一贯道”在高桥境内盘根错节，至解放前夕，共发展母子式道坛 40 只，副坛主以上办道人员 86 人，办事员 246 人，道徒 3000 余人。尤其是董家湾明孝坛，跨越镇区县域，发展道坛 132 只，在余杭、桐乡、德清等 3 县 17 乡中，分布道徒 8000 余人，单点传师就有王秀珍、蒋四宝、陈丈千、郭金奎、董宝金、钱长生 6 人，危言耸听，愚弄群众。

1950 年高桥境内“一贯道”分布表

表 14-1-5

上线 / 坛	桐乡界境里传入（只）	桐乡义马传入（只）	桐乡范村传入（只）	本县新市传入（只）	合计（只）
母坛	7	1	1	3	12
子坛	17	1	—	—	18
孙坛	9	—	—	—	9
曾孙坛	1	—	—	—	1

德清东部“同善社”分布图

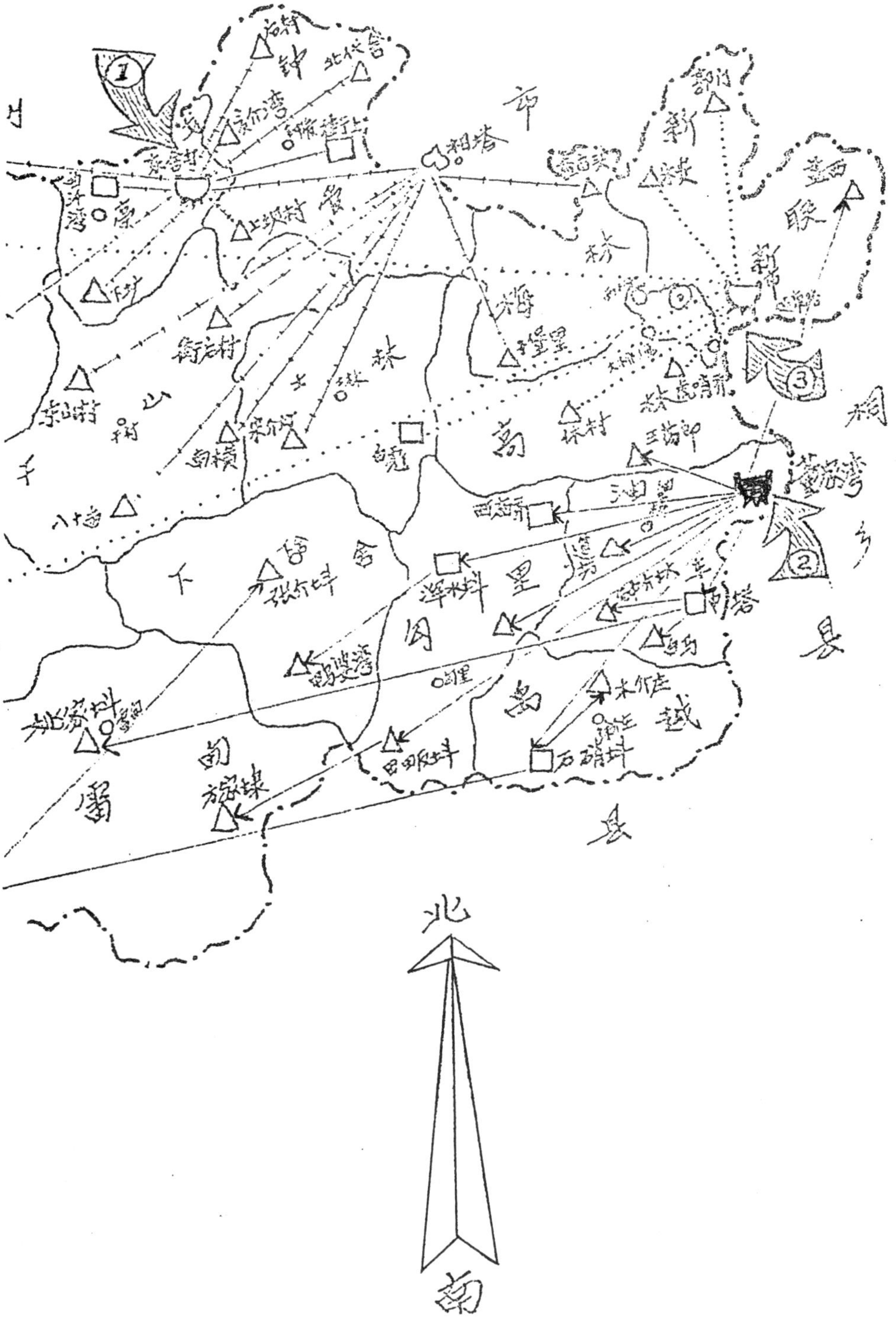

德清东部“一贯道”分布图

第二章 司法

第一节 司法机构

民国元年，县署司法由知县兼理，下设执法员协助。民国 26 年 11 月，县成立司法处。抗战期间，县政府设军、刑、民事 3 庭。34 年 11 月，司法处分设审判、检查 2 庭。其时，民事刑事审判新市并无法庭，民事诉讼，均由吴兴县法院受理。

解放后，镇境司法工作由县公安特派员和民政助理兼管。

1950 年 11 月 15 日，德清人民法庭设新市分庭，受理轻微刑案，指导庭外化解，土改结束后裁撤。1954 年 11 月，德清县人民法院在新市建第一巡回法庭（洛舍第二），1956 年 4 月改称新市人民法庭，辖新联、梅林、高林、士林、勾里、油车、禹越 7 乡。

1979 年，禹越、高桥公社革命委员会设兼职司法助理员。

1985 年 8 月，禹越、油车乡建立司法办公室，各配备专职司法助理员 1 名。

1990 年，建立健全调解组织 24 个，按照“三懂一会”（懂政治、懂法律、懂政策，会做群众工作）目标要求，注重调解队伍综合素质培养。

1997 年 4 月，分别成立徐家庄镇、高桥镇司法所。同时，两镇成立镇法律服务所。

2011 年，根据省司法厅关于加强直属司法所规范化建设的要求，德政办发〔2011〕152 号文件，确立禹越镇司法所为德清司法局派出机构，并下派政法专项编制人员 1 名。

2014 年，镇司法所除人民调解、社区矫正、安置帮教、法制宣传、法律援助、法律服务等职能外，参与其他社会治安综合治理工作，平均每年办案 130

余件。

第二节 民事调解

传统民间纠纷多由同乡、同族长辈、耆老主持调解与鉴证。

1991年，建立村、镇、区三级人民调解网络组织。重点抓好人民调解的“四落实”（组织、制度、工作、报酬）工作，是年，调解村、镇两各类纠纷215起，其中建房土地纠纷64件，婚姻纠纷54起，殴打闹事45起，家庭纠纷21，老人赡养5起，交通事故5起，死人遗产纠纷3起，救济纠纷3起，其他15起。

2000年8月，分别建立禹越、高桥镇调解中心。是年，境内共发生各类民事纠纷102起，调解98起，在调处过程中，做到调处一事，和睦一方，小事不出村，大事不出镇，矛盾不上交。2001年6月起，凡境内因老板拖欠职工工资款而发生劳资纠纷，镇司法员及时调解。是年，全镇共发生各类民事纠纷130起，接受调处120起。

2004年9月，成立镇人民调解委员会。同年12月，成立信访工作领导小组。

同月，建立禹越镇矛盾纠纷调处服务中心。推行信访实名制、村镇政务工作“阳光工程”等维稳机制。

是年，镇司法所调处各类矛盾纠纷88起，调处成功87处。

2005年7月，时任浙江省委书记习近平到德清，亲自接待境内湖墩村村民上访。事后圆满解决问题。

2011年，先后成立了驻派出所调解室、浙江三星新材服务有限公司人民调解委员会、新居民人民调解委员会，使境内人民调解有了更广阔平台。

2013年，镇司法所开通“百姓留声室”服务热线，创建“10分钟服务圈”，至12月底，全镇留声室共解决问题65个，对拆迁征地、工伤事故认定、邻里纠纷、纠纷调处等服务192人次，为群众争取赔偿、补偿资金近100万元。至同年12月底，处理县信访局交办案件26件次，接待来访群众31批，84人次。受理县长热线案件102件，全部办结。此外，在“三改一拆”中累计拆屋面积116349平方米，解决不稳定案件24起，调处矛盾纠纷178起，摄制“老娘舅”节目1期。警民联调工作室调处纠纷78起，挽回经济损失106万元。

第三节　法制教育

1983 年 7—8 月，高桥、禹越公社开展宣传全国人大常委发布的《关于严惩严重危害社会治安的犯罪分子的决定》和《关于严惩严重破坏经济犯罪的决定》，提高全民对社会治安和破坏经济犯罪的认识及其警惕性。次年，油车、禹越乡政府组织司法骨干，建立法制宣传队伍，在各村、各单位展开《中华人民共和国宪法》宣传。

1986 年 4 月，镇境建立普法领导小组，组织各村、各单位开展“一五”普法宣传教育活动，先后举办普法骨干培训班 12 期，参加人数达 1050 人，培养普法骨干 120 多名。法律法规培训普及人数达 2 万多人次，1989 年下半年，至次年 2 月，禹越、油车乡分别开展全民国土观念教育，宣传土地管理法，同时开展国有土地、集体土地使用权申报登记工作。

1991—1995 年，两乡普法领导小组组织实施“二五”普法宣传教育活动。组织干部、群众学习《中华人民共和国宪法》《中华人民共和国土地管理法》、《中华人民共和国环境保护法》《中华人民共和国义务教育法》及《计划生育管理条例》等 14 部法律法规知识。先后举办法制培训班 11 期，培训普法骨干 780 余人，举办法律知识讲座 12 场次，学习人数达 9500 余人，组织编写刊出黑板报、专刊、宣传橱窗 15 期。

1996—2000 年，全面实施“三五”普法宣传教育。先后组织法官、律师和镇司法人员进行专题讲座 13 次，培训人员累计 650 余人次。

2000 年始，镇境各村实行村务公开，政府设置行政、财政公开栏，定期向人大代表述职汇报，接受人大检查、群众监督。同年 11 月，开展“扩大社会支持，防止家庭暴力”专项宣传教育活动。

2001—2005 年，禹越镇实施“四五”普法宣传教育。学习《中华人民共和国未成年人保护法》《中华人民共和国预防未成年人犯罪法》《中华人民共和国消费者权益保护法》《中华人民共和国食品卫生法》《中华人民共和国公共场所卫生管理条例》《中华人民共和国环境保护法》《中华人民共和国民法通则》《中华人民共和国妇女权益保障法》《中华人民共和国老年人权益保障法》《中华人民共和国婚姻法》《中华人民共和国人口和计划生育法》《中华人民共和国公民道德建设知识简本》《中华人民共和国行政诉讼法》《中华人民共和国行政复议法》《中华人民共和国行政处罚法》《中华人民共和国国家赔偿法》《中华人民共和国经济法》。等 17 种法律。同时，将“普及版”试卷分发到各单位，普法重点对象参考率达 90%以上。共刊出板报 30 期，悬挂横幅 40 条，开设知识讲座 5 次，设摊接受咨询 10 场次，法律法规图片展览 45 幅，分散发放宣传资料 15000 份。

2004 年，在新的《中华人民共和国道路交通安全法》《中华人民共和国行政许可法》《中华人民共和国宪法修正案》颁布后，通过“我与父母同学法”的逆向灌输形式，增强青少年学生法制意识。

2006—2010 年，镇境实施“五五”普法宣传教育工作。讲授《中华人民共和国宪法》《中华人民共和国行政处罚法》《中华人民共和国行政许可法》《中华人民共和国村民委员会组织法》等 10 余部法律法规知识。同时，聘请 15 名同志到各村（居）担任“法制村干部”，协助村“两委”抓好社会稳定、法制宣传、人民调解、人口管理等工作。

2011—2015 年，实施“六五”普法宣传工作。开展“法律六进”（进机关、进乡村、进企业、进社区、进学校、进单位）活动。至 2014 年，印发《平安禹越》专刊 13 期，计 26000 份，

第四节　法律服务

1958 年 6 月，县政法办公室在新市设政法工作组，负责各片政法工作。禹越、油车属其服务范围。

1993 年，禹越派出所运用法律手段，帮助镇内企业追回现金、物品多起。

1997 年 4 月，成立镇法律服务所，为全镇企事业单位、机关和公民提供法律咨询，代写法律文书；接受当事人委托参与民事诉讼、非诉讼调解和仲裁活动；担任事业单位、承包经营户、个体工商户的法律顾问；协助公证处办理有关公证事项；调解民事纠纷。

1998 年秋，制定并公布《德清县徐家庄镇依法治镇管理规定》。自 1998 年 10 月 1 日起在全镇施行。

2002年5月，建立徐家庄镇法律服务所，为全镇公民、企业提供法律咨询和法律服务。

2004年7月，镇人大、政府对全镇企业开展《中华人民共和国劳动合同法》执法检查。并对企业欠薪行为及时纠正。

2008年后，年均接受各类咨询200余件，迄今提供法律援助600余起，其中企业欠薪案件500余起，涉及金额2600余万元，为维护弱势群体的权益做到应援尽援。

第三章 消防

镇境村庄集中，消防安全任务重大。

第一节 消防组织

传统以“敲梆”（亦称“打更”）开展消防宣传。

民国34年（1945），新市区设立消防队，负责该区消防事宜，区队设消防员50人，境内各保属其服务范围。

解放后，贯彻“以防为主，以消为辅”工作方针。农业合作化时期，常在农忙季节、过年或干旱季节（俗称“烘燥天”）设义务宣传员，沿村呐喊“小心火烛，关好门户”，提醒村民提高安全意识。一旦发生火灾，依靠当地群众自发救火为主，民间救火一般采用手工提水扑灭的方法，效果较差。

1957年5月上旬，县公安局在禹越举办为期三天的“四防”图片、实物宣传教育展览。1984年10月，贯彻“预防为主，防消结合”的消防工作方针。

1987年，徐家庄集镇建立兼职义务消防队，配有容水量3吨的解放牌消防车1辆，消防水带7支，兼职消防员7名。

1988年以后，境内各乡、村逐级落实防火责任制，1992年，镇设专职消防员。全镇11个村、厂建立义务消防队。是年，全镇有消防队员48人，1996年至54人。同时，政府加强对消防工作的投入，力争“三通”（通消防水流、通消防道路、通消防通讯），在集镇和学校、医院、影剧院等公共场所增设消防栓、水带等消防设施。翌年7月，镇成立“消防工作领导小组”。

2000年4月，建立镇消防、安全生产领导小组。同年10月，镇派出所、镇政法办公室和镇实业公司联合组织全镇开展消防泵出水操作比赛。11月，又组队参加全县消防比赛。是年，全镇又新置灭火器120只。

2004年，实行消防合格证制度，对原有老企业逐一进行防火达标改造。每年组织3—4次消防安全检查，发现隐患立即整改。对易燃易爆企业、库、点实行重点监督，配齐专职消防安全员，强制配备相应消防器材设施，订立规章制度，落实防火措施。是年，开展6次安全生产及消防安全大检查，向6家企事业单位发出整改通知。

2005年以后，境内火灾多发。据德清110公安指挥系统信息显示，自2005年至2013年，境内重大火灾报警记录96次。造成火灾原因有三：一是清明节扫墓，随意点香烛放炮仗；二是乱掷烟蒂；三是田头路边烧茅草。针对镇域火灾特点，制订宣传措施。

2012年，镇安监站落实消防安全责任制，全年共签订消防安全责任书89份。同时，开展消防安全大检查活动，处理消防纠纷案件218起，拘留违法人员50名，罚款19300元。定期举办消防员培训班，全年共培训消防员215名。

第二节　安全生产

1992—2003年，镇人民政府先后组织了九次“百日安全生产无事故竞赛活动”，宣传和贯彻落实《中华人民共和国安全生产法》；组织安全生产专项整治活动；对企业法人代表、注册安全主任和管理人员开展安全管理资格培训等。

1993年，为提高安全自防能力，全镇推广使用“装甲化”保险箱，还在要害部门安装报警器。

1995 年 1 月，《中华人民共和国劳动法》实施。同年 3 月，镇成立了安全生产领导小组，配专职安全员 1 名，兼职安全员 2 名。

2001 年 10 月，镇派出所对全镇有易燃、易爆和极毒物品的单位再次开展安全检查。10 月下旬，又用 4 天时间，对全镇 5 个私营企业、中小学进行了安全检查。

是年，委派 10 名安全员到省、市安全机构参加业务培训，回来后再分派到各企事业单位普及安全知识。

2004 年，成立镇公共安全监管站（简称“安监站”），下设 6 个安全站，即安全生产监督管理站、质量与食品药品安全监督管理站、交通安全工作站、消防安全工作站、环境保护监督管理站和消费维权工作站。工作人员 27 人，全年共签订安全生产责任书 342 份，企业安全检查 377 家次，查出安全隐患 872 件，开出整改指令书 75 份，8 家企业受到处罚。

2011 年，开展“一打四整治”活动。集中排查危险化学品企业 6 家；油漆储存经营户 7 家；烟花爆竹经营户 9 家；其他行业 68 家。共查出安全隐患 152 处；查处道路交通违法行为 196 起；消防检查 45 家次；工程工地检查 4 家。是年 8 月至 9 月底，出动检查人员 128 人次，检查单位 65 家，查出安全隐患 242 处，整改安全隐患 235 处。是年，全镇共有 59 家企业参加安全诚信管理活动，经安监站评估，评出 A 类企业 9 家，B 类企业 46 家，C 类企业 4 家。同时开展油漆行业专项整治。全镇经营油漆业店铺 11 家，其中 6 家经营户没有办理安全许可证，责令其参加县安监局举办的特殊行业安全培训班培训并取证。

2011 年，镇安监站培训普通职工 6030 人次，电工、电焊工、铲车工、起重机械工等特殊作业人员 33 人。复审和培训拥有安全资格证的企业负责人和管理人员 172 人。翌年，新工上岗培训 8977 人次，特种作业培训 372 人，持证安监人员培训 319 人。

2013 年，镇安监站建立镇企业、工商户网格化四级管理体系。初步实现对全镇 465 家企业或工商户的网络化管理。全镇企业安全监管实行镇、村分管。对规模较大的 A 级企业（23 家）每 2 个月检查一次，B 级企业（121 家）每季度检查一次，C 级企业（225 家）半年检查一次。是年，全镇共检查企业 443 家，查出安全隐患 1599 个，开出整改指令 53 份，7 家企业受到安全责任处罚。

自 1995 年至 2013 年，全镇连续无重大特大安全事故发生。

附：部分年份自然灾害和重大安全事故

1962 年秋，境内特大洪灾。洪水冲毁木桥头村北木桥，桥梁和桥面木排被洪水卷走，木桥头村境内王家湾数百亩稻田被淹没。镇境内一片汪洋，靠河边的农户家家进水，学校停课，集镇商店关门歇业，行人出入用小划船。洪水期间，发生房屋倒塌压伤村民事件多起。

1974 年 4 月 8 日，高桥公社中心小学组织全体教师 55 人，前往雷甸公社下高桥大队参观学习“下高桥大公无私、割资本主义尾巴”经验。上午 9 点多，公社自备小轮船拖着一条水泥船到达雷甸境内七里塘河时，突然绳索断裂，造成水泥船翻船。船上教师 24 名全部落水，经全力抢救，最终 21 人获救，3 人死亡。

1991 年 6 月中旬，境内数天连降暴雨。造成石盾斗村、九里港村、坝里村等农户 9 间房子倒塌，淹没西瓜田 516 亩、甘蔗地 350 亩、稻田 63 亩，死掉逃掉淡水鱼 570 担，冲毁砖瓦厂半成品砖 400 万块，直接经济损失 87 万元。

1995 年 6 月中旬，到 7 月中旬，境内连续遭受三次暴雨和大暴雨袭击。镇境共出现三次洪峰，全镇受灾人口 1.14 万，受灾农田 1 万多亩，部分农田一片汪洋，倒塌房屋 28 户 17 间，损坏房屋 67 户 215 间，田间经济作物和镇、村企业也遭到严重损害。全镇因灾直接经济损失 235 万元以上。

1996 年 6 月 30 日，境内遭受特大暴雨、冰雹、洪水袭击，造成早稻严重减产，经济作物歉收，部分农户民房倒塌。

1997 年 8 月，镇境遭遇“9711”号台风袭击，造成境内部分村民房屋倒塌，救济作物严重损坏，给重灾户、特困户、五保户日常生活带来困难，

1999 年 6 月 30 日，境内遭受百年未遇特大洪水灾害。据高桥镇政府调查统计，是年，因洪水造成全镇缺粮户 12 户，16 人，计 1000 公斤；缺钱户（经济困难户）45 户，126 人，计人民币 2 万元；缺住房户 12 户，60 人。

第十五卷　民　政

第一章　优抚工作

解放初，组织群众开展“拥军优属”活动，向军、烈属拜年，在军属门庭挂上“光荣人家”荣誉牌，贴上“一人参军，全家光荣”对联，赠送礼物，以示慰问。

对缺少劳动力的军、烈属实行代耕代劳，以乡为单位，按村、组劳动力组成代耕代劳小组，包耕包收。

农业合作化时，将代耕代劳改为优待劳动工分。即在年终分配时，根据军、烈属户的实际困难情况，由集体实贴若干劳动工分，纳入年终分配兑现。

1958 年人民公社后，一度实行吃饭不要钱，优待中断，集体食堂解散后又恢复补贴制。

1966 年，境内实行军属优待劳动日制度，对现役军人实行工分补贴。

禹越公社 1966 年军属优待劳动日分配表

表 15-1-1

村名	户数	劳动日	村名	户数	劳动日
钱塘	4	660	木桥头	10	1430
道场	3	400	石屑斗	3	670
杨家坝	1	250	九里港	1	50
徐家庄	4	680	栖丰	4	850
坝里	3	420	北圩	4	600

1981 年开始，对农村入伍的军、烈属和残废军人实行现金优待。1985 年起，对城镇青年服役的现役军人也实行发放优待金。义务兵优待金发至转为志愿兵为止。1986 年，镇政府根据县民政局、财政局核定补贴，对全镇 1954 年年底以前参军的退伍军人 83 人，按年度分别给每人每月发放生活补贴金 10 至 25 元。

1996年11月，镇政府发文（徐政〔1996〕44号）建立拥军优属领导小组，设组长、副组长各1名，组员3名。

1998年1月，县民政局印发通知（德民〔1998〕6号），下拨本镇1997年度义务兵家属、在乡伤残军人、定补复员军人优待金66888元，其中1997年度义务兵家属优待金每户2144元，计51456元；“三属”（革命烈士、因公牺牲军人、病故军人的家属）优待金每人1072元，在乡伤残军人每人858元、定补复员军人每人643元，计15432元。

2013年，镇政府根据县民政局有关政策，对全镇在部队服役的军、烈属、退伍的残废军人每年每人优待金为7900元。同年，全镇烈属1户，享受优待金每年14690元；伤残军人4人，其中九级残废2人，十级残疾2人，每年享受伤残军人优待金由县民政局统一发放。

2005—2014年禹越镇现役军人救济金发放金额

表15-1-2　　单位：元

年份	金额	年份	金额	年份	金额	年份	金额
2005	169900	2008	243900	2011	359328	2014	484770
2006	34800	2009	251450	2012	436048	—	—
2007	165700	2010	303900	2013	434775	—	—

第二章　就业安置

复员退伍军人

解放后，复员军人安置工作均由乡、镇政府负责。凡原籍农村，退伍后原则上回家从事农业生产，也可根据乡、镇情况，安置在县、乡镇单位工作；凡家在城镇的，均将其安排在城镇单位就业。1958 年开始接受退伍义务兵后，安置原则从哪里来回哪里去，也视城镇单位就业需要安置退伍军人。

回农村退伍军人，生产实践中表现好、有才干的，则充实农村基层干部队伍。1977 年起，社办企业不断发展，退伍军人按文化、技术优先安置进社办企业。城镇户口的，则由县民政局负责安置在国营、集体企事业单位工作。

1988 年 2 月，乡政府印发《现役军人先安置后入伍的通知》，通知指出：根据市府〔1987〕13 号文件精神和县府、县民政局有关文件精神，经乡政府研究决定，从 1988 年 1 月起，对本乡内现役军人实行先安置后入伍的办法。现役军人安置在乡办企业后，经费由乡民政办和乡工业办统一筹集，年终结算，由现役军人统一领取。

1998 年起，家在农村的退伍军人，入伍前在镇村企业工作的，按哪里来回哪里去原则，退伍后回原单位工作。入伍前无职业的，退伍后，政府发给 3 个月待业金，自找门路自谋职业。

城镇下放人员

1962 年底，政府贯彻中央“调整、巩固、充实、提高”方针，压缩城镇户口，精退职工，境内城镇职工大批下乡从事农业生产。1964 年起，按国家政策，安排大部分下放人员陆续回原单位工作。一时无法回城镇工作，留在农村的老职工，优先安排进社办企业工作。对少数多病或劳力较差职工，则由县民政局按其本人每月应得工资的 40%给予定期补助。1999 年开始，政府定期补助下放老职工每月 1200 元。

城镇知识青年上山下乡

1968— 1975 年，镇境接收新市、城关等城镇插队青年 115 人。1971 年 5 月，根据县民政局下达任务，动员城镇知青插队到本公社生产大队安家落户。

1973 年 11 月，公社革委会成立“知识青年上山下乡领导小组”。

1975 年，政策调整，下放插队知识青年通过招工、病退等渠道陆续返回城镇。至 1980 年年底，全镇插队知识青年全部返回城镇得到安置。

社会待业人员

民国时期，职业自谋。

解放后，城镇劳动就业由政府统一安排。1958 年，人民公社设劳动调配组，安排待业居民和中小学毕业生进入工商业和事业单位。1970 年，一部分农村青年经大队推荐、公社招工领导小组批准，陆续进入各企事业单位。1984 年后，以学历为招工条件，经过文化考试择优录用。

1985 年 11 月，油车乡党委、乡政府联合印发“关于照顾军属、教师、贫困户的若干规定”（油委、油政〔1985〕25 号）：1. 凡现役军人、教师每户可照顾 1 名直系亲属（包括配偶、子女、兄弟姐妹）优先安排在乡、村企业工作，投资款减半，但亲属年龄必须在 30 岁以下；2. 教师、退伍军人回家，根据本人特长，都妥善安排在乡、村企业工作；3. 为照顾贫困户，根据本人申请，经村两委会同意，报乡政府批准，可照顾 1 人安排在乡、村企业工作，免交投资款，被照顾人员要求思想作风正派，年龄在 30 岁以下；4. 从 1986 年起，现役军人优待费每年补贴 350 元，经费来源继续实行统筹的办法。

1986 年，政府设劳动人事助理员，根据户籍、年龄、学历诸方面条件，负责安置境内待业青年、闲散劳动力和应届初、高中毕业生。

1987 年以后，境内乡镇企业蓬勃发展，退伍军人，大中专毕业生和其他就业人员，都能自主找到合适工作岗位。镇政府就业安置取消。

第三章　社会救济

重灾、病、残、低保户

解放初，农村贫困户，因灾、病、残、主要劳动力丧失、鳏寡孤独者，每年予以社会救济，以解决生产、生活中困难。每年冬季发放棉衣、棉被等御寒物品，青黄不接时发放救济粮。对缺乏生产资金者，播种季节救济种子、肥料等。1956 年农业合作化后，每年年终分配时，由各初级社、高级社通过群众评议，对困难户给予发放救济金。1959 年后，顺序为个人申请，生产队、大队经讨论后签署意见，公社领导小组审核批准。凡一次性救济金额超过 50 元的需送县民政部门批准后方可发放。1982 年起，由政府牵头，协调财政、劳动、供销社、粮管所、信用社等部门，从资金、劳力、安置等方面对贫困户进行多渠道扶持。1989 年后，农村扶贫以科技援助为主，辅以经济扶持，使农村贫困户成为种养专业户，对特殊困难户作重点救济。

2000 年后，残疾人、重病者、特困户等弱势群体的生活保障进一步落实，安置有劳动能力的残疾人进入福利企业。18 周岁以上，无就业能力的残疾人每年同等享受生活补贴 1200 元。农民人均月收入低于 230 元、社区居民人均月收入低于 300 元的家庭定为低保户，低保户领取政府差额补贴每年 2500 元。患有 8 种重症（癌、白血病、尿毒症、器官移植后抗排异药物治疗、再生障碍性贫血、血友病、重症精神病、系统性红斑狼疮）家庭困难者（低保边缘户），除享受医疗救助外，享受大病困难救助。子女就读小学、初中的贫困户，其子女在校费用全部免除，就读高中、大专以上的贫特困户，采取政府救助和社会捐助办法，资助其子女的学业费用。2013 年，全镇低保人员 321 人，政府发放低保金 804750 元。对全镇低保边缘户（4 户），敬老院五保户（9 户），各村分散供养户每月补助480元。贫困大中专学生6人，补助经费32000元，慈善基金禹越分会捐助84800元。

五保户

1956年合作化时，对丧失劳动能力的孤寡老人和孤儿实行“五保”供养，即保吃、保住、保穿、保医、保葬（孤儿保教）。然因当时经济薄弱，仅限保吃、保住、保穿，政府给予临时补贴，冬天发放寒衣。

1971年，实行合作医疗制度后，五保户医疗得到保障。

1980年，境内丧失劳动能力的老人和孤儿有31户42人。住危险房屋者，动员进乡敬老院，不愿进院者由所在大队生产队移居集体仓库。分散居住者，由大队妇女主任同邻居、亲戚组成包护组，按时落实供养物资。

1989年12月，乡制定“关于五保户供养暂行办法”。为敬老院五保老人提供生活费每年720元，由所在村负担，敬老院内其他一切费用由乡政府承担。对分散居住者，由所在村每年供应口粮300公斤，柴500公斤，油3公斤及菜金零用钱。2005年，分散居住在各村的五保老人尚有5人。

敬老院

创办于1987年11月，址设木桥头村小桥头，7间简易平房，140平方米，收养五保老人31人。1991年迁移徐兴路61号。2013年，镇敬老院平房1幢，院舍10余间，有办公室、食堂、老年活动室，老人卧室有抽水马桶、浴室、彩色电视机等。院内绿化面积200多平方米，共收养五保老人6人。生活费每年720元，由各所在村提供，院内日常费用由政府补贴，每月每人发60元零用钱。敬老院配院长1名，炊事员1名，工作人员2名。2004年，被评为湖州市三星级敬老院。

禹越镇部分年份居民生活保障金一览表

表 15-3-1　　　　　　　　　　　　　　　　　　　　单位：元

年度	保障对象总户数		保障对象总人数		季度支出保障金	
	城镇	农村	城镇	农村	城镇	农村
2004	5	53	6	162	3700	22080
2005	7	128	9	360	4320	54240
2006	8	136	10	389	4950	58185
2009	5	162	8	470	5070	123450
2010	5	146	6	392	4575	103755
2011	16	126	17	354	17760	117600
2012	14	125	15	340	18480	186300
2013	12	116	12	359	16560	188880

说明：上表数据由镇民政办提供

第四章　婚姻登记

传统婚姻凭父母之命，媒妁之言。1950 年中央人民政府颁布《中华人民共和国婚姻法》后，提倡婚姻自由，始有婚姻登记。1962 年规定，凭结婚登记证，优先供应油、糖、肉、棉花胎、便桶和布票等。

1986 年 3 月 15 日实施新婚姻登记法，反对未婚同居和未婚先孕。1991 年，实行婚前体检，规范婚姻登记工作。境内青年结婚登记率达到 100%。

2004—2013 年禹越镇婚姻登记一览表

表 15-4-1　　单位：对

年份	结婚	离婚	年份	结婚	离婚	年份	结婚	离婚
2004	150	10	2008	168	17	2012	166	21
2005	108	12	2009	144	18	2013	218	19
2006	128	8	2010	145	20	—	—	—
2007	141	13	2011	200	22	—	—	—

说明：以上数据由镇计生办提供

第五章　殡葬改革

传统土葬，1956 年农业合作化时，发动群众墓地自移、平坟深埋，增加耕地面积。

1985 年 9 月，德清乾元镇文明塔边上火葬场建成后，全县城乡逐渐推行。1988 年，境内全面实行火葬。

同年 10 月，镇境清理乱埋乱建骨灰盒坟墓，并分别在徐家庄片木桥头村尖兜角和高桥片木鱼桥建造 2 个安放骨灰的“纪念堂”。其中，徐家庄片纪念堂占地 2 亩，堂内墓穴位 4000 只，已存放骨灰盒 1500 只；高桥片纪念堂占地 1.5 亩，堂内墓穴位 4600 只，已存放骨灰盒 1600 只。

2000 年 12 月，建立“镇殡改专项治理领导小组”，此后至今，境内无乱埋葬、乱建坟现象。

第十六卷　社会组织

第一章　社会团体

镇境解放后，先后建立德清县总工会、德清县农民协会、中国新民主主义青年团德清县委员会、德清县民主妇女联合会等群众组织。

第一节　中国共产主义青年团

1950年6月，中国新民主主义青年团德清县工作委员会成立后，开始在境内青年中发展共青团员，次年1月，禹越、三来两乡分别成立第一个团支部。其中三来乡团员11人，禹越乡团员9人。至1955年，禹越乡发展到6个支部，团员43人；三来乡8个支部，团员72人；油车乡5个支部，团员53人。1956年，高桥乡成立团总支，下设9个团支部。此后至1965年，高桥公社团支部发展到16个，有团员422人；禹越公社13个团支部，团员438人。文化大革命开始后，共青团组织被红卫兵组织取代。1970年恢复团组织，建立新团委，高桥恢复支部9个，团员356人；禹越恢复团支部11个，团员304人。此后，境内两公社（乡、镇）共青团组织正常发展，先后召开十一次团代会，选出十一届团委会。

两镇合并后，分别于2006年、2011年、2013年、2016年召开四次团代会，产生四届共青团禹越镇委员会。2016年，镇团委下辖团支部52个，团员675人。

乡镇团组织领导

表16-1-1

禹越支部	任职年月	三来支部	任职年月	油车支部	任职年月
姚小狗	1951.1—1951.6	俞志荣	1951.1—1951.6	—	—

续表 16-1-1

禹越支部	任职年月	三来支部	任职年月	油车支部	任职年月
姚小狗	1951.1—1951.6	俞志荣	1951.1—1951.6	—	—
陈华法	1951.6—	孙金林 （三来一支部） 杨传泰 （三来二支部）	1951.6— 1952.7—	王才生 （油车团小组）	1952.7—

禹越乡团总支	任职年月	高桥乡团总支	任职年月
章锡荣	（不详）	李年法	1956.5—

高桥人民公社团委	任职年月
葛兴惠	（不详）

禹越公社（乡、镇）团委	任职年月	高桥公社（乡、镇）团委	任职年月
周文华	1961—	葛兴惠	1961—
杨可靖	—1970.11	李荣法	1970.10—
沈敬法	1970.11—1973.12	沈炳庆	—1978
沈水荣	1973.12—1981	朱兴泉	1978—1980
陈金初	1981—1988	凌文仙	1980—1981
杨有才	1988.1—1990.4	董昌荣	1981—1987
沈亦红	1990.4—1994.7	沈学军	1987.10—1990.4
钟阿芬	1994.7—1995.8	沈叶明	1990.4—1994.1
沈国良	1995.8—2004.4	蔡晓荣	1994.1—2000.7
—	—	罗洪明	2000.7—2004.4

禹越镇团委	任职年月
罗洪明	2004.4—2010.8
姚晔	2010.8—2013.8
沈旭明	2013.8—2014.8
孙延新	2014.8—2015.8
钟凯	2015.8—

第二节　妇女联合会

1950 年 5 月，德清县召开第一次妇女代表大会，次年 9 月召开第二次代表大会，正式成立德清县民主妇女联合会。境内禹越、三来、油车三乡各有 2 名妇女代表出席。是年，禹越、三来两乡妇女联合会成立，禹越乡妇女代表 108 人，三来乡妇女代表 121 人。1952 年，油车乡妇女联合会成立，妇女代表 52 人。其时，乡妇联主要工作为：提高妇女平权意识，号召妇女参加农业生产，宣传婚姻法，提倡婚姻自由，增强妇女参政意识，组织妇女参加冬学等活动开展工作。1957 年，两乡重新组建民主妇女联合会。有 28 名妇女代表出席全县妇女代表大会。

人民公社化后，妇联工作主要为：宣传“劳动光荣”，主张“男女同工同酬”，号召妇女养猪、养羊，发展畜牧生产，学习“李双双”， 发挥妇女半爿天作用，表彰妇女积极分子等。1960 年，县召开全县青年妇女和妇女积极分子大会，镇境妇联代表出席。“文化大革命”期间，妇女工作以“抓革命、促生产”为主，境内高桥公社许阿琴当选为县妇联第七届委员会委员，并出席浙江省第五次妇女代表大会。

改革开放后，境内妇女组织趋于规范，村级妇代会和单位、企业妇代会逐步发展。1988 年，油车召开八届妇代会，代表 81 人。1991 年 1 月 14 日，召开九届妇代会，出席代表 67 人，列席 2 人，选出委员 7 人。禹越于 1988 年召开十届妇代会，代表 75 人。1990 年 11 月 8 日召开十一届妇代会，出席代表 64 人。1995 年，高桥镇妇代会 16 个，妇女委员 47 人；徐家庄镇妇代会 18 个，妇女委员 67 人。两镇合并后，先后于 2006 年、2011 年、2013 年召开三次妇女代表大会，选出三届镇妇女执委会。至 2016 年，全镇妇代会发展到 44 个。妇女工作不断与时齐进，提倡计划生育、优生优育；号召妇女多种经营，发家致富；组织“双学双比”和“巾帼建功”竞赛； 建立巾帼建功示范岗，表彰“三八红旗手”； 开展平安家庭、学习型家庭、绿色环保家庭和五好家庭、文明户、遵纪守法户等评比表彰。

乡镇妇联组织领导

表 16-1-2

<table>
<tr><td>禹越妇联</td><td>任职年月</td><td>三来妇联</td><td>任职年月</td><td>油车妇联</td><td>任职年月</td></tr>
<tr><td>—</td><td>（不详）</td><td>俞法珠</td><td>（不详）</td><td>沈金娥</td><td>（不详）</td></tr>
<tr><td colspan="2">禹越乡妇联</td><td>任职年月</td><td colspan="2">高桥乡妇联</td><td>任职年月</td></tr>
<tr><td colspan="2">（不详）</td><td>—</td><td colspan="2">俞法珠</td><td>1956—</td></tr>
<tr><td colspan="3">高桥人民公社妇联</td><td colspan="3">任职年月</td></tr>
<tr><td colspan="3">（不详）</td><td colspan="3">—</td></tr>
<tr><td colspan="2">禹越公社（乡、镇）妇联</td><td>任职年月</td><td colspan="2">高桥公社（乡、镇）妇联</td><td>任职年月</td></tr>
<tr><td colspan="2">赵春凤</td><td>1961—</td><td colspan="2">徐培仙</td><td>1961—1977</td></tr>
<tr><td colspan="2">沈燕</td><td>（不详）</td><td colspan="2">凌文仙</td><td>1977—1978</td></tr>
<tr><td colspan="2">沈梅仙</td><td>（不详）</td><td colspan="2">王水佳</td><td>1978—1981</td></tr>
<tr><td colspan="2">陈金萍</td><td>（不详）</td><td colspan="2">沈新莲</td><td>1981.1—1987.12</td></tr>
<tr><td colspan="2">曹兴梅</td><td>（不详）</td><td colspan="2">沈杏仙</td><td>1987.12—2004.4</td></tr>
<tr><td colspan="2">朱玉琴</td><td>（不详）</td><td colspan="2">—</td><td>—</td></tr>
<tr><td colspan="2">钟阿芬</td><td>1987.5—2004.4</td><td colspan="2">—</td><td>—</td></tr>
<tr><td colspan="3">禹越镇妇联</td><td colspan="3">任职年月</td></tr>
<tr><td colspan="3">曹娅芬</td><td colspan="3">2004.4—2012.8</td></tr>
<tr><td colspan="3">朱丽佳</td><td colspan="3">2012. 8—2013.10</td></tr>
<tr><td colspan="3">曹晓萍</td><td colspan="3">2013.10—2016.1</td></tr>
<tr><td colspan="3">赵春燕</td><td colspan="3">2016.1—</td></tr>
</table>

第三节 工 会

县内工会组织始于民国 17 年，抗战后期，各行业分别成立行业协会。1950 年 12 月，德清县总工会筹备委员会在城关镇成立。次年，境内三来乡蔡顺珠当选浙江省劳动模范。1995 年，米世村油车制丝有限公司率先成立工会，会员 115 人，其中女会员 90 人。1998 年，徐家庄镇工会成立；次年，高桥镇工会成立。1999 年 9 月 13 日至 14 日，县总工会在徐家庄镇召开全县新经济组织工作座谈会。此后，镇境先后有 38 家企业成立工会。至 2004 年 8 月，全镇基层工会 94 家，职工 4720 人，会员 4559 人，其中女会员 2270 人。禹越镇在 2004 年、2009 年、2014 年召开 3 次会员大会，产生 3 届镇总工会委员会。2015 年，镇总工会下辖基层工会 219 家，会员总人数 7347 人，其中女会员 3709 人，农民工会员 1682 人。

禹越镇工会组织领导

表 16-1-3

禹越公社（乡、镇）工会主席	任职年月	高桥公社（乡、镇）工会主席	任职年月
严才福	1998—	房永根	1999—
宋生来	—	姚洪田	—
—	—	赵叙坤	—
禹越镇总工会			
工会主席	任职年月	专职副主席	任职年月
顾雪根	2004.4—2005.7	沈杏仙	2004.4—2016
杨玉仙	2005.7—2009.2	—	—
曹益春	2009.2—2011.8	—	—
沈群涛	2011.8—2016.11	—	—
泉江东	2016.11—	—	—

第四节　科学技术协会

徐家庄于 1985 年 10 月建立。1988 年 1 月设主席。

主席：沈水荣（1988.1—2001.11）

油车乡于 1984 年 1 月建立。1988 年 1 月设主席。

主席：沈同生（1988.1—1999.1）

高桥镇主席：黄林祥（1999.1—2004）

徐家庄镇主席：沈月强（2001.11—2004）

两镇合并后科技组织负责人如下（每届任期 5 年）

表 16-1-4

类别	第一届	第二届
主席	蔡晓荣	何卫国
副主席	罗洪明、高子康	罗洪明、高子康
秘书长	钟群荣	钟群荣
委员	王金福、钟云峰、沈云昌、高根泉、俞坤龙	王金福、沈海良、沈云昌、杨敏、范旭明

科技协会成立后，在创建省、市、县科普示范单位中，5 个行政村榜上有名：

（1）省级：夏东村。（2）市级：木桥头村、栖湖村。（3）县级：三林村、栖湖村、木桥头村、钱塘村。

在养殖、种植技术推广中，四种生产模式被列入金桥工程项目：

（1）黄河中华鳖生态养殖技术。（2）黑鱼苗种的人工繁殖与推广。（3）乌鳢家鱼混养技术推广。（4）大棚蔬菜轮套作技术推广。

多年来，镇境产生了 5 位农民专家，其中水产养殖为王金福、沈云昌、梁金才，畜禽养殖为房永根，蔬菜种植为范旭明。

2011 年，荣获县级科普工作先进集体。2013 年，荣获市级科普工作先进集体。同时，浙江双林机电科技有限公司天鸿、德清三星新材公司张金珠，荣获县十佳企业科技工作者称号。大禹蔬菜花旭民，绿顺水产公司高根泉荣获县十佳农业科技创新带头人称号。

第二章　其他社会团体

（一）农会

1950 年冬建立，设主任 1 人。时禹越乡有会员 5890 人，双马乡 5930 人，1954 年解散。

（二）贫代会

1970 年 1 月，各大队竞建贫下中农代表会。会员进驻工厂、学校、机关，协助斗批改。时禹越有贫代会 11 个，高桥 9 个，两地共有会员 296 人。1973 年 10 月终止。

（三）计划生育协会

1988 年成立，由行政村妇女主任兼任村会长，生产组妇女干部为当然会员。协会主要工作为统计育龄妇女，指导避孕，安排二胎，适时组织体检，确保人口增长率符合指标。2013 年，全镇有村级协会 11 个，企业协会 15 个，共有会员 3089 人。本届会长沈群涛，常务副会长闻卫强，专职副会长沈杏仙，秘书长沈鑫琴。工作以自治、关怀、维权为主线，开展发放避孕药具、提供免费检查，以及健康咨询服务。3 月中旬、实施万名妇女健康工程，开展为期 9 天的生殖健康检查，受检育龄妇女超过 2000 人。

（四）教育工作者协会（退休教师协会）

2007 年成立，陈虎山、陈坤尧、徐秉哲任理事，陈虎山任会长。2012 年 5

月换届，分为高桥，徐家庄，禹越中学 3 个协会，其中禹越中小学退休教师协会由沈松山任会长，会员 21 人。高桥协会理事会由凌四毛，戴阿大、杭荷娟 3 人组成，会员 32 人。

（五）老年协会

2002 年成立，2014 年年末有会员 30 人。首任会长杨水林，继任会长陈阿水。

（六）残疾人联合会

油车、徐家庄残联第一次代表大会，于 1992 年 4 月同时召开，其中油车乡产生主席 1 人，副主席 2 人，理事长 1 人。徐家庄产生主席 1 人，副主席 1 人，理事长 1 人。

油车、徐家庄残联负责人

表 16-2-1

乡镇别	主　席	任职年月	理事长	任职年月
油车	周金松	1992.4—1993.12	董昌荣	1992.4—
徐家庄	沈水荣	1992.4—		
高桥	周金松 沈同生 沈兴泉 沈掌华	1994.1—1996.4 1996.4—1999.6 1999.6—2002.7 2002.7—2004	董昌荣	1994.1
徐家庄	沈水荣 宋建华 傅明亮	1994.1—1996.4 1996.4—2002.7 2002.7—2004	方炳昌 宋建华 张文元	1994.1—1996.4 1996.6—1999.6 1999.6—2004

至 2013 年冬，全镇残疾人 598 人，就业率 93%。全镇有 30 人志愿助残，开展康复服务、生活服务，政策咨询等工作。同时落实政策，低保重度残疾每人每月补助 500 元。一般残疾每人每月补助 250 元。无固定收入一般残疾人每月每人补助 100 元。

残疾人联合会选举 1—4 届，每届任期 3 年。2004 年起每届任期 5 年。第六届镇残联由宋建华任主席，胡定明、朱丽佳任副主席。

（七）体育协会

2002 年成立，会长杨水林。

（八）关心下一代工作委员会

2012 年 10 月成立，会长陈阿水。

第三章　民国时期其他社会组织

（一）造产委员会

徐庄乡造产委员会，民国 33 年 11 月成立，成员 13 人。

（二）白马乡农会

民国 35 年 3 月成立，会员 90 人。

（三）徐庄乡农会

民国 35 年 9 月成立，会员 55 人。

（四）禹越乡农会

民国 36 年 4 月成立，会员 153 人。

（五）徐庄乡教育会

民国 24 年 2 月成立，设理事长 1 人，常务监事 1 人，会员 26 人。

（六）禹越乡调解委员会

民国 36 年 3 月成立，设主席 1 人，委员 6 人。

（七）禹越乡兵役协会

民国 36 年 5 月民立，设常务理事 1 人，理事 4 人。候补理事 1 人，监事 1 人。

第十七卷　文　化

第一章 文化机构

第一节　文化站

徐家庄文化站　解放初期，禹越乡辖区乡村冬学、读报组、农民业余剧团等文化娱乐组织相继出现。至1955年，在原有文化娱乐组织基础上建立农村俱乐部。

1958年，俱乐部得到规范发展，设乒乓球室、图书阅览室、羽毛球场等。建有文工团，自编自演破除迷信，宣传婚姻自由，热爱科学等文艺节目。此外有栖丰大队鼓乐队和木桥头大队鼓乐队。

1978年后，俱乐部逐渐恢复并开展多种形式文娱活动，次年与共青团、民兵结合，改称“青年之家”“青年民兵俱乐部”。

1980年6月，成立禹越公社文化站，地址设在老公社三间两层楼内，站舍面积约200平方米，工作人员4人，为民办公助体制。文化站成立后着手开展以下工作：

建立录像放映室，地址在文化站楼上，面积约40平方米，有座位50个，每晚放映当时流行录像片，收费每人每晚0.20元，每晚播放时间一个半小时。建立图书室，地址设在文化站底楼一间，藏书约500册。建立台球室，地址设在文化站底楼，设台球台一副。组织文宣队，培训越剧、歌曲爱好者，组织工作人员观看“朱逢博湖州演唱会”，到徐家庄集镇的茶室、茶馆演唱歌曲，表演越剧《黛玉葬花》《梁祝》等戏曲。举办“交谊舞”培训班，利用录像室场地，组织喜欢舞蹈爱好者跳舞。其间，交谊舞曲《春江花月夜》专门请县文化馆老师指导，该舞蹈曾多次参加各种舞蹈比赛并获奖。

1981年、1982年，连续两年举办“禹越、五杭春节联欢晚会”，第一次在禹越公社电影院举行，第二次在五杭公社大会堂举行。余杭县五杭公社是禹越公社南大门的友好近邻，是禹越通往杭州的必经之乡，为了实施“文艺搭台，经济唱戏”互助互利方针，禹越公社文宣队与五杭公社文宣队联合举办春节联欢晚会。每年的晚会要举行近 3 个小时，演出的节目有歌曲、舞蹈、相声等。时，余杭市文化局副局长演唱的歌曲《桃花盛开的地方》使春节晚会高潮迭起。文化活动促进了禹越和余杭五杭的友好关系，1983 年，建造禹越通往五杭的运河大桥，按规定双方各承担 50%，但考虑到禹越公社当时的实际经济困难情况，五杭公社却主动承担了 80%，使五杭运河大桥顺利建造按时通车。文化搭台，促进了禹越经济建设。

1983 年 9 月，成立禹越公社文化中心，湖州市文化局副局长、湖州市群艺馆馆长李奇参加揭牌仪式。

1985 年 4 月，禹越乡农村文化中心成立。

1991 年，新的文化中心兴建。同年 1 月，乡党委发文（禹委〔1991〕1 号）调整乡文化中心领导小组，原乡文化中心小组及各单位负责人一律免职。

1992 年，镇文化中心落成使用，文化中心坐落于徐兴街，占地面积 1800 平方米，由省文化厅副厅长钱法成题词。文化中心为多功能型，设图书阅览室、文体活动室、展览厅、排练厅（歌舞厅）、剧院、文化经营场地等。1994 年，被评为德清县特级文化站，1996 年，被命名为省级“东海明珠乡镇”。

1992 年 1 月，镇文化站《徐家庄群文信息》月刊创刊号印发。

2007 年，首届禹越镇全民运动会在禹越镇文化中心举办（三年一届）。次年，举办首届禹越镇蚕丝家纺文化节。

2012 年，禹越镇文化中心连地块被拍卖，改建商场。

高桥文化站　1983 年 1 月成立，址设油车集镇东街。站舍面积 90 平方米，设有图书阅览室，文体活动室。

1993 年 1 月，新文化中心落成，总建筑面积 1500 平方米，设图书室、排练厅（歌舞厅），电子游戏厅、剧院等。

1992 年 6 月，举行首届农民运动会。

1998 年，文化站被评为省一级站，同年被命名为“湖州市东海明珠乡镇”。

2004 年，文化中心拍卖，改成浴室。

2012 年，禹越镇人民政府发文（禹政发〔2012〕39 号），成立禹越镇“心立方少年宫”。地址禹越中学高桥校区内，由校长担任少年宫主任，专任老师担任辅导员。少年宫依托禹越中学，一套班子，分开管理，实行主任（校长）负责制。

第二节　广播电视站

徐家庄广播电视站　1956 年 5 月 1 日，禹越乡辖区已通有线广播，有广播喇叭 10 只，收听德清人民广播站的播音。1959 年公社自办广播站，配专职广播员 1 名。全公社 30%生产队通广播。1960—1962 年，经费不足，广播员回生产小队务农，播音由公社干部兼任。

1964 年，公社邮电所开办德清县广播信号转播放大站，全公社一个生产队一只广播。

1965 年秋，德清县广播站对全县农村广播网络进行全面整顿，实现广播网专干专线传输，彻底改变借用电话线通广播的局面（当时，农村乡村已经架设电话线通电话，农村有线广播还没有专线，只好借用电话线通广播，所以广播声和打电话时的对话声混绕在一起，影响广播节目和通话质量）。

1970 年 9 月，公社广播站增添设备，配专职广播员 1 名和线路员 2 名。是年，德清县广播站架设“广播循环专用干线”7 条，其中有禹越至高桥专用干线 1 条。全公社平均 1.2 户农户有一只广播喇叭。

1971 年，禹越公社广播站开播自办节目，并招收了播音员和外线维护工，自办节目播送报纸评论文章，样板戏唱片等。

1973 年，全面实施一户一广播，社员需购买广播自费 2.50 元/只。

1976 年，广播站单设，位置在镇朝阳路。

1984 年后，农村实行联产承包责任制，广播站的自办节目逐渐向农技知识转变。

其时，广播放大站设施得到优化改善，达到省厅规定质量标准。1990 年，有线广播逐渐淘汰。

1995 年 3 月，高桥镇镇政府印发《关于建设和发展农村有线广播事业的规定》(高政〔1995〕17号):根据县广播电视局农村有线广播喇叭入户率85%以上,6.5寸音箱喇叭占30%以上,通响率95%以上的要求,希望各村以县里的标准努力推进规划并抓紧落实。各村要确保广播人员的落实,做好本村广播线路维护和喇叭安装工作,做到线路畅通、喇叭响。根据《浙江省农民承担费用的劳务管理实施办法》的规定,各村按实际安装喇叭数,每只每年收取广播费6元的标准,具体由各村根据实际情况,可在村企业提留中列支或从农户中收取,由镇广播站从各村一次性收取,实行统一管理和使用。至是年底,全镇基本实现县广电局广播喇叭安装规划。

1997年,增加了有线电视业务,建立有线电视转播站,至次年计装1500户。

2005年,镇广电站基本完成有线电视通村入户。

2008年,镇电视转播升级为数字电视,开始进行数字电视平移,互动电视同步推进。24小时转播中央1至8套、北京、东方、山东、广东、山东、湖南、云贵、浙江(各套)、明珠及湖州市、德清县所有电视,共计31套(频道)。

2009年5月,镇广电站在集镇育才路18号原址兴建新大楼。9月,第一条宽带开通,开始与移动、铁通、联通合作开展宽带业务。次年年底,新广电大楼落成使用。

2013年,承建公安安监系统。

2014年,完成镇无线网络覆盖。次年,全镇有10000多数字电视用户,实现镇境各行政村IP广播覆盖,主要业务为电视,宽带,监控,无线网络。有工作人员8名。

第三节 书 店

徐家庄新华书店 1959年开张,由德清新华书店下设,职员由徐家庄集镇供销社百货部营业员兼。地址在禹越街当时的百货商店内。主要销售学习文件、伟人像及各类画张、书籍、学生书、簿、文具等。

2000年,新华书店转制个体经营户营业。

2011年9月,德清新华书店连锁店——禹越“书居一阁”新华书店连锁店开业,地设集镇禹越街42号。2013年9月,搬迁徐兴路21号,面积约95平方米，经营各种图书，中小学学生用书，工具书，文件用品等。

高桥新华书店　1958 年开张，由德清新华书店下设，职员由高桥公社供销社百货部营业员兼。地址在油车集镇当时的百货商店内。主要销售学习文件、伟人像及各类画张、书籍、学生书、簿、文具等。

2000 年，新华书店转制个体经营户营业。

第四节　影剧院

徐家庄影剧院　始建于 1973 年，在原公社一楼大礼堂，设长条凳靠背座椅，容 500—600 观众。用 16 毫米放映机放映黑白电影《白毛女》、彩色现代革命京剧《红灯记》等。

1981 年，贷款 1.6 万元，在原公社会堂重建影剧院，系砖木结构，面积 900 平方米，740 席翻板座椅，于同年 12 月开业，首映电影为彩色故事片《闪闪的红星》，有 F16–4A 型 16 毫米放映机 2 台。

1985 年 4 月，乡农村文化中心成立。

1992 年影剧院搬迁新建的文化中心，观众厅 1000 平方米，设翻靠背椅 800 座。装 35 毫米座机 2 台。1992 年 9 月 15 日首映故事片《南昌起义》。影剧院工作人员 4 名，1995 年后，电视机普及，影院业务清淡，于 1996 年解散。

高桥影剧院　1977 年年初，由高桥公社拨款 9150 元，自筹资金 350 元改建公社会堂为影剧院，系砖木结构，面积 200 平方米，设 568 席长条座椅，使用 FL16—4 型 500 瓦铟灯 16 毫米放映机，于同年 5 月开业，首映故事片《大篷车》。

1995 年后，电视机普及，影院业务清淡，于 1997 年解散。

第五节　电影队

1958 年起，高桥公社和禹越公社均属德清县第一电影队放映区域。

1963 年后，农村电影由德清县电影队轮流下乡放映。时，县电影放映队由船农摇着木船到徐家庄集镇禹王庙内，用 16 毫米放映机放映《秘密图纸》《小兵张嘎》《柳毅传书》《林家铺子》等电影，当时禹越尚未通电，电影队在自己木船上用发电机发电放映，每张电影票人民币2分。

1971年8月高桥公社建立8.75毫米电影队，禹越公社改为县第五电影队放映区域。至1976年，高桥公社电影队改为16毫米机种。

禹越公社于1977年8月建立8.75毫米电影队，采用F16—4型16毫米放映设备。后电影队重建，下乡放映时用自行车推着放映机，每晚轮流下大队放映。每场费用由大队支付。

1986年，禹越、油车两个电影队，自筹资金购买录像放映设备，开设以电影为主，兼营录像业务，到各村巡回放映、普及电影和录像，丰富了当时农村群众的精神文化生活。

1987年，在“全国农林科教片电影汇映月”活动中，禹越、油车两乡影剧院均被国家“六部委”（当时涉农的农牧渔业部、林业部、文化部、广电部和科委等国家部门）授予“全国汇映活动先进集体”。当时，农牧渔业部宣传处处长会同文化部、广电部和《科技日报》记者，在德清县副县长俞建华陪同下视察了禹越乡影剧院，并肯定了成绩。

2003年，随着德清县电影公司的倒闭，乡镇影剧院也随之解散。当时员工按全县统一政策，以电影放映工龄每年600元买断工龄。

2004年，随着中央每村每月放映一场电影的要求，镇重新物色放映员，在各村巡回放映电影。放映员工资由县文化广电新闻出版局、镇政府和村三级共同承担。

2009年，电影升级为数字电影放映，放映员工资全由县文化广电新闻出版局承担。

2013年起，电影放映由原来的每村每月一场改为观众多的多放，观众少的少放，没有观众不放的放映形式。

禹越、高桥电影队历年部分电影影片放映情况一览表

表17-1-1

放映时间、地点	部分主要影片
1956年3月 禹王庙	《水乡的春天》《丰收》《培育壮秧》
1959年10月禹王庙	《风暴》《林家铺子》《回民支队》

续表 17-1-1

放映时间、地点	部分主要影片
1962 年 9 月徐家庄集镇茧站北广场	《梁山伯与祝英台》《孙悟空三打白骨精》《刘三姐》
1964 年 5 月禹王庙	《柳毅传书》《小兵张嘎》
1966 年 8 月徐家庄集镇茧站北广场	《雷锋》
1972 年 6—8 月徐家庄集镇茧站北广场	《地道战》《地雷战》《英雄儿女》《南征北战》
1974 年木桥头大队篮球场	《智取威虎山》《红灯记》《沙家浜》《白毛女》《红旗渠》
1975 年禹越公社大会堂	《杜鹃山》《龙江颂》
1977 年 8 月禹越公社大会堂	《十月的胜利》《万水千山》《铁道游击队》
1979 年禹越公社大会堂(以上票价为 0.1—0.02 元)	《兰兰和冬冬》《牧羊少女》《红楼梦》
1981 年禹越影剧院（票价为 0.12—0.06 元）	《陈毅市长》《喜盈门》《月亮湾的笑声》《挺进中原》
1983 年禹越影剧院	《甲午风云》《林则徐》《风暴》《万水千山》
1984 年禹越影剧院（票价为 0.20—0.16 元）	《青春之歌》《风吹唢呐声》《岳云》《锅碗瓢盆交响曲》《秋天的印象》
1986 年禹越镇文化中心影剧院	《少年犯》《一场特殊的战斗》
1987 年禹越镇文化中心影剧院	《尼龙育秧》《养猪成套技术》《四边桑》《十九年华》《老山魂》《十五的月亮》《直奉大战》《湘西剿匪记》《南昌起义》《风雨下钟山》《光辉业绩》《希望这不是真的》《安全使用液化气》
1988 年禹越镇文化中心影剧院	《预防肝炎》《农村饮水卫生》《灭害厕所》《避孕指导方法》《怎样生一个健康的宝宝》《危险的蜜月旅行》《血魂》《黄桥大决战》《孟姜女》《大清炮队》《芙蓉镇》《神秘的大佛》
1989 年禹越镇文化中心影剧院	《八十年代灰姑娘》《智擒群魔》《海盗女王》《东方红》《上甘岭》《金陵之夜》
1990 年禹越镇文化中心影剧院	《草浆养鱼》《种好四边桑》《爱情火辣辣》《庭院深深》《销魂刀》《亚运之城》
1991 年禹越镇文化中心影剧院（票价 0.35 元）	《焦裕禄》《开天辟地》《周恩来》《大决战》《辽沈战役》《梦境》《铁血警察》《魔窟寻谍》《疯狂的决斗》《追不回的爱情》《高朋满座》

续表 17-1-1

放映时间、地点	部分主要影片
1992 年禹越镇文化中心影剧院	《独身女人》《落山风》《多管闲事》《几多年华几度愁》《开天辟地》《南昌起义》《共和国不会忘记》《童年在瑞金》
1993 年禹越镇文化中心影剧院（票价 2.50—5.00 元）	《井冈山》《毛泽东的故事》《甲午风云》《林则徐》《万水千山》
1994 年禹越镇文化中心影剧院	《车队天使在人间》《新龙门客栈》《真的爱你》《黑色的诱惑》
1995 年禹越镇文化中心影剧院	《花姐妹风流债》《女人花》《慰安妇 74 分队》《南京大屠杀》

第六节　图书馆

禹越镇工会图书馆　1985 年建立，设于镇文化中心，计藏书 3 万册，有阅览室，每周二、四、六开放。

禹越中学图书室　1968 年建，现藏书 3 万册。

高桥中学图书室　1969 年建，现藏书 2 万册。

徐家庄中心小学图书室　1950 年建，现藏书 1.5 万册。

高桥中心小学图书室　1950 年建，现藏书 1.5 万册。

读书活动　2010 年 8 月，为深入学习实践科学发展观，镇党政办开展镇全民读书活动，并印发《禹越镇党政办公室关于开展“打造‘书香型机关’、提升能力素质”活动的实施方案》（禹党政办发〔2010〕2 号）。读书活动期间，镇宣传部门积极培育城乡读书户 160 户，在此基础上，于次年 8 月，评出镇“十佳书香人家”，天皇殿村郭洪明等十个家庭成为首届“十佳书香人家”。

第七节　其　他

书场　解放前，镇区无专业书场，皆附设于茶馆，时有时无。1962—1970 年，徐家庄集镇禹越街东朝北有三间老茶室，常有苏州评弹艺人利用老年人喝早茶和晚茶说书演出，票价 0.10 元。

舞厅　1990 年后，禹越镇工会文化馆、高桥镇工会文化馆始办歌舞厅，至 20013 年底，徐家庄集镇有歌舞厅 12 家：小小休闲活动室，地址东港村姚家里 4 号。金宝来歌厅，地址朝阳路 3 号。君子来歌厅，地址徐兴路 1 号。蓝精灵歌厅，地址徐兴路 1 号。凰城歌厅，地址振兴路 138 号。其他还有龙唛歌厅、金百瑞娱乐有限公司。禹越镇金唛歌厅、红雨歌厅、金龙湾歌厅、蜜雪儿歌厅、情有独钟歌舞厅等。高桥镇油车镇区也有舞厅两三家。

台球室　1986 后，禹越镇区和油车镇区始有台球室，至 2001 年年底，禹越镇区有文化中心台球室等 4 处。油车镇区有文化中心台球室等 2 处。每个台球室有 3—5 桌。

茶室　徐家庄是水乡古镇，解放前集镇有多家茶室，集中在集镇东西向的老街上。解放初期，禹越镇茶馆生意兴隆，其中禹越街东朝北有三间老茶室，是最有名的，设备为方桌条凳，紫砂茶壶。粗红茶叶，开水冲泡。1963 年，该茶馆由禹越供销社集体开设。茶店每天凌晨 2 时开门，同时供应包子、粽子、豆腐干、面条等早点。上午 8 点钟休业。

改革开放后，茶馆又开始多起来。1995 年之后开设的茶庄，装修考究，陈设华丽，沙发茶几，高档茶具，一般以高档绿茶为主，配有瓜子水果糕点等副食品，还有面食馄饨炒饭供应。至 2013 年一般茶室价格 25 元至 30 元一杯，喝茶者以中青年居多，老年人其次。茶室内以包厢为主，供人们休闲、谈生意、聊天。

高桥镇区茶馆　1962 年，油车高桥河东由公社供销社开设的一家，店面 2 间，约 100 平方米，经营早点和早茶。

录像带影碟片出租、销售商店　禹越镇区首家出租录像带铺 1989 年开张。油车集镇首家录像带影碟片出租在 1985 年开张，至 2013 年年底，镇境出租录像带碟片的有 3 家。

第二章　文艺演出

第一节　概　况

解放前流行“滩簧戏”，俗称“花鼓戏”，属地方小戏，形成于清同治年间，由滩簧、琴书和民歌融合发展而成。通常由三到十人搭班在乡间流动演出，行头道具简陋，故称“挑箱班”，多在临时搭成的草台上表演。演员常常轮换反串其他角色，后场有胡琴、小锣、板鼓伴奏。主要曲调为本滩调、小戏调、烧香调、杨柳青调等。民国中期至解放前夕，高林韶村草塘里寡妇阿金（杨筱楼）“滩簧”挑箱班、油车天王殿“滩簧”班、油车东溪“滩簧”班，经常到油车、徐家庄、五杭等地乡下演出。演出的主要剧目有《潘阿大磨豆腐》《庵堂相会》《卖妹成亲》《借黄糠》《送兰花》《还披风》等，时有一定的影响。

解放初，镇境流行“外台戏”，当时农村没有供演出的宽阔场地，大路边、空地上、河边上随意搭上戏台，请当地的“挑箱班”演出，剧目有越剧《孟丽君》《梁山伯与祝英台》《三看御妹》等。

解放后，禹越、油车建立乡镇文工团，村建立宣传队。徐家庄镇在原老茧站库房，筑有木板固定戏台，有长条凳； 1950 年至“文化大革命”前，各单位演出的节目有《抓壮丁》《秧歌舞》《迷信害人》等。1961 年后，为了破除迷信，宣传科学和集体主义思想，村俱乐部、宣传队大量涌现。1962 年，禹越公社木桥头大队俱乐部演出了由民间说书艺人编写的独幕剧《阿刮先生》《壮丁归来》，在当时有一定的影响。

1965 年农村和镇区部分单位创建俱乐部，俱乐部设文宣队，同年禹越完小教师成立文宣队，在镇区街道和禹王庙内演出节目《白毛女》《上海说唱〈金陵塔〉》等。

“文化大革命”期间，群众文艺活动活跃，机关、学校及各大队都成立毛泽东思想文艺宣传队，每当开大会前有文艺节目演出。演出的节目有《南泥湾》《东方红》《北京的金山上》和《北风吹》（白毛女选段）等革命歌曲。“革命京剧样板戏”备受欢迎，学唱排演者踊跃，当时最有影响的有木桥头大队文宣队演出的《智取威虎山》、栖丰大队《沙家浜》、油车公社三来大队《智取威虎山》、夏家大队《红灯记》、米世大队《沙家浜》等。

“文化大革命”期间，县内乡镇之间文艺交流也相当频繁，木桥头大队文宣队曾到高桥公社白马高桥、勾里公社红丰等兄弟大队演出，观众如潮。士林公社水北大队文宣队曾应邀到禹越公社木桥头大队演出现代京剧《红灯记》《智取威虎山》，现代越剧《光荣的减产主任》等剧目，连演2天，深获好评。

“文化大革命”后期，狠抓生产，各类文宣队自行解体，乡镇文艺活动沉寂。1984年后，群众文艺复兴，省、市、县恢复调演。

1985年，禹越镇民间文艺演出日趋活跃，夏东村“滩簧”艺人、德清县东溪曲艺团团长朱子松，带着15个演员，多次参加市、县和农村各地表演“三跳”、小锣书和传统书目《小金钱》等，在湖州市文艺界小有名气。

1991年2月，乡文化站成立文宣队，组织文艺热心人士和文艺爱好青年，排演群众喜闻乐见的歌舞《南泥湾》《街舞》《迪斯科》；演唱歌曲《星星点灯》《水手》《心太软》等，以文艺演出的形式开展农村社会主义思想教育活动，为境内“八五”期间经济建设服务。

1992年1月，镇文化站举办“禹越镇1992年春节联欢晚会”。2月，经镇党委同意，表彰1991年度农村社会主义思想教育活动和1992年春节文艺活动积极分子14名。

1992年3月8日，镇妇联、镇文化站联合举行庆祝“三八”妇女节文娱活动，全镇各行政村、企事业单位妇女主任和妇女代表44人参加活动。上午进行体育游戏，下午进行“传花击鼓”歌舞表演。同年3月18日，镇文化站、镇广播站联合举办《中华人民共和国土地管理法》、《中华人民共和国妇女权益保障法》宣传广播文艺演唱会，在镇广播站播音室通过广播表演了说唱《土地使用制度改革好》《振兴农业靠科技》《神州大地沐春风》《妇女权益有保障》和歌曲《你就是我唯一的爱》《你知道我在等你吗》《不是我不小心》等。

第二节 表 演

皮影戏 又称羊皮戏，起源于汉朝、明清期间多在民间夜演，民国期间盛行于德清东部水乡农村。当时有影响的皮影戏班子有两个，其中一班为“东溪影戏队”，另一班为“杨家坝圩郎影戏队”。

皮影戏以山羊皮或麂皮、小牛皮刻画制成各行当人像，彩绘。头、躯干、四肢均分制，以针线连接各关节，置操作棒。除人物外，还制作飞禽走兽、山水布景及各种器物道具。用 1.5 平方米的木框，上面绷糊桃花纸，作为屏幕，幕后置菜油灯照明。演出时，表演者将人物紧贴屏幕，用操作棒操纵人物活动，配以说唱和音响效果。演出时常通宵达旦。特别有影响的影戏班有徐家庄杨家坝和衡溪乡（今属洛舍镇东衡村）东衡里两班。杨家坝影戏班曾经有“保和堂”戏班，从解放前至“文化大革命”前夕活跃在本县禹越、油车、新市等东部水乡地区和余杭、桐乡、海宁等周边县区，多在庙会、村社及敬娱神鬼场合演出。

中华人民共和国后，政府文化部门对皮影戏十分重视，进行了挖掘抢救，对制作艺术和演出设备作了改进。屏幕绑料改用绢纺，照明采用电灯，并对剧目作了整理加工。禹越乡皮影戏班曾于 1956 年、1959 年两次参加省“皮影”“木偶戏”会演并获奖。禹越皮影戏班历经“文化大革命”，濒于湮灭传统剧目曾多达 150 余个，现存《双笼镜》《宝莲灯》《双玉凤》《双如意》《乾坤印》《千斤影》《狄龙狄虎》《八美图》《朱仙镇》《征北传》《五虎平西》《金钱豹》《双金花》《粉妆楼》等 49 个。

历史上，水乡农村有“罚影戏”的习俗，村里有谁犯了偷盗或破坏公益财物的错误，就罚他一场或多场“影戏”钱，让群众观看“影戏”，以此来警示教育犯错误的人。演出的剧目多古装戏，如《隋唐英雄传》，唱腔是当地水乡的“杨柳青调”。

由于受到广播电视、电影和其他文艺活动的影响，如今皮影戏已没有活力。出生于 1938 年的皮影戏老艺人姚子兴，是禹越镇杨家坝村皮影戏的最后传人，也是德清皮影戏目前唯一传承人。在姚子兴家还保存皮影戏道具箱子，里面有各种各样的人物皮影头像和牛、马等动物皮影。还有旧时保留下来的“保和堂”

30 个手抄剧本。

三跳书　流行于德清东部的杂曲类说唱曲种。因演唱时用“三跳板”敲击伴奏而得名。形成于清朝末叶，从当时流行于江浙交界地区的“宣卷”衍变而来。宣卷即宣讲卷本，起源于唐宋时的佛教活动，后来发展成为一种说唱形式，以江浙一带民间最为盛行，大多在庙会、婚礼、祝寿等场合上演唱，为当地老百姓所喜闻乐见。宣卷的表演形式按伴奏方式的不同，一般可分为木鱼伴奏和丝弦乐器伴奏两种。在发展过程中，又受到德清本地山歌的影响。演唱分单档、双档两种，单档一人自敲三跳板自唱；双档下手敲扁鼓、扎板伴奏并帮唱和联。“劝世调”为唯一曲调。曲目早期以历史演义、武侠、公案题材为主，如《小金钱》《金台传》《隋唐》《彭公案》等。以后受到琴书及滩簧小戏的影响，也演唱才子佳人、言情小说及传奇故事等，如《珍珠塔》《孟丽君》《双珠凤》《十美图》等。

三跳书现在还在东部水乡流行，镇境夏东村“滩簧”艺人朱子松，常带着他的扎板道具，村串户表演“三跳”传统书目《小金钱》，并多次参加市、县组织的文艺会演。2008 年，朱子松被列为浙江省第一批“三跳传承人”。

滩簧戏　德清滩簧属于湖州滩簧小戏的一脉。湖滩，又名花鼓戏，形成于清同治年间，由滩簧、琴书和民歌融合发展而成。

民国 20 年前后，滩簧戏由油车乡东溪村李家坝和天皇殿传入，分为东西两宗。解放后，滩簧戏爱好者多人跟着学艺，形成剧团。“文化大革命”结束后，滩簧戏继续复出，如今，第二代弟子从事滩簧戏演艺生涯，正活跃于农村舞台。

滩簧戏通常由三到十人搭班在乡间流动演出，行头道具简陋，俗称“挑箱班”，多在临时搭建的草台上表演。历经抗战烽火和“文化大革命”，湖州地区经常活动的民间滩簧组织，尚存“德清县曲艺协会滩簧小组”1 个。而“滩簧小组”艺人主要分布在德清东部的油车、下舍、新联、干山 4 个乡镇，其中油车乡是滩簧艺人最多、最集中的乡。仅油车乡东溪村和天王殿村，就各有滩簧艺人七名，这与当地历史上盛行“挑箱班”有关。艺人之间存在着密切的亲属关系和师承关系。

解放初至“文化大革命”前，油车天王殿村、东溪村滩簧艺人经常到德清东部周边农村巡回演出，有时还到余杭、海宁、平湖、桐乡、吴兴等县的乡镇演出，演员通常在 10 人左右，一定程度上仍然保留着当年“挑箱班”自由搭档的特色。演出场所，从县、镇剧场、书场，到乡间临时搭成的“草台”，条件优劣不等。演出的剧目有 20 余出，其中有被称为湖州滩簧“四庭柱”的《陆雅臣》《庵堂认母》《卖妹成亲》《借黄糠》。此外还有《麒麟带》《徐阿珍说花灯》《打纱窗》《黄主莲招亲》等。对于旧时滩簧戏中较为黄色的剧目，如《马浪荡换行当》《盲子捉奸》等，艺人们都自觉做到不再上演，对于一般小戏中格调低下的对白、唱词也作了删改。由于滩簧艺人文化程度很低，这些剧目均无固定成文剧本，仍以口口相传的方式继承。

滩簧艺人的行当有“小旦”“小丑”之分，但并不固定。实际演出时，演员经常反串其他角色，下场时还要临时充作“后场”（乐队）。常用的曲调有：“烧香调”“本滩调”“小戏调”“马灯调”“三番十二郎”等。艺术表演用本地方言为主，但受到越剧影响，有时也夹进少量越剧念白和腔调。

1960 年后，禹越天王殿、东溪村滩簧艺人极大部分改行从事工业或农副业，不再参加滩簧小组演出。

1985 年，禹越镇东溪滩簧小戏班重新恢复演出，至今未曾间断。群众沿用“挑箱班”的叫法，称其为“花鼓戏”。

1985 年 10 月 8 日，德清滩簧小组在余杭县乾元乡徐家埭村演出《庵堂相会》。观众多达 800 余人。当时滩簧戏演出票价每张为 0.20 元，平均每场收入最少 30 元，最多一次，在余杭县乡村演出，每场收入高达 220 元。1984 年 10 月到 1985 年 4 月，滩簧演员演出收入人均 600 元。

滩簧戏主要演员在群众中有着较大的影响。“花鼓戏”也有自己的戏迷。

如今，滩簧戏演出又有了新的发展。在新的滩簧演出队伍中，禹越镇夏东村“东溪曲艺团”更为活跃，有演员 15 名。

2008 年，流行于县内新市镇、禹越镇、新安镇的德清滩簧戏被列入浙江省第二批非物质文化遗产名录。同年 11 月 12 日湖州市人民政府发出通知（湖政发〔2008〕53 号），公布了湖州市第二批非物质文化遗产名录。作为浙江省非物质文化遗产（三跳）传承人朱子松被当地百姓称为民间艺术“达人”。

2013 年，“东溪曲艺团”加入了德清县“欢乐田野”文艺巡回演出的行列，免费表演《卖胡葱》等滩簧戏传统节目。浓郁的乡土特色和德清本土方言，使观众掌声、笑声不断。

滩簧戏剧目汇存　从清朝末年到解放前夕，禹越镇东溪、天王殿“滩簧”戏班演出的剧目繁多，其总数不下百余出。有从民间故事、山歌编演而成的，也有从传奇小说、演义、传记改变而成的，还有从兄弟剧种乃至“文明戏”移植过来的传统剧目，大多无成文剧本，由师徒逐代口传，有些已濒临失传，现仍在乡间演出的仅20余出。今根据德清县文化馆提供的2008年出版的《德清文化史料》和禹越镇天王殿“滩簧”艺人的回忆，录其剧名，粗略分列如下：

一、德清滩簧传统剧名

《陆雅臣》《庵堂相会》《卖妹成亲》《借黄糠》（此四剧为滩簧“四庭柱”戏）《卖草囤》《卖青炭》《卖香瓜》《卖红菱》《卖桃子》《卖花线》《卖夏布》《卖橄榄》《卖腊面》《卖盐记》《借当镯》《小卖花》《采石榴》《采木香》《周阿龙还披风》《小寡妇上新坟》《陆阿招讨家小》《打苔心》《原投十八出》《张古董借老婆》《跳纱窗》《活捉姚麒麟》《绣荷包》《绣龙衣》《陆卖饼》《放画眉》《怕老婆滚凳》《潘阿大磨豆腐》《盲子捉奸》《鹞纸记》《王盲子入饭店》《血罗衫》《鲇鱼精》《陶疯子一夜得三子》《敲梆船独造白云桥》《太湖大盗》《推金入海》《新郎产子》《人间妖怪》《杀子报》《送兰花》《拔兰花》《犯八败》《翻八败》《赠绣鞋》《小寡妇粜米》《小寡妇入当铺》《双落发》《双回俗》《徐阿珍夜背包》《徐阿珍说花灯》《打纱窗》《求私情》《呆大烧香》《马浪荡》（包括《双产桑》《学行当》《双望郎》）等。

二、从兄弟剧种移植的剧目

《卖婆记》《黄主莲招亲》《酒壶记》《笑煞金广财》《燕南归》《鸳鸯帕》《何仙姑》《哭煞双金花》《陆英凤》《义犬报》《李三娘牵磨》《姜太公卖画》《河伯娶妇》《少女除毒蛇》《刁刘氏》《峨眉双剑》《刘园捉鬼》《金龙锁》《风雨恩仇》《真假女婿》《刘香女》《观音成佛》《朱卖臣》《花木兰》《方玉娘祭塔》《赵五娘剪发卖发》《王华买父》《卖花三娘子》《一缕麻》《吕纯阳三戏白牡丹》《九斤姑娘》《何文秀》《女驸马》《豆汁记》《白娘娘》《珍珠塔》《马寡妇开店》《梁山

伯与祝英台》《合同纸》《沉香扇》《朱痕记》《三官堂》《李凤姐》《临江驿》《鲤鱼精》《卖油郎》《石玉救郡主》《借袍城隍》《呆大照镜》《好嫂嫂》《烟花女子》《摩登少爷》《五子登科》等。

蚕歌蚕舞 清末至民国时期，禹越、油车民间流行以“送蚕神”、“抢蚕花”为内容的蚕歌、蚕舞表演。这个习俗一直流传到破四旧运动才停止。1978年后，“送蚕神”“抢蚕花”蚕歌、蚕舞表演又在东部水乡恢复。每年清明节前后，乡人为了迎接新年蚕桑丰收，举行一系列民间文艺活动，《扫蚕花地》小歌舞是其中最隆重的表演。此外，乡民还在“抬马鸣王菩萨”迎接蚕神的庙会上演出。“马鸣王菩萨”（或称“马头娘”“蚕花娘娘”）也就成了水乡蚕农主要信仰的蚕神。

《扫蚕花地》小歌舞是一种带有驱邪仪式的表演，一般在清明时节举行。表演者身穿红绣花衣裙，手拿养蚕用具作道具，一边表演养蚕动作，一边吟唱民歌。其中最重要的动作就是打扫蚕室和扫地。歌词是：“三月天气暖洋洋，家家焐种搭蚕房。蚕房搭在高厅上，玳窗纸糊得泛红光。蚕花娘娘两边立，聚宝盆一只贴中央。蚕子烊在蚕笪内，乌儿出得密密麻麻。手拿秤杆来挑种，轻轻鹅毛掸龙蚕。龙蚕落笪忙扎火，下面扎得暖洋洋。……姐姐造了绣花楼，倌倌造了读书房。扫地要扫羊棚头，养只羊来像马头。扫地扫到猪棚头，养只猪猡像黄牛。今年蚕花扫得好，明年保傣三十六。高高蚕花接了去，亲亲眷眷都要好。今年扫好蚕花地，代代子孙节节高。”

社戏 自清以来，镇境乡村崇尚清明节到新市蚕花庙会看社戏的习俗。1999年，新市蚕花庙会恢复后。每年清明节前后三天，镇境农民摩肩接踵拥到新市镇参加蚕花庙会，乞求上苍赐福于民，消病祛灾。由于人多，一时你挤我轧，故曰“轧蚕花”。

艺人 镇境米世湾村有琴书艺人1人，年轻时从师著名艺人朱一天。故事大王1人。

木桥头村北圩郎有说书艺人3人。

鼓手 天皇殿矮鱼浜，夏家村杨家兜、油车村小福桥、徐家庄木桥头、北圩郎等地，均有吹鼓手。今尚有传人。

民间乐团 本地民间只在丧事用，目前，东溪、天皇殿、木桥头各有1个。

第三章　通讯刊物

《禹越工运》　禹越乡工会主办，1985年创刊，为月刊，16K本，每期6至12页（单面印），内容为宣传党的方针政策、汇编企事业单位工会工作开展情况及突发新闻等。80年代后期停刊数年，1993年复刊，2000年停刊。

《徐家庄群文信息》　1992年1月创刊，镇文化站主办，为16K铅字打印月刊。主要刊登境内文化宣传、文艺活动的信息报道。2004年停刊。

《禹越通讯》　2002年5月创办，由镇党委主办，不定期刊，16K电脑打字复印本。主要栏目：学习、实践“三个代表”重要思想和文明从我做起、招商引资、禹越一村一厂一景、工作动态等。由镇文化宣传中心执编，2004年停。

《计生通讯》　2004年5月创刊，禹越镇妇联主办，为A4纸电脑打字复印本。主要刊登境内计划生育、晚婚晚育、优生优育、计生国策等方面的知识、信息、报道。

禹越镇报道组　1988年成立，共10人。凡参加活动的通讯员因为积极写稿。曾多次评为优秀或者积极通讯员。

禹越镇工会信息组　1993年成立，共9人，主要为《禹越工运》写稿，并向市、县总工会提供信息。2年后自行消散。

第四章 文物古迹

一、古迹遗址

白马东庙遗址 位于禹越镇米世村。原建筑坐北朝南，南北长 50 米，东西宽 30 米，面积为 1500 平方米。清道光二年（1822），由白马东村名儒黄景堂发起，众村民相助建起了白马东庙，原有土主殿、观音殿两进。现遗址四周为农田和桑地。

沈家驳岸 位于木桥头村肉店埭自然村，呈南北走向，系武康石建筑，石质紫红。全长 25 米，高约 2 米。驳岸设一南一中单向河埠 2 个，南端河埠面东（直对河流）有台阶 11 级；中段河埠朝南，残存台阶 7 级。驳岸现存银锭式揽船石 3 个，并筑有题记石一块，镌有“乾隆元年二月沈茂才独建造”字样。该驳岸虽残损，但有题记和确切纪年，十分罕见，具有较高的文物价值。

姚家驳岸 位于三来村中塔自然村的鲇鱼桥旁，呈东西走向。系武康石砌筑，石质紫红。全长 25.50 米，宽 1.80 米，高 2 米。驳岸设单向河埠 2 个，东侧面西，西侧朝东，均置台阶，部分台阶石上凿有缆绳洞。据传，该驳岸为姚家所筑，姚家是清代当地富商。该驳岸规模较大，具有江南特色，在当地已不多见，故有一定的保护价值。

永寿古寺碑 位于天皇殿村永寿禅寺观音殿前。现存《永寿寺碑注》《永寿古寺》石碑两方。其中《永寿寺碑注》碑长 1.77 米，宽 0.615 米，厚 0.1 米，为武康石质，镌有“唐大中二年（848）始建宝刹，咸通中赐额，康圣中重建刊有县志”及“大清道光二十七年（1848）岁次丁未”等字样。《永寿古寺》碑长 1.73 米，宽 0.66 米，为青石质，上镌寺院历史及寺产情况，并有民国 28 年款。两碑对永寿古寺的历史有明确记载，是难得的实物见证。

二、古民居

曹家旧宅 位于杨家坝村七家湾44—45号，清晚期建筑，坐北朝南，为单檐硬山造平屋一幢。原有三间，现存明间和东次间，面宽8.5米，进深8.4米，建筑面积83.3平方米。梁架：明间为抬梁式，五架前单后双步连前廊用六柱，次间为穿斗式，脊檩下用刻花云栱支撑，金檩下有雕花栱衬托，五架梁两端有雕花雀替，前檐置钱纹隔扇门窗，做工精致。该旧宅残破，但用材规范，做工细腻，颇具地方宅第民居建筑特色。

沈家旧宅 位于木桥头村陈家里自然村，民国建筑，坐北朝南。建筑为前厅后屋两进，东西厢房相连（西房已被改建）。内有天井，平面略呈“回”字，建筑面积约330平方米。前厅为单檐硬山造平屋，面阔三间13米，进深8.20米，明间梁架为抬梁式，系五架前后双步用六柱，次间为穿斗式。后屋是单檐硬山造楼屋，面阔三间10米，进深6.60米，明间梁架为抬梁式，系五架前双后单用五柱，次间为穿斗式。旧宅均用格扇门窗，制作规范。该旧宅具有民国时期德清东部水乡宅第民居建筑特色，在当地已不多见。

三、烈士墓

施兴发烈士墓 位于三来村蔡家角自然村（原油车乡茅林村）。施兴发，1928年出生于油车乡茅林村蔡家角。1949年4月参加革命，1951年5月27日在朝鲜牺牲。生前是中国人民志愿军第27军80师炮团（配属）1营部电话员。该烈士墓由德清县民政局管理。

四、古戏台

白马东庙戏台 位于米世村。建造年代不详，台为木结构、北向。毁于1958年。

三来戏台 位于三来村，相传建于明代。台为木结构，雕刻精美，属庙台，多演社戏，毁于1958年。

天王殿戏台 位于天王殿村，相传建于明代，木结构，毁于“大跃进”时期。

湖墩戏台 位于栖湖村。传为明代所建。属庙台，台以石为基，风格古雅。1966年拆毁。

禹王庙台 位于徐家庄集镇禹王庙内，建于民国。建筑风格古朴，杭嘉湖京剧水路班“庆升舞台”“黄金舞台”“田纪舞台”及著名老生达子红均来此演出。此台还放映过无声电影。

皮影戏人物像 1992年1月14日，县文化馆开展民间美术普查工作，在杨家坝村圩郎自然村皮影戏艺人家收集到古代皮影戏头像、道具50余件。皮影戏人物形象造型俊雅，画工细腻，色彩鲜艳，颇具江南灵秀之气，非常珍贵。

第十八卷　教　育

第一章　传统教育

教育历代为重，成为求知、入士之台阶。镇境自古尊师重教，素以子女读书为荣。解放前，读书讲学的私塾学馆有10多处。

古代教育机构，可分为官学（州、府、县学及明清社学）、书院和学塾三类。官学和书院皆为科举制度而设，其教材多为讲经、作文、诗赋，间有术数、武学。镇境民间多学塾，百姓孩童入学塾求学者甚多。

第一节　私　塾

私塾又称蒙馆，为学童启蒙识字之馆，属小学性质。清末民初，私塾遍及全县城乡，盛极一时，据史料记载，当时德清全县共有私塾40余所。

私塾分村塾（一村延师设馆教读子女）、家塾（富裕之家聘请塾师，在家教读子女）、祠塾（合族延聘塾师，在宗祠设馆教读族中子弟）、义学（当地热心教育人士创办、贫苦子女免费入学）、坐馆（塾师设馆招收学童就读）等。各私塾入学人数不等，有的有数十名学生，有的只有三四名学生，学童的年龄大小不一，智商程度参差不齐，教育内容大同小异。初学者以识字、写字、读书为主，继之循序渐进，教以《三字经》《百家姓》《千字文》《千家诗》《神童诗》等，年龄较大的也有教读《大学》《中庸》《论语》《孟子》的。不分年级，采用个别教学方法。注重熟读、背诵，很少讲解。学规严厉，实行体罚，学习无年限。

私塾的经费来源于办学者自筹、私人捐资和塾师每年分四季向家长收取学米学费等，家塾一律供膳。

古时镇境乡民重读书，辖区内有多所私塾，其中有徐家庄镇西砖桥头私塾，渔家庄（现属米世村）私塾，千字坝（现属东港村）私塾，湖墩私塾，北圩私塾和栖丰观音堂私塾。

第二节　保　校

禹越乡代用中心国民学校，始创于民国 2 年 3 月。5 年，改称新市镇区立第九保国民学校。20 年改称禹王小学。32 年 8 月，更名徐家庄中心学校。校址设徐庄村禹王祠。班级编制为复式，教科书除国定外，技术类自编。

民国 32 年（1943）12 月，德清县成立县、乡镇教育会。但禹越镇已早于民国 24 年 2 月 10 日即成立“徐家庄乡教育会”，地点设在徐家庄集镇，“教育会”拥有会员 25 人，其中男 22 人，女 3 人。民国 35 年辖区已经建有勾里、南宫桥（分校）、徐家庄、张家河头、俞家斗、九里港、小星桥、利市桥、北宫埭等 9 所保校。

油车辖区也于民国 24 年（1935）2 月 21 日成立“白马乡教育会”，地点设在白马里（现属米世村）。“教育会”拥有会员 21 人，其中男 18 人，女 3 人。民国 35 年，白马乡辖区内建有白马里、湖墩（分校）、牌头、油车桥、茅林（分校）、受舍、上舍（分校）、北苏林、上荡圩、北圩廊、东溪村、史家兜、西庙桥、草鞋桥（分校）等 14 所保校。民国 34 年白马乡中心学校教职员工共 7 人。

保国民学校每年 5 月 6 日起放蚕忙假，假期三周。

附录：教育经费

民国 35 年 7 月，横塘乡开展认募教育经费，在 7 个保中，认捐 98 户，计金圆券 19.298 万元。次年，双马乡向社会各界筹募学田，到年末，共筹得学田 19.0636 亩，均造册上报，以资鼓励。

第二章　学前教育

第一节　概　况

镇境幼儿园始办于 1958 年，为了适应当时“大跃进”“公社化”的需要，以解决农村妇女参加生产劳动后顾之忧。但由于当时农村贫困落后，幼儿园、托儿所没有固定的场地，临时租用民房当教室，幼儿上学自带课桌椅。教师多为农村妇女，没有课本和幼儿教具，属于自由教学。三年困难时期全部停办。1966 年，农村幼儿园有所恢复，禹越、油车办起了中心小学附设幼儿班。“文化大革命”时期，又遭解散或停办。1982 年以后，幼儿教育又逐步恢复。据统计，1987 年禹越、油车有幼儿园 13 所，幼儿班 13 个，在园幼儿 515 人，教养员 15 人。

1987 年，农村幼儿园实行分区办学、分级管理后，幼教经费和人员配置均由各乡办学主管部门筹措和管理，师资培训与业务辅导由县教育局教研室负责。专业合格考试由县教师进修学校辅导、考核。1988 年起，禹越、油车幼儿教育事业加快发展，加大投入，加强管理。

1995 年，镇境幼儿事业得到进一步发展，徐家庄幼儿园有班级 14 个，幼儿 403 名，教职工 15 名。高桥幼儿园有班级 11 个，幼儿 398 名，教职工 12 名。

1998 年，坚持“以政府办园为主体，以社会力量办园为补充”的原则，农村幼儿园实行单一政府办园体制，乡镇中心幼儿园公办。要求乡镇制定幼教发展规划，办好乡镇中心幼儿园（村幼儿园、幼儿班属中心幼儿园的教学点）。幼儿园实行单独设立账户、独立法人、独立建园的“三独立”管理体制。乡镇中心幼儿园和村教学点的园舍新建和改造的资金主要由乡镇府和村委会提供，县财政进行补贴。

2001 年，禹越、油车幼儿教育实行体制改革。全镇辖区所有幼儿园改为民办公助，全镇幼儿教学点公办率达到 99%。

2002 年高桥中心幼儿园共投入 80 万元，用于园舍新建与扩建，并投入使用。同年，高桥中心幼儿园被审定为湖州市一级幼儿园。2003 年，徐家庄中心幼儿园投资 50 万元，园舍易地新建并投入使用。同年，徐家庄中心幼儿园被认定为湖州市等级幼儿园。

2004 年，全镇幼儿园教育教学工作取得显著成效，高桥、徐家庄中心幼儿园精品课展示得到省内外认可。同年 5 月，湖北、杭州、温州、龙泉、湖州、安吉、绍兴、衢州、余杭等地幼教同行和省、市级教研员共 411 人次参观观摩了高桥、徐家庄幼儿园。

2005 年 10 月，镇人民政府同意新建西港村中心幼儿园。同年 11 月，东溪村幼儿园易地新建。

是年，徐家庄幼儿园被评为湖州市一级幼儿园，班级 15 个，幼儿 450 名，教职工 22 名。同年，高桥幼儿园也升级为湖州市一级幼儿园，班级 13 个，幼儿 475 名，教职工 21 名。此后至 2013 年，全镇幼儿园教养工作日趋完善。

第二节　幼儿园

徐家庄幼儿园

前身为 1960 年秋附设于禹越公社中心小学的幼儿班，地址在徐家庄北郊木桥头村葡萄兜，教养员 1 人，1 个教育班，幼儿 40 人。

1978 年 3 月，改名木桥头大队幼儿班，幼儿 38 人。

1980 年 8 月幼儿班迁址，始由公社妇联管理，老师 2 名，幼儿 95 名。

1982 年，徐家庄幼儿园正式成立，园址在集镇北侧的原禹越公社食堂内。当时招收 2 个班，幼儿 60 名，教师 3 名。新办的幼儿园属禹越公社妇联主管。

1984 年 2 月，改名禹越乡中心幼儿园。同年 7 月，乡政府、乡妇联、乡集镇居委会联名给县财政局写“要求解决建造乡中心幼儿园资金”的报告，报告指出："我们准备在原公社食堂的地基上，建造一座86.4平方米的中心幼儿园，初步估计造价 6000 元，计划在'双抢'结束立即施工。资金来源，集镇集资1000元，乡企业拨款2500元，由于乡办企业比较薄弱，还有2500元要求县财政局帮助解决。"同年12月底，乡中心幼儿园竣工使用。

1986年8月，乡中心幼儿园随禹越中心小学迁至集镇北郊木桥头小学内幼儿教学楼。4个班级，4个老师，145名幼儿，归属小学领导。时各大队还没有办幼儿班。

1999年8月，乡中心幼儿园改为徐家庄镇中心幼儿园，管理体制独立。

2003年2月，中心幼儿园易地新建，8月竣工，9月投入使用。新建中心幼儿园占地面积4862平方米，建筑面积1608平方米，绿化覆盖面积占地面积45%。共有班级15个，在园幼儿464人，教师20人，专任教师15人，园长1人，其他4人。其中，中心幼儿园8个班级，拥有村教学点7个（道场、钱塘、杨家坝、北圩、栖丰、九里港、石雪兜）。

2004年1月，中心幼儿园被评为湖州市一级幼儿园，同年，温州市瓯海区幼教一行来园参观考察学习。

2009年12月，中心幼儿园被评为省三级幼儿园。

2010年，中心幼儿园有幼儿401名，设小、中、大8个教学班。教职工34名，其中教师27名，炊事员3名，保安4名。下设村教学点3个（栖丰、杨家坝、钱塘）。

2013年1月，启动中心幼儿园扩建工程，新建栖湖教学点。

2013年12月，中心幼儿园被评为省二级幼儿园。

学校集体荣誉，2003年6月，获湖州市教育局《幼儿园五彩折纸比赛》二等奖；2004年3月，获湖州市教育局《幼儿园区角活动光盘展示》三等奖。

高桥幼儿园

坐落在古运河畔油车集镇，园舍面积4876平方米，建筑面积1054平方米，绿化面积1862 平方米，户外活动场地2660平方米。园内环境整洁幽雅，绿树成荫，童趣盎然。目前幼儿园设有11个班，中心6个班，下设4个村教学点（夏东、三林、高桥、天皇殿）5个班，在园幼儿380名，教师23名，职工3名，保安5名，教师全部持证上岗，大专学历占全院100%，本科学历占全院70%，幼教一级职称20名，幼教二级职称1名。

2002年，幼儿园被评为湖州市一级幼儿园，2009年被评为省三级幼儿园。

高桥幼儿园前身是1956年下半年附设于油车小学的幼儿班，地址在油车桥集镇东面蔡介浜，期间搬迁四次。幼儿40名，教育体制为全托，教师1名，保姆5名。

1958年，幼儿园搬迁湖墩试验场，设1个班，幼儿30名，教师3名。

1979年8月至1983年12月，幼儿园搬迁三来大队，设1个班，幼儿25名，教师1名。

1980至1985年，幼儿园搬迁天皇殿村，设1个班，幼儿30名，教师1名。

1985年，乡幼儿园改为油车小学附设幼儿园。设8个班，幼儿200名，教师8名。

1986年9月，乡幼儿园搬迁至油车乡建筑公司内，设8个班，幼儿200名，教师8名。

1987年，乡幼儿园搬迁油车乡广播站，设8个班，幼儿200名，教师8名。

1988年，乡幼儿园搬迁油车乡制药厂，设8个班，幼儿200名，教师8名。

1990年，乡幼儿园搬迁油车中学内，设8个班，幼儿225名，教师9名。

1992年，镇幼儿园搬迁油车小学（原敬老院）内，设8个班，幼儿225名，教师9名。

1995年2月，高桥镇幼儿园搬迁高桥镇成校内，设9个班，幼儿300名，教师10名。同年9月，设10个班，幼儿450名，教师11名。

1996年9月至1998年7月，设13个班，幼儿512名，教师12名。

1999年9月至2002年7月，镇幼儿园搬迁高桥镇绸厂内，设13个班，幼儿480名，教师13名。

2002年9月，镇幼儿园搬迁至油车集镇新兴街52号，设11个班（包括村幼儿班6个），幼儿350名，教师21名。

2004年9月，行政区划调整后，高桥镇幼儿园改名为“禹越镇高桥幼儿园”。设13个班（包括村幼儿班6个），幼儿380名，教师23名。

2010 年 9 月至 2013 年 7 月，高桥幼儿园有教学班 12 个（包括村幼儿班 5 个），幼儿 380 名，教师 23 名。

高桥幼儿园自创办以来，探寻摸索适合于本园发展的特色教学，努力提升办园水平。确定并实施了以培养孩子文明礼仪习惯，强健孩子体魄为主要内容的办学特色，倡导“文明有礼 健康快乐”，成效显著。

学校集体荣誉，2003 年，获湖州市幼儿教师五彩折纸制作比赛二等奖；2006 年，获湖州市巾帼文明示范岗。

学生荣誉，1999 年，2 人获湖州市幼儿科幻画二等奖；2000 年，1 人获湖州市幼儿绘画一等奖；2011 年，1 人获湖州市科技创意大赛二等奖。

1987 年禹越、油车幼儿教育情况表

表 18-2-1

乡镇	园数总计	三班以上	两班以上	班数总计	学前班数	在园幼儿总数	学前班幼儿数	园主任数	教养员数	保育员数
禹越	3	0	0	3	0	154	0	0	4	0
油车	10	0	0	10	0	361	0	0	11	0

第三章　小学教育

第一节　概　况

1949 年 5 月，禹越、油车乡辖区内小学停办。德清县人民政府成立后，分别接管了全县中小学，对教师采取包下来的政策，使教职工安于职守，很快恢复了教学工作。至 1950 年上半年，禹越、油车乡农村小学陆续复校，改革旧教育制度，原有保校一律改称初级小学；乡村小学在 4 个班级以上者，统称完全小学。其时禹越乡初级小学设在禹王庙内，俗称老完小。油车乡初级小学设在夏家村麻丝滩堂，俗称“三来乡中心小学”。由于农村小学没有及时建立，当时小学生入学率为25%。

1952年2月，禹越完小教职员共7名，乡初小教职员3名，其中戚家湾初小1人，栖丰桥初小1人，石屑斗初小1人。三来乡教职员共9名，初小学校分布于草鞋桥、上塘圩、道场里、北圩郎、湖墩郎、三来、茅林、东溪头等8个村。油车乡教职员共7名，小学分布于白马高桥、油车桥、北塘、受舍、莫家庄、西石、南苏林等7个村。

1953年6月，下舍区共35所学校，包括完小2所，乡校6所，乡分校（初小）27所。其中三来乡乡分校（初小）8所（其时包括禹越乡部分乡分校），班级9个，学龄儿童404人，其中男272人，女132人，实际入学男208人，女81人，未入学男75人，女55人。油车乡乡分校7所，班级8个，学龄儿童487人，其中男315人，女172人，实际入学男223人，女65人，未入学男96人，女109人。

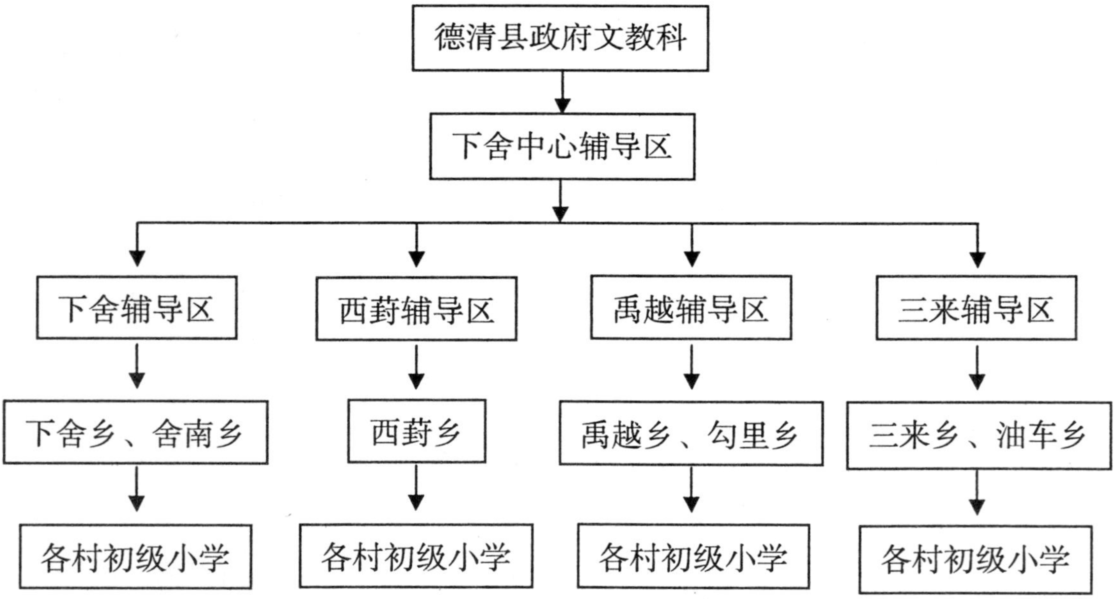

1951年禹越、油车乡学校管理示意图

1953年以后，贯彻“整顿巩固、重点发展、提高质量、稳步前进”的方针，小学教育由恢复发展而进入整顿阶段。县委又发出通知，学校应以教学为中心，不得任意抽调教师参与其他工作。与此同时组织教师学习苏联教育理论，开展教研活动，提高教师素质。

1955 年，杨家坝、栖丰桥村在原来旧庙宇的基础上，拆庙新建小学校舍各 5 间，成为禹越乡最早的公办村校。

1957 年，毛泽东发表："我们的教育方针，应该使受教育者在德育、智育、体育几个方面都得到发展，成为有社会主义觉悟的、有文化的劳动者。"农村小学加强对学生的政治思想教育和体育锻炼，纠正重视知识教育，轻视思想教育的偏向。禹越、油车中心小学修建校舍，充实教具、教学仪器和体育运动设备，改善办学条件。

1958 年下半年，盲目发展教育，小学生剧增，教师队伍壮大。为发展中学，当时禹越、油车完小采取"戴帽子"形式，先后附设初中班，实行"半工半读"。农村小学普遍开展勤工俭学、勤俭办学活动，办起小型工厂（车间）和农、林、畜牧三场。

1961 年下半年起，对农村小学开始调整，把部分农村公办初小转为民办，同时对公办教师进行精简压编，并处退超龄小学生，基本上纠正了盲目发展的现象。

1964 年，贯彻中共中央"关于两种劳动制度和两种教育制度"的指示，提倡多种形式办学，在农村发展简易小学（耕读小学），形式多样，有半日制、巡回制、早班、午班、傍晚班和夜班，应地应时制宜，适合农村特点，深受群众欢迎。禹越、油车辖区学龄儿童入学人数猛增，普及率达到 75.3%。同年，县人民委员会发布《关于落实民办小学经费工作的通知》，指出："国家办学和人民群众办学是我国发展社会主义教育事业的'两条腿走路'。"要求各公社本着"谁上学，谁出钱；谁办学，谁筹款"和勤俭办学的原则，落实民办小学经费，积极做好三项工作：1. 在公社党委领导下，通过群众讨论，由各生产队合理分担经费。2. 加强民办小学经费管理，力求专款专用，合理计划使用。3. 做好经费收缴工作，提高干部对民办教育的认识，对民办小学经费进行统筹安排。

1966 年 5 月，"文化大革命"开始，大部分师生参加战斗队、"造反派"组织，"停课闹革命"，学校处于混乱状态，农村简易小学全部停办。至次年下半年，号召"复课闹革命"。

1968 年年初，“工宣队”进驻城镇完小；农村小学由贫下中农管理学校，实行开门办学。翌年，县“革委会”通知城镇中小学下放工厂办；农村公办小学一律下放到大队办，公办教师下放到生产队任教，教师的工资改为记公分加补贴。使小学教育受到严重破坏。

1979 年后，教育系统开展了“揭、批、查”运动，平反冤、假、错案，落实党的知识分子政策，并通过整顿校风校纪，使小学教育事业得到恢复和发展。同时，农村小学狠抓“双基”（基本普及九年制义务教育、基本消灭青少年文盲）落实，切实提高教育质量，禹越、油车中心小学和下属各村校每学期全部实行统考。

1980 年 9 月，在小学系统纠正片面追求升学率的错误倾向，停止公社中心小学和下属村校对小学生进行统考，规定学校不得搞突击考试，各校升学考试不排名次，减轻学生课业负担。

1981—1984 年，禹越、油车中心小学和各村校，普遍开展集资修建校舍的热潮，基本解决农村小学危房问题，保证了教学工作正常进行。

1984 年 5 月 3 日到 5 日，全国“三算”教学经验交流会在德清莫干山召开，禹越镇教师在会上作“三算”教学经验介绍。6 月 20 日《文汇报》刊登《德清推广三算结合教学》的消息。9 月，中央新闻电影制片厂专程来德清拍摄纪录片《珠算故乡》。

1985 年 5 月，油车乡政府发文《关于统筹教育经费的通知》（油政〔1985〕14 号），指出：根据国务院〔1984〕74 号文件和省政府〔1984〕62 号文件精神，结合我乡实际，1985 年全乡将要统筹教育经费 22000 元。经乡政府研究决定，乡经委统筹 5000 元，各村（单位）统筹 16297 元，按学龄儿童数摊派到各村各单位。

1985 年油车乡教师工资统筹分配表

表 18-3-1

单 位	4-6 岁幼儿数（人）	村负工资（元）	小学生数（人）	村负工资（元）	中学生数（人）	村负工资（元）	合 计（元）
湖墩村	63	456	83	863	29	172	1491
东溪村	33	240	82	852	20	118	1210

续表 18-3-1

单位	4-6 岁幼儿数（人）	村负工资（元）	小学生数（人）	村负工资（元）	中学生数（人）	村负工资（元）	合计
三来村	68	488	143	1487	49	260	2235
夏家村	73	536	195	2028	51	301	2865
茅林村	46	336	133	1383	31	183	1902
天皇殿	130	952	201	2090	14	83	3125
米世村	74	544	141	1466	47	278	2288
集镇	8	56	4	41	—	—	97
油车村	32	252	63	655	30	177	1084
合计	527	3860	1045	10865	271	1572	16297

1986 年，开始实行九年制义务教育，取消小学升初中的入学考试，实行小学毕业按地区就近升入初中的办法。

1990 年 11 月，油车乡政府发布《关于进一步扫除青壮年文盲的通知》（油政〔1990〕26 号），通知指出：全乡 12 至 45 周岁总人数 8598 人，其中文盲、半文盲有 321 人，全乡非盲率已达 96.26%。为了扫除青壮年剩余文盲，特拟扫盲工作实施意见。1. 师资队伍，组织全乡中小学骨干教师为扫盲教师，实行教学双方签订协议，定期教学，按时学完，扫除一个文盲（达到脱盲标准），付给教学者报酬 3 元。2. 具体措施，文盲、半文盲无故不参加脱盲学习，不能达到脱盲标准的，从 1992 年起，每人每年收取扫盲费 10 元，乡村企业职工如果不参加脱盲学习，只发基本工资，扣除各种奖金和年度奖。凡读完扫盲读本，经考核达到脱盲标准者，由乡政府发给脱盲证，并给予适当的经济补贴或奖励。

1990—1991 年，禹越、油车先后实施九年制义务教育。

1992 年年初，县教委下发《德清县村校改造若干规定》，同年底，禹越、油车乡基本完成改造任务，并获得县里村校新建的“三补一奖”。

1995 年 3 月 18 日，全国八届人大三次会议通过了《中华人民共和国教育法》，正式以法律的形式确立了新的教育经费管理体制，即以各级财政拨款为主，以依法征收教育费附加、发展校办产业、社会集资捐资、收取学杂费等多种渠道筹措教育经费为辅的体制。是年，镇政府下达了各村、各单位教育费附加征收任务。

1995年徐家庄镇各村、单位教育费附加征收任务数

表18-3-2

单位	人口数（人）	征收任务（元）
钱塘村	1431	14310
道场村	731	7310
杨家坝村	1717	17170
徐家庄村	583	5830
坝 里 村	1545	15450
木桥头村	2560	25600
石屑斗村	1586	15360
九里港村	620	6200
栖丰村	1482	14820
北圩村	1037	10370
水产村	234	2340
居委会及单位	489	4890
合计	14015	140150

1997年，县政府制定了《德清县高标准高质量普及九年义务教育实施意见》，俗称“两高普九”。是年3月22日，徐家庄镇成立“高标准高质量普及九年义务教育领导小组”（徐政〔1997〕12号）。1999年，徐家庄镇、高桥镇按计划实施了“两高普九”规划，并达到“两高”要求，通过省“高标普九”验收，荣获湖州市“高标普九”称号。

1998—2000年，徐家庄镇、高桥镇学校布局按县里规划得到调整，徐家庄镇：成校1所，初中1所，小学6所，中心幼儿园1所。高桥镇：成校1所，初中1所，小学6所，中心幼儿园1所。

2004年11月，禹越镇人民政府发文（禹政发〔2004〕31号），成立禹越镇中小学幼儿园及少年儿童安全管理专项整治行动小组。

2005 年禹越镇小学基本情况表

表 18-3-3

校 名	班数	在校学生数	教职工总数	专任教师	校 址
禹越镇徐家庄中心小学	29	1108	56	50	徐家庄朝阳路 15 号
禹越镇高桥中心小学	33	1074	56	49	禹越镇高桥集镇

第二节 学 校

徐家庄中心小学

1949 年 5 月，集镇解放，学校实行“军管”，当时乡无完小，经整改后，成立第一所公立小学——“禹越乡小学”。校址设在徐家庄集镇东南禹王庙内，最初全校 3 个班，无固定教室，1950 年秋，学校扩增一个班，教室设在西串堂。4 班均按年级单式教学，全校学生不足 100 人，教师 9 人，办公室设在庙内一角。

1961 年下半年起，为贯彻“调整、巩固、充实、提高”的方针，乡根据县下达的新教育编制标准，对原“禹越乡小学”在校教师和学生进行调整，精简公办教师 6 人。学校从禹王庙搬迁至禹越乡北郊木桥头村葡萄兜，教室有朝南平房 6 间，3 个单式教学班，学生 130 人，教师 3 人。

1964 年，根据上级“关于两种劳动制度和两种教育制度”的指示，提倡多种形式办学，因地制宜，适合农村特点，大力发展简易小学，在禹越乡徐家庄集镇西北角（小桥头）建造新校舍。新校舍为朝南二层楼五间，设教室 4 只，办公室 1 只；朝东平房五间，设教室 2 只，办公室 1 只。改名“德清县禹越乡完全小学”（俗称新完小），学校由原木桥头村葡萄兜搬迁“新完小”。“新完小”开设一至五年级 6 个单式教学班，起初学生 200 人，后增至 300 多人，教师 10 人。其时，徐家庄集镇附近的木桥头村、徐家庄村、坝里村、徐家庄街道的小学适龄儿童都在“新完小”就读。1964 年，栖丰、杨家坝、钱塘、北圩、道场、湖墩、石屑兜等村同时创办简易小学 7 所，在校学生 350 余人，教师 7 人。全乡学龄儿童入学率达75%。当年这些村校又称“耕读小学”。“耕读小学”分白天和晚上两类，“文革”中停办。

1966年5月开始，“停课闹革命”，学校处于混乱状态，村级简易小学也全部停办。直至次年下半年，始号召“复课闹革命”。

1968 年初，“贫管会”进驻禹越完小，成立“五七”中学，各村农村小学由“五七”中学统一管理，统一领导。1969年7月，公办小学下放到大队办，公办教师粮户关系落实到生产队，工资实行工分加补贴。至1972年，下放到生产队的公办教师粮户关系全部上调，1994年起，民办小学逐渐转为公办性质。

1979年8月，恢复公社中心学校，此后成为公社教育事业发展的鼎盛期，9个行政大队先后创办9所完全小学。钱塘、栖丰2个村校相继开办“附设初中班”，俗称“农中”“戴帽子中学”。其时禹越公社有小学生900余人，中学2个班，学生80人，中小学教师76人。民办教师和代课教师占了40%左右。至1989年，全公社小学发展到35个教学班，在校学生1100人，教职工50人。

1981 秋，随着教育事业的发展，对 1977 年底前参加工作的民办教师进行考核整顿，划分三类后，全镇在册在编民师18人继续任教，至1996年18位民师经考核转为公办教师。

1990年9月，小学五年制改为六年制，中心小学新建一幢三层教学楼，12只教室，地址在徐家庄集镇北郊木桥头村原木桥头村校内。各村的高段学生和木桥村学生入中心小学。至1987年，中心小学设8个班，学生310名，教职工17人，下设钱塘、道场、杨家坝、坝里、千字坝、北圩、栖丰、石屑兜、九里港9所村校，在校学生346人，教职工18人。

1990年春，在中心小学北侧扩建两幢二层教学楼，其中西一幢由中心幼儿园使用。此后至1996年，完成各村校校舍改造工作，彻底消除了学校危房，教学设备不断改善。

1998年8月开始村校撤并，九里港村校撤销后并入石屑兜小学；1999年秋撤道场村校并入杨家坝小学，2000年秋撤坝里村校并入中心小学，2001年秋撤北圩村校并入中心小学；2003年撤栖丰村校及石屑兜村校并入中心小学；钱塘村校并入杨家坝小学。2003年年末，村校撤并完成，全镇设一所中心小学，下辖一所杨家坝分校。

1999 年，中心小学在原基础上往东扩建教学楼，新建田径运动场。

2000 年后，学校先后被评为县文明单位、县二级学校、少先队大队被评为湖州市七星级大队、市红旗大队。

2001 年，改造中心小学厕所、传达室，搬迁中心幼儿园，理顺幼儿教学管理体制。

2002 年，制定学校发展规划，向东扩展征用土地 19 亩。

2004 年 3 月至 2009 年 7 月，学校积极改善校园环境。并与杭州市余杭区 3 所联谊学校结对，为广大青年教师的成长搭建平台。校团支部被评为县优秀团支部，工会获得县五星级教工之家称号，巾帼文明示范岗被评为县学习型先进组织。

2007 年，新建了一幢二层楼学生食堂，并被上级部门批准为食堂 B 级管理。

2009 年 8 月至 2012 年 7 月，学校发展规划布局重新设计，2011 年撤并了杨家坝分校，学校往北扩展，新征用土地 5.6 亩。学校教学以抓特色为重点，创建了学校古筝教学并取得了良好的效果。

2012 年 8 月，学校以抓教学质量为重点，以课堂教学改革为导向，学校面貌得到改善。

2013 年 7 月，四层综合教学楼正式开始动工建造。学校目前有中心小学一所，22 个教学班，在校学生 789 人，50 名教职工。学校占地面积 18656.39 平方米，建筑面积 2803 平方米.。

1987 年小学基本情况

表 18-3-4

乡镇	校数	班数总计	复式班数	毕业生数	招生数	在校学生数	一年级学生数	二年级学生数	三年级学生数	四年级学生数	五年级学生数	六年级学生数	1988年预计毕业生数
禹越乡	10	26	9	118	102	656	119	133	125	146	133	0	133
油车乡	8	28	2	244	149	800	152	96	147	193	212	0	212

高桥中心小学

坐落于德清、余杭、桐乡三县交界的高桥集镇古运河畔,地理位置比较偏僻。学校紧紧围绕乡土特色，抓住“桑果子”这个载体，确立了“口琴伴童年，作文育心灵，精致塑高小”的办学目标，形成了“谦逊、团结、进取”的桑果子精神，打造了具有浓郁地域特色的桑果子校园文化,逐步发展成为一所办学特色鲜明的农村小学。

解放以来，学校先后 10 次更改校名，8 次迁移校址，经过 12 任校长和数代教职工的努力，学校从简易、分散逐步走向集中、高质的良性发展轨道。

小学的前身是德清县三来乡校,创建于 1950 年 9 月。由原“三来乡校”和“油车乡校”合并而成。

“三来乡中心小学”创建于 1950 年，校址设在夏家村麻丝滩堂，有 2 个教学班，学生 40 人，教师 3 名。1950—1955 年“三来乡中心小学”下属湖墩、北塔、三来、茅林 4 所村校。每所村校设一、二年级复式班，教师 1 人。

“油车乡中心小学” 创建于 1950 年，校址设在天皇殿寺。有 2 个教学班，学生 40 名，教师 3 名。所属村校有白马小学、油车小学 2 所，各设一个复式教学班，教师 1 名。

1954 年下半年，原“三来乡中心小学”、“油车乡中心小学”分别从夏家村麻丝滩堂、天皇殿寺搬到油车桥集镇东街，改名“高桥乡中心小学”，当时共有学生 600 人左右，中心设 6 个班，约 200 名学生，下设天皇殿、米世、马鸣、湖墩、东溪、三来、上塘于、茅林、北圩等 9 所村校。全乡教师 20 人。

1978 年以后，政府加大了对学校的投入，教育的地位得到提高。1984 年 9 月，根据上级教育主管部门的要求，学校从高桥公社中心学校分离，单独设立油车乡小学。全校有学生 1127 人，50 名教职工，下设 13 所村校。

1985 年 8 月，学校进行第一次村校布局调整，把原来的 13 所村校调整为 7 所村小，1 所乡小。同时正式成立油车乡中心小学，把油车村小学作为中心小学校址。

从 1987 年 2 月开始，学校逐步实行制度化管理，出台了 8 项岗位责任制和

7 项规章制度，同时实行了教师考核制度，从思想政治、工作态度、业务水平、贡献大小四方面进行考核，同时考核结果与教师奖励挂钩。

1987·年 12 月学校（油车村小学）迁入原油车中学，与中学合居一幢教学楼。

1989 年，村校建设得到进一步加强，天皇殿小学投资 5 万余元改造校舍，中心购置彩电、录像机各 1 台，全乡投资 6688 元购置标准化课桌椅 304 套，改善了学校的办学条件。同年 10 月，德清县副县长李国培到校视察（天皇殿、湖墩、三来），对学校的工作给予了肯定。到年底，全乡村校校舍改造率达到 42.5%。该年，在县教委对学校 22 项教育工作目标责任制考核中，学校被县教委评为优胜学校。

1990 年 9 月，学校全面实行六年制义务教育。

1991 年 5 月，油车中心小学教学大楼竣工，8 月，学校正式搬入新的教学大楼。从此，油车乡中心小学有了自己的校址。村校管理日趋规范，做到了“五个统一”（统一时间、统一计划和要求、统一活动安排、统一教学工作检查和考核、统一财务账目管理）；同时，村校改造也加速进行，三来投资 4 万余元改造村校，夏介、东溪、茅林等村校相继改造完工。

1992 年 2 月 17 日，为全县中小学开学第一天，全乡 8 所小学 1010 名小学生全部报到入学，实现在校学生入学率、巩固率连续八个开门红。县教育局总结油车乡小学生“进得来、留得住、学得好”的经验时指出：一是乡、校、村领导高度重视，一致认为做好学生“进得来”的工作是实施九年义务教育的前提，各级领导对学校“流生”工作做到常抓不懈；二是广泛宣传义务教育法，招留生工作得到社会各界的支持，特别是家长的积极配合；三是教师发现“流生”苗头，及时对学生进行耐心细致的说服教育，把流生问题解决在萌芽状态。

1994 年 11 月，在爱国港胞沈炳麟先生的资助下（捐资 18.2 余万元），政府共投资 60 余万元的天皇殿小学开始异地新建，至 1995 年 8 月竣工。年底，油车乡中心小学正式更名为高桥镇中心小学。

1998 年 3 月，学校少先队大队部被湖州市少工委授予“六星级雏鹰大队”的荣誉称号。

1998 年 8 月撤并村校，增添现代教育设施，争创教育强镇，学校教育质量进入全县前列，在各类竞赛中获奖档次有了较大提升。学校把“面向全体、打好基础、着眼于人、重在发展”作为学校的办学理念，树立“坚韧不拔、追求卓越”的学校精神，“诚毅博立”的校训，“立志、博学、求实、创新”校风，“敬业、创新、律己、爱生”的教风，“健美、活泼、乐学、善思”的学风。人性化与制度化管理相结合成为学校管理的一大特色。

1999 年 9 月 18 日，校歌《雏鹰递火炬》参加县百校校歌颂祖国比赛获县三等奖和优秀组织奖，从此，高桥中心小学拥有了自己的校歌。

2000 年 8 月 19 日召开撤并茅林、东溪村校会议，8 月底，茅林村的学生并入中心小学，东溪村的学生并入湖墩村就读。（复式班也在这一年退出高桥小学）。7 月 27 日，镇政府、学校向供销社购买宿舍楼（5 万元），8 月底，高桥中学顺利搬迁至新校区，成校搬进原镇政府会议室，幼儿园又重新搬进成教楼。这时，中心小学和幼儿园同居一个墙圈内。

2001 年 8 月幼儿园搬迁，学校面貌有了较大的改变。

2002 年 8 月撤并三来村校，2003 年 8 月撤并夏介、米世村校（学生均并入中心小学就读），这样全校共有中心、天皇殿、湖墩 3 所学校。同时购买了(9 月份)接送学生的中巴车（5 万余元，枫洋水泥厂转让），制定了《中巴车值日教师职责》，学校开始有了第一辆汽车。

至 2005 年 9 月，学校有中心小学 1 所，天皇殿分校 1 所，湖墩教学点 1 个，共有学生 1074 人，33 个教学班，56 名教职工。其中，专任教师 50 人，大专学历以上教师 46 人，本科学历教师 11 人。学校现占地 12558 平方米，建筑面积 8403 平方米。学校现有标准计算机房 2 个，共 72 台电脑，48 座的标准语音室 1 个，音乐室、书画室、图书室、实验室、电教室、体育室、劳技室均达到一类配备，各班级均配备了两机一幕，学校拥有宽敞的师生食堂，标准水泥篮球场和 2000 多平方米的校园绿化面积。

2006 年 3 月成为浙江省 22 所《作文报》写作教学与研究实践基地学校之一。同年，学校少先队大队被市少工委授予“七星级雏鹰大队”的荣誉称号。

2007 年 8 月，学校逐步确立了“作文育心灵 精致塑高桥”的办学目标，重点探索学校十多年积累下来的习作教学的宝贵经验，形成学校作文特色，并与杭州刀茅巷小学等在习作教学上有所建树的学校结对，开展作文教学研讨活动，多次邀请杭州师范学院王瑾教授来校为语文教师作讲座，提高学校语文教师的作文教学水平。同年撤并湖墩村校，全校共有中心小学、天皇殿小学 2 所学校。

2008 年年初，为更好地规划学校特色发展，与学校农村小学的定位相契合，成立了“桑果子”文学社，定时开展活动。11 月 2 日，学校“桑果子”文学社正式被优秀作文选评杂志社挂牌为其写作基地。同年，为了让农村的孩子的童年也有音乐相伴，学校在继续探索作文特色教学的基础上，开始着力于口琴特色教学的创建，派两位老师到上海中华口琴会刘曾源会长家中及杭州刀茅巷小学学习口琴演奏及教学方法。回校后组建了第一支“桑果子”学生口琴队和“青桑树”教师口琴队。“桑果子”口琴队参加了当年县第十二届中小学生文艺调演中获三等奖。从此，作文、口琴并驾齐驱，成为学校特色。

2009 年，学校在探索国家级子课题《提高农村小学作文教学有效性的途径与方法的探索研究》中作出了研究成果，荣获“全国课题研究先进集体”荣誉称号。在山东威海召开的全国课题结题会议中，学校代表全国 20 所“课题研究先进集体”学校进行经验介绍，博得了与会专家和代表的好评。8 月 26 日，第一本师生作文集《桑果青青》由辽宁少年儿童出版社正式向全国发行。9 月 25 日，学校举行了《桑果青青》作文集首发仪式。3 月，中华口琴会成员张春荣老师到校，为学校师生进行口琴指导。在“口琴伴童年　快乐大家唱”为主题的庆“六一”活动中，学校正式被确立为“上海市中华口琴会高桥小学教学基地”。

2010 年，“谦逊、团结、进取”成了高桥小学的精神象征。11 月 15 日，“青桑树”教师读书俱乐部举行了成立仪式。3 月 22 日，学校启动了以“桑果青青我成长”为主题的首届“桑果子”读书节。此后，每年都以读书节为平台，湖北省教育科学研究所和湖北大家报社共同主办的小学生作文教辅期刊《少年写作》四年级版（CN42-1751/C）2010 年第一期“社团超链接”栏目向全国小读者介绍了学校桑果子文学社。11 月 27 日，被授予了“南太湖少年文学院少年作家培养基地”称号。7 月 31 日，1000 多名学生走出国门，出席在新加坡举行的第八届亚太口琴节。8 月 4 日结束，载誉而归：与杭州刀茅巷小学、千岛湖姜家镇小学的同学一起演奏的《丰收》获得了本次口琴节少儿组口琴大合奏的亚军，单独参赛的曲目《拔根芦柴花》获得了少儿组口琴大合奏的银奖。此事引起了《浙江日报》《湖州日报》等新闻媒体的关注。此后又在当年的德清县第十四届中小学生文艺调演中获器乐组一等奖，并代表德清县参加了在市升华音乐厅举行的湖州市2011年中小学生元旦文艺会演，喜获小学组器乐类比赛一等奖。同年，教学质量总名次排在全县的第三名。

2011年，《教育时报》《小学生时代》《小学生拼音报》均作了报导，荣获湖州市艺术教育特色学校称号。是年，评为德清县自主发展先进学校。

2012年，校刊《七彩桑园》出版，荣获德清县中小学教育质量考核三等奖。

2013年8月，撤并天皇殿村小，8月16日，团省委学少部部长顾艳和省少先队总辅导员魏慈瑛一行来校检查少先队工作，肯定了学校特色。12月，获“浙江省优秀少先队大队”荣誉称号。2013年第一期的《少先队活动》杂志在“专题报道”栏目中以《口琴伴童年·乐韵染校园——德清县禹越镇高桥中心小学口琴特色教育》为题，作了详细介绍。此前，11月5日，台湾口琴艺术促进会黄石口琴乐团和上海中华口琴会少儿乐团的成员来校，与全校师生作了琴艺交流。“桑果子”口琴队荣获一等奖。

至2013年年底，学校有中心小学一所，22个教学班，在校学生788人，50名教职工，占地面积5885平方米，建筑面积3550平方米。学校先后获得浙江省艺术特色学校、浙江省优秀少先队大队、湖州市艺术特色学校、湖州市行为规范示范学校、德清县文明单位、德清县先进基层党组织等荣誉称号。

1987年小学分布表

表18-3-5

禹越乡				
校　名	所在地	班数	学生数	教职工数
禹越乡中心小学	木桥头	8	310	17
钱塘村小学	钱塘村	3	53	3
道场小学	道场村	1	14	1
杨家坝小学	杨家坝	2	46	2
坝里小学	坝里村	2	39	2
千树坝小学	千树坝	1	9	1
北圩小学	北圩村	2	47	2

续表 18-3-5

禹越乡				
校　名	所在地	班数	学生数	教职工数
栖丰小学	栖丰桥	2	43	2
石屑斗小学	石屑兜	4	79	4
九里港小学	九里港	1	16	1
油车乡				
油车乡中心小学	油车桥	6	200	15
夏家小学	夏家村	4	145	7
东溪村小学	东溪村	1	14	1
湖墩小学	北塔里	4	98	4
三来小学	三来庙西	3	66	3
茅林小学	茅林村	2	45	2
天皇殿小学	天皇殿	5	160	8
米世小学	米世村罗池	1	72	3

第三节　教　学

三算教学　“三算”（ 口算、笔算、珠算）结合教学是在心算、笔算结合的基础上发展起来的，它要求教师从小学一年级开始，把口算、笔算、珠算有机结合起来进行课堂教学，使儿童手、脑并用，促进儿童思维发展。

镇境早在 1972 年就在禹越公社中心完小及大队小学开展“三算”结合教学试点工作，并逐年推广到德清全县。1978 年使用教育部统编教材以后，“三算”结合教学试点工作暂时停止。县教研室一贯重视于“三算”结合教学的试验工作，于 1981 年下半年，在木桥头小学和栖丰小学，恢复“三算”结合教学的试验。

当时，木桥头小学和栖丰小学，办学条件较差，经过一年的教学实践，事实证明“三算”结合教学对开发儿童智力效果显著。1983 年 4 月号《教育研究》全文刊登了德清县《三算结合教育调查》一文。同年 10 月，中国珠算协会副会长李新在日本举行的国际珠算学术报告会上，详细介绍了德清县禹越公社“三算”结合教学的试验成果。

禹越“三算”结合教学试验在全县推广后，1983 年扩大到 19 个公社 58 个班。1987 年，“三算”试验班发展到 79 所小学 258 个班。在短短几年中，全县“三算”教改取得了可喜成绩，初等教育质量也相应得到了较大提高。这项教育科研成果受到省、市教委的重视，1986 年，省教委正式批准列为全省科研项目之一。

1982 年 4 月，全国三算教学研究会一届一次理事会暨实验教材审稿会议在杭州召开，与会的 27 名专家、学者专程到禹越公社有关小学听“三算”课、开调查会。

1984 年 5 月 3 日至 5 日，全国“三算”教学经验交流会在德清莫干山召开，来自全国 11 个省、市、自治区的 180 余名专家、学者教研人员和教师代表参加会议，禹越乡教师在会上作“三算”教学经验介绍。6 月 20 日，《文汇报》刊登《德清推广三算结合教学》的消息。9 月，中央新闻电影制片厂专程来德清拍摄纪录片《珠算故乡》。

1985 年 6 月和 11 月，中央教育科学研究所两次派人来德清调查“三算”结合教学改革实验情况。

在“三算”结合教学改革实验中，德清县曾派出教师代表、小学校长、教育局干部、教研员等，先后出席在杭州、哈尔滨、长沙、上海、四川、山西等地召开的全国“三算”教学经验交流会，镇境有关老师曾应邀多次出席。本县还多次接待来自湖南、四川、新疆、贵州等地的参观代表。

附：中国珠算历时 5 年申遗成功

新京报讯 （记者李丹丹）昨晚（2013 年 12 月 4 日），在通过联合国教科文组织的审议后，珠算正式被列入人类非物质文化遗产名录。这是中国第 30 项被列为非遗的项目。而中国目前是世界上拥有世界非物质文化遗产数量最多的国家。

此前联合国教科文组织曾介绍说，珠算是中国古代的重大发明，伴随中国人经历了 1800 多年的漫长岁月。它以简便的计算工具和独特的数理内涵，被誉为“世界上最古老的计算机”。

在2009年1月，中国珠算申报联合国“人类非物质文化遗产代表作名录”。但是当时申遗并未成功，中国珠算协会曾数次修改申报材料，直至昨晚传来捷报。

中国珠算心算协会副会长苏金秀在珠算申遗成功后对新华社记者说，随着计算机技术的发展，珠算的计算功能逐渐被削弱，但是古老的珠算依然有顽强的生命力。今天珠算成功申遗，将有助于让更多的人认识珠算，了解珠算，增强民族自豪感，吸引更多的人加入到弘扬与保护珠算文化的行列中来。

珠算是以算盘为工具进行数字计算的一种方法，被誉为中国第五大发明。早在2008年，经国务院审核批准，珠算被列入第二批中国国家级非物质文化遗产名录。

勤工俭学　1985—1995年，高桥中心小学全体师生积极开展“采桑果子”勤工俭学活动。最多一年采摘的桑果子有700多公斤。老师们利用课余时间，把同学们摘来的桑果子洗淘加工成“优良桑苗种子”，出售给江苏省农科院，通过农科院把油车蚕桑区的“优良桑苗种子”远销到全国各地。这一勤工俭学活动在德清教育系统乃至农业部门产生了深远影响。

同时，禹越中心小学组织师生采摘、收购桑果子，制作保健品“桑葚蜜”，远销上海制药厂。

春泥计划　2010年7月，根据县文明办关于加强和改进未成年人思想道德建设文件精神，镇妇联、共青团、镇中小学、镇社区学校联合实施“春泥计划”。实行学校、家庭、社会教育三结合工作制度，对未成年人（中小学学生），加强在暑假、寒假期间的教育管理工作。

第四章　中学教育

第一节　概　况

解放前，镇境无中学。1949 年后，德清县设城关、新市、洛舍、下舍 4 个教学区，禹越、油车属下舍区。1957 年，下舍区开办初学，学制 3 年，禹越、油车部分小学毕业生进入下舍初中就读。1960 年，下舍初中有班级 4 个，学生 218 人，教职工 9 人，当年有毕业生 31 人。

1965 年，禹越公社开办“农中班”，无专用教室，借用民房，地点在徐家庄集镇沈家，当时招收学生不到 30 人。

1968 年，实行“贫下中农管理学校”，禹越、油车公社分别办起了“五七”中学。

1975 年，中央提出“教育战线学大寨”的号召后，农村各大队所办的完全小学附设初中班。禹越公社钱塘大队小学、栖丰大队小学和高桥（油车）公社米世大队小学。分别办起农中班。

1980 年，农村学校贯彻“调整、巩固、充实、提高”八字方针，对农村公社办的“五七”中学和“农中”进行了整顿、巩固，禹越、高桥 2 所“五七”中学得到巩固发展，撤销了小学“戴帽子”初中班，学生并入就近中学。同年，禹越、高桥初中与小学合并，改称“中心学校”。 1984 年下半年，中小学分设，中学改名为“乡初级中学”。

1984 年 12 月，省、市普教验收工作队到德清县东、中、西片进行普及初等教育抽样验收，油车乡作为东部片代表学校得到验收，宣布德清县为基本普及初等教育县。

1986 年 4 月 12 日第六届全国人民代表大会第四次会议通过《中华人民共

和国义务教育法》，同日，中华人民共和国主席令第 38 号公布。

1987 年，开展初中职业教育试点，油车初级中学开设了“2+1”（初一、初二 2 年学习课本知识，完成基础学业；初三 1 年学专业技术）职业班。次年，为了巩固发展初中“2+1”职业班，使初中职业教育更好地为当地经济建设服务，县教委拟定了《初中“2+1”职业班基本标准（试行）》。

1990—1991 年镇境实施九年制义务教育。

1999 年，镇境规划市高标“普九”乡镇，同年，徐家庄镇经验收被县政府授予县“两高普九”达标乡镇称号。2000 年年底，高桥镇通过县“两高普九”达标验收，并和徐家庄镇一起申报市“两高普九”乡镇。

2000 年 3 月，徐家庄镇政府印发《关于征收 2000 年度农村教育费附加的通知》（徐政〔2000〕30 号），规定：教育费附加的征收范围：指本镇在册的常住户口（农民、集镇所有居民）包括自理户粮的常住人口，征收对象不分年龄大小、集镇和农村。征收标准和办法：1. 镇机关全体干部（42 人），公办教师（103 人），村、企事业干部、派出所、卫生、邮电、农电、信用社职工（150 人）人均 120 元，临时工减半；2. 在校的中小学生、幼儿学生（1993 人）人均收取 120 元，分 2 个学期收取；3. 镇村企业、个私企业职工（2150 人）人均收取 70 元；4. 征收时间为 2000 年年底止；5. 事业单位人员由镇财政办核准，中小学幼儿园学生由学校核准，企业职工由镇工办核准。

2004 年，高桥中学被认定为湖州市一级中学。

2005 年，高桥中学在创建浙江省标准化学校中，经审定达到省三级标准。

2010 年 3 月，禹越镇人民政府发文（禹政发〔2010〕11 号），成立禹越镇中小学校舍安全工程领导小组。

禹越镇义务教育阶段各校“三风”和“校训”表

表 18-4-1

徐家庄小学	校风	勤学、文明、尊师、爱校
	教风	务实、创新、敬业、爱生
	学风	乐学、善思、健美、向上
	校训	—
高桥小学	校风	立志、博学、求实、创新

续表 18-4-1

高桥小学	教风	律己、爱生、敬业、创新
	学风	健美、活泼、乐学、善思
	校训	诚毅博立
徐家庄中学	校风	勤奋、求实、拼搏、进取
	教风	敬业、奉献、育人
	学风	尊师、守纪、严谨、创新
	校训	自强不息、止于至善
高桥中学	校风	乐教、好学、务实、求真
	教风	严谨、创新、敬业、爱生
	学风	尊师、守纪、勤奋、进取
	校训	勤奋读书，诚实做人

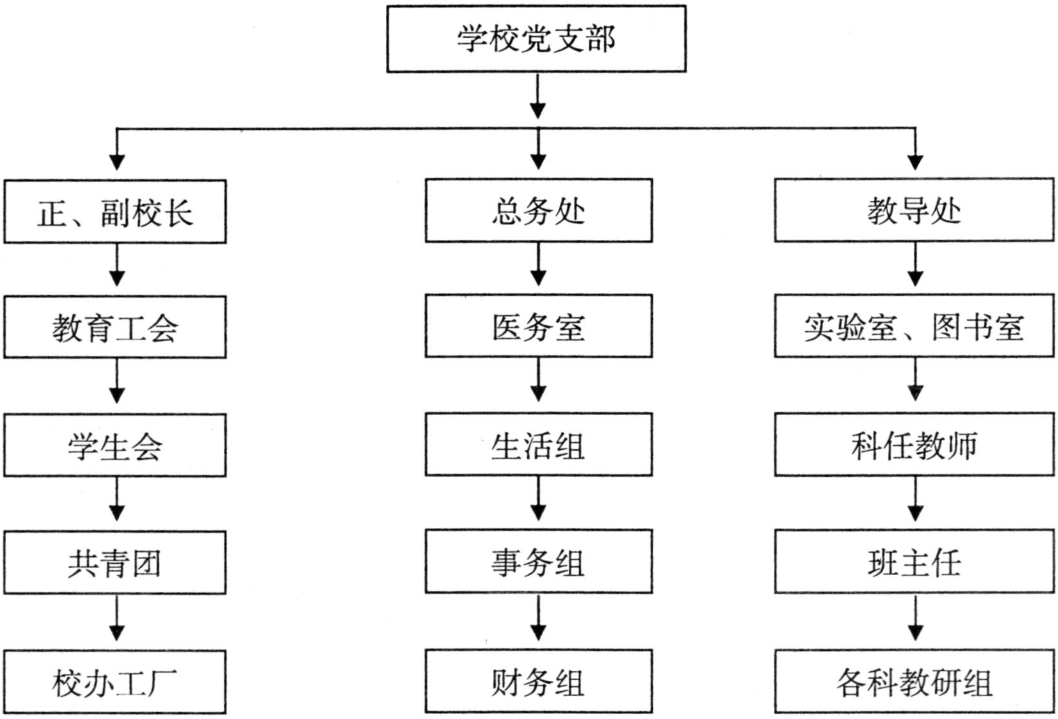

图 18-4-1　1984 年中等教育管理图

第二节　中　学

徐家庄初级中学

解放前，徐家庄无中等学校。1951年、禹越学校管理属下舍区。当时有“下舍中心辅导区”分管“禹越辅导区”，“禹越辅导区”又分管禹越乡、勾里乡各小学。

1958年，下舍人民公社办起了初级中学。有班级4个，学生218名，专任教师6名。禹越镇辖区内小学毕业有条件升学的学生均到下舍初中就读。

1968年，实行“贫下中农管理学校”，全县上下大办“五七”中学，“禹越公社五七中学”9月成立。地址在禹王庙内，规模仅一个班，专任老师两人，学生45人。学生不分年龄，不分基础程度，学制2年，属混合型初中班。

1969年6月，在禹王庙南大门前，徐家庄大队庙西生产队杂基地造平房6间，为“禹越公社五七中学”新校址，同年9月初中班由禹王庙厢房迁入新校址，时班级扩大为2个班，学生80名，教师6名。

1970年7月，禹越公社首届45名初中生毕业，其中17名城镇学生得到统一分配，到新市、德清、武康等丝厂就业，8名农村学生升学到德清一中（当时称“德清县农机厂五七中学”）就读高中。

1975年，“五七中学”开办“附设高中”，招收1个班，学生58人，公开招收2届，1984年体制改革，中小学分设，“附设高中”撤销。

1979年，学校与完小合并，改名中心学校。

1984年下半年，学校由禹王庙搬迁至徐家庄集镇西南砖桥头新校址。学校已发展到6个班级，学生278人，教职工19人。

1985年3月，县校办企业公司发文同意建办“德清县禹越中学丝织厂”（德校企〔1985〕16号），生产产品：真丝被面、中线花呢、胡纱等。厂址在徐家庄集镇。

1995年，学校在校园西侧扩建校舍，投资70万元，新建教学楼1幢，建筑面积1450平方米。

2000年12月，徐家庄镇政府印发《关于建造徐家庄镇中学实验楼的报告》（徐镇〔2000〕52号），报告指出：本镇中学系1985年规划，1987年搬迁，受条件局限，至目前学校仅有教学用房2300平方米，在校学生583人，生均教学用房仅3.9平方米，教学用房严重不足。2001—2005年，预见在校生分别为687人、737人、764人、707人、609人。根据浙江省农村初中高标准普九要求，生均教学用房不少于7平方米，为此，经镇党委、政府研究决定建造镇中学实验楼一幢。经概算，实验楼建筑面积为2186平方米，预算总造价150万元左右。资金来源为镇教育附加费、镇社会捐资、镇财政拨款、县财政拨款等。实验楼定基在与现校园相连的原镇蔬菜厂厂区内，拟于2000年1月实施施工。

2004年，学校改名为“禹越镇徐家庄初级中学”，2007年，禹越镇徐家庄初中、高桥初中改为“一校两区”，学校又改为“禹越初级中学”。

2005年，学校有12个教学班，学生532人，教职工39人，学校占地面积13300平方米，建筑面积4180平方米，设有语音室、电脑房、多媒体教室、图书室、田径运动场。

1987年禹越、油车普通初中学生基本情况表

表18-4-2

学校	学校数	班级合计	初一	初二	初三	毕业生数	在校学生合计	初一	初二	初三	在校住学生数
禹越	1	6	2	2	2	71	276	96	97	85	149
油车	1	9	4	3	2	79	359	156	126	77	216

高桥初级中学

位于高桥集镇东南侧。前身是高桥“五七”中学，创办于1968年，当时只有一位老师，一个班。次年，在原高桥完小的基础上，新建平房15间。

1983年，扩建二层教学楼8间

1986年，在原校园东面新建14间3层教学楼。

1998年1月，学校开始易地新建。高桥镇政府向县政府印发《关于搬迁高桥镇中学的报告》（高政〔1998〕1号），拟在油车大桥西桥堍征用土地38亩，总投资430万元建设新校园。第一期工程拟在是年3月动工，7月竣工，完成主体教学楼（2500 平方米）和办公楼。是年，初中入学率达到高峰，班级 18个，学生780名，教职工40名。

2000年8月，县、乡两级政府投入500万元，新校舍竣工，新建的初中占地面积24678平方米，建筑面积5601平方米，设教学楼、实验室、食堂、田径运动场。学校整体迁至新校址。

2002年9月，全校有15个教学班，学生713人，专任教师37人。同年学校被评为县级文明单位。

2003 年，学校被评为县“绿色学校”，荣获“全国心理健康教育集体”三等奖。

2004年，学校启动了与徐家庄中学合作的“联校校本培训”工程，被县教育局确定为县教师教育基地。同年，学校更名为禹越镇高桥初级中学。被评为湖州市一级初中，湖州市“绿色学校”。

2005年，学校被评为浙江省示范性初中。

2005年禹越镇初级中学情况表

表18-4-3

校　名	班数	在校学生数	教职工总数	专任教师	校　址
禹越镇徐家庄中心中学	12	532	39	35	禹越镇徐家庄育才路12号
禹越镇高桥中心中学	15	672	42	39	禹越镇高桥集镇

第三节　特色教育

禹越中学心理健康教育始于 1999 年。2002 年，率先在县内开设班级心理活动课。2006年，组织心理辅导骨干教师撰编心理健康教育校本课程。2010年，在全国中小学心理健康教育理事会第四届年会上荣获先进学校称号。次年，被评为省中小学心理健康教育一级辅导站和湖州市德育特色学校。

设课十五年来，撰写论文多篇，见《丛录·著作》。现全校持有浙江省中小学心理健康教育资格证 55 人（其中 A 证 1 人，B 证 7 人，C 证 47 人），国家三级心理咨询师 3 人。

第五章　成人教育

第一节　概　况

镇成人教育始于民国 36 年 3 月，设本部分部，共计学生 95 人，授课时间为晚上 7：00–9：30。妇女班学员 68 人。解放初，农民业余教育始于 1954 年下半年，根据全国农民业余文化教育会议精神，德清县下舍区成立扫盲中心学校，配备 10 名扫盲专职教师。确定下舍区三来乡北塔里民校为示范性民校。

1958 年 6 月，德清县委发出“苦战十昼夜，实现无盲县”的通知，提出“书记挂帅，全党动员，全团动员，划片包干，按级负责，力争在‘七一’前实现无盲县”的要求。禹越、油车所有农村小学师生上午上课，下午和晚上全部投入扫盲。出现“万人教，全民学”的扫盲高潮。

1962—1965 年期间，禹越、油车辖区内各大队陆续办夜校，晚上借用小校教室，有的借用大队会议室，以识字教学为主。

“文化大革命”期间，农村业余文化教育为政治夜校所取代，镇境各大队以政治夜校为主，读报学习时事政治，学习毛主席语录。1978 年，贯彻国务院《关于扫除文盲的指示》恢复农村业余夜校。

1979—1993 年，德清教育行政部门在小学“双基教育”验收时，重提“扫盲教育”，期间各村校又重视扫盲工作。

1985 年 3 月，省、市脱盲验收工作队到德清县，通过抽样验收，确认德清县已达到浙江省农村基本扫除文盲标准。禹越、油车同时实现无盲乡。

1991 年 3 月，高桥成校成立。1995 年，徐家庄成校成立。两校同时实施“燎原计划”，2004 年合并成立禹越成校。

2003 年 7 月，成立“禹越镇成校委员会”。

次年，镇成校参与农村劳动力技能培训，当年实用技术培训 599 人次，其中 40 人为县农机学校培训人员；失地培训 201 人次；富余培训 154 人次；职业提升培训 501 人次；县财政补助经费 18.876 万元。

2005 年，禹越镇农村劳动力 16641 人，行政村 14 个，县劳动力培训基地 1 个。政府拨款教育经费总计 23.026 万元，其中成人教育经费 2.29 万元，劳动力培训专项经费 15.9 万元。成校教职工 3 人，兼职 10 人。同年，镇成人文化技术学校非学历培训取得显著成效。培训总人数 6031 人；农业技能培训 250 人次；企业职工（务工农民）技能培训总人数 600 人次；农民转移就业培训总数 470 人次，其中职业资格证书培训 190 人次，培训转移就业 329 人次；农村后备劳动力职业技能培训 70 人次；其他社会文化培训 4641 人次。

2005 年 6 月，根据德清妇联〔2004〕33 号《关于实施女性素质工程的意见》的文件精神，禹越镇妇联成立妇女学校。

2006 年 12 月，中共湖州市委农业和农村工作办公室、湖州市教育局关于公布湖州市第四批“百万农民培训工程”示范项目考评结果的通知，德清县禹越镇成校《黑鱼苗种人工繁殖技术推广》，被评为湖州市“百万农民培训工程”优秀农业科技推广项目。

2007 年，镇人民政府发布调整禹越镇科技领导小组的通知，同年，为推进镇社区教育工作深入开展，提高社区教育质量和效益，禹越镇人民政府发文成立禹越镇社区教育管理委员会。

第二节　学　校

徐家庄成人文化技术学校

中华人民共和国成立初，全县开始办冬学，禹越乡选派教师参加县速成识字培训班培训，各村大力推广速成识字法，共办各类学习班 40 余个，2000 余人参加。

1954 年下半年，根据县农民业余文化教育会议精神，调整扫盲教师队伍，三来乡北塔里民校被列为示范学校。

1956—1959 年，全乡范围内开展扫盲工作，公社配备业余教育专职教师。

1960—1978 年业余教育的重点：继续扫除文盲，巩固和发展业余学校，为公社培养三员(会计员、记账员、技术员)。“文化大革命”期间业余学校被政治夜校所取代。

1979—1987 年，开展农民业余教育新局面，力争实现无盲乡，禹越乡通过了县验收。

1984 年 5 月，禹越乡政府发布《关于公布各村农民教育委员会名单的通知》（德禹政〔1984〕7 号），根据浙江省农民教育的有关规定，组建各村农民教育委员会，设主任一人，委员 4—5 人。

1988 年开始，农民业余教育主要形式和内容从基本扫除文盲逐步发展到农民技术培训。

1991 年 3 月，高桥成校成立，专职教师 1 人，兼职技术 6 人。 1995 年 5 月徐家庄成校成立，专职教师 1 人，兼职技术 8 人。

2004 年 5 月，二校合并为禹越成校。

禹越镇成人文化技术学校历年农训数据统计表

表 18-5-1　　　　单位：人

年份	年度合计	预备劳动力	双证制	被征地农民	富余劳动力	进城务工者	外来民工	阳光工程	两创人才	实用技术	家庭工业
2004	1043	90	—	200	154	—	—	—	—	599	—
2005	678	70	—	220	250	—	—	—	—	138	—
2006	842	70	—	212	350	—	—	—	—	210	—
2007	1564	—	—	208	300	—	223	—	—	833	—
2008	1241	—	—	158	354	—	176	—	—	553	—
2009	1233	—	—	186	—	—	231	30	—	607	100
2010	756	—	66	—	—	360	—	60	100	100	70
2011	736	—	57	—	—	349	—	—	80	250	—
总计	8116	230	123	1266	1408	709	630	90	180	3290	170

镇成校校本教材一览表

表 18-5-2

编写时间	教材名称	获奖情况
2010 年	水产养殖技术	培训用书
2012 年	乌鳢人工养殖技术	县精品教材
2012 年	禹越民间故事	市级优秀奖
2013 年	健康养生常识	县级精品教材

镇成校农科教项目一览表

表 18-5-3

项目名称	实施时间	获奖情况
蘑菇栽培技术的的推广和应用	2004.1—2004.12	县级三等奖
黑鱼甲鱼混养	2004.12—2005.12	县级二等奖
黑鱼苗种人工繁殖技术推广	2005.12—2006.12	县级一等奖、市级优秀奖
澳洲龙虾养殖技术推广	2006.12—2007.12	县级三等奖
黄河中华鳖生态养殖技术推广	2007.12—2009.12	县级二等奖
锦鲤养殖技术推广	2009.12—2010.12	县级三等奖
乌鳢家鱼混养养技术的推广	2010.12—2011.12	县级二等奖

续表 18-5-3

项目名称	实施时间	获奖情况
大棚蔬菜轮套作技术推广	2011.12—2012.12	县级二等奖
仿野生黑鱼养殖技术推广	2012.12—2013.12	县级三等奖

镇成校论文获奖及发表情况

《开发乡土草根读本 发挥社区教育作用》发表于 2013 年 9 月的《中国社区教育》;

《居民快乐大课堂实验》优秀教科研成果获 2013 年浙江省三等奖;

《开展新型农民培训 服务劳动力转移》发表于 2013 年 2 月《中国农村教育》;

《技能学历相结合 努力服务新农村》2012 年获湖州市论文评比获二等奖;

《技能学历相结合 努力服务新农村——浙江省德清县禹越成人双证制教育培训的实践探索》发表于 2012 年 1 月的《中国社区教育》;

《做足黑文章，打响俏品牌》发表 2011 年 1 月的《中国农村教育》;

《居民快乐大课堂建设的实验》发表于 2011 年 2 月的《中国社区教育》;

《发展精品项目，引领农民致富》发表于 2007 年 6 月的《新农村》。

镇成校社区教育实验课题

表 18-5-4

课 题 名 称	获奖情况
乡村社区居民快乐大课堂的实验与探索	国家级立项
开发乡村草根读本服务农村社区教育	市级立项

镇成校荣誉

省级

2008 年浙江省二级成校

2011 年浙江省一级成校

2013 年浙江省标准化成校

市级

2009年湖州市远程教育学用结合示范点

2011年湖州市金桥工程重点项目单位

2012年湖州市示范性成校

2013年湖州市科协先进集体

2013年湖州市扫盲先进集体

1998—2000年镇境各类学校布局调整设置规划表

表18-5-5

乡　镇	总人口数	成校设置数	初中设置数	小学设置规划数	小学设置实际数	中心幼儿园设置数
徐家庄镇	14429	1	1	6	9	1
高桥镇	15310	1	1	6	8	1

第三节　党　校

禹越镇党校成立于1990年8月，校址设在镇成校内。2004年9月成立镇党校校务委员会。

附：禹越镇“十佳外来学子奖”

禹越镇妇联于2008年，开展“十佳外来学子奖”活动。

一、参加“外来学子奖”评奖的对象：在镇内各中小学就读的外来务工人员子女。

二、评奖要求：具备勤俭节约、助人为乐、勤学懂事、孝敬父母、品学兼优、胸怀远志、关心集体、无私奉献、敢于承担、见义勇为，且家庭贫困的优秀外来学子。

三、出资人：由三星塑料公司董事长杨阿永，每年出资10000元，并成立“三星外来学子奖”颁奖委员会。

四、凡被评为品学兼优的十佳外来学子者，每人一次性获奖学金500元。

2008年5月，举办首届“十佳外来学子奖”，获奖10人，其中云南籍4人，安徽籍5人，江西籍1人。

2009年5月，第二届“十佳外来学子奖”举行，获奖10人，其中来自云南4人，四川2人，河南1人，安徽1人，浙江桐乡2人。

2010年5月，第三届“十二佳外来学子奖”获奖12人，其中来自云南6人，江西1人，安徽3人，广西1人，浙江桐乡1人。

2011年5月，第四届“十二佳外来学子奖”获奖12人，其中四川2人，云南3人，安徽2人，湖北、河南、江西各1人，浙江衢州，龙游各1人。

2012年5月，第五届“十二佳外来学子奖”名单公布，来自云南5人，安徽2人，江西、河南、湖南、四川、广西各1人。

2013年5月，第六届“十二佳外来学子奖”名单公布，获奖12人，其中来自云南9人，江西1人，浙江桐乡、绍兴各1人。

2014年5月，第七届“十二佳外来学子奖”名单公布，来自云南7人，安徽2人，贵州、江苏、浙江桐级各1人。

此外，禹越镇自2006年起，每隔一年开展一次十佳优秀教师评比。至2014年，共举办五届，在教师中起到相关激励的良好作用。

第十九卷　卫　生

第一章　医疗机构

第一节　民国期间

民国以前，禹越境内没有正规的专门医疗机构。民间治病以中草药为主。普通百姓对于卫生常识一无所知，常见疾病依靠刮痧、提痧医治。传染病死亡率占死亡总数50%以上，婴幼死亡多数由破伤风所致，疫病暴死经常发生，人均寿命不足55岁。

民国时期，徐家庄设有4家药店，集中在徐家庄老街。其中：曹立水药店，设在永明桥堍。沈永善药店，设在禹越街西。徐寅楚药店，设在禹越街中，沈元乔药店，设在禹越街东。上述药店均没有坐堂中医师，凭处方撮药，但生意经久不衰。

陈雪佩(1918—1970)，首设徐家庄私人诊所，擅长妇科，主治痛经、不育症。诊所地址在老街西南老屋（原茧站西北角）。陈雪佩从小喜欢医学，就读私塾，钻研古代医学，求学周边名医，孩童时家住曲尺（家）湾。祖父陈木扇，为清宣统年间妇科名医。据说，当时皇后娘娘得妇科病，招募全国妇科医生前往诊治，陈木扇到京城后，亲自给皇后娘娘治病，经服中药医治，病情得到好转，继而治愈。皇帝奖赐“葫芦形扇子”一把，并亲笔书“陈木扇”三字。故“木扇”竟成了他的名字。

抗日战争前后，集镇以陈雪佩个体诊所为主，其间，油车集镇也有民间中医个体行医。抗战胜利至中华人民共和国成立初，徐家庄尚有外来西医开设诊所，址在姚家里，借用民房。钱塘村个体医师金梅庆，用中西医结合治病，颇有影响。

第二节 解放后

乡（镇）医疗机构

1951年，德清县在“政府领导、自愿结合、集体经营、民主管理”四项原则下，引导个体医生筹建联合诊所，性质为个体联营。次年，禹越乡成立“立三联合诊所”，地址借用民房。医师四人。油车乡成立“广立联合诊所”，地址在油车集镇老街，借用民房，医师三人。此外，油车乡湖墩村有个体诊所，医生一人。钱塘、栖丰、三来、天皇殿等地也有个体医生。

1958年7月，禹越、油车联合诊所分别发展为公社人民医院。性质为集体所有制事业单位。其时，各医院置中西医7—10名，设普通西医科、中医科。服务范围为当时的禹越乡、油车乡辖地。由于人民公社化实行“吃饭不要钱，看病不要钱”，导致公社医院资金减损，濒临破产。

1959年，高桥公社人民医院分别在辖区各大队建立卫生保健站，设不脱产保健员一名，为下设医疗机构，但时间不长，不久撤销。各大队卫生保健站建立后，公社人民医院常下派医务人员驻大队卫生保健站行医，或开展巡回医疗。

1961年1月，根据上级指示，改公社医院为联合诊所，高桥人民医院和禹越人民医院合并为“禹越公社联合诊所”。原高桥公社人民医院改为禹越联合诊所分诊所，禹越公社联合诊所常派医务人员驻高桥门诊部行医，

合并后的“禹越联合诊所”历时4年，于1965年12月撤销。

1966 年下半年，辖区医疗单位成立“战斗队”，领导靠边，许多医务人员遭到批斗，医疗秩序混乱。

1968—1969年，“贫下中农宣传队”，进驻医院，替代领导。

1969年起，医生下大队医疗站，接受贫下中农再教育。

1972年，联合诊所改称公社卫生院。两家卫生院均设中医科、西医科、妇产科、针灸科、牙科，并配置了氧气和X光透视设备。

1984年1月，公社卫生院更名乡卫生院，乡卫生院以“四化”要求（革命

化、年轻化、知识化、专业化），实行卫生院领导任免制。医疗设备也得到了改善：两院均有 200 毫安 X 光机、显微镜、电冰箱、培养箱、光电比色机及万能手术床、电动吸引器、心电图、超声诊断仪等仪器计 130 余件。

1991 年 7 月，成立徐家庄镇初级卫生保健委员会（徐政〔1991〕26 号），设主任一人。

1992 年 6 月，扩镇并乡，两地卫生院同步换牌。

1993 年，禹越镇卫生院征地新建，是年，门诊量达 1.3 万人次，住院 219 人次。

2001 年 5 月，两镇卫生院内先后设立中心药房。中心药房的建立，使药品经销严格把关，做到统一招标，统一批号，统一进药，统一价格。

2004 年 4 月，两院合并，管辖全镇 11 个行政村的 11 个村级卫生室。

村级医疗机构

解放前，除民间医生外，村保无医疗组织，缺医少药。

1956 年上半年，以区乡为单位，培训接生员和卫生员（后称半农半医），禹越乡、油车乡各派员参加。境内乡村先后建立保健室，并配备了一批保健箱和必备药品。

1959 年，各大队建立保健站。1960 年，村级保健站撤停。

1965 年，县卫生局培训“半农半医保健医”，镇境所属各大队又恢复“卫生保健员”，各生产队还增设“卫生员”（一般由生产队妇女队长兼）。

1967 年，“赤脚医生”问世，是年下半年至 1969 年上半年，县卫生部门组织全县赤脚医生参加县、社各级卫生部门短期多次培训，让赤脚医生掌握常见病、多发病的治疗技能和知识，镇境各大队选拔 1—2 名青年参加医疗机构培训，培养村级医务人员。各大队先后建立起保健站，并开始兴办合作医疗。

1969 年下半年，禹越、油车境内全面推行农村合作医疗，公社卫生院对辖区内大队赤脚医生进行半脱产培训，为了降低医药费开支，提倡“一根针、一把草”（针灸、中草药）、“三土上马”（土医、土药、土法）、“四自创”（自种、自采、自制、自用）等方法，境内合作医疗站使用针灸草药，盛极一时。

1974 年，德清县卫生局成立“赤脚医生学校”，采用《赤脚医生复训教材》，对各公社赤脚医生进行业务培训，境内赤脚医生分别受到复训。

1977 年，以大队为合作医疗核算单位。实行投资少（每人每年只交 1—2 元医疗费），负担轻（赤脚医生记工分到生产队拿报酬），就诊方便。大病转院治疗，医药费可以补助 50%—80%，故社员乐于参加。五保户、烈军属减免医疗费。五类分子（地、富、反、坏、右）不准参加农村合作医疗。

1980 年以后，境内各村保健站陆续由集体办医转变为由赤脚医生承包办医。由于经营体制的变化，一部分赤脚医生改行，部分保健站关闭。

1981 年，省卫生部门统一部署“赤脚医生”考试，合格者获“赤脚医生”证书。1985 年，“赤脚医生”改称“乡村医生”或“卫生员”。1986 年，地、县卫生部门组织“乡村医生”考试，合格者获“乡村医生”证书。1990 年，境内“乡村医生”普遍领取营业执照，实行自负盈亏。同年，镇建立初级卫生保健委员会，加强对初级卫生保健工作的领导，政府拨款为村保健站（卫生室）添置药柜等设施。1991 年，全镇村保健站（卫生室）均按《浙江省村卫生室标准》进行整顿、改造并通过验收。全镇经整顿后的村保健站（卫生室），分甲、乙、丙三类，实施规范管理，备有常用药品百余种，具有诊断和处理常见病、担负村民预防保健任务的能力。

1994 年，村级医务人员资格进行考核审查。

1996 年 11 月，徐家庄镇政府印发《镇保健站“一体化”管理实施细则》，共五款 21 条。其中“机构设置”规定：为方便群众，原则上一个行政村设一个保健站，镇政府所在地集镇不设保健站。村保健站人员，必须经县卫生局考核合格，并取得乡村医生和赤脚医生证书者，或具有中等卫生学校毕业从事该专业一年以上者。凡申请要求进入保健站工作者必须符合上述条件，村委会同意，报请镇政府及镇卫生院审核经卫生局批准，并发给执业许可证后，方可行医。镇卫生院与村保健站实行“一体化”管理，实行“四统一”，统一医药文书（门诊日志、处方、收据、传染病登记簿）；统一购药渠道（镇卫生院统一调拨）；统一收费标准；统一培训考核。村保健站应具备医疗专用房，有药橱、办公桌、诊察台及必要检查、治疗、消毒等器械设备和药品。“奖罚制度”规定：村保健站实行工作责任制考核，年初乡村医生和镇卫生院签订“一体化”管理责任书，并向镇卫生院缴纳一定数量的工作责任押金，由县卫生局、镇政府共同进行考核评比。对完成任务好，服务质量高，遵纪守法，成绩显著的给予奖励，对没有按时完成“一体化”管理责任书规定的任务和上级交给的其他任务、或违反有关规定者，酌情进行经济行政处罚。对非法暴利或非法私自行医，或向不按制定单位购药者，由镇政府给以批评教育，并没收责任押金。对发生两次违规以上者，由镇政府会同县卫生局，按有关规定根据情节轻重，没收非法所得的药品，处于500—1000元罚款。对于屡教不改、以医谋私、态度恶劣者，由县卫生局给予暂停行医或吊销执业许可证等处理。

1998年7月，徐家庄镇人民政府对全镇各级各类医疗机构实行统一规划和布局。规划原则为：镇医院及分支机构所在地和服务半径在1.5千米以内，以及人口不足600人的村（企事业单位职工300人以下的），不设置诊疗科目相同的医疗机构；村卫生室必须由村集体举办，并必须具备有执业资格的人员、一定面积的房屋以及必备的医疗设施和管理制度。同时还规定，人口在3000人以下的村只设一个卫生室。根据以上原则，作出了规划期内全镇医疗机构的布局：镇政府所在地设医院1所，在木桥头村、栖丰村、杨家坝村、钱塘村、坝里村、徐家庄村、石雪兜村、北圩村分设村卫生室。同时，高桥镇人民政府也对辖区内村级医疗机构进行统一布局：镇政府所在地设医院1所，其余7个卫生室分别设在油车村、三来村、白马村、米世村、天皇殿村、湖墩村、东溪村。对未纳入规划的村卫生室（企事业医务室），全部予以撤销。

同年，分别成立了徐家庄镇、高桥镇医疗管理委员会。负责对镇医疗机构的管理，按法规要求做好医疗机构的设置、审批、登记注册、校验、监督及处罚工作，把医疗机构管理纳入法制化管理轨道；协助登记机关实施定期审批制度，促进全镇各级医疗机构的内涵建设，提高整体服务功能和服务效益。

2001年8月，徐家庄镇卫生院、高桥镇卫生院分别对全镇乡村医生，进行了义务培训和上岗考核。同时，对全镇个体诊所的医疗设施进行了验收检查和完善整改。

2004年4月，徐家庄镇与高桥镇合并，更名禹越镇。两镇合并后，村级机构也进行了调整，故境内村级卫生室也相应得到整顿和合并，全镇共设10个村级卫生室。这10个卫生室分别在东港村、栖湖村、木桥头村、杨家坝村、钱塘村、西港村、天皇殿村、高桥村、三来村、夏东村。

第三节 院、所简介

禹越卫生院

前身为“立三联合诊所”，建立于1952年。1958年改为禹越公社人民医院，1961年1月改为禹越公社联合诊所，下辖高桥分诊所。

1969年，禹越联合诊所没有固定用房，租用徐家庄集镇民房7间，设内科、外科、儿科、妇科，医疗设备简陋，每个科室仅血压计、听诊器、体温计。医生7名。

1970年，由公社出资1万元，在徐家庄集镇西木桥头大队小桥头自然村靠河边地段征地1.3亩，建造平房7间，总面积300平方米，作为新的禹越联合诊所。内设内科、外科、儿科、妇产科，医、护人员共10人。

1972年，禹越联合诊所改为禹越公社卫生院。

1974年，公社卫生院出资1万元，在原7间门诊平房的北面扩建2间平房，计85平方米，作为门诊的辅助房。其时，医疗设备增添30毫安X光机1台，医护人员增至15人。

1984年2月，公社卫生院更名禹越乡卫生院。

1986年，乡卫生院投资3万元，在原门诊房南面河边征地2.6亩，建造平房7间，计300平方米，作为医技用房。同年，原门诊房改2层楼房，楼上作职工宿舍。是年，医疗设备增添显微镜，医护人员16人。

1992年6月，乡卫生院改为徐家庄镇卫生院。

1994年，镇卫生院投资100万元，将原门诊楼南面7间平房（医技房）改建3层楼，作为新的门诊大楼。并对卫生院门诊配套设施进行全面改造，增添血球计、200毫安X光机、B超机，可做三大常规（血、尿、粪）医疗检测。是年，医护人员17名。

1997年，镇卫生院又投资近20万元，在院内靠东河边建造中药房6间，作为与西药房分设的独立中草药营业用房。

2000年8月，镇卫生院建立专业独立的“中医馆”。集治疗、宣传、护理、康复于一体，内设中医骨伤科、中医全科、中医内科、儿科、妇科等；开设中医指导室、康复理疗室、针灸推拿科、中药房、煎药房等。有专业医护人员7人，其中中级医师2名，初级医护人员5名。配备多功能牵引床、中频治疗仪、超短波频治疗仪、电针治疗仪、跑步机、残疾人康复床等，传统的中医方法和现代先进仪器相结合，治疗骨质脱位、软组织挫伤等多种慢性疼痛疾病。自1984年以来，镇“中医馆”自制“回黄散”特效骨科中成药，治疗软组织挫伤，疗效显著。

2004年4月，更名禹越镇卫生院，下辖高桥分院。同年，镇卫生院投资30万元，在三楼门诊大楼西侧建造2层楼6间，计600平方米，二楼作职工宿舍，一楼作输液厅，输液厅实施规范先进，堪称县内一流。翌年，各行政村建立村卫生服务站，每站设1至2名乡村医生。

2012年，投资近400万元，对镇卫生院全面合理整改装修，面貌一新。

截至2013年，镇卫生院占地面积2460平方米，建筑面积3240平方米，其中医疗用房2205平方米。管辖11个社区（行政村）的11个卫生服务站，管理乡村医师、职业助理医师和卫技人员共26名。医院技术力量雄厚，设有全科门诊、内科、外科、中医骨科、儿科、妇产科、口腔科、中医全科、康复科、预防保健科、妇女保健科、儿童保健科、社区管理科、医技科（彩色B超室、心电图室、检验科、放射科）。主要设备有多功能生化分析仪、全自动血液分析仪、多普勒彩色B超、心电监护仪、电针治疗仪、TPD神灯、X线、数字化DR等先进医疗设备。附设公共卫生科、合作医疗办公室、中心药房、挂号、收费等其他科室。拥有尿常规、离心机、水浴恒温箱、人流吸引器、洗胃机、妇检床、产科手术床、医用救护车1辆、药品储藏专用冰箱等医疗设备、设施。

高桥分院

禹越镇卫生院高桥分院的前身为“广益联合诊所”，建立于1952年。1958年改为高桥公社人民医院，1961年1月改为高桥公社联合诊所。1972年改为高桥公社卫生院，1984 年更名油车乡卫生院。1994 年改为高桥镇卫生院。2004 年，又更名为禹越镇卫生院高桥分院。

高桥分院技术力量雄厚，有医务人员 20 人。其中中级职称 1 人，初级职称 13 人。设有全科门诊、内科、外科、中医骨科、儿科、妇产科、口腔科、中医全科、康复科、预防保健科、妇女保健科、儿童保健科、社区管理科、医技科（彩色 B 超室、心电图室、检验科、放射科）。主要设备有多功能生化分析仪、全自动血液分析仪、多普勒彩色 B 超、心电监护仪、电针治疗仪、TPD 神灯、X 线、数字化 DR 等先进医疗设备。附设公共卫生科、合作医疗办公室、中心药房、挂号、收费等其他科室。拥有尿常规、离心机、水浴恒温箱、人流吸引器、洗胃机、妇检床、产科手术床、医用救护车、药品储藏专用冰箱、医用电脑等医疗设备、设施。

徐家庄药店

解放前，境内药店有 4 家，解放后，药店归属禹越公社供销社经营。

1980 年，经济体制改革后，药店归属私有，至 2013 年，境内药店 5 家，民康药店，地址振兴路 21 号，个体独资企业，经营处方药、非处方药、中药材。天润康祥加盟药店，地址商益街 40 号，个体独资企业，经营处方药、非处方药、中药材。长生堂药店，地址徐兴路 13 号，个体独资企业，经营处方药、非处方药、中药材。福绥堂药店，地址禹越街 50 号，集体企业，经营处方药、非处方药、中药材。福心堂药店，地址禹越街 37 号，个体独资企业，经营处方药、非处方药、中药材。

油车药店

解放初，油车集镇有中草药店一家，以经营中草药为主，兼营其他常规药品。1958 年，药店归属高桥公社供销社管理，1980 年经济体制改革后，药店归属私有。至 2013 年，油车集镇药店又新增 2 家：油车仁达药店，地址东街，集体企业，经营处方药、非处方药、中药材；新丰药店，地址东街，个体独资企业，经营处方药、非处方药、中药材。

湖墩诊所

成立于1958年，前身为高桥卫生院湖墩分院，地址在湖墩村集镇小湖墩桥堍。医生有祖传中医一人，助手一人。

第二章 疾病防治

第一节 疫 情

传染病

明万历十六年（1588），境内疫疾交作。清康熙二十二年（1683），夏,瘟疫蔓延。民国21年（1932），霍乱流行，死者甚多。民国28年，流行疟疾，患病者众多，幸无死者。民国33年镇境流行脑脊髓膜炎，起病凶险，朝发暮死，避瘟而遁者众。民国36年，流行麻疹，病者甚多，死10余人。

从1950年起，境内卫生系统坚持贯彻执行各级卫生部门规定的疫情报告制度和传染病管理办法，健全防疫队伍。1952年3月，县人民政府成立县防疫委员会。境内诊所兼职防疫。1971年始，建立县、区、乡、村四级卫生防疫网，境内公社卫生院常年配备专职防疫人员。

1950—2013年，境内发生的传染病有霍乱、天花、病毒性肝炎、痢疾、伤寒副伤寒、脊髓灰质炎、麻疹、百日咳、白喉、流行性脑脊髓膜炎、猩红热、流行性感冒、流行性出血热、狂犬病、钩端螺旋体病、斑疹伤寒、流行性乙型脑炎、疟疾、回归热、淋病、梅毒等21种。其中，最多的两种传染病，20世纪五六十年代为麻疹、疟疾；70年代为疟疾、痢疾；80年代为痢疾、病毒性肝炎；90年代为急性肠胃炎、流感；2000年后为痢疾、急性肠胃炎。

解放后，境内疫情得到有效控制。1952年天花绝迹；1954年回归热消灭；1976年，斑疹伤寒、白喉基本控制；1980年，钩端螺旋体病、副霍乱、麻疹、百日咳、脊髓灰质炎、猩红热、流行性乙型脑炎、流行性脑脊髓膜炎基本控制；1989年，疟疾基本消灭。

1991年7月，为创建“农村卫生示范县”，镇成立“初级卫生保健委员会”。

2003年，全国传染性非典型性肺炎（SARS）流行，政府高度重视，积极应对，并发文成立“禹越镇传染性非典型肺炎防治工作领导小组”（禹镇发〔2004〕32号），“非典”时期，全民参与，积极预防，未发现疫情。

寄生虫病

血吸虫病　据寄生虫专家陈方子1930年主编出版的《血蛭病之研究》一书记载：德清县首次发现钉螺是1928年。

血吸虫病民间俗称“大肚皮”和“鼓胀病”。人得此病，轻者消瘦，四肢无力，重者腹大如鼓，男不长，女不育，失去劳力，甚至死亡。

1964年，全县性开展“普查钉螺，消灭血吸虫病病源”活动。翌年春，全县26个公社，全面开展查螺活动，有12个公社新发现钉螺。镇境虽然没有发现钉螺流行，但近邻的新市镇却是钉螺重点流行地（也是最早发现钉螺地），故禹越公社和高桥公社还是广泛发动群众，开展查螺灭螺活动。

1970年4月，因血防工作需要，镇境派出8名专职人员参加县血防专业队伍，开展查螺查病工作，镇境未发现患者。

丝虫病　俗称“大脚疯”（象皮腿）、“流火”。民国37年，德清县卫生院地方病调查：“象皮腿本病普见，各乡镇尤以务农者罹此病较多，约占全县人口千分之五。”有的腿肿30—40厘米，谚语称：“八个人一桌，猫狗通不过。”1952年德清全县血检阳性率为18.28%，境内各村均有不同程度的流行。1956—1960年，境内进行三次“丝虫病”普查普治，对查出的微丝蚴阳性者，药物海群生治疗。有体征者，采用“酒精穴位注射”、“隔姜针灸药物和组织疗法”等措施进行治疗。1970—1979年，境内先后开展九次丝虫病复查复治工作，阳性率下降至0.08%以内。至1980年，基本消灭丝虫病。

疟疾　民间俗称“发寒热”。民国年间，境内百姓患疟疾者甚多。当时有民谣云：“稻桶响，谷上场，寒热病，要上床。”1941—1949 年，全县疟疾病人 1828 例，死亡 1 例。

解放后，境内疟疾流行曾出现 10 次高峰和 2 次爆发流行。1952 年 7—10 月出现高峰，全县发病 4942 例，发病率为 2178.48/10 万。1962 年，境内出现 2 次爆发流行。县组织抗疟疾专业队伍，实施“二根治、一预防”计划，使用 25%“二二三”乳剂以每平方 2 克进行滞留喷洒灭蚊。对村镇屋舍进行药灭和“六六六”烟熏。全民服药预防，同时开展爱国卫生运动，消灭蚊子孳生地及防蚊灭蚊工作，至 1985 年，全县发病率为 0.25/10 万。

钩虫病　县内五大寄生虫病之一，危害严重，流行于境内每个村落，民间称为“黄胖病”“湿热病”。患者普遍出现面色苍白或萎黄，四肢疲软，全身乏力，轻者丧失劳动力，重者危及生命。解放前境内流传着“一年黄，二年胖，三年田地都卖光，四年不死拖去葬”的歌谣。

解放后，党和政府十分重视钩虫病的防治工作，1958 年，在德清东部 17 个乡镇开展了大规模普查普治工作，查出钩虫病阳性者 32522 人，阳性率为 18%。曾用四氯乙烯药物普治一遍。

1970 年全县进行钩虫病普查，查出钩虫病阳性者 69451 人。感染率急剧上升。

1971 年后，卫生部门每年坚持查治二次，查出钩虫病阳性患者，给予“左旋咪唑”驱虫治疗。1984 年后，粪便、饮水管理加强，境内钩虫病源得到有效控制。

禹越镇镇部分年份各类急性传染病逐年发病人数

表 19-2-1　　单位：人

年份	流脑	麻疹	百日咳	流感	病肝	伤寒	痢疾	急性肠胃炎	疟疾	淋病
1990	—	14	—	—	4	—	1	18	—	—
1991	—	9	—	—	6	—	—	20	—	—
1992	—	10	—	—	3	—	1	19	—	—
1993	—	7	—	—	7	—	—	22	—	—

续表 19-2-1

年份	流脑	麻疹	百日咳	流感	病肝	伤寒	痢疾	急性肠胃炎	疟疾	淋病
1994	—	12	—	—	8	—	2	17	—	1
1995	—	13	—	—	5	—		19	—	2
1996	—	7	—	—	23	—	3	23	—	4
1997	—	9	—	—	11	—		32	—	3
1998	—	5	—	—	4	—	2	28	—	5
1999	—	10	—	—	7	—	1	27	—	1
2000	—	3	—	—	9	—	3	42	—	4
2001	—	1	—	—	14	—	2	35	—	2
2002	—	4	—	—	13	—	4	37	—	3
2003	—	6	—	—	18	—	6	40	—	6
2004	—	2	—	—	10	—	3	39	—	3
2005	—	12	—	—	21	1	5	60	—	14
2006	—	—	—	—	24	—	3	64	—	10
2007	—	—	—	—	10	—	2	57	—	11
2008	—	—	—	—	6	2	2	37	—	8
2009	—	—	—	7	11	—	1	33	—	10
2010	—	—	—	—	8	—	1	32	—	15
2011	—	—	—	—	18	—	—	102	—	6
2012	—	—	—	—	2	—	—	47	—	6
2013	—	—	—	—	6	—	—	80	—	8

第二节　预　防

概况

民国 16 年（1927），境内政府组织种痘，发放种痘证书。民国 18 年，禹越、油车境内组织乡民注射霍乱疫苗。民国 29 年，在县卫生院的统一组织下，境内开始种痘，注射伤寒副伤寒二联疫苗、霍乱菌苗、鼠疫菌苗、霍乱伤寒混合制剂等 5 种生物制品。

解放后，随着有效的预防用生物制品不断问世，境内预防接种日益完善。

1950 年普种牛痘。次年，局部使用霍乱菌苗、伤寒、副伤寒三联菌苗、卡介苗。1952 年增加鼠疫菌苗及白喉类毒素。1953—1955 年，百日咳菌疫苗与流行性乙型脑炎疫苗开始应用。1962 年起，广泛使用钩端螺旋体菌苗、百白二联疫苗、脊髓灰质炎减毒活疫苗糖丸、麻疹减毒活疫苗、流行性脑脊髓膜炎菌苗，少量使用斑疹伤寒疫苗与炭疽菌苗。1970—1971 年，突击普种白破二联疫苗，百白破三联疫苗也广泛应用。1981 年，对犬咬伤者注射狂犬病疫苗。1984 年，试用乙型肝炎血源疫苗，至 1989 年普及。同年，甲型肝炎疫苗也开始在境内应用。

接种

解放初，疫苗品种与数量，按乡镇人口比例分配，并记录受种者名单，汇总上报接种人数。1962 年起，按应种对象人数，计划与分配各种疫苗数量，建立一户一页，五年一换的防疫户口册。在相应传染病流行季节前一至二个月，由乡、村医务人员按防疫户口册，对应种对象接种疫苗，及时入册。1978 年起，贯彻卫生部《关于加强计划免疫工作的通知》，预防接种进入计划免疫阶段。1980 年，境内统一实施计划免疫。

计划免疫以儿童基础免疫为主，对 0 至 7 周岁儿童按出生月令造册，建立一人一卡与一人一本预防接种证（免疫保偿证）。乡卫生院建立接种站，规定每月 20 日为接种日，依免疫顺序，对儿童进行“四苗”（卡介苗、百白破三联疫苗、脊髓灰质炎活疫苗、麻疹活疫苗）接种。1989 年，乙型肝炎血源疫苗纳入计划免疫管理，流行性乙型脑炎疫菌和流行性脑脊髓膜炎疫苗于流行季节前组织一次性接种。1987 年起，全镇实行儿童计划免疫制，对脊髓灰质炎、百日咳、麻疹、白喉、破伤风、粟粒性肺结核和结核性脑膜炎 7 种传染病实行免疫保障制度。1988 年，镇（乡）卫生院防疫站建立卡册管理、冷链管理，疫苗领发、反应处理、事故发生、出生、死亡、迁入登记及业务培训等一整套工作制度，提高计划免疫接种率及免疫成果。2003 年，“四苗”覆盖率为 99.7%，单苗接种率卡介苗和脊髓灰质炎减毒活疫苗接种率均为 100%，麻疹减毒活疫苗和百白破三联疫苗接种率均达 99%。相应传染病发病率显著下降。

防治

霍乱 俗称瘪螺痧。1963 年，境内成立乡防疫指挥部，开展霍乱菌苗接种，加强饮水、饮食及粪便管理，开展疫源检索，对病人采取隔离治疗，严格疫点处理，发现阳性水源，禁止使用疫水。

天花 传统沿用人痘接种。民国 16 年（1927），境内开始试行种牛痘预防天花。1950 年，贯彻中央人民政府政务院《关于发动秋季种痘运动》的指示，全境普种牛痘。1951 年起，按卫生部《种痘暂行办法》，每年对出生 6 个月内的婴儿接种牛痘，后每逢 6 岁、12 岁、18 岁复种一次。1962 年，改为婴儿出生 6 个月内初种，其他年龄每隔 6 年普种一次。1982 年，根据卫生部决定，废止种痘。

麻疹 俗称“瘖子”。解放初，境内麻疹发病率居各种传染病之首。1959 年大流行，乡卫生人员配合县、区医疗小组下村开展巡回医疗，广泛宣传麻疹防治知识，对麻疹患者集中隔离治疗。1970 年，全境普种麻疹减毒活疫苗，发病率大幅度下降。1973 年，对 15 岁以下儿童实行全面普种，后间隔 3 年轮种一次。1979 年，麻疹疫苗纳入计划免疫，采用 8 足月初免，7 周岁加强一针方案。

白喉 1951 年，境内开始对 10 岁以下儿童接种白喉类毒素。1962 年，增加百日咳、白喉二联制剂。1972 年始，以百日咳、白喉、破伤风三联疫苗作为儿童基础免疫，白喉类毒素作加强接种。1987 年，改用白破二联疫苗作加强注射。

百日咳 俗称“蛤蟆呛”，旧时境内发病较多。中华人民共和国成立后，1959 年有较大流行，多数为 10 岁以下儿童。50 年代，使用单价百日咳菌苗预防。60 年代，启用百白二联制剂。1972 年，百白破三联疫苗广泛应用。1976 年后，发病率直线下降。1978 年，百白破三联制剂接种纳入儿童基础免疫。1981 年后，疫情基本得到控制。

流行性脑脊髓膜炎　简称“脑膜炎”。1966 年春，境内疫情流行，患者以 15 岁以下儿童为主。其时，采用接种流脑菌苗预防。1978 年后，儿童免疫改用流脑（A 群）多醣体菌苗。1981 年以后，境内疫情得到基本控制。

病毒性肝炎　1959 年列入传染病管理。1988 年开始，全境对新生儿接种乙型肝炎血源疫苗。翌年纳入计划免疫管理。

脊髓灰质炎　又称小儿麻痹症。1955 年，被卫生部列为传染病。1963 年，境内部分大队有不同程度流行。次年，首次对 7 周岁以下儿童服用 I、II、III 型脊髓灰质炎糖丸活疫苗，1966 年起普及，1978 年起列入计划免疫。1993 年 12 月上旬和 1994 年 1 月上旬，先后两次开展脊髓灰质炎疫苗强化免疫活动。

麻风病　古称“厉”、“疠”、“癞”，俗称“大麻风”。民国前，境内流行不绝。1953 年，乡卫生医疗人员开始接受麻风病医疗技术培训，并建立县、区、乡三级社会防治站。1955 年后，境内乡卫生人员配合县专业医生开展麻风病调查。1959 年，镇境首次开展麻风病全民普查。对查出的患者采用以氨笨砜为主的药物治疗和氨苯砜、雷米封、氨硫脲三药联合治疗。1990 年后，全境得到有效控制，1994 年基本消灭。

流行性乙型脑炎　简称“乙脑”。发病时间以 7—8 月居多，发病对象以 10 岁以下儿童为主。中华人民共和国成立前，境内时有发生。1955 年起，境内儿童开始逐步应用乙脑疫苗，同时组织开展群众性灭蚊。1972 年后，对 10 岁以下儿童每年普种乙脑疫苗。1981 年，乙脑疫苗纳入计划免疫，规定 1 岁初种，全程 2 针，2 岁、4 岁、6 岁、10 岁加强 1 针。从 1963 年到 1972 年，境内发病率较高，徘徊在 1.5/万左右。后发病率逐年下降， 1993 年，疫情基本控制。

肺结核　俗称“痨病”。中华人民共和国成立前，境内时有流行，病死率高。1957 年试行口服卡介苗，1959 年普及皮内接种法，1963 年推行皮上划痕法。1975 年起，全境对 15 周岁以下儿童划片轮种。1980 年，纳入计划免疫。1985 年后，健全县、区、乡三级防痨网，建立结核病报告制度。2013 年，全镇卡介苗接种率为 100%。

非典　2003 年 4 月至 7 月，外地发生“非典”流行，镇卫生院成立“非典办”，24 小时值班。镇财政共投入资金 5 万元，用于购置防治药品、器械等后勤保障物资。多次召开辖区内“非典”防治培训会议，做到对疫情早发现，早报告，早隔离、早治疗。

同年5月15日，徐家庄镇卫生院和高桥镇卫生院分别被列为境内“非典”防治定点医院，设立了专家诊疗组、救治组、急救组、发热门诊医务组、后勤服务组及医院感染管理组等相应科室，6月8日正式收治发热、疑似病人。对全院职工进行防治“非典”知识培训，举办现场消毒、隔离、防护演习；为24个行政村乡村医务人员进行防治救治技术培训；2003年10月17日，组织全镇非典救治演习。

同时，加强返乡人员和外来人员的登记处理和非典防治宣传，全镇无“非典”病例发生。

禹越镇部分年份预防接种情况

表19-2-2　　单位：人

项目		1990	1991	1992	1993	1994	1995	1996	1997
卡介苗	应种	422	453	444	432	412	430	330	306
	已种	422	453	444	432	412	430	330	306
	%	100	100	100	100	100	100	100	100
脊灰糖丸	应种	422	453	444	432	412	430	330	306
	已种	422	453	444	432	412	430	330	306
	%	100	100	100	100	100	100	100	100
百白破三联	应种	422	453	444	432	412	430	330	306
	已种	422	453	444	432	412	430	330	306
	%	100	100	100	100	100	100	100	100
麻疹疫苗	应种	422	453	444	432	412	430	330	306
	已种	422	453	444	432	412	430	330	306
	%	100	100	100	100	100	100	100	100
流脑疫苗	应种	422	453	444	432	412	430	330	306
	已种	421	453	443	432	412	430	329	306
	%	99.8	100	99.8	100	100	100	99.7	100
乙脑疫苗 初种	应种	453	444	432	412	430	330	306	306
	已种	453	443	432	412	430	329	306	306
	%	100	99.8	100	100	100	99.7	100	100

续表 19-2-2

单位：人

项目			1998	1999	2000	2001	2002	2003	2004	2005
乙脑疫苗	加强	应种	453	444	432	412	430	330	306	306
		已种	446	431	421	408	426	327	304	304
		%	98.5	97.1	97.5	99	99.1	99.1	99.3	99.3
白破二联		应种	422	453	444	432	412	430	330	306
		已种	421	450	442	430	411	426	328	303
		%	99.8	99.3	99.5	99.5	99.8	99.1	99.4	99
乙肝疫苗		应种	422	453	444	432	412	430	330	306
		已种	402	442	425	412	405	418	330	306
		%	95.3	97.6	95.7	95.4	98.3	97.2	100	100
卡介苗		应种	318	344	364	265	204	165	235	197
		已种	318	344	364	265	204	165	235	197
		%	100	100	100	100	100	100	100	100
脊灰糖丸		应种	318	344	364	265	204	165	235	197
		已种	318	344	364	265	204	165	235	197
		%	100	100	100	100	100	100	100	100
百白破三联		应种	318	344	364	265	204	165	235	197
		已种	318	344	364	265	204	165	235	197
		%	100	100	100	100	100	100	100	100
麻疹疫苗		应种	318	344	364	265	204	165	235	197
		已种	318	344	364	265	204	165	235	197
		%	100	100	100	100	100	100	100	100
流脑苗疫		应种	318	344	364	265	204	165	235	197
		已种	318	344	364	264	204	165	234	197
		%	100	100	100	99.6	100	100	99.6	100
乙脑疫苗	初种	318	344	364	265	204	165	235	197	197
		318	344	363	265	204	165	235	197	197
		100	100	99.7	100	100	100	100	100	100

续表 19-2-2

项目			1998	1999	2000	2001	2002	2003	2004	2005
乙脑疫苗	加强	318	344	364	265	204	165	235	197	197
		316	344	363	265	203	164	235	197	197
		99.4	100	99.7	100	99.5	99.4	100	100	100
白破二联		应种	318	344	364	265	204	165	234	197
		已种	316	342	363	165	202	164	234	196
		%	99.4	99.4	99.7	62.3	99	99.4	100	99.5
乙肝疫苗		应种	318	344	364	265	204	165	235	197
		已种	318	344	364	265	204	165	235	197
		%	100	100	100	100	100	100	100	100
卡介苗		应种	163	189	206	188	181	201	242	182
		已种	163	189	206	188	181	201	242	182
		%	100	100	100	100	100	100	100	100
脊灰糖丸		应种	163	189	206	188	181	201	242	182
		已种	163	189	206	188	181	201	242	182
		%	100	100	100	100	100	100	100	100
百白破三联		应种	163	189	206	188	181	201	242	182
		已种	163	189	205	188	180	201	242	176
		%	100	100	99.5	100	99.4	100	100	96.7
麻疹疫苗		应种	163	189	206	188	181	201	242	174
		已种	163	189	206	188	181	201	242	171
		%	100	100	100	100	100	100	100	98.3
流脑苗疫		应种	163	189	206	188	181	201	242	182
		已种	162	189	204	186	181	201	242	180
		%	99.4	100	99	98.9	100	100	100	98.9
乙脑疫苗	初种	163	189	206	188	181	201	242	126	126
		163	189	206	188	181	201	242	126	126
		100	100	100	100	100	100	100	100	100

续表 19-2-2

项目			2006	2007	2008	2009	2010	2011	2012	2013
乙脑疫苗	加强	163	189	206	188	181	201	201	—	—
		162	188	206	187	180	200	200	—	—
		99.4	99.5	100	99.5	99.4	99.5	99.5	—	—
白破二联		应种	163	189	—	—	—	—	—	—
		已种	160	185	—	—	—	—	—	—
		%	98.2	97.9	—	—	—	—	—	—
乙肝疫苗		应种	163	189	206	188	181	201	242	182
		已种	163	189	206	188	181	201	242	182
		%	100	100	100	100	100	100	100	100

土医与草药

镇境有蛇医、小儿科、妇科等土郎中，以草药为人治病。大多属于私传、祖传、秘传，颇有疗效。然均无行医执照，不挂牌公开行医。

第三章　医疗制度

第一节　合作医疗

1969 年，境内各生产大队陆续试办合作医疗。至 1970 年，两个公社的所有生产大队全部实施。合作医疗基金由大队集体和社员个人共同负担，其中集体每人每年 1 元，个人 1—2 元不等。烈军属、五保户等个人部分免交。各合作医疗站医疗费报销比例为 50%—80%不等。

1984 年后，大队合作医疗因经费不能及时解决，陆续停办。

根据《合作医疗管理实施细则》，镇境于 1992 年相应出台《关于推行合作医疗保健制度的若干规定》。就合作医疗的基金筹集、集资标准、集资对象、经费使用、报销范围、报销标准、组织管理等问题都作出了具体的部署和安排，提出了具体的实施意见，制定了相关政策。

1997 年，禹越镇村级医疗保险基本普及。

1999 年，全镇医疗统筹顺利实施，当年参保率为 67%。

第二节　新合作医疗

2000 年 1 月，根据《德清县公费医疗管理实施办法》通知精神（德政发〔2000〕1 号），完善公费医疗管理工作，高桥镇建立镇公费医疗改革领导小组（高政〔2000〕2 号）。

同年 4 月，徐家庄镇出台《镇 2000 年农民合作医疗大病统筹实施办法》（徐政〔2000〕19 号）。“大病统筹实施办法”共九条，其中第三条：农民合作医疗大病统筹的对象，凡本镇常住户口的农民均应参加，无固定职业的农转非人员，本人自愿也可参加。第四条大病统筹资金来源：1. 参加县农民合作大病统筹的农村居民，以户为单位缴纳统筹费每人每年 6 元；2. 县、镇财政按当年度农村居民参加人数分别每人每年补助 1 元；3. 纳入生活保障线范围的特困户参加县农民合作医疗大病统筹，统筹费由镇财政和县民政局各承担 50%。第七条县农民医疗大病统筹给付标准：每人每年住院医药费累计总额在 3001—5000 元报销 20%，5001—10000 报销 40%，10001 以上报销 60%，每人每年最高付额为 2 万元。

2004 年 5 月，境内全面推行和实施县政府组织发起的“德清县新型农村合作医疗”制度。参加对象为：户籍在本镇的所有农业人口（包括学生）和户籍在本镇未参加城镇职工医疗保险的非农人口。统筹资金按县政府统一要求，以每人 67 元/年的标准筹集。其中，参加者个人缴纳 30 元，省、县、镇三级财政补助 37 元。全镇五保户个人应缴款全免，由镇政府负担。

在统筹资金中，按每人 7 元/年标准划建大病救助资金。统筹资金用于补偿参加人员的住院医疗费用和尿毒症门诊透析等 5 种特殊病种的门诊医疗费用，采用设定每次住院医疗费和年度特殊门诊医疗费起付标准后，按“分段计算，累加支付”的方法进行补偿。补偿的比例由10%起始随医疗费的增加而上升到40%，一直到资金补偿额达 1.5 万元为止。大病救助资金用于年度内发生住院医疗费或特种门诊医疗费在 4 万元以上，且家庭生活特别困难对象的救助，其年度救助限额为 2 万元。

2013 年，全镇参加德清县新型农村合作医疗制度的人数为 19071 人，占应保对象的 96.4%。全镇年统筹款收缴额为 7124850 元，其中个人收缴 4615250 元，镇补助 2509600 元。是年，全镇参保对象实际受惠 19071 人。全镇实施新型合作医疗后，凡参加者在镇卫生院看病，均可凭合作医疗证报销 10%。

2013—2014 年德清县新型农村合作医疗禹越镇参保情况

表 19-3-1

项目		2013 年			2014 年		
		农业户口	非农户口	合计	农业户口	非农户口	合计
参保人口情况	应保人数（人）	—	—	19780	—	—	14770
	实保人数（人）	—	—	19071	—	—	15534
	人口参保率（%）	—	—	96.42%	—	—	105.17%
统筹款收交情况	个人实际收费（元）	—	—	4615250	—	—	3805750
	村级补助（元）	—	—	—	—	—	—
	低保家庭（人）	—	610	—	—	258	—
	镇补锄款（元）	—	—	2509600	—	—	1876980
	合　计（元）	—	—	7124850	—	—	5682730

说明：上表数据由镇财务办（便民服务中心）提供

第四章　妇幼保健

第一节　接　生

解放前，境内孕妇生孩，沿用土法接生。接生者俗称“接生婆”，各村都有，部分地段偏僻的家庭，有呼叫自家婆婆、丈夫接生或产妇自包自扎。土法接生只凭实践经验，若操作不当，产妇大出血、产褥热、会阴破裂、尿瘘等疾病时有发生。产妇死亡及新生儿破伤风屡见不鲜。

解放后，境内开始提倡新法接生。1950年，下舍区组织首批旧产婆（禹越、油车属下舍区）去嘉兴妇幼保健所学习新法接生，经培训后成为境内首批新法接生的骨干力量。

1952年，下舍区成立妇幼保健站，推广新法接生，分期分批对境内所有土法接生婆开展培训，要求按“一躺三消毒”标准进行接生。1958年，乡人民医院开设新法接生业务。置助产员、接生员，负责对产妇的产前产后检查、产时接生、产后护理及婴儿保健工作。全社实行免费接生，产妇可休息40天，食堂为住院产妇供应新鲜蔬菜、鸡蛋等营养食品。

1980年后，由于新法接生的全面实施，基本消灭新生儿破伤风。

1989年，推行非产科原因死亡孕产妇保健保偿制，以减少产科并发症和围产儿死亡。

第二节　孕　妇

1978年起，禹越公社卫生院、高桥公社卫生院分别建立《孕妇围产期保健卡》制度。对孕妇围产期的健康状况、产前检查、产时处理、产后护理保健等情况进行详细记载，实施有效管理。

1983 年，公社卫生院全面推行孕产妇系统管理，做到孕 12 周前建卡，测量基础血压，进行心、肺、血尿、肝功能等检查，确定胎龄，正确计算预产期，定期进行产前检查，做好孕期保健指导，对高危孕妇加强随访复查工作。

2005 年起，镇卫生院开办孕妇学校，针对孕妇实际情况，以大型授课、小班授课、一对一个性化教育、知识问卷等形式对孕妇进行怀孕期的保健教育。实行孕产妇保健电子档案，一人一份，从早孕建卡，到产后 42 天检查，将检查信息全部输入电脑，实行信息化管理。

2010 年，镇卫生院根据省卫生厅重大妇幼公共卫生项目任务，在境内实施农村待孕妇女免费增补叶酸项目。

第三节 劳 动

1958—1960 年，为确保妇女的身体健康，禹越、高桥人民公社管理委员会对妇女参加集体生产劳动规定了“三调三不调”原则，即月经期调干不调湿，怀孕期调轻不调重，哺乳期调近不调远。同时，对有妇女病的妇女安排轻活，不干重活。创办幼儿园（班）120 个，托儿所 150 个。托儿所组织全部实行包吃饭、包洗澡、包换衣。

1959 年，对全社妇女健康进行调查，发现患有月经病、子宫脱垂病的妇女占总数的 30%。是年，对全社患子宫脱垂病的妇女全部进行了治疗。

1962 年，对妇女健康作再次调查。调查结果显示，全社有近千名妇女患有月经不调和子宫下垂症。主要原因是妇女劳动强度过大。

1986 年，乡卫生院分别建立了妇女病普查档案，对已婚妇女，建立每隔两年普查一次妇女病常规制度。

2007 年 4 月，根据“省卫生厅和国家初级卫生保健基金会扶贫工程——妇女病普查项目”文件要求，镇卫生院在德清三院的协助下，为本镇妇女开展免费妇科病检查，内容包括常规妇科检查，宫颈防癌刮片，乳房红外线检查，子宫附件 B 超。共检查 1629 人次，查出各类妇科病 498 人，均得到有效治疗和健康指导。

第四节 幼 儿

1950年，境内对儿童普种牛痘。次年接种卡介苗。1980年，全境实施儿童计划免疫，进行“四苗”接种。1960年春，对全公社幼托组织中的小孩进行营养状况调查。结果显示，有近50%的小孩属于营养不良。有90%是由于肠道寄生虫（蛔虫）所致，少部分是因为先天性关系（母体营养状况差）所致。1979年，对全境1—7岁儿童作免费健康检查及驱蛔。1981年，对儿童“两病”（佝偻病、营养不良）进行系统管理和防治。1984年，开展儿童“四病”（佝偻病、营养不良、营养性缺铁性贫血、小儿腹泻）防治，查清患儿，建立表册，定期随访。1986年起，全境推行儿保健卡系统管理，乡卫生院开设儿保门诊，进行健康体检和体格发育评价。同时，推行儿童计划免疫保障制度，对0—7岁儿童实行百日咳、白喉、破伤风、脊髓灰质炎、麻疹、流脑、乙脑、结核性脑膜炎等8种传染病实行保健保障制度。1988年，对全镇儿童采取预防甲肝感染预防措施。1992年，全镇儿童保健工作达到初级卫生保健指标。

第五章 公共卫生

第一节 饮用水

1984—1986年，境内部分村镇居民先后安装了自来水，普及率为63%。

徐家庄片最早建立自来水厂是1984年的“毡桥头自来水厂”，由禹越乡卫生院管理。供水范围为徐家庄街道集镇和集镇附近部分农户，规模每天500吨。水质采用砂虑和人工消毒法。1985年后，全乡陆续分片发展建造自来水厂。东片：杨家坝、道场、钱塘，水厂建在杨家坝村七家湾自然村，采用深井水供水。

中片：以木桥头村为中心，水厂建在墩头郎自然村。采用深河取水加人工消毒供水。西片：栖丰、石屑斗、九里港、水产4个村，合股兴建禹越乡第三水厂，地点设栖丰村赵家漾，采用深河取水加人工消毒供水。

由于三个片的水厂规模偏小、水质不达标，乡人民政府于1993年投资，兴建禹越自来水厂，设计能力为每天供水5000吨，地点设木桥头村横朗自然村，占地面积为5730平方米。同时关闭东、中、西片水厂和毡桥头水厂。境内城乡居民由禹越自来水厂统一供水。

高桥片最早于1986年，建造“油车自来水厂”，地点在油车高桥东侧，采用深井水，供水范围为油车街道集镇和集镇附近的油车村、茅林村，日供水量500吨。

2004年，县政府和县水务公司共同投资，为新市镇自来水厂建造一条DN400口径的水管，穿越高桥镇直至徐家庄水厂，但由于路程远供水量严重不足，只能基本保证高桥片的居民用水，徐家庄片居民用水仍由禹越自来水厂补充供给。

2012年10月，全县实行城乡供水一体化，东部自来水环网工程全面竣工，境内城乡居民全部用上了对河口符合国家卫生标准的水库水。截至 2013 年年底，全镇共有用水户9470户，实行一户一表，日供水量10000余吨。

禹越自来水厂现有职工18人，

附：禹越镇饮用水检测报告2份：

德清县疾病预防控制中心《关于禹越镇初级中学饮用水的检验报告》

报告编号：德疾控检〔2014〕第0014号

样品名称	管网末梢水	样品编号	
型号规格	3000／毫升份	商标	
生产日期	2014.2.17	样品数量	1份
样品批号	—	代表数量	不详
委托单位	德清县卫生局	样品状态	液体
检送单位	德清县卫生局	检验类别	监督委托检验
受检单位	德清县康益自来水有限公司	收样日期	2014.2.17
生产单位	德清达阔制水有限公司	检验日期	2014.2.17—2014.2.28
抽样人	李加俊、戴天明	抽样日期	2014.2.17

续表

采样地点	禹越镇中学				
检验依据	GB/T5750.4-2006,GB/T5750.5-2006,GB/T5750.6-2006,GB/T5750.7-2006,GB/T 5750.8-2006,GB/T5750.10-2006,GB/T5750.11-2006,GB/T 5750.12-2006.				
检验项目	总大肠菌群、耐热大肠菌群、菌落总数、三氯甲烷、银、色度、浑浊度、臭和味、肉眼可见物、pH、总硬度、铝、铁、锰、铜、锌、硫酸盐、溶解性总固体、四氯化碳、氟化物、砷、汞、镉、铬（六价）、铅、硝酸盐氮、细菌总数、游离余氯、耗氧量、阴离子合成洗涤剂、挥发酚类、硒、氰化物、总大肠菌群、铝、大肠埃希氏菌 氨氮				
检验项目	标准要求	检验结果	检验项目	标准要求	检验结果
肉眼可见物	无	无	总硬度 mg／L（CaCO3）	≤450	35.6
臭和味	无异味、异臭	0	挥发性酚类 mg／L	≤0.002	＜0.002
色度（度）	≤15	＜5	溶解性总固体 mg／L	≤1000	66
浊度 (NTU)	≤1	0.63	阴离子合成洗涤剂 mg／L	≤0.3	＜0.025
氯化物 mg／L	≤250	7.9	耗氧量（以 O2 计） mg／L	≤3	0.87
氰化物 mg／L	≤0.05	＜0.002	硝酸盐（以 N 计） mg／L	≤10	2.1
pH	不小于 6.5 且不大于 8.5	7.18	硫酸盐 mg／L	≤250	14.0
铬（六价） mg／L	≤0.05	＜0.004	氟化物 mg／L	≤1.0	0.38
铁（mg／L）	≤0.3	＜0.1	四氯化碳 mg／L	≤0.002	＜0.0002
硒（mg／L）	≤0.01	＜0.004	三氯甲烷 mg／L	≤0.06	0.0158
铅（mg／L）	≤0.01	＜0.006	亚硝酸盐 mg／L	—	—
铝（mg／L）	≤0.2	＜0.008	游离余氯 mg／L	0.05	0.22

续表

检验项目	标准要求	检验结果	检验项目	标准要求	检验结果
铜（mg/L）	≤1.0	<0.1	菌落总数 cfu/ml	≤100	2
锌（mg/L）	≤1.0	<0.04	耐热大肠菌群 MPN/100ml	不得检出	未检出
镉（mg/L）	≤0.005	<0.0005	总大肠菌群 MPN/100ml	不得检出	未检出
砷（mg/L）	≤0.01	<0.002	银/（mg/L）	≤0.05	<0.001
汞（mg/L）	≤0.001	<0.0001	大肠埃希氏菌 MPN/100ml	不得检出	未检出
锰（mg/L）	≤0.1	<0.05	氨氮（以N记）（mg/L）	≤0.5	<0.1
检验结果评价：所测样品检测项目检测结果均符合 GB5749-2006 生活饮用水卫生标准。 盖：德清县疾病预防控制中心检验报告专用章					

签发：朱连华　　审核：曹学红　　编制：黄 平

职务：主管技师　　职务：副主任技师　　职务：医师

日期：2014年3月6日　　日期：2014年3月6日　　日期：2014年3月6日

德清县疾病预防控制中心《关于禹越镇中心小学生活饮用水的检验报告》

报告编号：德疾控检〔2014〕第0014号

样品名称	管网末梢水	样品编号	—
型号规格	3000/ml 份	商标	—
生产日期	2014.2.17	样品数量	1份
样品批号	—	代表数量	不详
委托单位	德清县卫生局	样品状态	液体
检送单位	德清县卫生局	检验类别	监督委托检验
受检单位	德清县康益自来水有限公司	收样日期	2014.2.17
生产单位	德清达阔制水有限公司	检验日期	2014.2.17—2014.2.28
抽样人	李加俊、戴天明	抽样日期	2014.2.17
采样地点	禹越镇中学	抽样方法	定点采样

续表

检验依据	GB/T5750.4–2006,GB/T5750.5–2006,GB/T5750.6–2006,GB/T5750.7–2006,GB/T 5750.8–2006,GB/T5750.10–2006,GB/T5750.11–2006,GB/T 5750.12–2006.				
检验项目	总大肠菌群、耐热大肠菌群、菌落总数、三氯甲烷、银、色度、浑浊度、臭和味、肉眼可见物、pH、总硬度、铝、铁、锰、铜、锌、硫酸盐、溶解性总固体、四氯化碳、氟化物、砷、汞、镉、铬（六价）、铅、硝酸盐氮、细菌总数、游离余氯、耗氧量、阴离子合成洗涤剂、挥发酚类、硒、氰化物、总大肠菌群、铝、大肠埃希氏菌 氨氮				
检验项目	标准要求	检验结果	检验项目	标准要求	检验结果
肉眼可见物	无	无	总硬度 mg／L（CaCO3）	≤450	35.6
臭和味	无异味、异臭	0	挥发性酚类 mg／L	≤0.002	＜0.002
色度（度）	≤15	＜5	溶解性总固体 mg／L	≤1000	66
浊度(NTU)	≤1	0.63	阴离子合成洗涤剂 mg／L	≤0.3	＜0.025
氯化物 mg／L	≤250	7.9	耗氧量（以 O2 计） mg／L	≤3	0.87
氰化物 mg／L	≤0.05	＜0.002	硝酸盐（以 N 计） mg／L	≤10	2.1
pH	不小于 6.5 且不大于 8.5	7.18	硫酸盐 mg／L	≤250	14.0
铬（六价） mg／L	≤0.05	＜0.004	氟化物 mg／L	≤1.0	0.38
铁（mg／L）	≤0.3	＜0.1	四氯化碳 mg／L	≤0.002	＜0.0002
硒（mg／L）	≤0.01	＜0.004	三氯甲烷 mg／L	≤0.06	0.0158
铅（mg／L）	≤0.01	＜0.006	亚硝酸盐 mg／L	—	—
铝（mg／L）	≤0.2	＜0.008	游离余氯 mg／L	0.05	0.22
铜（mg／L）	≤1.0	＜0.1	菌落总数 cfu／ml	≤100	2

续表

检验项目	标准要求	检验结果	检验项目	标准要求	检验结果
锌（mg／L）	≤1.0	<0.04	耐热大肠菌群 MPN／100ml	不得检出	未检出
镉（mg／L）	≤0.005	<0.0005	总大肠菌群 MPN／100ml	不得检出	未检出
砷（mg／L）	≤0.01	<0.002	银/（mg／L）	≤0.05	<0.001
汞（mg／L）	≤0.001	<0.0001	大肠埃希氏菌 MPN／100ml	不得检出	未检出
锰（mg／L）	≤0.1	<0.05	氨氮（以 N 记）（mg／L）	≤0.5	<0.1
检验结果评价：所测样品检测项目检测结果均符合 GB5749-2006 生活饮用水卫生标准。　盖：德清县疾病预防控制中心检验报告专用章					

签发：朱连华　　审核：曹学红　　编制：黄　平

职务：主管技师　　职务：副主任技师　　职务：医师

日期：2014 年 3 月 6 日　　日期：2014 年 3 月 6 日　　日期：2014 年 3 月 6 日

第二节　环　境

粪便管理

1988 年 7 月，镇境各村成立粪管专业队，对露天粪坑进行改造。同时采取三条措施：一、凡因粪改需要搬迁粪坑者，乡、村二级给予补贴，数额因村制宜；二、粪改工作与村干部岗位考核挂钩，按时完成者加分，完不成者扣分；三、对粪改任务完不成的村，停止批房建房。

次年，镇境主要道路两旁露天粪坑基本消灭。镇街商业集市地段新建公厕 3 只（汽车站、市场、影剧院）。至 1990 年，镇境村道两旁的露天粪坑全部清除。

1991 年 8 月，镇政府印发《关于进行农村家庭卫生厕所改造的通知》（徐政〔1991〕31 号），实行农村建房与卫生厕所“三同时”押金制度。要求从 1991 年 8 月起，对农村新建房屋（包括旧房改造）要做到建房与卫生厕所建造“同时审批、同时设计、同时施工”，并负责收取 100 元改厕押金。

1994 年，进一步开展对露天粪坑的清查、改造与管理，推广三格式无害化家庭卫生厕所，农民新建住房的卫生厕所配建率达到 100%，不留露天粪坑。1999—2001 年三年中，全镇清除露天粪坑近千只。

2004 年 1 月，镇成立“环卫监督管理领导小组”，7 月，开展全镇环境大检查，对全镇 10 个村逐一排查，通过“环保村”的验收。

河道治污

1999—2001 年三年中，全镇清淤河道水域面积达 2000 亩。

2002 年起，徐家庄镇成立一支河道保洁队，常年开展打捞水草等漂浮物。境内河道清洁状况得到改观，河流畅通，水质改善，村民往河道乱倒垃圾现象也得到改善。

次年 1 月，德清县政府发文（德政发〔2004〕2 号）表彰 2003 年度“最佳村庄人居环境先进单位”，境内获奖的有：木桥头村前进，钱塘村朱家墩，东溪村李家坝。同年 12 月，湖州市爱卫会发文（湖爱卫〔2003〕24 号）命名徐家庄镇为“市级卫生镇”。

长效管理

1999—2001 年，全镇加强农村垃圾清理和清运，新建垃圾箱 500 只。次年充实卫生保洁人员，部分地段建立河道漂浮物打捞组织。

2001 年 8 月，根据市、镇政府建立镇村庄环境建设领导小组。

2007 年 9 月，镇人民政府印发《禹越镇村庄环境建设长效管理工作实施办法》（禹政发〔2007〕40 号），对村庄环境建设长效管理工作的意义、目标、措施、设施建设等方面作出具体要求。成立镇村庄环境建设长效管理工作小组。制度包括《村庄环境卫生长效管理责任书》《村庄环境保洁制度》《村庄绿化养护制度》《村庄垃圾收集及清运制度》《村庄环境长效管理监督制度》《村庄环境保洁员工作职责》《村庄环境绿化养护员工作职责》《村庄环境垃圾清运员工作职责》《村庄环境监督员工作职责》《村庄环境保护公约》《村农户“门前三包”责任》《村保洁员、清运员清运垃圾合同》。同时成立各村村庄环境建设长效管理工作小组，设组长 1 人，组员 2—3 人。

近年来，在湖州市卫生先进单位、卫生村评选中（湖爱卫〔2007〕3 号），西港村、三来村于 2007 年 1 月被命名为“市卫生先进村”。

禹越镇于 2010 年 1 月被评为湖州市“环境保护生态镇”。同年 4 月，被评为“全国环境优美乡镇”。

五水共治

2013 年 7 月 22 日，镇区大南兜开挖 50 吨蓄污池，收集不能纳入排污管网的污水，定时清运。

按照省、市、县关于治污水、防洪水、排涝水、保供水、抓节水“五水共治”部署，镇成立 “五水共治”工作领导小组，下设办公室。并制订规划和目标：治水两年明显见效，三年全面改观，五年达到质变。治污，消灭垃圾河，改善臭河、黑河水质；防洪，地表水环境功能区达标率达 60%；排涝，消除城镇区积水点，达到 5 年一遇的排涝水标准；供水，自来水漏损率降到 18%。目标：至 2016 年，地表水环境功能区达标率达 90%；重要地段达到 10 年一遇的排涝水标准；自来水漏损率降到 12%。至 2018 年，地表水环境功能区达标率稳定在 93%以上；防洪标准达到 20 年一遇，排涝能力达到 10 年一遇，自来水漏损率降到 10%。

三改一拆

2014 年 2 月 26 日，镇党委为更好地开展“三改一拆”（城中村改造、旧厂房改造、旧居民区改造，拆违章建筑）、“四边三化”（公路边、铁路边、河边、山边，洁化、绿化、美化）和“无违建镇”创建工作，根据德清县委发〔2014〕2 号文件有关要求，制订《禹越镇“无违建镇”创建工作实施方案》、（禹委发

〔2014〕6号)。成立"无违建镇"创建工作领导小组，下设：办公室、政策解答组、拆违攻坚组、专项监督组、治安稳控组。

主要任务：无既有违法建筑，无新增违法建筑，无规划盲区，无管理死角，无"一户多宅"，无重大群体性事件和安全事故。同时，还制定多管齐下，同步推进的工作步骤：加快"无违建村(居)"的创建工作，开展"违建王"拆除专项行动，开展"一户多宅"整治专项行动，完善农房审批管理体系，大力推进拆后土地利用，建立防控体系实行联合执法，形成拆违风险评估机制，开展专项监督行动。

禹越镇2014年上半年各村无违建村创建及一户多宅拆除推进表

表19-5-1

行政村	农户总数	一户多宅户	三月	四月	五月	六月	合计	备注
夏东村	826	86	15	16	20	19	70	无违村
木桥头	900	236	22	28	18	27	95	—
天皇殿	789	60	15	15	18	10	58	无违村
西港村	571	163	20	20	18	10	68	无违村
东港村	546	123	15	12	7	18	52	—
三来村	942	92	16	17	20	19	72	无违村
栖湖村	739	183	20	21	22	23	86	无违村
杨家坝	365	70	18	17	17	16	68	无违村
高桥村	667	132	17	15	10	19	61	无违村
钱塘村	368	35	5	5	4	5	19	无违村
居委会	380	27	4	4	5	4	17	—
合计	7093	1270	167	170	159	170	666	8

说明：上表数据由镇党委办提供

殡葬改革

1987年12月，为贯彻执行《德清县人民政府关于殡葬管理的暂行规定》和《殡葬管理实施细则》，禹越乡人民政府印发了《关于殡葬管理的暂行规定》。

一、根据县人民政府《殡葬管理实施细则》规定，禹越乡从 1987 年 12 月 1 日起，对所死亡人员一律不准葬坟、地面摆棺材。死后一定要深埋，不得露出地面，凡发现露出地面者罚款 200 元，并强行深埋。如按规定办事者，解决优惠砖头 500 块。

二、从 1988 年 4 月 1 日起，全乡一律实行火葬。发现死者后，各村（单位）殡改领导小组应立即上门做动员火化工作。在死亡 24 小时以内报告乡殡改领导小组，逾期不报者，村（单位）主要负责人各罚款 50 元。

三、县府《殡葬管理实施细则》规定，尸体停放冬季三天，春、夏、秋季停放 36 小时内。根据这一规定，人死亡后，其尸体应及时运送火葬场，不得以任何理由借故延长停放时间，违者罚款 200 元以上。

四、在尸体运送过程中，由村（单位）殡改领导小组人员负责动员丧户把尸体抬送到船里。违者由服务队强行抬到船里，并对丧户罚款 50 元。

五、运尸的交通工具和运送船费，由乡、村（单位）二级负责解决。

六、骨灰盒存放，有条件的要建立骨灰盒存放室。目前还没有条件的，由村（单位）指定地点集中深埋，不得露坟头，违者罚款 200 元。

七、各村（单位）除成立殡改领导小组以外，还必须组织一支 3 人以上的服务队，以便在运尸过程中做好服务工作。

八、任何单位和个人不得出售棺材和做棺材，违者单位罚款 500 元，木工罚款 200 元。

以上八条《关于殡葬管理的暂行规定》，希望全乡干部、群众在贯彻执行县府《殡葬管理实施细则》和《殡葬管理暂行规定》的同时，一并贯彻执行好。

从 1988 年 4 月 1 日起，全境实施殡葬改革，实行遗体火化，杜绝土埋土葬。自 2001 年 6 月 1 日起，全境死亡人员的骨灰实行集中存放，殡葬改革优化了环境卫生。

第三节　学　校

民国 21 年，禹越乡、双马乡小学设卫生课，每周教时 60 分钟。民国 25 年后，卫生课内容附于社会课、常识课中。民国 35 年后，实施卫生教育，改善环境卫生。

解放后，各校贯彻“预防为主”方针，坚持天天打扫校园，定期开展大扫除，组织灭蝇灭蚊消疫，教育学生勤洗澡、勤理发、勤剪指甲。

1950年，禹越、油车小学首次为学生施行健康检查。

1962年3月，贯彻县文教局、卫生局《关于加强学生视力保护工作的联合通知》学校重视预防近视眼，致力改造校舍采光条件（桌面照度要求大于100勒克司）、照明条件、调整课桌椅，并推广眼保健操制度，还定期给学生调换座位。

1973年，初中生设卫生课。

1977年起，境内开始建立中小学生健康档案。

1982年9月，县教师进修学校创办学校保健教师培训班。禹越公社、油车公社派专职教师参加培训。结业后，回乡镇任学校保健教师。其时，县教育局配置每乡镇校卫生保健药械设备一套，包括医药柜、听诊器、血压机、磅秤等基本医疗器械和70多种常用药品。同时，下达《学校保健教师职责和要求》，落实岗位责任制。

1988年，乡镇中心小学开设卫生课。同年，全镇中、小学建立学校卫生基本档案，内容包括：建筑设备、环境、食堂、教学等卫生和学生健康状况。同年，贯彻国家教委关于《中小学近视眼防治工作方案》，各校推行班主任岗位责任制。

1989和1990年，组织全镇小学生服用“丙硫咪唑”驱蛔虫。

1990年9月，贯彻国家教委、卫生部颁发的《学校卫生工作条例》。次年起，对中小学生每年进行一次健康体检。1993年始，建立学生体质健康卡片。

是年秋，卫生课与体育课合并为体育与保健。并加强对学校小卖部和食堂炊事员管理。

第四节　爱国卫生

1952年，禹越乡、油车乡、三来乡贯彻省、县防疫工作会议精神，组织开展以整治环境和反细菌战为中心的爱国防疫卫生运动。5月，建立乡卫生委员会，发动群众制定爱国卫生公约，组织开展清除垃圾，改造不卫生粪坑、水井，建造牛猪圈、疏通沟渠、填平洼地等项卫生活动。7 月，开展防疫卫生突击月活动，大张旗鼓开展除“五毒”（苍蝇、蚊子、老鼠、虱子、跳蚤）、埋葬棺材、粪坑加盖、新建厕所、疏通沟渠、填塞污水塘、清除垃圾、取缔不卫生饮食商店、清洁农户房间、清扫牛羊猪鸡棚等活动。

1956—1958 年，境内广泛开展以除四害（苍蝇、蚊子、老鼠、麻雀）为中心的爱国卫生运动。各乡、村普遍召开动员大会，组织灭四害工作队、突击队，群策群力，采用多种方法灭蝇、灭蚊、灭鼠、灭雀，清查蚊蝇孳生地。有的高级社还规定每月休息一天，让社员在家搞清洁卫生（后来这个“休息日”被称为“爱国卫生日”）。对卫生搞得好的户，门上贴用纸剪出的红旗一面，一般的贴绿旗一面、差的贴黑旗一面。后改贴“清洁户”、“尚清洁户”“不合格户”等字样的纸条。

1963 年，组织开展以预防肠道传染病为中心的“三管一灭”爱国卫生运动。

1969 年 9 月，禹越公社建立爱国卫生运动委员会（德禹革〔1969〕14 号）。

1970 年，开展以血防为重点的除害灭病运动。

1978 年 4 月，为贯彻国务院《关于坚持开展爱国卫生运动的通知》，禹越公社成立爱国卫生运动委员会。

1978—1980 年，遵照国务院“加强领导，动员群众，措施得力，持之以恒”的爱国卫生运动新方针，境内广泛开展节日卫生突击活动，多次组织卫生大检查，加强环境卫生管理和治本建设，实行流动红旗检查评比和整洁户评比制度。

1984 年，以治理“乱脏差”为突破口，广泛开展“五讲四美”活动。尔后，规定每年 3 月为文明礼貌月，各行政村健全爱卫会组织，按时发动群众开展卫生突击活动。

1985 年，制订“文明卫生乡（村）规划”，开展文明卫生红旗竞赛活动。

1986 年，组织开展春秋两季灭鼠突击活动和突击卫生活动。

1988 年春，开展以预防病毒性肝炎为中心的爱国卫生运动，以“突击周”形式进行卫生知识宣传。

1989 年 4 月，禹越乡、油车分别组织开展第一个“爱国卫生月”活动，发动群众分段包干，整治环境，清理不卫生死角，并开展绿化植树。

1994 年，各村开展了道路硬化、溪河清淤、增设垃圾箱、消灭露天粪坑、灭鼠灭蚊灭蝇灭蟑螂等运动，争创卫生村。

2004—2005 年，全镇实施大规模统一灭鼠 3 次，无偿向全镇企事业单位、社区和镇村居民和农户发放灭鼠药 15000 公斤，取得了较大成效。经市、县爱卫会考核验收，2005 年 11 月，禹越镇被授予德清县“灭鼠先进镇”称号。同年，全镇 10 个村通过卫生镇县级验收。

2011 年 2 月，镇爱国卫生运动委员会全面贯彻落实省政府关于农村卫生工作的实施意见，加大健康教育力度，全面推进我镇农村公共卫生“三大类 12 项指标”（三大类是指保证农村居民享有基本卫生服务、保证农村重点人群享有重点服务、保证农村居民享有基本卫生安全保障。十二项是指健康教育、健康管理、基本医疗惠民服务、合作医疗便民服务、儿童保健、妇女保健、老人和困难群体保健、重点疾病社区管理、公共卫生信息收集与报告、环境卫生协管、卫生监督协查、协助落实疾病防控措施）和农民健康工程的实施。是年，为了做好这一工作，镇爱国卫生运动委员会重新调整镇健康教育网络组织（禹爱卫〔2011〕3 号）。

第六章　医事活动

1965 年，德清第一、第三人民医院贯彻“把医疗卫生工作的重点放到农村去”的指示，派出医疗队一行 5 人到禹越、高桥公社开展巡回医疗，为农民治病 4000 余人次，并为当地生产大队培训了一部分不脱产保健员。

1979 年起，公社卫生院积极搞好以预防为主的农村防病治病工作，每逢夏收夏种（简称“双夏”）大忙季节，医务人员驻村巡回，深入田间工地为广大群众服务。

2001 年，两镇发动企事业单位干部职工参加无偿献血活动。

2005 年，为推动境内慢性病防治工作，根据《德清县慢性病防治示范点实施方案》要求，镇人民政府发文成立“禹越镇慢性病防治领导小组”（禹政发〔2005〕23号）。

2012年，镇卫生院为全镇人民提供疾病防控、妇幼保健、医疗救护、健康咨询、健康教育和计划生育技术指导等“六位一体”的医疗卫生服务，并承担全镇卫生服务网络的建设与管理，以及配合实施卫生村、文明村、农民新型合作医疗保险等任务。

2013年，镇卫生院积极开展各类免费医疗活动。活动内容有：向未参加新型农村合作医疗的老年人（男满60周岁，女满55周岁）免费提供每年一次的健康检查；为已参加新型农村合作医疗的人员提供二年一次的健康检查；为特困、残疾人、低保家庭、五保户等困难群体配备责任医师；为辖区内孕产妇定期产前检查、产后随访、艾滋病监测；向0—7岁儿童提供免疫规划接种，为0～3岁儿童开展健康检查；提供精神病防治、健康教育咨询、开展农村常见病、多发病、流行病及计划生育技术指导服务等。对所提供的服务项目、服务对象建立档案，实行电脑化管理。对重点对象实行按期随访，跟踪服务，动态管理。医院的服务对象是：镇域常住人口和流动人口。服务宗旨是：以病人为中心，以优质服务为重点。

第二十卷　体　育

第一章　学　校

第一节　小　学

民国 35 年（1946），境内创办保校（小学）23 所。按当时《课程暂行标准》规定，每周体育课，中低年级 150 分钟，高年级 180 分钟。民国 37 年，体育、音乐合并为唱游课，每周教育时间改为中年级 120 分钟，高年级 150 分钟。1949 年秋，境内小学低年级设唱游科，中高年级设体育科。

1950 年，教育部颁布《小学体育课程暂行标准（草案）》，将体育列为必修课。境内各小学每周开设 2 节体育课，并安排 2—3 小时课外活动。是年 4 月 15 日，在新市镇东栅新建体育场内，举行德清县第一届人民运动大会，由县文教科主持。比赛项目有田径、球类、体操等。境内组建体育代表团 10 余人参加此次运动会。1951 年 8 月，贯彻国务院《关于改善各级学校学生健康状况的决定》，境内学校加强体育教学，充实体育设施，推行体操，逐步开展踢毽子、跳绳、拍皮球、打羽毛球等体育活动，并组织舞蹈和简易游戏。1954 年，境内学校试行“准备劳动与卫国体育制度”（简称“劳卫制”），要求 13 岁至 15 岁少年，全面发展体能；16 岁以上的青少年和成人，积极参加体育活动，增强体力、耐久力、灵敏度和速度的训练，开展足球、篮球、排球、乒乓球、羽毛球和田径、游泳、射击、体操等各项活动。同年，推行第一套少年儿童广播体操，同时执行教育部六年制《小学教学计划》，规定体育课各年级每周为 2 节。1956 年，实施新中国成立以后第一本全国通用体育教育大纲。1961 年 9 月，执行体育科《课堂常规（草案）》。1963 年，境内小学先后举行篮球、乒乓球、田径运动比赛 6 次，在校少年儿童大多参加各种比赛。同年，禹越、高桥完小还建立业余运动队。

1966 年“文化大革命”开始，境内小学体育课被军训、劳动课代替，至 1978

年始全面恢复体育课教育。

1977年11月，境内各小学推行“两课”（每周两节体育课）、“两操”（每天做广播体操、眼保健操）、“两活动”（晨间活动、课外活动）。

1990年5月，贯彻《浙江省学校体育工作条例实施办法（试行）》。1992年初，县教委制定《德清县中小学体育工作细则及评估标准》，同年6月，县教委对境内小学生体育达标进行验收，达标率为90%。1997年，境内各小学被评为县施行《国家体育锻炼标准》达标学校。

2000年，举办了德清县中小学首届体育节。体育节历时一年，境内各小学广大师生开展群众性体育达标活动和多项体育竞赛活动。

2003年，全面推行全国小学生第二套广播体操，境内小学生参加了县里举办的第二套广播体操比赛。此后，各学校均将体育工作列入教师岗位考核重要内容。

第二节　中　学

1968年9月创办禹越初中。学校根据教育部1956年颁布的《中小学体育教学大纲（草案）》，开展系统的体育课教学。每周2节。学校设立体育教研组。

“文化大革命”期间，体育课改称“军体课”，教学内容被军事操练所代替。1978年恢复正常，按教育部重新制定的《中学体育教学大纲》和中学体育教材实施教学。

1979年冬，贯彻国家体委、教育部、卫生部联合颁发的《中小学体育工作暂行规定（草案）》，实行“两课”“两操”“两活动”制度。1982年起，贯彻执行教育部《关于保证中小学每天有一小时体育活动的通知》。1985年10月，开始施行《中学生体育课堂常规》。并将体育科列入学生期末考试科目。1990年9月，贯彻由国家教委、国家体委颁发的《学校体育工作条例》。次年起，境内执行《中学生体育合格标准》，建立中学生体育合格卡档案。

1993年，严格执行省教委关于初中毕业升学考试体育的通知精神，把体育考试列入中考内容，考试项目为800米跑（女）、1000米跑（男）、推铅球、立定跳远、50米跑，体育总分为60分，考生得分计入升学考试总分。5月，全县

1800 多名初中毕业生在城关镇德清人民广场进行集中考试，这是德清县招生史上的第一次，境内 120 名考生参加本次考试。1998 年，体育中考，取消 50 米短跑和推铅球，增加篮球投篮和跳绳，考试总分 30 分。同年 5 月，在徐家庄中学设考点，油车、徐家庄初中毕业生在本考点举行。

2003 年 12 月 20 日，德清县第二届中学生定向运动竞赛在城关镇大家山公园举行，境内油车、禹越中学学生代表团出席本次比赛。此后，境内中学将体育教学列入教师岗位考核之一。

2011 年 9 月至 2012 年 7 月，举办“初中生阳光体育节”。活动内容为校田径运动会，举行时间 2011 年 10 月；校广播体操比赛，比赛时间 2011 年 11 月；校拔河比赛，比赛时间 2011 年 12 月；七年级（初一）乒乓球比赛，比赛时间 2012 年 3 月；校风筝比赛，比赛时间 2012 年 4 月；八年级（初二）男子篮球赛，比赛时间 2012 年 5 月。参加比赛的运动员为身体健康的在校学生，比赛地点在本校内体育场地。

第二章　群　众

传统民间体育有举石鼓、走高跷、拔河、投弹、负重等，比赛或表演活动在各村落或集镇时有出现。

放鹞子　境内有“正月踢毽子，二月放鹞子”俗语。鹞子即风筝，阳春二月是放鹞子最佳时节。田野放飞，牵线奔跑，是锻炼身体的好时机。此项游戏类体育活动自古有之。

甩草刀　旧时农村孩子在田野结伴割羊草时，喜欢玩甩羊草刀游戏。游戏时，选择土质平软的田地，将羊草刀抛向空中，以羊草刀落地的形状定得分多少。草刀正面落地为 1 点（1 分），反面落地为 2 点，刀尖与刀背竖起为 10 点。刀尖插泥刀柄竖起为 50 点，刀柄插泥刀尖竖起为 100 点。点数多为赢，少为输。

常以草篰中割的羊草作赌注，赢者满篰而回，输者空篰而归。此类游戏1970年以后已消失。

翻跟斗 翻跟斗有在地上翻、竹上翻两种。竹上翻跟斗，在两枝竹间站立，双手各抓住一根竹子，然后翻转，分顺翻与倒翻两种。谁翻得越多，谁胜。旧时境内农村儿童在门前屋后早园竹地上割草，常玩此游戏。1996 年以后，随着早园竹地的消失，此类游戏也消失。

豁虎跳 豁虎跳是境内农村儿童常玩的游戏，在晒场上或其他宽阔的地方，常常三五成群凑在一起比赛。豁虎跳有单手豁或双手豁，以谁豁得直、豁得多为胜。这种游戏虽然古老原始，但至今还在流行。

踢毽子 毽子分纸毽子、鸡毛毽两种，四五岁的幼童都踢大人做的纸毽，成人一般踢鸡毛毽。踢毽子花样繁多，主要有跷、跳、环、顶、结等方式。踢毽子时，儿童喜欢以儿歌为节拍，增加乐趣：一手心，二手背，三茶盅，四双筷，五钉子，六插手，七拍胸，八拍手，九转弯，十个跳。

滚铁箍 旧时境内孩童常玩。找一个被丢弃的木桶铁箍，用一根一头弯成槽形的粗铁丝，用粗铁丝一头的槽型扣住铁箍，持续向前滚动，人跟着走或跑，只要保持一定的速度，铁箍始终不会倒地。滚铁箍是一项户外活动，冬天孩子们特别喜欢玩。

抽陀螺 陀螺木质，圆圆胖胖。用一根一头拴着布条或细绳子的细木棍，先将布条或绳子一圈圈围在陀螺的外沿，一手轻轻按住陀螺，握小鞭子的手猛一拉，陀螺就会旋转起来，而后时不时地抽打几下，让它加速，陀螺就持续地旋转下去。陀螺旋转的时间越长，玩陀螺的水平越高。

摔跤 旧时境内青壮年劳动之余的一种体育活动。地上铺上稻草，摆擂者立于其中，有实力的上前比试，无套路，谁摔倒谁败，反之为胜。摔跤比赛形式有一对一、二对一、三对一，勇力过人的可以一对五、一对六。现今很少有人玩这种比赛。

拳术 太平天国期间，蛇拳传入大麻、海卸、徐家庄一带，境内青年每有拜师学拳。民国初年，徐家庄、北圩郎螳螂拳，在武术界颇有名气。抗战期间，尚有结伙练武，防身抗敌。

打拳船 境内盛行清明节打拳船早在明末清初。解放前还有栖丰村等船拳班子在乡里表演。拳船用两只较大的农船并锁而成，船上竖一根很粗的毛竹，俗称标竿。标竿上白旗乌镶边，中间镶一条乌龙。清明节一到，各路好汉开始表演翻跟斗、耍杂技、打拳头等各种武艺，使唤刀、枪、三节棍、钢叉等十八般兵器。境内各自然村年轻力壮的小伙子自愿加入。据传说，境内天皇殿村是旧时清明节打拳船活动最集中最热闹的村庄之一。

举石鼓　举石鼓就是如今的举重运动。两片磨盘似的石块，圆形，中间一方孔，用一木棒串起两头，成一对。运动时，将石鼓用手举起。有单手举，双手举。以石鼓的重量与举起的次数为标准。石鼓有40公斤、50公斤、60公斤，分量越重，举得次数多，为胜，反之为负。旧时，境内乡村，庙会，年轻人比试臂力，常举石鼓。解放初至“文化大革命”前尚存，现消失。

此外，民间体育活动尚有下象棋、五子棋、走坑码、游泳等。儿童体育活动有辟三角、老鹰捉小鸡、滚弹子、跳绳等。

解放初，境内开展的体育运动项目主要有：乒乓球、羽毛球、康乐球、掷手榴弹、铅球、拔河、跳绳等。1964 年后，运动场地和运动器材不断改善，田径和球类活动逐渐得到普及。次年，禹越徐家庄集镇街道自发组织篮球队，有球员 10 人。每年节假日，到五杭、勾里、高桥等地和兄弟篮球队举行篮球友谊赛。禹越篮球队训练场地设徐家庄集镇老茧站前篮球场。

1984 年，禹越乡选拔有各项体育特长人才，组建乡农民运动队。1992 年扩镇并乡后，徐家庄镇人民政府先后成立镇全民健身领导小组、镇体育协会和镇老年体育协会，参加体育锻炼已成为镇民的自觉要求。2000 年，禹越镇被评为县级体育工作先进单位。

2001 年 4 月，禹越镇通过体育特色镇验收，受到县体委好评。2002 年，镇体育协会和镇老年体育协会分别动员和召集各自成员，积极开展乒乓球、篮球、羽毛球、台球、棋类等活动和体育赛事，参加活动和赛事的总人数约 800 人次。

2013 年，镇政府开展创建浙江省体育强镇工作，三年中累计投入经费 3200 余万元用于建设体育俱乐部、健身广场、健身公园等体育文化设施。投入 2200 万元新建 5000 平方米镇文体中心。至 2013 年 10 月，全镇拥有省级体育俱乐部村 1 个，省三星级职工体育俱乐部企业 1 家，市级健身广场村 2 个，市级健身休闲公园 1 个，公共篮球场 13 个（其中灯光篮球场 4 个），企业学校篮球场 9 个，门球场3个，乒乓球桌12套，健身路径21条。组建镇级篮球队、足球队、乒乓球队、羽毛球队、健身操队、排舞队、象棋队、老年门球队等 8 支体育队伍 6 个体育协会。村级、企事业体育队伍达30支，参与人数400余人。邀请舞蹈老师对中老年喜爱的广场舞、健身操进行现场示范指导，在普及中提高，鼓励全民参与。村村建有老年活动室、棋牌室，定时对外开放，基本实现“村村有运动场、处处有运动人群”的目标。

第三章　赛　事

第一节　镇级运动会

小学生田径运动会

1950年至2013年年底，禹越镇中心小学共举办全镇（公社、乡）小学生田径运动会30届。其中，2014年秋季运动会创造的最高纪录为：

禹越镇中心小学2014年秋季运动会个人项目最高纪录

表20-3-1

组别	竞赛项目	最高纪录	创纪录人	创纪录年月
男子组	25米×2往返跑	9秒98	王佳锋	2014.10
	跳绳	1分钟167个	陆浩彬	2014.10
	跳远	3.55米	张天明	2014.10
	垒球（沙包）	36.80米	严有彪	2014.10
	铅球	8.2米	张琪潇	2014.10
	仰卧起坐	每分钟57个	杨舜杰	2014.10

续表 20-3-1

组别	竞赛项目	最高纪录	创纪录人	创纪录年月
男子组	立卧撑	每分钟 64 个	张天宏	2014.10
	跳高	1.11 米	杨尧杰	2014.10
	25 米 ×2 往返跑	9 秒 98	王佳锋	2014.10
女子组	25 米 ×2 往返跑	10 秒 53	胡枭	2014.10
	跳绳	1 分钟 175 个	徐林鑫	2014.10
	跳远	3.35 米	李娅	2014.10
	垒球（沙包）	18.83 米	姚樱莹	2014.10
	铅球	4.55 米	田仁丽	2014.10
	仰卧起坐	每分钟 56 个	周雪怡	2014.10
	立卧撑	每分钟 45 个	张诗雨	2014.10
	跳高	1.05 米	胡枭	2014.10

中学生田径运动会

1968 年至 2013 年年底，禹越中学先后举办校田径运会共 37 届。其中 2014 年田径运动会各竞赛项目所创造的最高纪录见下表。

禹越中学 2014 年田径运动会最高纪录表

表 20-3-2

项目 \ 年级		七年级		八年级		九年级	
		姓名	成绩	姓名	成绩	姓名	成绩
三级跳远	男	张金标 11 届	9.35 米	钟泽平 13 届	9.96 米	沈佳豪 06 届	10.60 米
	女	周颖 08 届	7.30 米	沈鑫萍 10 届	7.89 米	徐思伟 12 届	9.92 米
100 米	男	陈月良 04 届	13″ 87	蔡浩杰 10 届	12″ 75	吕佳 02 届	12″ 56
	女	施雅萍 07 届	13″ 80	宋者奇 05 届	14″ 2	宋者奇 05 届	14″ 38

续表 20-3-2

项目＼年级		七年级		八年级		九年级	
		姓名	成绩	姓名	成绩	姓名	成绩
200 米	男	陈月良 04 届	29″ 84	贾飞扬 10 届	27″ 87	朱忠海 00 届	27″ 48
	女	唐芸 06 届	29″ 88	钟菲 00 届	31″ 73	王诗怡 12 届	31″ 65
400 米	男	许炜峰 04 届	1′ 12″ 41	周辉 06 届	57″ 89	蔡浩杰 10 届	1′ 02″ 00
	女	唐芸 06 届	1′ 07″ 93	沈海英 01 届	1′ 19″ 05	唐芸 06 届	1′ 15″ 35
800 米	男	沈妙仁 07 届	2′ 22″ 52	周辉 06 届	2′ 15″ 00	杨辅聪 12 届	2′ 24″ 25
	女	沈健美 05 届	2′ 41″ 57	沈健美 05 届	2′ 48″ 00	沈健美 05 届	2′ 54″ 86
1500 米	男	沈妙仁 07 届	4′ 50″ 35	罗仕祥 12 届	5′ 20″	朱佳康 11 届	5′ 08
	女	沈健美 05 届	5′ 29″ 14	沈健美 05 届	5′ 58″ 08	沈健美 05 届	6′ 06″ 91
跳高	男	曹鸿杰 11 届	1.40	范云松 06 届	1.60	闻敏杰 00 届	1.50 县 30 届
	女	徐丽丽 01 届	1.26 县 29 届	徐丽丽 01 届	1.28 县 30 届	徐丽丽 01 届	1.29 县 30 届
跳远	男	沈鑫明 01 届	5.13 米	许加威 05 届	5.03 米	沈菊 06 届	5.17 米
	女	徐丽丽 01 届	4.11 米	徐丽丽 01 届	4.12 米	徐思伟 12 届	4.43 米
铅球	男	沈佳威 07 届	18.50 米	陈月良 04 届	12.55 米	陈月良 04 届	13.18 米
	女	施丽洁 04 届	7.50 米	董茂佳 99 届	7.45 米	钟海燕 98 届	8.20 米
标枪	男	沈佳威 07 届	42.50 米	王聪 07 届	39.50 米	蔡建峰 02 届	43.70 米
	女	凌小平 03 届	27.28 米	陈苗淼 01 届	26.90 米	罗淑雯 04 届	30.00 米
铁饼	男	沈佳豪 06 届	31.66 米	宋磊 10 届	33.20 米	蔡武杰 05 届	41.78 米
	女	姚丹萍 06 届	24.08 米	姚丹萍 06 届	20.74 米	施丽洁 04 届	24.56 米

镇全民运动会

1985 年 9 月，油车乡召开首届农民运动会，来自全乡各行政村、居委会、企事业单位近 300 名农民运动员参加比赛。项目有跑步、拔河、跳绳、跳远、接力跑等 11 项大众体育。油车中学、油车中心小学、天皇殿村分别获得总分第一、二、三名。

1992 年 4 月，油车乡第二届农民运动会在油车中学召开，全乡各行政村、各单位组建运动员代表团，300 多名农民运动员出席运动会。比赛项目有五人六足 60 米跑、飞镖、呼啦圈 60 米跑、袋鼠 60 米跑、摸石过河、定点投篮、拔河、棋牌等 18 项大众体育。油车中心小学，油车中学、街道居委会、夏家村分别获得总分第一、二、三名。

2005 年 6 月，镇文化站举办镇首届农民乒乓球友谊赛。全镇各行政村、企事业单位乒乓球爱好者 35 人参加比赛。比赛结果，兴隆居委会马禄晓获冠军，高桥小学朱瑜敏获亚军。

2007 年起，形成每三年召开一次镇全民运动会制度。同年 9 月 29 日，镇首届全民运动会在禹越镇高桥中学召开。全镇 14 个行政村，1 个居委会，7 个企事业单位，共 22 个运动员代表团，300 多名运动员参加运动会。比赛项目有 200 米短跑、跳高、跳远、铅球、4 × 100 米等竞技体育和三人制篮球、羽毛球、乒乓球、拔河、负重接力、七人跳远等大众趣味体育；有老年混合趣味接力、老年飞镖、袋鼠跳、沙包投掷、老年足球射门等休闲体育。比赛结果，高桥中学获团体总分第一名，胜辉服饰公司获第二名，高桥小学获第三名，徐家庄中学获第四名，徐家庄小学获第五名。

2010 年 10 月 16 日，镇第二届全民运动会在镇初级中学高桥校区召开。全镇 14 个行政村，1 个居委会，10 个企事业单位，共 25 个运动员代表团，400 多名运动员参加本次运动会。比赛项目分成年部，设 200 米跑、跳高、跳远、铅球、4 × 100 米等竞技体育和三人制篮球、羽毛球、乒乓球、拔河、负重接力、七人跳远等大众趣味体育；老年部，设混合趣味接力、老年飞镖、袋鼠跳等休闲体育和老年沙包投准、老年足球射门等大众趣味体育。比赛结果，禹越中学获团体总分第一名，高桥小学获第二名，徐家庄小学获第三名，镇胜辉服饰公司获第四名，钱塘村获第五名，东港村获第六名。

2014 年 9 月 28—29 日，镇第三届全民运动会在禹越中学高桥校区举行。全镇各村、居委会、企事业和机关单位等 20 个代表队参加，包括老年、残疾人共 561 名运动员。运动会共设置 7 个大项 42 个单项，与前相比，增加了残疾人竞赛。具体项目为篮球、乒乓球、羽毛球、田径等现代体育项目，拔河、跳绳等民间传统体育项目，还有体现趣味性的摸石子过河等大众体育项目。经过 2 天角逐，共决出 36 个小项名次。团体总分依次为：高桥小学，禹越中学，镇机关联合队，辰鸿纺织股份公司，五味和食品股份公司，三星新材股份公司。其中金牌获得最多的单位为五味和食品股份公司，共获金牌 5 枚。

镇老年人运动会

2004 年 11 月 14 日，召开首届老年人运动会。运动会由镇政府举办，镇老龄委和镇老年人体育协会承办，镇教育党总支协办，从全镇男 60 岁、女 50 岁以上的 3700 多位老人中挑选出 400 多名运动员，组成 11 个代表队（10 个行政村代表队、1 个镇机关及居委会代表队）。运动会设乒乓球、中国象棋、立定投篮、立定跳远、60 米接力跑、夹弹子、套圈、托球跑、台球、慢车赛等 10 个比赛项目。

教职工运动会

2004—2013 年，全镇教育系统连续举办 8 届教工运动会，每次有 150—170 人左右教职工参加。竞赛项目有 100 米、200 米短跑、跳高、跳远、铅球、立定投篮、50 米运球跑等 16 个项目。

第二节　镇以上赛事

1950 年 4 月 15 日，德清县第一届人民运动大会在新市镇举行，镇境 10 名运动员参加比赛。

1953年10月2日，德清县第二届人民运动大会在县人民广场（乾元镇）举行，镇境5名运动员参加田径比赛。

2007年7月，德清县第二届全民健身项目大展示活动中，镇体育代表团获“展示奖”。

2008年4月，县第35届中小学田径运动会中，徐家庄小学罗光杰获小学男子五年级组铅球比赛第二名；徐家庄小学尹弟云获小学男子五年级组跳高比赛第二名。5月，在县第十届运动会青年部大众体育比赛中，镇体育代表团获乡镇团体第六名。

2009年3月，在德清县“电力杯”农村老年象棋比赛中，镇代表团获团体第六名。

2010年3月，在德清县农村老年象棋比赛中，镇代表团获团体第五名。

2012年4月29日，县第三十九届中小学生田径运动会在德清二中闭幕，高桥小学荣获小学组乙级队第四名；徐家庄小学获小学组丙级队第一名；禹越中学获初中组甲级队第七名。7月，在湖州市“体彩杯”——“百村千人”三人制篮球赛总决赛中，镇篮球队获三等奖。9月，在德清县第十届运动会中，镇乒乓球男子组获得县团体金牌。10月，在浙江省首届女子体育节上，镇女子体育代表团获“浙江省科学健身巾帼示范员”。10月26日至27日，县第十届中小学男子篮球赛在德清二中举行，徐家庄小学，高桥小学，禹越中学均组织学生篮球队参赛。11月，在“保利杯”德清县第十一届运动会田径比赛中，镇运动员沈佳成获成年部铅球（7.26公斤）第一名，镇运动员杨敏良获第二名；镇运动员施坤泉获成年部乒乓球（男单）第一名。12月15日，县第十一届中小学生定向运动赛在德清一中举行，高桥小学学生9人，徐家庄小学学生8人，禹越中学学生8人参加比赛。

2013年3月30日，县第二届中小学生中国象棋国际象棋围棋比赛在乾元中心小学（曲园分校）举行，徐家庄小学徐淑凡获中国象棋小学女子组第四名；禹越中学范莹双获中国象棋初中女子组第四名；徐家庄小学沈梦瑶获国际象棋小学女子组第一名；禹越中学姚远获国际象棋初中女子组第一名；禹越中学杨玲获围棋初中女子组第三名。4月，在县第40届中小学田径运动会中，徐家庄小学林光洋获小学男子五年级组铅球比赛第二名；徐家庄小学沈康泉获小学男子五年级组铅球比赛第三名；徐家庄小学胡佳丽获得小学女子五年级组跳远比赛第三名。6月，县第二届中小学生羽毛球竞赛在武康举行，徐家庄小学运动员3人，禹越中学运动员3人参加比赛。6月2日，县第二届中小学生太极拳比赛在实验学校举行，高桥小学运动员获得县团体二等奖，徐家庄小学运动员获得县团体三等奖，禹越中学运动员获得县团体三等奖。7月，在德清县第二届乡村排舞大赛中，镇排舞代表团获金奖。9月，在湖州市排舞比赛中，镇兴隆居委会参赛的排舞《国王的道歉》获金奖。10月，在县首届青少年阳光体育运动会中，徐家庄小学章韩维获小学组男子坐位体前屈第二名。

第四章　设　施

第一节　学　校

1950年前，境内小学无专用操场，一般均在校内外空地开展体育活动。

解放后至1980年，境内原禹越公社（乡）中心小学、油车公社（乡）中心小学、天皇殿村小、杨家坝村小、禹越中学、油车中学等先后建有操场，具有60米或100米直跑道和篮球场，能基本适应学生出操、集会和体育运动等需要。其他完小、村校的运动场地则相对拥挤。1980年前，境内各学校体育器材简陋，1980年开始，体育教育向标准化要求发展，各完小、村校都配置标准化乒乓球台、标准化垫床等体育器材。

1998年，镇中心小学和初中都设置体育室、器材室、资料室和器材摆放架，并具备供学生运动会和各种球类活动场所。

2005年，高桥小学体育活动场地7088平方米，体育器材配备标准（按教育部规定）为一级；徐家庄小学体育活动场地8434平方米，有200米田径运动场跑道 1 个，体育器材配备标准为一级。高桥中学体育活动场地 9630 平方米，有 300 米田径运动场跑道 1 个，体育器材配备标准为一级；徐家庄中学体育活动场地 9000 平方米，有 300 米田径运动场跑道 1 个，体育器材配备标准为一级。

2007 年，全镇拥有室内外体育活动场地 2.1 万平方米，人均体育活动场地 0.69 平方米；全镇共有田径运动场 3 个，篮球场 11 个，溜冰场 2 个，乒乓球室 24 个，体育健身路径 15 条。

2013 年镇属学校体育设施现状汇总表

表 20-4-1

禹越镇初级中学

场地＼内容	数量（个）	面积（平方米）	设施：器材	设施：件数	开展项目
田径场	2	6500	塑胶跑道、田赛场地、足球场	5	田径、足球
篮球场	4	2800	水泥篮球场、篮球架	8	篮球
排球场	1	600	水泥排球场、球网	1	排球
乒乓球场	2	300	水泥场地、室外乒乓球台	10	乒乓球
体操房（健身）	2	130	跑步机 2 台、多功能自行车、多功能仰卧起坐器、杠铃卧推	7	健身、健美
其他设施	2	1600	广播操场	2	广播操
	2	120	云梯、单杠、双杠	8	引体向上、体操
	2	36	沙坑	—	—
合　计	17	12086	—	—	—
在校学生总数	1093		人均活动面积	11.06 平方米	

禹越镇高桥中心小学

场地＼内容	数量（个）	面积（平方米）	设施：器材	设施：件数	开展项目
田径场	1	1300	跳远、跑步、跳高	1	田径
篮球场	1	600	水泥篮球场、篮球架	2	篮球
排球场	1	220	水泥排球场、排球架	1	排球

续表 20-4-1

禹越镇徐家庄中心小学

场地＼内容	数量（个）	面积（平方米）	设施 器材	件数	开展项目
乒乓球场	1	30	红双喜牌乒乓桌	1	乒乓球
体操房（健身）	1	120	跑步机、自行车、按摩椅、练臂器材	1	健身
其他设施	1	180	水泥羽毛球场	1	羽毛球
	1	30	体育器材室哑铃、体操垫、栏架、球类	68	—
合　计	7	2480	—	—	—
在校学生总数	788 人		人均活动面积	3.15 平方米	

禹越镇徐家庄中心小学

场地＼内容	数量（个）	面积（平方米）	设施 器材	件数	开展项目
田径场	1	2100	煤渣跑道	1	田径
篮球场	1	450	水泥篮球场、篮球架	2	篮球
排球场	1	200	水泥场地	1	排球
乒乓球场	4	50	水泥球桌 2 个　木质球桌 2 个	4	乒乓球
其它设施	2	300	水泥场	2	羽毛球
合　计	9	3100	—	9	—
在校学生总数	792		人均活动面积	3.9 平方米	

第二节　企业单位、行政村

概述

1978 年后，全镇先后成立广场全民健身队、晚霞舞蹈队、太极扇队、阳光腰鼓队、篮球队和乒乓球队等团队。开展了形式多样的职工群众性体育活动，全镇举办的职工运动会、职工篮球赛、乒乓球赛、广场舞赛、象棋赛等职工体育赛事，推动了全镇体育事业蓬勃发展。

一、企业单位

2013 年浙江辰鸿纺织品科技有限公司体育状况表

表 20-4-2

场地＼内容	数量（个）	面积（平方米）	设施		开展项目
			器材	件数	
篮球场	1	600	水泥场地、篮球架	1	篮球
健身路径	1	100	健身器材	20	健身
乒乓球室	1	30	乒乓球桌	1	乒乓球
合计	3	730	—	—	—
人员总数	103		人均活动面积	7.1 平方米	

2013 年浙江胜辉服饰有限公司体育状况表

表 20-4-3

场地＼内容	数量（个）	面积（平方米）	设施		开展项目
			器材	件数	
篮球场	2	1100	水泥场地、篮球架	1	篮球
健身公园	1	980	健身器材	40	健身
乒乓球场	1	120	乒乓球桌	4	乒乓球
合计	3	730	—	—	—
人员总数	983		人均活动面积	2.24 平方米	

2013 年禹越镇部分单位体育设施状况表

表 20-4-4

单位＼内容	数量（个）	面积（平方米）	设施		开展项目
			器材	件数	
德清彩织布业有限公司	1	110	乒乓球桌 3 套、发球机 1 只	4	乒乓球
浙江汇隆化纤有限公司	1	50	乒乓球桌 2 套	2	乒乓球
德清县昊天箱包有限公司	1	50	乒乓球桌 2 套	2	乒乓球

续表 20-4-4

内容 单位	数量（个）	面积（平方米）	设 施		开展项目
			器材	件数	
禹越镇供电所	1	30	乒乓球桌 1 套	1	乒乓球
禹越镇交警中队	2	70	乒乓球桌 1 套、健身房	5	乒乓球、健身

二、行政村

2013 年禹越镇各行政村体育设施现状

表 20-4-5

序号	行政号	人口总数	健身点数	面积（平方米）	设施		开展项目
					器材	件数	
1	栖湖村	3023	1	2000 400	篮球场 门球场	2 1	篮球 门球
			2	800 4000	健身路径 健身公园	40 1	健身
			3	240 600	文体活动室 健身广场	1 1	乒乓球、棋牌等活动室
2	夏东村	3496	1	1500	篮球场	1	篮球
			2	400 2800	健身路径 健身公园	20 1	健身
			3	120 800	文体活动室 健身广场	1 1	乒乓球 健身
3	三林村	3903	1	2000 600	篮球场 门球场	2 1	篮球 门球
			2	600 4200	健身路径 健身公园	30 1	健身
			3	80 1000	文体活动室 健身广场	1 1	乒乓球 健身操
4	高桥村	2883	1	1000	篮球场	1	篮球 健身
			2	600 3700	健身路径 健身公园	30 1	健身 健身操
			3	80 800	文体活动室 健身广场	1 1	乒乓球、棋牌等

续表 20-4-5

序号	行政号	人口总数	健身点数	面积（平方米）	设施		开展项目
					器材	件数	
5	天皇殿村	3428	1	2000	篮球场	2	篮球
			2	600 700	健身路径 健身公园	30	健身
			3	300	文体活动室	1	乒乓球、棋牌
6	钱塘村	1510	1	1000 400	篮球场 门球场	1 1	篮球 门球
			2	800 4500	健身路径 健身公园	40 1	健身
			3	150 600	文体活动室 健身广场	1 1	乒乓球棋牌 健身操
7	杨家坝村	2590	1	2000	篮球场	1	篮球
			2	400 1300	健身路径 健身公园	10 1	健身
			3	300	文体活动室	2	乒乓球、棋牌
8	东港村	2221	1	1000	篮球场	1	篮球
			2	500 700	健身路径 健身公园	15	健身
			3	150	文体活动室	1	乒乓球、棋牌
9	木桥头村	3665	1	1600	健身广场	2	健身操
			2	600	健身路径	30	健身
			3	180	文体活动室	1	棋牌
10	西港村	2358	1	1000	篮球场	1	篮球
			2	500 700	健身路径 健身公园	25 1	健身
			3	220	文体活动室	1	棋牌

附录：人才输送

2012 年 6 月，高桥小学学生徐思云被输送到湖州市少体校参加田径短跑训练。

2013 年 6 月，高桥小学学生范冰冰被输送到湖州市少体校参加田径跳高训练。

第二十一卷　民　生

第一章　经济收入

第一节　农　民

民国时期，农民生活贫困，一遇天灾人祸，生活濒于绝境。据民国21年(1932)县档案资料载，雇农长年年工资60元（普通米价每石9元）。仅能维身。

据民国24年调查，每家佃农收入折价，稻谷114.55元，麦56.23元、猪15元，其他15元，合计200.78元。支出农业成本23.39元，交田租68.91元。净收入108.84元，以每年户人口4.3人计算，人均纯收入仅25.23元。

由于耕地不足，难于解决温饱。人们或以精耕细作，发展农产品加工增补收入；或外出谋生（如木匠、泥水匠外出做工，捕捞者外出捕鱼、扒螺蛳）大部分农民以“半耕半渔”生产方式维持生计。

镇境地势低洼，一雨即涝，民间有“水冲三年荒九年”之谚，庄稼经常因涝歉收。故农闲季节家家以小划船外出捡柴、捞菱角、割羊草以缓解生活困苦。

解放初期，百业待兴，但因基础薄弱，防洪设备差，故1954年洪水，淹没境内所有农田、鱼池，农渔收入几乎为零。1957年组织高级社，年人均收入62.23元。1959–1961年，国家三年困难时期，部分村民以草根榆皮充饥。1962年，人均年收入只有68元。此后，境内建立排涝系统，农民收入逐年增加。1964年始，农村经济开始复苏，人均年收入升至八九十元。1965年人均收入102元。

“文化大革命”期间，农民收入增长缓慢。1977年全镇人均纯收入116元，比1965年增加14元，平均年递增1.1%。

“文化大革命”后期，境内农村开始从事畜牧、养殖、种植等集体副业生产，大部分农民收入有所提高，每个劳动日收入达到0.60元左右。不少农民陆续翻建平屋。1978年人均年收入156元。1979年后，镇境村、镇工业蓬勃兴起，村民收入逐年提高，人民生活显著改善。

1980 年，镇境城乡居民人均年收入 217 元；1983 年达 350 元；1984 年超过 400 元；1986 年抽样调查为人均年收入 700 元左右；1988 年突破 1000 元；1991 年为 1200 元以上；1996 年为 3300 元；1997 年为 3790 元；至 1998 年达到 4000 元。

1984 年，全镇新建住房 3500 间，人均住房面积超过 30 平方米；有自行车 4500 辆，平均每 5 人拥有 1 辆。社员家庭生活设施开始更新。衣着不再有补丁，衣料讲究质地、款式；膳食开始注意荤素搭配。轻工业品如收录机、电视机等家用电器已进入部分家庭，村民储蓄逐年递增。

2004 年，镇境居民人均收入 1254 元；2006 年达 4324 元；2009 年达 5628 元。是年，95%以上村民住进新楼房。家用电器如电冰箱、彩电等样样俱全，农民生活设施越来越齐全。高收入家庭拥有别墅、轿车。60 年代向往的“楼上楼下，电灯电话”梦想，已经成为现实。

2013 年，全镇农村生活城市化。膳食方面讲究荤素、粗细合理搭配；衣着方面讲究名牌、流行款式、追求时尚，居住方面，注重生活区域化，在住宅内分设卧室、会客厅、厨房间、卫生间、书房，并且讲究室内摆设的品位及环境洁净雅观。

中高档收入的家庭，已经拥有中高档名牌轿车和宽敞别墅，部分家庭拥有两处以上住宅。普通居民都拥有宽敞明亮的楼房，炊具洁净、卫生条件良好，家用电器、交通工具等家庭生活设施现代化，农村已步小康社会。

2013 年年底，对境内部分农户进行生活水平抽样调查，在 298 户 1144 人中，人均年收入 20462 元，人均消费 5620 元。拥有小汽车 166 辆，摩托车 416 辆，电脑 404 台，电视机 650 台，空调 570 只，电话机 216 部，手机 836 部，煤气灶 300 只，脱排油烟机 230 台，消毒柜 58 只，健身器 18 台，新式住房人均 63.5 平方米，且有独立卫生间。

1964 年禹越公社年终分配表

表 21-1-1

大队	户数	人数	总收入（元）	总费用（元）	税金（元）
钱塘	231	1110	128857	25077	6637

续表 21-1-1

大队	户数	人数	总收入（元）	总费用（元）	税金（元）
道场	132	616	84004	18454	3611
杨家坝	305	1403	193076	46941	8662
徐家庄	128	604	74113	17200	3534
坝里	240	1124	151952	37439	6933
木桥头	459	2140	232311	64390	12550
石屑兜	274	1273	179734	41941	9602
九里港	112	469	62293	14001	4295
西丰桥	249	1160	191206	38549	9699
北圩	174	794	135412	33596	7321
合计	2304	10693	1432958	337588	72844

大队	社员分配（元）	年人均（元）	每个劳动日（元）	人均口粮（个）
钱塘	78485	70.71	0.566	492
道场	51417	88.47	0.590	513
杨家坝	117145	83.50	0.636	504
徐家庄	44198	73.15	0.614	490
坝里	89747	79.83	0.660	513
木桥头	128441	60.02	0.505	452
石屑兜	101604	79.75	0.570	504
九里港	35756	75.32	0.467	465
西丰桥	120857	82.32	0.710	539
北圩	77645	97.79	0.685	510
合计	845295	79.05	0.603	500

1972 年高桥公社粮食三者关系分配表

表 21-1-2　　　　单位：百市斤、市斤（人）

大队	户数	分配总产量	国家任务	种子	饲料	储备	其他	储备累计	账面人均
湖墩	247	1568244	528270	95597	14252	10970	2824	328683	277

续表 21-1-2

大队	户数	分配总产量	国家任务	种子	饲料	储备	其他	储备累计	账面人均
东溪	182	1169313	431000	86289	16308	10111	1644	272095	220
三来	391	2744102	1074811	204747	52469	31387	31330	327823	187
夏家	441	2764282	915146	189758	29637	75065	28819	381381	178
茅林	317	2018083	726272	165283	33590	57910	—	258657	172
油车	168	1226722	458100	83620	53284	31500	13364	248303	311
红丰	609	4414129	1674055	293189	139639	34561	2914	859752	286
米四	338	2405664	817627	146925	54141	94360	26485	542688	318
合计	2693	18310539	6625281	1265408	393320	345864	107380	3219382	311

大队	人口	实分口粮	人均	基本口粮	按劳分配	照顾	猪羊饲养	肥料粮	每头平均
湖墩	1188	673194	566	585223	87494	477	2616	243136	77
东溪	902	508168	563	439990	68177	—	1730	115794	93
三来	1838	1055492	584	903504	151988	—	3647	293866	67
夏家	2141	1225429	572	1065110	159146	1173	3877	300429	80
茅林	1507	867828	575	743035	124793	—	2954	167200	77
油车	800	444737	556	385385	59352	—	1956	142116	56
红丰	3015	1749589	580	1524302	225103	184	6435	520181	72
米四	1704	1002193	588	854141	145934	2119	3430	263933	80
合计	13095	7526630	574	6500690	1021987	3953	26645	2046655	77

第二节 官 员

据史料记载，明朝司吏（乡镇长）年薪俸米 12 石（10 斗为 1 石，1 斗相当现代 15 市斤），折合钞 168 贯。

清朝雍正年间，县衙内皂隶、门子、轿夫，年支工食银 6 两。

民国初，乡镇一级以米代薪，乡长月薪米 1 石，幕僚长 8 斗，财粮员 5 斗，会计员、警务员 4.5 斗—5 斗。每年从田粮征收中提存支付，抵交赋税。提取后，由县财粮处开票，在指定官仓中按月提取。

解放初，镇境实行供给制，每月发大米 120 斤（其中 30 斤折现金 3.06 元作零用），区、乡长、农会主任、文书待遇相同。1952 年，改行“工资分”，区、乡干部每月 90 分，每分由 1 斤大米，1 尺洋细布价格组成，月底按米、布市价计发工资，一般月工资 12.80 元。1954 年 10 月，镇境官员根据县工资改革，实行行政定级，乡干部大多在 26—28 级之间，其中乡长 26 级，月薪 31 元，文书 28 级，月薪 28.50 元。1956 年撤区并乡后职务升级，最高 21 级，月薪 59 元，其余依次为：22 级 53 元，23 级 47 元，24 级 41 元，25 级 35.5 元，26 级 31 元。乡长都在 24—25 级档次，月工资在 41 元至 35.5 元之间。1958 年后，公社社长及公社党委书记月工资大多为 22 级或 23 级，此后长期未变。1985 年 8 月，升级调高乡干部月工资，分 33、35、37、40、45 五级。此外每月另加技术补贴 2.5 元至 5 元，下乡补贴每月 5 元，岗位津贴每月 5 元。1986 年起，国家加快工资改革步伐，至 1990 年，乡镇干部月基础及职务工资分别为 119 元、111 元、103 元、95 元、88 元、82 元、76 元、70 元、64 元、58 元、52 元、46 元十二个等级。其中国家干部最高 119 元，县聘干部最高 82 元，乡聘干部最高 70 元。乡、镇长、党委书记一般是 111 元，其余因职而异。同时，计发基本工资的有工龄津贴，每工作 1 年加 1 元。此外每月增发补贴为：粮食差价补贴 5 元，肉食品补贴 4 元，卫生费 8 元，书报费 8 元，副食品补贴 9 元，临时生活补贴 8 元。奖励工资 40—50 元（镇长、书记 50 元，办公室主任、副主任 45 元，一般干部 40 元），浮动物价补贴 16 元，考勤奖 10 元，下乡补贴 16 元等。另外还有年终奖。2001 年，县内乡、镇干部月工资一般为 1000 元左右，有可观的奖金和补贴。

民国 36 年机关月薪表

表 21-1-3

职务	等级	月薪（元）
合作主任、会计主任	1 级	200
主任秘书	2 级	180
中校	3 级	160

续表 21-1-3

职务	等级	月薪（元）
技士	4 级	140
秘书、各科科长	5 级	130
技佐	6 级	120
税捐分所主任、指导员、技士	7 级	110
科员	8 级	100
科员、技佐、统计	9 级	90
税务员、技佐	10 级	85
事务员、上尉	11 级	80
事务员	12 级	75
事务员	13 级	70
事务员	14 级	65
资深雇员、事务员、中尉	15 级	60
事务员	16 级	55

第三节 教 师

抗日战争前，教师收入低微。镇境中心小学教师月薪最高 20 银圆（当时 1 块银圆折合铜圆 230 大枚，而 1 斤猪肉仅需 30 大枚铜圆，1 银圆钱可以买约 7—8 斤猪肉），村校小学教师月工资最低 4 个银圆。私塾先生由家长轮流供饭食，并派粮派银以作束修。

镇境解放后，境内教师工资一般参照乡镇干部工资。1967 年以后，因师资紧缺，大量“赤脚教师”加入教师队伍，其工资待遇一般与农民等，实行生产队评公分，年终分红。每月外加 3 元钱补贴。当时，额定月工资为 25 元，年收入不少于 300 元。至 1982 年，“赤脚教师”改称“民办教师”，月工资调整为 40 元，1986 年 1 月又调整为 46 元，同年 12 月，工资加补贴共计月工资 92.90 元。1987 年，民办教师转为公办教师后，月工资 105 元，1989 年提高到 141.20 元，1990 年月薪 155 元，此后年年递增，1992 年为 200.65 元，1993 年为 233.60

元，1994 年为 285.20 元。同年 10 月工资改革，月薪提高到 512.20 元。此后又逐年递增，1997 年月薪 538.60 元,次年 596.60 元，1999 年为 648.80 元，2000 年为 834.40 元，2001 年为 1255.90 元（已扣除养老金、医保等）。2004 年为 1867.89 元。2009 年，教师工资改革，月薪由原来的 2000 元左右，翻倍到 4000 元左右。至 2012 年，在职公办教师年薪达到 6 万元左右。

第四节　职　工

工资收入因职业分工不同而异。抗日战争前，镇境泥工木匠日工资折合 0.24 银圆至 0.48 银圆；圆木工每日 0.62 银圆。各业临时雇工每日银毫 2—3 角，月薪 8 银圆左右。商店店员月薪 4—20 银圆（视工作时间长短而定），经理月薪 20—40 银圆（视经营效益而定）。学徒学艺期间，仅供饭食，加发理发费、衣着费，每年 12 银圆左右，三年满师后，月付白米 2—3 斗。

镇境解放后，职工工资普遍得到调整。1954 年，国家实行“八级工资制”。1956 年工商界职工月工资最高为 59 元，最低为 25 元。机电业月工资为 39—28 元。1967—1969 年三年期间，木器社职工平均月工资 43 元，铁器社职工 59 元，竹器社为 37 元。1981 年，企业月平均工资为 49 元左右。

1991 年，为与市场经济相适应，企业职工工资升级频繁，是年 1 月，镇乡镇企业办公室出台了《镇办企业一九九一年度职工工资问题的若干规定》，对全镇企业职工实行基本工资与浮动工资相结合的办法，具体规定如下：行政人员的基本工资，厂长（书记、经理）月工资标准为 150 元；副厂长（副书记、副经理）为厂长工资的 95%；支委、会计为厂长工资的 90%；其他行政人员为厂长工资的 85%；女职工按行政人员本职同级的 95%计发。行政人员的浮动工资，每级为每月 10 元，浮动标准，人均年创税利 1300 元，上浮一级；厂风厂貌、厂规厂纪制度健全，组织建设和自身建设好，班子团结、战斗力强，上浮一级；安全无事故，两项基本国策（环境保护、计划生育）执行好，上浮一级；标准化合格，全面质量管理合格，标准计量合格，上浮一级；亏损企业降半级；税利出现负数降一级。根据上述浮动工资六项实绩考核，如累计计算为降级的，不作降级处理，但浮动工资为零。女职工浮动工资按同级工资标准计算。浮动

工资由镇工业办公 室年终考核，一次性发放。职工基本工资，男职工月工资标准为 110 元，女职工月标准为 88 元。计算企业职工全年工资总额，即职工基本工资、浮动工资、计件工资。

1995—1999 年，乡镇企业及个私老板发放工资都按劳计酬，如纺织业按工人每月所织纺织品多少给予评定工资，有每月 300 元至 1000 元不等。包干工也按劳计酬，月薪 400 元至 900 元不等。期间有外出从事运输业、养殖业、家庭丝绸纺织业等，收入颇丰。2005 年，全镇农民人均纯收入 7187 元，2010 年，人均纯收入达到 1 万元，2013 年，全镇城乡居民人均纯收入达到 1.5 万元。

第二章　生活消费

民国期间，境内农户 80%以上为贫苦农民，收入微薄，生活极度困难，据民国 24 年（1935）调查，佃农平均每户生活费全年支出 134.97 元(法币)，人均 31.30 元；每人日生活费仅 8 分 7 厘 2 毫（折大米 1 升）。抗日战争后，国民政府滥发纸币，物价一日数涨，米珠薪桂，消费低迷。

镇境解放后，经过土地改革，农民生活有所改善，但生活水平仍很低下，1960 年前后，农村普遍瓜菜代粮，1963 年后始逐渐好转，但农民收入增长缓慢，消费水平降多增少。1979 年后，随着农村经济发展，农民收入增加，生活消费支出大幅度增长，1983 年，全镇农民基本解决温饱问题。1983 年以后，随着农村生产承包责任制的逐步完善，镇民生活水平绝大多数实现温饱有余，并且逐年提高。

第一节　饮　食

镇境百姓素以大米为主食,辅以麦类，玉米、番薯、芋艿、南瓜等杂粮。解放前，境内水旱灾害频繁，粮食产量低下，水田亩产达到“双百斤”已是丰收年份。粮食长期自给不足，只好摇船到士林、东林山、菱湖、双林等地捕鱼捞虾糊口。抗战期间，苛捐杂税使农民生活更加艰难，过着“糠菜半年粮”生活。徐家庄、油车集镇居民，生意萧条，利润微薄，仅糊口度日。贫苦农民用餐，农忙时“二饭一粥”，农闲时“二粥一饭”，有时甚至“三餐三粥”。常吃菜饭、菜粥、麦食、玉米糊，辅以番薯、芋艿、南瓜、萝卜、豆类等杂食，副食以青菜、萝卜、咸菜、干菜等为主，荤菜以螺蛳、河蚌、小鱼小虾充当。灾荒时以糠菜糊、番薯藤、野生金刚刺（取淀粉）等充饥。

镇境解放后，通过土地改革，建立互助组、合作社，粮食产量逐年提高。1952 年，虽然粮食紧张，但镇境绝大部分农民通过补充番薯、芋艿等副食，基本走出饥饿线。1954 年，境内遭遇特大洪水，农民通过生产自救，政府发放救济粮，家庭闲散劳动力到河浜水荡摸河蚌捉鱼虾，到荒野挑野菜，广取野生动植物。同时种植南瓜、大白菜，代替稻米，政府、百姓上下同心，境内无人外出乞讨。

1955 年，国家实行粮食统购统销政策。同年 8 月 25 日，国务院发布了第 17 次全体会议 8 月 5 日通过的《农村粮食统购统销暂行办法》和《市镇粮食定量供应暂行办法》的命令，对农村实行粮食定产、定购、定销的办法。定产、定购三年不变，定销一年一定。国家对余粮户按粮食定产数量，一般统购余粮 80%—90%；超过定产的增产部分，增购不超过 40%。对农村缺粮户分别核定粮食供应量，并根据何时缺粮何时供应的原则进行统销；在丰收时，适当核减其原定的粮食供应量。国家对市镇的非农业人口实施居民口粮分等定量、工商行业用粮按户定量、牲畜饲料用粮分类定量的供应制度，并均按核定的粮食供应数量发给供应凭证，如市镇居民粮食供应证、全国通用粮票、地方粮票等。

1956 年 5 月，粮食实行依人定量。境内农业人口每人每年供应稻谷 1 岁 50 斤，6 岁 200 斤，11 岁 350 斤，16 岁 460 斤，18 岁—60 岁 500 斤，70 岁以上

440 斤，女 70 岁以上 400 斤。城镇居民，特殊重体力劳动者供应每人每月大米 45—55 斤，重体力劳动者 35—44 斤，轻体力劳动者 26—34 斤。机关、团体工作人员、公私营企业职员，店员和其他脑力劳动者 24—29 斤，大、中学生 26—33 斤，一般居民和十周岁以上儿童 22—26 斤，六周岁以上不满十周岁的儿童 16—21 斤，三周岁以上不满六周岁的儿童 11—15 斤，不满三周岁的儿童 5—10 斤。

1957—1958 年，镇境农村根据人民公社化政策，办大食堂。其时，各大队、生产队都成立公共食堂，“吃饭不花钱”的宗旨得到空前发展，很多地方宣布人民公社为全民所有制，并试点“向共产主义过渡”。当时的口号是“放开肚皮吃饭，鼓足干劲生产”，由于无计划用粮，导致严重缺粮，境内农村桑树地上种蚕豆、豇豆、黄豆，以补稻米之缺。大食堂烧豇豆粥让农民充饥，乃司空见惯。1960 年，食堂解散。

1960—1963 年困难时期，人均口粮不够，以粥汤水充饥。每年闹春荒，基本断粮，老百姓只能用榆树皮、东洋草头（水草）、花草等充饥。天热时，靠摸河蚌、螺蛳充饥度日。1963 年，政府号召大种高粱、南瓜、蔬菜、豆类，度过灾荒，境内无饿死者。

1966 年以后，境内农村社员人均口粮都在 250 公斤左右。

1970 年，镇境渔民定居湖墩村，建立水产大队，供应返销粮（余粮），解除了渔民长期来口粮不稳的后顾之忧。由于粮食连年丰收，外加饲料粮，农民口粮年年有余。至 1975 年，境内各村生产队都有三个月以上的储备粮。

1982 年，镇境辖区内人均年口粮升至 300 公斤，次年，镇境实行土地家庭联产承包制。土地承包后，农民在完成国家公、余粮后剩余部分都归自己所有。1985 年，除留足口粮、种子外，多余粮食均允许在市场自由交易。1986—1990 年，市场粮票变为有价证券。如用粮票者，每只肉包 0.10 元。不用粮票者，每只肉包 0.50 元，当时称为议价。至 1993 年，粮票废弃。

1990 年后，农民可以用现金代交公、余粮。水田可以养殖鱼、虾、河蟹、甲鱼、乌龟等，发展效益农业。农民可以经商、办厂，经商办厂的农民开始像城镇居民一样买米吃。米价：1983—1988 年，每斤稳定价 0.10 元。1989—1992 年，每斤议价 0.50 元。1993—2000 年，每斤 1 元。2001—2005 年，每斤 1.3 元。2006—2008 年，每斤 1.5 元。2009 年每斤 1.7 元。2010 年，每斤 2.00 元。2011

年，每斤 2.1 元。2012—2013 年，每斤 2.2 元。2014 年至今，每斤 2.3—2.50 不等。

食油供应，1956 年 5 月起，依人口定油，每人每月 4 市两。1962 年三年自然灾害期间，基本无油。1992 年起，完成油菜籽国家任务外，其余由农民自由消费。农民每户多则一年消费菜油 50 公斤左右，少则也有 30 余公斤。居民每户每月消费食油 2.5—3 公斤。

1978 年前，农家鸡、鸭蛋常到供销社下伸店换盐酱、火柴、肥皂、香烟等生活品。时，有关部门规定，每年每人可从生产队分鱼 2.5 公斤，后逐年增加到 4 公斤、5 公斤、7.5 公斤。至 1985 年以后，国家取消交售鱼类任务，农民放开食用。

解放初，由于农民缺粮，农户很少养猪。1970 年后，每百斤 7 级毛猪销售价 44.9 元，白肉每市斤 0.74 元。此后肉价上扬，1985 年为每市斤 0.99 元。1990 年后，人们争购瘦肉，此后市场肥肉、瘦肉分类出售。至 2001 年，鲜瘦猪肉每斤 6 元，肋条肉每斤 4.5 元，猪头肉每市斤为 2—4 元。近年，鲜肉每斤在 10—13 元之间。2013 年，羊肉每斤 50 元，狗肉每斤 80 元。此外，因狗肉营养价值高，售价逐年提高，羊肉价格远远不能与狗肉相比。

蔬菜类，90 年代后期始，境内农贸市场蔬菜靠外地供应。时，反季节蔬菜充盈农贸市场，冬吃春肴，家常便饭。

鱼类是镇境特产，市场上各类鱼都很充足。

水果类，本地出产西瓜、香瓜、雪瓜、青皮绿肉等，充满集市。其他水果主要靠外地供应。

各类小吃、糕点、零食基本和新市古镇大同小异，应有尽有。

境内农民素以稻草、麦秆、豆秆、桑树条等柴草作燃料。1978 年起，部分农民以煤球、柴油、煤油作燃料。同年一度推广沼气作燃料。1980 年起，用石油液化气作燃料的农民逐步增加。据调查，2010 年全镇使用液化气农户 9215 户。

第二节　衣　着

旧时，农村平民大多穿粗布衣服，唯求遮身暖体，耐穿耐脏。暑夏，男子剪太湖麻布做衣，既可以在家休闲遮体，又可以在田间劳作当劳动服，透气耐穿。女人裁葛为衫（葛是一种植物,纤维可以织布。葛又是夏衣薄衫的代称）。少数人家购廉价洋细布、阴丹士林布为料做衣，已算是高档奢侈品了。贫穷小户人家夏缺蚊帐，冬无棉被，赤脚草鞋。消费水平极低。

中华人民共和国成立后，农村居民随着收入增加，生活改善，除吃食外，衣着成为消费重点。60 年代后期，政府开始按人口发放布票，但还是有人家因无钱买不起布而使布票过期作废，但冬天无棉衣棉被受冻现象已不复存在。布票曾经是中国供城乡人口购买布匹或布制品的一种票证，是对布匹购销实行统一治理及保证布匹按计划供给所采取的一项措施。布票的单位一般有：1 寸、2 寸、半尺、 1 尺、 2 尺、 5 尺、10 尺等。布票是商品短缺形势下的产物，是购物的凭证，本身不含价值，不许买卖流通。老一辈人都知道“新三年、旧三年、缝缝补补又三年”的穿衣经。在那计划经济时代，每人每年只能领到十几尺布票（最少年分 6 尺，最多年分 15 尺），一年到头做不了一两件衣服，于是只能一件衣服从家里的老大穿到老小，只有逢年过节才能穿上一件新衣服。70 年代，人们生活有所改观。大量化纤纺织品上市，如“的确良”“的卡”，在当时是一种时髦的服装，是男女青年结婚必备的服饰。时，化纤纺织品也要布票，1 尺布票可以剪 3 尺“人造棉”。

80 年代，随着农村经济发展，人们穿着水平逐步提高，人均衣着支出占生活费比重也逐步上升。人们穿戴开始由保暖、遮体转向整齐、大方、美观、时尚。进入 90 年代后，各种砂洗真丝绸、砂洗棉布、皮革、各种针织面料、羊毛衫成为时尚衣着。人们追求服装款式新颖，色彩亮丽，以纯棉为高档，以名牌为时髦。以男性西服为例，一套西服的价格从 300 元至 2000 元不等。女性服饰，从 60 年代到 70 年代末，同男性一样，只穿蓝、黑、草绿色。80 年代开始向五颜六色变化，至 90 年代，人们思想解放，观念转变，人人追求五彩缤纷、时尚新颖的款式。女青年以单薄暴露为美，观念与余杭临平、新市古镇相同，不逊于城市年轻人的风度和气派。

第三节　居　住

住宅是人们生存的主要条件之一，也是衡量生活标准的重要标志。

境内传统普通农家大都住平房，以青砖砌墙或以黄泥、石块垒墙，用瓦或草盖成屋顶。也有住竹结构草棚或泥墙屋的。据档案资料，民国25年（1936），据档案局资料，境内农民无住房者12.5%，住泥墙平房16.7%户，住平瓦房62.5%户，住楼房8.3%户，户均住房2.1间，人均居住面积10.3平方米。

镇境解放后，改善居住条件成为农民迫切要求，境内居民草房、棚屋逐步翻建为平房、瓦房，但农村猪樣棚仍是草房。1960—1970年，农村停顿于修补。1979年后，各村生产队利用零星树木建造养蚕共育室之余。人口多的家庭，结婚时也偶尔建造一间新房，以改善住房条件。时，高禹水产大队在湖墩村集体建造洋房数十间，统一规划，统一结构，成为当时最新式住宅。

80年代始，住宅建设占据消费主导地位。新建房屋均为砖墙，钢筋，楼板水泥结构，大多前置阳台，中出天井，后有小屋，造者两间双门面居多。天井四周有回廊，前后有四间楼房者称走马楼，当时最为体面气派住宅。

1990年后，农村出现3层楼住宅，并重视外观装饰，一般人家造者常用瓷砖、琉璃瓦，讲究美观、豪华、大气，造价每户一般在10万元左右。城镇居民或厂矿企业开始造套房住宅，一般由三室一厅，加厨房间，卫生间、阳台组成，4户共用一个楼梯。经商，办企业的个体经营户，开始建造别墅，造价约在20万元左右。农村青年结婚大多按城镇套房装修，如地面铺大理石或地砖，卫生间淋浴、浴缸、太阳能、热水器全套设施安装，房间三夹板护墙，大厅、会客厅豪华吊顶等。

2000年始，徐家庄集镇开始建造商品房，德清县德华房产公司等单位在镇西建造“香缇湾小区”，有商品房成套出售。境内先富起来的农民均在禹越镇上买地建房或购房。也有富裕人家到武康、临平等地买房，每套房价一般在60万元至100万元不等。家乡时有俗语说：“小康不小康，首先看住房”。据第五次人口普查资料显示，2000年，徐家庄镇有家庭户3915户，总人口14794人，平均每户住房间数为2.69间，人均住房面积46.51平方米。高桥镇有家庭户3911户，总人口15553人，平均每户住房间数为2.57间，人均住房面积75.23平方米。至2010年第六次人口普查，境内平均每户住房间数为4.07间，平均每户住房面积为213.71平方米。

第四节　行　路

镇境地处平原水乡，自古河流纵横，荡漾星布，东临桐乡，南接余杭，三县交界，四面环水。出入全靠小舟划楫。解放前，徐家庄集镇就有航船通往新市、塘栖、桐乡、乌镇等地。解放后，油车高桥、徐家庄集镇设轮船码头，有“徐德班”（徐家庄至德清乾元镇）轮船，每天早出晚归，至80年代禹越通公路后，“徐德班”始停航。1973年，曾增开“余杭班”（徐家庄至临平），因通往临平的航道狭窄水浅，故此时开时停，通航时间不足5年，在公路未筑之前，镇境与四邻八乡往来主要靠水路，轮船是远走他乡主要交通工具。

陆地道路多为羊肠小路，斗折蛇行，雨天泥泞不堪，故有“晴天一身汗，雨天一身泥”之谚。自古虽有桥梁建造，但远远不够。1975年前，境内道场、钱塘、木桥、九里港、三来等大队，均由“拉渡船”代替桥梁，有时缆绳断裂则无法过河。

1970年开始，兴建水泥结构的人行桥，上架水泥扶手，桥宽大多在2米左右。禹越镇木桥头村境内横跨斜港的“人民桥”，是1972年通过募捐集资而建，因造桥资金来自千家万户百姓人家，故以“人民”命名。时，类似桥梁在境内有数十座。为改变泥泞之苦，农村各自然村开始在主要道路上铺砂石，改变了雨天行走要穿“高靴子雨鞋”（高20厘米，也有高40厘米）的状况。砂石路铺设后，人们出入可以穿球鞋或元宝口雨鞋。

1982年始，境内各行政村通往徐家庄、油车、新市集镇的道路改造成1—2米的水泥路面，年轻人绝大多数改步行为自行车，1983年，“徐五”公路（徐家庄至余杭五杭）通车。1989年“徐新”公路（徐家庄至新市）通车。同年，“徐勾”公路（徐家庄至勾里）通车。1996年始，村级公路开始建造，至2000年，基本实现村村通公路。路上自行车、摩托车、三卡、中巴车、小客车、轿车穿梭其间。禹越镇结束了靠划船出入、车马不通的局面。2004年，境内加强村庄道路环境整治力度，夏家、油车、天皇殿、木桥头、杨家坝、三来、西港等10个行政村参与整治，总投资229.4万元，共硬化道路31300平方米，安装路灯104盏，路旁绿化10470平方米，覆盖农户956户，受益人口4500人。

2012 年，徐家庄至新市二桥公路通车。同年，“徐杨”公路（徐家庄至下舍杨家桥）通车。禹越集镇车站有开往临平、新市、乾元、武康、塘栖的班车，改变了过去禹越到临平、德清、新市仅靠轮船朝出晚归的局面。至 2013 年，有 5 条县级公路横贯镇境。新（新市）禹公路，路程 5.5 公里；320 湖州、新市互通公路，路程 7 公里；杨（下舍杨家桥）禹公路，路程 2.1 公里；新（新市）五（五杭）公路，路程 8.9 公里；油车至天皇殿公路，路程 4.5 公里。

2014 年禹越镇农村公路情况一览表

表 21-2-1

村名	公路名称（起点—终点）	路面结构	道路里程（公里）	养护经费（元）	备注
天皇殿	周家湾—天皇殿	沥青	5.193	12982.5	—
	南苏林—受舍	水泥	2.565	6412.5	—
	天皇殿—蔡家里	沥青	0.758	1895	—
小　计			8.516	21290	—
高桥村	油车—蔡家浜	水泥	1.188	2970	—
	米世—牌头	水泥	1.35	3375	—
	米世—石林	水泥	2.85	7125	—
	新白马桥—高桥村	沥青	2.3	5750	—
小　计			7.688	19220	—
夏东村	南栅口—底斗头	水泥	1.09	2725	—
	夏东村路口—夏东村	沥青	0.789	1972.5	—
	夏东—杨家坝	沥青	2.709	6772.5	—
	东王—上塘圩	水泥	0.743	1857.5	—
	东溪—桥北	沥青	0.55	1375	县道
	韩家桥三岔口—中塔北三岔口	沥青	1.2	3000	—
小　计			7.081	17702.5	—

续表 21-2-1

村名	公路名称（起点—终点）	路面结构	道路里程（公里）	养护经费（元）	备注
三林村	新禹线—三林	沥青	0.702	1755	—
	庙西—高桥集镇	水泥	2.211	5527.5	—
	集镇—茅林	水泥	1.312	3280	—
	新五线—新禹线	沥青	1.154	2885	—
	下家里—田畈斗	水泥	1.397	3492.5	—
小计			6.776	16940	—
村名	公路名称（起点—终点）	路面结构	道路里程（公里）	养护经费（元）	备注
钱塘村	莫家庄—打子里	沥青	1.411	3527.5	—
	水磨墩—钱塘	水泥	0.706	1765	—
	钱塘桥—余杭界	水泥	2.1	5250	其中县道900米
	莫家庄—七家桥	水泥	0.9	2250	—
小计			5.117	12792.5	—
杨家坝	杨家坝—余杭	沥青	0.782	1955	—
	杨家坝—道场	水泥	1.298	3245	与夏东交界
	杨家坝桥—钱塘村	沥青	2	5000	—
小计			4.08	10200	—
东港村	东港大桥—千字坝	水泥	1.824	4560	—
	老信用社—杨家坝桥	沥青	0.6	1500	—
小计			2.424	6060	—
西港村	西九里港桥—九里港三岔口	水泥	0.71	1775	—
	闸北—余杭	水泥	2.022	5055	—
	新禹线—振兴西路	沥青、水泥	1.183	2957.5	余庆桥—新禹线
	新禹线—新农贸市场	沥青	1.3	3250	丽源—农贸市场
小计			5.215	13037.5	—

续表 21-2-1

村名	公路名称（起点—终点）	路面结构	道路里程（公里）	养护经费（元）	备注
木桥头村	栅里—北圩	水泥、沥青	1.103	2757.5	—
	振兴西路—人民桥	水泥	1.359	3397.5	—
小　计			2.462	6155	—
栖湖村	周家庄—凌家角	水泥	1.178	2945	—
	北塔里—杨家桥	水泥	0.611	1527.5	—
	湖墩—高家墩	水泥、沥青	0.853	2132.5	—
	北塔里—吕家里	水泥	0.847	2117.5	—
	杨禹公路—余庆桥	水泥	0.5	1250	—
小　计			3.989	9972.5	—
合　计			53.348	133370	—

附：徐家庄镇政府办公室关于车船使用的规定

各村、企事业单位：镇车船交通工具虽然逐步增多，但使用需求也在提高，特别是要求使用小快艇、小汽车的人员越来越多。小快艇、小汽车速度快，机件损坏严重，保养费用特别高。小快艇从去年 11 月至今，已保养三次，花保养费近万元，小汽车每年保养费六千元左右，交通艇每年保养费四千元以上，大大增加企事业单位经济负担。为了切实执行勤俭办一切事业的方针和有偿使用原则，按照镇党委、镇政府联席会议精神，特作如下规定：

一、小快艇使用。只限于镇机关党镇领导人员因工作需要使用，其他单位原则上不允许使用，遇有特殊情况经镇领导同意后使用，并收取有偿使用费。

二、小汽车使用。各企业单位因工作需要可向镇政府办公室提出要求，在可能的情况下，可以使用，并收取有偿使用费。

三、交通艇使用。首先服从镇机关公用需要，各单位因工作需要，在可能的情况下，经镇政府办公室同意方可使用，并收取有偿使用费。

四、具体收费标准：

1. 小快艇：县内或 50 公里以内，每次收取 50 元。

2. 交通艇：镇内每天收费30元，县内或邻县每天收费50元。50公里以外每天收费100元。

3. 小汽车：县内每天收费50元，县外每天收费100元。

五、收费办法：

1. 采取先收费后开车、开船的原则。

2. 由驾驶员按上述规定向用户单位收取费用，再上交财办开具收据，交给用户。

3. 为了防止少收费，实行驾驶员收费责任与外出补贴、奖金、工资报酬挂钩的办法，有镇政府办公室监督执行。

以上规定从1991年6月份开始施行，希望有关单位遵照执行，并由镇政府办公室具体落实。

徐家庄镇人民政府办公室

一九九一年五月十四日

境内百姓除上述吃、穿、住、行外，还有其他商品消费简述如下。

解放后，镇境人民生活水平虽然逐年提高，但1958年开始，农村物资短缺。为解决暂时困难，国家实行城乡商品按计划凭票供应。1961年，人均每年布票1.8尺，肥皂人均每季1/4块，火柴人均每季一盒，煤油人均每季1两，糖人均每月1两，盐人均每月2两。香烟票人均每月1包。1964年以后，国家经济形势好转，境内农民开始购买手电筒、热水瓶。1970年后，青年结婚凭票购买有上海牌全光防震手表（每块120元）、缝纫机、收音机，时称“三大件”，成为婚嫁必备之物。1979年后，自行车、电风扇、又进入农家。80年代开始，洗衣机、收录机、黑白电视机成为婚嫁三大件。1990年后，城乡居民开始购买彩色电视机、电冰箱、煤气灶、摩托车、三轮车等。金银饰品也从1987年起进入普通农家。80%的女士戴上了金戒指、金项链。姑娘所用的口红、唇膏指甲油、眉笔、眼影、护肤品等高档化妆品在境内城乡风行。1994年起，境内私人开始购买中巴汽车、轿车、农用车、小客车、小型货车等。同时，VCD、音响、超大屏幕彩电、空调、照相机、浴霸、热水器、脱排油烟机等高档耐用消费品，城乡居民基本齐备。

2008 年，境内各行政村光缆联网率 100%，广播联网覆盖率 100%，电视网覆盖率 100%，有线电视终端入户率 87%，广播入户率 85%。同年，全镇总农户 7730 户，安装电话的农户为 6900 户，电话入户率达到 89.3%，至 2013 年，境内电话安装率达 100%。手机拥有率年轻人达 100%。中，老年拥有手机者超过 80%，使用手机已不再是身份的象征，手机已成了平民百姓交流信息的普通工具。

第三章　资产积累

第一节　流动资产

解放初，境内人民由于地区偏僻，家境普遍不殷，故很少有余钱储蓄，直到 1975 年（据信用社资料载），全镇储蓄仅 30 万元，人均储蓄仅 12.50 元。1983 年全镇储蓄 168.4 万元，户均储蓄 360 元，人均储蓄 70 元。1985 年年末，全镇储蓄 239 万元，人均储蓄达 101 元，户均储蓄达 366 元。1995 年年末，全镇储蓄 3357 万元，人均储蓄达 1324 元，到 2003 年末，全镇储蓄达 1.59 亿元，人均储蓄达 6577 元，户均储蓄达 20073 元，比 1985 年户均增长 54.8 倍。人均增长 65.1 倍。以上数据还不包括存入其他银行的存款额。

80 年代起，债券、股票、投资逐步成为家庭资产积累的内容。至 2013 年，境内部分农民投资乡镇企业，购买股份制企业股票，随着证券股市的发展，涉足股市，购买上市股票等。

第二节　固定资产

土地改革后，部分农民购置农具。合作化时期，大中型农具折价入社，农民仅自备小农具。实行家庭联产承包责任制后，农民又逐步购置生产性固定资产，如电动打稻机、排风扇、水泵、增氧机、喷雾器、农船、拖拉机、运输车等。至2013年年末，全镇固定资产原值达2.99亿元，人均生产积累达12353元，还不包括每户家庭生产性固定资产原值。

农民住房新建率达90%以上，至2013年，平均每户住房达5间，价值17532元，人均积累5748元。

第二十二卷　习　俗

第一章　民间风俗

第一节　生　活

（一）饮食

镇境向来珍惜粮食，吃饭时不可将饭粒掉在桌上、地上浪费掉，按老年人说法是“浪费粮食罪过”。乡里人爱吃带“霉”“臭”“腌”的食物，如霉豆腐（腐乳）、臭豆腐、腌菜、霉干菜等。境内河流如织，盛产鱼、虾、螺、蚌，乡人大多有吃鱼虾习惯，吃鱼汤饭习俗自古至今，世代相传，至今未变。

（二）住房

解放前私人造房，先选宅基看风水，上正梁要放爆竹、抛糕馒，亲友齐来道贺，馈赠糖糕、馒头、面条、大米、礼金、鞭炮及装饰品。主人宴请工匠和亲友，俗称“上梁酒”。新屋落成后主人迁入新居，再次宴请亲友，称“进屋酒”。解放后，礼仪虽有简略，但农村仍然盛行，费用颇大。

传统民居，均砖木结构。农村住房以“直落”为单位，其结构为厢房、过路、房三进。厢房是厅堂，过路是厨房，房就是寝室，经济条件较好的房是二层楼房。普通人家一个儿子一般只有一“直落”，如果一个儿子有三“直落”，算是富有人家。1975 年前，房前屋后宅基地都搭建泥墙屋或草屋养猪养羊，现已基本消除。

传统大户，均有“墙门”，且以本姓氏为主。如木桥头村的徐家墙门、胡家墙门、沈家墙门。一个墙门，里面群居若干人家，少则三五户，多则十来户。墙门既有官绅巨贾宅邸，也有平民百姓私宅。由于沧海桑田，独门独户的墙门已难寻觅。1990年后，境内大部分村民已不再满足于“一直落”“三直落”住宅，原地建屋都为“西洋楼”，征地迁居都被排屋、别墅所代替。

（三）服饰

民国时期，镇民衣着贫富差距较大。在衣料选择上，富贵者多用绸、缎、呢、绒、裘之类，普通百姓则大多选择价钱低廉、质地厚实的粗布。式样上，富贵者着长衫、马褂，女士以旗袍为贵；一般农民、渔民，多穿短袄长裤，戴毡帽或斗笠。男式短袄为手工缝制的中式对襟纽襻；女式短袄为大襟衣裳，纽襻缝制在右腋下。手工缝制的裤子，腰围宽大，需打褶后方能系上裤带，俗称“团团裤”。老年人冬天多穿棉袄棉裤。布料颜色以青、蓝、黑为主。1950后，贫富差异逐渐缩小，面料质地不断升级。式样更新频繁，先后流行人民装、中山装、呢制服、夹克衫、西装、休闲装、T恤衫、羽绒衣，平口裤、喇叭裤、灯笼裤、牛仔裤等。近年来，境内土布服装和补丁衣裳基本绝迹，时尚服装在中青年人群中流行。

毡帽　旧时，境内村民多捕鱼捉虾扒螺蛳，成年男人爱戴毡帽，尖顶，圆边，前面摊边成“畚斗”形，据说此帽可以“冬经风雪夏遮阳”，有“冬暖夏凉”特殊功能，所以男性农民大多爱戴。1978年改革开放后，境内毡帽已销声匿迹。

长衫　穿长衫在过去是“斯文”的象征。一般书香门第的孩子，稍大一点就穿上长衫，直至老年。长衫一年四季都穿，只是四季衣料不同，现已少见，只有演员还穿。

马褂　“长衫马丁子”，这是旧时富有人家男子汉的最佳服饰。也是乡人旧时代的通常服饰。罩在长衫外面的黑色马褂，代表时尚。乡人称为“玄色”。

腰布　用1.2米×0.4米长方形棉布做成,四周缝边,是境内男女经常使用的传统劳动用品。平时，劳动者把它系在腰间；劳动时用来擦汗；小憩或收工时洗手洗澡，可用于擦干身体；还可用于包扎劳动时脱下的衣裤、随身携带的零星生活用品。自1985年后繁重体力劳动逐渐解除，货物运输以车代步，使用腰布的习惯也渐渐改变。目前，除个别老年农妇外，年轻一代不再使用。

（四）生育

送催生包　妇女生孩子前，娘家要为女儿送催生包，内装婴儿衣着尿布及红糖、挂面、鸡蛋、胡桃、母鸡、桂圆、火腿等物，数必成单，以示生男。

坐月子　产妇产下婴儿后，一月内，躺床休息，禁出房门，称“坐月子”。“坐月子”期间，禁用冷水洗脸洗手洗身；忌吃生冷硬食物，宜食红糖、挂面、鸡蛋、白鲞等营养食品；产妇刚刚满月，开始走出房门，也得小心翼翼，头上太阳穴处包上布条或贴上两个圆形小膏药，以免风吹受凉。生小孩房间被称为“暗房”，外人忌入。

剃满月头　婴儿出生一个月叫“满月”，亦称“弥月”。产妇是日出房。旧时，如果男婴满月，娘家要为婴儿剃满月头，主人要操办“剃头酒”，邀亲戚朋友、族人邻居表示庆贺。

周岁　小孩满一岁，外婆家要为外孙“做周岁”，送来衣服、鞋帽、首饰之类物品。如果是男孩，主人家还要办周岁酒宴请族人、宾客。是日，外婆家赠送坐车、摇篮、衣服、百锁之类，亲戚致贺，祭拜祖先神明。外婆为外孙抓阄，抓阄物品为书、印、笔、算盘、墨、钱、鸡腿、芥菜、尺、葱、稻、脂粉等 12 种，小孩抓到一物，外婆称赞一番，以觇小孩长大后志向。1950 年后此事俭办，1980 年后复兴，随着经济条件好转，互相攀比之风越演越烈。红烛花炮、鲜干果品、鲜鱼鲜肉，衣物首饰，越来越气派讲究。

（五）杂礼

寿庆　为老人做寿，一般从 50 虚年始（实际 49 岁，俗称“做九不做十”）。富家寿庆，张灯结彩，召艺人唱堂会，挂寿星，燃寿烛，办寿酒，吃长寿面，亲朋好友送寿礼。中等人家做寿，儿孙买衣食进献，团聚小酌，分数百个馒头让左邻右舍分享，以示祝贺。穷者多无此举，问起亦称“忘记生日，生生强强”，意为生日忘记，求个强壮。

上学　清末民初，境内孩子上学年龄一般在六七岁，择正月初七入私塾。上学前，先给孩子取一个书名（也有先生代取），以别原来乳名。上学时，孩子提燃烛红灯，罩贴“福星高照”，系天葱，穿红丝挂衣，象征“聪明”“中元”。在家拜祖先、灶神、由父携领，背书包，拿印糕（送师、生）进书馆，参孔子位，拜塾师，奉贽敬，按节交学费。蒙童识字，多读三字经，百家姓，千字文，唐诗，神童诗；10岁后读四书中的《大学》、多不讲解，后则四书、五经为主。其他则写字，对课及学计算，读“斤求两”“九宫规”“百子图”。新学兴起，此习俗消失。

拜师学艺　俗称学生意，旧时境内市民开店学徒，由荐头人领到店里，拜财神，业师，从此听店主使唤。三年学徒最少缴二年伙食费，学徒期间发少量津贴，叫“月规钱”。学徒年龄一般在12—15岁。学徒期间，学业与杂务并重，即晨看银圆（学手势，懂真假），夜学算盘、习字，平时做店中杂务，烧茶、烧饭、打扫卫生、倒便桶、给店主家领小孩等，俗称“三壶先生”（茶壶、烟壶、便壶）或“烧饭学徒”。两年后可跑抄单、还款。三年满师。境内手工业类学徒，多为裁缝、木匠、竹匠、泥水匠和石匠，拜师之初要付拜师钱，办拜师酒。学徒时师规戒律甚严，从学业到生活细节皆不能放肆。学徒时间一般三年，有的三年后仍须“过堂”（再请师傅带一段时间）。学成后，艺徒要办“满师酒”“谢师酒”，徒弟尊师若父母，逢年过节要上门送礼孝敬。

过房亲　将孩子过房给人作寄子、寄女，俗叫“攀过房亲”。寄子女叫寄父母为“干爸”“干妈”。寄父母要邀寄子女吃年夜饭，并赠送鞋袜、衣服、压岁钱。平时，孩子均在亲生父母处生活。逢时过节或红白婚丧，过房亲往来亲密，风俗至今犹存。

第二节　婚　姻

媒妁　古时，至爱亲朋者之间流行指腹为婚习俗。后来则将儿女自幼许字，这在清末民初还屡见不鲜。民国时，男女婚事多由父母包办决定，即遵”父母之命，媒妁之言”而结合，解放后，人民政府颁布了新《中华人民共和国婚姻法》，境内男女青年始把终身大事决定权掌握在自己手里，但在婚前往往征求父母意见。

订婚　男方俗称“定亲”，女方俗称“许人家”。旧式订婚，先由媒人拉线，若认为门当户对，且男女双方“八字”合肖，并经双方家长言妥，则可择日办理订婚仪式。

订婚吉日由女方择定。订婚时，男方要付给女方聘金、聘礼。聘金俗称“财礼”，一般按姑娘的年龄计算。聘礼是女方对男方提出的物质要求，包括给女方本人的首饰和给女方家长的礼物。订婚之日，男女双方及家长会同媒人邀村中文化人执笔，写订婚证书（又称婚约）一式两份，由男女双方及家长、婚介人分别签名盖章后，各执一份，作为凭证。是日，男方要办会亲酒招待女方家人知亲，这是乡村最考究的宴席，数量视家庭经济条件 2—3 桌不等。

旧时婚姻关系，多由家长作主，直至订婚，多不互相照面，因此缺少感情基础。解放后，旧的订婚手续，渐渐淡化。目前，多数青年男女情投意合后，直接到政府婚姻管理机构办理结婚登记，然后择日举行婚礼。

结婚　旧时，结婚仪式繁文缛节。新娘出嫁当坐花轿，不坐花轿者多为妾或再醮之妇。结婚时，由男家挑选年龄较轻的亲朋好友组成“讨亲”队，并雇用唱班乐人。“讨亲”的任务是搬嫁妆、抬花轿、扛彩旗、提灯笼、放炮仗等，唱班乐人的职责是吹吹打打，鸣锣开道。旧时习惯，境内讨亲时搬嫁妆与接新娘要分开进行，一般是白天搬嫁妆，晚上接新娘。新娘起轿时间事先请人卦算，择良辰吉时，不能随意提前或推迟。新娘按时接到男家后，即行婚礼仪式，拜堂成亲。新婚之夜“闹洞房”，亦称“吵房”，亲朋好友不分大小尊卑，挤入新房，对新娘百般调笑，有的甚至通宵达旦，新娘不得反目，有“不闹不发，越闹越发”之说。

解放后“八角花轿”改用“青衣轿”；“文化大革命”横扫“四旧”，乡间花轿，青衣轿大多被毁，接新娘一度只能新郎新娘携手步行（外乡远路者乘车船）；“文化大革命”后，普遍用车船迎娶；1970 年后，婚礼渐讲排场、气派、新娘新郎普遍坐豪华轿车。其余讨亲人员，或轿车，或面包车，搬嫁妆用敞篷汽车。讨亲的车辆数目视需要而定，但只须成双，不能成单。近几年来，主人为提高婚事品位，将酒水办到大酒店的也越来越多。

嫁妆　姑娘出嫁，女方家长要备嫁妆。嫁妆好坏，事关体面，但也只能量力而行。旧时，境内普通家庭的大众嫁妆主要是：棉被、箱子、硬木柜橱、家用桌、椅、凳、马桶箱、马桶（便桶）、梳妆台、镜箱、面盆、面盆架（木制）、大小脚桶（木制）、陶瓷彩瓶、锡瓶、锡壶、锡酒壶、铜火炉、铜茶壶、蜡烛台、铝制品等。殷实人家还有金银首饰、玉器珠宝等。1970年，境内开始出现部分现代嫁妆，最初流行“三机一滴嗒”，即收音机、缝纫机、照相机和闹钟。1980年，增加自行车、电风扇之类为嫁妆。1990年后，镇民经济条件改善，电视机、电冰箱、洗衣机、空调等高档电器和摩托车等列入嫁妆品，床上用品增加鸭绒被、席梦思等，并逐步淘汰古旧嫁妆。近年来，部分富裕家庭还出现轿车、楼房等顶尖级嫁妆。

媒人　以做媒为业的中老年妇女，俗称“媒婆”。男性则称“媒公”。媒人主要目的是赚钱，故花言巧语，移花接木等手段都用，境有“无骗不成媒”之说。

婚俗中旧时还有其他习俗，如新娘出嫁前一天须开脸，用棉线拔除脸上的汗毛。男家用花轿迎娶新娘，不论路途远近，都不得在途中停轿，并且在行进时必奏乐，转弯时必鸣锣，过村过桥时必放鞭炮。新娘新郎被送入洞房时，争着坐住对方衣襟一角，睡觉时，争用自己的衣服盖住对方。以上习俗，现已消失或少见。

抢亲　抢亲系男女仓促完婚之举，多见于贫苦民众家庭，盛行于晚清，民国时尚有所闻。旧时，贫困人家为减轻婚资重负或防范女方赖婚，男家在取得女方家长默许后，乘已聘女子不意，突派人强行抢抱至男家成婚。抢亲时，女方家长佯装追赶，掩人耳目，成亲后，两家和好如初。若有因女方对婚约不满，或另生择偶之意，出现赖婚迹象而促使男方实行抢亲之举的，女方往往强烈抗拒。有的因女方已有防范，男方抢亲不成，因此发生械斗，造成伤残，则多退聘、毁约。

入赘　家庭有女无儿，乡人多称“上门女婿”。招婿进门，意在续嗣，故男方须改换成女方姓氏。也有本人不改姓，但出生的孩子须随母姓。旧时，入赘多因为家中兄弟较多、生活较困难者。入赘成家，礼节从简，结婚费用由女方承担，故其婚后地位较低，被世俗所轻视。乡人称上门女婿为“驮弯桑树”，多存贬义。

冲喜　定亲后，因男家父母或新郎本人突患重病，为以迎喜神祛患除病，仓促完姻，俗称“冲喜”。冲喜一切从简，女家也可不办或少办嫁妆。旧俗，若公婆暴卒，男家则密不发丧，娶新媳妇进门后始举丧，再拜堂成亲。新娘向亡故公婆请安后，即卸去喜装，换上丧服，参与料理丧事，所谓红白喜事一起做。若因新郎病重不治而冲喜，则由姐妹代兄弟拜堂。成亲后往往接着为丈夫披麻戴孝，即所谓“未闻笑声闻哭声，脱去吉服换孝服”。有的女子因此婚后守寡，孤守终身。

童养媳　亦称“养媳妇”。旧时，男家领养穷困人家的小女孩，作为未来媳妇，予以抚养和使唤，成年后，择日与儿子结婚，俗称“并亲”。并亲礼仪简单，无多大开销，无须向女家发送彩礼。也有富裕人家领养童养媳的，一为佣工，二为“等郎配”，待儿子成人后即行婚礼。富家童养媳多系大妇小夫。解放后，童养媳废止。

补床　寡妇生有子女，又略有家产，因缺少劳力，经夫家长者同意，另找男子进门再醮者，乡称“补床”，意为补寡妇床第之缺夫。进门男子必须以前夫之姓为姓，乡间称之为“补床佬”，家庭地位低下。

转房　旧时，“姐亡妹续”“兄亡弟及”“弟亡兄及”之婚姻现象，俗称“转房”。其间姐亡妹续多见于殷实、富庶之家。兄亡弟及多见于贫困家庭，至于弟亡兄及，则多有微词，有“前客让后客，弟媳嫁大伯”之讥。

第三节　丧　葬

寿穴　坟墓相当于人住的房屋，通常要请星相家看风水，选择墓址和建造时间，以暖和向阳干燥为上。材料多用石板称石椁、砖头俗称砖椁。

棺材　用于存放尸体的木盒，长 2 米左右，头大于尾，呈长方体。高级的用楠木，一般用杉木，也有用松木或其他木材制作。乡谚云：“两春入蛰，遇闰合材”，即合寿材必须在有闰月之年。境内棺材自古沿用，直至 1999 年 11 月 1 日起，全镇殡葬改革，一律实行遗体火化。至 2001 年 6 月 1 日起，骨灰集中存放。此后骨灰盒替代棺材。

送终　乡俗：凡是“送终”的人，病人“断气”时必须到场。当长辈弥留之际，如长子等主要角色却在异乡，怕他赶不上送终，家里的人总要想方设法（如让其喝参汤）“吊命”。在外的亲人闻讯后心急如火日夜兼程，尽可能回家“送终”。当病人喘大气（即快要断气）时，“送终”的亲人按以下程序办事：

1. 换衣裳　为垂危者洗手脚、揩脸面，并拿出早已准备的衣服换上。这套衣服应该全新整洁，或是本人平时爱穿或符合其身材的。据说，到了阴间所穿的衣服与其在世时一样，要是在炎夏酷暑赤着膊，那么，他在阴间里也会光着身子的。

2. 烧佛经　家属在病床前焚烧佛经，口念“你自己管牢”。接着用红纸裹两色佛经烧的灰，塞到临终者手里，口念：“这是路费，你捏牢！”

3. 调换头足方向　家属一边按自己的称谓高声呼唤，一边把垂危者的头、足互换方向。乡俗以为，这样能使死者“投生”时落地快，归阴时的“调头”与转世时的“临盆”相一致。

4. 送别　弥留时，都要依自己的称谓大声呼喊，以示“挽留”。同时点燃香烛，每人手执三支香哭送离开人世，直至气绝。咽气之后，孝子立即用丝绵或纱布覆盖死者整个脸庞。其说法有三：一是死者生前患有疾病，以防体内不洁之物从死者的口、鼻、耳处溢出；二因死者“脸相”转色，用丝绵或纱布盖住后，可起遮掩作用；三是认为，若死者生前做过亏心事，入冥后愧对先人，所以后人将其脸面遮盖，这种做法，代代相传，沿袭至今。但目前也有不盖遮面巾的，称“让送行者见最后一面”。

5. 移尸　由长子捧头，幼子抬脚，邻居以协助，将尸体抬放到厅堂中央的门板上。在厅堂靠天井或门口的一边，悬挂白色孝帘布，务必使死者的头部靠孝帘布。因为厅堂多为坐北朝南，故尸体所躺方位是头南脚北。移尸后，亲人们披麻戴孝，孝子戴白帽，穿麻布长衫，女儿、媳妇等女性身穿白衣白裙，头戴双幅麻布缝就的“孝斗”。

6. 点明灯　移尸厅堂后，俗堂灵堂，灵堂除挂“孝帘布”外，也挂白幡、遗像，还要点燃白烛、安息香。死者脚后务必点燃一盏油灯，俗称“明灯”又叫脚头灯。俗传供死者去阴间照明

7. 写斜角纸　将死者的生卒年、月、日、时辰抄给道士，请其推算生肖冲克和接煞时刻。斜角纸又称“斗素”，常用黄纸书写，并有一定的规格。写好后按男左女右贴在大门上，入殓后揭下压在棺材上，转煞后才焚化。

8. 报丧　移尸后，即遣族人或近邻向亲友家报丧，境内俗称“报死”。按俗，即使有的亲友已知“死讯”，丧家还要前去报丧。不论天晴天雨，报丧者都要用右手倒挟一把雨伞，俗称“倒挟报死伞”。这个特殊的标志，使他上路得以方便，其他人不会在这个时候同他啰嗦，怕惹晦气。报丧者到了目的地不能进屋，雨伞要伞柄朝下，放在门外。亲友一看来者举动，即知凶信。

9. 拜忏　“寿终正寝”的当天或第二天，丧家请道士到灵堂前诵经拜忏，道士一般 3～13 人（成单）。

10. 出殡　俗称“出丧。时间多择凌晨拂晓时分。起灵前，要摆供祭祀，俗称“材头祭”；起灵时，过去要有“开路神”“引路幡”先导。一路应撒“买路钱”。孝子贤孙们都披麻戴孝，尽致哀礼。至目的地，还要祭祀一下死者新坟的“左邻右舍”。出丧队伍回家，孝子手捧遗像（也有木制牌位）在前，不能回头看，一定要原路去，原路回，到家时，要跨过门前的“烟火堆”。

丧仪甚繁，除上述之外，还有做“五七”等程序。从头七到五七，丧家要邀请道士做道场或和尚诵经，佛婆念佛，现在仍有做七习俗。此外，丧家要办丧饭，俗称“吃豆腐饭”，此俗沿袭至今。

1980 年后，丧葬礼仪变革，就穿戴而言，从前穿素衣、素鞋、挂麻绳、扎白头绳改为胸佩小白花、带黑袖套；从雇用吹鼓手、“三班头”（和尚班、道士班和尼姑班）哭丧婆改为放哀乐。但有时新旧掺半。

第四节　称　谓

境内血亲、姻亲成员间称谓如下：

太爷爷：曾祖父，即祖父的父亲，自称曾孙或曾孙囡。

太娘娘：曾祖母，即祖父的母亲，自称曾孙或曾孙囡。

爷爷：祖父，即父亲的父亲，自称孙子或孙囡。

娘娘：祖母，即父亲的母亲，自称孙子或孙囡。

阿爸：父亲，现多称“爸爸”。

姆妈：母亲，现多称“妈妈”，也称“姆嬷”。

大爸、伯伯：父亲的兄弟，以排行称“大伯”“二伯”或“叔叔”，自称侄儿或侄女。

阿姆、婶娘：父亲的兄嫂、弟媳，以排行称“大妈”“二妈”，或称“婶婶”，自称侄儿或侄囡。

太外公：母亲的祖父或外祖父，自称曾外孙或曾外孙囡。

太外婆：母亲的祖母或外祖母，自称曾外孙或曾外孙囡。

阿公：母亲的父亲，自称外孙或外孙囡。

阿婆：母亲的母亲，自称外孙或外孙囡。

娘舅：母亲兄弟，自称外甥或外甥囡。

舅姆：娘舅的妻子，也称“舅妈”，自称外甥或外甥囡。

叔伯姆：即妯娌，兄和弟妻子间的称谓。

丈人：岳父，现多称“爸爸”，也有称“丈人老头”“丈人阿爸”。

丈姆：岳母，现多称“姆妈”。

亲家、亲家姆：夫妻双方父母之间的相互称谓。也有按子女称呼。

老公：对丈夫的俗称，也有以女儿为名称“某人哪爹”。现年青夫妇多直呼其名，老年夫妇称“老头子”。

老婆：对妻子的俗称。也有称“伢屋里头”或以女儿名称“某人哪娘”。现年青夫妇多直呼其名，老年夫妇称“老太婆”。

阿婆娘娘、阿公爹爹：妻子称丈夫父母，现多称“爸爸、妈妈”。

媳妇：子之妻，旧时公、婆称媳妇为“新娘子”，现直呼其名较多。

堂兄弟、堂姐妹：同宗族兄弟、姐妹，“嫡堂”系同祖父以下同族兄弟、姐妹，“从堂”系三代以外同宗族兄弟、姐妹。

表兄弟：姐妹、姑母、娘舅、姨母子女间的称谓，属姻亲。

姨婆：祖母的姐或妹，自称外孙或外孙囡。

姨公：祖母的姐夫或妹夫，自称外孙或外孙囡。

姑婆娘娘：祖父的姐或妹，自称侄孙。

姑夫爹爹：祖父的姐夫或妹夫，自称侄孙。

舅公爹爹：祖母或外祖母的兄或弟，自称外孙或外孙囡。

舅婆娘娘：祖母或外祖母的兄嫂或弟媳，自称外孙或外孙囡。

嗯娘：父亲的姐妹，即姑母。自称内侄或内侄囡。

姑夫：姑母的丈夫。自称内侄或内侄囡。

阿姨：母亲的姐妹，也有称“姨娘”，自称外甥或外甥囡。

姨夫：阿姨的丈夫，也有称“姨爹”，自称外甥或外甥囡。

舅姥：媳妇之兄弟，现直呼其名。

女婿：岳家称女儿的丈夫，现直呼其名。

连襟：姐妹丈夫之间。平时互称兄弟。

第五节　岁　时

春节

农历正月初一始，一般放假三至七天。最重要的活动有三方面：一是祭神，去寺庙烧香、接财神等；二是祭祖宗；三是合家团聚，吃年夜饭，新年拜年、贺年和走亲访友。

掸尘　一般农家都集中在腊月廿三。

贴春联　掸尘后，张贴于大门两边，一般都在除夕进行。

送灶神　又称灶司菩萨上天，境内百姓自古选在腊月廿三。是日，农家有烧南瓜糯米饭，在门前置樟树、松柏枝叶墩的习俗，傍晚给灶君供南瓜糯米饭，在门前树墩上烧纸，意为送灶君上天。

年夜饭　腊月三十的晚餐，称年夜饭。境内流传“年三十夜的吃，正月初一的穿”。年夜饭又称“团圆饭”，外出的家人，不论远近都要想方设法赶回，合家欢聚，共进晚餐。1990 年以来，是城镇职工家庭开始向酒店预订年夜饭，除夕之夜，驱车赴宴，既免主妇之劳。

关门炮仗　除夕下午，商店关门打烊时放“关门炮仗”；除夕之夜，全家人团聚后，也放“关门炮仗”。意味着除旧岁，迎新年。

开门炮仗　大年初一，起床开门，放“开门炮仗”，这天庙、庵、寺、堂游人特多，烧香拜佛，以祈新年发财。

“压岁铟”　新春佳节，长辈给晚辈发红包”，传说“压岁铟”可以压住邪祟，因为“岁”与“祟”谐音。

拜年　新春伊始，境内镇民习惯拜年。向长辈或同辈新年问好道喜、祝福贺岁。传统采用登门拜访。从1996年起电话、手机逐渐普及，相继出现电话拜年、发短信息拜年、发电子贺卡拜年、网络视频拜年等新方式。

走亲访友　境内习惯，大年初一在家娱乐休闲，正月初二开始走亲访友。但自1978年以来，年初一也开始走亲访友。

接财神　农历正月初五早上四、五点钟，境内农村盛行接财神，用猪肉、鸡、活鲤鱼、三种水果、黄酒，焚香燃烛供奉，并放鞭炮接财神。供奉毕，将鲤鱼放生。

闹元宵　农历正月十五为“元宵”节。是日，境内家家户户吃元宵（汤团），迎灯、敲锣鼓、放鞭炮。过了元宵节，春节活动结束。

清明

男女出门游玩称踏青，裹粽子、做圆子，备酒菜到坟上祭扫。民国时，富裕人家开祠堂，办酒席，邀族人遍扫祖坟。

解放后，境内吃粽子，扫墓悼念之风沿袭。祭扫革命烈士墓及植树造林之风兴起。

端午

农历五月初五，又称端阳节。旧时，大家小户的门窗上均挂艾草、桃枝，厅堂中用苍术、白芷、蒜皮、蓼草等物焚烟熏室，驱杀蚊蝇，中午喷洒雄黄烧酒于阴暗角落消毒；儿童挂香袋，用雄黄在额上书“王”字；中餐吃“五黄”（黄瓜、黄鳝、黄梅、黄鱼、雄黄酒）。此外还有吃粽子遗风。解放后，吃“五黄”、吃粽子、插艾草依旧沿袭，其他旧俗消失。

七夕

农历七月初七，民间俗称“七夕”，实为古代“妇女节”。境内有燃香烛，以瓜果祀织星，妇女采红色凤仙花染指甲和对月穿针等习俗。解放前至“文化大革命”初期，农村妇女有用荆树条叶洗头的遗风。

七月半

农历七月十五日，俗称鬼节。是日，境内百姓做米粉圆子，裹赤豆粽子，烧香、焚纸、燃烛、祭祖。

插地香

农历七月卅日，称为地藏王生日，是日傍晚，境内农村在门前屋后或路边，点蜡烛，插地香，沿河放湖灯。

中秋

农历八月十五日，俗称“八月半”。人们普遍置月饼、瓜果等于庭院，焚香点烛，“拜月亮婆婆”。亲友之间馈赠月饼，寓人月双圆之意。

冬至

境内有“冬至大如年”之谚。自古至今，城乡居民，磨糯米粉为团，以芝麻、萝卜丝、蒿菜为馅，名曰“冬至馒头”。备菜肴祭祖先。今，冬至上坟祭祖习俗尚存。

立夏

是日，境内农村做立夏狗圆子（圆子的形状如狗，寓吃了像狗一样强壮）、称体重、吃蚕豆、吃立夏饼、烧野锅饭。

重阳

农历九月初九旧时境内有登高、赏菊、喝菊花酒、吃重阳糕、插茱萸等习俗。1989年，中国将重阳节定为老人节。

解放后节庆

元旦　公历1月1日，机关、学校、工厂等都放假1天，以示庆祝。

妇女节　3月8日，妇联组织庆祝活动，并表彰优秀妇女，或命名“三八”红旗手、“五好”家庭。

植树节　3月12日，机关干部、职工、学生在指定地点义务植树。居民、农民各自在家前屋后植树种花。

国际劳动节　5月1日，各单位放假1天，或组织庆祝活动。

中国青年节　5月4日，共青团组织举行各种形式的报告会或文体活动。

国际儿童节　6月1日，各团体、单位向儿童祝贺，并馈送慰问品，园校组织儿童举行文娱活动。

建党纪念日　7月1日，中国共产党各级党组织举行报告会、庆祝会或新党员入党宣誓仪式。

中国人民解放军建军节　8月1日，组织庆祝会和军民联欢活动。

教师节　9月10日，组织庆祝会和开展各种尊师活动。

国庆节　10月1日，放假5天，机关、团体、工厂、企业、学校举行各种形式的文体活动。

第六节　轧蚕花

本镇清明“轧蚕花”活动，或在徐家庄集镇禹王庙举行，或在其他乡村庙宇举行，规模隆重的是参加新市“蚕花庙会”。境内“轧蚕花”习俗，主要有以下内容：

背“蚕种包”“踏青”　蚕农身背“蚕种包”，到庙宇或乡间田野“踏青”，让蚕种染上蚕神之喜气，获得养蚕好收成。解放后，背蚕种包习俗已消亡。如今人们轧蚕花，大多为欣赏风光和轧闹猛。

买（卖）蚕花、戴蚕花　蚕花乃手工制作的彩色小花，一般用纸做，也有用茧壳剪成花瓣状涂色，或用绢丝制作，蚕农买蚕花，并把它包在蚕种包里。有的蚕农还摘些桃花、桃叶、麦穗带回去，用水浸泡，然后用此水洗浴蚕种。妇女们把蚕花插于衣襟或头发上，以祈蚕茧丰收。

摸“蚕花奶奶”　旧时有小伙子摸姑娘乳房的习俗，因有损文明，解放后被禁。

“拜香童子”、念“蚕花忏”　拜香童子是“轧蚕花”活动中拜香会的主要组成部分。由二三十名八至十五六岁的男童组成。每人头戴“珠凉帽”，身穿绸衣，下系白罗裙，穿绣花鞋，鞋面上有一“杨梅球”（红色绒球）。每两人一排，其中一人端一小凳，凳面上摊放一“经折”，折上抄录着“忏文”，供孩童们拜忏唱念时对照着看。孩子们都事先经过数月的操演，学会唱念忏文。但为了避免临时遗忘，队伍中每两三排便夹杂一名懂此道的老人，作为“领唱”和“提词”者。在老人们带领下，孩童们边行边拜，即唱四句忏文，微微欠身一拜。所拜的忏有多种，除了“蚕花忏”外，还有“刘香女忏”“龙图忏”“观音忏”等。其内容多是求蚕神保佑乡里人口太平，风调雨顺，蚕业兴旺。

吊臂香“扎肉蜻蜓”　吊臂香。即由青壮年手臂上扎 7 只铜钩，下面挂着石香炉、铜香炉，或用铜钱串成的元宝等，下挂的东西重的达到 15 公斤左右，轻的也有十几斤。一般有 7 至 8 人，成为境内蚕花庙会上的重要表演。

抬菩萨出游　以“庙界”为单位组织，由众人抬着本地庙中的菩萨前往各村出游。所抬菩萨有“总管菩萨”、“土主菩萨”（土地菩萨）、“宗将军”等地方神祇。队伍前一般由大旗开道，旗为三角形，有锯齿形边，旗顶有飘带。旗上书地名及菩萨名，如“某某村土主”“某某村总管”等。后面是一乘轿子，菩萨就坐在轿中，四周还有凉伞、旗帐等簇拥。抬菩萨，一是娱神，二是祈求蚕桑丰收。

祭祀蚕神　蚕神称为马鸣王菩萨，祭祀时，蚕农点两支蜡烛，烧一炷香便跪拜叩首，口中念些求神保佑赐福之类的祈祷语。当地俗语有，“蜡烛不讲大小，心诚就好。”更多的蚕农在祭拜蚕神时，还把买来的蚕花供在香案前，或插在蚕神菩萨身上，以求菩萨保佑养蚕顺利。

水上竞技

标竿船　用两只较大的农船并锁而成，船上竖一根粗毛竹。由经过训练的农村青年（较多的是女性），爬到毛竹竿上表演各种技巧动作。竿上系有长布条，表演者时而拉着布条一端突从高空跌下，动作惊险。标竿所用毛竹须用三年生阴山竹，竹质坚韧软而不断，晃晃悠悠，平添精彩。

摇“踏拔船”　亦谓“快船”“哨船”。由农用木船改装，配木桨 8—12 支不等，尾设大、小双橹，左右两侧均出跳板，大橹由“掌橹”一人为总指挥，此职多为村上德高望重，力大过人者担任。船尾两侧挑出水面 3 尺余的跳板上，分别有 2 名反手摇橹者，此人多为村上漂亮的年轻女子担任，名曰：“出跳”，以添观赏性。

打拳船　表演又名“拳船”“船拳”。将两条农船攏舫，铺上木板，搭成约一丈见方的台面。船上搭盖彩棚，上竖大旗，两边置兵器架。表演者在台上表演拳术及器械术，还有甩石锁、挺武石等。一般同时有几只拳船表演，船上彼此有锣鼓演奏渲染气氛。拳船之间也互相进行竞技，争夺观众。

第七节　劣　俗

赌博

境内民间赌博活动形式多样，以推牌九、打扑克两种输赢最大，亦快捷方便。牌九：分大牌九，每组 4 张，要拼凑；小牌九，每位 2 张，翻出就见大小，一人座庄，下手三人，其他赌者可在三下手处随下赌注。扑克以沙蟹输赢最大、最快。镇境解放后，赌博匿迹。1980 年始又死灰复燃，赌场更加隐蔽，赌注也日越见大。

迷信

旧时境内凡婚嫁、丧葬、岁时、节日无不蒙上迷信色彩。一遇灾祸，就烧香、拜佛、算命，或求助于巫婆、神汉、占卜、喊魂，对神道信仰，旧俗中忌讳颇多。解放初破除封建迷信，提倡移风易俗，现迷信之风又有滋长。

算命、排“八字”　从事算命者一般为盲人，俗称“盲子先生”。资深老手一般开店坐堂，新出道者则沿街穿村，手持“报君知”（俗称铁香蕉）发“叮当”声兜揽生意。算命以人之“八字”，用“五行生克”方法推断吉凶祸福，信奉者以老人、妇女为多。

占卜　亦称卜卦，即以八卦卦象推算流年财运。习此业者常以揣测问卦者心理为依，胡编玄机，然乡人大多“宁可信其有，勿可信其无”。一般家有急事要事，问卦求教已成生理依托。

看风水、择日　旧时，建房选址（俗称“阳宅”），造坟择地（俗称“阴宅”），都要请“风水先生”看相。同时，乡间凡遇喜庆、开业乃至出行，都要请“阴阳五行”职业者择日择时，操办，不敢草率。此俗延续至今。

蓄辫、缠足　辛亥革命后，政府明令剪辫、放脚，此俗绝迹。

晒衣

旧时境内老辈沿习：男人的衣裤可以随便晾晒，但女人的衣裤（特别是裤子），只能靠墙阴晾，不能在阳光下高悬着晒，收下来的女人衣裤，也不能随便放到桌子上，否则会被人谴责为“不分上下”；在晾有女人裤子的竹竿下，行人切忌从竿下穿过，以避晦气。解放后，陋习渐消。

第二章　方　言

境内属吴方言，语音词以“户”（我）“哇”（我们）为代表。“户”是吾（唔）的变音，“哇”是伢的变音。在语音上异于中原音的如：鬼（癸）读举，龟（规）读鸡，水（伞）读始等，多传承六朝《切韵》而不变。

第一节　单　字

境内特有方言用字约900个，今酌选67个，其中名词17个，动词24个，形容词26个，均为口语中习惯用词。

名词

艸（蒙上声）藤茎。〔番瓜～、番薯～、黄豆～梗〕
蕻（哄）草木初萌。〔桑叶拔～、嫩～头、雪里～芥菜〕
裥（盖）皱纹。〔脸上有皱～，百～裙〕
溸（七）堤埂缺口。〔～涂、开～、做～涂、大水～〕
厣（演）鳞甲。〔鱼～、螺蛳～、穿山甲～〕
襮（博）夹衣。〔袷衣～、棉袄袷～〕
鸒（凹）山鹊。〔～鹊叫、客人到〕
簩（达）竹编器具。〔土～〕
胯（刮上声）使竹片弯成弧形。〔棉～、做～、竹～〕
又：动词，使物旋转。〔弄堂里～毛竹、～来～去、～个转身〕
鋬（配）以物相系。〔锴～〕又：动词，吸住不放〔蚂蟥～在腿上〕

襻（配）衣服相系。〔纽～〕
棑（排）筏。〔木～、竹～、撑～、盾～〕
茇（菩）草、木根茎〔～头、芋艿～头〕
瘣（块）虫咬肿起。〔蚊虫叮出个～〕
纰（边）衣裤边缘。〔裁缝缝～、拷～、～头～角〕
饽（脖）粉。〔米～、麦～、烘豆～、炒米～〕

动词

嗍（缩）吸。〔～螺蛳、～鼻涕〕
畀（钵、又读比）将物给予人。〔～尔点好东西、～我吃粒糖〕
扳（班）手腕向内用力。〔～艄、～手〕
趵（豹）愤怒时跳跃。〔～起来，～跳如雷〕
鬻（铺）锅汤上溢。〔粥汤水～出来〕
滗（笔）去其水汁。〔～出、～掉、～干〕
趴（拍）两脚向外跨。〔～开、裤子～破〕
坒（皮）重叠、层。〔一～砖、一～灰、有好几～〕
擎（盘）聚。〔～利息、零散～趸当〕
鞔（闷）覆布多层。〔鞋子～底、～底布〕
黐（搭）粘住。〔～牢、～浆〕
啜（搭）辨味。〔～滋味、～几口酒〕
煺（退）以汤除毛。〔～鸡毛、～羊毛〕
肕（腿）用力拉。〔～出来，～勿出〕
敨（透上声）使物展开。〔～～松、～开来〕
搪（唐）推搡。〔～出去，～一步、催一步，～在门外〕
隑（革爱上声）倚。〔～墙～壁、吃～饭〕
穜（陈）播种。〔～黄豆、～蚕豆、～麦〕
湔（煎）洗一部分。〔衣服脏处用水～一～〕
庹（托）两手横伸长度。〔三～、一～长〕

彴（轿）生气时行走姿势。〔一～一～〕
𤿎（广）干裂。〔皮肤～裂、～开来、地皮～裂〕
抲（靠）捉。〔～小猪、～贼骨头、～牢〕
揢（客）卡牢。〔～死蛇头、～牢〕

形容词

㺳（现）小孩顽皮多动。〔惹～，这些小孩～煞〕
𢶍（背）用力之极。〔～好一份人家、～煞～死〕
弸（帮）坚硬。〔～硬、～铁尸硬〕
畐（拍）满。〔～满。～～如满〕
馥（拍）很。〔吃得～饱〕
杳（幽）微小。〔讲～点，别被人听到。声音太～、火烧得太～〕
翰（寒）人身细毛。〔～毛、～毛管子竖起来〕
痆（泥）痒。〔呵浮～、怕浮～〕
𨃜（冲去声）跌来跌去。〔酒醉子～来～去〕
䶵䶛（蔡拉）讲话泼辣，豪爽不拘。〔此人讲话真～～〕
䵡（婆）个。〔好几～玉米、独～头大蒜〕
瓿（赔）陶瓷碎片。〔缸～～、瓦～～〕
謧（埋）很、许。〔～～多〕
窅（免）弥合无痕。〔～缝〕
㒼（瞒）不通。〔～心货、～兜浜、～路、烟囱～了、拄～伊〕
㝱（梦）细、不厌其烦。〔细～细相〕
皓（夫）白。〔白～～〕
溚（答）湿。〔湿～～〕
瘩（塔）肥壮。〔滑～滚壮〕
黗（台）云烟迷漫。〔云雾～～〕
蹬（凳）停食。〔胃里～兮兮、～食、胸口发～〕
䟺（晃）乖违败事。〔事体弄～、～太爷〕

恔（慅）（豪燥）迅速。〔蛮～～、～～介点〕
猥猥殍殍（畏畏三三）精神不振。〔近来～～～～〕
朩（绍）不大不小，中等。〔半～猪〕
齆（哄）鼻塞。〔～鼻头〕

第二节　词　汇

吾：我。
哇：我们。
伊：他。
阿姐：姐姐。
当家人：一家之主。
亲眷：亲戚。
小把戏：小孩。
本家：同姓自族。
顺手：右手。
借手：左手。
节头：手指。
奶奶：乳房。
今朝：今天。
明朝：明天。
旧年：去年。
鲎：彩虹。
打阵：落雷阵雨。
阳泔潭：地面污水沟。
田鸡：青蛙。
姚师太：蝉。
弯簪：虾。
包头：鳙鱼。
曲鳝：蚯蚓。
癞司：蛤蟆。
线鸡：阉卵公鸡。
姐羊：母羊。
乌二：蚕蚁。
过：传染。
灶房：烧饭间。
廊沿：走廊。
套房：一屋隔成两间。
滚汤：开水。
茅坑：厕所。
有喜：怀孕。
骨牌凳：长方形坐凳。
洋煤头：火柴。
瓢羹：小汤匙。
几勺：盛粥瓢。
抢刀：锅铲。
茶糕：肉馅软糕。
卤水：汤冻。
耳边风：不注意听，听后即忘。

不好过：生活困难。

不安逸：有病。

勿相干：无效或无关。

臭话：出言污秽。

品理：评道理。

放风：透露消息。

百坦：慢走。

掸尘：大扫除。

拉倒：此事算了、结了。

吃斋：经常吃素。

吃豆腐：（1）丧宴。

（2）调戏妇女。

看野眼：不专心。

坍位：品德不好。

倒找：倒霉。

撮毛灰：用激将法鼓励他人勇气。

凡贱：自讨苦吃。

三脚猫：皮毛功夫。

诬赖：做事反悔不认账。

出纰漏：出事故，闯祸。

张一张：看一看、望一望、瞧一瞧的意思。

大约模：约举大数，俗称“大约模”

捺格：犹言“如何”“怎么”“怎样”。

什格：犹言“如此”“这样”“这般”。

隔里：即“这里”，“这个地方”。

拆烂污：办事不认真负责，造成不良后果。

像煞有介事：装模作样，好像真有那么一回事的意思。

一脚踢：指全部包下来的意思。

讨彩头：指祈求好运气的做法。

咬耳朵：即讲悄悄话。

有噶种事体：对发生意想不到的事表示惊讶的意思。

倒灶：原指店铺倒闭，也用来表示运气不好、倒霉。

勿入调：一般顽童不服管教，甚至恶作剧，有时也指不走正道的人。

勿做人家：不勤俭持家。

缱煞煞：多指女人轻佻的行为。

伸后脚：指办事留有后路。

蹩脚：差，比不上一般。

一息息：指时间极短。

三脚猫：只略知皮毛。

小娘养：咒语，是小老婆所生。

獠坯：游荡好闲，不务正业。

老花头：多次重复的话和事。

第三节　短　语

俗语

风风雨雨：不安定。

百年难逢岁朝春：难得。

少母阿娘：产妇。

毛脚女婿：订婚后未结婚男子。

大天斯亮：早晨太阳破晓后。

太阳铲土：傍晚夕阳下山。

反面无情：不念旧情。

抠心挖肚：用尽心思计算别人。

眼下无肉：讥刺做人刻薄。

尖头把戏：油腔滑调。

牵东攀西：东拉西扯。

挺不直腰：问心有愧。

板板六十四：办事呆板不灵活。

远水救不了近火：急得来不及。

落得精光：一点没有。

东一把火，西一把烟：到处捣乱、搞鬼。

墙有缝、壁有耳：任何事情都难以隐瞒。

一面打墙、两面好看：做事双方都有好处。

蚕筷儿碰着蜡烛签：奸刁对奸刁。

十个节头塞排鞘：出手笨拙，做不好事情。

白吃杨梅嫌口酸：不讨好。

盲子摸在稻田里：分不清东南西北。

坐吃山空：不劳动无法长期生活。

鸡毛当令箭：像煞有介事。

脚踏两头船：立场不坚定。

螺蛳壳里做道场：场地狭窄，转不过身。

错进勿错出：一点不呆。

铜钿眼里翻筋斗：眼里只有钞票。

摇篮里的太公：辈分不讲年龄。

东鲎热头西鲎雨：天气变化有规律。

处暑萝卜白露菜：农时有季节。

纯胡椒辣勿煞人：数量不多。

皇帝嘴巴乞丐身：身份不对。

打蛇打在七寸里：稳、准、狠。

谚语

篱笆撬得紧，野狗钻勿进。

墙里有人话，墙外有人听。

清明要萌，谷雨要青。

三月三，百样鸟儿要生蛋。

六月初三晴，钉鞋挂断绳。

云掩中秋月，雨打状元灯。

田怕秋旱，人怕老穷。

冷在风里，穷在债里。

勿要气，只要记。

有理大似太公，无理寸步难行。

瓜无滚圆，人无十全。

寻铜钿似蟹爬缸，用钞票似水落江。

识真病，卖假药。

嘴上甜如蜜，心里辣如姜。

不听老人言，吃亏在眼前。

白天不做亏心事，半夜敲门心不惊。

病从脚下起，祸从口中来。

天晴带伞，肚饱带饭。

刀伤药虽好，不割开为妙。

亲兄弟，明算账。

猫吃水晴，狗吃水雨。

蜘蛛结网天必晴，蚂蚁搬家雨必淋。

燕低飞，着蓑衣。

一只碗勿响，两只碗丁当。

麻雀虽小，五脏俱全。

住要好邻，行要好伴。

春霜勿露白，露白要赤脚。

六月勿热，五谷不结。

春冷要落雨，秋热要上云。

吃了端午粽，棉衣勿可送。

吃了重阳糕，就把夏衣包。

出力勿讨好，黄胖打年糕。

水缸潮润，大雨将临。

清楚一世，糊涂一时。

春冷多雨水，夏凉多晴天。

三月三落雨，落到茧头白。

清明断雪，谷雨断霜。

朝西夜东风，日日好天宫。

燕子贴地飞，出门带蓑衣。

蚂蚁搬家，有雨要下。

喜鹊搭窝高，当年雨水涝。

蜻蜓满天飞，下雨二三天。

春霜勿露白，露白要赤脚。

五月南风涨大水，六月南风晒煞鬼。

干净冬至邋遢年。

冬天三尺雪，来年收成丰。

田怕秋来旱，人怕老来贫。

只有懒人，呒没懒地。

冬令进补，春天打虎。

少吃补身体，多吃坏肚皮。

老怕冬冷，少怕秋凉。

身病用药治，心病用话医。

冷在风里，穷在债里。

若要好，大做小。

人勿不可貌相，水勿可斗量。

满口饭能吃，满口话难说。

虾有虾路，蟹有蟹路。

有借有还，再借勿难。
人越悖越僵，鸡越斗越熟。
自身好保，儿孙难保。
身正不怕影斜，求人不如求己。
日久见人心，路遥知马力。
吃得苦中苦，方为人上人。
宁失千金，勿丢人心。
真金不怕火。
老婆要娶贤德，朋友要交真心。
宰相肚里好撑船。

歇后语

火烧眉毛——只顾眼前。
柳树开花——呒结果。
十个酒甏九个盖——欠缺。
刘备招亲——弄假成真。
荷叶包野菱——里戳出。
硬地里掘鳝鱼——勉强。
三只骰子掷两点——识不透。
强盗碰着贼祖宗——强中有强。
贼骨头被狗咬——有苦说不出。
豆腐里寻骨头——挑剔。
癞痢头撑伞——无法无天。
镜子里的铜钿——拿勿着。
戴着凉帽撑阳伞——多此一举。
木匠推刨——直来直去。
麻袋上绣花——底子不好。
狗头上摆油盏——不稳。
石板上掼乌龟——硬碰硬。
刀切豆腐——两面光。
小葱拌豆腐——一清二白。
四大金刚腾云——悬空八只脚。
黄连树下弹琴——苦中作乐。
铁树开花——不可能。
老鼠舔猫鼻头——送死。
砻糠里榨油——呒花头。
三个节头撮田螺——稳笃笃。
砻糠搓绳——起头难。
瘌子做和尚——刚刚好。
老鼠管谷仓——还有啥话。
和尚做新郎——头一回。
哑子吃黄连——有苦说不出。
螺蛳壳里做道场——拥挤。
茶盅里蒸包头鱼——搁出。
八十岁学吹打——厌迟。
铁打的包裹——解不开。
泥菩萨过河——自身难保。
黄胖舂年糕——吃力勿讨好。
朽木搭桥——少往来为好。
和尚念经——有口无心。
勿重勿走——贱骆驼。
快刀劈竹——迎刃而解。
倒拔蛇——吃力煞。
竹篮打水——一场空。
麻雀跳在糠箩里——空欢喜。
五味瓶倒翻——酸甜苦辣。
秀才看热闹——袖手旁观。

八仙过海——各显神通。

鸡毛当令箭——小事大作。

换汤不换药——老一套。

格言

知彼知己，将心比心。

逢人且说三分话，不可全抛一片心。

画虎画皮难画骨，知人知面不知心。

路遥知马力，日久见人心。

有钱可买金，无钱难买针。

三兄四弟一条心，门前黄土变成金。

贫居闹市无人问，富在深山有远亲。

谁人背后无人说，哪个人前不说人。

长江后浪推前浪，世上新人赶旧人。

近水楼台先得月，向阳花木早逢春。

古人不见今时月，今月曾经照古人。

莫道君行早，更有早行人。

一年之计在于春，一日之计在于晨，一家之计在于和，一生之计在于勤。

守口如瓶，防意如城。宁可人负我，不可我负人。

来说是非者，便是是非人。

远水难救近火，远亲不如近邻。

一粥一饭，当思来处不易；半丝半缕，恒念物力维艰。

酒中不语真君子，财上分明大丈夫。

听君一夕话，胜读十年书。

欲求生富贵，须下死功夫。

知足常乐，终身不辱；知止常舒，终身不耻。

使口不如自走，求人不如求己。

人贫不语，水平不流。

忍一句，息一怒；饶一着，退一步。

龙游浅水遭虾戏，虎落平阳被犬欺。

养儿防老，积谷防饥。

生死有命，富贵在天。

黄金未为贵，安乐值钱多。

妻贤夫祸少，子孝父心宽。

河窄水流急，人急计策生。

减却心头火，剔起佛前灯；但存方寸地，留与子孙耕。

人穷志短、马瘦毛长。

第二十三卷　宗　教

第一章　佛　教

第一节　开放寺庙

镇镜宗教主要有佛教、道教、基督教。明清时，县设僧会司、道会司，掌管县内佛教、道教事宜。1951 年，县民政科负责管理佛教、道教，文教科负责管理基督教、天主教。中共十一届三中全会后，县人民政府建立宗教事务科，由统战部负责管理。2005 年，升格为德清县民族宗教事务局。境内宗教历史悠久，庙宇众多，为乡里重点文化事业之一。

佛教

三国赤乌年间（238—250），佛教传入永安县（282 年改名武康县）。唐宋时，德清高僧辈出，其中释赞宁撰有《宋高僧传》。北宋时，以念佛为特征的佛教，已在德清地区盛行，清代，据同治《湖州府志》载，湖州府有佛教寺院、庵堂 549 座，其中：德清县 48 座，武康县 74 座。民国 25 年（1936），据《浙江新志》载，佛教信徒德清县 8622 人，武康县 394 人。民国初期，境内佛教承袭宋、明、清遗风，盛行禅、净两宗。辛亥革命后，佛教渐趋萧条。镇境解放后，党和政府实行宗教信仰自由政策，佛教开展正常活动。

永寿寺　位于天皇殿村茧站处，始建于唐大中二年（848）。原建筑坐北朝南，南北长 80 米，东西宽 50 米，寺院面积约 4000 平方米。内有天皇殿、大雄宝殿、观音殿、金刚殿等四进三十六间。据康熙《德清县志》载："永寿寺，在县东后柳村，唐大中二年建，咸通中赐额，国朝康熙五年（1666）重修，基地二亩五分。"解放后寺院废，改作茧站。1998 年批准开放后修复重建，寺内今尚存石牌坊 3 座。寺院以佛教为主，并融儒教、道教于一寺，香火经久不衰。

寺内历代主持法师有：品南（清同治至光绪），善根（清光绪至宣统），文龙、子度、松山（民国 20 年（1931）至 1950 年。据传，该寺创始人为普陀山法雨寺高僧。

2010 年 4 月 22 日，永寿寺举行“西方三圣”开光法会，近 300 名佛教信徒参加。事先，县民族宗教事务局对本次开光法会作了批复：“同意你寺（永寿寺）于 2010 年 4 月 22 日按时举行，为确保开光法会顺利进行，要求：1. 向当地镇政府和派出所报告活动情况；2. 外请人数控制在 300 人以内；3. 寺院内部要组织人员，组成若干个小组，分工明确，责任到人，认真做好安全保卫、接待、后勤、饮食、财会、佛事等方面工作。特此批复。2010 年 4 月 16 日。”

佛喜寺　位于境内木桥头村西横堂自然村中。始建于清。原建筑坐北朝南，南北长 70 米，东西宽 45 米，寺院面积 3150 平方米。寺内建筑原有天皇殿、大佛殿、观音殿三进，毁于抗战时期。该寺曾名和尚寺，后改今名。解放后至“文化大革命”前寺院部分设施尚存，且有专人管理，香火络绎不绝。“文化大革命”期间寺废，改建畜牧场。寺院西北角有古樟一棵，树龄 300 多年，“文化大革命”后期枯死。1990 年起，当地村民自发组织，陆续在原址上重建佛喜寺。2005 年，批准为开放寺庙。

或以为“佛喜”可能为“伏羲”之音讹，存疑。

禹王庙　位于东港村庙西自然村，始建不详，重建于清代。相传四千多年前大禹曾在运河治水，后人为纪念他的功绩并祈求风调雨顺，在乡里建造禹王庙。该庙宇原建筑坐北朝南，南北长 30 米，东西宽 27 米，庙宇面积为 810 平方米。原庙有二进建筑，面阔七间。1953 年为建学校，庙被拆除。1995 年起，当地村民自发集资，在旧址上修建恢复，建筑面积规模较大。2005 年批准开放。

湖墩寺　位于湖墩村湖墩漾北岸，因该寺原建筑均建于湖中之墩，故原名湖墩庙。始名越王庙，据四周帮岸石考证，大约建于晚明，为纪念越王勾践而名。该寺原建筑坐北朝南，南北长 30 米，东西宽 32 米，寺院面积为 960 平方米。原寺有二进建筑。镇境解放后，寺废，仅留四周石滨岸及河埠，均为武康石所筑，石质紫红，规模庞大。人民公社化至“文化大革命”后期，为高禹水产大队渔民居住地。边房曾作小学校舍。2004 年，寺被批准开放并重建，改名湖墩寺。

第二节　村落寺庙

境内散落在民间的庙宇众多，但由于战乱和自然灾害，造成许多庙宇坍塌消亡，经多方调查收集，境内大小寺庙庵堂遗迹共 167 处，至 2013 年年底，各村尚存且香火传承的寺庙共 13 处：

苏林庙　位于天皇殿村钟家埭组， 建造年代不详。庙宇面积约 1300 平方米，庙内原有神像 27 尊，1951 年，神像被拆除，设施废。1990 年，当地村民自筹资金重建并恢复神像。现香火络绎不绝，至 2013 年，由村民自主管理。

接靖庙　位于杨家坝村西牌头自然村，民国 21 年（1932）建造，庙院面积约 650 平方米。庙内有观音等神像，解放初庙废。1977 年，当地村民自发重建，至 2013 年，由村民自主管理。

总管堂　位于夏东村夏家自然村，建造年代不详。堂院面积约 250 平方米。堂内神像 5 尊，无人住持，但乡里烧香拜佛者四季不绝。

外观音堂　位于夏东村桥北自然村，修建年代不详，重建于 1997 年，面积约 100 平方米。堂内神像 16 尊。至 2013 年，由村民自主管理。

里观音堂　位于夏东村东溪自然村，建筑年代不详，重建于 1998 年，面积约 70 平方米。有神像 12 尊。至 2013 年，由村民自主管理。

牡丹亭　位于夏东村李家坝自然村，建造年代不详，重建于 1997 年，亭院面积 340 平方米，有神像 18 尊。至 2013 年，由村民自主管理。

木鱼桥堂　位于三来村庙西自然村，明万历年间建造，堂院面积 200 平方米。有菩萨 1 尊。1960 年拆除，今堂内设施无存。

受舍庙　位于天皇殿村受舍自然村，始建年代不详。1951 年庙宇被拆除，1985 年村民自发集资重建，重建后规模较大，面积约 1300 平方米。庙内大殿奉供神像 18 尊，四季香火旺盛。历来并无和尚住持，至 2013 年，该庙由村民自主管理。

上舍庙　位于天皇殿村钱家滨自然村，始建年代不详。1951 年庙宇被拆除，1985 年村民自发集资重建，重建后面积 1300 平方米。庙内大殿奉供神像 24 尊。历来无和尚住持，至 2013 年，该庙由村民自主管理。

总管堂　位于天皇殿村河西角自然村，始建年代不详。1951 年庙宇被拆除，2000 年村民自发集资重建，重建后规模较小，面积仅 200 平方米，但四邻八乡烧香拜佛者络绎不绝。庙内大殿奉供神像 5 尊。至 2013 年，该庙堂由村民自主管理。

观音堂　位于夏东村张渔湾自然村，始建于清代同治年间。1951 年庙宇被拆除，2001 年村民自发集资重建，重建后面积 300 平方米。庙堂内置观音殿，奉供观音等神像。无人管理。

福清庵　位于夏东村牌头自然村，始建于清代同治年间。1951 年庙宇被拆除，2004 年村民自发集资重建，重建后面积 250 平方米。庵内置观音殿，奉供观音等神像。无人管理。

观音堂　位于夏东村南王北自然村，始建于清代。1951 年庙宇被拆除，1992 年村民自发集资重建，重建后规模较大，面积 1000 平方米。庙堂内奉供神像 40 尊。无人管理。

第三节　民间庙宇

民间庙宇是祭祀地方神祇的场所。中华人民共和国成立前境内很多村落都建有社庙或土地庙，有的为相邻数村联合共建，其中规模较大或较有影响的为五柳庙、白马东庙、白马西庙、立安庙、东夏殿庙、三良庙等。今庙宇神像混乱，大多与佛教、道教所尊奉神像同堂共处。

五柳庙　五柳庙位于天皇殿村徐石桥自然村，系民国期间大户与村民合资建造的社庙。因社址在柳树旁，故称五柳庙。庙宇面积 1400 平方米，建于何时不详，1951 年拆除，1992 年重建，供奉 21 尊佛像。庙门口设香炉，进庙有台阶，庙内有佛坛，能容纳一二百人。

白马东庙　位于夏东村白马高桥自然村，建于清道光二年（1822），因庙址在白马高桥东，故名。1951 年庙宇废，2006 年 5 月重修，面积约 2000 平方米。建有土主殿，供奉神像 42 尊。1950 年前有和尚住持，至 2013 年，由村民管理。该庙修建年代久远，烧香拜佛的善男信女，一年四季络绎不绝。

立安庙　建于清道光二年（1822），为夏家、白马、庙前漾等自然村共建之土地庙，初建占地面积 660 平方米，内置土主殿，供奉诸天、城隍等菩萨。该庙历史悠久，影响深远，1952 年庙毁，1995 年修建。解放前有和尚住持。至 2013 年，由村民自主管理。

东夏殿庙　位于杨家坝村东南王自然村。始建于民国 21 年（1932），1952 年被毁，1977 年重修，2007 年扩建，规模较大，面积 2000 平方米。内置东夏殿，奉供观音等菩萨。解放前有和尚住持，1990 年起由村民自主管理。该庙年代久远，四季香火不断，干旱季节尤为旺盛。每年农历二月十九，六月十九和九月十九观音菩萨生日，香火通宵达旦。

白马西庙　位于夏东村白马高桥西自然村，因庙址在白马高桥西侧，故名。始建年代不详，1953 年该庙宇被毁，1990 年修复，规模较大，庙院面积约 1200 平方米。内供土主老爷、观音菩萨、如来佛等神像 112 尊。历史上无和尚住持记载，至 2013 年，由村民自主管理。该庙宇与白马东庙遥遥相对，互相映衬，吸引四邻八乡烧香拜佛，香火四季不绝。

三良庙　位于三来村三来庙西，始建于清嘉庆年间。1951 年庙内设施被毁，1962 年改建大会堂，作为生产大队部办公室，1995 年重建为庙，面积约 700 平方米。内置土主殿，奉供观音、土主等神像。历史上曾有和尚住持,至 2013 年，该庙由村民负责管理。三良庙属当地土地庙，乡人世代祭祀土地，以求五谷丰登，国泰民安。

第四节　宗教活动

抬菩萨　抬菩萨出游，是境内民间古有的宗教习俗，民国初以“庙界”组织为单位，由众人抬着本地庙中菩萨前往各村出游。所抬菩萨主要有“总管”“土主”“宗将军”等地方神祇。出游队伍前，一般有一大旗开道，旗为三角形，有锯齿形边，旗顶有飘带。旗上书地名及菩萨名，如“某某村土主”，“某某村总管”等。后面是一乘轿子，菩萨就坐在轿中，四周还有凉伞、旗帐等簇拥。抬菩萨一为娱神，二为争风光、比排场。路上行人见了菩萨就会纷纷让路，不敢冲撞，这样就可免除路上拥挤之累。菩萨停轿的空旷处有一“菩萨场子”，各地在前一两天就预先搭好布帐。信众将菩萨置于布帐中，待众人游毕后再将菩萨抬回。

第二章　道　教

第一节　活动概况

在中国，宗教起源最早的当属道教。禹越道教的来源与产生，始于古代宗教和民间巫术，自然崇拜和鬼神崇拜是道教滋生的温床。乡里以农业为本。农业祭祀占重要地位，故有社稷之神。诸如日神、月神、星辰之神、河神、雷神、户神、灶神等。先民崇拜神灵，是为了祈福免祸。

晚清时，据同治《湖州府志》载，湖州府有道观 55 座，其中乌程县 14 座，德清县 8 座，武康县 7 座。民国 2 5 年（1936），据《浙江新志》载，德清县有道教徒 125 人，武康县 141 人。但镇境向无道场，也无祭坛，民间道士活动，均系外地流入。

中华人民共和国成立前，境内道教活动趋于衰微，更无出家道士、道姑。

镇境解放初，有半职业道士十余人。散居乡村民间，一般替丧家做道场，驱鬼降妖，追荐亡灵。无教规戒律，无师承嗣，平时不修持、不念经，均以务农或做小生意为主，“文化大革命”期间，境内民间道士被禁。

1980 年至今，境内乡村尚有散居民间道士，为谋取钱财，重操旧业，但为数不多。斋户人家凡有送殡、招魂、祭祀等形式，均由道士承接法事，并在利益驱使下带出不少年轻道友。

第二节　尊神、俗神

尊神

三清　即三清天。指三十六天中仅次于大罗天的最高天界，亦是道教信奉的三位最高尊神玉清、上清、太清的合称。

四御　即仅次于三清的四位天帝。一是玉皇大帝，总执天道的最崇高神。二是中央紫微北极大帝，协助玉帝执掌，天地经纬，日月星辰，四时气候。三是勾陈上宫天皇上帝，协助玉帝，执掌南北极、天地三才，统御众星，主持人间兵革。四是后土皇地祇，掌管阴阳生育，万物之美，大地山河之秀。

日月五星　日为大明之神，月为夜明之神，五星又称五曜，即木星、土星、金星、水星、火星。

四方之神　即青龙、白虎、朱雀、玄武四神，东方之神称青龙，南方之神称朱雀，西方之神称白虎，北方之神称玄武。

俗神

雷公　被视作为天帝的行刑神，触犯天怒或大逆不孝者，雷神将予击杀。

门神　一是白脸喜相的神荼，一是红脸怒相的郁垒。凡有恶害之鬼进门，则苇索捆御以食虎。

灶君　亦称灶王、灶家菩萨。起源于古代人类对火的崇拜。传统煮饭烧菜都得用灶，在灶上立龛置灶神像。每逢农历初一、十五，或家庭节庆日，都要供酒饭祭灶神。每年腊月廿三日晚，用粽子、年糕、酒饭、水果为祭品，焚香点烛、叩头礼拜，送灶君上天向玉皇大帝汇报家人一年之善恶。待除夕，再把灶神接回家常住。灶君受一家香火，保一家安康，察一家善恶，奏一家功过，即所谓“上天奏玉帝，下界保平安”。

火德星君　即火神，系道教所称“五德星君”之一，以炎帝之灵，祀为火神，以禳火灾。旧时，境内村、社土地庙中大多塑有火神菩萨，镇民以农历六月廿三日定为火神菩萨生日，这一天供奉火神、停止对农作物施人粪尿、停止向茅坑倒“马桶”。

关圣帝君　关圣帝君即“关公”，为民间家喻户晓、妇幼皆知的神灵。关公名关羽，佛道两教均尊为神。道教立其为“伏魔大帝”“伏魔真君”。镇民心目中，关帝菩萨法力无边，能治病消灾、驱邪除恶、寻财问卜、延寿达官，无所不能。因此，庙宇中大多立关帝神像，受民间香火祀奉。家庭中男孩出生，多去关帝菩萨处记名，以保平安成长。有的给孩子取名，着意带上一个“关”字，以求关帝菩萨保佑，一生腾达，荣禄双全。

龙王　龙是中华民族历史上最受人崇拜的神灵之一。镇民出于对“龙王”的尊重，在不少村落建起龙王庙殿。每遇干旱或水患，人们便祈求龙王菩萨施恩消灾。

地藏王　旧习，农历七月三十日（月小为七月二十九日）为佛教大乘菩萨之一的地藏王生日。是日晚，挨家挨户须在门前、屋旁、天井、道地等处遍插点燃的棒香，并于门前置清水两碗供佛，为地藏王举行祭礼仪式。

包拯　又称包公，包公菩萨是包拯的偶像。旧时，镇境民间庙宇中常塑有包公神像，俗称包公菩萨。百姓遇有困危冤屈，求助无门，便进庙祈求包公菩萨保佑。

财神　有文财神和武财神之分。据《道教精萃》记载，文财神为春秋战国时的范蠡。范蠡三致千金，号陶朱公。武财神即赵公明，或称赵公元帅、赵玄坛。各寺庙或家庭供奉不计其数，每年农历三月十五为祭祀日，正月初五为迎财神日。

土地神　土地神源于远古人民对土地的崇拜，旧时，境内各村普遍建有土地庙，亦称土谷祠或社庙。庙内大多塑白发黑衣老翁即土地公公，另有作伴老妪，称土地娘娘。土地庙是村、社民众祭祀场所，也是土地神存在的象征。土地神掌有管理一村一社之职权，凡村、社中之人死亡，按俗都要到土地庙去烧香焚纸，祭土地神，俗称“烧庙头纸”。

第三章　基督教

明朝万历十年（1582），葡萄牙耶稣会传教士利玛窦来华传教，开西方教义染华之始。同治年间（1862—1874），教士卫斯美至湖州传教，基督教在德清县新市等地同时传入。民国8年（1919），湖州基督教徒受“五四”运动影响，一些有识之士提出了“洗支洋教污名”的主张，崇尚宗教“自养、自治、自传”的“三自精神”。解放后，湖州市于1951年10月成立基督教、天主教“三自”革新委员会。1958年9月，境内基督教徒开始联合到新市等地做礼拜。“文化大革命”期间，信徒转入家庭活动。1979年后，正当宗教活动得到保护，1984年，德清县召开基督教代表会议。德清县开放的基督教堂有9个，聚会点12个，其中包括新市、勾里、徐家庄。1990年，德清县有基督教徒2988名，2005年增加到9000名，目前，境内教徒270人左右。

第一节　聚会点

1958年，境内基督徒开始联合做礼拜，在农村部分村民家中开始建立聚会处。“文化大革命”期间，基督教徒停止聚会，家庭聚会处也随之解散。1984年始，境内基督教徒在徐家庄集镇信徒家中轮流聚会。1985年11月，经政府宗教部门批准，恢复徐家庄基督教聚会点，地址在石屑兜村兜门坝自然村信徒家。并推选6人组成聚会点管理小组。

2005年12月，县民宗局发文，镇政府批准，镇境基督教聚会点从信徒家搬迁至石屑兜村旁公路边，借用信徒厂房5间为聚会场所。并成立7人管理小组。

2008—2009年，基督教会推荐信徒3人到浙江神学院、浙江宗教培训中心、县基督教义工培训班进修学习2年或半年，培训骨干，使信徒礼拜时有道可听，实现了自治、自养、自传“三治原则”。

第二节　教　堂

2012 年，镇境信徒 260 人。同年，经镇政府同意，在原借用厂房地基上新建基督教堂。

2014 年 5 月 5 日，县教会三自会主席陈志良牧师和秘书长到会听取老一届基督教堂委会意见，协商选举新一届“堂委”成员：堂委设主任 1 人，副主任：1 人，委员 4 人，会计出纳各 1 人。

第三节　活　动

镇境基督教堂以耶稣为主，堂务委员会下设圣工、财务、安全、食堂、招待、探望、卫生、车辆管理、诗班、乐队等 10 个组织。每逢礼拜天，教徒到教堂参加主日崇拜。上午，同工带领会众唱诗歌，主持人带领祷告，诵读《使徒信经》，诗班献诗，传道人读圣经。下午午祷，会众唱诗歌，传道人分享神的话语，主持人带领祷告。每年两次信徒陪灵聚会，旨在提高信徒的信仰素质。每年重阳节，教会有敬老礼拜，邀请 70 岁以上老人参与活动。敬老礼拜结束，合影留念，发放礼品。每年圣诞节举行隆重的庆祝活动，纪念耶稣降生。

第四节　临终关怀

临终关怀又称善终服务、安宁照顾。是向临终病人及其家属提供生理、心理、社会等服务。使临终病人生命得到尊重，症状得到控制，在临终时减少痛苦，安宁、舒适地走完人生。

境内百姓得了重病、绝症，到教会求神保佑，教会信徒到病人床前祷告、唱赞美诗，进行心灵沟通。教会对经济上有困难的重症病人奉献财物，有经济能力的信徒伸出援助之手。临终关怀是给予人的内在精神超越时间和死亡的盼望，正如神学家潘霍华所言：“是新的帷幕的开始。”

人离世后，教会按照基督教仪式举办丧事，内容包括追思、安慰、宣讲基督福音、赞美主。第一天，教会乐队奏乐，唱诗歌，宣讲基督信息。第二天，遗体火化，教会负责人嘱咐不信主的家属不跪不拜不叫不喊，骨灰入土。

第五节　社会公益

关怀社会是基督教的信仰传统，服务他人是圣经的基本教导。基督教强调教会和信徒通过爱心融入社会、服务社会、实践“施比受更为有福”，做光做盐，荣神益人。

教会信徒经常去镇养老院为老人洗衣、洗头、剪指甲、洗被褥，与老人聊天。2013 年雅安地震后，教会向县慈善总会捐款 2000 元，帮助灾区重建。同年，教会徐秀霞被评为“十大感动德清人物”。翌年，被评为“美丽德清嫂”。因她十年如一日，照顾生活不能自理的婆婆，用真诚的爱活出了基督的生命。

附：2011年禹越镇关于加强宗教管理的工作措施

为依法加强宗教事务管理，进一步规范宗教场所活动，促进“和谐寺院教堂”建设，确保宗教活动依法安全有序开展，特制定以下工作措施。

一、加强宗教宣传工作。定时召开寺庙教堂所在村负责人会议，强化各村寺庙教堂管理员对宗教活动的认识，调动各村分管领导工作积极性。加强舆论宣传导向，充分调动宗教界人士和信教群众参与的积极性和主动性，努力营造良好的宗教活动氛围。

二、抓好自查自纠工作。对东港村禹王庙，木桥头村佛喜寺，栖丰村湖墩寺，天皇殿村永寿寺和西港村基督教堂，定时检查，及时排除查出的问题，并按有关政策规定进行处理。

三、加大对寺庙教堂的督导工作。结合宗教活动的开展，实行细化分片督导，责任到人，措施到位，确保宗教工作落到实处。重点做好寺庙教堂的防火、防盗工作，对于宗教场所电灯线路老化、杂乱无章等现象及时改进。对宗教场所内乱放柴草、木头或杂物要马上清理，防止踩踏、火灾等事故的发生，确保宗教活动的安全。

四、搞好宗教事务规范工作，确保活动效果。严格按照上级有关部门和宗教法规的要求，认真做好依法治理工作。果断、慎重、稳妥执法，使宗教活动依法、有序、有效开展，坚决杜绝以宗教为名，从事非法活动，真正使宗教活动朝着健康有效的方向发展。

第二十四卷　乡　贤

第一章　党政军人士

第一节　本籍供职外地

禹越籍在本县其他乡镇或外地任职的副局长（军队副团级）以上人员。

徐永法　　1946 年 2 月生于禹越镇木桥头村横廊。中共党员。大专学历，四级高级法官。1965 年 12 月至 1977 年 10 月，在中国人民解放军南京 6471 部队 37 分队、镇江 83113 部队 22 分队服役，历任排长、副连长等职。1979 年 10 月至 1989 年 3 月，先后在德清县人民法院莫干法庭，任副庭长、庭长。1989 年 3 月，调城关法庭，任庭长。2006 年 3 月退休。

沈信甫　　1947 年 1 月生于禹越镇木桥头村北圩郎。中共党员。1965 年 12 月至 1970 年 1 月，在中国人民解放军六十六军服役，任警卫；1970 年 1 月至 1976 年 4 月，在浙江建设兵团，任司务长、管理员；1976 年 4 月转业至德清县下舍公社，历任宣传文教员、乡党委副书记、乡长；1984 年 1 月至 1987 年 2 月，任洛舍乡党委书记；1987 年 2 月至 1995 年 7 月，任城关乡党委书记、镇党委书记、人大主席；1995 年 7 月至退休，在德清县土管局（土地资源局），任主任科员、党组书记等职。

凌金叙　　1954 年 12 月出生于禹越镇天皇殿村受舍东组。中共党员，大专学历，1978 年 4 月参加工作。历任高桥公社人武部部长、党委委员；油车乡党委副书记；勾里镇党委副书记、人大主席等职。2015 年 1 月在武康镇政府退休。

章开通　　1954 年 9 月出生于浙江永康，7 岁随父落户禹越镇高桥集镇。历任德清县统战部副部长，县工商联党组书记，县人民政府台湾事务办公室主任，县台湾工作办公室主任，县侨务办公室主任，湖州市海外联谊会理事、侨商会副秘书长、台资企业协会理事等职。现任德清县侨联主席。1992 年起，从事台办、侨办工作22年，县政协委员连任七届。在各级报刊发表《德清县海外智力引进策略探讨》《浅谈如何提高招商引资质量和水平》《德清县侨务对台工作的调查和思考》等论文30多篇。直接参与经贸洽谈项目70多项，其中成功落户德清内资项目实到人民币 10亿，外资项目实到外资 8800 万美元，接受海外捐赠1000 多万人民币。2006 年获“全国侨务信访先进个人”荣誉称号。2014 年 12月，入选浙江省侨办系统“最美侨务人”（全省10名）。

沈水荣　1955年5月出生于天皇殿村丁家坝。1974年12月参军，在空降兵部队服役 9 年，先后担任排长，连队副指导员、指导员，营教导员，当过团宣传股、师宣传科、军宣传处干事，多年从事新闻报道。1983年至2005年，在空军政治部宣传部工作，先后担任处长、主任、副部长等职。其中1993至1996年参加中央党校经济管理专业学习，取得本科学历。1998 年获空军大校军衔。2005—2006年，担任空军高中级干部培训基地主任（正师职）。2006年底转业到人民出版社工作，历任纪委书记、党委副书记、副社长。先后参加清华大学、井冈山干部学院、延安干部学院、浦东干部学院举办的中央国家机关干部培训班学习。从事空中跳伞理论研究。先后发表论文100多篇、论著10多部，主持研发软件 10 多个。近年来，先后有《偏正属类语义标注规则》《建立计算机知识点检索模型，探索语义自动识别的相关问题》《金典语义查询系统》等著作、论文和软件取得 3 项知识产权，获得中华优秀出版物奖、中国政府出版奖、出版业网站建设“十大杰出人物”、王选新闻科学技术奖一等奖和王选新闻科学技术奖突出贡献人才奖。

沈梅仙　女，1955 年 2 月出生于禹越镇东港村庙桥头。中共党员。1973年后，历任徐家庄镇党委副书记、高林乡乡长、高桥镇党委书记、德清县广电局党委书记等职。

余清泉　1956年3月出生于禹越镇米世村。中共党员。1999年12月，中央党校函授学院经济管理专业大学本科毕业。1977年9月参加工作。此后至1995年7月，历任士林公社（乡、镇）乡长、镇长、党委副书记、书记等职；1995年7月至1998年4月，任德清县工商局副局长、党委副书记；1998年4月至2001年12月，任德清县农经委主任、党组书记；2001 年 12 月至 2009 年 2 月，任德清县农业局局长、党组书记；2009 年2月至2011年5月，任德清县林业局党组书记。

沈贵昌　　1956年9月出生于禹越镇木桥头村横廊。中共党员。大专学历。1976年2月至1980年1月，在83115部队服役；1980年12月至1988年3月，历任长广煤矿公司人武部干事、组织部干事；1988年3月至1992年1月，任德清县人民法院书记员、助理审判员、审判员、政工科科长；1992年1月至1995年7月，任德清县组织部科员、办公室主任、县委组织员；1995年7月至1998年4月，任德清县外事办副主任兼机关事务局副局长；1998年4月至今，历任德清县政法委综治办主任、副书记、县委610办公室副主任等职。

茅立平　　1956年12月出生于禹越镇徐家庄集镇。中共党员。浙江农业大学土地管理专业大专毕业。1976年12月至1981年10月，在南京军区后勤部汽车第三十三团服役；1981年10月至1984年10月，任德清县供销社办公室干部；1984年10月至1988年4月，任德清县纪委办公室科员、主任；1988年4月至1990年11月，历任德清县监察局党组人员、办公室主任、副局长；1990年11月至退休，先后在德清县土管局（土地资源局）任党组人员、主任科员、副局长，莫干山经济开发区管委会党组人员、副主任、国土规划部部长等职。

徐林法　　1956年7月出生于禹越镇杨家坝村坝里组。1974年12月，在福建省泉州炮兵部队服役。大学本科学历，军事学学士。此后至1984年8月，历任福州军区炮兵第三师师直通信连排长、连长；1986年8月至1996年9月，任陆军第31集团军炮兵旅司令部副营职参谋、副科长、科长、通信团副团长等职；1996年9月转业至厦门市思明区政法委，任办公室主任；1996年12月至2004年8月，任厦门市凤凰绿化公司经理、湖里绿化工程处主任、书记；2004年9月至今，任厦门市城市管理行政执法局纪委副书记、监察室主任、纪委书记、副处级纪检监察员等职。

沈水法　　1957年4月出生于禹越镇西港村。中共党员。1981年8月，南京陆军步校参谋系大学专科毕业；1995年7月，浙江大学工商管理专业函授本科毕业。1976年1月至1986年12月，南京部队服役，历任排长、指导员、组织股长；1986年12月至1995年7月，历任德清县人才交流中心主任、人事局副局长；1995年7月调武康镇人民政府任镇长；1999年1月至2004年4月，任德清县交通局副局长、党委副书记、书记；2004年4月至2007年4月，任德清县建设局党委书记；2007年4月至2013年4月，任德清县卫生局党委书记；2013

年 5 月，由县卫生局退居二线。曾获南京部队三等功、团中央优秀青年干部、南京军区优秀指导员、浙江省“绿叶奖”、浙江省“抗击非典先进个人”、浙江省卫生系统政治思想工作先进个人等荣誉称号。

朱金富　1959 年 9 月出生于禹越镇西港村。现任嘉兴市委人大常委会委员、副秘书长。

章兴魁　1960 年 11 月出生于禹越镇木桥头村北圩章家埭。中共党员。1997 年 6 月，中央党校函授学院经济管理专业大专毕业。1983 年 11 月至 1987 年 3 月，任戈亭乡人武部干事、党委委员；1987 年 4 月至 1998 年 6 月，任士林镇党委委员、人武部长、主任科员、党委副书记；1998 年 7 月至 2003 年 3 月，任干山镇主任科员、党委副书记、人武部长；2003 年 4 月至 2006 年 7 月，任城关镇（乾元）主任科员、党委副书记；2006 年 8 月至今，任洛舍镇人大主席。

夏伟松　1960 年 10 月 28 日出生于禹越镇夏东村。中共党员，大专文化学历。1978 年 2 月至 1984 年 1 月，在南京军区守备六师普陀山守备营 130 炮兵连服役，1984 年 1 月至 1999 年 1 月，历任油车乡（高桥镇）党委委员、秘书、人武部部长、高林乡党委委员、人武部部长等职；1999 年 1 月至今，历任新市镇党委委员、人武部部长、新市镇第四届、第五届人大副主席等职。

陈金初　1960 年 9 月出生于禹越镇水产村（原高禹水产大队）。中共党员。大专学历。1977 年 8 月参加工作。1979 年 12 月至 1983 年 12 月，任禹越公社团委书记；1984 年 1 月至 1995 年 5 月，任禹越乡（徐家庄镇）人民政府乡长、镇长；1995 年 5 月至 1998 年 5 月，任高桥镇党委书记；1998 年 5 月至 2001 年 12 月，任县水产局局长；2002 年 1 月至 2007 年 2 月，任县农业局党委书记、副局长；2007 年 3 月至 2009 年 2 月任县人大常委会农环资工委主任；2009 年 2 月至今，任县人大常委会党组成员、办公室主任。

杨有才　1960 年 4 月出生于禹越镇木桥头村北圩北海埭。中共党员，大学本科学历。1984 年 2 月至 1987 年 3 月，任禹越乡团委书记；1987 年 4 月至 1994 年 6 月，任禹越乡党委宣传委员；1994 年 7 月至 1998 年 5 月，任勾里镇镇长、党委副书记；1998 年 6 月至 2001 年 3 月，任下舍镇镇长、党委副书记；2001 年 4 月至 2004 年 5 月，任下舍镇党委书记；2004 年 6 月至 2007 年 2 月，任县贸粮局局长，党委书记；2007 年 3 月至 2012 年 4 月，任县人大财经工委主任；

2012 年 5 月至今，任县水利局党委书记、县人民政府办公室副主任、县治水办公室常务副主任。

徐松法　1960 年 7 月生于禹越镇三林村桥里组。中共党员，大专学历。1978 年 12 月至 1985 年 11 月在部队服役。1989 年 12 月录用为县聘干部。历任梅林乡人武部干事；洛舍镇党委委员、人武部部长；士林镇党委副书记、人武部部长；新市镇人武部副部长、党委副书记、人大主席等职。

徐水春　1961 年 12 月生于禹越镇徐家庄集镇。中共党员。大专学历。1979 年 11 月至 1984 年 1 月，在 87062 部队服役；1984 年 1 月至 1989 年 11 月，任德清县副食品公司、城关副食品批发部主任；1989 年 12 月至 2014 年 9 月，在德清县烟草公司（烟草专卖局）工作，历任专卖管理科科长、专卖局党组成员、党组副书记、书记、纪检组长、副经理、经理、副局长、局长等职；2014 年 9 月至今，任湖州市烟草专卖局（公司）党组成员、副局长。

宋荣虎　1961 年 7 月生于禹越镇油车村，祖籍桐乡。中共党员，大学本科学历。1983 年 12 月至 1993 年 1 月，任油车乡副乡长、党委委员；1995 年 7 月至 2001 年 7 月，任徐家庄镇党委副书记、镇长； 2001 年 11 月至 2010 年 9 月，任县人事局副局长、党组人员；2010 年 9 月至 2012 年 4 月，任县政协提案委员会主任；2012 年 4 月至今，任人力资源和社会保障局退二线干部（保留正科级待遇）。曾获 2009 年度“全省军队转业干部安置先进工作者”、2013 年“全省优秀农村工作指导员”荣誉称号。

章开阳　1961 年出生于禹越镇高桥集镇。中共党员。1998 年 7 月，浙江省委党校函授学院大专毕业。1979 年被分配在德清县城关（今乾元）工商所工作，1994 年任该所副所长。1998 年调武康工商所，历任副所长、所长等职。2011 年被湖州市工商局任命为德清县工商局武康分局局长（副科级）。2014 年，机构更名德清县市场监督管理局武康分局，继任局长（副科级）至今。曾获三等功一次、市经济卫士、县十大红盾之星等荣誉称号。

姚水虎　1962 年 2 月出生于禹越镇栖湖村和会角。中共党员， 1992 年 7 月，浙江省广播电视大学经济管理专业大专毕业。1984 年 10 月至 2009 年 2 月后，历任禹越镇政府工办统计、会计、副主任、副镇长（工业）、党委委员等职；2009 年 2 月至 2011 年 5 月，任县贸易与粮食局副局长、党委委员；2011 年 5

月至2011年7月，任县商务局副局长、党委委员；2011年7月至今，任县发展和改革委员会副主任、党委委员。

杨杏山　1962年9月出生于禹越镇北圩村。中共党员，大学本科学历。1992年至1995年，在浙江省委党校经济管理函授班本科毕业；1998年至2000年，在浙江大学人文学院经济管理研究生班结业。1983年11月，任禹越公社人武部干事；1985年2月起，先后任勾里乡（镇）人武部干事、副部长、部长，勾里乡（镇）党委委员、副书记；1998年7月，任上柏镇党委副书记；1999年1月，任武康镇党委委员、纪委书记；2001年7月，任三合乡党委副书记、乡长；2004年5月，任县人民政府办公室副主任；2007年7月，任县档案局局长、县档案馆馆长；2012年6月，任县委组织部副部长、县委老干部局局长。先后编写并出版《我们一起走过——德清老干部集体回忆》等著作，参见《丛录·著作》。

费惠金　1962年8月出生于禹越镇钱塘村姚家湾组费家里。1983年8月参加工作，高级讲师。现任德清县政协社会法律与港澳台侨委员会主任。1983年7月，嘉兴师范专科学校中文系毕业；1998年7月，中央党校经济管理专业本科毕业；2003年9月，浙江省委党校行政管理专业研究生毕业。1995年8月至2007年3月，任德清县党校办公室主任、副校长；2007年4月至2015年2月，任德清县直机关工委书记；2015年3月至今，任德清县政协社会法律与港澳台侨委员会主任。2006年9月，结集出版理论论文集，论文《加强机关执行力的思考》获湖州市机关党建十佳创新成果奖。2002年9月，获德清县十佳理论工作者荣誉称号。

王国强　1963年10月出生于禹越镇高桥村米世张渔湾1组。1983年9月，浙江金华供销学校中专毕业；1988年6月，高等教育自学考试统计学专业大专毕业；2002年12月，中央党校函授学院法律专业大学本科毕业。1983年8月至1998年8月，历任对河口供销社、县供销合作社联合社、科员、副主任科员等职；1998年8月至2007年4月，任德清县统计局副主任科员、副局长；2007年4月至今，任德清县发改委副主任、物价局副局长。

徐水根　1964年9月出生于禹越镇木桥头村徐家墙门。1982年11月，到上海东海舰队当兵，后考入海军大连舰艇学院获本科毕业。1998年由部队转业到宁波市中级人民法院工作，现任宁波市中级人民法院执行局副局长、执行实施处处长，享受正处级待遇。

陈文华　1964 年 2 月出生于禹越镇东溪村。中共党员，四级高级法官。1986 年 7 月，浙江法律学校中专毕业；后在中央广播电视大学获得法学专业本科学历。1986 年 8 月至 1995 年 8 月，任德清县人民法院任经济审判庭书记员、助理审判员、审判员；1995 年 8 月至 1998 年 7 月，任德清县干山镇党委委员(副科级)；1998 年 7 月至今，历任德清县人民法院政治处副主任、审判员(副科级)、党组成员、政治处主任、正局级审判业务人员、纪检组组长、审判委员会委员、副院长等职。曾获浙江省先进政工个人荣誉称号。

周金松　1964 年 6 月出生于禹越镇木桥头村北圩郎。大专文化程度，中共党员。1966 年 7 月，中央党校经济管理专业大专毕业。1984 年 2 月至 1995 年 6 月，在油车乡人民政府，担任团委书记、乡长、党委副书记；1995 年 6 月至 1999 年 1 月，在高林乡人民政府担任乡长、党委副书记、书记；1999 年 1 月至 2005 年 6 月，在新市镇人民政府，担任镇人大主席、党委副书记；2005 年 6 月至 2012 年 4 月，在县供销社，担任主任、党委书记；2012 年 5 月至今，担任人大常委会财经工会主任。

葛永明　1964 年 10 月出生于禹越镇东港村坝里。中共党员，本科学历，高级经济师。德清三中高中毕业；1987 年 7 月，杭州大学经济系金融专业本科毕业。1987 年 8 月至 1999 年 6 月，任人民银行湖州市稽核科副科级稽核员；1999 年 6 月至 2004 年 3 月，任人民银行湖州市分行监察室副科级纪检监察员、纪委副书记兼综合科长、监察室副主任；2004 年 3 月至 2010 年 10 月，任人民银行德清县支行行长、党组书记、人民银行湖州市中支助理调研员、国家外汇管理局德清县支局局长；2010 年 11 月至今，任恒丰银行杭州分行业务拓展一部总经理、恒丰银行杭州分行合规法律部总经理、恒丰银行杭州余杭支行行长。

周志乾　1965 年 4 月出生于禹越镇高桥村。现任南京市秦淮区文联秘书长。

杨玉仙　女，1965 年 12 月出生于禹越镇夏东村。中共党员，大专学历，1987 年 3 月至 2004 年 4 月，在高桥镇政府，历任镇党委委员、副镇长等职；2004 年 4 月至 2009 年 2 月，任禹越镇副镇长、镇党委副书记、纪委书记；2009 年 2 月至今，任德清县政协乾元地区联络委员会主任。

朱晓华　1966 年 7 月出生于禹越镇钱塘村朱家墩。1988 年 7 月，杭州师范学院数学系本科毕业，2001 年 1 月，浙江师范大学教育管理研究生课程班结业。1988 年 8 月后，历任德清三中、德清高级中学教务主任、副校长；1999 年 4 月入党，现任德清县教育局副局长，兼县新居民局副局长。2011 年 3 月至 12 月，受市委组织部安排挂职于国家教育部基础教育一司。先后获中央文明委“全国未成年人思想道德建设工作先进工作者”，教育部“全国优秀教师”，浙江省教坛新秀等荣誉称号。教学业务曾获首届全国高中数学优秀课评比二等奖；浙江省首届高中数学优秀课评比第一名；浙江省中学数学优秀课评比二等奖。

沈建忠　1968 年 12 月出生于禹越镇天皇殿村。2000 年 7 月，浙江教育学院思想政治教育专业本科毕业。2002 年 4 月至 2009 年 2 月，任县科协副主任；2009 年 2 月至 2014 年 4 月，任乾元镇人民政府副镇长、民革德清县总支副主委；2014 年 4 月至今，任县工商联副主席、民革德清县总支副主委、民革德清县基层委员会主委。

杨赵武　1968 年 5 月出生于禹越镇东港村。大学本科学历，中共党员。1986 年 7 月，宁波林校中专毕业；1997 年 7 月，省委党校大专班毕业；1999 年 7 月，中央党校本科班毕业。1986 年 8 月至 1994 年 3 月，任莫干山管理局，助理工程师；1994 年 4 月至 2001 年 1 月，任莫干山管理局经营管理科副科长、科长；2001 年 2 月至 2002 年 5 月，任莫干山管理局园林科科长；2002 年 6 月至 2004 年 7 月，任莫干山旅游发展公司总经理；2004 年 8 月至今，任莫干山管理局党委委员，局长助理。

俞忠贤　1968 年 12 月出生于禹越镇夏东村大道地。中共党员，大专学历，1986 年 6 月至 2004 年 4 月在高桥镇政府，历任农办副主任等职；2004 年 5 月至 2008 年 4 月，调任禹越镇农办副主任；2008 年 5 月至今，任三合乡副乡长、党委委员。

章正洪　1969 年 4 月出生于禹越镇西港村。中共党员。1987 年 7 月，宁波林业学校中专毕业；2000 年 7 月，浙江大学土地管理专业大专毕业；2005 年 7 月，中央电大法学专业本科毕业。1987 年 8 月至 1992 年 2 月，任二都乡政府团委书记；1992 年 2 月至 2008 年 7 月，任县国土资源局统一征地事务所副所长、所长、资产科科长；2008 年 7 月至 2015 年 8 月，任县交通局党委委员、副局长；2015 年 8 月至今，任县金融办公室党组人员、副主任。曾获湖州市国土资源局先进个人、湖州市人民政府先进个人、德清县人民政府先进工作者等荣誉称号。

钟荣根　1969年5月出生于禹越镇三林村。中共党员。1995年7月，中国药科大学药学专业本科毕业；2005年7月，浙江广播电视大学法学专业本科毕业。1991年至2000年，任浙江托普药业有限公司质管部经理；2000年至2002年，任德清县医药有限公司质管部经理；2003年至今，历任湖州市食品药品监督管理局药品流通监管处处长、湖州市市场监督管理局药品流通监管处处长等职。曾获德清县"抗击非典"先进个人、湖州市"药品打假在农村"专项整治先进个人、湖州市优秀公务员等荣誉称号。

沈亦红　女，1969年5月出生于徐家庄集镇。1986年7月嘉兴农校农学专业中专毕业；1993年7月，浙江职工政治大学行政管理专业大专毕业；1999年12月，中央党校函授学院经济管理专业本科毕业。1992年10月入党。历任洛舍乡政府宣传干事、文卫助理；徐家庄镇团委书记；勾里镇党委委员；徐家庄镇党委副书记、镇长；县妇联党组书记、主席，县人大常委会常委；县人口计生局党组副书记、书记、局长、县计生协会常务副会长等职。

沈铭权　1970年12月出生于禹越镇三林村。1994年4月加入中国共产党，省委党校研究生学历。历任德清县团县委副书记、书记；雷甸镇党委副书记；干山镇党委书记、人大主席；安吉县委常委、组织部部长；湖州市委宣传部副部长、市精神文明建设委员会办公室主任；湖州广播电视传媒集团总裁(湖州广播电视总台台长)、党委书记等职。现任安吉县委副书记，安吉县人民政府县长。

姚付亮　1970年4月出生于禹越镇三来村。1990年3月入伍，1992年8月入党。1992年9月至1995年7月，在第一军医大学学习。1995年7月，任上海警备区警备团后勤处卫生队医士。2004年6月，任上海警备区周浦干休所卫生所所长兼军医。2007年12月，荣获南京军区先进老干部工作者称号。2010年7月，晋升文职五级（中校军衔），同年12月晋升技术九级（副处级）。2010年10月，荣获上海市孝亲敬老之星。

姚文良　1970年9月出生于禹越镇三林村。中共党员，本科学历。1990年7月，宁波海洋专科学校电子技术应用专业中专毕业；2001年12月中央党校函授学院经济管理专业本科毕业。1990年8月至2004年4月，历任县委办机要科副科长、科长、保密科科长等职；2004年10月至2007年5月；在县委办督查室任副主任、主任；2011 年至今，在县督查局任副局长、兼任县考核办副主任。

姚松华　1971 年 6 月出生于禹越镇夏东村。中共党员，大学本科学历。1993 年 7 月，华东地质学院地质系铀矿地质勘查专业本科毕业；2001 年 10 月至 2003 年 3 月，在浙江大学地球探测与信息技术专业研究生班学习。1993 年 8 月至 2002 年 3 月，任德清县土地管理局办公室副主任；2002 年 4 月至今，任德清县国土资源局任规划科科长、信息中心主任、整理中心主任、办公室主任、局党委委员、纪委书记等职。曾获浙江省国土资源系统“十五”期间科学技术工作先进个人、浙江省科学技术三等奖、德清县土地整理暨标准农田建设工作先进个人、德清县优秀农技人员等荣誉称号。

吕中文　1971 年 10 月出生于禹越镇西湖村。中共党员，本科学历，2001 年 6 月，浙江省党校函授学院经济管理专业大专毕业；2003 年 12 月，中央党校函授学院法律专业本科毕业。2004 年 7 月至 2012 年 5 月，任德清县信访局接访科副科长、办公室副主任、主任、办信科科长、副局长等职；2012 年 6 月至今，任德清国土资源局副局长、党委委员。

曹利月　女，1971 年 2 月出生于禹越镇东港村。中共党员，2003 年 7 月，杭州师范学院中文系本科毕业。1989 年 8 月至 2009 年 8 月，历任徐家庄中心学校副校长、校长等职；2009 年 9 月至 2014 年 3 月，任德清县农业局办公室副主任、主任；2004 年 4 月至今，历任县人大常委会办公室党组人员、副主任等职。撰写的《读中学写，轻松作文》等教学论文在省、市、县获奖；曾获“市先进工作者”“市岗位女能手”“市星星火炬事业功臣”等荣誉称号。系湖州市第五届、第六届、第七届人大代表。

郑其良　1971 年 8 月出生于禹越镇夏东村。大学本科文化程度。1990 年 8 月参加工作，1995 年 11 月入党。1990 年 7 月，宁波农业学校中专毕业；1995 年 7 月，浙江广播电视大学工业企业管理专业大专毕业；2001 年 12 月，中央党校函授学院经济管理专业大学本科毕业；2008 年 7 月，浙江大学管理学院企业管理（湖州班）研究生结业。1994 年 3 月至 1996 年 3 月，任武康镇镇长助理；1996 年 3 月至 1998 年 9 月，任县纪委办公室科员、办公室副主任；1998 年 9 月至 2001 年 11 月，任县纪委党风廉政室主任；2001 年 11 月至 2003 年 4 月，任县委办公室工作，任副主任；2003 年 4 月至 2005 年 5 月，在县委党史研究室、县地方志编纂委员会办公室主任，兼任县委办公室副主任；2005 年 5 月至 2006 年 7 月，任雷甸镇人民政府党委副书记、镇长；2006 年 7 月至 2012 年 4 月，在钟管镇人民政府党委书记；2012 年 4 月至今，任县交通运输局党委书记、局长。

沈掌华　1972 年 4 月出生于禹越镇木桥头村葡萄兜。中共党员，大学本科学历， 1991 年 8 月至 2001 年 11 月，任三合乡党委委员、人武部副部长、部长等职；2001 年 11 月至 2004 年 4 月，任高桥镇党委委员、人武部部长；2004 年 4 月至 2009 年 2 月，任雷甸镇党委委员、人武部部长；2009 年 3 月至今，任德清经济开发区党委委员、人武部部长、街道党委委员、街道办事处副主任。

沈法根　1973 年 12 月出生于禹越镇木桥头村徐家墙门。中共党员。本科学历。经济师。1997 年 5 月至 2008 年 4 月，任德清县人事局人才交流中心主任；2008 年 5 月至 2010 年 3 月，任钟管镇镇长助理；2010 年 3 月至今，任德清县科技新城管委会副主任、纪工委书记。

沈翀炜　1973 年 3 月出生于禹越镇徐家庄集镇。1996 年 7 月，浙江省人民警察学校毕业，先后在勾里派出所、徐家庄中心派出所、武康派出所及刑侦大队工作，历任县公安局刑侦大队重案中队、武康派出所刑侦副所长、刑侦大队教导员、大队长等职；2011 年 7 月，任德清县公安局副局长。曾先后荣获湖州市“王法金”式优秀基层科所队长、市政法系统人民满意干警、市刑侦专家及浙江省优秀人民警察等荣誉；层获县公安局嘉奖十余次，荣立个人三等功一次。

曹益春　1974 年 8 月出生于禹越镇东港村东风组。中共党员， 1994 年 7 月，浙江省建筑材料工业学校中专毕业，2001 年 12 月，中央党校函授学院经济管理专业本科毕业，1994 年 11 月至 2001 年 10 月任士林镇人民政府团委书记、综治办副主任；2011 年 7 月至 2012 年 8 月任武康镇党委副书记兼街道党委书记；2012 年 8 月至 2013 年 5 月任县发改委副主任兼中小企业局局长；2013 年 5 月至今任县统计局党组副书记兼农调队队长。

沈国兴　1976 年 11 月生于禹越镇西港村。中共党员。1995 年 7 月，嘉兴农业学校农学专业中专毕业；2001 年 12 月，中央党校函授学院经济管理专业本科毕业。1995 年 8 月至 2013 年 5 月，历任徐家庄镇政府经济发展办公室副主任、镇招商办公室副主任等职；2013 年 5 月至 2015 年 8 月，任德清县工业园区管委会副主任；2015 年 8 月至今，任德清县新市镇党委委员。

沈国松　1976年10月出生于禹越镇三林村。中共党员。1998年6月，浙江林学院林产工业系大专毕业；2002年10月，中央党校函授学院法律专业本科毕业。2003年5月至2015年2月，任德清县委宣传部文明办主任；2015年3月至今，任德清县文广新局副局长。

凌勇　1977年8月出生于禹越镇栖湖村凌家角组。现任广东省总队司令部参谋（正营职）。

曹娅芬　女，1977年12月出生于禹越镇东港村坝里。中共党员，1996年8月，浙江嘉兴农业学校蚕桑专业中专毕业；2002年7月，浙江省委党校函授学院经济管理专业大专毕业；2004年12月，中央党校函授学院法律专业本科毕业。1996年9月至2009年2月，历任徐家庄镇人民政府党委秘书、妇联主席、组织干事、经济发展办公室副主任等职；2009年2月至2015年3月，任雷甸镇党委委员、副镇长；2015年3月至今，任德清县商务局党委委员、副局长。

沈燕　女，1977年6月出生于禹越镇三林村。大学本科学历，1995年6月入党，1995年9月至2004年3月，在新市镇人民政府任镇团委书记、镇党委秘书、党群办副主任、主任；2004年10月至2011年7月，在县委组织部任县党员电化教育中心主任、组织科副科长、公务员管理办公室主任、干部科副科长、综合科副科长、科长。2011年7月至今，任县水利局副局长、局党委委员。

张玉良　1982年2月出生于禹越镇木桥头村张家角。中共党员，2005年6月，浙江大学宁波理工学院市场营销专业本科毕业。2006年8月至2010年10月，任德清县下渚湖湿地风景区管委会事业发展科副科长、科长等职；2010年11月至2014年3月，任德清县档案局办公室主任；2014年4月至今，任新安镇副科级组织员。

忻中华　禹越镇西港村人，浙江省党校本科毕业。现任湖州市建设局副局长。

鲁东明　1984年1月出生于禹越镇高桥村蔡家浜。2007年上海复旦大学军事系本科毕业。现任广西壮族自治区柳州武警支队政治部宣传干事。

刘德奎　禹越镇天皇殿村刘家埭组人。现任杭州市拱墅区财税局处长。

陈荣根　禹越镇天皇殿村 刘家埭组人。现任丽水市文化广电新闻出版局局长。

沈爱文　禹越镇高桥村人。浙江省国安厅财务科副科长。

第二节　本籍任职本地

胡阿洪　禹越镇木桥头村胡家埭人，禹越乡党总支书记、副乡长。
章源法　禹越镇东港村树下角人，禹越乡党总支书记、乡长。
钟阿金　禹越镇栖丰村元家兜人，禹越乡党总支副书记、党委副书记。
李凤士　禹越镇栖湖村吴家里人，三来乡党总支书记、乡长，高桥公社社长。
嵇正楷　禹越镇徐家庄集镇人，禹越公社党委书记。
杨掌法　禹越镇木桥头村北圩郎人，禹越乡党委副书记、禹越公社副社长。
钱金魁　禹越镇天皇殿村钱家浜人，油车乡副乡长、高桥公社党委书记。
高坤泉　禹越镇栖湖村高家坝人，禹越公社党委副书记。
戚世昌　禹越镇东港村丁家里人，禹越公社党委副书记。
杨富生　禹越镇杨家坝村杨家坝里人，禹越公社党委副书记。
李源法　禹越镇夏东村夏家桥人，高桥公社党委副书记。
李荣法　禹越镇夏东村夏家桥人，高桥公社党委副书记。
曹阿育　禹越镇东港村坝里中队里人，禹越公社党委书记。
宋荣虎　禹越镇高桥村小福桥人，徐家庄镇党委副书记、镇长。
钟小狗　禹越镇西湖村元家兜人，禹越乡副乡长。
胡子林　禹越镇栖湖村打子桥人，禹越乡副乡长。
王子玉　禹越镇西港村石屑兜人，禹越乡副乡长。
高子奎　禹越镇钱塘村人，油车乡乡长。
沈金鹅　禹越镇高桥村人，高桥乡副乡长。
周金林　禹越镇西港村周家兜人，高桥公社副社长。
张老虎　禹越镇夏东村大道地人，高桥公社副社长。
沈水生　禹越镇三林村茅林人，高桥公社副社长。
沈同生　禹越镇天皇殿村丁家坝人，高桥公社副社长。
朱鑫泉　禹越镇三来村田坂兜人，高桥公社副社长。
沈杏仙　女，禹越镇三林村草桥人，油车乡副乡长。
茅林祥　禹越镇栖湖村吕家里人，油车乡副乡长、徐家庄镇副乡长。

严才福　禹越镇西港村九里港人，徐家庄镇副镇长。

钟阿芬　女，禹越镇栖湖村北钟家人，禹越乡副乡长。

沈水荣　禹越镇木桥头村陈家里人，徐家庄镇副镇长。

陈阿水　禹越镇木桥头村陈家里人，徐家庄镇党委书记。

张文元　禹越镇木桥头村王郎人，徐家庄镇副镇长。

孟鹤鸣　禹越镇栖湖村湖墩水产村人，徐家庄镇副镇长。

姚水虎　禹越镇栖湖村和会角人，徐家庄镇副镇长。

葛林根　禹越镇东港村横塘郎人，高桥镇纪委书记。

宋建华　1964 年 11 月出生，禹越镇木桥头村人。大学本科学历。禹越镇人大副主席。

费贵洪　1965 年 5 月出生，禹越镇杨家坝人。大专学历。禹越镇副镇长。

沈群涛　1977 年 8 月出生，禹越镇木桥头村西坝里人。大学本科学历。禹越镇党委副书记。

第三节　外籍任职本地

张　云　双马乡乡长。

沈金林　三来乡乡长。

曹春法　三来乡副乡长。

沈宝田　三来乡副乡长。

王选璋　油车乡党总支书记。

祝永昌　禹越乡党委副书记、高桥乡副乡长。

杨可靖　乾元镇丁家弄人，高桥公社党委书记。

黄书海　南下干部，高桥公社党委书记。

郑杏元　高桥公社党委书记。

范洪富　高桥公社党委副书记。

姚永峰　新市镇梅林人，高桥公社党委书记、社长。

缪振忠　武康镇上柏龙凤村人，禹越公社党委书记。

边根奕　新安镇城头村人，禹越公社党委书记、公社社长。

董毛毛　新安镇勾里村人，油车乡党委书记。
朱吾庆　钟管镇人，油车乡党委书记。
王金荣　乾元镇人，高桥镇党委书记。
傅友根　武康镇上柏村人，高桥镇党委书记。
沈云峰　武康镇上柏村人，徐家庄镇党委书记。
嵇金星　新市镇句城村人，徐家庄镇党委书记、高桥镇镇长。
金明龙　武康镇三桥村人，徐家庄镇党委书记、禹越镇镇长。
顾雪根　新市镇新联人，徐家庄镇党委副书记。
沈国荣　新安镇下舍人，徐家庄镇党委副书记。
姚　欣　徐家庄镇党委副书记、镇长。
傅文虎　武康镇上柏村人，禹越镇党委书记。
郭坤华　新市镇人，禹越镇党委副书记、镇长。
刘士文　禹越乡乡长。
于小亭　禹越乡副乡长。
徐奎生　禹越乡乡长。
陈子法　新市镇新联人，油车乡乡长。
罗阿寿　油车乡副乡长。
王米生　油车乡副乡长。
钱金法　油车乡副乡长。
周　亮　禹越乡乡长。
史　尔　乾元镇人，高桥公社社长。
金荣权　新市镇人，高桥公社社长。
沈高法　新安镇城头村人，高桥公社副社长。
赵春凤　女，禹越公社副社长。
汪育文　戈亭人，高桥公社副社长。
嵇水泉　新市镇后皋人，油车乡副乡长。
陈新毛　新市镇新联人，徐家庄镇副镇长、纪委书记。
沈月强　钟管戈亭人，徐家庄镇副镇长。
凌新华　新安镇城头村人，徐家庄镇副镇长。

陈　建　新市镇人，高桥镇镇长。

马金德　雷甸镇人，高桥镇副镇长。

厉国炎　高桥镇副镇长。

胡申豪　新市镇人，高桥镇副镇长。

黄林祥　新市镇高林人，高桥镇副镇长。

蔡晓荣　新市镇高林人，禹越镇副镇长。

姚洪田　新市镇新联人，禹越镇纪委书记。

宋法根　新市镇后皋人，禹越镇副镇长。

沈金妹　女，雷甸镇塘北村人，禹越镇副镇长。

陈肖武　禹越镇副镇长。

沈学军　新市镇人，高桥镇纪委书记。

张金方　新市镇人，油车乡纪委书记。

房永根　新安镇下舍人，高桥镇党委副书记。

沈国荣　1960 年 6 月生，新安镇下舍人。大专学历。禹越镇人大主席。

白永法　1970 年 10 月生，武康镇人。大学本科学历。禹越镇副镇长。

姜庆华　1972 年 10 月生，雷甸镇人。大学本科学历。禹越镇党委副书记、镇长。

宋建根　1977 年 6 月生，莫干山人。大学本科、公共卫生硕士学历。禹越镇副镇长。

胡国忠　1978 年 1 月生，雷甸镇人。大学本科学历。禹越镇党委副书记、镇长。

闻卫强　1978 年 6 月生，洛舍镇东衡村人。大学本科学历。禹越镇副镇长。

何卫国　1969 年 11 月生，洛舍镇东衡村人。大学本科学历。禹越镇副镇长。

王忠德　1969 年 12 月生，莫干山镇南路村人。大学本科学历。禹越镇纪委书记。

第二章　高级职称人士

本章人物包括：博士、正副教授、研究员；高级工程师（含高级会计师、高级经济师、高级农技师、高级农艺师等）；主任及副主任 医师；中学高级教师，港台技术人才。

金梅卿　原名金彝叔，1881年出生于禹越镇钱塘村水磨墩22岁考取秀才。后师从清代名医金子久，刻苦钻研中医理论及各家学说，立志从医。25岁（1906年），在家乡水磨墩挂牌开业行医。抗战爆发后，背井离乡，到桐乡崇德等地租房行医。解放后，在新市镇西河口望仙桥药店坐堂（开中药方）。1952年加入新市镇大众联合诊所（后改名健康联合诊所）。1955年2月，受德清县人民政府聘请，担任德清县卫生院（德清人民医院前身）中医师。为德清人民医院中医科创始人。精通中医理论，善治内科各种疑难病症，在县内外有一定的威望。曾用中成药半硫丸医治不治之症，培养中医学徒 5 人，后均成为县内中医业务骨干。曾当选德清县第二、第三、第四、第五届人民代表大会代表，并四次当选县人民代表大会人民委员会委员。1962年，离职休养。1966年秋逝世，享年85岁。

金德全　1946年9月出生于禹越镇钱塘村水磨墩。1962年9月参加工作。1967年9月任德清人民医院副主任中医师。历任德清人民医院中医科主任，湖州市中医学会第三、四、五、六届理事，县中医学会副会长。从事中医内科临床50余年，能熟练运用理、法、方、药辨证论治，疗效显著，积累了丰富的临床经验。1980年11月至1981年11月，在省卫生厅中医师进修班进修一年，回院后除中医临床医治工作外，还积极从事对脾胃和温病学说的研究工作，继承和发展金子久学派内伤杂病、脾胃、温病尤其是津液等医学理论，开展学术活动，带教中医学院毕业生，在医疗界和群众中有较高声誉。撰有《生脉饮治疗早搏30例临床观察》等论文。多次荣获县卫生系统先进工作者。

姚杏荣　1951 年 11 月出生于杨家坝村圩郎。1977 年 9 月毕业于浙江医科大学医学系。历任德清人民医院医师、主任医师。从事外科临床 30 多年，特别是在普外科及脑外科疾病的诊断和治疗方面积累了丰富的临床经验。1987 年赴浙医二院脑外科进修一年，回院后率先在德清人民医院开展脑外科手术，填补了医院空白。著有《自发性十二指肠内瘘（附 10 例报告）》等医学论文。曾获县劳动模范、县优秀医务工作者、县白求恩式医务工作者、县优秀党员、县先进个人等荣誉称号。

叶新龙　1952 年 10 月出生于禹越镇高桥村小福桥。中共党员，大专学历，中学高级教师。历任高桥中学副校长等职。2005 年 8 月至 2007 年 1 月参加浙江省第五批援疆干部队伍，赴新疆和田地区，任和田市第五中学教师。曾获中共和田地委、和田市人民政府“优秀援和教师”“优秀援和干部”及“农村长期任教奉献奖”等荣誉称号。

钟银奎　1954 年 10 月出生于禹越镇白马村。中共党员。中学高级教师。1984 年 9 月，嘉兴师专中文专业函授大专毕业。2002 年 8 月，中科院心理学函授大学学生心理健康教育与心理咨询专业毕业。浙江省中小学心理健康教育 A 级资格教师；全国社区心理援助中心浙江省社区心理援助中心常务副主任。1984 年 9 月至 2014 年 10 月，历任高桥中学教导主任，校办企业主管，教科室主任，《禹越镇镇志》副主编等职。2014 年 10 月退休。2015 年 3 月起，创办德清县明道健康信息咨询有限公司，2015 年 8 月，出席中国心理干预协会第三届年会，当选为中国心理干预协会无认知干预技术专委会常委和中国心理干预协会青少年心理干预分会常委。曾获“浙江省农村教师突出贡献奖”“县十大农村教师贡献奖”“全国中小学心理健康教育先进个人”“湖州市课程改革先进个人”“德清县人民政府科技进步奖”“县教育系统先进工作者”等荣誉称号。

张林昌　1955 年 1 月出生于禹越镇钱塘村钱塘湾中共党员，高级工程师，享受副处级待遇。1978 年 7 月，华东交通大学工程系毕业。1978 年 8 月至 2000 年 8 月，任芜湖铁路工务段技术室主任、副段长；2000 年 9 月至 2002 年 9 月，任芜湖长江大桥党委书记；2002 年 10 月至 2006 年 10 月，在南京大修段任段长，2006 年 11 月至 2014 年 12 月，任江苏雷威建设工程公司总经理。论文《铁路上跨桥防撞墙移动作业架施工技术》、《自平衡法在跨铁高架梁工程桩基承俩力实验中的应用》，分别发表在 2012 年第 1 期《铁道勘察》和 2012 年第 2 期《江苏铁道优秀论文集》。

章松初　1958 年 1 月出生于禹越镇茅林村中塔东。中学高级教师。中共党员。1981 年 7 月，平湖师范德清班中专毕业；2003 年 1 月，杭州成人科技大学大专毕业；2005 年 7 月，陕西师范大学本科毕业。1984 年 10 月至 1996 年 1 月，任油车小学教导主任、副校长；1996 年 1 月至 2007 年 8 月，任新市小学校长；2007 年 8 月至 2012 年 10 月，在新市职高任工会主席、副校长和党支部记。论文《对知行统一教学的尝试》获湖州市小学思品优秀论文评比三等奖、《加强青年教师素质培养的研究》获德清县中小学德育研究会和县教委教科所论文评比二等奖，《学生中的非正式群体心理特征与教育对策研究》荣获优秀教研成果一等奖。2006 年 3 月，承担国家级课题《挖掘古镇社区文化资源促进少先队文化建设模式的研究》荣获 2005 年度基础教育优秀科研成果三等奖。曾获县先进工作者、县优秀共产党员、浙江省第二届《小学生世界报》优秀导读员、湖州市星星火距事业功臣、德清县首届名校长等荣誉称号。

章金泉　1959 年 3 月出生于禹越镇三林村。中学高级教师。1983 年 7 月，安吉师范中专毕业；1995 年 7 月，嘉兴教育学院大专毕业；2004 年 7 月，浙江教育学院本科毕业。1983 年 8 月至今，分别在禹越、油车、新市镇中学任教。荣获全国数学竞赛二级教练员；湖州市初中数学教学骨干教师；湖州市数学学会会员；德清县数学大组东片数学组组长；德清县优秀班主任；德清县教坛新秀和教学中坚等称号。三十多年的数学教学中，撰有著作 30 余种，见《丛录・著作》。

王寿根　1959 年 6 月出生于禹越镇木桥头村王家里。中共党员，大学本科文化程度，中学历史与社会高级教师。1981 年迄今，分别在高桥中学、新市镇初级中学任教，期间担任县历史与社会教研大组成员、教务副主任、政教副主任等职。系浙江省教育学会会员，获浙江省心理健康证书。

茅水虎　男，1960 年 12 月出生于禹越镇栖湖村茅家墩。1986 年 12 月入党，中学高级教师。1982 年 6 月，平湖师范（嘉兴班）高中中专毕业；1987 年 6 月，原杭州大学自考英语专业大专毕业；1996 年 8 月，浙江师范大学英语专业本科（函授）毕业；1997 年 8 月，原杭州大学研究生课程班（英语专业）结业。历任德清三中教务主任　、政教主任　、副校长；　德清职业中专、副书记、副校长；

新市镇初级中学校长、书记；德清职业中专、校长。曾获县十佳优秀教育管理者、县第二届名教师、浙江省优秀教师、湖州市首届红烛奖等荣誉称号。

杨香法　1962年5月出生于禹越镇西港村东南兜组。中学社政高级教师。1996年5月，浙江省自学考试历史专业自考毕业；2003年7月，湖州师范学院思品本科专业函授毕业。1981年8月至今在禹越中学任教。曾获德清县人民教育基金奖、德清县优秀德育导师等荣誉称号。

姜元金　1964年2月出生于禹越镇东港村坝里。中学高级教师。1983年7月，嘉兴师范专科学校毕业，同年8月分配到禹越镇中学，历任教导主任、副校长。2001年8月至今，先后在德清综合高中、枫洋外国语学校、新市镇中任教。

徐元　1965年2月出生于禹越镇湖墩村。博士，教授级高级工程师。中共党员。1986年浙江大学地球科学系专业。1993年，华东师范大学河口海岸研究所自然地理（海洋水文与海岸动力）专业博士生毕业。历任教授级高工、中国水运建设行业协会专家库成员、上海市高级科技专家。现任中国交通公司上海航道勘察设计研究院有限公司总工程师。先后参与、主持国家与地方大中型水运工程数十项。其中，在国家重点工程、国内最大港口工程——上海国际航运中心洋山港区的选址、论证工作中起重要作用，并担任航道工程总设计师。

钟为民　1966年2月出生于禹越镇高桥村荡湾里。浙江大学马克思主义学院副教授。中共党员，大学本科学历，1987年7月参加工作。历任浙江大学政治辅导员、系团委书记、系党支部副书记、之江学院党委副书记、校后勤管理部副部长、校纪委副书记、校保卫处处长、人武部部长等职。

宋金宝　1966年8月出生于禹越镇高桥村。中学科学高级教师。1993年7月，浙江教育学院大专毕业；2005年6月，陕西师范大学本科毕业。1996年8月至今，在禹越中学任政教主任。曾获浙江省二十四届“春蚕奖”、湖州市优秀教师、德清县“十佳师德楷模”、县人民教育基金奖、县优秀共产党员等荣誉称号。所撰教学论文《“和谐班集体”建设的实践与思考》获国家一等奖，《问题家庭子女的心理状况及教育对策》和《班主任工作与学生良好心理素质形成的途径与方法初探》分别获全国二等奖，《对农村初中学生科学实验探究能力培养的研究》在国家级刊物发表，《学生实验分组方法的实证研究》和《对科技教育活动分组方法的研究》分别获湖州市一等奖。

张立淼　1967年6月出生于禹越镇杨家坝村，中共党员，中学高级教师。1989年1月，湖州师范专科学校化学系毕业；1998年7月，浙江教育学院化学教育本科毕业（在职函授）。1989年2月后历任士林中学教务处副主任、士林镇团委委员；县职业中专政教处副主任、副校长、第一支部党支部书记等职。2009年7月至2011年6月，在省教育厅职成教处挂职锻炼二年，2011年7月调至县教育局工作，任教育局职成教科副科长、科长等职。曾获市优秀共青团员、浙江教育学院优秀学员、县优秀教师、县人民教育基金奖、县委级优秀党员、市优秀德育工作者、县法治宣传教育工作先进个人、“十五”期间省学生军训工作先进个人等荣誉称号。教学研究和获奖，论文《“故错”在中学化学教学中的应用》获县二等奖、市三等奖；《班主任与班级学生间民主氛围的营造》获市三等奖，国家级二等奖，《谈学生自发群体的教育与引导》获县二等奖、《谈改变师生双向关系的一种化学教学方法》获市二等奖；《县域中职学校实施校企合作七中模式的实践与研究》获市职业教育优秀教科研成果二等奖、省职业教育与成人教育优秀教科研成果一等奖。课题《当前中职生精神风貌的主流、支流与职校精神的研究》获县教科研成果一等奖、市二等奖；《中等职业学校违规学生心理问题的研究及对策》获市教科研成果三等奖。

沈文妹　女，1967年10月出生于禹越镇三林村。中学高级教师。1988年7月，湖州师范专科学校英语专业毕业；2000年7月，浙江师范大学函授本科毕业；2013年9月至同年10月，赴英国参加骨干教师能力提升培训结业。历任高桥初级中学、德清高级中学英语教师、班主任、德育导师。曾获县先进教师、县人民教育基金奖、县优秀班主任、县事业家庭兼顾型教育工作者等荣誉称号。撰写的教学论文多次在市、县级获奖；曾在省级刊物发表教学论文多篇；多次在校、县教研室、市教研室组织的说课评课比赛中获奖；辅导的学生多次在市、县英语听力、背诵及综合能力比赛中获奖。

章庚　1967年10月出生于禹越镇木桥头村北圩。中学高级教师。1990年7月，杭州大学生物科学专业本科毕业，获理学学士学位。1990年8月参加工作，历任德清三中、德清高级中学生物教师、教研组长、班主任、市生物教学研究会理事。曾获浙江省生物竞赛指导教师奖，县第七、第八届教坛新秀等荣誉称号。论文《高中生物复习中的列表式教学》2000年获全国评比二等奖并发表;《生物教学中培养学生记忆力》2001 年获市高中会考研究论文三等奖;《综合模式下的高考复习体会》2001 年获市教学论文二等奖；指导学生奥林匹克生物竞赛获国家三等奖 5 人、省一等奖 8 人、省二、三等奖 10 人、市县获奖 20 余人；参与编著高中生物学生辅导用书 2 本，兼任副主编。

徐晓华　1967 年 5 月出生于禹越镇三林村。禹越镇初级中学校长，中学语文高级教师。1988 年 7 月，湖州师范专科学校中文专业大专毕业；2000 年 7 月，浙江教育学院教育管理专业（函授）本科毕业。1988 年 8 月至今，分别在油车乡（高桥镇）初级中学禹越镇初级中学任教。曾获德清县十佳优秀教育管理者、德清县首届农村长期任教奉献奖、德清县敬业爱岗先进教师、德清县人民教育基金奖等荣誉称号。

凡南顺　1967 年 4 月 出生于湖南省永州市零陵区邮亭圩镇麻时塘村下朗。中学语文高级教师。1990 年 4 月，湖南师范大学自考汉语言文学专业大专毕业；1998 年 10 月，浙江大学自考汉语言文学本科毕业。1986 年 8 月至今，分别在湖南永州市桐子坪中学、德清县高桥中学、禹越镇中学任教。曾获首届“全国语文教师语言文字基本功大赛”三等奖、德清县教育系统先进教师”、浙江省首届中学生语文素养大赛“优秀指导教师”等荣誉称号。论文《“互文见义”修辞举隅》在《中学生语数外》杂志发表、《学会对病句的辨析与修改》、《古诗文节奏划分有规律》和《用好成语这一“活化石”》分别发表于浙江文艺出版社出版的语音修辞专著。

蔡建荣　1969 年 12 月出生于禹越镇高桥村米世湾。禹越镇初级中学副校长，中学数学高级教师。1990 年 7 月，湖州师范专科学校数学系大专毕业；2000 年 7 月，浙江教育学院教育数理专业本科毕业。1990 年 8 月至今，分别在下舍中学、高桥镇初级中学、禹越镇初级中学任教。曾获德清县优秀班主任、湖州市“事业家庭兼顾型”先进个人、湖州市初中数学优秀课件评比三等奖、德清县初中教师解题能力竞赛一等奖、湖州市第九届初中数学青年教师解题能力竞赛一等奖等荣誉称号。

费建明　1969 年 11 月出生于新市镇谷门村南浜组。中学科学高级教师。1989 年 1 月，湖州师范专科学校大专毕业；2004 年 7 月，浙江教育学院本科毕业。1989 年 2 月至今，分别在高桥中学、禹越中学任教。曾获德清县优秀德育工作者、德清县人民教育基金奖等荣誉称号。

沈建英　女，1971年8月出生于禹越镇三林村会郎组。中共党员，中学高级教师。1989年7月，湖州师范学校毕业，2005年6月，浙江教育学院本科毕业。1989年8月至今，历任城关一小（现乾元镇清溪小学）莫干山外国语小学教研组长、副教导、党支部副书记等职。曾获县教坛新秀一等奖、湖州市教坛新秀、湖州市数学学会成员、县优秀德育导师、县“教育信息宣传工作先进个人”等荣誉称号。论文《小学数学“主动探究”教学的实践与研究》获省一等奖；《关注学习体验，促进学生发展》获省三等奖；《以读促思追寻解决问题的前奏》《构建简洁有效的数学课堂》《解读学生需求，重构教学资源》等论文分别获市一等奖。指导学生在全国、省、市、县数学竞赛中120多人次获奖，1995年获全国数学奥林匹克竞赛优秀辅导员称号。

徐宏亮　1972年9月出生于禹越镇栖湖村洋北组。1992年7月，浙江省卫生学校中专毕业；2008年1月，温州医学院医学影像学专业本科毕业；1999年11月至2000年10月，浙江大学医学院附属二院放射科进修。1992年8月至今，先后在德清县第二人民医院、德清县人民医院工作，历任放射科医师、主治医师、副主任医师。曾获1997年度德清县卫生系统先进个人、2007年度中华医学会“全国大型医用设备上岗培训”考试磁共振技师专业全国第5名、2003年德清县卫生系统抗击非典工作先进个人、2011年度德清县人民医院先进个人等荣誉称号。论文多篇，均已发表。

王光斌　1972年11月出生于四川省内江市资中县球溪镇。中学高级教师。1994年7月，四川内江师专大专毕业；2005年7月，浙江湖州师范学院本科毕业。1994年8月至今，分别在徐家庄中学、禹越中学任教。曾获浙江省第十八届“春蚕奖”、县级“事业家庭兼顾型”先进个人、湖州市初中数学青年教师解题能力竞赛获得二等奖等荣誉称号。论文《设计探究性数学问题情景，推进有效课堂》获全国一等奖，《撰写数学小论文，升华有效教学》获县一等奖。

沈建祥　1973年4月出生于新市镇勇兴村。中学数学高级教师。
1995年7月，湖州师范专科学校数学教育专业大专毕业；2003年7月，湖州师范学院数学与应用数学专业本科毕业。1995年8月至今，分别在三合中学、高桥中学、禹越中学任教。曾获德清县教育系统先进教师、德清县人民教育基金奖、德清县优秀德育导师等荣誉称号。论文《构建和谐平台·凸显人文关怀》在《中学课程辅导·教学研究》发表，《农村中学科技教育现状与实践的思考》获县一等奖，《创设思维情境 提高教学实效》获全国一等奖。研究课题《构建数学教学生活化模式的实践与探索》获县二等奖。

谢惠锋　1973 年 3 月出生于禹越镇三林村茅林。中学高级教师。1994 年 7 月，湖州师专政史系大专毕业；2003 年 7 月，湖州师院思想政治教育专业本科毕业。1994 年 8 月至今，分别在高桥中学禹越中学任教，担任校工会主席、政教处主任。曾获县教坛新秀、县教学中坚荣誉称号。

蔡国明　1973 年 10 月出生于新市镇勇兴村。现任禹越镇成校校长，中学语文高级教师。1992 年 7 月，毕业于湖州师范专科学校汉语言文学教育大专毕业；2003 年 7 月，浙江教育学院汉语言文学教育本科毕业。历任徐家庄中学教导主任兼副校长、禹越中学副校长等职。德育管理和语文教学水平在县内有一定的知名度，曾先后获得市、县级荣誉多项。

蔡娟芳　女，1974 年 11 月出生禹越镇。1992 年 7 月，浙江省湖州卫生学校助产士专业毕业；2001 年 12 月，浙江大学浙江省高等教育护理专科自学考试毕业；2012 年 6 月，浙江省温州医学院护理本科毕业。2013 年 2 月，通过高级职称评审，取得副主任护师职称。1992 年 8 月至今，分别在德清县第三人民医院妇产科、德清县中医院妇产科工作。曾获 1995 年度德清县卫生系统先进工作者、2010 年度德清县卫生系统先进工作者、2011 年湖州市优质护理服务先进个人、2014 年度“德清县最美护士”、 2015 年度“德清县最美天使”等荣誉称号。

蔡建明　1975 年 7 月出生于禹越镇米世村，中共党员。1996 年 7 月，安徽省合肥工业大学材料科学与工程系本科毕业；1999 年 3 月，北京航空材料研究院硕士研究生毕业；2009 年 6 月，北京航空材料研究院获博士学位。1999 年 3 月以来，先后在北京航空材料研究院钛合金研究室从事新型先进钛合金科研。2006 年评为高级工程师。负责过总装备部预研项目、重大专项 3 项、中美国际合作科研项目 1 项、国防科工委对俄合作重点项目 1 项、科技部国际合作重大专项 1 项、国防科工委标准项目 1 项等。领衔科研团队负责研制的高性能高温钛合金材料已成功应用于我国先进航空发动机、超声速巡航导弹等重大武器装备，为我国先进国防武器装备建设做出了贡献。参与编著《中国军工材料体系 航空发动机》等著译，获得院级科研成果二等奖一项、中航工业科技进步二等奖二项、三等奖一项，中航工业航空科学技术研究计划项目个人三等功二次。现任中国锻压协会航空材料成形委员会干事长。

徐康良　1975 年 11 月出生，祖籍杨家坝村道场村。中学高级教师 1998 年 7 月，浙江师范大学数学教育专业本科毕业，获理学学士学位；2011 年 7 月，获浙江师范大学教育硕士学位。1998 年 8 月至今，历任德清高级中学团委书记、德育处主任、党总支副书记；德清一中党总支副书记、副校长、校工会主席等职务。荣获县先进教师、县人民教育基金奖、县教育系统优秀共产党员、湖州市“五五”普法先进个人、浙江省优秀共青团干部等荣誉称号。省级以上刊物发表专业论文 4 篇；参与市级课题研究 2 个。获湖州市数学青年教师优质课一等奖。

沈仿根　1975 年生于禹越镇天皇殿村，大学本科，1994 年参加湖州发电厂工作，现任国电湖州南浔天然气热电有限公司办公室主任兼政治工作部主任。

沈月红　女，1975 年 10 月出生于禹越镇木桥头村西坝里。中学高级教师。1995 年 7 月，湖州师范学院汉语言文学教育专业本科毕业。1995 年 8 月至今，分别在德清四中、德清职业中专任教。撰写课题《初中语文合作学习探索与实践》获湖州市教研室教科研成果二等奖。

蔡洪明　1976 年 11 月出生于禹越镇三林村朱介坝。中学高级教师。1996 年 7 月，湖州师范专科学校毕业；2000 年杭州师范大学毕业。2001 年 8 月参加工作，曾获县优秀班主任、县 2012 年度“百校千师访万家”先进个人、2013 学年县优秀德育导师、浙江省高中数学组竞赛优秀指导教师、县人民教育基金奖，县优秀教师等荣誉称号。2005 年迄今，在全市数学竞赛中，分别获二等奖 1 次，三等奖 3 次。在例题教学中，获一等奖 1 次，二等奖 1 次。2010 年获德清县高中数学教师综合能力二等奖；论文《高三数学课堂中“说题”教学的尝试》获湖州市教师论文赛二等奖；2013 年，辅导学生参加全国高中数学竞赛，累计学生获奖 74 人次。其中三名学生获全国二等奖，一人获浙江省一等奖，九人获浙江省二等奖。

沈仿忠　1978 年生于天皇殿村。中国科学技术大学电子工程与信息科学本科生，香港中文大学信息工程专业研究生，香港大学国际工商管理硕士学位并获荣誉毕业生称号。毕业后分配中国科学院上海微系统与信息技术研究所，法国阿尔卡特公司，荷兰皇家飞利浦公司从事科技研究，产品开发和市场管理工作，目前为汽车照明领域领导者美国亮锐科技有限公司全球车用 LED retrofit 产品市场总监。多次获得国际性的产品设计大奖，包括德国的 If 设计大奖，中国的红星产品设计奖，并为多款畅销的汽车开发了车用的照明系统。获得 10 多项国际发明专利。

戚筱瑛　女，1982 年 6 月出生于禹越镇东港村。博士。中共党员。2011 年 3 月参加工作。2000 年 8 月考取兰州大学。2004 年 7 月至 2011 年 3 月，分别在上海复旦大学、新加坡南洋理工大学硕、博连读，并取得博士学位。2014 年 4 月至 10 月，到美国斯坦福大学作学者访问。2011 年 3 月至今，在新加坡国家科学技术研究局、新加坡制造技术研究院工作。曾获 2010 年国家（中国）优秀自费留学生奖。

沈晓辉　1983 年 11 月出生于禹越镇天皇殿村。2001 年，以德清县高考理科第一名的成绩录取清华大学机械工程系；2002 年，转入清华大学自动化系学习；2005 年，获工学学士学位。其间，连续多次获得清华大学综合优秀一等奖学金，并荣获清华大学优秀学生干部、清华大学优良毕业生及北京市优秀毕业生等称号。2008 年，毕业于清华大学自动化系信息处理研究所，获工学硕士学位。2014 年，获得美国西北大学电气工程与计算机科学系博士学会，并获得该系最佳毕业论文。2014 年至今，在 Adobe Research(奥多比)任研究员，研究方向为计算机视觉和图像处理，已发表论文 20 余篇。

沈晓飞　1986 年 4 月出生，祖籍禹越镇。先后就读于天津中医药大学、成都中医药大学和四川大学，从事传统中药及活性天然产物防治炎症性、感染性疾病的药理学研究工作。博士毕业后，进入中国科学院成都生物研究所，从事活性天然产物抗肿瘤的化学生物学研究工作。现为四川大学华西第二医院助理研究员，其间参与国家自然科学基金研究项目 3 项和“十一五”重大新药创制专项 1 项，发表学术论文 19 篇，其中 13 篇为 SCI 收录论文。

第三章　港台海外人士

沈安邦　又名沈勤荣，1920 年出生于徐家庄镇庙桥头。1937 年抗日战争全面爆发时入伍，1949 年解放前夕随国民党部队赴台。后在台湾“中华工程公司”任工程师，直至 1985 年退休。1988—2001 年期间，曾 5 次回乡探亲，表达对家乡眷恋和热爱之情。2008 年在台北寓所病故，享年 88 岁。

沈安民　又名沈小荣，沈安邦之弟，1930 年出生于徐家庄镇庙桥头。1947 年随哥哥沈勤荣（沈安邦）到国民党部队服役，1949 年解放前夕随国民党部队赴台。后曾一度参加工作，因患风湿性关节炎、心脏病，于 1972 年在台湾去世，终年 42 岁。

张兴华　1962 年 10 月出生于禹越镇木桥头村张家角。1983 年 7 月考取武汉医科大学。1988 年 7 月毕业后分配到浙江省卫生厅防疫站工作。1991 年 9 月赴美国留学，攻读硕士研究生。1993 年 7 月获硕士研究生后留美，在滨州费城从事电脑开发研究工作。

章兴泉　1963 年出生于禹越镇木桥头村北圩郎。博士。1983 年考取重庆建筑工程学院，1989 年 7 月大学毕业后被分配到云南昆明园林工程研究所工作。1989 年 9 月至 1992 年 4 月调至福建华侨大学任教。1992 年 5 月赴英国留学，攻读博士学位。1997 年获博士学会后，先后在香港大学、新加坡国立大学任教授。2004 年赴联合国工作，现任联合国人居署城市经济与社会发展局局长。

蔡金海　1964 年出生于禹越镇高桥村小福桥西。浙江大学本科毕业后留校任教。后出国进修，现在澳大利亚悉尼市大学任教。

沈松法　1964 年出生于禹越镇三来村。上海中医学院研究生毕业后留校，从事肝硬化病例研究，曾多次应邀参加国家级学术研讨会。1993 年远赴美国，继续从事中医领域的研究推广，现供职于美国纽约一家大型公司。

沈坤华　1964 年出生于禹越镇夏东村。浙江医科大学毕业后到上海读硕士研究生，后攻读博士学位，获博士学位后赴美国加利福尼亚州，自己创办生物研究所，从事生物研究工作。

蔡红梅　女，1966 年出生于禹越镇高桥村。以优异成绩考入安徽科技大学，硕士毕业后赴美国进修。后进入美国华盛顿州福特汽车公司任工程师。

林钟　禹越镇油车村人。博士生。现在美国福特汽车公司。系蔡红梅丈夫。

沈云峰　禹越镇三林村人。大学本科学历。现在新加坡南洋理工大学从事电子软件科研工作。

杨建国　禹越镇杨家坝村人。硕士研究生学历。现在德国维尔茨堡大学（维尔茨堡市）工作。

杜国之　禹越镇茅林村人。退休。现居台湾台南市。

曹子坤　禹越镇东港村庙桥头人。退休。现居台湾台南县新市乡。

冯瑞初　禹越镇东港村人。退休。原为香港华实工业大厦公司负责人，现居香港九龙基委 10 楼 AB 座半山街 10-16。

徐金标　禹越镇东港村坝里人，美国旧金山某大学副教授。

第四章　劳动模范

境内荣获县级以上劳动模范共 17 人：

（1）边根奕　1926 年 11 月生。1961 年 6 月开始，历任禹越乡乡长，禹越公社党委书记等职。1963 年 10 月，被德清县人民政府授予“德清县劳动模范”称号。

（2）许序元　1928 年 6 月出生于禹越镇天皇殿村许家埭。1958 年后，从事农村蚕桑管理和指导工作，后进入天皇殿村委会任村干部，分管蚕桑工作。

40 多年的农村蚕桑工作，使他积累了丰富的养蚕技术，曾多次应邀赴嘉兴农校介绍蚕桑养殖经验，被称为“蚕桑土专家”。1964 年 4 月，被德清县人民政府授予“德清县劳动模范”称号。

（3）王子松　1932 年 4 月出生于禹越镇杨家坝村圩郎。自 1957 年起，先后担任杨家坝村水利专管员、村党支部副书记、书记等职。在近 40 年的村级领导工作中，他带领全村群众，积极发展村级企业，创新养殖、种植等效益农业，1998 年 10 月，被湖州市人民政府授予“湖州市劳动模范”称号。

（4）沈阿洪　1942 年 6 月出生于禹越镇三来村。1985 年 1 月，创办个体印花厂，任厂长。1987 年 1 月，在原印花厂的基础上开办个体绸长，任厂长。为发展个体家庭企业起到了模范带头作用。1987 年 12 月，被浙江省人民政府授予“浙江省劳动模范”称号。

（5）吕炳法　1946 年 2 月出生于禹越镇湖墩村吕家里。1969 年 3 月从部队服役退伍至 2002 年 6 月退休的 30 多年时间里，他先后担任高桥公社湖墩大队党支部书记、村主任，高桥公社农机站站长等职。任职期间，兢兢业业、为村级企业和农业生产发展做出了积极贡献。1998 年 10 月，被湖州市人民政府授予“湖州市劳动模范”称号。

（6）沈林法　1948 年 10 月出生于禹越镇木桥头村徐家墙门。1980 年起，先后担任禹越建材厂厂长，禹越镇东港实业总公司董事长，徐建建材厂有限公司总经理等职。1994 年 4 月，被德清县人民政府授予“德清县劳动模范”称号。

（7）沈阿林　1951 年出生于禹越镇湖墩水产村。历任高禹水产大队民兵连长、村委会委员；禹越镇联办渔场党支部书记、场长；徐家庄镇渔政检查员等职。四十年多来，为家乡渔业和渔民努力工作，无私奉献。1995 年 4 月，被湖州市人民政府授予“湖州市劳动模范”称号。

（8）梁金财　1953 年 1 月出生于禹越镇木桥头村栅里。1970 年担任北圩村干部，分管蚕桑工作，1993 年担任北圩村党支部书记。悉心钻研蚕桑养殖，并走村串户热心传授养蚕技术，在当地有“蚕桑土专家”之称。在 30 年村干部期间，廉洁奉公，淡泊名利，被村民誉为“农民的贴心人”。退休后，又热衷于黑鱼养殖，并取得较好的经济效益。1994 年 5 月，被德清县人民政府授予“德清县劳动模范”称号。

（9）杨阿永　1955 年 10 月出生于禹越镇杨家坝村。1977 年 3 月以来历任杨家坝村五金电器厂厂长上海航空电器厂禹越联营厂厂长，德清县江南塑料化工有限公司总经理，三星塑料化工有限公司董事长，杨家坝村党支部书记等职。取得了众人瞩目的企业成就。曾当选德清县第十三、十四届人民代表，荣获德清县 2007 年度优秀共产党员称号。2008 年 5 月，被德清县人民政府授予“德清县劳动模范”称号。

（10）徐杏兴　1959 年 6 月出生于禹越镇天皇殿村。1987 年，在原高桥镇办起第一家丝绵经营部。1994—2014 年，创办高桥绢纺厂，任厂长。2008 年 5 月至 2011 年 2 月，兼任天皇殿村村主任。2011 年 3 月至 2014 年兼任天皇殿村党总支书记。2004—2006 年，两次被评为德清县政协先进个人；2009 年，被评为德清县“双带双创”先进个人。2011 年 10 月，被德清县人民政府授予“德清县劳动模范”称号。

（11）胡品山　1961 年 10 月出生于禹越镇西港村胡家埭。1987 年冬，任镇农业公司任供销科长。1989 年 10 月，回九里港村经营蚕丝生意，不久成立“德清蚕宝集团有限公司”，并任总经理。2007 年，任西港村党支部书记。1999 年 4 月，被德清县人民政府授予“德清县劳动模范”称号。

（12）徐林法　1962 年 10 月出生于高桥镇高桥村。1986 年进乡镇企业，从事造纸行业。后成立“湖州市红丰纸业有限公司”，任总经理。1994 年 5 月，被德清县人民政府授予“德清县劳动模范”称号。

（13）房法娣　女，1964 年 2 月出生于禹越镇三来村三石里，1981 年 4 月，进油车制丝有限公司当缫丝工，连续十年被评为公司先进工作者，2005 年荣获德清县劳动模范，次年 6 月，被纺织工业部授予“全国纺织工业劳动模范”称号。

（14）沈金寿　1965 年 1 月出生于禹越镇木桥头村西坝里。1995 年 10 月进木桥头村村委领导班子。2011 年 2 月接任村党总支书记， 2014 年 11 月，被德清县人民政府授予“德清县劳动模范”称号。

（15）沈顺华　1973 年 2 月出生于余杭市亭趾镇。2004 年，在禹越镇创办“差别化有色涤纶长丝制造企业”。2009 年 12 月扩建生产项目，并于 2011 年 3 月建成投产。公司“汇隆”商标被评为“湖州市著名商标”， “汇隆”牌有色涤纶牵伸丝被评为“湖州市名牌产品”。曾获县十大拥军模范、县十佳外来青年德商、和谐之星企业家等称号。德清县第七届政协委员、德清县第十五届人大代表。2014 年 11 月，被德清县人民政府授予“德清县劳动模范”称号。

（16）蔡顺珠　女，三来人。1951 年，被评为浙江省劳动模范。

（17）罗亚琴　女，国亚奶牛场职工。2009 年，被评为全国三八红旗手。

第二十五卷 丛录

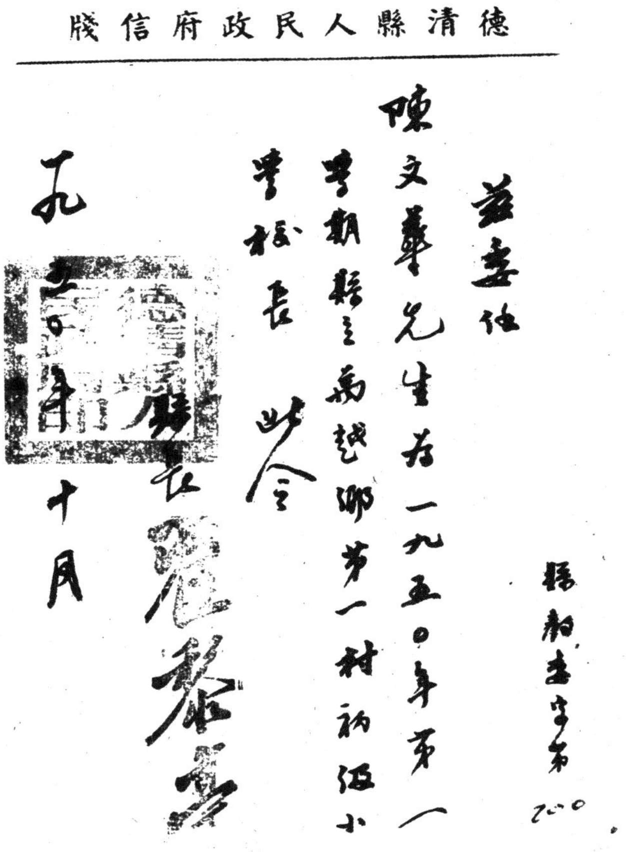

德清縣人民政府信牋

縣新字第200號

茲委任

陳文華先生為一九五〇年第一學期縣立新市鄉第一村初級小學校長

此令

縣長 [illegible]

五〇年十月

第一章　诗　文

徐家庄禹庙重光

陈景超

胝足鳞肤伛偻身，忘家无我沐风尘。九州百姓安居日，
万古崇朝祭祀神。庙貌沧桑传茂草，人心磐石系流津。
丰功不废江河在，红烛青香民意真。

录自《衡庐集》卷五《剑气箫声集》371 页

徐庄甘蔗

清·陈斌澜

（残句）家家屋后青纱帐，户户门前紫竹林。

录自手抄本《引春堂随笔》

禹越唱和

陈景超

禹王庙

疏凿九州功利民，江淮河海见同春。
黎元不忘先贤德，红烛清香四季均。

伏羲庵

低矮神祠尺五天，教民稼穑想当年。

可怜佛喜声音误，转为僧尼种福田。

四通高桥

东南西北水四通，高耸云干怯稚童。

人欲通车频改建，顿丧雄气薄长虹。

庙桥

光鲜整洁庙桥遥，石采龙山似火烧。

利济渡人功不没，留存故迹补童谣。

韵次《禹越唱和》

许德明

禹王庙

过村疏水济万民，耒底丰功昭万春。

自古此间开祭祀，乡人求得雨风均。

伏羲庵

伏羲庵内有玄天，卜得桑禾年胜年。

莫道三皇无释迹，生生不息在乡田。

四通高桥

玉带垂河四面通，田家凭此指归童。

当年宏势今无改，绿野之中卧彩虹。

庙桥

赤石横溪一古桥，庙边守护有香烧。

清晨闲步看春鹭，入耳声声童子谣。

次《禹越唱和》

周纲

禹王庙

村传大禹救灾民，治水迎来天地春。

不改祭供千古事，一方风雨但能均。

伏羲庵

丰收社稷在承天，教种桑禾岂计年。
何事知谁归佛教，引来信女寄心田。

四通高桥

舟楫四方于此通，暑期戏水聚孩童。
终因改造过车辆，长忆波涵贯日虹。

庙桥

南北相交此石桥，晓看橙色映霞烧。
为傍古庙沾香火，留得邻居一曲谣。

以上录自《苕霅诗声》2015年总50期40页

徐庄撷趣

长兴·周新凤

花朝节

扑蝶游春岁岁同，花围红帛御寒风。
怜君惜玉心香护，民俗遗情历代中。

甘蔗林

古越南乡甜满塘，青纱帐里育糖霜。
时逢寒露车船运，蚕稻人家副业忙。

禹皇庙

百亩漾西瞻禹皇，千秋功绩水云乡。
民心香火年年续，大庙神灵宝相庄。

四通桥

画舫轻舠日夜行，虹梁横陌伴潮声。
明珠古月鱼龙看，水运通商连上京。

录自《丹霞》2015年总第224期

徐庄风俗

长兴·周新凤

织土布

唧唧堂前织不疲，轱辘夜伴纺棉丝。
农家嫁女提花染，土法绫罗手艺奇。

扎红绳

春到眉尖柳发垂，千丝万缕理撩思。
红绳扎辫齐花束，不教晨妆斜日迟。

媪妇裙

雍容气度晚华芳，老太娴姿雅步装。
最美夕阳红晕景，村头缓缓过邻塘。

丧家烛

花烛唁堂照五更，苞芯红蜡供长明。
乡风丧礼无须白，逝者魂安一路平。

录自《丹霞》2015 年总第 224 期

橄榄叶

陈景超

清朝末期，大麻乡出了个名医金子久，据说，经他一摸脉，不用吃药病也会痊愈。

一次，徐家庄有个农民王盖儿得了伤寒病，碰巧金子久在同村的一家富户家里看病。王盖儿就请邻居将他请过来。金子久一到王家，只见墙坍壁倒，那全家老老小小，一个个面黄肌瘦，他十分同情。这时王盖儿的老婆端上一碗绿盈盈的清茶，金子久喝了一口，但觉清香爽口，饶有余味。便问王妻："这是什么茶？"王妻十分羞惭地说："家里贫穷，买不起茶叶，只在天井中摘了几片橄榄叶。"金子久想，贫民小户，缺米少钱，怎能医好这病。古人说，不为良相为良医，医道宗旨，在于济世救人，我若不为贫民谋利，有何面目占誉医林。诊过脉，处完方，便告辞出来。

此后一个月，金子久每给人家开一药方，总写上："新鲜橄榄叶三片为引。"病家跑遍了所有药铺，都配不到这味药，只得回来问金子久。有的说："这味药配不到，请先生换一换。"有的说："先生没有这味药要紧吗？"金子久告诉人家说，徐家庄王盖儿家天井里有棵橄榄树，但多摘叶片，要妨碍开花结果，所以向他要一片叶得付三个铜钿，这样他才不吃亏。

由此王盖儿平白地赚了不少钱，也就治好了伤寒病。

从此，王盖儿一家逢人便说金子久的好事，一传十，十传百，父传子，子传孙，直到现在，徐家庄一带还在流传。

原载《德清民间文学集成》（1990年出版）

客间闲说徐家庄

徐家庄，地处德清县境的东南边陲，与余杭、桐乡两县接壤。在40多年前，它东面还有大麻，海卸、湘漾三个乡镇，故还谈不上县境之边陲。历史上的徐家庄，曾一度与境内的勾里合并。因徐家庄村中有座禹王庙，而勾里境内有座越王庙，故合并时各拈一字，取名禹越。禹越为名，约50年历史，此前，一度称为石泉乡。从清朝到元朝，徐家庄一直属于金鹅乡十四都所辖，南宋定都临安时，因地处京杭大运河一侧，漕务频繁，属乡不便，故又改隶来苏管（三来、苏林合并置管，每管辖5乡，相当于后来的区)，就近稽征税赋。

徐家庄地沃人勤，四季蔬菜不断，其中甘蔗为著名土特产。清人诗中所说的"家家屋后青纱帐，户户门前紫竹林"，便是指青皮和紫皮两种软甘蔗的大量种植。

近百年来，徐家庄出过两件大事，其一是清朝光绪二十二年(1896)夏天的龙卷风，使北圩村造成巨大损失，全村在龙卷风扫荡中夷为平地，幸存居民仅只两户。其二是1950年的一贯道暴动，道徒在坛主唆使下，声称入道后空麻袋可以变出白米，劝导人们毁棚放猪，掘埂放鱼，拒交公粮，破坏春耕。甚至携带器械，冲击会场，拷打干部，推翻农会，气焰嚣张一时。

在徐家庄镇内，最值得一提的是禹王庙。禹王庙大殿供奉的是我国古代华夏各族人民爱戴和敬仰的大禹。该庙重建于同治年间(1862—1874)，规模颇为宏大。民国《德清县新志》说："禹王庙在县东徐家庄，祀夏禹，殿宇宽广。"此庙未废之前，大殿上有抱柱对一副："导河人海，遗功百世，造福岂唯吴越；率民归居，伟绩一人，祭祀不限冬春。"黑底金字，赫然人目。

此外，境内人文景观尚有四通桥，此桥建于明末清初，凌空高架，势若飞虹，实杭湖之通衢，乃河海之要津。如果站在桥上，欣赏夕阳烟树，远浦归帆，则别有一番情趣。

录自《衡庐集》卷六《玉屑四谈》之二

原载《莫干山报》1995年5月9日

禹功·禹庙

江南五月，进人黄梅，天气潮闷，水位猛涨。位于浙江北部的杭嘉湖平原，地势低洼，自古以来深受水患。特别是去年冬季迄今，气候反常出现了罕见的冬汛，我县茅山圩大包围，也有史以来，首次在寒冬枯水季节泄洪。时下立夏，转眼将人梅季，立足河堤，忽然想到我国历史上的治水英雄大禹。

据历史记载，距今4000多年以前，地球上洪水泛滥成灾，这一时期的史实，西方《圣经》有"洪水泛滥，诺亚方舟"之说，东方《尚书》有"汤汤洪水方割，荡荡怀山襄陵"之载。禹在人类生命涂炭之际，毅然肩担治水重任。据《左传》记载："芒芒禹迹，画为九州"，大禹的足迹踏遍了整个中国。

大禹之所以伟大，因他有着全心全意为人民的公仆思想。他在治水中东疏西导十三年，三过家门而不入。由于一心扑在工作上，置"足无爪、胫无毛、偏枯之病、步不能过"(《尸子·广泽》)的跛疾于不顾，终于完成了"强理天下"的不朽业绩。先秦古籍《诗经》，对禹的功绩曾多次颂扬说："丰水东注，维禹之绩(《大雅·文王有声》)"，"信彼南山，维禹甸之(《小雅·信南山》)"……

禹在大规模的治水工程中，曾多次大会诸侯，商讨策略。故华夏大地上，与大禹有关的各种故迹众多。如河南开封府有禹县，山西河津县有禹门渡，山东郯城县有禹王台，安徽怀远县有禹会村，陕西洵阳县有禹穴，浙江绍兴县有禹陵等等。在众多的禹迹中，令后人祭祀不废的莫过于禹庙。据《史记》载，大禹会集诸侯于会稽，因疲劳过度，水土不服而逝世，遂以山为陵。土人立庙，岁供两祭。宋朝乾德年间禹庙重修，至今香火不绝。

大禹之功，在于为民，所以禹庙之多，几乎遍布州郡。就浙江而论，除了绍兴之外，台州黄岩有禹庙，近年已经修复，供人游瞻。湖州德清也有禹庙，庙在徐家庄。据民国《德清县志》记载："禹王庙，在县东徐家庄，祀夏禹，殿宇宽广。"当时大殿还有一副抱柱对："导河人海，遗功百世，造福岂唯吴越；率民归居，伟绩一人，祭祀不限冬春。"，可见为民造福，便能百世流芳。天理人心，公道常在。

去年春，绍兴市人民政府发起"祭禹"活动，社会各界自觉捐资，搞得轰轰烈烈。3 月下旬，省政府又作出决定，在水利建设上开展"大禹杯"竞赛，也搞得轰轰烈烈。相形之下，我县禹庙的开发工作就显得不足。如果能在群众自筹资金的基础上，有关部门加以正确引导，不但可以在我县东部开发出一个新的人文景观，也可为我县旅游事业增加一个旅游景点。对于这样一件利县利民的事，可惜目前无人牵头。其实，发扬大禹艰苦朴素、守职勤业、勤劳奋发、公而忘私的为民办实事精神，就是弘扬我国的优良传统，愿有识之士三思之。

原载《文明塔》1998 年 5 月 11 日

录自《衡庐集》卷八杂文卷

百年之前龙卷风

清朝光绪二十二年(1896)农历四月十六日，天气闷热。中午之后，忽然狂风大作，暴雨倾盆。德清东南乡徐家庄附近的北圩郎自然村，此日下午 3 时 15 分猝遇风灾。消息传到县里，知县张汉章当即率领吏员，赶往该地，实地查勘，处理善后事宜。

但见从公主庙起到北圩村止的十多里内，房屋全部倒塌。居民断颈折臂，或死或伤共200多人。据周边村庄群众和幸存者反映，初起时，东南角有一股乌云，冲突于层霄之间。不久，河墩桥外的公主庙后，有一道灼热的烟焰红光，从地下喷腾而上，并发出隆隆响声，仿佛有数百战船，鼓浪冲逐。一霎时，红光与黑气相薄，顿觉天昏地暗，河水沸腾，昏暗之中，恍然有成千成万的鸟雀在周围飞舞，触到身上，原来都是瓦片。

感到奇怪的是，树上的叶子全被烧焦了，好像烙铁烙过似的。树林上还缠绕着五色草绳。经视察，凡有五色草绳缠绕的地方，庐舍全部荡为平地，片瓦无存。古松老柏，大者数抱，桑竹杂树，小者拱把，均被扭断。更有二三千斤的巨石，竟被巨风吹进屋内。那些上百斤的夯米石臼，纷纷坠落在村外田野上，停在河边的几百艘农船，大多沉没，有的被风举起，搁在大树桠杈上。又有一个八岁的儿童，被风吹到五六十里外的西乡，从空中摔下来。村庄周围的棺材，材盖连同尸体都被大风卷走，唯独棺材底没有吹掉。有几个埋葬已久的坟墓，竟也被风吹裂，尸骨棉絮，零零落落地委弃在丛莽之中。大约十多里内，断埂颓垣，一望无际。整个村庄，只有沈阿虎、沈阿豹两兄弟的房屋没有倒塌，人也安然无恙。

风灾过后，谣言四起。有人说是水龙与火龙相斗；有人说是蜈蚣精与龙搏击；有人说是当地百姓对神灵不敬，罪过太多；有人说是白莲教教徒施用妖术。还有人说，一批外来客被北圩村人劫财害命，当时只有阿虎阿豹未参与，所以这次巨灾，是外地人施用魔法进行的报复……道听途说，不一而足。而德清城内的乡绅徐本衡、施涵、许德修、沈光裕、徐肇基等人联合上书给德清知县张汉章，认为河墩桥北圩村，因历来有用巴豆、石灰、硫黄“火烧河底”的方法毒鱼药鱼，致使“水中生物，尽行毙浮”的恶习，所以天怨神怒，引起了报应。

北圩郎遭受龙卷风袭击，使村庄夷为平地，人民死伤无数，成为德清县近百年历史上的一次局部性重大自然灾害。这次大灾详载于民国《德清县志》，今旧事重提，意在引起人们对防台抗台、抵御自然灾害的重视。

原载《莫干山报》1999年8月23日

录自《衡庐集》卷六《玉屑四谈》之一

徐家庄禹皇庙

在县境东部重镇徐家庄镇区内，一条市河从西向东穿过，将集镇隔成南北两街。南街的东面有座禹皇庙，从清朝中叶重修以来，又已走过了一百多年的风雨历程。驱车进人徐家庄，从北街笔直往东走，步过横跨在市河上的永明桥，便到了禹皇庙院墙东侧。

禹皇庙坐北面南，现存占地面积三亩七分。门口庙前路，是一条不很宽的东西向要道。后屋枕河，沿河砌着整齐的条石帮岸。整幢建筑分成两块，东大西小，由一条甬道隔开，呈“旧”字形。近年重修的庙门，开在大殿正中，面对庙前路。头门上端书着“禹皇庙”三个楷体大字，两侧挂着“江淮河汉思明德，精一危微见道心”的楹联。体势端庄，饱满丰腴，出自镇内文化界人士沈文石手笔。

走进大门，巍峨的禹皇神像，端踞大殿神坛，峨冠博带，威赫非凡。镇民告诉我，这尊神像的塑造是根据绍兴禹皇庙大禹造像造的。神像的躯体用完整的香樟木雕刻而成，上面再施彩绘，不同于其他庙宇内“泥菩萨”。环顾四周，大殿共九间，间宽 3.6 米，进深 12 米，显得高大宽敞。唯一不足的是光线太暗。第二进中为天井，长 6 米，东西两翼环护天井为长廊。宽与前殿相等。三四两进各占东面六间，总进深 13 米，第三进为宗教活动场所，第四进为斋堂。三四两进的西侧三间是厨房，整个殿宇呈长方形。

殿宇主体九间四进，西侧有一条南北向甬道，甬道西面有楼房一排八间，面东。现楼上为香客宿舍，楼下为老年活动室。禹皇庙是纪念我国古代治水英雄大禹的神庙，她与二都防风祠有异曲同工之妙。不同的是，防风神是地方神，但夏禹是整个中华民族共同敬仰的神。

德清地处河网水乡，从古以来，人们与水奋斗，儿多欢乐，几多忧愁。人们纪念大禹，一方面是缅怀他治水浚河、为民造福的丰功伟绩，另一方面是不忘他改天斗地，以身作则的模范行为。禹皇庙在徐家庄境内，初造之年已经无考。但从重修的梁上写着“龙飞同治三年”(1864)断定，她已是一座古庙。民国《德清新志》有较详记载。

目前，禹皇庙已经过整修，热心的人们还计划在庙前建造戏台，在庙东建造“纪禹桥”，并拓宽庙前路，与镇西徐兴公路相连接。我想，这计划一定会逐步实现。

原载《新周末》2001年3月6日

录自《衡庐集》卷六《玉屑四谈》之二

第二章 人 事

（一）慈孝·良心使然——记徐秀霞

德清县东部水乡禹越镇有一位普通人家的媳妇徐秀霞，十五年如一日，任劳任怨细心照料常年患病的婆婆生活起居，其行孝慈爱的感染事例，演绎为一段脍炙人口的公民道德佳话。徐秀霞赡养关爱老人体现了一种良心、义务和责任，也为“人有德行，如水至清”的德清地域文化描上了光彩一笔。

孝顺儿媳来自农家

徐秀霞生于1975年，是禹越镇东港村人，今年39岁，在浙江胜辉服饰有限公司上班。那天，我们来到禹越镇老街18号一间普通民宅，院子不大，一缕阳光投射进来。晾衣架上，晒着几件刚洗涤的衣服，空气中飘过来淡淡的香皂味道，一幅寻常百姓人家的画面映入我们眼帘。只见一位肤色白皙的女人，圆圆的脸庞带着甜甜的微笑，额前留着刘海，脑后扎着一束马尾辫，一副温顺贤淑的样子，很有亲和力。她正坐在小板凳上，耐心地削苹果，身边坐着一位面无表情的老年妇女。

见我们来访，她站起了身子，问道：“你们有事吗？找谁？”“你是徐秀霞？”“是呀”。“我们打扰你一下，想跟你聊点事情。”“好，你们稍等片刻，先坐一会儿，等我给妈妈切好苹果片。”说完，她转身进了屋子，二三分钟后，她拿着一只不锈钢小碗，里面盛着去除了苹果核切成薄片的苹果，双手递给那位低着头的老人家，口里叫了一声“姆妈”，她又说：“这是好吃的苹果，你自己慢慢吃噢。”此人患有老年痴呆症，老人捧着那只不锈钢小碗，很安静地嚼着苹果片。

“你婆婆得病多长时间了？她脾气好不好？”

“姆妈得病已经十来年了，治疗吃药总是这副样子。她脾气时好时坏，完全像个小孩子。”徐秀霞无奈地摇摇头。

婆婆日常生活不能自理，需要她来照顾，发病严重时更是喜怒无常，有时还搞坏东西。但徐秀霞和家人并没有嫌弃她，反而加倍体贴、关心和照顾她，人间温情常在。婆婆每顿饭都能吃到可口的食物，春夏秋冬四季都有舒适的衣服穿，这一切都是儿媳徐秀霞默默作为。赡养老人是人之常情，薄情寡义丧尽天良才可耻呢。徐秀霞为人心地善良，从小就知道二十四孝的故事。

爱不需要理由

15 年前，徐秀霞经人介绍与小伙子顾东来相识了，两人彼此有好感，就开始进一步交往谈起了恋爱。清明时节，顾东来与徐秀霞在新市大街看蚕花娘娘巡游，后来又去觉海寺逛庙会。当他俩有说有笑走进一条小巷时，顾东来突然收住了脚步，他指着不远处一对老人，对徐姑娘说：“秀霞，他们是我爸爸和姆妈。”

徐秀霞听后点点头，一眼望去，站在门边的那两位老人正打量着自己。那老太太的遭遇她也听说过，犯了病神志有点不清。只是说媒的介绍人从来没正式跟她说，那老人就是顾东来的母亲。徐秀霞当时心里也没多考虑什么后果，就快步流星地走到老人身边，拉着老人的手，亲切地叫了一声：“姆妈。”这甜甜的一声，也让一旁的顾东来感动不已，自己的女朋友通情达理，贤惠大方，不仅丝毫不嫌弃自己患病的母亲，还如此善良和顺。

婚后，徐秀霞夫妇在禹越生活，公婆仍居住新市镇上，和小叔住一起。徐秀霞只要一有空就往新市跑，去看看公婆二老，还帮忙做做家务活，陪他们说说话解解闷。2002 年，徐秀霞的女儿诞生了，人也一下子忙得不亦乐乎。既要照顾襁褓里的孩子，又要经常赶往新市探望两位年迈的老人，徐秀霞总是一副乐观相，没有一句怨言。其实一个人付出一份真情与爱，真的不需要理由。

赡养老人，天经地义

只想让公公、婆婆有一口热饭吃，每天有人照料伺候他们，让老人无忧无虑安享晚年，日子过得舒心安稳。徐秀霞心里这么想的，也付诸了实际行动。她和丈夫商量后，决定把居住在新市老家的公公婆婆双双接到禹越来，自己和他们一起生活。俗话说，久病床前无孝子。十几年如一日，照顾犯病的老人，即使是亲生子女也非易事，更何况儿媳呢。而心地善良的徐秀霞只坚信一个道理："他们是我的家人，我就有义务和责任照顾好他们的生活。"

公公过世后，徐秀霞更是把亲情关爱全部用在了婆婆的身上。"蓬山此去无多路，青鸟殷情为探看。"人说婆媳关系是家庭中最难处理的一种关系，现实生活中，十有八九的婆媳关系比较麻烦紧张。

像徐秀霞这样忍辱负重十几年如一日，坚持不懈悉心照顾得病婆婆，实在不多见。让婆婆吃得可口，睡得安稳，还时常嘘寒问暖，体贴关心，这一切看起来稀松平常，但做起来很难。平时，徐秀霞要到公司上班，还要照顾上小学的女儿，生活过得并不轻松。

婆婆年轻时做过教师，今年七十多岁了。她退休后没几年，便得了老年痴呆症。人的精神状态也时好时坏很不稳定，好时，她总爱整理东西。"姆妈有时要烧饭，可她不会淘米，常把油倒进电饭锅里，或者什么都不放，就把电线插上空烧，家里的电饭锅不知道烧坏了多少个。"徐秀霞无奈地笑了笑。

"姆妈就像个孩子，她心情好的时候会笑，她一笑，我也忍不住，跟着她一起笑。"在徐秀霞眼里，婆婆就是个需要人照顾的孩子，让婆婆过得舒心变成了徐秀霞的一种生命本能。

徐秀霞说："前年，我看刘德华演的香港电影《姚姐》，觉得那个姚姐就像我姆妈。姚姐没文化，可姆妈当过老师呀。我们每个人身边都有一个姚姐，她可能是你的母亲，可能是一位年长的邻居，可能是一个服侍过的老妈子，也可能是总在菜市场里遇见的颠颠巍巍的老太。她絮絮叨叨，很容易满足，待人宽容善良。有时，她心里开小差了，就成了另外一个陌生人。看着看着，我忍不住流泪了，姚姐和姆妈两个人影在我眼里重叠了。”

默默付出，情义无价

徐秀霞等婆婆吃完苹果后，就上前搀扶老人慢慢地上楼午睡。老人的房间布置得简朴而整洁，窗明几净，有一张床和一个柜子。屋子里的物品虽然不多，却摆放得整整齐齐，也没有什么异样的气味，窗台上还放了一盆绿色植物。徐秀霞熟练地帮婆婆脱去外套，盖好被子，临走时还关好了窗户。

“姆妈有时大小便失禁，所以我会经常去她房间看看。”徐秀霞说，“去年有一天晚上，临睡前，特意去婆婆的房间看看，一进门，便闻到一股异味，心里知道婆婆又失禁了。我二话没说，先替婆婆洗澡，又换上干净的床单、被褥和被子。在房里伺候婆婆睡安稳后，提着脏被子床单到院子里清洗，一直洗到深夜 12 点多才去睡觉。”

徐秀霞和丈夫都在禹越镇上“胜辉服饰”公司工作，丈夫做保安，经常要值班，不常在家里。徐秀霞干的是食堂工作，多年来，她每天六点半起床，等婆婆吃了早饭，才骑着自行车上班。中午下班后，她便急匆匆地往家里赶，给婆婆做一顿午饭。如果时间迟了，徐秀霞便在街上买些吃的带回家。

尽管徐秀霞如此尽心尽力地照顾服侍婆婆，但老人家却不知道自己儿媳是谁。徐秀霞说：“我叫她姆妈，她不会应声，我叫她名字，她有时会应一声。”老人的记忆仿佛一直停留在十余年前的岁月里。对此，徐秀霞也从不计较，不管老人把她当成了同事，还是陌生人，对她来说，老人只有一种身份，那就是她的家人和亲人。

亲朋好友和同事们总夸赞徐秀霞有孝心，是位地地道道的孝媳妇。但社会上也有人质疑：这十几年过来，天长日久服侍一个老年痴呆的婆婆，到底累不累烦不烦？而徐秀霞总如是说：“羔羊跪乳尚知孝，我们是一家人，照顾家里的亲人是应该的。”她用最朴素的方式默默坚持默默付出。

子欲养而亲不待。世人常常感叹，子女希望尽孝时，父母却已亡故。风不止，是树的无奈；而亲不在，则是子女的无奈。所以，行孝道要及时，要趁着父母健在的时候，而不要等到父母去世后的那一天。徐秀霞，一个平凡、孝顺、仁爱的德清嫂，像一阵温暖却不易觉察的风，轻轻地吹拂……

（录自《美丽德清嫂》 2014 年 10 月版 德清县妇联编内刊）

（二）当好基层老黄牛　做好群众贴心人

“当一天村书记，就要为民办一天事。”沈炳奎自 2000 年担任禹越镇三林村党总支书记后，全心全意扑在了新农村建设和百姓增收致富上。

2010 年，村开展“和美家园”精品村创建活动。中心村的规划一出台，最棘手的问题摆在了面前——土地征用，总共征地 60 多亩，涉及 4 个村民小组 90 多户村民。由于一部分农户不愿意土地征用，整个工程难以开工。

“没有推进不了的工作，只有不努力的干部。”沈炳奎这么告诫自己。对于仍有想法的农户，沈炳奎成了“常客”。第一次去，门不让进，站在门口讲政策；第二次去，门让进了，但说什么都不愿意征用；第三次去，继续讲政策，做工作……上门的次数多了，农户开始松口同意征用。

和美家园建设过程中，沈炳奎和几个村干部采纳了村民的意见，将中心村线缆全部埋入地下。之后以长效管理为重点，进行了和美家园提升工程。自精品村成功创建后，和美家园长效管理流动红旗便在三林村“扎根”下来，成了一面“不流动”的流动红旗。

居民环境改善了，村民的口袋也应当鼓起来。沈炳奎意识到，三林村要想真正摘掉“贫困”的帽子，若是继续走以传统粮食经济作物种植为主的粗放型农业道路是不行的，必须改走生态农业的致富道路。

在村干部的齐心努力下，“自家的田应该自家种”这种传统的思想观念得到转变。三林村通过土地流转，先后引进了永福食用菌基地和大禹生态农业园。发展生态型农业，不仅给村民带来了“金山银山”，也为村民留下了“青山绿水”。如今三林村共有流转土地 1873 亩，占总面积的 80%以上，村民可获得的流转总收入为 220 多万元。

（录自《践行党的群众路线》，2014 年 3 月，德清县委教育实践活动办公室编）

（三）三尺讲台上的母爱

在禹越镇高桥小学，有一位既漂亮又温柔的女老师，对待学生就像是对待自己的孩子，她的学生们称她为像妈妈一样的老师。她便是王玉莲，她扎根东部偏远农村小学 15 年。

给学生妈妈的爱

“小健，药天天在吃吗？这样难不难受？”吴健是王玉莲班上一名普通学生，由于患了综合性抽搐症，她很心疼这个孩子，不仅因为他生病，更因为他是个没有妈妈的孩子。

自从王玉莲了解到他的情况以后，王玉莲常常主动帮吴健补习，关心他的生活情况。“小健没有妈妈，我很想跟他结对子，当他的妈妈。吴健是个比较内向的孩子，考虑到他的感受，一直没有提出来。”

学生沈洁（化名）是王玉莲的另一名学生，她的母亲在她很小的时候就离家出走了，全家生存仅靠父亲那点微薄的工资。王玉莲便主动联系到了沈洁的父亲，提出与沈洁结成“对子”。这么多年来，每次寒暑假她都会接孩子到家里来住几天，每次生日都会记得给孩子准备礼物。每当换季时，总是会像妈妈一样给孩子买衣买鞋。如今小洁离开学校已经多年，但她还经常去看望她。

自己的女儿在寄宿学校

王玉莲有个可爱的女儿，叫丫丫，今年 11 岁，正应该是在父母身边撒娇的年纪，而王玉莲却把她送到了寄宿学校。

原来，王玉莲的丈夫忙于生意，没时间照顾女儿，如果她把女儿转到自己工作的学校，带在身边，势必会影响到工作。经过一番思想斗争，王玉莲终于决定让女儿读寄宿学校。为此，原本一直很支持她工作的丈夫跟她大吵了一架。“我觉得挺对不住丫丫的，其实我也很想把女儿带在自己的身边。”谈及女儿，王玉莲一脸的愧疚，“丫丫刚去寄宿学校的时候，老师打电话告诉我，丫丫天天哭着要回家，我真是很舍不得。”

高桥小学的沈校长说道，15 年，在历史的长河中或许不值一提，犹如划过天际的流星，但对于 36 岁的王玉莲来说，却已是全部生命的三分之一多。一位外表柔弱的女性，在三尺讲台上奉献了自己无悔的青春，书写了自己人生生涯中最绚丽的篇章，培养了一批又一批的学子走向更高的人生起点。

（录自《践行党的群众路线》，2014 年 3 月，德清县委教育实践活动办公室编）

（四）亲手为村里打造文化礼堂

随着禹越镇三林村成为“和美家园”精品村，村民们的物质生活有了很大提升。与此同时，三林村村民的精神文化生活也没有落下，孝主题文化礼堂建设、十大孝敬标本表彰、妇女排舞队组建，让村民的生活越过越滋润。

“文化生活的提升离不用开镇上姚主任的帮忙。”三林村书记沈炳奎这样说。沈炳奎说的姚主任就是禹越镇社会事务管理办公室主任姚根华，他也是三林村的驻村连心干部。

“姚主任帮我们村设计的文化礼堂，在全县评比中拿了第三名。”说起文化礼堂，沈炳奎更是赞不绝口。原来，文化礼堂从设计到布局都是姚根华一手操刀。

文化礼堂建设是三林村的一件大事，作为驻村干部的姚根华主动将这件事揽在了自己身上。凭借多年驻点三林村，对三林村民风习俗的了解，姚根华挖掘出了三林村的孝文化元素，跟村委会商量后，确定文化礼堂就以孝为主题。

2013 年 5 月，文化礼堂正式动工，如何才能让三林村的文化礼堂更具特色，姚根华动起了脑筋。他特意跑到新安镇、禹越镇的其他村去取经。但是细心的姚根华发现，因为不少村的文化礼堂都由广告公司设计、装修，存在千篇一律的现象，而且花费较高。“自己村的文化礼堂，自己设计不是更能突出本村特色？”在考察后，姚根华自告奋勇担起礼堂设计的“总设计”。

之后，姚根华利用自己业余所学的设计软件，开始设计文化礼堂所需要的所有展板、海报、展示架等，并把孝文化元素融合到设计中。而除了平面设计，姚根华还兼顾了文化礼堂的装修、布局设计。“除了木匠活不会做，其他能做的我都坚持自己做。”姚根华笑着说。

经过5个多月的努力，2013年10月初，三林村孝文化礼堂终于大功告成。文化礼堂得到了村委、村民的赞赏，不少来参观文化礼堂的外村人也竖起拇指称赞。为此，姚根华觉得特别欣慰。

（录自《践行党的群众路线》，2014年3月，德清县委教育实践活动办公室编）

（五）“五进五不出工作方法”有“魅力”

“不好啦！不好啦！高文龙、高富兴两家打起来了啦！”村民心急火燎跑进了禹越镇钱塘村村委，迎面碰上了镇值班联村领导人武部长徐荣华。

说起纠纷的起因，要一直追溯到2002年高富某家建房之时，因为房子比高文某家的房子上前了数米，两家人产生了嫌隙，留下了心结。后来，又因小队里丈量屋前屋后的宅基地不明确，令两家矛盾越积越深。去年三月，高富某从外面回来，准备修复自家因水潭造成房屋下沉、墙体崩裂的东墙，但遭到了邻居高文某、高玉某兄弟插起铁丝网，多番阻挠。两家谁也不肯退让，继而发生了肢体冲突，造成高富某母亲眼部瘀青受伤，让邻里之间矛盾再度升级！

“都是乡里乡亲，又是左邻右里，有什么解不开的，往后日子还长，低头不见抬头见啊！”了解了纠纷具体情况后，人武部长徐荣华立即组织了一次夜访，深入了解两家的想法，安抚双方情绪，动之以情、晓之以理。并在与村治保主任定期开展的民情分析会上讨论了该事，制定了调处方案，团结镇村力量，快速高效化解，防止矛盾久拖不决、日益激化。

“没什么好说的，我就是不允许他（高富某）搭架子修墙，7米是我自己的宅基地，另外2米我交过200元钱，这都是我的地！”

镇司法所长夏文来、村治保调解主任朱晓良几次将两家人拉到一起，却没想到不是高富某领着不明事理的亲友起哄，就是高文某拒绝到场，让调解工作举步维艰。

“这是我们派出所的章云彪警官，也是我们镇有名的‘法治村官’，今天我和他一起给你们做‘老娘舅’，还有我们德清电视台的摄制组在场拍摄全过程，你们双方既然已经商定由高富兴、高文龙作为代表，其他亲属都回去吧！”夏文来所长对着双方亲属劝说道。

在双方主动要求下，调解工作步入了最终阶段。镇“五进五不出工作法”纠纷调处指导协调组为了确保纠纷能得到彻底的化解，决定进村开展警民联调，由“法治村官”章云彪和司法所长夏文来主持调解，并联系了双方远在外地、在家有威信的亲人到场协助调解，派出所所长余松、人武部长徐荣华、村主任沈林标等均到场参与了调解工作。

“这又不是什么不共戴天的大仇，大家各自过好自己的日子，何必为了一口气活着呢。”

双方亲友劝之以情。高富某家住湖州的大舅子，高文某两个在外办厂的大侄子，都是在双方家里说上了话，在他们的劝解、亲情感化下，双方都表示愿意和解。

（录自《践行党的群众路线》，2014 年 3 月，德清县委教育实践活动办公室编）

（六）塑造缫丝女工新形象——记缫丝工房法娣

房法娣，女，汉族，1964 年 3 月生，2002 年 9 月加入中国共产党，现在德清县油车制丝有限公司工作。

工作经历：1981 年到德清县油车制丝有限公司工作至今。

主要荣誉：全国纺织工业“劳动模范”，县“劳动模范”。

她是一名有着 25 年缫丝情结的普通女工，在工作中她凭着刻苦好学、不耻下问、积极进取的可贵韧劲，靠着勤学苦练掌握了一手娴熟的操作技术，靠着严谨泼辣、精益求精的工作作风带动周围的职工努力工作、锐意进取，在生产中取得了优异成绩。在厂里，只要提起房法娣的名字，职工们无不翘起大拇指：“真是一名作风强、技术精、奉献大的好大姐！”她就是全国纺织工业劳动模范——德清县油车制丝有限公司缫丝工房法娣。（下略。标题为：一、立足岗位，钻研技术的好职工。二、优质高产，增产节约的好标兵。三、构建和谐，关爱职工的好大姐。四、任劳任怨，无私奉献的好女性。）

（录自《科学发展典范——百名典型说身边事》德清县委深入学习实践科学发展观领导小组编，2009 年内刊）

（七）一位农村"致富能手"的创业历程——记养殖大户梁金财

梁金财，男，汉族，1953年1月出生，1985年1月加入中国共产党，现为禹越镇木桥头村黑鱼养殖大户。

工作简历：1975年到所在大队分管蚕桑工作，1985年任支部委员、副大队长，1993年至1997年7月担任北圩村支部书记，1997年8月退任后发展黑鱼养殖。

主要荣誉：县"劳动模范"，镇"党员创业中心户"。

近几年来，禹越镇深入推进农业结构战略性调整，大力发展高效生态农业，以"精农业"为重点，大力扶持农村党员能人大户发展，培育了一批农村党员致富带头人，梁金财就是木桥头村一个靠科技致富而家喻户晓的典型养殖专业户。他不仅凭自己的双手科学养殖、勤劳致富，而且还把他先进的养殖经验、科学的管理方法一传十、十传百传授给本村及周边的农民，形成了"一户带一村、一村带一片"的发展新局面，促进了该镇农业增效、农民增收。他的目标不仅为了赚钱，更重要的是帮助更多的农民走上致富道路。（下略。标题为：一、潜心钻研，引领转行。二、倾囊相授，为民致富。三、科学发展，不断追求。）

（录自《科学发展典范——百名典型说身边事》德清县委深入学习实践科学发展观领导小组编，2009年内刊）

（八）勤政为民　鞠躬尽瘁——记村民小组长周建华

周建华，男，汉族，1959年7月出生，1993年3月加入中国共产党，现任禹越镇三林村村民小组长。

工作经历：2003年至今任现职。

主要荣誉：县"优秀村民小组长"。

"村民选我当组长，我就要为群众办实事办好事，干不好，村民就把我拉下来。"周建华如是说。周建华在村民小组长这个岗位上工作已有6年，他始终坚持落实村"两委"的各项工作任务，认认真真配合村"两委"为群众服务，全组计划生育率100%，社会风气良好，群众安居乐业。周建华的形象已深深地扎根在了村民的心里，赢得了群众的信赖和称颂，被评为德清县2008年度优秀村民小组长。（下略。标题为一、乡亲们把他当成贴心人。二、敢讲原则的“小小芝麻官”。三、一片侠骨柔肠情系乡亲。）

（录自《科学发展典范——百名典型说身边事》德清县委深入学习实践科学发展观领导小组编，2009年内刊）

（九）创业创新 做好黑鱼文章——记交易市场负责人高根其

高根其，男，汉族，1968年10月生，现为禹越镇浙北黑鱼交易市场负责人。

工作经历：高中毕业后做个体生意，2004年销售黑鱼饲料，2007年创办浙北黑鱼交易市场至今。

一名普通的农民，却拥有一种创业创新的精神，正是他不断谋求发展，才成就了今天的一番黑鱼事业。（下略。标题为：一、遇到挫折不倒，抓住商机销售黑鱼饲料。二、把握市场动态，与养殖户开拓双赢局面。三、借机发展养殖，想方设法保产供销。四、建立黑鱼市场，实现规模化经营。）

（录自《科学发展典范——百名典型说身边事》德清县委深入学习实践科学发展观领导小组编，2009年内刊）

（十）半边天的财富“丝”路——记村创业中心户王金仙

王金仙，女，汉族，1954年3月出生，2001年1月加入中国共产党，现在家创办丝绵加工作坊。

工作经历：1989年至2004年担任天皇殿村村委妇女主任；2005年在家经营丝绵加工至今。

主要荣誉：市“党员创业中心户”，县“双学双比”竞赛活动“女能手”。

作为一名普通的农村妇女，王金仙的能力和善举被大家都看在眼里，记在心里，无论是在任天皇殿村妇女主任期间，还是退下来在家创业，她深受群众拥护和喜爱。（下略。标题为：一、依托优势，寻找商机。二、做好纽带，带领致富。三、挖掘潜能，不断发展。

（录自《科学发展典范——百名典型说身边事》德清县委深入学习实践科学发展观领导小组编，2009 年内刊）

（十一）双带双创　强村富民——记村党总支书记陈金毛

陈金毛，男，汉族，1958 年 7 月出生，1987 年 7 月加入中国共产党，现任禹越镇木桥头村党总支书记。

工作经历：1982 年在禹越轮窑砖瓦厂任副厂长，1999 年在徐家庄自来水厂任副厂长，2001 年 9 月任木桥头村党支部书记，2009 年 9 月至今任现职。

主要荣誉：县级“双带双创”村干部，县人大代表。

陈金毛自 2001 年 9 月任木桥头村党支部书记以来，坚持以邓小平理论和“三个代表”重要思想为指导，团结带领全村广大党员和村民群众，创业创新，勤劳致富，走出了一条强村富民的好路子。（下略。标题为：一、勤政律己，推进村级新农村建设大步伐。二、率先垂范，　推动农业产业结构大调整。三、创业创新，促进养殖业产业化大发展。

（录自《科学发展典范——百名典型说身边事》德清县委深入学习实践科学发展观领导小组编，2009 年内刊）

（十二）创新路上　党旗飘扬——记高桥中心小学党支部

德清县禹越镇高桥中心小学创建于 1985 年，是德清县享受农村任教津贴上浮 20%的两所边远学校之一。学校现有 28 个教学班，在校学生 1000 多名，教职工 68 名，在职党员 20 人。学校党支部在“谦逊、团结、进取”的桑果子精神引导下，抓住“作文”和“口琴”两个载体，探索出了一条让农村孩子也能安心“追梦”的道路。学校先后荣获湖州市“依法治校”示范学校、德清县文明单位、德清县德育先进集体、德清县先进基层党组织等荣誉称号，今年“七一”学校党支部被评为市“闪光言行之星”。（下略。标题为：一、率先垂范，做全体教师的先锋模范。二、锐志创新，给农村的孩子一个造梦空间。三、竭诚奉献，用爱铸就师德丰碑。）

（录自湖州市委创先争优活动领导小组编《闪光的足迹》2011年内刊）

（十三）鱼汤饭

普普通通的一顿鱼汤饭，成了我永久的回忆，在我的心目中这顿饭是多么的盛大、奢华。上世纪60年代初期，正是我们国家最困难的历史时期，当时的农村家家户户缺衣少食，生活十分艰苦，我有机会遇到这么一顿丰盛的美餐，喜悦之情难以言表。鱼汤饭上人们“行酒令”“猜拳”“扔鱼骨”等游戏激起了我对美好生活的向往与憧憬。

那是1961年初的一个隆冬日子，我随父亲到禹越镇湖墩村养鱼场捕鱼。这天，白茫茫的百亩大漾一改往日的冷清，大小船只往来如梭，渔民们脸上洋溢着丰收的喜悦，撒网，拖网忙得不亦乐乎。大漾捕鱼是家喻户晓的大事，前来看热闹的人络绎不绝。那时百姓觉悟高，虽然家家过的是苦日子，买不起鱼，但谁也不手长，除了小孩子在网上摘几条手指大的小鱼外，大人们谁也不敢越雷池一步。据父亲说，那天捕到的鱼有1万多公斤，最大的鱼有50多公斤，全部按国家“牌价”远销到大城市去了。

下午三点过后，捕鱼工作全部结束，按当地的乡规习俗，养鱼场要办一顿“鱼汤饭”，来慰劳辛苦了一天的渔民们。我依稀记得那顿“鱼汤饭”非常奇特，桌上的菜是清一色的鱼，约有七八碗。我看到这大碗热气腾腾的鱼，全是白色的，不放一滴酱油，夹一块尝尝没有一点咸味。父亲看我不习惯的样子，就介绍说：“这是上乘的鱼，全是 40 斤以上的大青鱼，但烧法与家里不同，白烧，只放酒，不放油盐酱醋。”我这才发现桌子四周放着几大碗酱油，是用来供大家调味的。

“宴会”上，喝酒的渔民大多是绍兴人，他们喝的是黄酒，由于今天是“鱼汤饭”，大家像喝喜酒一样，胃口特大特好，只见八大碗的鱼浅了又满，满了又浅，面前的鱼骨头很快堆成了“小山”。我这个“小不点儿”，当时不过七八岁，不见世面，且在家里养成了少吃菜多吃饭的习惯，挤在桌上不敢狼吞虎咽，大家都笑我，并鼓励我不要吃饭只顾吃鱼，可是我总是小心翼翼地夹一小块鱼放进饭里，父亲因此多次埋怨我“没出息”。后来，我的小肚子填饱了，呆呆地看“绍兴人”赌酒。他们先是“行酒令”“猜拳”，满屋子人声鼎沸。接着是“扔鱼骨”。这是鱼汤饭上的特殊游戏，把一块硕大的鱼颌骨，往桌面上一扔，鱼骨竖立算赢，输者罚酒。这种方法不仅用来赌酒，还用来赌鱼，赢者就奖赏一大碗鱼。“鱼汤饭”从下午四时左右开始到傍晚八点多结束，吃得开心，玩得热烈，却没有一个酩酊大醉。回家时，厨房的大爷特地送我一脸盆没吃完的白烧鱼。

这顿“鱼汤饭”是我儿时唯一经历的美餐，它虽已过去四十多年，但那桌面上的野趣，那“扔鱼骨”的游戏，却成了我永久的回忆。

（录自 2011 年德清县中小学课外读物《寸草春晖——可爱的家乡》；2014 年 12 月 8 日《德清新闻》第 11 版“英溪乡井”文学副刊）

文　献

北圩风灾记

丙申孟夏之望，天气炎蒸，翳云忽起，午后风雨交作，倾注不绝。邑之东南乡徐家庄左近有名北圩者，是日申刻猝遇风灾。治城闻报后，群随汉章张公驰至该处，惟见自公子庙起至北圩村长亘十余里，屋宇倾圮，居民之断脰折臂或伤或毙者二百余口。诚近今之至大奇劫焉。当风雨之初起于东南角，飙竖黑气，冲突层霄，忽而西北河墩桥外之公子庙后，灼有烟焰，红光自岩穴喷腾而出，其声隆隆，如数百轮舟鼓浪相逐。霎时，两气相薄，天昏地暗，河水沸腾。昏暗中，恍有数百万鸟雀盘舞，触之，皆屋瓦也。土人无知，喧传水龙与火龙斲。又传北山之麓，素有极大蜈蚣蜷曲其中，今触龙腥，奋而跃斲。道听途说，殊无确据。唯所奇者，木叶焦如火烙，树上系有五色草绳，周络村中凡草绳缠绕之处，庐舍无获瓦全；古柏、乔松，大者数围；桑竹、杂木，小者拱把，均被扭断。更有巨石重可二三百斤，竟挟之而走屋内，有石臼重逾百斤，随风飞坠于村外。农船百余号，尽遭沉没，或悬搁树上。又有八岁童乘风远御，直至西乡六十里外从空堕下。村中浮厝各柩，棺盖与骸骨被风卷去而棺底独存。甚有数冢掩葬已久、风摧冢崩，尸骸零落。唯剩败絮残衣，委弃丛莽。通计十余里中，断埂颓垣，一望无际。唯村之中央有兄弟沈阿虎、阿豹者，其左右邻俱倾倒，彼独瓦不损，或称其先世好善以致此，此一说也。或称丙子岁，江浙有剪辫之谣，谓是白莲教试其妖术。行旅艰难时，北圩误毙过客三人，阿虎阿豹独不与此，又一说也。但无论其事之虚实，而该处风俗之强悍，素以药鱼牟利，荼毒水族，迭经劝谕，积习难改，岂天故甄其罪恶，以示惩劝欤？因就众所共见，与天灾之信而有征者以志其异，且为世之好善者劝焉。

录自《民国德清县新志》卷十一《艺文》

张知县视察灾情

光绪二十一年，张缙云，字汉章，福建光泽人，从江山调入德清。四月十六北圩风灾吹倒房屋数百间，压死七十余人，受伤一百八十余人。

录自《民国德清县新志》卷七《治行》

勒名永禁药鱼碑

勒石永禁药鱼碑　知县张为给示勒石永禁事：据绅士徐本衡、施涵、徐肇基、徐士骏、许德修、沈光裕等禀称：窃德邑地处水乡，交冬以后，乡民皆以糠粞食饵，纷投浼滨引鱼萃聚，旋将浼口用芦席拦住，再用巴豆敲碎煮水抛入浼中，在水之物尽行毙浮水面，俗为之火烧河底。其中鱼类以及螺蛳、虾、蟹无一得生，毒害物命，莫此为甚。甚且四乡皆有此恶习，唯河墩桥北圩村为最盛。每年腊月间，无论大小各户，均以药鱼售钱为度岁之资，河中物命被毒害者不知几千百万，叩请给示勒石永禁等情到县。据此查北圩村四乡等处，向有毒鱼恶习，经本县访闻，正在示禁间，据禀前情除批示外，合行给示勒石永禁，为此示仰合邑四乡居民、渔户人等知悉：尔等须知制药毒鱼残害物命，殊干天地之和。会看北圩村等处，惨遭风灾，烟户荡然，不必显言报施，恰宜力加修省，各劝正业，何忧度岁之无资。暗毒潜鳞，卒为戾气之所酿。自示以后，务各爱惜生命，勉为良善。倘敢故违，一经觉察或被告发，定即提案严究，决不宽贷。其各凛遵，毋违特示。署理湖州府德清县正堂，林。宣统三年五月二十九日给

录自《勒石永禁药鱼碑》（碑存德清县县衙后院《今乾元老县府旧址》）

徐家庄蔡氏

十九世蔡锦堂，字东川，号又韩，配某氏，徙居徐家庄。

录自《德清蔡氏宗谱》卷十

蔡氏宗祠祭祀大典

崇德报功，国家盛典。士大夫笃念桑梓，泽及后世者，宜设祭于社，此乡贤祠所由设。自明以来，吾先世入祠享祀者十九公，猗与盛哉。

录自《蔡氏文溥公自叙年谱》

战事三则

（1）白马高桥战役

（一）德清县政府训令

查此次我军攻击白马高桥之役，白马乡乡长沈蓉芳协助攻击，勇敢有为，应予记大功一次。勾垒乡乡长沈叙福，河墩乡乡长忻玉章，调遣军运，均能克尽厥职，应予传令嘉奖，徐庄乡乡长沈蔼士，贻误戎机，应予记过一次，除分令外，合行令仰知照。此令，县长谈益民。

中华民国三十三年二月

（2）白马乡夏家桥战役

（一）民国三十四年武器弹药损耗报表

民三十四年六月四日，夏家桥之战。

我方兵力：两个中队。

敌方：洲泉守备队三十余名。

战斗时间：五十分钟。

经过状况：敌经夏家桥，折向我步哨突击，我当沉着应战。

战时距离：二百余公尺。

伤亡：敌一人，伪二人。

（3）油车桥战役

（一）德清县政府三十三年一至九月工作报告

油车高桥攻击战

四月十四日……我除负攻击新市任务外，同时分派一部分兵力攻击油车桥据点，以牵制敌伪兵力。

以上录自《抱春堂集》第五卷《地方文献》

档　案

下舍区三来乡工作总结

从宣传到划阶级、搞好征没收工作酝酿分配的工作总结，向分区委的报告。

全乡总土地人口情况：

1. 全乡共计 1646 户，6195 人。
2. 占有土地 15651.82 亩，每人平均 2.5217 亩
3. 使用土地 15834.84 亩，每人平均 2.526 亩

全乡各阶层土地人口情况：

1. 地主25户117人。占有土地742.75亩，每人平均6.348亩。使用土地524.44亩，每人平均4.482亩。

2. 富农24户161人，占有土地712.58亩，每人平均4.426亩，使用土地693.79亩，每人平均4.369亩。

3. 小土地出租者31户181人，占有土地115.8亩，每人平均6.433亩，使用土地89亩，每人平均4.494亩。

4. 中农677户，2602人，占有土地8206.52亩，每人平均占3.13亩，使用土地7436.14亩，每人平均2.858亩。

5. 贫农908户3144人，占有土地5577.51亩，每人平均1.774亩，使用土地5825.418亩，每人平均1.841亩。

6. 傭农18户32人，占有土地35.49亩，每人平均1.109亩，使用土地40.63亩，每人平均1.27亩。

7. 其他29户67人，占有土地262.41亩，每人平均3.916亩，使用土地228.68亩，每人平均3.412亩。

打击面，划25户地主（本乡18户），6户富农（本乡），小土地出租者（7户），小土地经营者（1户）。

录自县档66–3–7

禹越乡互助合作运动总结

（1952年10月22日）

4.　全年互助合作运动发展过程

禹越乡农民开始于去年检查土改，完毕后有了组织起来的思想。酝酿始时，由于乡行政未能作系统教育宣传工作，而亦不加以具体指导，故一般农民存在着不正确认识与思想顾虑，一直至今春，区乡干部于县学习时明确了1952年的农业生产，总方针与任务，开始对互助合作运动有了初步认识。自乡劳模陈阿金等至县参加互助合作训练班，学习返乡后作开了广泛宣传，并运用了党宣员、小学教师作了宣传工作，批判揭发农民的自私思想，教育了农民对予组织起来优越性，认清发展道路。乡行政干部掌握了生产季节：（春耕），运动了积极分子、劳模、党宣传员，青年团员，始时由四村劳模陈阿金， 组织了一个互助组，二村宣传员徐阿寿，组织了一个互助合作组，五村劳模等全乡组织了三个典型互动组。

在四月中旬，乡召开了各界人民代表大会，进一步进行了组织起来的宣传教育。在会议上，由陈阿金、徐阿寿报告了组织起来经优越性和他的全年计划，爱国增产，同时介绍了他们组织起来经验，增强了代表对组织起来决心，在会议上同时做好生产竞赛思想准备，会议后全乡前后组织了 5 个常年互助组，6 个临时互助组，154 户，612 人参加。当时区乡干部为了进一步发展互助组与巩固提高原有互助组，每晨作了互助合作学习，于五月上旬召开第一届第三次各界人民代表会议，进一步贯彻了提高巩固原有互助组，大量发展临时性互助组，并展开了竞赛运动。原有互助起了一定推动保证作用，会议后，全乡组织了 12 个常年互动组，13 个临时性互助组，时值饲育春蚕，乡行政干部全力精注于春茧收购，发动群众工作，对互助合作放弃了半个月的领导，致使部分互助组形于垮台与半垮台状态。直至夏季除虫开展后，应用了组织力量，恢复了原有组织，并运用了团力量，全乡青年团员大都参加互助组，在 11 月份，全乡共有了常年互助组 15 个 201 户共 799 人，临时互助组 33 个 426 户 1896 人。全乡早稻于 11 日转入收割，适发洪水，在抢收中，亦有部分互动组为了评分记工不合理及抢工现象，趋于垮台。乡行政接受此次教训，于九月中旬第二次洪水入境，掌握了互助合作。在抢收中，农民发挥团结友爱，巩固提高了互助组，并发展了互助组。到目前为止，全乡共有常年互助组 16 个 198 户 829 人，临时性互助组 33 个 472 户 1779 人，深度占全乡人口 49.5%，广度占全乡户口 49%。

二、组织起来优越性方面

1. 提高劳动效率方面，到本乡五村徐競清互助组，改良了耕种技术，把全组的大部分土地加了工，变了良田，去年不到三百斤稻谷一亩土地，今年增加了七成，达到五百多斤。在抗洪抢收中，由于组织团结力量伟大，没有过多大损失，并能每天结余三五个劳动力进行副业生产，扒螺蛳、捕鱼，解决了组内经济困难情况，开展了自由借贷。

2. 在政治觉悟上提高不少，通过组织起来，教育大都农民初步认识了社会发展规律，组织起来前途远景，在本乡爱国储蓄中及扩大合作社中，春季售茧时开展了农爱国储蓄三千多份，货币存实计亿，扩大社股八千多万元，其次互助组是农村中每个户政治运动的主要力量。

3. 开展了文化学习，订了《农民大众报》学习。

三、运动主要经验

1. 乡掌握典型互助组来推动一般，用实例来教育一般，但典型互助组必须有坚强骨干（如劳模、党宣传员、青年团员）为领导。

2. 每个季节训练骨干，做好总结评比工作来巩固提高互助组，但平时必须加强教育，及检查工作。

3. 每个运动中结合宣传组织起来意义，最重要的是经常宣传三大原则，使农民认识到组织起来可以解决生产困难，改进生产技术，切不可强迫命令包办代替。

4. 每个农忙季节召开互助组长碰头会，来巩固提高互助组织，发展互助组。

四、当前存在着的几个问题与解决办法

1. 运动开展不平衡，对互助合作组织性基础较差，有的村领导上放弃领导，如六村互动组，除两个常年较好外，其余皆半垮台现象，今后必须加强领导，使群众多得到一些教育，树立正确观点。

2. 组织起来时由于开展不平衡，有的村用大呼隆的编组，强拉组织起来，因此农民尚存在顾虑，不敢大胆发展生产，今后加强三大原则的政策分析教育，提高农民生产积极性。

3. 生产计划性不够，本乡互助组，每个季节虽订了生产计划，大部分流于形式，不按计划具体执行。有的互助组甚至没有计划。

4. 大部分互助组尚未吸收妇女参加，今后加强妇女在政治教育，使用参加

劳动来参加互助组。

录自县档 66-3-27

油车村统销工作总结

一九五四年三月廿八日

一般情况：全村有 119 户 454 人，中农 71 户，贫农 28 户，地主 4 户，富农 8 户，雇农 1 户，其他（包括开店各农业者）7 户，田 766.735 亩，地 135.133 亩。

本村自宣传了国家过渡时期总路线总任务，全村农民提高了社会主义的思想觉悟，生产互助合作的积极性，以四统当前生产，大力宣传与贯彻了统销的政策意义后，自发批判了各种谣言，安定了群众思想情绪，并推动了当前各项生产。通过大张旗鼓宣传统销政策和意义，摸清与掌握了缺粮户的底子，订出了内部方案，教育积极分子，统一了思想认识，培养与运用了积极分子，顺利地完成了统销工作，统销的入手反其做法。统购结束后，干部和群众普遍存在休息松气思想，表现在白相懒散，吃喝看戏，对生产存在不安（主要是怕统购搞二次）叫苦情绪。因此，使之生产停工。我们了解了以上干部群众的几种思想情况后：加以研究分析，这种如不及给予有效对付解决，势必会阻碍当前工作的进展。教育干部，在大小会议上，针对这种思想进行教育，和适当的批判。分析并指出了这种思想存在对今后农业增产的严重危害性，进步继续贯彻了总路线，使之社会主义思想空前高潮，在澄清群众思想的基础上进行了当前生产计划排队，群众对当前生产迫切要求的是：培育春花，施肥、捻泥、刮蟥、春花施肥，普遍完成二次至三次，购进肥田粉 2416 斤，挑杭州粪 12 船，基本完成坂田一次，刮蟥已告全面完成，田里河泥捻了 18 亩，桑地河泥全部捻上，二次坂田七亩。

在澄清群众混乱思想和安排生产，端正干部对生产领导的基础上，继续加强了对村干积极分子的政策教育与思想领导的工作，培养与运用积极分子，大张旗鼓宣传统销政策和意义，进一步教育了干部，积极分子，从而统一思想认识，明确统销政策和意义。对统销的艰巨性和复杂性有了足够的估计与应有认识，摸清掌握了缺粮户的底子。进行反复讨论，细致研究，并联系了实际，制定了方案（69 户 1850 斤），并确定了重点组，……二选组。主要该组群众政治觉悟高，组内领导强，积极分子可靠，根据这一些而确定的。

干部群众的思想情况，当统销政策未到深度广度时，干部和群众存在各种混乱思想，群众存在：1. 怕饿肚皮。2. 怕统销规定数字。3. 怕开展自由借贷。4. 有粮食不拿出，怕干部说不老实。但干部思想存在几种思想：1. 怕麻烦。2. 怕群众骂。3. 怕统销时间长。我们研究了以上的思想情况后，继续对干部加强教育，反复讲明政策，交代做法，如四组组长蔡法林先前有多报少买现象，实际上只缺一个月，但报了三个月。主要是装穷光荣。后经多次教育，才实报了缺粮月数——一个月。重点组的具体做法，首先了解掌握该组情况（12 户 41 人，田 7458 亩地 348 亩），并进一步深入了解，再摸清了该组的生产、生活情况。在制定内部方案的同时，会同积极分子，反复强调，从缺粮户的生产与生活，消费数的实际出发。防止干部的二种偏向。1. 差不多一般的思想。2. 干部急躁情绪，开小组会反复讲明政策，从实际作出发。进行协商、酝酿、强调要以实为实一次成功。运用典型，教育群众实报。群众跟上自报实缺数，全组自报共有缺粮四户，一个月 3 户，人口 11 个，缺粮 340 斤；二个月一户，人口 6 个，缺粮 300 斤。共计缺粮 640 斤。

在重点组取得经验后，当即召开村民大会进行典型报告，主要介绍成功的经验和方式方法，从增产节约实际出发，听了报告后，各组回去展开热烈讨论，进行协商。到了 90%的户成熟后，先后进行自报，小组自报，干部、可靠积极分子研究与审查，送乡人民政府审查批准，大会通过，宣布定案。

将本统销情况列表述如下：

缺月数	户数	人口	缺粮数（斤）	备注
一个月	14	61	1965	占半年 8166 斤的 23%
一个半月	17	76	3539	总口粮三个月需 40860 斤
二个月	26	123	7465	供应占 43%
二个半月	13	55	3640	—

续表

缺月数	户数	人口	缺粮数（斤）	备注
三个月	3	12	1030	—
四个月	2	7	450	—
合计	75	334	18089	—

兹将统销情况作百分比例表述下：

全村总户数	缺粮户数	百分比	备注
110	75	62%	占半年 8166 斤的 23%
全村总人数	缺粮人数	百分比	总口粮
454	334	74%	3 个月需 40860 斤
全村统购数	全村统销数	百分比	供应
58446 斤	18089 斤	32.5%	占 43%

几点体会：

1. 必须抓住生产，根据群众对当前生产迫切要求，主要是：培育春花、刮螨，通过订增产节约计划，以实际行动来发动群众。

2. 艰苦细致的工作方式方法，深入了解，反复研究，加强政策教育，达到进一步提高群众觉悟的目的。

3. 必须依靠村干部和积极分子，反映情况，培养典型，运用现身说法，使之群众自己教育自己（这样做法收效很大）。

4. 必须在重点组试验成功得出经验后，然后推广全面。

根据当地群众实际思想情况，干部坚持耐心说服，反复说明政策，以达到统销顺利完成的目的。

在先前必须要做好充分的准备工作，在讲解时，应抓住群众的要害。必须要统一村干部与积极分子的思想认识，讲明政策，交代做法，明确分工负责，能避免乱成一团。

发现问题，及时研究，及时解决，避免工作中的弯路，时间拖长，造成工作的被动。

存在问题与缺点：

1. 对个别组，事前估计不足，控制不严，教育较差，缺少骨干，使之个别户缺粮自报过大，时间拖长一天。

2. 缺乏系统会议的召开，如对妇女由于少开会，教育较差，如七组妇女叶英莲叫苦现象。对及时总结重点经验推广较差。

对生产检查不够及时，使之部分农民存之对生产不安情绪。

几个结合工作：

1. 在动员农民出售余粮的同时，大力宣传贯彻了收回银行到期贷款和爱国优待储蓄的工作，农民在总路线社会主义的远景鼓舞下，根据自己经济条件的可能，作了归还农贷和爱国储蓄工作，全村收回到期贷款1520000元，爱国优待储蓄165200000元，如五组农民蔡学生，出售余粮2000斤，卖得钞票1560000元，除去必用外多余的1200000全部存入银行，来帮助国家周转资金，支持国家社会主义工业化的建设，使更幸福更美满的日脚早一点到来。

2. 全村农民通过总路线二条道路的学习，对供销合作社的好处有了进一步的思想认识，从而对投机商人，表示今后坚决割断交易关系，纷纷要求增加合作社的股金，为今后农民生产生活之需，共增加股51股，计人民币1938000元。

录自县档66-3-40

三来乡各阶层人口户数统计（1950年）

阶级成分	地主	富农	中农	贫农	佣农	小土地出租	其他
户	24	29	664	880	29	10	13
人	116	162	2690	2699	40	13	24

录自县档66-3-28

禹越乡土地改革前后农村各阶层土地占有分析

阶级成分	地主	富农	中农	贫农	佣农	小土地出租	公田	工商业资本家	其他	合计
土改前（亩）	770.14	682.26	7746.26	5486.41	26.12	101.04	71.31	9.88	111.72	15005.14

续表

阶级成分	地主	富农	中农	贫农	雇农	小土地出租	公田	工商业资本家	其他	合计
土改后（亩）	196.05	626.81	8290.69	6355.22	108.82	63.43	5.00	9.88	50.95	15706.85
增减对比	(－) 574.09	(－) 55.45	(＋) 544.43	(＋) 868.81	(＋) 82.70	(－) 37.61	(－) 66.31	持平	(－) 60.77	+1495.94 −794.23
注	土改前共有土地15005.14亩，通过清丈，查出黑田701.71亩 土改分配，实际分出15706.85亩 公田5亩，暂时作为机动备支									

录自县档66−3−12

下舍区互助合作社情况

1952年8月6日

类别			禹越	西葑	三来	油车
常年	第一类	组	3	1	5	—
		户	46	19	64	—
常年	第二类	组	8	3	6	1
		户	105	37	48	14
	第三类	组	4	6	3	8
		户	48	122	42	77
临时	第一类	组	5	4	6	—
		户	65	59	82	—
	第二类	组	7	19	9	7
		户	92	240	82	156
	第三类	组	21	9	20	15
		户	255	152	206	340

续表

类别			禹越	西葑	三来	油车
合计	常年	组	15	10	14	9
		户	199	178	154	91
	临时	组	33	32	35	22
		户	412	451	370	496
单干户		户	1131	653	1124	591

中共禹越镇委员会关于成立《禹越镇志》编纂委员会的通知

各行政村（居）、企事业单位、机关各办公室：

盛世修志是中华民族的优秀传统，编纂禹越镇的地方志是一项继往开来的工作，是我镇的一项文化工程。它对掌握镇情，了解本地区的功史和现状，促进经济、科技、教育、文化等各项事业的发展具有十分重要的意义。认为真做好禹越镇地方志的编撰工作，经镇党委、政府研究，决定成立禹越镇地方志编纂委员会及编辑部。现将成员名单公布如下：

一、禹越镇地方志编纂委员会

主　任：傅文虎

常务副主任：姜庆华　沈群涛

副主任：闻卫强　沈　华

委　员：姚根华　钟阿芬　张建伟　孙延新　赵春燕

委员会下设办公室，地点在设在政府四楼办公室，主任由姚根华兼任，工作人员由孙延新、徐艳云等人组成。

二、禹越镇地方志编辑部

主　编：陈景超

副主编：钟宁奎

编　辑：胡元金　沈炳根

附各村信息联络员名单

中共禹越镇委员会禹越镇人民政府

二〇一三年十一月十日

禹越镇各村信息联络人员名单

村（居）	信息联络员	村（居）	信息联络员
夏东	韩兴明	西港	郑琪兴
高桥	沈根华	木桥头	蔡金荣
天皇殿	陈芳娣	杨家坝	姚海英
三林	沈寿昌	东港	曹敏霞
栖湖	胡水金	钱塘	金桂荣
居委会	陈孝杰		

第五章　杂　记

第五届农民专家候选人

沈银松（禹越镇天皇殿村　技术员）

从事粮油种植 8 年，具有较强的种植技术和市场开拓能力，先后采取机械化耕作技术、机械化点播、稻鳖共生等技术，因地制宜筛选高产优质抗病虫强的优良品种。农场种植水稻 700 亩，平均每年亩产量 750 公斤，总产量 525 吨，销售收入 183 万元，利润 91 万元；稻鳖共生 100 亩，产值 100 万元，利润 20 万元。农场已入选市县家庭示范性农场。

许伟忠（禹越镇天皇殿村技术员）

从事食用菌种植 10 年，初步形成稻草—蘑菇培养料—采摘后废料—稻桑田有机肥的循环利用模式。2012 年筹建了工厂化培育基地，平均每年种植菌类食品 450 多吨，总产值 450 万元，每年平均纯收入 70 多万元。规模化生产解决了农村剩余劳动力 30 多人，带动当地农民增收。企业被评为湖州市“十佳龙头企业”，浙江省农村科技示范户，首批诚信农产品联盟会员单位，产品获得注册商标和无公害产品证书。

录自 2015 年 10 月 15 日《德清新闻 · 人才专刊》

著　作

茅立山　专著:《梦中情结》　2008 年大众文艺出版社出版。

沈水荣　专著:《偏正属类语义标注规则》《金典语义查询系统》。

费惠金　专著:《理论与实践面对面》, 2006 年 9 月出版。

杨杏山　专著:《我们一起走过——德清老干部集体回忆》《德清, 1955》《莫干山会议研究》。

论文:《德清县开展"和美乡风馆"建设的实践与体会》《树立新观念，迎接新挑战》发表于《中国档案》《浙江档案》。

考证:《光绪年间的一场大风灾》发表于 2013 年《德清史志》第 1 期。

章松初　论文:《加强青年教师素质培养的研究》《学生中的非正式群体心理特征与教育对策研究》, 发表于《现代中小学教育》。

章金泉　专著: 撰写了初中《课程标准思维方法与能力训练》《精析巧练》《课时训练》《中考数学复习一本通》。

蔡建明　参与编著:《中国军工材料体系 航空发动机》《中国军工材料体系 直升机》《钛》《锻件生产技术丛书》《钛铸锭和锻造》。

参与编译:《各国钛合金》《钛合金半成品》。

姚杏荣　论文:《自发性十二指肠内瘘（附 10 例报告）》《急性重症胰腺炎的外科治疗进展》《闭合性十二指肠损伤（附 5 例报告）》《胆石性肠梗阻 6 例报告》《49 例严重多发性创伤的救治体会》《359 例腹部闭合性损伤的临床分析》发表于全国及省级医学杂志。

金德全　论文:《生脉饮治疗早搏 30 例临床观察》《桂枝加葛根汤治疗颈椎病 20 例》《益气养阴法在肺癌术后的运用》《穿山甲粉吞服治疗震颤麻痹》《运用温胆汤异病同治四则》, 发表于国家、省级刊物。

徐宏亮　论文:《肾上腺占位性病变的 CT 诊断》, 发表于《浙江临床医学》

2008年1月号。《卵巢卵泡膜细胞瘤的CT诊断分析 》，发表于(《影像诊断与介入学 》2011年10月号。《原发性肾上腺淋巴瘤的CT诊断》，发表于《中国临床医学影像杂志》2011年11月号。《鼻腔肿瘤的影像学诊断分析》 发表于《肿瘤学杂志》 2012年5月号。

蔡洪明　论文：《重视在教学中的反思》，发表于2011年《数学学习与研究杂志。《打破沉默的课堂》，发表于2011年9月《教学月刊》。《高三数学复习中探究性案例教学的尝试》，发表于2014年8月《中学数学》。

张立森　论文：《化学选择题常用解题方法》，发表于《初中生》1993年7—8合期。《职校春季生的教育与管理的体会》，发表于《中等职业教育》2003年2月号。《论职业学校中的“后进生”教育》，发表于《中国农村教育》2004第7期和《中等职业教育》2004年18期。《谈学生自发群体的教育与引导》，发表于《中等职业教育》2004年2月号。《思路·方法·创新—根据化学方程式计算的解题方法》，发表于《中学生理化报》2006学年第10期。《德清中职教师以练促教服务企业》，发表于《浙江教育报》第2868期。

章　庚　论文：《高中生物复习中的列表式教学》《重视过程教学，培养探索能力》《遗传学的解题方法》，分别发表于2001年《中学生物教学与实验》杂志。《选择题的错解分析》在2001年省《中学生理化报》发表。《生物学与STS习题分类与解析》，发表于2002年《中学生物教学》。《生物学研究性活动方案设计》，发表于2002年《中学生物教学与实验》杂志。

沈建英　论文：《数学课堂“错误”资源的有效利用》，发表于《教学月刊(小学版)》2009年6月号(下)。

沈月红　论文：《浅谈职业学校学生职业生涯规划指导》，发表于《中等职业教育》。

后　记

早在徐家庄镇与高桥镇合并之初，禹越镇党委政府就设想编撰一部《禹越镇志》，并提上议事日程。2013 年春，禹越镇党委政府决定编写《禹越镇志》。同年 7 月，组织部分退休教师到德清县档案局查阅资料。10 月正式发文，组建镇志编撰委员会，落实办公室成员及编撰人员。同时，聘请陈景超先生担任主编，对镇志编撰进行指导及分工。2014 年起，镇志正式编写，同时制定了编写进度和例会制度。

禹越镇在历史上没有乡镇志，所以编写《禹越镇志》是一件破天荒的大事，由于缺乏历史资料，又受到民间传说不能作为信史入志的限制，所以编写进程难度很大。但是，经过编写人员的三年努力，《禹越镇志》终于如期完稿。对于编写人员的辛勤付出，我们表示感谢。

《禹越镇志》因为传统资料近于空白，现代资料也馆藏不丰，所以将少量采访作为素材写入。由于来源不一，难免存在着疏漏、差错、琐碎等不足，敬请读者提出批评指导，以便在今后镇志再版时予以纠正。

中共禹越镇党委宣传委员、副镇长 闻卫强